高级汽车修理工自学读本

（第 2 版）

主编　宋　森　孙家豪　孙文英

编著　宋雨萌　宋国言

金盾出版社

内 容 提 要

本书按照国家新的技术标准要求，根据发动机修理工、底盘修理工、电气设备修理工、空调修理工、车身钣金修理工和车身涂装修理工的实际需要，从应知、应会和维修实例三个方面，分章逐节进行了详细阐述。

本书内容丰富、图文并茂、通俗易懂，既可供汽车修理工和汽车驾驶人自学，也可供汽车院校维修专业的教学人员参考。

图书在版编目(CIP)数据

高级汽车修理工自学读本/宋森，孙家豪，孙文英主编. —2 版. —北京：金盾出版社，2009.6
ISBN 978-7-5082-5269-8

Ⅰ. 高… Ⅱ. ①宋…②孙…③孙… Ⅲ. 汽车—车辆修理—技术培训—自学参考资料 Ⅳ. U472.4

中国版本图书馆 CIP 数据核字(2008)第 130028 号

金盾出版社出版、总发行
北京太平路 5 号(地铁万寿路站往南)
邮政编码：100036 电话：68214039 83219215
传真：68276683 网址：www.jdcbs.cn
封面印刷：北京金盾印刷厂
正文印刷：北京金盾印刷厂
装订：永胜装订厂
各地新华书店经销

开本：850×1168 1/32 印张：26.625 字数：814 千字
2009 年 6 月第 2 版第 4 次印刷
印数：17 001～25 000 册 定价：49.00 元

第二版前言

从1993年12月到1997年8月，作者曾先后将《初级汽车修理工自学读本》、《中级汽车修理工自学读本》和《高级汽车修理工自学读本》献给了读者。承蒙广大读者错爱，使该套丛书在十多年的时间内得以多次重印。然而近年来，每当笔者收到重印样本或从该书中查阅资料时，都有一种"已经过时"之感：首先，该套丛书是依据原机械工业部1985年制定的《汽车修理工技术等级标准》编写的，这一标准已经被新标准代替；其次，书中介绍的内容有些已经淘汰（譬如解放CA10B型和CA15型及一些其他型汽车的资料），而许多现代的技术（譬如电喷发动机、自动变速器、制动防抱死装置等）所占的篇幅却比较少，有的内容（譬如机械制图、机械设计、热处理、金属切削加工、电焊等专业工种方面的知识）尽管占了很大篇幅，却没有多大的实用价值；第三，随着人们消费观念和社会经济体制的变革，旧件修复技术和全民（或集体）所有制的汽车运输业管理知识也失去了原有的意义。出于这些考虑，笔者依据新的国家职业标准，重新编写了这本《高级汽车修理工自学读本》（第2版）。

本书是在对汽车维修工种的技术标准进行综合、归纳后，从中筛选出发动机修理工、底盘修理工、电气设备修理工、空调修理工、车身钣金修理工和车身涂装修理工六个工种，并从实用的角度出发，分别从应知、应会和维修实例三个方面进行详细阐述。还针对原版书中存在的问题，做了较大的增、删、改，重点增加了电子新技术在汽车各部分应用的内容，并将作者的汽车驾驶、修理、技术管理中的新经验充实进来，从而提高了本书的先进性和实用性。

《初级汽车修理工自学读本》(修订版)和《中级汽车修理工自学读本》(修订版)已在 2006 年出版，本书是本套丛书的第三本。

本书由宋森、孙家豪、孙文英主编。其中第一篇第一章、第二篇第二章第六节、第三篇第二章第一节和第四节内容由孙家豪编写，其余内容由宋森编写。参加编写工作的还有宋景杨、海银凤、宋璟超、寇程秋、宋玉琴、张宇峰、张涛、王红娟、张妍奇、张敏、时德辉、时晓旭、张姝、桑春雨、宋连琴、李树林、李佳新、黄桂英、李壮、李嘉巍、张淑娟、李森、李赫、李海英、陈春生、陈帅、陈旭、李海燕、刘列江、刘颖、刘佳铭、宋宝琴、付喜玉、付博、李晶、付远卓、付萃、翟小明、宋桂芹、黄喜成、黄浩、孙文铃、王凤祥、王贺和朱正等。

感谢金盾出版社的田沛然编审，他为本书提出了许多宝贵的编写意见，按这些意见改编后，本书品质得以明显提高。

由于作者知识有限，对于新型汽车的维修实践还很欠缺，本书中一定会有一些不足之处，请广大读者批评指正。

作　者

目　　录

第一篇　汽车修理基础知识

第一章　汽车电控系统基本知识

第一节　汽车电控系统概述

一、电子控制系统的功用及组成

1. 功用

汽车电子控制系统的功用是提高汽车的整体性能，包括提高和改善动力性、经济性、安全性、舒适性、操纵性、通过性以及降低尾气排放等。

2. 组成

汽车整车电子控制系统包含有若干个子系统如图 1-1-1 所示，每个子系统都由传感器（传感元件）与开关信号、电控单元（ECU）和执行器（执行元件）三部分组成。

3. 传感器

(1)传感器的功用

传感器是将非电信号转换为另一种可测电信号的电子器件。在汽车电子控制系统中，发动机传感器安装在发动机的不同部位，其功用是检测发动机运行状态的各种电量参数、物理量和化学量等，并将它们转换成计算机能够识别的电量信号输入电子控制单元（ECU）。

(2)传感器的组成

汽车电控系统采用多种传感器，根据控制对象的不同，每个控制系统都采用相应的传感器。例如桑塔纳 2000GSi、3000 型轿车发动机控制系统采用的传感器有以下几种：

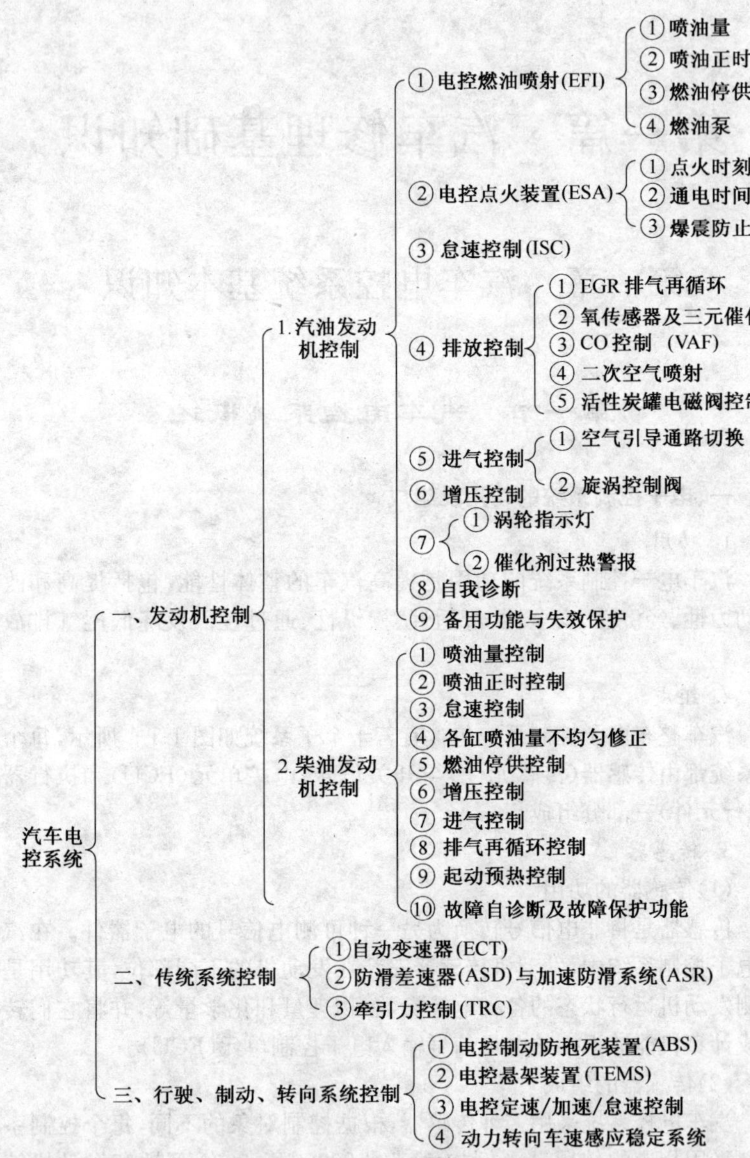

图 1-1-1　汽车电控系统的组成

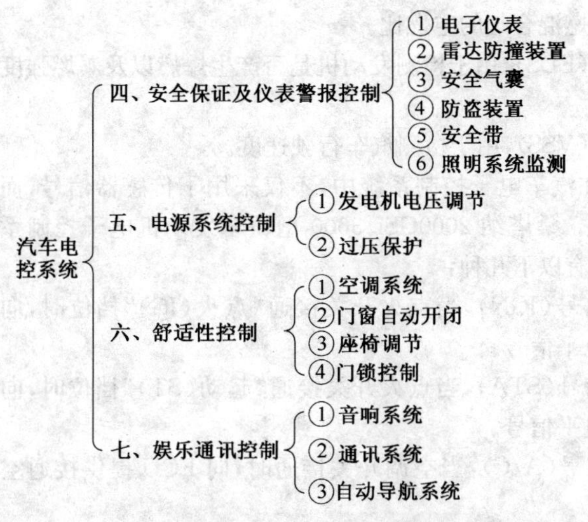

图 1-1-1　汽车电控系统的组成(续)

①空气流量传感器(AFS),用于测量发动机进气量的装置。

②曲轴位置传感器(CPS),用于检测发动机曲轴转速和转角,以便控制喷油提前角和点火提前角的大小。

③凸轮轴位置传感器(CPS),用于检测活塞处于上止点的位置,以便控制开始喷油时刻和开始点火时刻,故又称为气缸识别传感器(CIS)。需要特别说明的是,由于曲轴位置传感器和凸轮轴位置传感器的英文缩写均为 CPS,为了便于区别和阅读,本书一律采用 CIS 来表示凸轮轴位置传感器。此外,在部分汽车发动机电子控制系统中,曲轴位置传感器与凸轮轴位置传感器是制作成一体的,统称为曲轴位置传感器,并用 CPS 表示。

④节气门位置传感器(TPS),用于检测节气门开度大小。如节气门关闭、部分开启和全开等。此外,ECU 通过计算 TPS 信号的变化率,便可得到汽车加速或减速信号。

⑤冷却液温度传感器(CTS),又称为水温传感器,用于检测发动机冷却液温度高低。

⑥进气温度传感器(IATS),用于检测吸入发动机气缸空气的温度。

⑦氧传感器或 O_2 传感器(EGO),用于检测排气管排出废气中氧离

子的含量来反映可燃混合气的空燃比。

⑧爆燃传感器(EDS),用于检测发动机是否产生爆燃以及爆燃强度的大小。

⑨车速传感器(VSS),用于检测汽车行驶速度。

⑩开关信号:在汽车电子控制系统中,不仅采用了传感器信号,而且采用了开关信号。桑塔纳 2000GSi、3000 型轿车发动机电子控制系统采用的开关信号有以下几种:

a. 点火开关信号(IGN),当点火开关接通“点火(IG)”档位时,向 ECU 输入一个高电平信号。

b. 起动开关信号(STA),当点火开关接通“起动(ST)”档位时,向 ECU 输入一个高电平信号。

c. 空调开关信号(A/C),当空调开关接通时,向 ECU 提供接通空调系统的信号。

d. 电源电压信号(U_{BAT}),向 ECU 提供蓄电池端电压信号。

e. 空档安全开关信号(NSW),在选装自动变速器的汽车上,用于检测自动变速器的档位选择开关是否处于空档位置。

4. 电控单元

电控单元(ECU)是以单片微型计算机(即单片机)为核心所组成的电子控制装置,具有强大的数学运算、逻辑判断、数据处理与数据管理等功能。ECU 是汽车电子控制系统的控制中心,其功用是分析处理传感器采集到的各种信息,并向受控装置(即执行器)发出控制指令。

5. 执行器

执行器又称为执行元件,是电子控制系统的执行机构。执行器的功用是根据 ECU 的指令完成具体的操作动作。汽车电子控制系统常用的执行器有以下几种:

①电动燃油泵,用于供给发动机电子控制系统规定压力的燃油。

②电磁喷油器,用于接收 ECU 发出的喷油脉冲信号,计量燃油喷射量。

③怠速控制阀(ISC 或 ISCV),用于调节发动机的怠速转速。控制内容包括两个方面,一方面是在发动机正常怠速运转时稳定怠速转速,达到防止发动机熄火和降低燃油消耗之目的,另一方面是在发动机怠

速运转状态下，当发动机负载增加（如接通空调器、动力转向器或液力变矩器等）时，自动提高怠速转速，防止发动机熄火。

④活性炭罐电磁阀，用于回收发动机内部的燃油蒸气，减少 HC 的排放量，从而减少排气污染。

⑤点火控制器和点火线圈，用于接收 ECU 发出的控制指令，适时接通或切断点火线圈初级电流，并产生高压电点着可燃混合气。

⑥各种电磁阀，如自动变速系统的换档电磁阀、锁止电磁阀，ABS 系统的两位两通电磁阀或三位三通电磁阀等。换档电磁阀用于接通与切断自动变速系统的控制油道，实现变速器档位的自动变换。

⑦各种微型电动机，如步进电机、直流电动机等。

二、电子控制系统故障诊断基本程序及注意事项

1. 电控系统故障诊断基本程序

电控系统故障诊断基本程序，见图 1-1-2。

2. 电控系统诊断维修注意事项

①严禁在发动机高速运转时将蓄电池从电路中断开，以防止产生瞬间过电压将微机和传感器损坏。

②当发动机出现故障时，不能将蓄电池从电路中断开，以防微机中存储的故障码及有关资料信息被清除。必须通过自诊断系统将故障码及有关信息资料调出并诊断出故障原因后，方可将蓄电池从电路中断开。

③当诊断出故障原因，对电控系统进行检修时，应先将点火开关关掉，并将蓄电池搭铁线拆下。如只检查电控系统，则只需关闭点火开关。

④跨接起动其他车辆或用其他车辆跨接本车时，须先断点火开关，才能拆装跨接线。

⑤在车身上进行电弧焊时，应先断开微机电源。在靠近微机或传感器的地方进行车身修理，更应特别注意。

⑥除在测试过程中特殊指明外，不能用指针式万用表测试微机或传感器，应用高阻抗式数字万用表测试。

⑦不要用试灯去测试任何与微机相连接的电气装置。

⑧微机、传感器必须防止受潮，它们的密封装置不可损坏，更不允

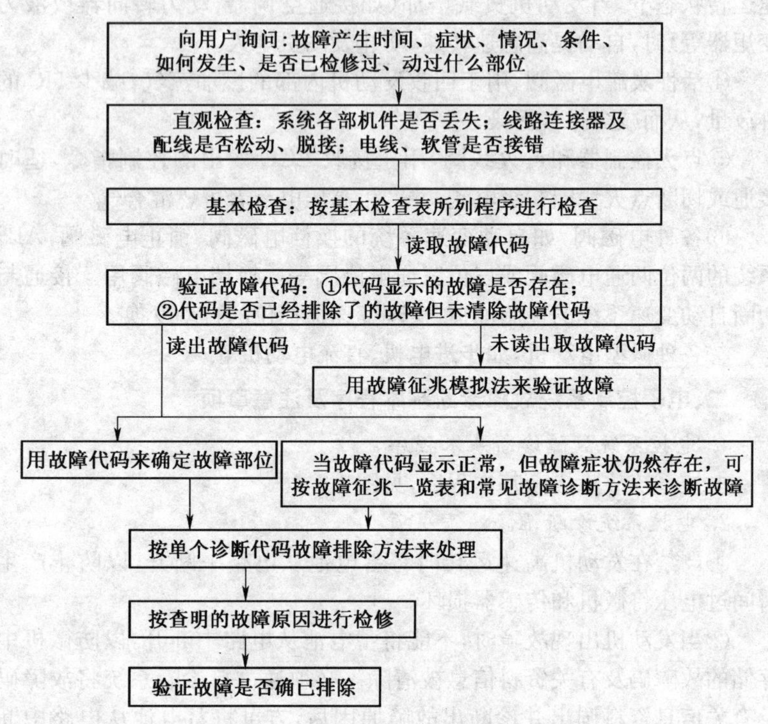

图 1-1-2 电控系统故障诊断基本程序

许用水冲洗微机和传感器。

⑨微机必须防止受激烈振动。

⑩电控燃油喷射装置对燃油的清洁度要求很高,应定期更换燃油滤清器。装用氧传感器的闭环控制系统的汽车,必须使用无铅汽油,以防氧传感器失效。

⑪电控燃油喷射系统的电动燃油泵的工作除受点火开关控制外,还受空气流量计或微机控制。在点火开关接通后,只有在发动机处于正常工作或起动状态,且空气流量计检测到空气流量信号或微机检测到转速和点火信号时,油泵电路才能接通,检修时应注意这些特点。

⑫电控汽车上不应安装功率较大的电台。必须安装时,电台天线应尽量远离微机,以免对微机工作带来不良影响。

⑬带有安全气囊系统的车，对安全气囊进行检修时，必须严格按操作程序进行。

第二节　发动机电控系统结构

如图1-1-3所示为桑塔纳轿车采用的Motronic3.8.2型发动机电子控制系统（简称M3.8.2系统）组成简图。M3.8.2型发动机电子控制系统控制部件的组成如图1-1-4所示，控制部件的安装位置如图1-1-5所示。M3.8.2型发动机电子控制系统不仅具有闭环控制多点燃油喷射与点火正时功能，而且还有怠速控制、空燃比控制、超速断油控制、爆燃控制、曲轴箱通风控制、应急保护控制和故障自诊断测试等辅助控制功能。

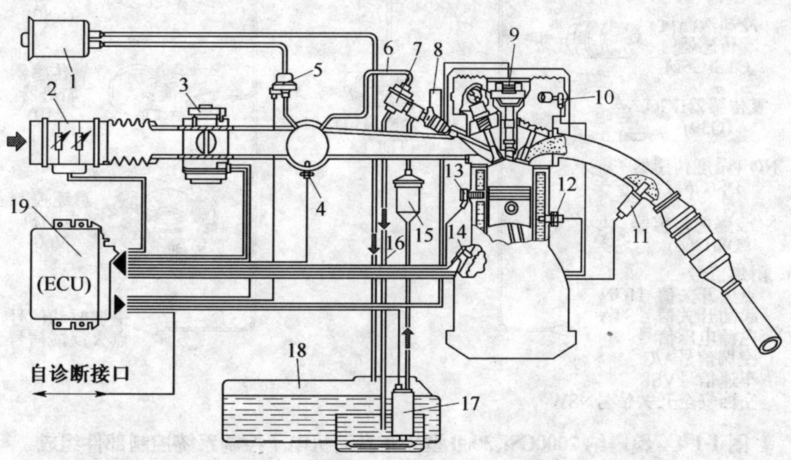

图1-1-3　桑塔纳轿车用M3.8.2型发动机电子控制系统组成简图

1. 活性炭罐　2. 热膜式空气流量传感器G70　3. 节气门控制组件（节流阀体）J338　4. 进气温度传感器G72　5. 活性炭罐电磁阀N80　6. 真空管　7. 油压调节器　8. 喷油器N30、N31、N32、N33　9. 点火线圈及点火控制器总成N152　10. 霍尔式凸轮轴位置传感器G40　11. 氧传感器G39　12. 冷却液温度传感器G62　13. 1号爆燃传感器G61及2号爆燃传感器G66　14. 发动机转速与曲轴转角传感器G28　15. 燃油滤清器　16. 回油管　17. 电动燃油泵　18. 燃油箱　19. 多点喷射控制单元J220

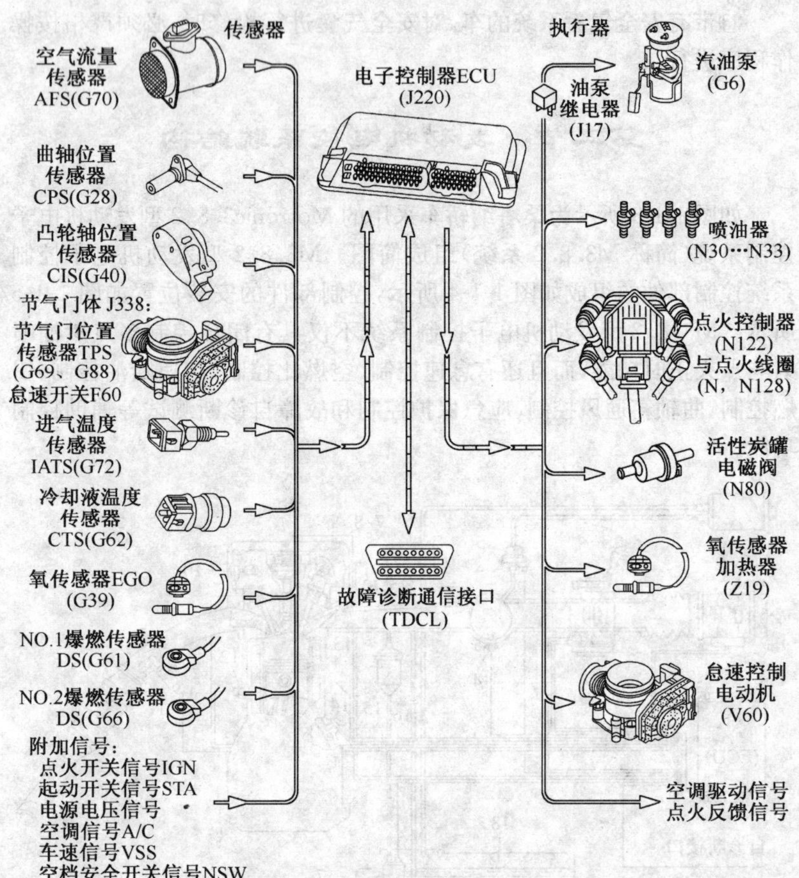

图 1-1-4　桑塔纳 2000GSi、3000 型轿车发动机电子控制系统控制部件组成

（图中括号内代号 G70、G28 等为原厂维修资料代号）

发动机电子控制系统与其他电子控制系统一样主要由传感器、电控单元（ECU）和执行器三部分组成。

一、传感器的结构

1. 空气流量传感器

(1)作用与类型

空气流量传感器（AFS）又称为空气流量计（AFM），是进气支管空

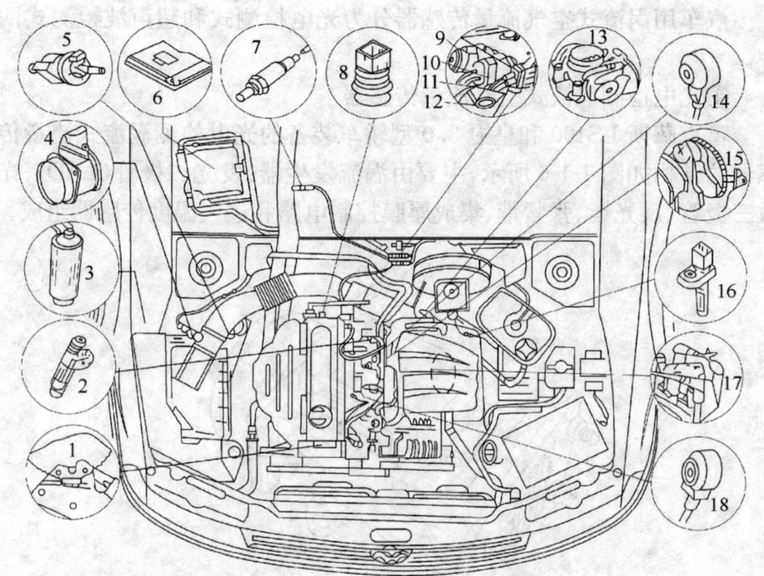

图 1-1-5 桑塔纳 2000GSi、3000 型轿车发动机电子控制系统控制部件安装位置

1. 霍尔式凸轮轴位置传感器 G40 2. 喷油器 N30、N31、N32、N33 3. 活性炭罐 4. 热膜式空气流量传感器 G70 5. 活性炭罐电磁阀 N80 6. 多点喷射电控单元 J220 7. 氧传感器 G39 8. 冷却液温度传感器 G62 9. 转速传感器连接器(灰色) 10. 1 号爆燃传感器连接器(白色) 11. 氧传感器连接器(黑色) 12. 2 号爆燃传感器连接器(黑色) 13. 节气门控制组件(节流阀体)J338 14. 2 号爆燃传感器 G66 15. 发动机转速与曲轴转角传感器 G28 16. 进气温度传感器 G72 17. 点火线圈与点火控制器总成 N152 18. 1 号爆燃传感器 G61

气流量传感器(MAFS)的简称,其作用是检测发动机进气量的大小,并将空气流量信号转换成电信号输入电控单元(ECU),以供 ECU 计算确定喷油时间(即喷油量)和点火时间。空气流量信号是 ECU 计算喷油时间和点火时间的主要依据。

根据检测进气量的方式不同,空气流量传感器分为 D 型(即压力型)和 L 型(即流量型)两种类型。

(2)涡流式空气流量传感器

汽车用涡流式空气流量传感器分为光电检测式和超声波检测式两种。

①光电检测涡流式空气流量传感器

雷克萨斯 LS400 和皇冠 3.0 型轿车装备的光电检测涡流式流量传感器的结构如图 1-1-6 所示，主要由涡流发生器、发光二极管(LED)、光敏三极管、反光镜、张紧带、集成厚膜控制电路和进气温度传感器组成。

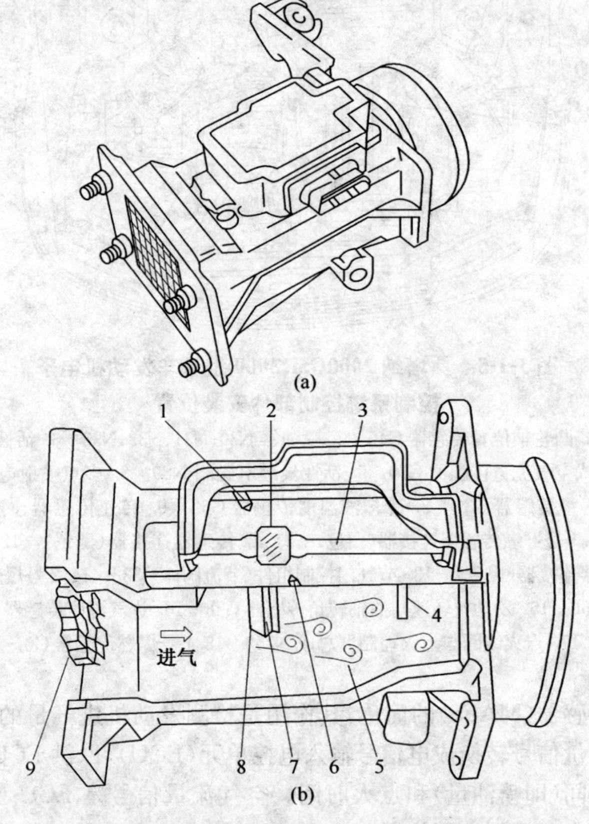

图 1-1-6　光电检测涡流式流量传感器的结构

(a)外形结构　(b)内部结构

1. 发光二极管　2. 反光镜　3. 张紧带　4. 进气温度传感器　5. 涡流　6. 光敏三极管　7. 导压孔　8. 涡流发生器　9. 整流网栅

②超声波检测涡流式流量传感器

超声波检测涡流式流量传感器的结构如图 1-1-7 所示，主要由涡流发生器、超声波发生器、超声波接收器、集成控制电路、进气温度传感器和大气压力传感器等组成。

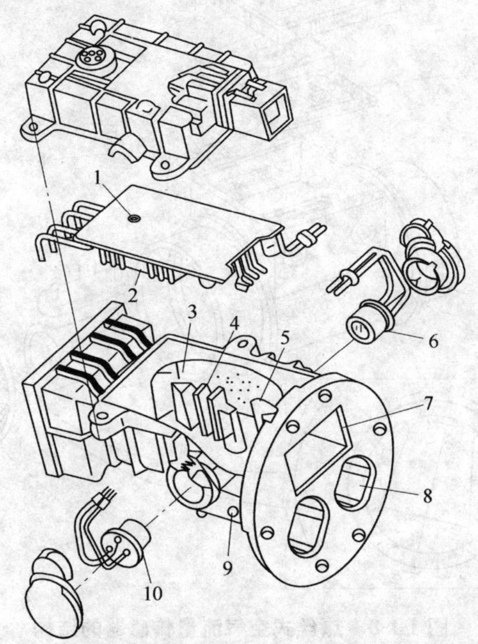

图 1-1-7　超声波检测涡流式流量传感器的结构

1. 大气压力传感器　2. 集成控制电路　3. 涡流发生器　4. 涡流稳定板　5. 旋涡　6. 超声波接收器　7. 主空气道　8. 旁通空气道　9. 进气温度传感器　10. 超声波发生器

(3)热丝式与热膜式空气流量传感器

热丝式与热膜式空气流量传感器主要由发热元件(热丝或热膜)、温度补偿电阻(冷丝或冷膜)、信号取样电阻和控制电路等组成。目前大多数中高档轿车都采用了热膜式空气流量传感器。

①热丝式空气流量传感器的结构。热丝式空气流量传感器的结构如图 1-1-8 所示，传感器壳体两端设置有与进气道相连接的圆形连接接头，空气入口和出口都设有防止传感器受到机械损伤的防护网。传感

器入口与空气滤清器一端的进气管连接,出口与节流阀体一端的进气管连接。

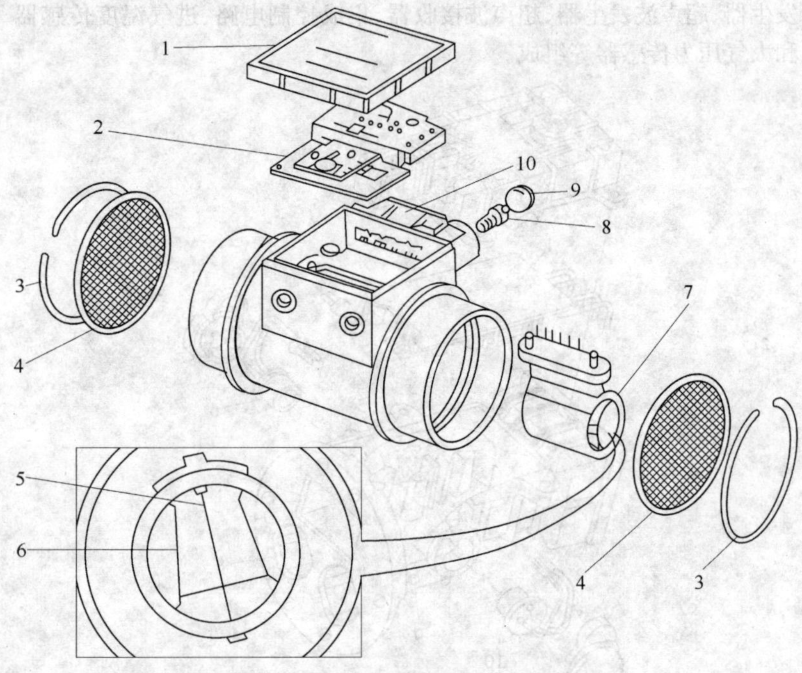

图 1-1-8 热丝式空气流量传感器的结构

1. 传感器密封盖 2. 印制控制电路板 3. 卡环 4. 防护网 5. 温度补偿电阻丝(冷丝) 6. 铂金丝(热丝) 7. 取样管 8. CO 调节螺钉 9. 防护塞 10. 接线插座

②热膜式空气流量传感器的结构特点。热膜式空气流量传感器是热丝式传感器的改进产品,其发热元件采用平面形铂金属薄膜(厚约200nm)电阻器,故称为热膜电阻。捷达 AT、GTX 和桑塔纳 2000GSi、3000 型轿车采用的热膜式空气流量传感器的结构如图 1-1-9 所示。

在传感器内部的进气通道上设有一个矩形护套(相当于取样管),热膜电阻设在护套内。为了防止污物沉积到热膜电阻上影响测量精度,在护套的空气入口一侧设有空气过滤层,用以过滤空气中的污物。为了防止进气温度变化使测量精度受到影响,在热膜电阻附近的气流上游设有铂金属膜式温度补偿电阻，如图 1-1-10 所示。温度补偿电阻和热膜电阻与传感器内部控制电路连接，控制电路与线束连接器插座连接，线束插座设在传感器壳体中部。

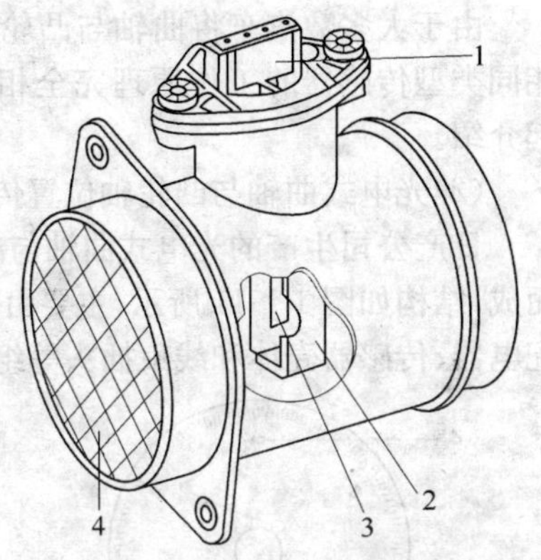

图 1-1-9　热膜式 AFS 的结构

1. 接线插座　2. 护套　3. 铂金属膜　4. 防护网

2. 曲轴位置与凸轮轴位置传感器

(1)曲轴位置与凸轮轴位置传感器的功用与类型

曲轴位置传感器(CPS)又称为发动机转速与曲轴转角传感器，其功用是采集发动机曲轴转速与转角信号并输入 ECU，以便计算确定并控制喷油提前角与点火提前角。

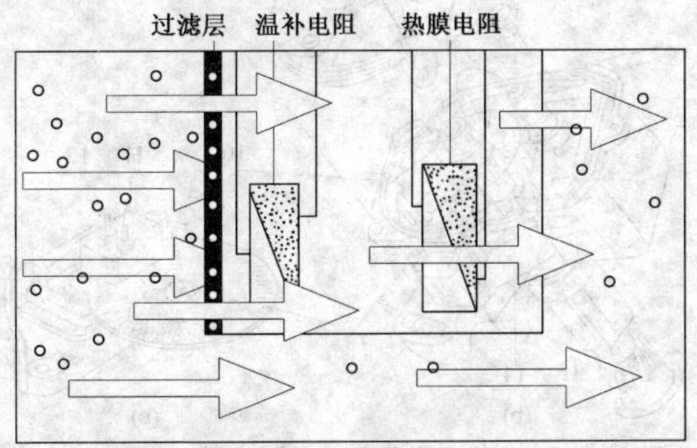

图 1-1-10　热膜式 AFS 内部元件示意图

凸轮轴位置传感器(CIS)又称为判缸传感器，其功用是采集配气凸轮轴的位置信号并输入 ECU，以便确定活塞处于压缩(或排气)行程上止点的位置。

发动机燃油喷射系统常用的曲轴位置与凸轮轴位置传感器分为光电式、磁感应式和霍尔式三种类型。

由于大多数汽车将曲轴与凸轮轴两种位置传感器制作成一体，且相同类型传感器的工作原理完全相同，所以将这两种传感器组合在一起介绍。

(2)光电式曲轴与凸轮轴位置传感器

日产公司生产的光电式曲轴与凸轮轴位置传感器是由分电器改进而成，结构如图 1-1-11 所示，主要由信号发生器、信号盘(即信号转子)、配电器、传感器壳体和线束插头等组成。

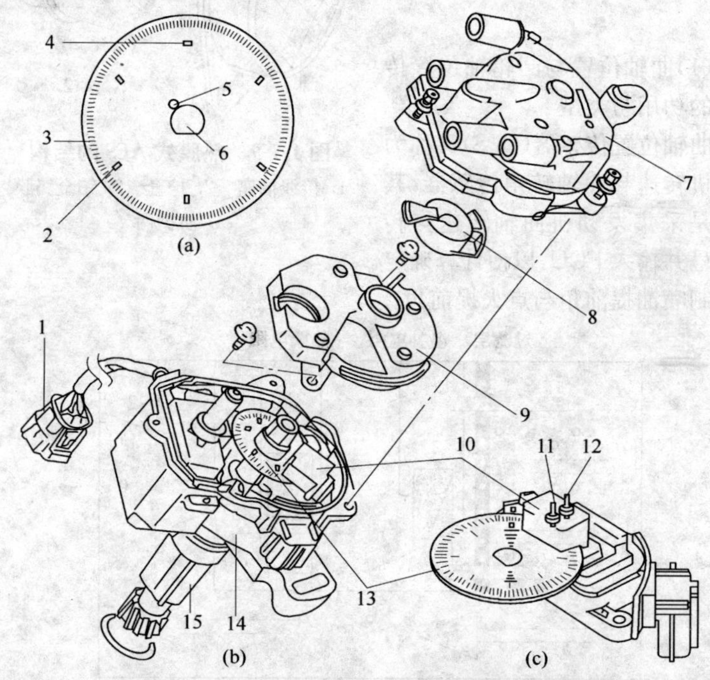

图 1-1-11　光电式曲轴与凸轮轴位置传感器结构

(a)信号盘结构　(b)传感器结构　(c)信号发生器结构

1. 线束插头　2. 上止点信号透光孔　3. 曲轴转角信号透光孔　4. 第一缸上止点信号透光孔　5. 定位销　6、15. 传感器轴　7. 传感器盖　8. 分火头　9. 防护盖　10. 信号发生器　11. G 信号(上止点信号)传感器　12. Ne 信号(转速与转角信号)传感器　13. 信号盘　14. 传感器壳体

信号盘压装在传感器轴上，结构如图 1-1-11a 所示。在靠近信号盘

的边缘位置制作有间隔弧度均匀的内、外两圈透光孔。其中,外圈制作有 360 个长方形透光孔(缝隙),间隔弧度为 1°(透光孔占 0.5°,遮光部分占 0.5°),用于产生曲轴转角与转速信号。内圈制作有 6 个透光孔(长方形孔),间隔弧度为 60°,用于产生各个气缸的上止点位置信号,其中有 1 个长方形宽边稍长的透光孔,用于产生第一缸上止点位置信号。

信号发生器固定在传感器壳体上,由 Ne 信号(曲轴位置信号)发生器、G 信号(凸轮轴位置信号)发生器以及信号处理电路组成,如图 1-1-11c 所示。Ne 与 G 信号发生器均由一只发光二极管(LED)和一只光敏三极管组成,两只 LED 分别正对着两只光敏三极管。

(3)磁感应式曲轴位置与凸轮轴位置传感器

①捷达与桑塔纳轿车磁感应式曲轴位置传感器。

捷达 AT、GTX、桑塔纳 2000GSi、3000 型轿车的磁感应式曲轴位置传感器安装在曲轴箱内靠近离合器一侧的气缸体上,其结构如图 1-1-12 所示,主要由信号发生器和信号转子组成。

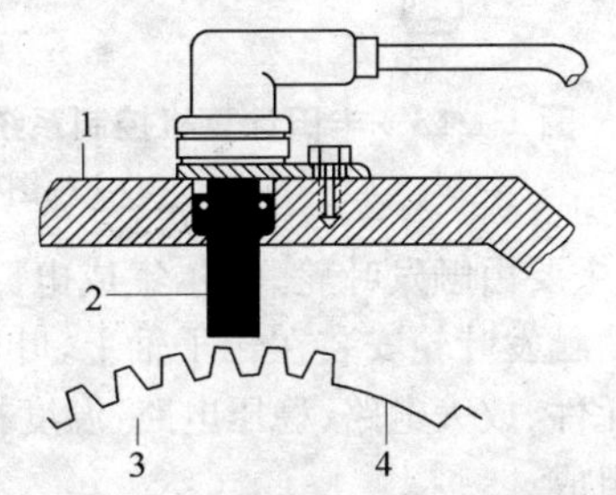

图 1-1-12　捷达轿车 CPS 的结构

1. 气缸体　2. 传感器磁头　3. 信号转子　4. 大齿缺(输出曲轴位置基准标记)

信号发生器用螺钉固定在发动机气缸体上,由永久磁铁、传感线圈和线束插头组成。传感线圈又称为信号线圈,永久磁铁上带有一个磁头,磁头正对安装在曲轴上的齿盘式信号转子,磁头与磁轭(导磁板)连接而构成导磁回路。

②丰田汽车磁感应式曲轴与凸轮轴位置传感器:丰田计算机控制系统用的磁感应式曲轴与凸轮轴位置传感器由分电器改进而成,结构如图 1-1-13 所示,由上、下两部分组成。上部分为凸轮轴位置传感器,又称为基准信号或 G 信号发生器,其功用是产生气缸识别信号。下部分为曲轴位置传感器,又称为 Ne 信号发生器,其功用是产生曲轴转速与转角信号。

(4)霍尔式曲轴与凸轮轴位置传感器

①霍尔式传感器的结构。霍尔式传感器的基本结构如图 1-1-14 所

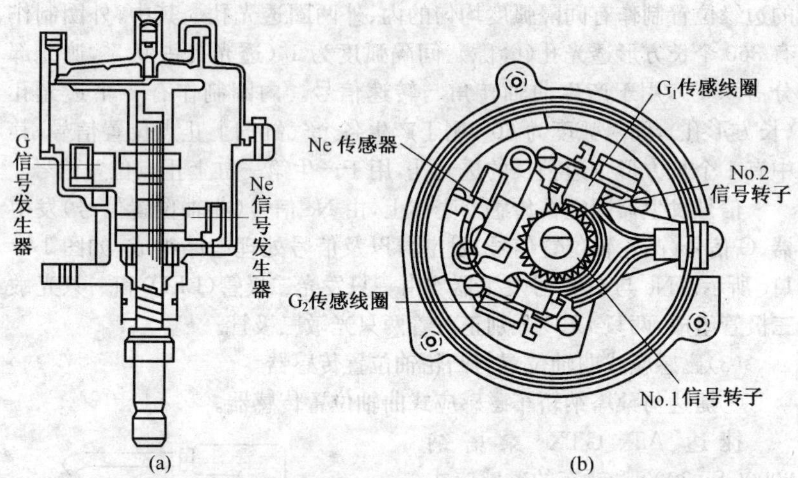

图 1-1-13　丰田计算机控制系统 TCCS 系统用 CPS 与 CIS 的结构

(a)主视图　(b)俯视图

示,主要由触发叶轮、霍尔集成电路、导磁钢片(磁轭)与永久磁铁等组成。触发叶轮安装在转子轴上,叶轮上制有叶片。霍尔集成电路由霍尔元件、放大电路、稳压电路、温度补偿电路、信号变换电路和输出电路等组成。

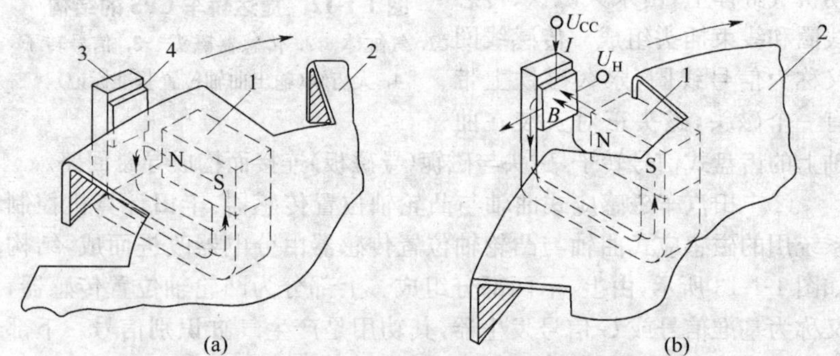

图 1-1-14　霍尔式传感器结构及工作原理

(a)叶片进入气隙,磁场被旁路　(b)叶片离开气隙,磁场饱和

1. 永久磁铁　2. 触发叶轮　3. 磁轭　4. 霍尔集成电路

②捷达与桑塔纳轿车用霍尔式凸轮轴位置传感器。

捷达 AT、GTX、桑塔纳 2000GSi、3000 型轿车采用的霍尔式凸轮轴位置传感器安装在发动机配气凸轮轴的一端，结构与连接电路如图 1-1-15 所示，主要由霍尔信号发生器和信号转子组成。

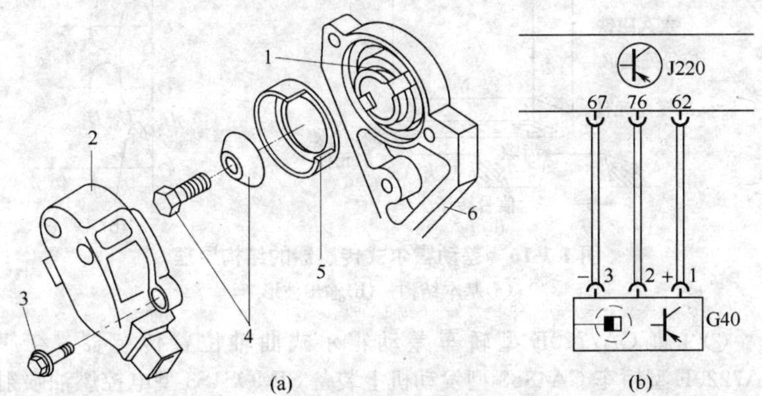

图 1-1-15 捷达与桑塔纳 2000GSi、3000 型轿车用霍尔式凸轮轴位置传感器

(a)结构图 (b)连接线路

1. 凸轮轴套 2. 凸轮轴位置传感器 3. 固定螺钉 4. 定位螺栓与座圈 5. 信号转子 6. 气缸体

信号转子又称为触发叶轮，安装在配气凸轮轴的一端，用定位螺栓和座圈定位固定。信号转子的隔板又称为叶片，在隔板上制有一个窗口，窗口对应产生的信号为低电平信号，隔板（叶片）对应产生的信号为高电平信号。霍尔式信号发生器主要由霍尔集成电路、永久磁铁和导磁钢片等组成。霍尔集成电路由霍尔元件、放大电路、稳压电路、温度补偿电路、信号变换电路和输出电路等组成。霍尔元件用硅半导体材料制成，与永久磁铁之间留有 0.2～0.4mm 的间隙。当信号转子随配气凸轮轴一同转动时，隔板和窗口便从霍尔集成电路与永久磁铁之间的气隙中转过。

(5)差动霍尔式曲轴位置传感器

红旗 CA7220E 轿车与切诺基吉普车采用了差动霍尔式曲轴位置传感器，其凸轮轴位置传感器均为普通霍尔式传感器。

①差动霍尔式传感器的结构。差动霍尔式传感器又称为双霍尔式传感器，其外形结构与磁感应式传感器十分相似，但工作原理有所不

同。差动霍尔式传感器的基本结构如图 1-1-16a 所示，由带凸齿的信号转子和霍尔信号发生器组成。

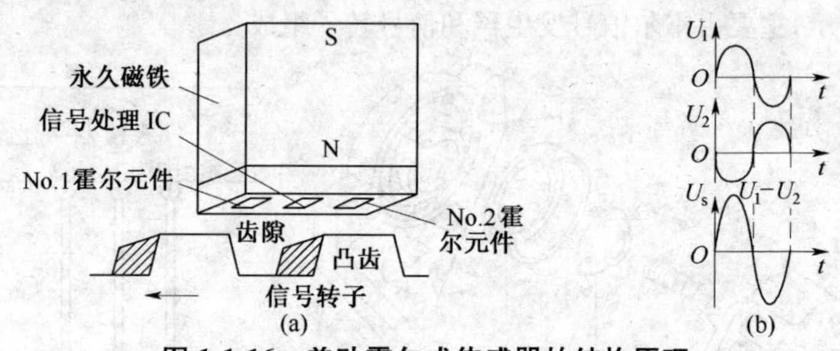

图 1-1-16　差动霍尔式传感器的结构原理

(a)基本结构　(b)输出波形

②红旗 CA7720E 型轿车差动霍尔式曲轴位置传感器。红旗 CA7220E 型轿车 CA4883 型发动机上装备 SIMOS4S3 型电控燃油喷射系统，它所采用的差动霍尔式曲轴位置传感器由信号转子与信号发生器组成。信号转子为齿盘式，安装在变速器壳体前端，结构与捷达 AT、GTX 型轿车用磁感应式曲轴位置传感器转子相似，在其圆周上间隔均匀地制作有 58 个凸齿、57 个小齿缺和 1 个大齿缺。大齿缺输出基准信号，对应于发动机 1 缸或 4 缸压缩上止点前一定角度。大齿缺所占的弧度相当于 2 个凸齿和 3 个小齿缺所占的弧度。因为信号转子随曲轴一同旋转，曲轴旋转 1 圈，信号转子也旋转 1 圈，所以信号转子圆周上的凸齿和齿缺所占的曲轴转角为 360°，每个凸齿和小齿缺所占的曲轴转角均为 3°(58×3°＋57×3°＝345°)，大齿缺所占的曲轴转角为 15°(2×3°＋3×3°＝15°)，信号波形，如图 1-1-17a 所示。

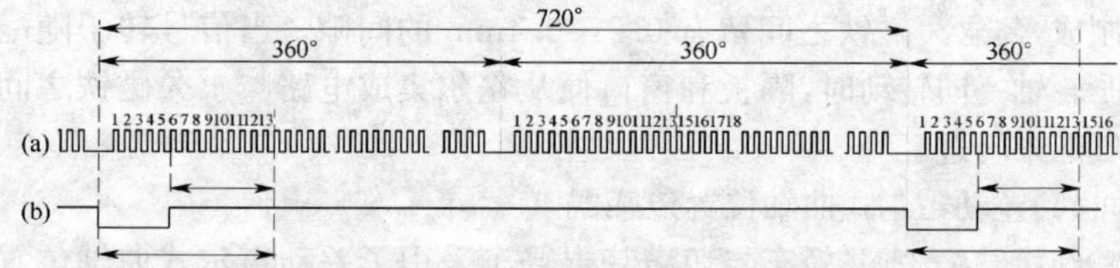

图 1-1-17　CA7220E 型轿车曲轴与凸轮轴位置传感器信号关系

(a)曲轴位置传感器信号　(b)凸轮轴位置传感器信号

③红旗 CA7720E 型轿车霍尔式凸轮轴位置传感器。该传感器与

捷达 AT、GTX 型轿车的凸轮轴位置传感器结构相似，原理相同，安装在分电器壳体内部。发动机曲轴旋转 2 圈，凸轮轴位置传感器输出一个负向脉冲信号，高电平为 11V，低电平为 0V。设计安装应保证：信号下降沿出现在曲轴位置传感器凸齿转子第 59 与 60 凸齿产生的信号中间，即对应于 1 缸压缩上止点前 88°～94°，信号上升沿出现在曲轴位置传感器凸齿转子第 5 与 6 凸齿产生的信号中间，即对应于 1 缸压缩上止点前 52°～58°。

3. 压力传感器

(1)压力传感器的功用与类型

压力传感器的功用就是将气体或液体的压力转换为电信号。压力传感器按结构可分为半导体压阻效应式、应变片式和差动变压器式三种。在汽车电控系统中，检测压力较高的制动油液或传动油液时，一般采用应变片式传感器；检测压力较低的进气支管压力和大气压力时，一般采用半导体压阻效应式传感器。

(2)压阻效应式支管压力传感器的功用和结构

①功用。支管压力传感器的全称是进气支管绝对压力传感器(MAP)，其功用是通过检测进气支管或稳压箱内空气压力来反映发动机的负荷状况，并将发动机负荷状况转变为电信号输入发动机电控单元(ECU)，以供 ECU 计算确定喷油时间(即喷油量)和点火时间。

在发动机燃油喷射系统中，如果安装了支管压力传感器，就无需安装空气流量传感器；反之，如果安装了空气流量传感器，那么就无需安装支管压力传感器。

②结构。各型汽车用支管压力传感器的结构大同小异，主要由硅膜片、真空室、混合集成电路、真空管接头和线束插头等组成，如图 1-1-18 所示。

支管压力传感器的安装位置比较灵活，只要将节气门至进气支管之间的进气压力引入传感器，就可将传感器安放在任何位置。桑塔纳 GLi、桑塔纳 2000GLi 型轿车将传感器安装在进气稳压箱上，进气口直接伸入稳压箱内，所以传感器上没有连接软管。

压阻效应式支管压力传感器的内部结构如图 1-1-19 所示，主要由硅膜片 5、真空室 4、硅杯 3、半导体压敏电阻 7、底座 10、真空管 11 和电极引线 9 等组成。

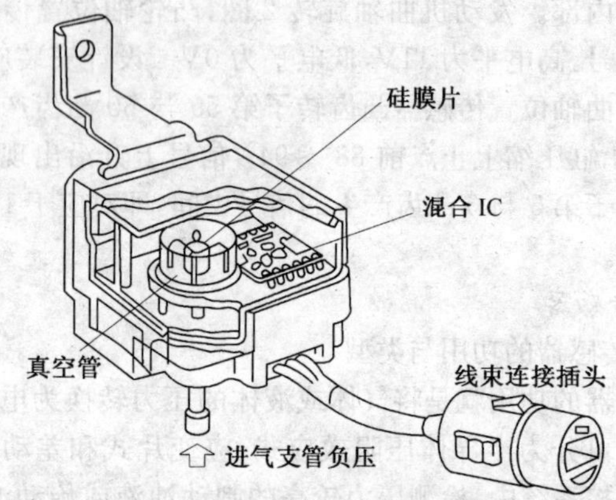

图 1-1-18 支管压力传感器结构

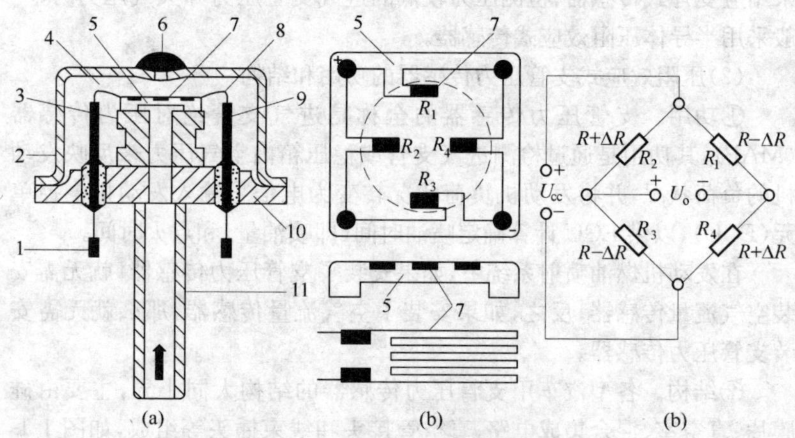

图 1-1-19 支管压力传感器内部结构

(a)剖面图 (b)硅膜片结构 (c)等效电路图

1. 引线端子 2. 壳体 3. 硅杯 4. 真空室 5. 硅膜片 6. 锡焊封口 7. 压敏电阻 8. 金线电极 9. 电极引线 10. 底座 11. 真空管

4. 节气门位置传感器

(1)节气门位置传感器的功用

各型汽车的节气门位置传感器(TPS)都安装在节气门体上节气门

轴的一端。其功用是将节气门开度(即发动机负荷)大小转变为电信号输入发动机 ECU,以便确定空燃比的大小。在装备电子控制自动变速器的汽车上,节气门位置传感器信号还要输入变速器电控单元(ECT ECU),作为确定变速器换档时机和变矩器锁止时机的主要信号。

(2)节气门位置传感器的类型

按结构不同,节气门位置传感器分为触点式、可变电阻式、触点与可变电阻组合式三种类型。

(3)触点开关式节气门位置传感器

①触点开关式 TPS 的结构:触点式节气门位置传感器 TPS 的结构如图 1-1-20 所示,主要由节气门轴、大负荷触点(又称为功率触点 PSW)、凸轮、怠速触点 IDL 和接线插座组成。凸轮随节气门轴转动,节气门轴随节气门开度(发动机负荷)大小的变化而变化。

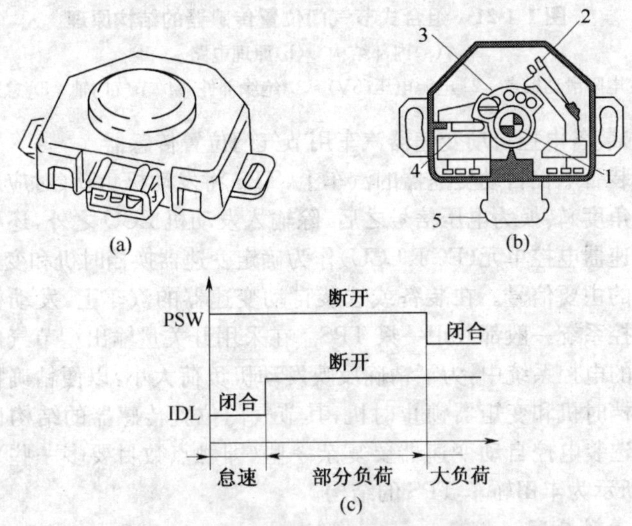

图 1-1-20　触点式节气门位置传感器的结构

(a)外形图　(b)内部结构　(c)输出特性

1. 节气门轴　2. 功率触点(PSW)　3. 凸轮　4. 怠速触点(IDL)　5. 接线插座

(4)组合式节气门位置传感器

①组合式 TPS 的结构:丰田轿车用组合式节气门位置传感器的基

本结构与原理电路如图 1-1-21 所示，主要由可变电阻、滑动触点、节气门轴、怠速触点和壳体组成。可变电阻为镀膜电阻，制作在传感器底板上，可变电阻的滑臂随节气门轴一同转动，滑臂与输出端子 VTA 连接。

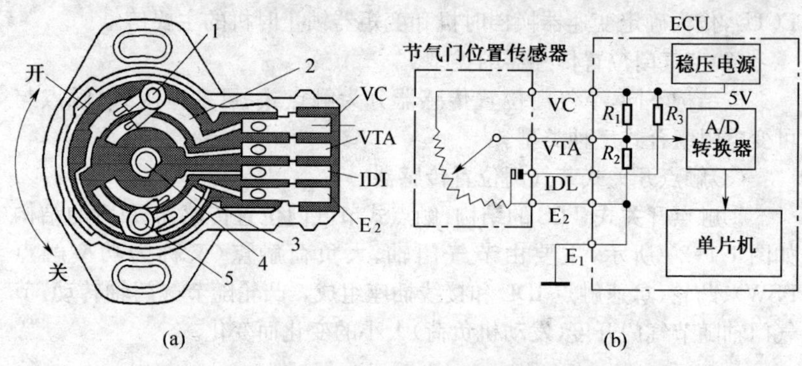

图 1-1-21 组合式节气门位置传感器的结构原理

(a)内部结构 (b)原理电路

1. 可变电阻滑动触点 2. 电源电压(5V) 3. 绝缘部件 4. 节气门轴 5. 怠速触点

(5)装备电控自动变速器汽车用节气门位置传感器

在装备电控自动变速器的汽车上，TPS 将发动机负荷(对应于节气门开启角度)转换为电压信号之后，除输入发动机 ECU 之外，还要输入自动变速器电控单元(ECT ECU)作为确定变速器换档时机和变矩器锁止时机的主要信号。在装备或选装自动变速器的汽车上，发动机和变速器电控系统一般都共用一只 TPS。在采用开关量输出型节气门位置传感器的电控系统中，为了精确反映发动机负荷大小，以便精确控制变速器换档时机和变矩器锁止时机，其节气门位置传感器的结构比不装备或不选装电控自动变速器要复杂一些(即触点数目要多一些)，如图 1-1-22所示为丰田轿车 TPS 的结构。

5. 氧传感器

(1)氧传感器的功用

氧传感器是排气氧传感器(EGO)的简称，其功用是通过监测排气中氧离子的含量来获得混合气的空燃比信号，并将空燃比信号转变为电信号输入发动机 ECU。ECU 根据氧传感器信号对喷油时间进行修正，实现空燃比反馈控制(闭环控制)，从而将过量空气系数控制在 0.98～

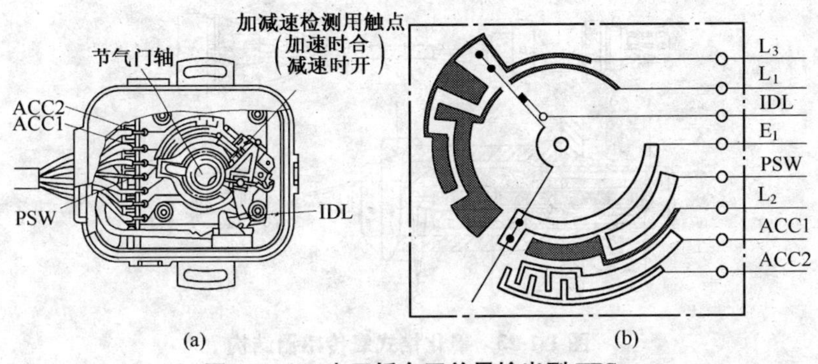

图 1-1-22　丰田轿车开关量输出型 TPS

(a)结构图　(b)原理图

1.02 的范围内(空燃比 A/F 约为 14.7),使发动机得到最佳浓度的混合气,从而达到降低有害气体的排放量和节约燃油之目的。

(2)氧传感器的类型

汽车发动机燃油喷射系统采用的氧传感器分为氧化锆(ZrO_2)式和氧化钛(TiO_2)式两种类型,氧化锆式氧传感器又分为加热型与非加热型氧传感器两种,氧化钛式一般都为加热型传感器。由于实用的氧化钛式氧传感器价格便宜,且不易受到硅离子的腐蚀,因此,越来越多的汽车采用氧化钛式氧传感器。

(3)氧化锆式氧传感器

①氧化锆式氧传感器的结构。氧化锆式氧传感器的结构如图 1-1-23 所示,主要由钢质护管、钢质壳体、锆管、加热元件、电极引线、防水护套和线束插头等组成。

国产轿车大都采用非加热型氧传感器,其线束插头只有一个或两个接线端子;中高档轿车大都采用加热型氧传感器,其线束插头有三个或四个接线端子。加热器采用陶瓷加热元件制成,设在锆管内侧,由汽车电源通入电流进行加热。

②氧化锆式氧传感器的工作条件:氧化锆式氧传感器必须满足发动机温度＞60℃、氧传感器自身温度＞300℃以及发动机工作在怠速工况和部分负荷工况三个条件,才能正常调节混合气浓度。因此在设计制作空燃比反馈控制系统时,将氧传感器安装在温度较高的排气管上。

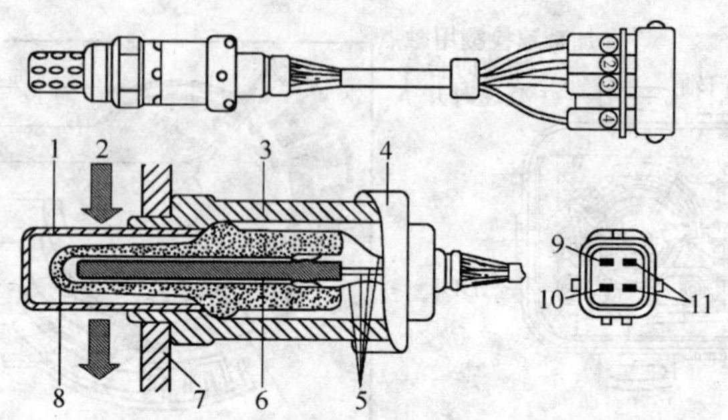

图 1-1-23　氧化锆式氧传感器结构

1. 钢质护管　2. 排气　3. 壳体　4. 防水护套　5. 电极引线　6. 陶瓷加热元件　7. 排气管　8. 二氧化锆固体电解质陶瓷管(锆管)　9. 加热元件电源端子　10. 加热元件搭铁端子　11. 信号输出端子

同时,为了使氧传感器迅速达到工作温度(300℃)而投入工作,现代汽车采用了加热器对锆管进行加热。

(4)氧化钛式氧传感器

①氧化钛式氧传感器的结构:二氧化钛式氧传感器的外形与氧化锆式氧传感器相似,结构如图 1-1-24 所示,主要由二氧化钛传感元件、钢质壳体、加热元件和电极引线等组成。其工作电路如图 1-1-25 所示。

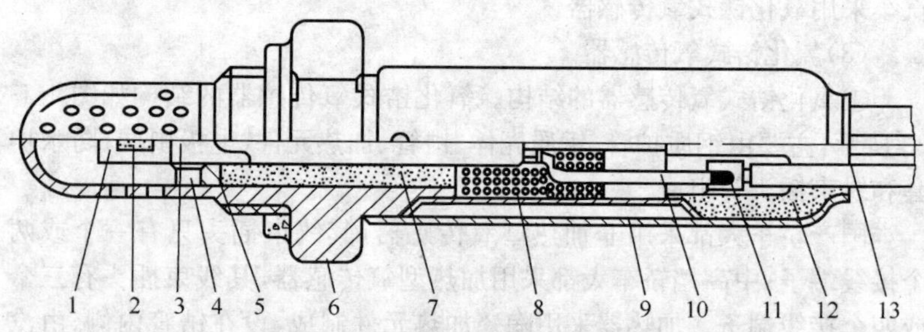

图 1-1-24　氧化钛式氧传感器结构

1. 加热元件　2. 二氧化钛元件　3. 基片　4. 垫圈　5. 密封圈　6. 壳体　7. 滑石粉填料　8. 密封釉　9. 护套　10. 电极引线　11. 连接焊点　12. 密封衬垫　13. 传感器引线

②氧化钛式氧传感器的工作条件:氧化钛式氧传感器必须满足发

动机温度＞60℃、氧传感器自身温度＞600℃以及发动机工作在怠速工况和部分负荷工况三个条件，才能正常调节混合气浓度。因此，设计制作氧化钛式传感器时，也将其安装在温度较高的排气管上，同时采用了直接加热方式使氧化钛传感元件温度迅速达到工作温度（600℃）而投入工作。

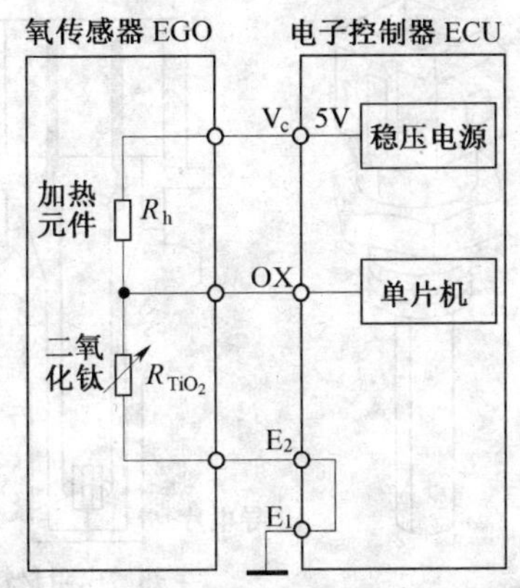

图 1-1-25　氧化钛式 EGO 工作电路

6. 温度传感器

(1)温度传感器的功用与类型

冷却液温度传感器(CTS)通常称为水温传感器，安装在发动机冷却液出水管道上，其功用是将发动机冷却液温度信号变换为电信号输入 ECU，以便 ECU 修正喷油时间和点火时间，使发动机处于最佳工作状态。

进气温度传感器(IATS)安装在进气管路中，其功用就是将进气温度信号变换为电信号输入 ECU，以便 ECU 修正喷油量。

温度传感器种类很多，常用的有热敏电阻式、金属热电阻式、线绕电阻式、半导体晶体管式等。热敏电阻可分为负温度系数(NTC)热敏电阻、正温度系数(PTC)热敏电阻、临界温度热敏电阻(CTR)、线型热敏电阻。汽车上普遍采用负温度系数(NTC)热敏电阻式温度传感器，如冷却液温度传感器、进气温度传感器、排气温度传感器、燃油温度传感器等。

(2)热敏电阻式温度传感器的结构

热敏电阻式温度传感器的结构型式如图 1-1-26 所示，主要由热敏电阻、金属引线、接线插座和壳体等组成。

热敏电阻的外形制作成珍珠形、圆盘形（药片形）、垫圈形、梳状芯片形、厚膜形等，放置在传感器的金属管壳内。在热敏电阻的两个端面各引出一个电极并连接到传感器插座上。

传感器壳体上制作有螺纹，以便安装与拆卸。接线插座分为单端

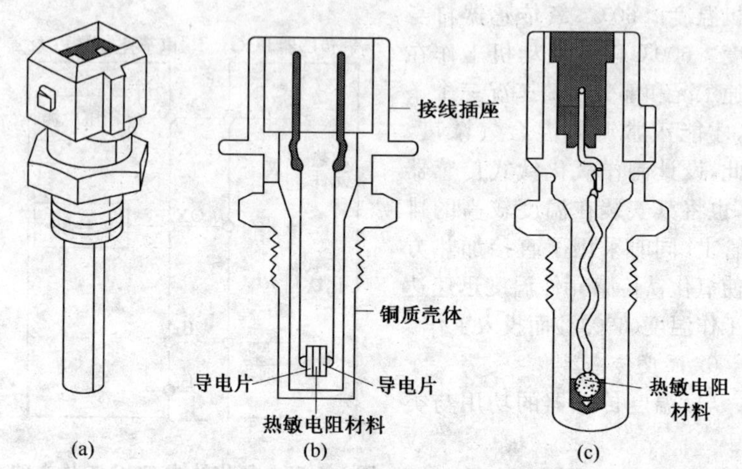

图 1-1-26　热敏电阻式温度传感器的结构

(a)外形　(b)两端子式　(c)单端子式

子式和两端子式两种，中高档轿车燃油喷射系统一般采用两端子式温度传感器，低档轿车燃油喷射系统以及汽车仪表一般采用单端子式温度传感器。如传感器插座上只有一个接线端子，则壳体为传感器的一个电极。目前电控系统使用的温度传感器插座大多数都有两个接线端子，分别与 ECU 插座上的相应端子连接，以保证传递信号的可靠性。

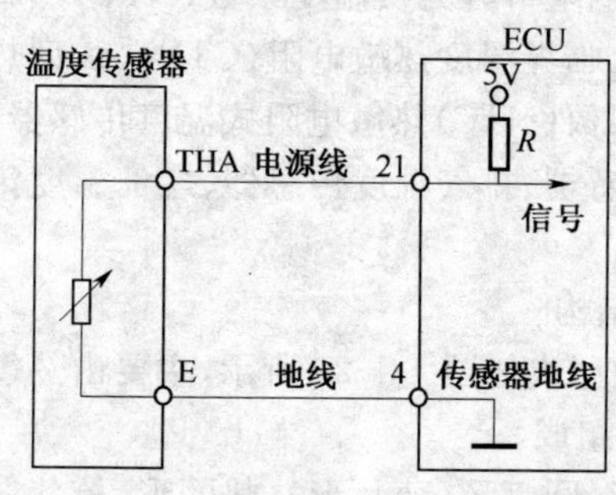

图 1-1-27　温度传感器工作电路

对于结构一定的负温度系数型热敏电阻式温度传感器，其电阻具有温度升高电阻值减小、温度降低电阻值增大的特性，而且呈明显的非线性关系。温度传感器的工作电路如图 1-1-27 所示。

7. 爆燃传感器

(1)爆燃传感器的功用与类型

爆燃传感器是闭环控制点火系统必不可少的传感器。其功用是将发动机爆燃信号转换为电信号输入 ECU，以便 ECU 修正点火提前角，防止发动机产生爆燃而降低输出功率。

爆燃传感器按结构不同，可分为压电式和磁致伸缩式两种。通用和日产汽车采用了磁致伸缩式爆燃传感器。桑塔纳GLi、2000GLi、2000GSi、捷达AT、GTX型等国产轿车采用了压电式爆燃传感器。

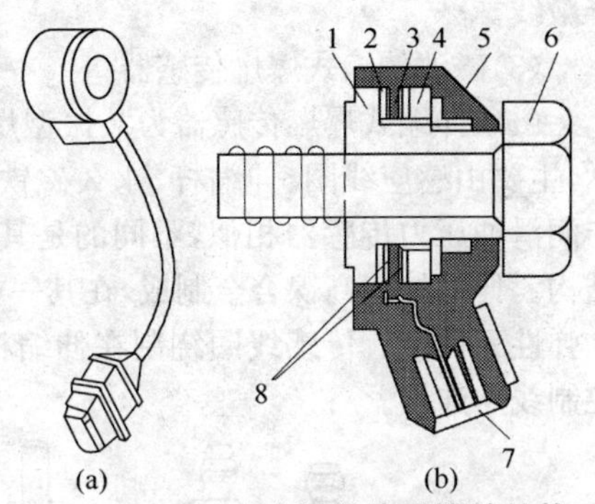

图1-1-28　压电式爆燃传感器的结构

(a)传感器外形　(b)内部结构

1. 套筒　2. 绝缘垫圈　3. 压电元件　4. 惯性配重　5. 塑料壳体　6. 固定螺栓　7. 接线插座　8. 电极

(2)压电式爆燃传感器

目前，大多数汽车都采用了非共振型压电式爆燃传感器。如图1-1-28所示为桑塔纳GLi、2000GLi、2000GSi、捷达AT、GTX型轿车采用的压电式爆燃传感器的结构，主要由套筒、压电元件、惯性配重、塑料壳体和接线插座等组成。

桑塔纳GLi、2000GLi型轿车采用了一只爆燃传感器，安装在气缸体右侧(车前视)第二、三缸之间；桑塔纳2000GSi、捷达AT、GTX型轿车采用了二只爆燃传感器，分别安装在发动机进气道一侧气缸体上第一、二缸之间和第三、四缸之间，一只检测第一、二缸爆燃信号、另一只检测第三、四缸爆燃信号。

压电元件是爆燃传感器的主要部件，制作成垫圈形状，在其两个侧面上安放有金属垫圈作为电极，并用导线引到接线插座上。惯性配重与压电元件以及压电元件与传感器套筒之间安放有绝缘垫圈，套筒中心制作有螺孔，传感器用螺栓安装固定在发动机气缸体上，调整螺栓的拧紧力矩便可调整传感器输出的信号电压〔传感器的输出特性出厂时已经调好，使用中拧紧力矩不得随意调整，捷达AT、GTX型、桑塔纳2000GSi型轿车的标准拧紧力矩为(25±5)N·m〕。

惯性配重用来传递发动机振动产生的惯性力，惯性配重与塑料壳体之间安装有盘形弹簧，借弹簧张力将惯性配重、压电元件和垫圈等部件压紧在一起。传感器插座上有三根引线，其中两根为信号线，一根为屏蔽线。

(3)磁致伸缩式爆燃传感器

磁致伸缩式爆燃传感器为共振型爆燃传感器，结构如图 1-1-29 所示，主要由感应线圈、伸缩杆、永久磁铁和壳体组成。可见其外形结构与润滑油压力传感器相似，不同的是其旋入发动机气缸体部分为实心结构。伸缩杆用高镍合金制成，在其一端设置有永久磁铁，另一端安放在弹性元件上。传感线圈绕制在伸缩杆的周围，线圈两端引出电极与控制线路连接。

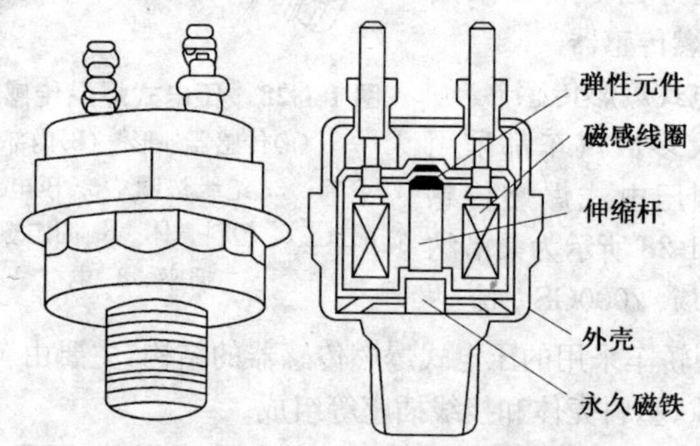

图 1-1-29 磁致伸缩式爆燃传感器的结构

8. 车速传感器(VSS)

车速传感器的功用是将汽车行驶速度转换为电信号输入燃油喷射控制、防抱死制动控制、自动变速控制以及巡航控制等电控单元，以便完成相应的控制功能。

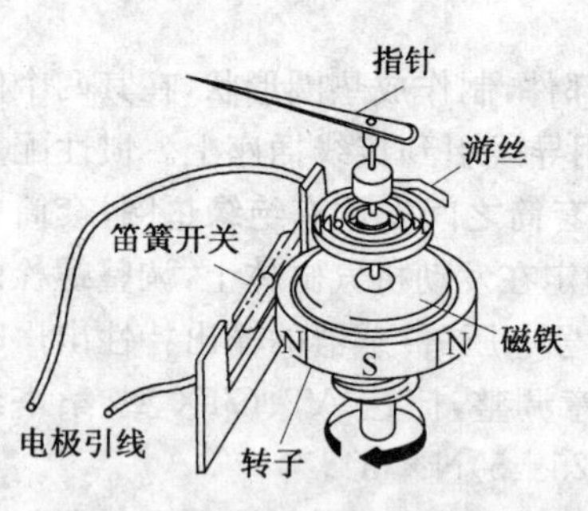

图 1-1-30 笛簧开关式车速传感器

汽车常用车速传感器有光电式、磁感应式和笛簧开关式三种。笛簧开关式车速传感器一般都安装在车速表内，结构如图 1-1-30 所示，主要由笛簧开关和永磁转子组成。

9. 开关控制信号

(1)蓄电池电压信号

蓄电池电压信号是表示电源电压高低的信号。在各型汽车上，蓄电池正极都直接与ECU连接，不受任何开关控制，如图1-1-31a所示。

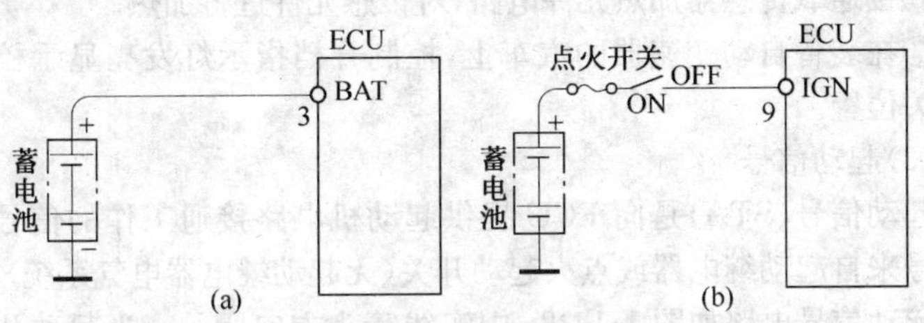

图1-1-31　蓄电池电压信号与点火开关信号电路

(a)蓄电池电压信号电路　(b)点火开关信号电路

蓄电池电压信号输入ECU的主要目的是：

①当蓄电池电压变化时，ECU将对喷油持续时间进行修正。电压升高时，减少喷油时间电压降低时，增加喷油时间。

②当蓄电池电压变化时，ECU将对点火线圈一次绕组电路接通时间进行修正。电压升高时，减少接通时间电压降低时，增加接通时间。

③保存存储器中的故障代码。在汽车上，各种电子控制系统的故障代码都存储在随机存储器(RAM)中，因为RAM一旦断电，其内部存储的信息就会消失，所以需要蓄电池保持供电。发动机停止工作时，存储器消耗电流很小，为5～20mA。

(2)点火开关信号

点火开关信号是表示点火开关接通的信号。在控制线路中，点火开关与ECU的连接关系如图1-1-31b所示。

当点火钥匙旋转到“ON(接通)”位置时，点火开关将ECU的电源(12V)接通，此时ECU将控制执行以下动作：

①怠速控制步进电机进入预先设定位置。

②根据空气流量或支管压力、大气压力和进气温度传感器信号，确定基本喷油时间。

③根据冷却液温度传感器信号，计算修正喷油时刻和点火时刻。

④监测节气门位置传感器信号。

⑤接通燃油泵电路使燃油泵运转。如果不起动发动机(即ECU未

接收到起动信号 STA)，那么 ECU 控制燃油泵工作约 1s 后将切断燃油泵电路。

⑥接通氧传感器加热元件电路，对传感元件进行加热。

⑦在装备自动变速器的汽车上，控制升档指示灯发亮显示档位转换开关位置。

(3)起动信号

起动信号(STA)是向 ECU 提供起动机电路接通工作的信号。起动信号来自起动继电器或点火起动开关(无起动继电器电气系统)。

起动信号电路如图 1-1-32a 中实线箭头方向所示。当起动开关接

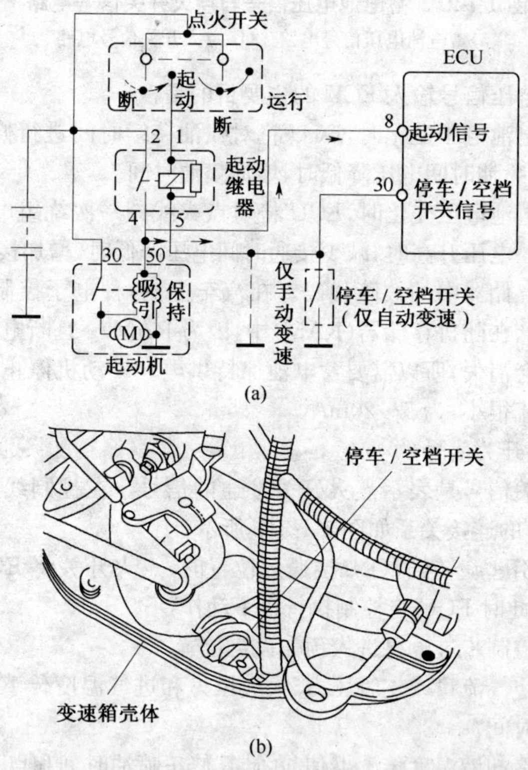

图 1-1-32　起动信号与空档安全开关信号电路

(a)起动与空档安全信号电路　(b)空档安全开关安装位置

通时，起动信号从起动继电器触点输入ECU，ECU接收到起动信号(STA)后，执行以下控制动作：

①除了监视点火开关接通时输入的信号之外，开始监测曲轴位置传感器和凸轮轴位置传感器的输入信号，并根据这些信号确定点火时刻和喷油时刻。如果在发动机转动3s内未曾接收到曲轴位置传感器信号，ECU将切断燃油喷射系统电路，同时将曲轴位置传感器故障的代码存入存储器中，以便维修检测时调用。

②控制燃油泵继电器接通燃油泵电路使燃油泵运转。

③如果节气门处于全开状态，ECU将中断燃油喷射(即进入清除溢流状态)。

部分发动机电子控制系统已经取消专用起动信号线，由ECU根据发动机转速信号确定起动状态。

(4)空档安全开关信号

空档安全开关信号(NSW)是表示自动变速器档位选择开关所处位置的信号，又称为空档起动开关信号或停车/空档开关信号。空档起动开关安装在变速器壳体上，如图1-1-32b所示，是一个由自动变速器的选档操纵手柄控制的多位多功能开关。NSW信号用来区别自动变速器的选档操纵手柄是处于P(停车档)或N(空档)位置，还是处于2、L、D、R行驶档位置。

当自动变速器的选档操纵手柄处于P或N位置时，停车/空档开关接通，如图1-1-32a所示，此时起动继电器线圈电路才能接通，并向ECU输入一个低电平(0V)信号。仅在此时，发动机才能起动。

(5)空调(A/C)开关信号

空调A/C开关信号包括空调选择与请求信号。空调开关信号电路如图1-1-33所示。

①空调A/C选择信号。空调选择信号是通知ECU空调被选用而预告发动机负荷增加的信号。在发动机怠速运转的情况下，ECU接收到这个“空调选择信号”(高电平信号)后，就会控制怠速控制阀或步进电机动作，提高发动机转速，防止负荷增大而导致发动机熄火。

②空调A/C请求信号。ECU接收到这个“空调请求信号”(高电平信号)后，就会接通空调继电器线圈电路，使电磁离合器线圈电路接通，

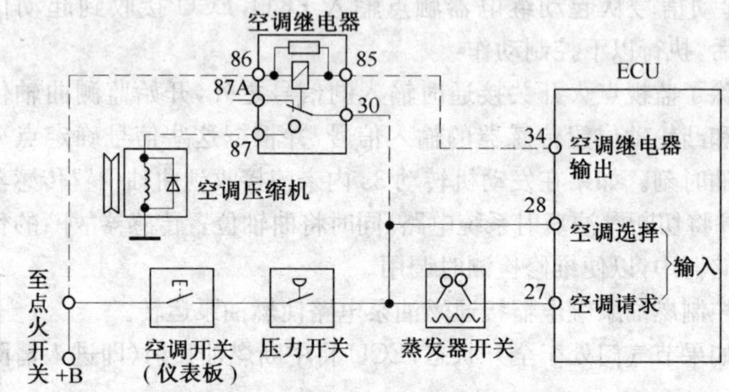

图 1-1-33　空调 A/C 开关信号电路

使空调压缩机投入工作。

当空调系统制冷剂不足时，低压开关就会断开，输入 ECU 空调请求端子的电压为 0V，此时 ECU 将切断空调继电器线圈电路，使空调压缩机停止工作。

当蒸发器温度过高时，蒸发器开关断开，ECU“空调请求”端子的输入电压为 0V，此时 ECU 将切断空调继电器线圈电路，使空调压缩机停止工作，防止蒸发器温度过高而损坏。

二、执行器的结构

执行器又称为执行元件，是电子控制系统的执行机构。汽车电子控制系统执行器的功用是根据 ECU 的指令完成具体的操作动作。发动机燃油喷射系统采用的执行元件有电动燃油泵、电磁喷油器、怠速控制阀(ISC)或怠速控制电机以及活性炭罐电磁阀等。

1. 电动燃油泵

(1)电动燃油泵的功用与类型

电子控制燃油喷射系统均采用电动燃油泵，其功用是向喷油器提供油压高于进气支管压力 250～300kPa 的燃油。由于燃油泵供油量大于发动机的耗油量，因此可以防止供油不足和供油系统油路产生气阻。

常用的有滚柱式、叶片式和齿轮式三种油泵。桑塔纳 GLi、2000GLi 型轿车采用的有博世(Bosch)公司生产的由低压叶片泵和高压齿轮泵组成的 EKP10 型双级电动燃油泵；红旗 CA7200E 型轿车采用的有齿轮式电动燃油泵。按燃油泵安装方式不同,电动燃油泵可分为外装式和内装式两种。外装式安装在燃油箱外的输油管路中,内装式安装在燃油箱内。目前,大多数汽车都采用内装式燃油泵。与外装式油泵相比,内装式油泵不易产生气阻和泄漏,有利于燃油输送和电动机冷却,且噪声较小。

(2)电动燃油泵的结构

①滚柱式电动燃油泵:滚柱式电动燃油泵主要由泵转子、泵体和滚柱组成,如图 1-1-34 所示。电动机的电枢轴较长,泵转子偏心地压装在电枢轴上,随电动机一同转动。泵转子周围制作有齿缺,滚柱安放在齿缺与泵体之间的空腔内。

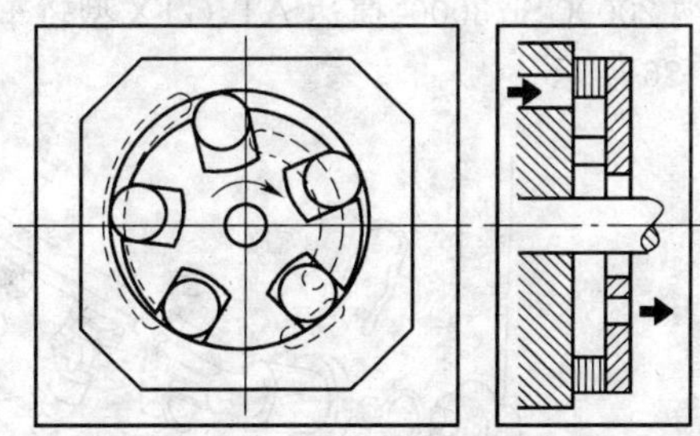

图 1-1-34　滚柱泵的结构与原理

②叶片式电动燃油泵:目前,电控发动机燃油喷射系统趋向于采用平板叶片式电动燃油泵,简称叶片泵,其结构如图 1-1-35 所示,主要由平板叶片转子与泵体组成。

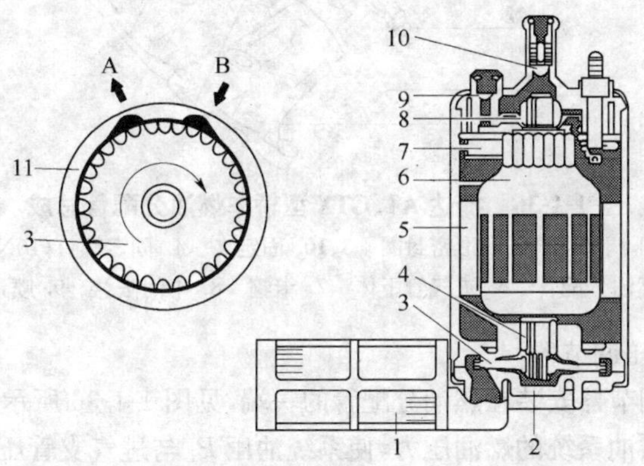

图 1-1-35　叶片泵的结构与原理

1. 滤网　2. 橡胶缓冲垫　3. 平板叶片转子　4、8. 轴承　5. 永磁磁极　6. 电枢
7. 电刷　9. 限压阀　10. 单向阀　11. 泵体　A—出油口　B—进油口

其转子是一块圆形平板，在平板的圆周上制有小槽，叶片上的小槽与泵体之间的空间便形成泵油腔室。

2. 燃油分配管与油压调节器

(1)燃油分配管

燃油分配管又称为供油总管或油架，安装在发动机进气支管上部，其功用是固定喷油器和油压调节器，并将汽油分配给各只喷油器。桑塔纳2000GSi、3000、捷达AT、GTX型轿车燃油分配管总成的结构如图1-1-36所示。

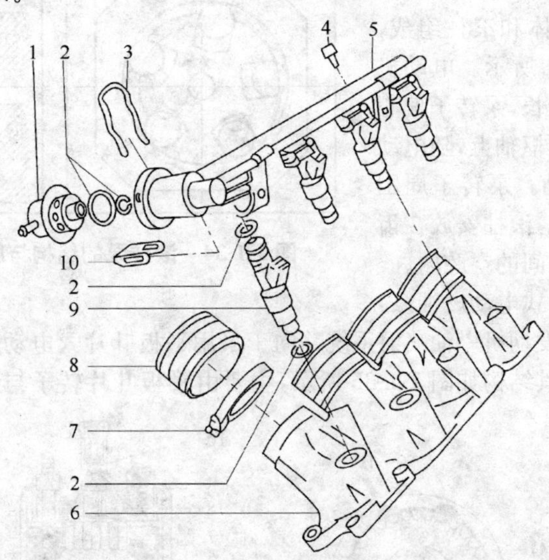

图1-1-36 捷达AT、GTX型轿车燃油分配管总成

1. 油压调节器 2. O形密封圈 3、10. 固定夹 4. 固定螺钉(10N·m) 5. 燃油分配管 6. 进气管下体 7. 卡箍 8. 中间法兰 9. 喷油器

(2)油压调节器

油压调节器安装在燃油分配管的一端，见图1-1-36所示。其功用：一是调节供油系统的燃油压力，使系统油压 P_f 与进气支管压力 P_i 之差 ΔP 保持恒定(一般设定为：$\Delta P = P_s = P_f - P_i = 300\text{kPa}$，其中 P_i 为负值，P_s 为弹簧弹力)；二是缓冲压力波动(燃油泵供油时产生的压力波动和喷油器断续喷油引起的压力波动)。

油压调节器的结构如图1-1-37所示，主要由弹簧，阀体、阀门和铝合金壳体组成。在铝合金壳体上，设有油管接头和真空管接头，进油口接头与燃油分配管连接，回油口接头连接回油管并与油箱相通，真空管接头与节气门至进气支管之间的真空管连接。

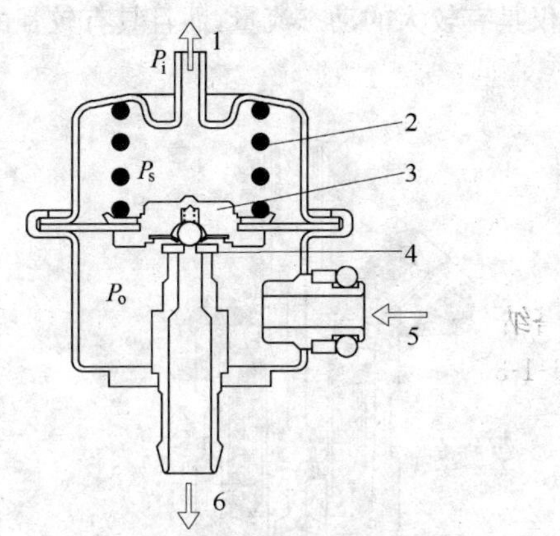

图 1-1-37 油压调节器的结构

1. 支管压力接头 2. 弹簧 3. 阀体 4. 阀门 5. 进油口 6. 回油口

3. 电磁喷油器

(1)功用与类型

电磁喷油器简称喷油器，俗称喷嘴，其功用是根据发动机 ECU 发出的喷油脉冲信号，将计量精确的燃油喷入节气门附近的进气支管内。

按喷油器的总体结构不同，喷油器可分为轴针式、球阀式和片阀式三种。目前，主要采用球阀式喷油器。按喷油器电磁线圈电阻值大小，喷油器可分为高阻型（13～18Ω）和低阻型（1～3Ω）两种。在室温（20℃）条件下，桑塔纳 2000GLi 型轿车为（15.9±0.35）Ω，桑塔纳 2000GSi、3000、捷达 AT、GTX 型轿车为 13～18Ω，切诺基吉普车为（14.5±1.2）Ω。

(2)电磁喷油器的结构

①轴针式电磁喷油器：电磁喷油器安装在燃油分配管上，轴针式喷油器的结构如图 1-1-38 所示，主要由燃油滤网、线束插座、电磁线圈、针阀阀体、阀座、复位弹簧、O 形密封圈等组成。

②球阀式电磁喷油器：球阀式喷油器的结构与轴针式基本相同，主要区别在于阀体结构不同，如图 1-1-39 所示。

③片阀式电磁喷油器：片阀式喷油器的结构与轴针式喷油器大致相同，如图 1-1-40 所示。由图可见，主要区别也是阀体有所不同，片阀式喷油器的特点是阀体由质量较轻的片阀、导杆和带孔阀座组成。不

仅具有较大的动态流量，而且具有较强的抗堵塞能力。

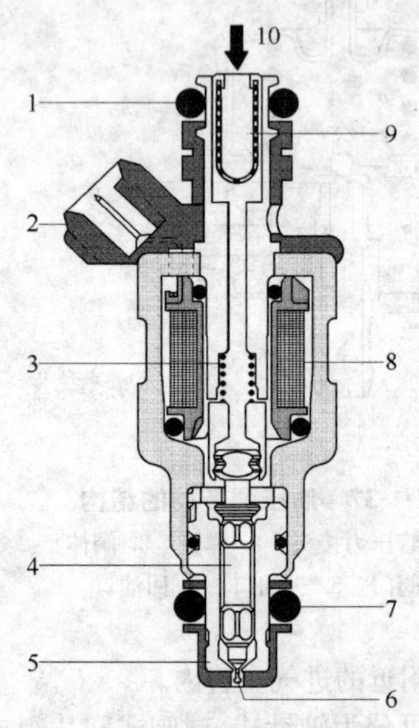

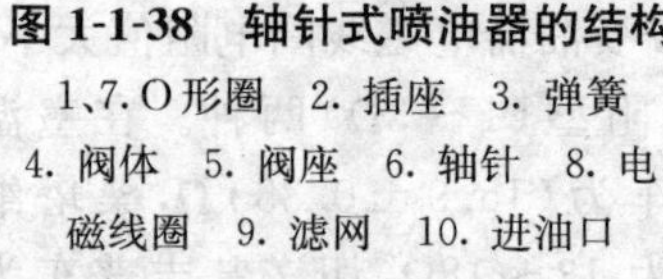

图 1-1-38　轴针式喷油器的结构

1、7. O 形圈　2. 插座　3. 弹簧　4. 阀体　5. 阀座　6. 轴针　8. 电磁线圈　9. 滤网　10. 进油口

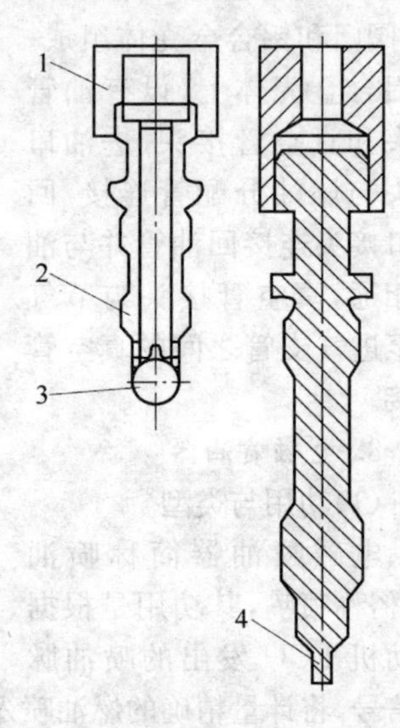

图 1-1-39　喷油器阀体的结构

1. 弹簧座　2. 导杆　3. 球阀　4. 针阀

4. 怠速控制阀

(1)功用与类型

怠速控制阀(ISCV)的功用就是通过调节发动机怠速时的进气量来调节怠速转速。

发动机怠速时进气量的控制方式有节气门直接控制式和节气门旁通空气道控制式两种。前者是直接操纵节气门来调节进气量，简称节气门直动式；后者是通过控制节气门旁通空气道的开度来调节进气量，简称旁通空气式。桑塔纳 2000GLi、别克世纪型轿车和切诺基吉普车采用旁通空气式，桑塔纳 2000GSi、3000、捷达 AT、GTX 型轿车采用节气门直动式。

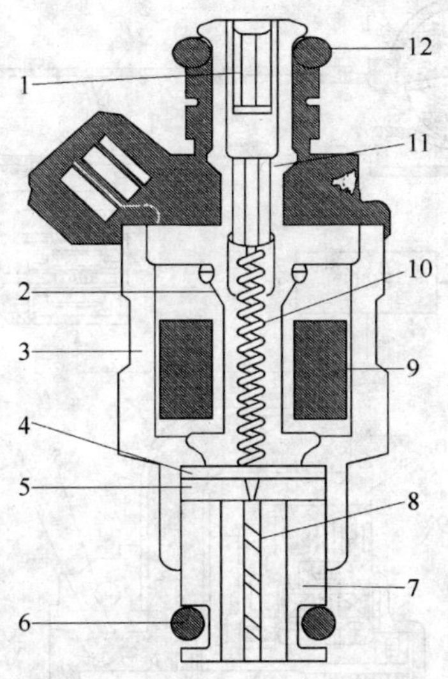

图 1-1-40 片阀式喷油器的结构

1. 燃油滤网 2. 导杆 3. 壳体 4. 片阀 5. 带孔阀座 6、12. O形密封圈 7. 底座 8. 油道 9. 电磁线圈 10. 复位弹簧 11. 弹簧预紧力调节滑套

怠速控制阀安装在发动机节气门体上或节气门体附近。燃油喷射系统采用的怠速控制阀分为步进电机式、脉冲电磁阀式和真空阀式三种。目前燃油喷射系统大多采用步进电机式或脉冲电磁阀式，国产桑塔纳 GLi、2000GLi、奥迪 100、200 型轿车以及美国别克世纪型轿车采用了脉冲电磁阀式怠速控制阀，桑塔纳 2000GSi、3000、捷达 AT、GTX 型轿车和切诺基吉普车等采用了步进电机式怠速控制阀。

(2)结构及工作原理

步进电机是一种由脉冲信号控制其转动方向和转动角度的电动机。利用同性相斥、异性相吸原理使转子步进旋转。

①永磁转子步进电机式怠速控制阀：永磁转子步进电机式怠速控制阀由步进电机、螺旋机构、阀芯、阀座等组成，如图 1-1-41 所示。

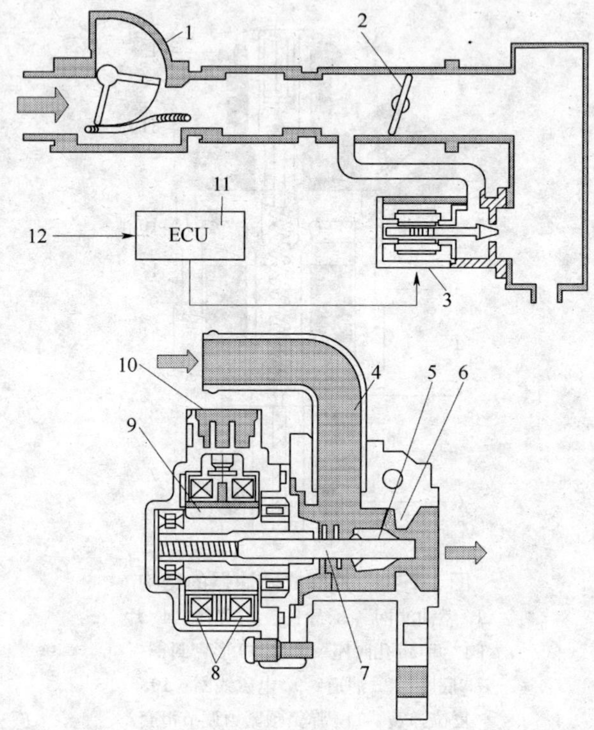

图 1-1-41　永磁转子步进电机式 ISCV 的结构

1. 空气流量传感器　2. 节气门　3. 怠速控制阀　4. 旁通空气道　5. 阀芯　6. 阀座　7. 螺杆　8. 定子绕组　9. 永磁转子　10. 线束插座　11. ECU　12. 传感器信号

②永磁磁极步进电机式怠速控制阀又称为旋转滑阀式怠速控制阀。奥迪 100 型轿车采用过这种怠速控制阀，结构如图 1-1-42 所示，主要由旁通空气阀和永磁式步进电机组成。

③脉冲电磁阀式怠速控制阀：脉冲电磁阀式怠速控制阀的结构与普通电磁阀基本相同，国产奥迪轿车就采用了这种怠速控制阀。脉冲电磁阀式怠速控制阀的结构如图 1-1-43 所示，主要由电磁线圈、复位弹簧、阀芯、阀座、固定铁芯、活动铁芯、进气口和出气口等组成。阀芯固定在阀杆上，阀杆一端与固定铁芯连接，另一端设置有复位弹簧。进气口与节气门前端的进气管相通，出气口与节气门后端的进气管相通。

三、电子控制单元

1. 电子控制单元的功用及组成

(1)功用

汽车电子控制系统的电子控制单元(ECU)是一个以单片微型计算机(即单片机)为中心而组成的微型计算机,其框图如图 1-1-44a 所示。ECU 是汽车电子控制系统的核心部件。

ECU 的功用是接受各种传感器输出的发动机工况信号,根据 ECU 内部预先编制的控制程序和存储的试验数据,通过数学计算和逻辑判断确定适应发动机工况的点火提前角、喷油时间等参数,并将这些数据转变为电信号控制各种执行元件动作,从而使发动机保持最佳运行状态。

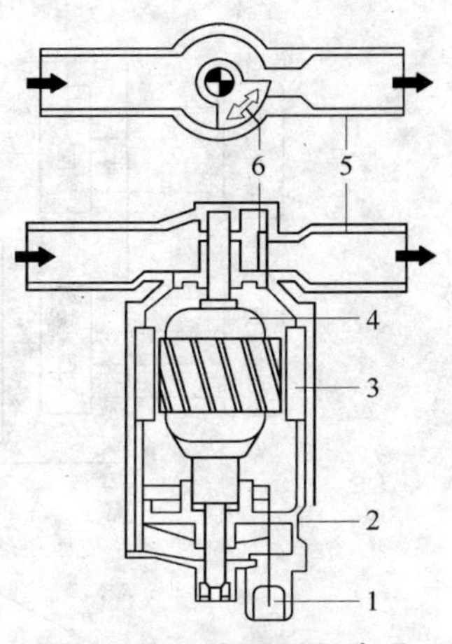

图 1-1-42 永磁磁极步进电机式 ISCV 结构

1. 插座 2. 壳体 3. 永磁磁极 4. 电枢 5. 旁通空气道 6. 旋转滑阀

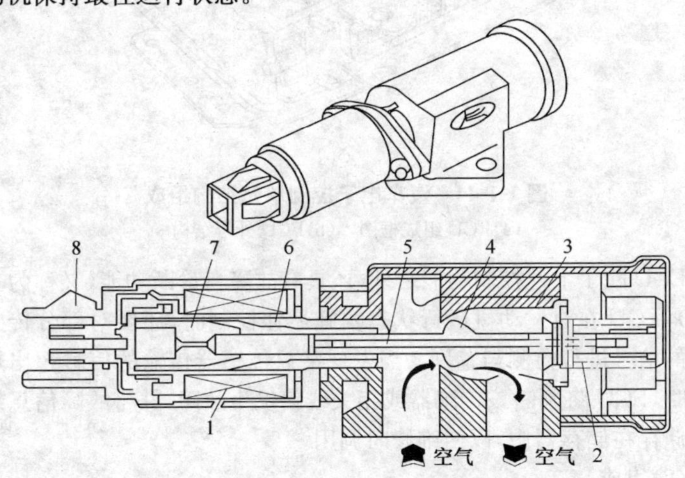

图 1-1-43 脉冲电磁阀式 ISCV 的结构

1. 电磁线圈 2. 复位弹簧 3. 阀座 4. 阀芯 5. 阀杆 6. 固定铁芯 7. 活动铁芯 8. 线束插座

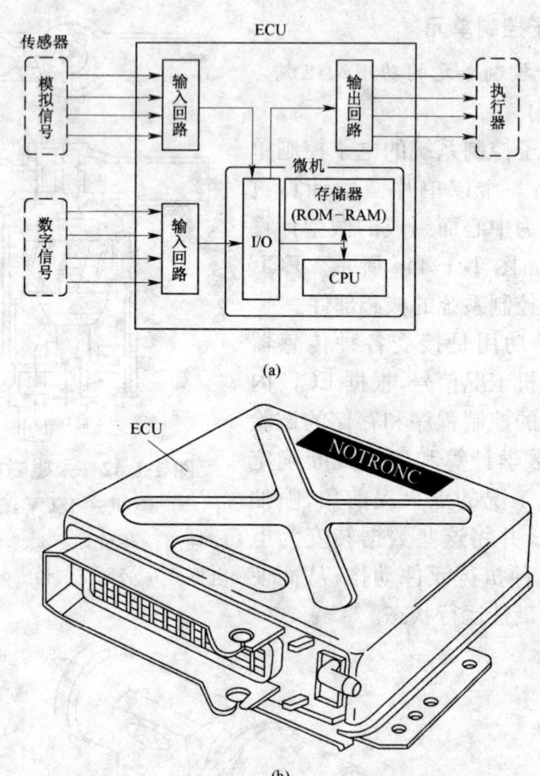

图 1-1-44　汽车电子控制单元结构组成

(a)ECU 组成框图　(b)ECU 外形结构

ECU 除了上述控制功能之外，还具有故障自诊断功能（又称为备用功能），ECU 在对发动机运行状态实施最佳控制时，还要对部分传感器传输的信号进行检测与鉴别。当发现某只传感器传输的信号超出规定范围时，ECU 将判断该传感器或相关线路发生故障，并将故障信息编成代码储存在储存器中，以便维修时调用。

(2)组成

汽车各种电控单元(ECU)的硬件所组成的电路都是一种十分复杂的电路。虽然不同制造公司开发研制的硬件电路的结构各有不同，但是，硬件电路的组成基本相同，都是由输入回路、输出回路和单片微型计算机(即单片机)三部分组成。汽车电控单元(ECU)的硬件一般都封装在铝质金属壳体或塑料壳体内部，并通过线束插座与汽车整车的电器线路连接，图 1-1-44b 所示为桑塔纳 2000GLi 型轿车电控单元(ECU)的外形。

汽车电控单元(ECU)设装在车内不易受到碰撞的部位，如仪表台下面或座椅下面等。具体安装位置依车而异，桑塔纳 GLi、2000GLi 型轿车安装在驾驶室副仪表盘下方转向柱旁边，桑塔纳 2000GSi 型轿车安装在驾驶室杂物箱后面，捷达 AT、GTX 型轿车安装在驾驶室仪表盘后面，切诺基吉普车安装在发动机舱内。

第三节　底盘电控装置结构与原理

一、电控自动变速器

1. 自动变速器组成

自动变速器主要由液力变矩器、行星齿轮变速机构、液压控制系统、电子控制系统和冷却、滤油装置组成。

①液力变矩器：液力变矩器安装在发动机飞轮上。其功用是将发动机的动力传递给行星齿轮变速机构，并具有一定的变矩功能。

②行星齿轮变速机构：行星齿轮变速机构由行星齿轮机构和换档执行机构两部分组成。行星齿轮机构由 2～3 排行星齿轮构成 2～5 种传动比；换档执行机构实现传动比的变化，即自动换档动作。

③液压控制系统：液压控制系统的主要任务是根据发动机负荷(节气门开度)和车速(车速传感器)等信号的变化，向自动变速器各系统提供需要的油压；根据操纵手柄的位置和汽车行驶状态，切换液压通道，实现对变矩器和齿轮变速系统的控制；控制变矩器中锁止离合器的工作状态。

④电子控制系统：电子控制系统中，传感器收集各种信号，如节气门位置、车速、水温等，并将其转变为电信号输送到电子控制单元，电子

控制单元将数据处理后与设定的换档规律进行比较，向电磁阀发出指令，以确定正确的换档时机和档位。

⑤冷却、滤油装置：冷却、滤油装置由滤清器、冷却器及管路组成。其功用是通过冷却油路和冷却器对变速器油进行冷却，以保持正常的工作温度（80℃～90℃），提高传动效率。同时，滤清器将变速器油中的金属磨屑过滤掉，以保持变速器油的清洁。

2. 自动变速器的构造

本书以桑塔纳2000GSi-AT型轿车装用的01N型自动变速器为例介绍电控自动变速器的结构。如图1-1-45所示，它是四档自动变速器，自选定的区域内所有的档位都是自动切换的。01N型自动变速器主要由液力变速器、行星齿轮变速器、液压控制系统和电子控制系统等组成。

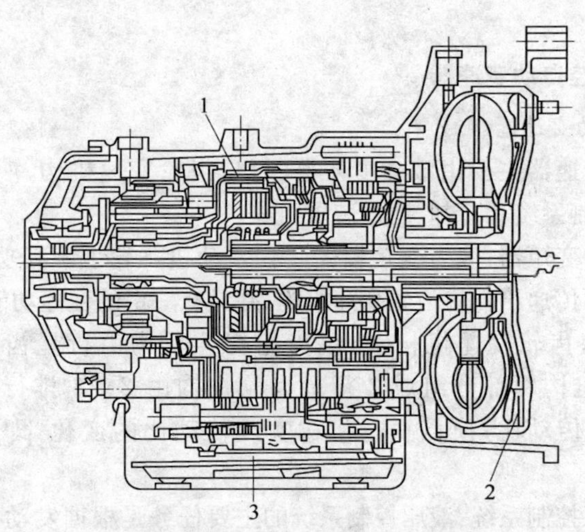

图1-1-45 01N型自动变速器

1. 行星齿轮变速器 2. 液力变矩器 3. 液压系统

(1)液力变矩器

液力变矩器主要由泵轮、涡轮、导轮及带扭转减振器的锁止离合器组成，如图1-1-46所示。

液力变矩器的前端与发动机飞轮相连接，输出部件与行星齿轮变

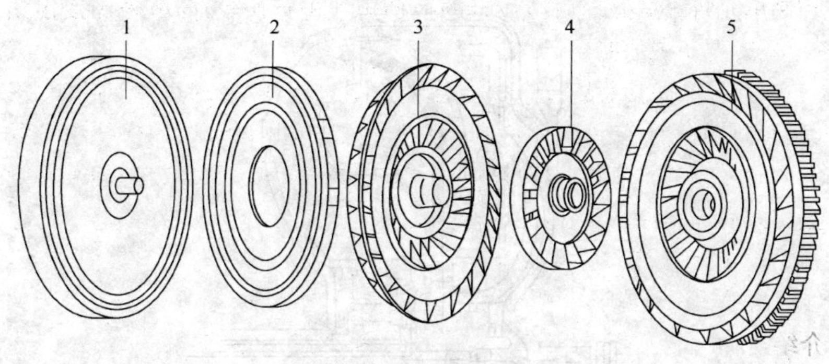

图 1-1-46　液力变矩器

1. 变矩器壳体　2. 锁止离合器　3. 涡轮　4. 导轮　5. 泵轮

速机构的输入轴相连接，发动机的动力经液力变矩器传入行星齿轮变速机构。

变矩器工作时，发动机带动泵轮转动，发动机的机械能转换成变速器油的动能，推动涡轮转动，又把自动变速器油的液体动能转换成机械能，输入行星齿轮变速机构。

01N 型自动变速器前端装有锁止离合器，如图 1-1-47 所示。锁止离合器的主动盘就是变矩器壳体，从动盘是可在轴上做轴向移动的压盘。为了减少离合器接合和分离瞬间的冲击，从动盘内圈上带有弹性减振盘，与涡轮输出轴相连。主动盘和从动盘相接触的工作面上有摩擦片。压盘左右两侧的油液由阀体内的锁止控制电磁阀控制。另外，液力变矩器还驱动自动变速器油泵。

(2)行星齿轮变速器

①组成：行星齿轮变速器主要由行星齿轮机构、离合器、制动器和单向离合器组成，如图 1-1-48 所示。离合器和制动器以液压方式控制行星齿轮机构元件的旋转，而单向离合器则以机械方式对行星齿轮机构元件进行锁止。片式离合器和盘式制动器是由阀体通过液压控制。离合器 C_1 用于驱动小太阳轮，离合器 C_2 用于驱动大太阳轮，离合器 C_3 用于驱动行星齿轮架，制动器 B_1 用于制动行星齿轮架，制动器 B_2 用于制动大太阳轮。

a. 行星齿轮机构。如图 1-1-49 所示，行星齿轮机构包括大太阳轮、

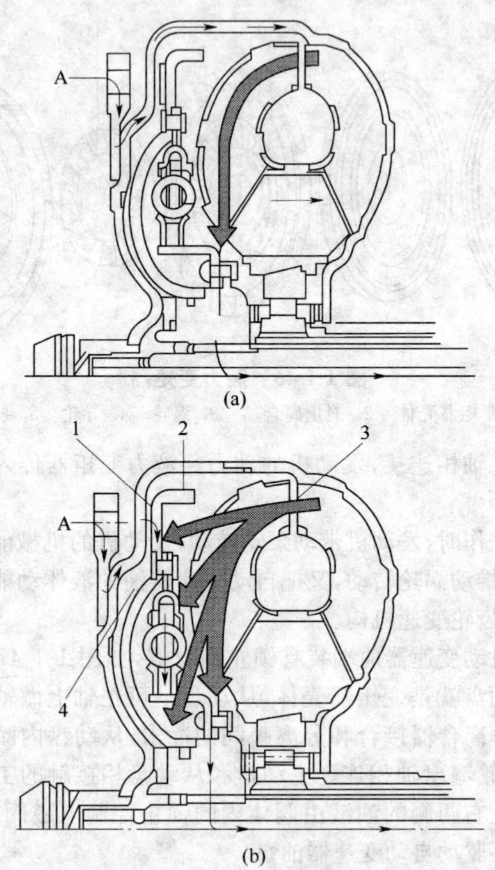

图 1-1-47 锁止离合器工作原理

1. 摩擦衬片 2. 锁止活塞 3. 变矩器压力 4. 减压空间 A—动力传递方向

小太阳轮、长行星齿轮、短行星齿轮、齿圈和行星齿轮架。大小太阳轮采用分段式结构,使三档和四档的转换更加平顺。短行星齿轮与长行星齿轮及小太阳轮啮合,长行星齿轮同时与大太阳轮、短行星齿轮及齿圈啮合,动力通过齿圈输出。

b. 离合器。离合器的功用是连接轴和行星齿轮机构的旋转元件。离合器由离合器鼓、离合器活塞、回位弹簧、钢片、摩擦片、花键毂等组成,如图1-1-50所示。

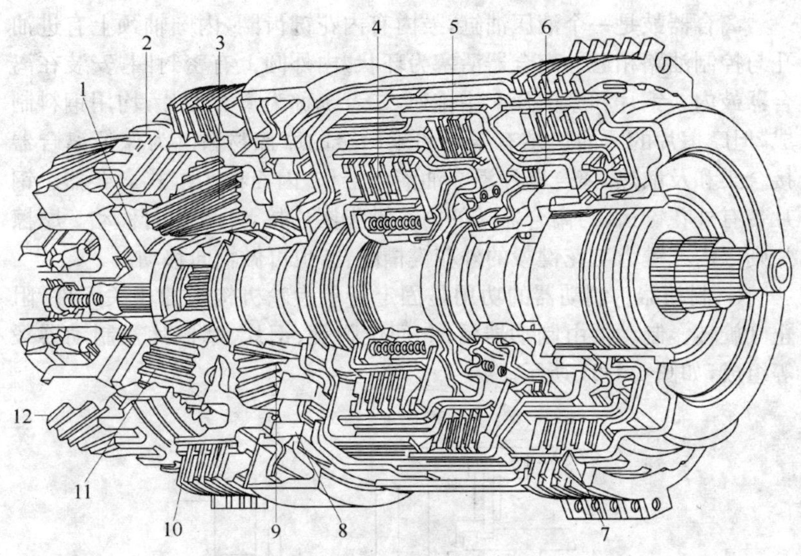

图 1-1-48　行星齿轮变速器

1. 第二档和第四档制动器(B_2)　2. 单向离合器　3. 大太阳轮　4. 倒档制动器(B_1)　5. 短行星齿轮　6. 主动锥齿轮　7. 小太阳轮　8. 行星齿轮架　9. 车速传感器脉冲轮　10. 长行星齿轮　11. 第三和第四档离合器(C_3)　12. 倒档离合器(C_2)

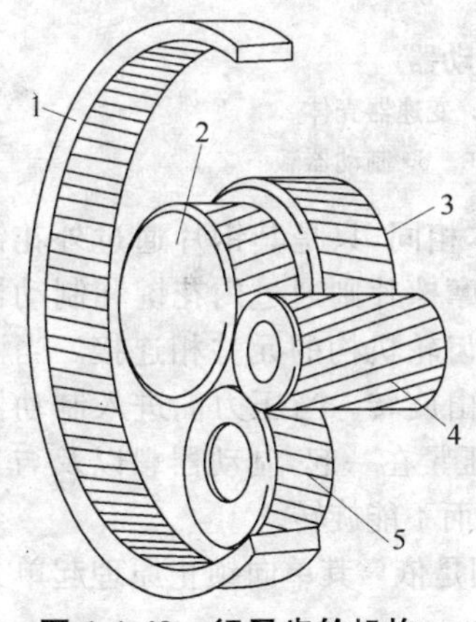

图 1-1-49　行星齿轮机构

1. 齿圈　2. 小太阳轮　3. 大太阳轮　4. 长行星齿轮　5. 短行星齿轮

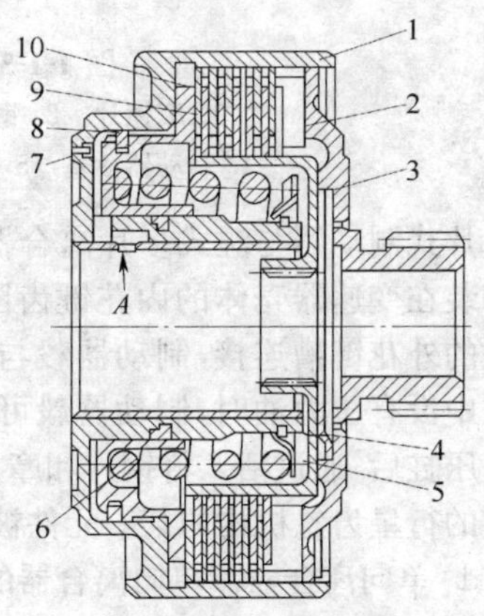

图 1-1-50　离合器

1. 离合器鼓　2. 太阳轮　3. 花键毂　4. 卡环　5. 弹簧支承盖　6. 弹簧　7. 安全阀　8. 环形活塞　9. 摩擦片　10. 钢片

离合器鼓是一个液压油缸，鼓内有内花键齿圈，内圆轴颈上有进油孔与控制油路相通。离合器活塞为环状，内外圆上有密封圈，安装在离合器鼓内。钢片和摩擦片交错排列，二者统称为离合器片，均用钢料制成，但摩擦片的两面烧结有铜基粉末冶金的摩擦材料。为保证离合器接合柔和及散热，离合器片浸在油液中工作，因而称为湿式离合器。钢片带有外花键齿，与离合器鼓的内花键齿圈连接，并可轴向移动。摩擦片则以内花键齿与花键毂的外花键槽配合，也可做轴向移动。

c. 制动器。制动器的功用是固定行星齿轮机构中的相关元件，阻止其旋转。制动器由制动器活塞、回位弹簧、钢片、摩擦片及制动器毂等组成，如图 1-1-51 所示。

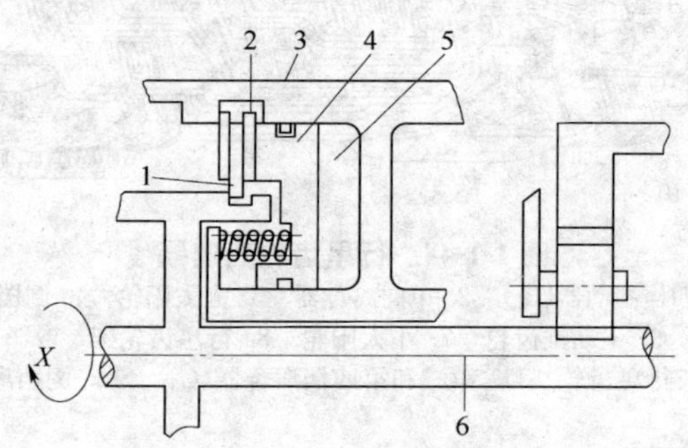

图 1-1-51　制动器

1. 摩擦片　2. 钢片　3. 变速器壳体
4. 制动器活塞　5. 液压缸　6. 制动器毂

片式制动器与湿式多片离合器基本相同，只是其钢片通过外花键齿安装在变速器壳体的内花键齿圈上，摩擦片则通过内花键和制动器毂上的外花键槽连接，制动器毂与行星齿轮机构的元件相连接。当液压缸中没有压力油时，制动器毂可以自由旋转。当压力油进入制动器的液压缸后，通过活塞将钢片和摩擦片压紧在一起，制动器毂以及与其相连的行星齿轮机构的某一元件被固定而不能旋转。

d. 单向离合器。单向离合器的功用是依靠其单向锁止原理起单方向固定作用。

如图 1-1-52 所示，当元件的受力方向与锁止方向相同时，该元件被固定；而当受力方向与锁止方向相反时，该元件的锁止将被解除。单向离合器的工作不需要另外的控制机构，而完全是由与之相连的元件的受力方向来控制的。随着换档时其他执行元件的动作，在与其连接的行星齿轮机构元件受力方向发生变化的瞬间，单向离合器即产生接合或脱离，可保证换档平顺无冲击。

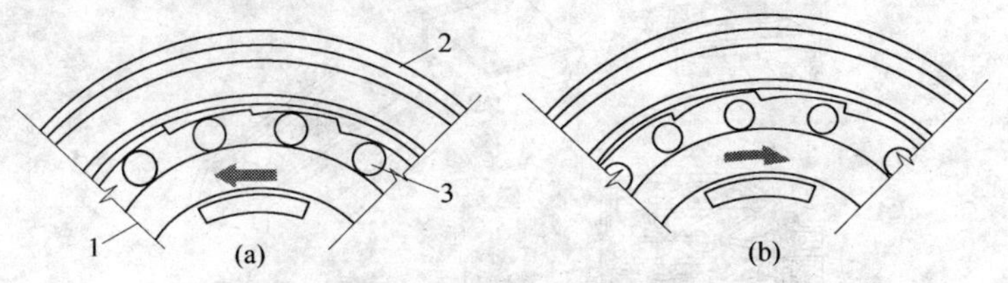

图 1-1-52　单向离合器的工作原理

(a)锁止状态　(b)自由状态

1. 内座圈　2. 外座圈　3. 滚柱

(3)液压控制系统

液压控制系统主要由油泵、油道、滤清器、压力滑阀等组成，如图1-1-53所示。

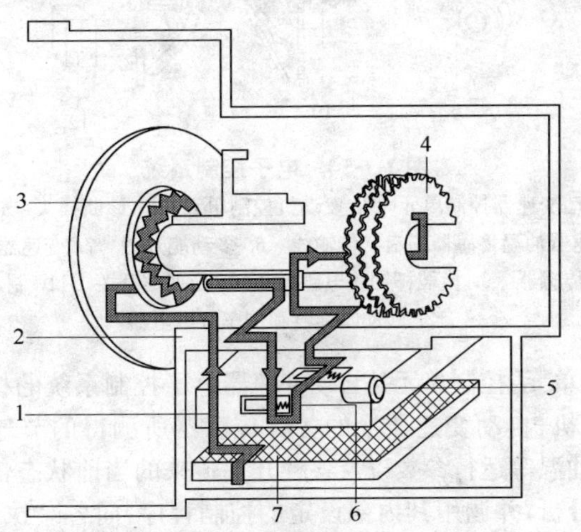

图 1-1-53　液压控制系统

1. 阀体　2. 壳体密封装置　3. 油泵　4. 离合器　5. 电磁阀　6. 压力滑阀　7. 自动变速器油滤清器

(4)电子控制系统

电子控制系统主要由控制单元、传感器和开关等零部件组成，如图1-1-54所示。

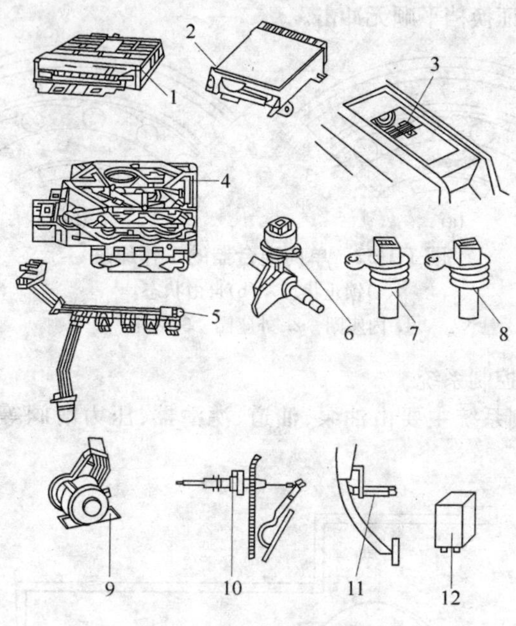

图1-1-54　电子控制系统

1. 自动变速器控制单元　2. 发动机控制单元　3. 诊断插头　4. 阀体　5. 装有变速器油温传感器的扁状传输线　6. 多动能开关　7. 变速器转速传感器　8. 车速传感器　9. 换档杆锁止电磁阀　10. 换低档开关　11. 制动灯开关　12. 起动闭锁器和倒车灯继电器

①控制单元：控制单元是自动变速器电子控制系统的核心，它根据安装在发动机、自动变速器上的各种传感器所测得的节气门开度、车速、变速器油温等运行参数以及各种开关传来的当前状态信号，进行计算、比较和分析，并调用其内部设定的控制程序，向各个执行器发出指令，使相应的电磁阀动作，从而实现对变速器的控制。

自动变速器控制单元是一个单独的元件，不与发动机共用一个控制单元。如果更换自动变速器控制单元或发动机控制单元，整个系统需要重新进行匹配。

②阀体:阀体用螺栓紧固在变速器壳体的底部。阀体上装有7个电磁阀N88～N94,电磁阀由自动变速器控制单元控制,分为不同的两种。

a. 是非阀。电磁阀N88、N89、N90、N92和N94为是非阀,其功用是:自动变速器控制单元通过电磁阀N88、N89和N90打开或关闭某一油道,使变速器换入确定的档位;电磁阀N92和N94使换档平顺。

b. 调节阀。电磁阀N91和N93是调节阀,其功用是:电磁阀N91调节锁止离合器压力;电磁阀N93控制离合器和制动器的压力。

③变速器油温传感器:变速器油温传感器安装在浸入自动变速器油中的滑阀箱的扁状传输线上。

它是一个负温度系数电阻,即随着温度的升高,其电阻值降低。当自动变速器油温度达到最高值150℃时,锁止离合器接合。液力变矩器卸荷时,自动变速器油开始冷却,如果温度不下降,自动变速器控制单元使变速器降一档。

④多功能开关:多功能开关安装在变速器壳体的后部,由操纵手柄拉索控制。拆卸多功能开关后,必须更换O形密封圈,固定螺栓的拧紧力矩为10N·m。

多功能开关的功用是:将各档位置的信息传给自动变速器控制单元,控制倒车灯的开启,制止起动机在行驶状态时啮合,并锁住操纵手柄。

⑤变速器转速传感器:变速器转速传感器安装在变速器壳体顶部的左侧,感应式转速传感器的功用是接收行星齿轮机构中大太阳轮的转速。传感器的插头为白色。拆卸变速器转速传感器后,必须更换O形密封圈,固定螺栓的拧紧力矩为10N·m。

⑥车速传感器:车速传感器安装在变速器壳体顶部的右侧,感应式传感器通过主动锥齿轮上的脉冲轮产生车速信息,传感器的插头为黑色。拆卸车速传感器后,必须更换O形密封圈,固定螺栓的拧紧力矩为10N·m。

车速传感器的功用是:决定应换入某一档位,控制液力变矩器的锁止离合器。如果车速传感器信号中断,自动变速器控制单元利用发动机转速作为代替信号，同时锁止离合器失去锁止功能。

⑦操纵手柄锁止电磁阀：操纵手柄锁止电磁阀安装在操纵手柄上，操纵手柄锁止电磁阀与点火系统连接，其功用是锁止档位。踩下制动踏板时，档位锁止解除，操纵手柄可推入其他档位。

⑧换低档开关：换低档开关与加速踏板拉索组合成一体，安装在发动机舱的横隔板上。当踩下加速踏板超过节气门全开位置时，换低档开关开始工作。拆卸和安装换低档开关，必须先拆下加速踏板拉索。

换低档开关的功用是：此开关被压下后，变速器立即强制换入相邻的低档，例如从四档降到三档；此开关被压下时，空调装置将切断 8s，以提高输出功率。

⑨制动灯开关：制动灯开关安装在制动踏板支架上，自动变速器控制单元通过制动灯开关信号，判断车辆是否处于制动状态。

制动灯开关的功用是：车辆静止时，只有踩下制动踏板，换档杆才能移出 P 档或 N 档位置；控制单元利用制动开关信号，锁止换档杆。

⑩起动闭锁器和倒车灯继电器：起动闭锁器和倒车灯继电器安装在中央线路板上（继电器上标有编号“175”），用于接收多功能开关的信号。

起动闭锁器和倒车灯继电器的功用是：防止挂档后起动机起动，挂上倒档后接通倒车灯。

二、防抱死制动系统（ABS）

1. ABS 的功用与组成

（1）ABS 的功用

防抱死制动系统的英文名称是 Anti-lock Brake System（防锁死制动系统）或 Anti-skid Brake System（防滑移制动系统），缩写为 ABS。

电子控制防抱死制动系统的功用是：在汽车制动过程中，自动调节车轮的制动力，防止车轮抱死滑移，从而获得最佳制动性能（缩短制动距离、提高方向稳定性、增强转向控制能力），减少交通事故。

（2）ABS 的组成

防抱死制动系统（ABS）是由电子控制系统和液压控制系统两个子系统组成，如图 1-1-55 所示。

电子控制系统通常由车轮转速传感器、控制开关、防抱死制动电控

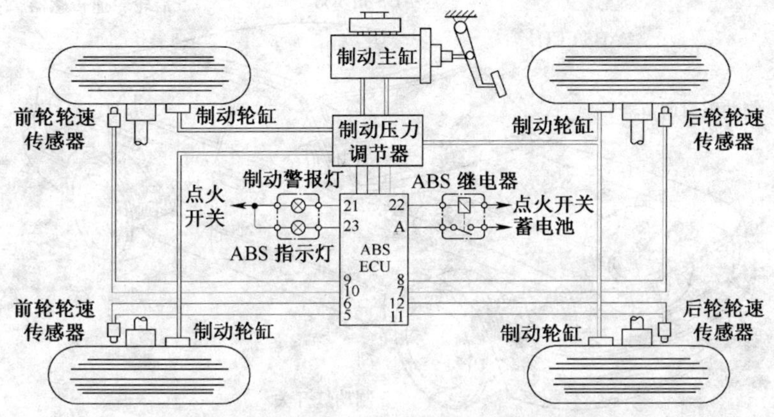

图 1-1-55　防抱死制动系统 ABS 组成简图

单元(ABS ECU)、ABS 指示灯以及制动压力调节器等构成。制动压力调节器既是电子控制系统的执行元件，也是液压控制系统的始控元件。

液压控制系统由常规制动装置和制动压力调节器组成。常规制动装置主要由制动主缸、制动助力器、制动轮缸、制动管路和制动器(盘式或鼓式制动器)等组成。制动压力调节器主要由电磁阀、单向阀和回液泵电动机等组成。

各型 ABS 尽管结构型式不尽相同，但都是在常规制动装置的基础上增设传感器、ABS ECU、制动压力调节器和 ABS 指示灯等构成，控制部件的安装位置如图 1-1-56 所示。

2. ABS 的电子控制系统

各型防抱死制动电子控制系统的控制电路各不相同，图 1-1-57 所示为桑塔纳 2000GSi 型轿车 MK20-Ⅰ型 ABS 电子控制系统的控制电路。

(1)车轮速度传感器

车轮速度传感器简称轮速传感器，其功用是检测车轮转速，并转换为电信号输入 ABS ECU，用以计算车轮的圆周速度。

轮速传感器有磁感应式和差动霍尔(效应)式两种，目前普遍采用磁感应式。磁感应式轮速传感器由传感元件和信号转子组成。传感元件为静止部件，由永久磁铁、信号线圈(感应线圈)和线束插头等组成，

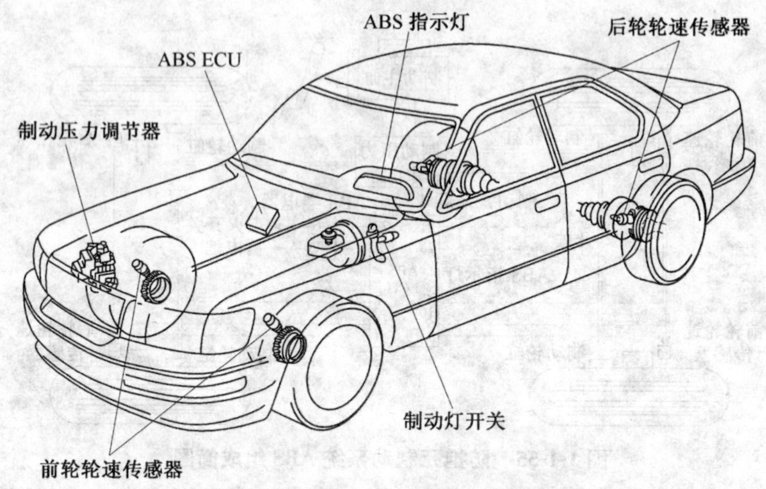

图 1-1-56　ABS 电子控制系统控制部件的安装位置

安装在车轮附近的静止部件(如转向节、半轴套管、悬架构件等)上,不随车轮转动。信号转子由铁磁材料制成带齿的圆环,又称为齿圈转子,安装在与车轮一同转动的部件(如轮毂、半轴等)上,MK20-Ⅰ型 ABS 的 4 只轮速传感器在信号转子的圆周上均制作有 43 个凸齿,安装位置如图 1-1-58 所示,前轮速度传感器的传感元件安装在转向节上,信号转子安装在传动轴上,随前轮传动轴转动而转动,见图 1-1-58a 所示。后轮速度传感器的传感元件安装在固定支架上,信号转子安装在与车轮一同转动的后轮毂上,见图 1-1-58b 所示。

传感元件与信号转子之间留有一定间隙,一般为 0.4~2.0mm。如 MK20-Ⅰ型 ABS 前轮传感器间隙为 1.10~1.97mm,后轮传感器间隙为 0.42~0.80mm;红旗 CA7220E 型轿车 ABS 前轮传感器间隙为 0.4~0.6mm,后轮传感器间隙为 0.15~0.85mm。

传感器安装必须牢靠,否则就会影响传感器正常输出信号或在汽车行驶振动时受到损伤。为了避免灰尘和飞溅的水、泥等影响传感器工作,安装前应在传感器上涂敷防锈液。

(2)控制开关

①制动灯开关:制动灯开关安装在制动踏板旁边。当驾驶人踩下

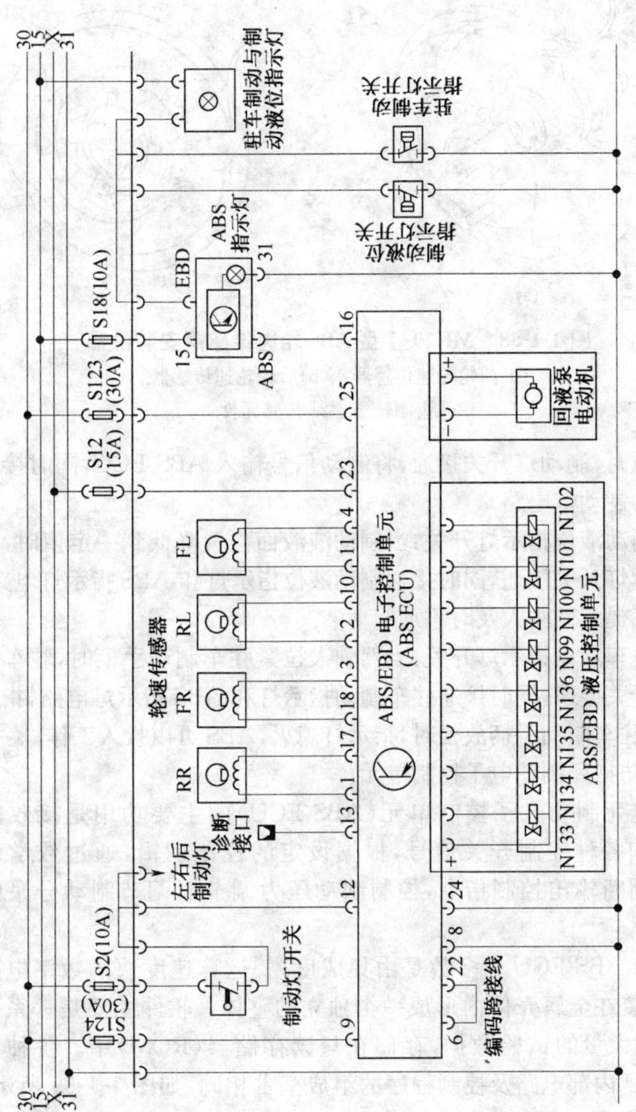

图 1-1-57　MK20- I 型 ABS 电子控制系统控制电路

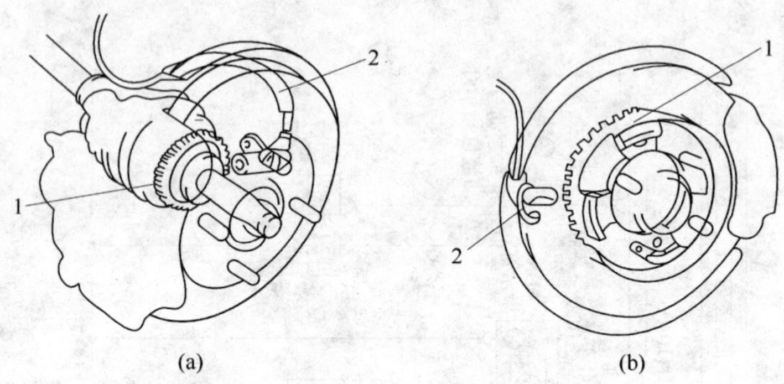

图 1-1-58 MK20-Ⅰ型 ABS 轮速传感器安装位置

(a)前轮轮速传感器 (b)后轮轮速传感器

1. 齿圈转子 2. 传感元件

制动踏板时，制动灯开关接通，将制动信号输入 ABS ECU，同时接通汽车尾部的制动灯电路。

②制动液位指示灯开关：当制动液液面位置降低到一定值时，制动液位指示灯开关接通，同时接通制动液位指示灯和 ABS 指示灯电路，指示灯发亮提醒驾驶人及时添加制动液。

③驻车制动指示灯开关：当驾驶人拉紧驻车制动手柄时，驻车制动指示灯开关接通，同时接通驻车制动指示灯和 ABS 指示灯电路，指示灯发亮；当驻车制动手柄放松时，指示灯熄灭，ABS 可以投入工作。

(3)防抱死制动电子控制单元

防抱死制动电子控制单元(ABS ECU)的主要功用是接收轮速传感器和各种控制开关信号，根据设定的控制逻辑，通过数学计算和逻辑判断输出控制指令，控制制动压力调节器调节制动分泵的制动压力。

目前 ABS ECU 大多数是由集成度高、运算速度快的数字电路组成，并封装在金属壳体内形成一个独立的整体。软件主要是一系列控制程序和大量的试验数据，存储在只读存储器(ROM)中。各种车型 ABS ECU 内部电路及控制程序的组成基本相同，如图 1-1-59 所示，主要由主控 CPU、辅控 CPU、稳压模块电路、电磁阀电源模块电路、电磁阀驱动模块电路、回液泵电动机驱动模块电路、信号处理模块电路元件安全保护电路等组成。

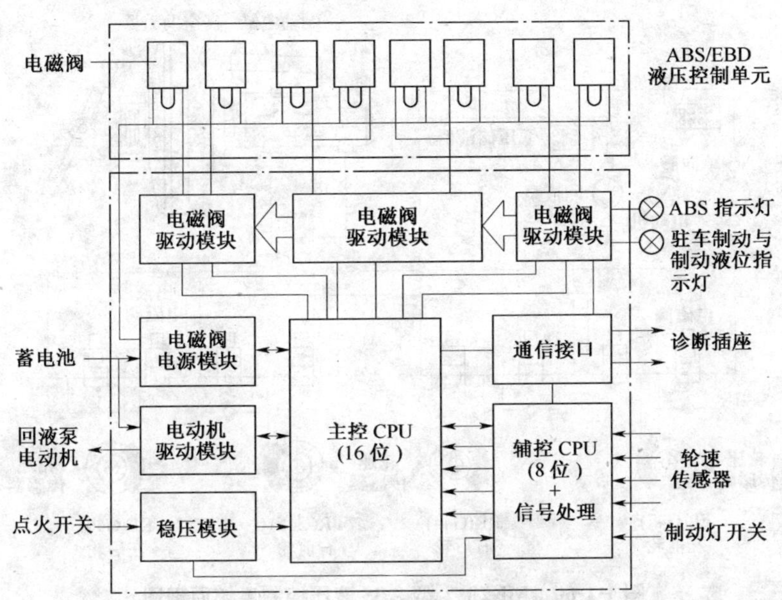

图 1-1-59　ABS ECU 电路组成框图

ABS ECU 具有故障记忆功能，当 ECU 监测到 ABS 出现故障时，仪表盘上的 ABS 指示灯电路使 ABS 指示灯发亮，提醒驾驶人 ABS 及时检修，同时将故障信息编成代码存储在存储器中，以备自诊断时读取故障代码，供维修诊断参考。

3. ABS 的液压控制系统

液压控制系统由制动压力调节器和常规制动装置的制动主缸、制动轮缸、制动助力器、制动管路等组成，如图 1-1-60 所示为 MK20-Ⅰ型 ABS 液压控制系统原理图。

制动压力调节器(又称为液压调节器)是 ABS 的执行器，由电磁阀、储液器和回液泵电动机组成，安装在制动主缸与车轮制动轮缸之间，主要功用是根据 ABS ECU 的控制指令，自动调节制动轮缸的制动压力。

电磁阀是制动压力调节器的主要部件，通过电磁阀动作便可控制制动压力“升高”、“保持”和“降低”。ABS 常用的电磁阀有两位两通电磁阀和三位三通电磁阀两种。

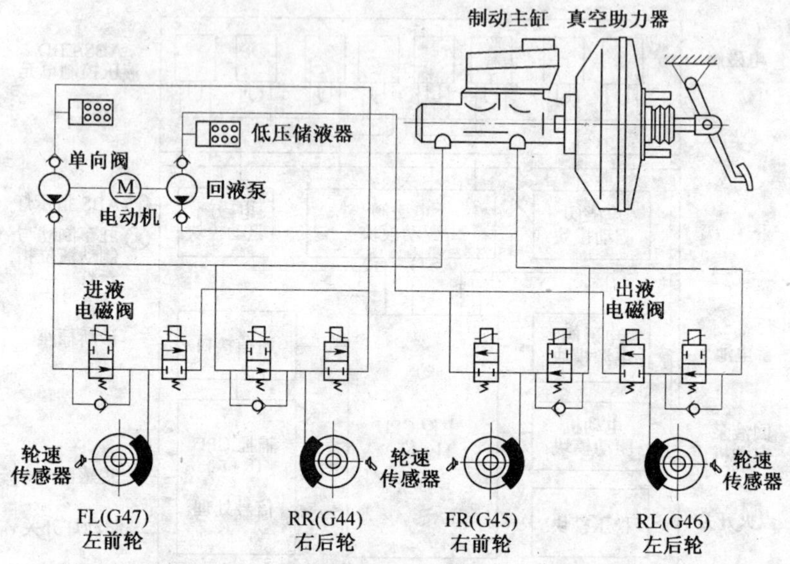

图 1-1-60　MK20-Ⅰ型 ABS 液压控制系统原理图

三、驱动轮防滑转系统

1. ASR 系统的功用

汽车驱动轮防滑转控制系统通常称为防滑转调节系统(ASR)。由于防止驱动轮滑转都是通过调节驱动轮的驱动力(牵引力)来实现,因此又称为牵引力控制系统(TCS 或 TRC)。ASR 与 ABS 密切相关,都是汽车行驶的主动安全系统,高级轿车两个系统通常同时采用。ASR 系统是维持附着条件,充分发挥驱动力的电子调节装置。

ASR 系统的主要功用是:在车轮开始滑转时,通过降低发动机的输出转矩或控制制动系统的制动力等来减小传递给驱动车轮的驱动力,防止驱动力超过轮胎与路面之间的附着力而导致驱动轮滑转,提高车辆的通过性,改善汽车的方向操纵性和行驶稳定性。

2. 防滑转控制系统的结构

各型汽车防滑转控制系统(ASR)的结构组成各不相同,雷克萨斯 LS300、LS400 型轿车防滑转控制系统(ASR)与防抱死制动系统(ABS)

组合构成的简图如图 1-1-61 所示。由图可见,ASR 和 ABS 都是由液压控制系统和电子控制系统两个子系统组成,不仅能够实现 ABS 功能,而且能够实现 ASR 功能。也可以说,防滑转液压控制系统是在防抱死制动系统的基础上,增设液压调节器(即 ASR 执行器)、ASR 液压泵和蓄压器等构成。

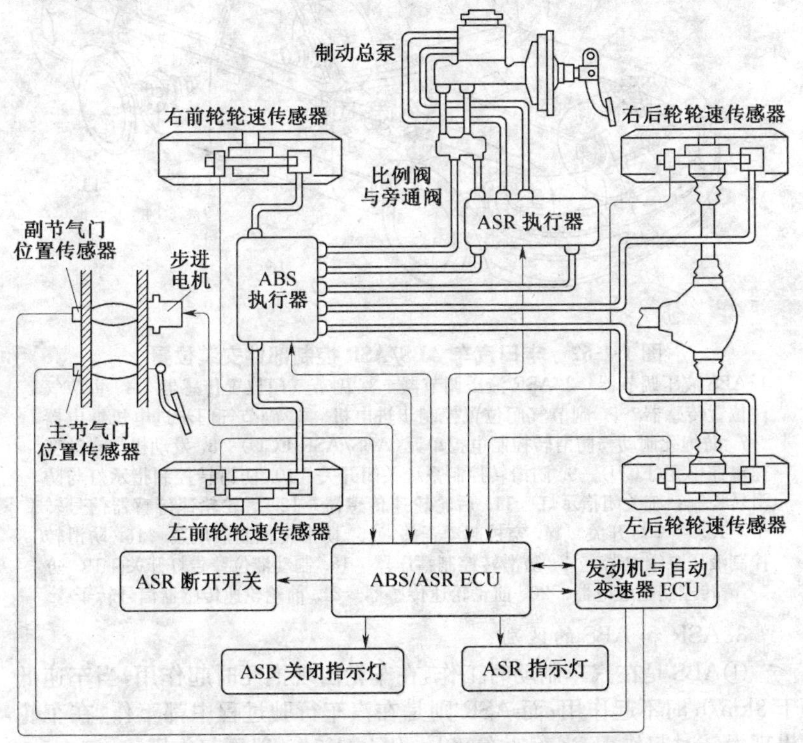

图 1-1-61　丰田汽车 ABS/ASR 控制系统组成简图

防滑转电子控制系统控制部件的安装位置如图 1-1-62 所示,主要由轮速传感器、防滑转电控单元 ASR ECU、发动机副节气门位置传感器及其控制步进电机、ASR 液压调节器、各种控制开关、继电器和指示灯等组成。4 只轮速传感器为 ABS 和 ASR 公用,ABS ECU 与 ASR ECU 组合为一体,称为 ABS/ASR ECU。在 ABS 的基础上,增设了 ASR 执行器、发动机副节气门控制步进电机以及 ASR 控制开关和显示灯等。其中,副节气门控制步进电机和 ASR 液压调节器是电子控制系统的执行元件。

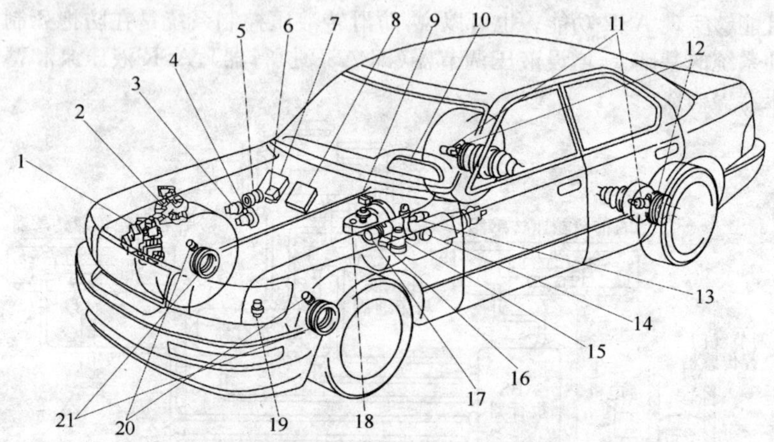

图 1-1-62　丰田汽车 ABS/ASR 控制部件安装位置

1. ABS 液压调节器　2. ASR 液压调节器　3. 副节气门位置传感器　4. 主节气门位置传感器　5. 副节气门位置控制步进电机　6. 副节气门步进电机继电器　7. 防抱死制动与防滑转控制电控单元(ABS/ASR ECU)　8. 发动机与自动变速电控单元(ECU)　9. 防滑转控制系统关闭开关　10. 防滑转控制指示灯与防滑转控制系统关闭指示灯　11. 后轮轮速传感器　12. 后轮轮速传感器信号转子　13. 停车灯开关　14. 空档起动开关　15. 防滑转控制液压泵　16. 防滑转控制液压泵继电器　17. 防滑转控制蓄压器　18. 制动液位警告灯开关　19. 防滑转控制主继电器　20. 前轮轮速传感器　21. 前轮轮速传感器信号转子

3. ASR 和 ABS 的区别

①ABS 是在汽车制动时工作,在车轮出现抱死时起作用,当车速低于 8km/h 时不起作用;而 ASR 则是在汽车行驶过程中都工作,在车轮出现滑转时起作用,当车速在 80km/h 以上时一般不起作用。

②ABS 控制的是汽车制动时车轮的“拖滑”,以提高制动效果和确保制动安全;而 ASR 是控制驱动车轮的“滑转”,用于提高汽车起步、加速及在滑溜路面行驶时的牵引力和确保行驶稳定性。

③ASR 只对驱动车轮实施制动控制。

四、电控动力转向系统

1. 液压式电控动力转向系统结构

(1)流量控制式

图 1-1-63 为丰田雷克萨斯轿车采用的流量控制式动力转向系统。该系统主要由车速传感器、电磁阀、整体式动力转向控制阀、动力转向油泵和电子控制单元等组成。

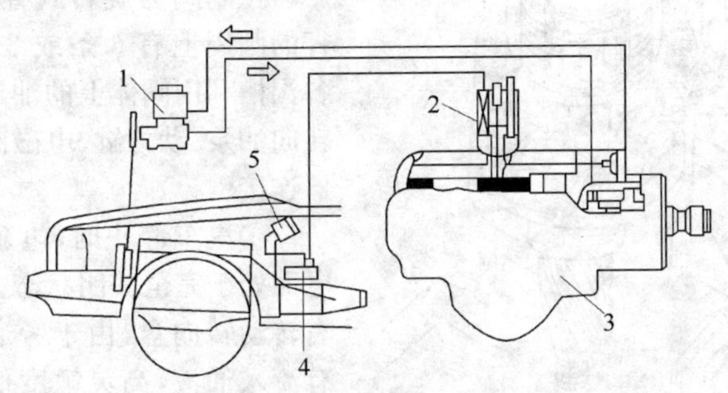

图 1-1-63　流量控制式动力转向系统

1. 动力转向油泵　2. 电磁阀　3. 动力转向控制阀

4. 电子控制单元　5. 车速传感器

系统电子控制器根据车速传感器输入信号，通过控制电磁阀阀针的开启程度，来控制转向动力缸两腔液压油的旁通流量，使转向动力缸两腔压力差产生变化，从而改变系统的转向助力大小。车速越高，流过电磁阀电磁线圈的平均电流值越大，电磁阀阀针的开启程度越大，旁通液压油量越大，系统助力作用越小。反之，车速越低，流过电磁阀电磁线圈的平均电流值越小，电磁阀阀针的开启程度越小，旁通液压流量越小，系统助力作用越大。

(2)反作用力控制式

反作用力控制式动力转向系统主要由转向控制阀、分流阀、电磁阀、转向动力缸、转向液压泵、储油箱、车速传感器及电子控制器等组成。

转向控制阀是在传统的整体转阀式动力转向控制阀的基础上增设了油压反力室而构成，如图 1-1-64 所示。

(3)阀灵敏度控制式

图 1-1-65 为 89 型地平线轿车所采用的阀灵敏度控制式动力转向系统。该系统对转向控制阀的阀杆做了局部改进，并增加了电磁阀、车

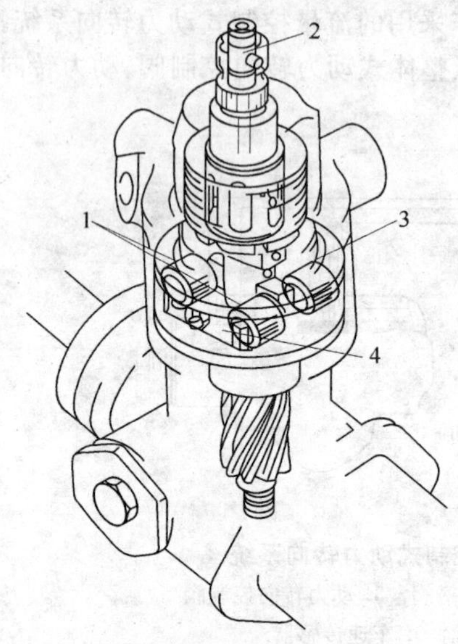

图 1-1-64 控制阀结构

1. 柱塞 2. 扭杆 3. 凸起 4. 油压反力室

速传感器和电子控制装置等。

该系统的主要部件有控制阀、电磁阀与电子控制装置等。

控制阀为旋转式控制阀，阀杆的圆周上有 6 条或 8 条沟槽，各沟槽利用阀体上的油道分别与转向油泵、动力缸、电磁阀及储液器连接。

①汽车静止时，电磁阀不通电而处于完全关闭状态。例如向右转动转向盘，由于旁通回路没有流入油液，高灵敏度低速专用小孔 1R 及 2R 在较小转向力矩作用下即可关闭，转向油泵的高压油液经 1L 流向动力缸右腔，同时，动力缸左腔的油液经 3L、2L 流回储液器。此时，具有轻便的转向特性，施加在转向盘上的转向力矩越大，可变小孔 1L、2L 的开度越大，转向助力作用越明显。

②随着车速的提高，在电子控制器的作用下，电磁阀的开度也线性增加。车速越高，电磁阀的开度越大，旁通流量越大，转向助力作用就越小；在车速不变的情况下，施加在转向盘上的转向力矩越小，高速专用小孔 3R 的开度越大，转向助力作用也越小。当转向力矩增大时，3R 的开度逐渐减小，转向助力作用则随之增大。

2. 电动式电控动力转向系统结构

(1)转向轴助力式(EPS)

转向轴电动转向系统的电动机固定在转向轴一侧，通过电磁离合器与转向轴连接，电动机转矩由电磁离合器通过减速机构增矩后，直接驱动转向轴而实现转向助力，如图 1-1-66 所示。

(2)齿轮助力式(EPS)

齿轮助力式动力转向系统的组成如图 1-1-67 所示。系统中，电动

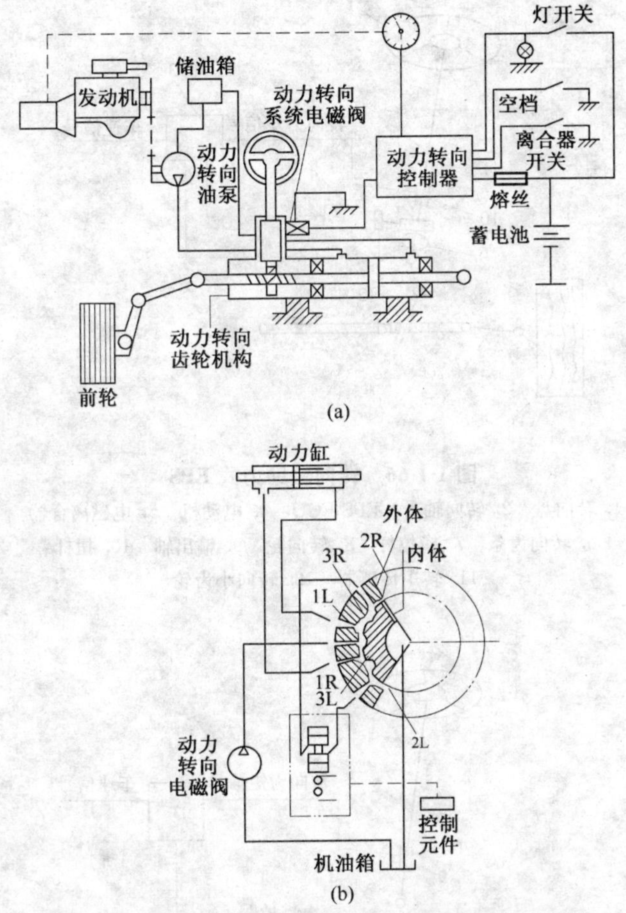

图 1-1-65　89 型地平线轿车电子控制动力转向系统

(a)系统示意图　(b)转阀

机通过电磁离合器与转向小齿轮相连，直接驱动转向小齿轮实现转向助力。

三菱公司微型汽车所用齿轮助力式动力转向系统的结构如图 1-1-68 所示。系统中的电子控制器可根据车速和转向盘上的操纵力，控制转向助力机构内的电动机，实现转向助力控制。

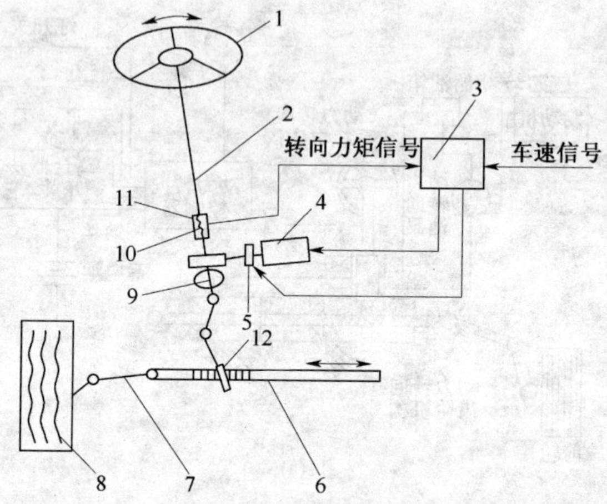

图 1-1-66　转向轴助力式 EPS

1. 转向盘　2. 转向轴　3. EPS ECU　4. 电动机　5. 电磁离合器　6. 转向齿条　7. 横拉杆　8. 转向轮　9. 输出轴　10. 扭杆　11. 转矩传感器　12. 转向小齿轮

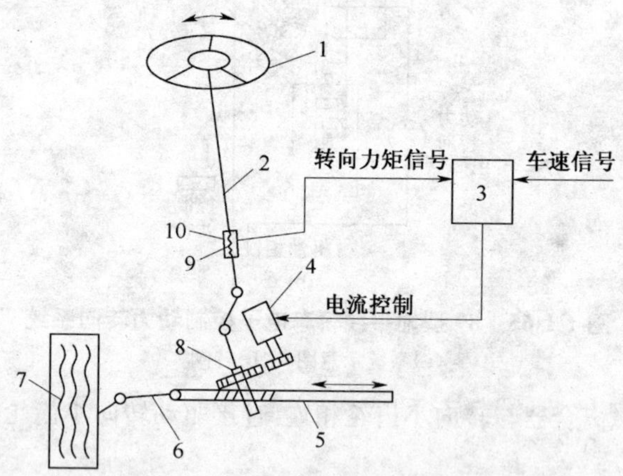

图 1-1-67　齿轮助力式(EPS)

1. 转向盘　2. 转向轴　3. EPS ECU　4. 电动机　5. 齿条　6. 横拉杆　7. 转向轮　8. 转向小齿轮　9. 扭杆　10. 转矩传感器

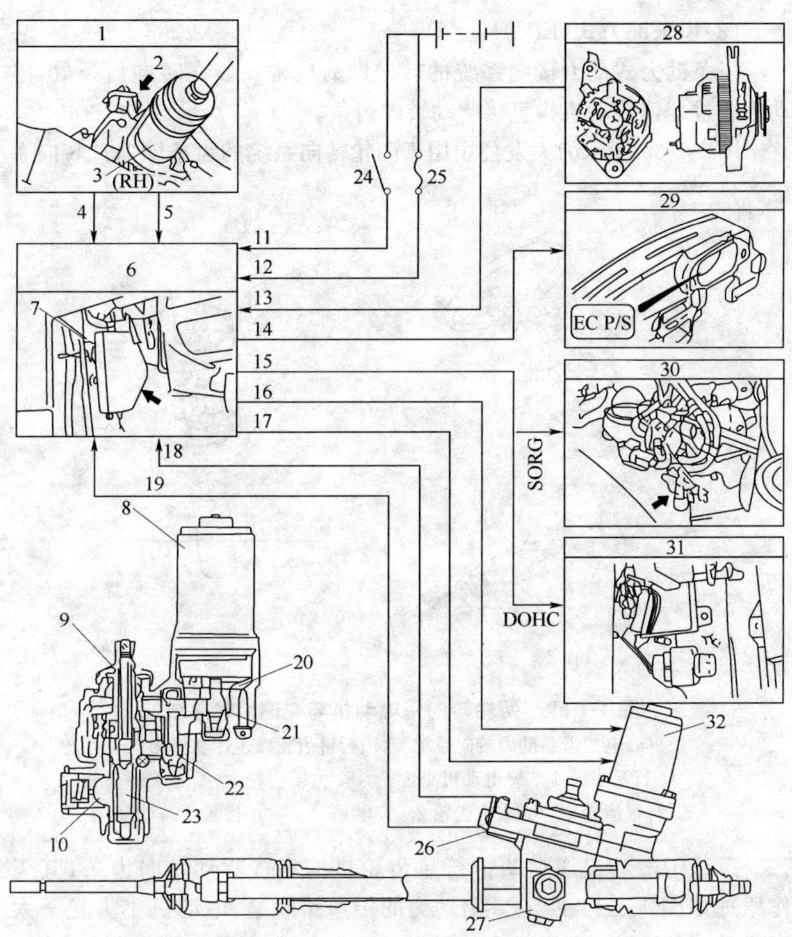

图 1-1-68　三菱"米尼卡"车用齿轮助力动力转向系统

1. 车速传感器　2. 速度表引出电缆的部位　3. 转动轴　4. 车速信号(主)　5. 车速信号(副)　6. 电子控制器　7. 前乘员脚下部位　8. 电动机　9. 扭杆　10. 齿条　11. 点火电源　12. 蓄电池　13. 发电机信号　14. 指示灯电流　15. 提高怠速电流　16. 电动机电流　17. 离合器电流　18. 转矩信号(主)　19. 转矩信号(副)　20. 离合器　21. 电动机齿轮　22. 传动齿轮　23. 小齿轮　24. 点火开关　25. 熔丝　26. 转矩传感器　27. 转向器齿轮总成　28. 交流发电机　29. 指示灯　30. 怠速提高电磁阀　31. 发动机控制器　32. 电动机与离合器

(3)齿条助力式(EPS)

齿条助力式动力转向系统的转向助力机构安装在转向齿条处,电动机通过减速传动机构直接驱动转向齿条。

图 1-1-69 所示为大发公司用于两轮转向系统的齿条助力式转向系统。

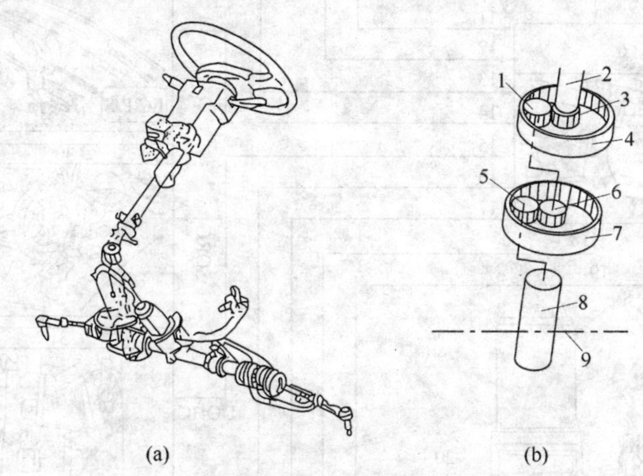

图 1-1-69　两轮转向用电动机与减速齿轮总成

(a)电控齿系助力转向系统　(b)行星齿轮减速传动机构

1. 行星齿轮 1　2. 电动机小齿轮　3. 太阳齿轮 1　4. 齿圈 1
5. 行星齿轮 2　6. 太阳齿轮 2　7. 齿圈 2　8. 小齿轮　9. 齿条

系统中电动机通过两排行星齿轮机构直接驱动转向齿条,其工作原理如图 1-1-69 所示。驱动力的传递路线是:电动机小齿轮→太阳齿轮 1→行星齿轮 1→太阳齿轮 2→行星齿轮 2→小齿轮→齿条。通常情况下,齿圈 1、2 是固定的,系统中没有设置电磁离合器,当外部输入的转矩过大时,齿圈 1 打滑,以防损坏行星齿轮。

当转向盘处于中间位置时,转矩传感器输出电压为 2.5V;当转向盘向右转时,输出电压低于 2.5V;当转向盘向左转时,输出电压高于 2.5V。从电子控制装置转矩传感器输出的电压值,就可以判断出转向盘的转动方向与转动角度。

3. 四轮转向装置

所谓四轮转向汽车(4WS 汽车),是指 4 个车轮都是转向车轮的汽车,或 4 个车轮都能起转向作用的汽车。

汽车在低速转向行驶时,后轮相对于前轮反向偏转,如图 1-1-70 所示,并且偏转角度应随转向盘转角增大而在一定范围内增大。如汽车急转弯、掉头行驶、避障行驶或进出车库时,使汽车转向半径减小,机动性能提高。这时,四轮转向汽车可轻松地通过两轮转向汽车需多次反复倒车才能通过的地方。

汽车在高速行驶转向时,后轮相对于前轮同向偏转,如图 1-1-71 所示。汽车通过曲率不大的弯道或汽车变道行驶时,使汽车车身的横摆角度和横摆角速度大为减小,使汽车高速行驶的操纵稳定性显著提高。

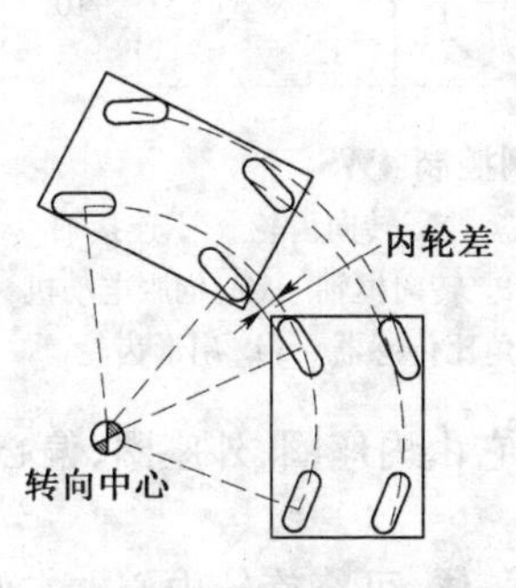

图 1-1-70　低速转向特性

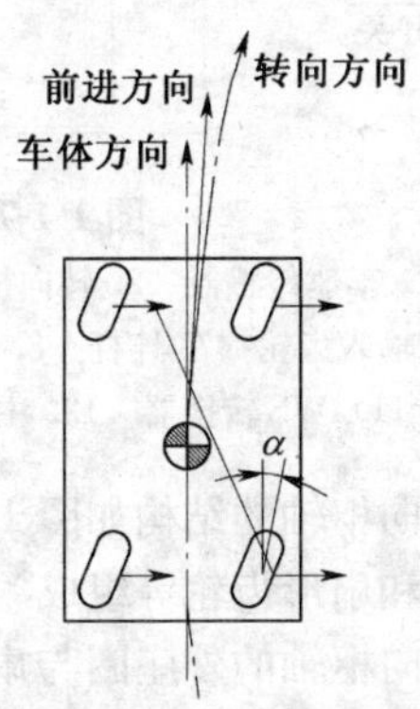

图 1-1-71　高速转向特性

四轮转向系统按其控制原理的不同,可分为以下几种类型:

(1)转向角比例控制四轮转向装置

转向角比例控制四轮转向装置如图 1-1-72 所示。该装置前、后轮的转向机构进行机械连接。转向盘的转动传到前转向器(齿轮齿条式),齿条使前转向横拉杆做左右运动以控制前轮转向。同时,输出小齿轮旋转,通过连接轴传递到后转向齿轮箱中,后轮的转角与转向盘的转角成比例变化,并且在低速转向时,后轮与前轮反向转动;在中高速行驶时,后轮与前轮同向转动。

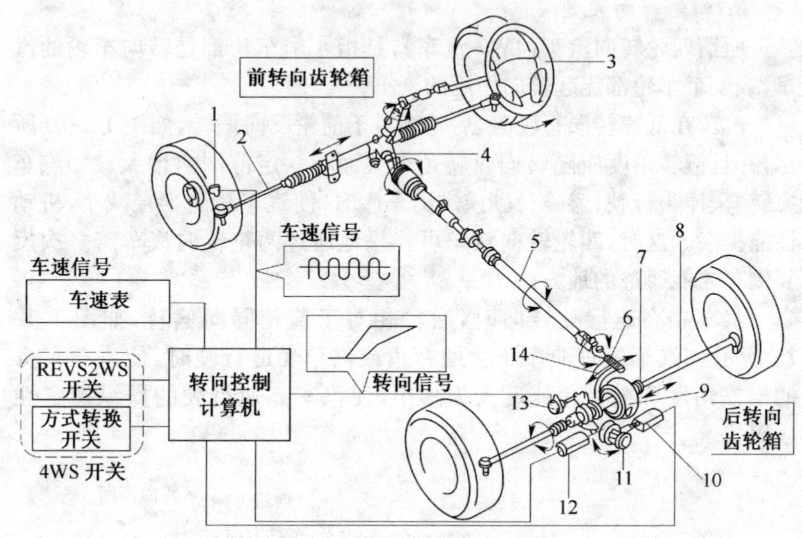

图 1-1-72　转向角比例控制 4WS

1. 车速传感器　2. 转向横拉杆　3. 转向盘　4. 转向齿轮　5. 连接轴　6. 输入齿轮　7. 连杆　8. 后转向横拉杆　9. 转向枢轴　10. 伺服电动机　11. 4WS 转换器　12. 主电动机　13. 转角比传感器　14. 扇形齿轮

转向枢轴的结构如图 1-1-73 所示。它由内座圈、外座圈、偏心轴、连接杆和扇形齿轮等组成。

转向枢轴的外座圈与扇形齿轮制成一体，可绕旋转中心左右倾斜运动。内座圈与一个凸出在连接杆上的偏心轴相连，连接杆由 4WS 转换器中的电动机驱动，绕其旋转中心，可正、反向运动，并使偏心轴可在转向枢轴内上、下旋转 55°。

与连接轴相连的输入齿轮向左或向右转动时，旋转力就传到扇形齿轮上，扇形齿轮带动转向枢轴内、外座圈并通过偏心轴使连接杆左右摆动。连接杆的左右摆动使后转向横拉杆左右移动，从而带动后转向节臂转动，使后轮偏转。

当偏心轴位于正前方位置时，扇形齿轮摆动但连接杆不动，此时后轮不偏转。当偏心轴的前端位于正前方偏上或偏下位置时，扇形齿轮摆动将通过偏心轴带动连接杆左右移动。当偏心轴的前端位于正前方偏上位置时，后轮相对前轮反向转动；当偏心轴的前端位于正前方偏下位置时，后轮相对前轮同向转动。

四轮转向变换器的功用是控制上述转向枢轴中偏心轴的位置，即控制后轮相对于前轮的偏摆方向。其结构如图 1-1-74 所示。它由主电动机、辅助电动机、行星齿轮机构和蜗轮蜗杆机构等组成。

辅助电动机的输出轴与行星齿轮机构中的太阳轮相连接，主电动机输出轴与行星齿轮相连接，而行星齿轮机构中的齿圈就成为变换器的输出轴。平常，太阳轮固定，与主电动机相连接的行星齿轮转动，从而带动齿圈及四轮转向变换器输出轴转动。当主电动机不工作时，辅助电动机的转动通过行星齿轮带动齿圈及输出轴转动。

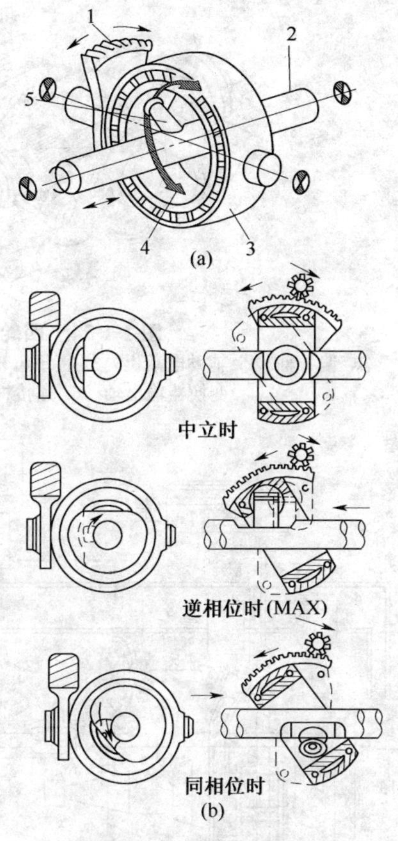

图 1-1-73 转向枢轴

(a)构造 (b)工作原理

1. 扇形齿轮 2. 连接杆 3. 外座圈 4. 内座圈 5. 偏心轴

(2)横摆角速度比例控制四轮转向系统

横摆角速度比例控制四轮转向系统如图 1-1-75 所示。该系统根据检测出的车速横摆角速度来控制后轮转向量。通过横摆角速度直接检测出车身的自转运动，使汽车从转向初期开始，就对后轮的转角做相应的调整，使车身方向与前进方向之间的误差非常小。同时，转向以外的力(如横向风等)引起车身自转，也能马上感知到，并可迅速通过对后轮的转向控制来抑制自转运动。

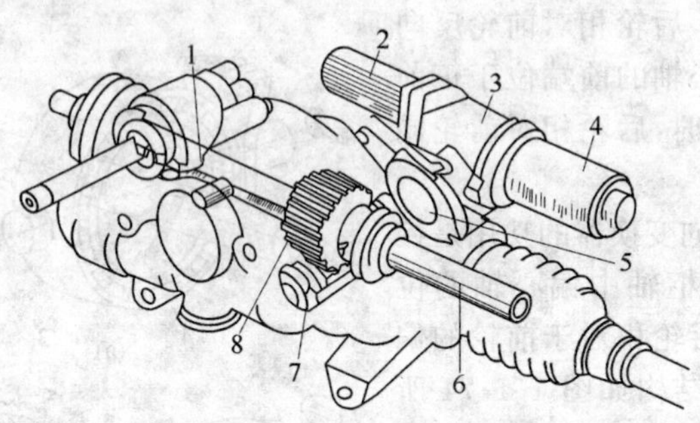

图 1-1-74　四轮转向变换器

1. 偏心轴　2. 辅助电动机　3. 行星齿轮机构　4. 主电动机　5. 四轮转向变换器输出轴　6. 连接杆　7. 蜗杆　8. 蜗轮

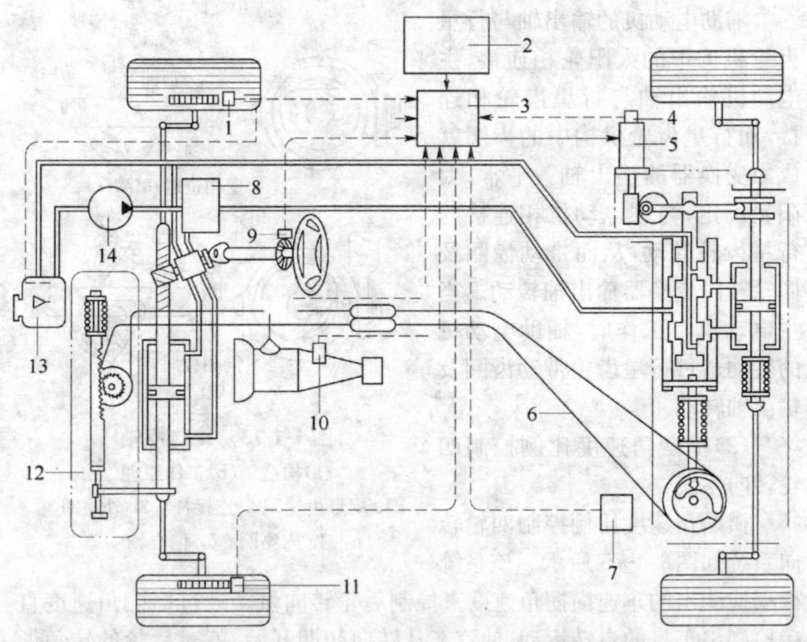

图 1-1-75　横摆角速度比例控制四轮转向系统

1、10、11. 车速传感器　2. ABS 主控悬架电子控制单元　3. 四轮转向电子控制单元　4. 电动机旋转角传感器　5. 转向控制电动机　6. 拉索　7. 横摆角速度传感器　8. 流量阀　9. 转向传感器　12. 后控制滑轮总成　13. 油位开关　14. 液压泵

此系统主要由以下两个控制模块组成:一是纯机械转向控制模块,目的在于改善低速下的操纵性;另一是电子转向控制模块,它不仅用来改善中、高速时的操纵性和稳定性,而且也用来提高抗外来干扰的能力。

前轮转向机构的结构如图 1-1-76 所示。转向盘的转动,一方面通过转向齿条控制前轮的转向,一方面通过齿条端部带动控制齿条移动,进而带动小齿轮及与小齿轮做成一体的前滑轮转动,并通过拉索将转动传递到后轮转向机构中。

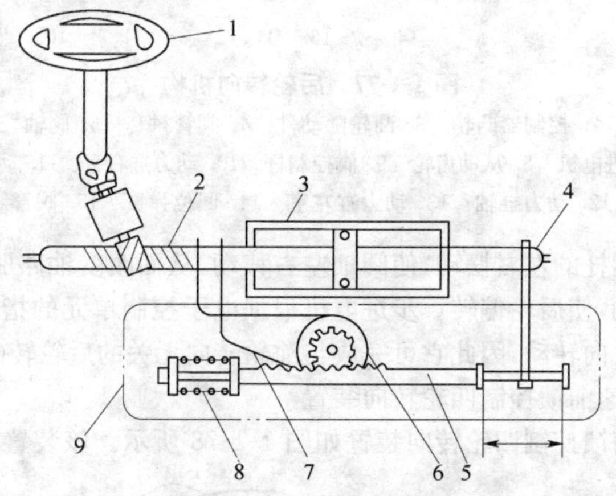

图 1-1-76　前轮转向机构

1. 转向盘　2. 齿轮齿条转向器　3. 转向动力缸　4. 齿条端部
5. 控制器齿条　6. 前滑轮　7. 拉索　8. 回位弹簧　9. 后滑轮控制总成

后轮转向机构的结构如图 1-1-77 所示。后轮转向有两套磁控制机构,一套通过拉索控制后轮的转向,另一套是通过电动机控制后轮的转向。

通过拉索控制后轮转向时,拉索的运动传到后滑轮和控制凸轮一同转动,并通过凸轮随动件使阀管移动。转向盘向左转动时,后滑轮向右移动,此时凸轮的轮廓线是向半径减小的方向转动,使阀管向左边移动,来自油泵的高压油进入动力缸右室,驱动动力缸活塞左移,带动后轮向右转向;转向盘向右转动时,凸轮的轮廓线向半径增大的方向转动,使阀管向右移动,来自油泵的高压油进入动力缸左室,驱动动力缸活塞右移,带动后轮向左转向。

通过电动机控制后轮的转向时,阀管固定不动,根据由步进电机驱

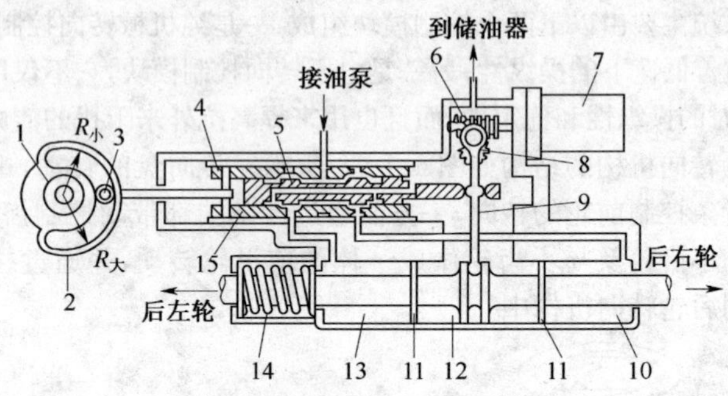

图 1-1-77　后轮转向机构

1. 后滑轮　2. 控制器凸轮　3. 凸轮随动件　4. 阀管衬套　5. 阀轴　6. 驱动齿轮　7. 步进电机　8. 从动齿轮　9. 阀控制杆　10. 动力缸右室　11. 动力缸活塞　12. 动力缸轴　13. 动力缸左室　14. 回位弹簧　15. 阀管

动的阀控制杆的左右摆动，使阀轴左右移动，从而改变油路驱动动力缸活塞的运动，使后轮偏转。步进电机根据电子控制单元的指令而动作，可进行正反向转动，因此它可完成与前轮转向无关的后轮转向操作。

(3)车速前馈控制四轮转向装置

车速前馈控制四轮转向装置如图 1-1-78 所示。该装置前、后轮均

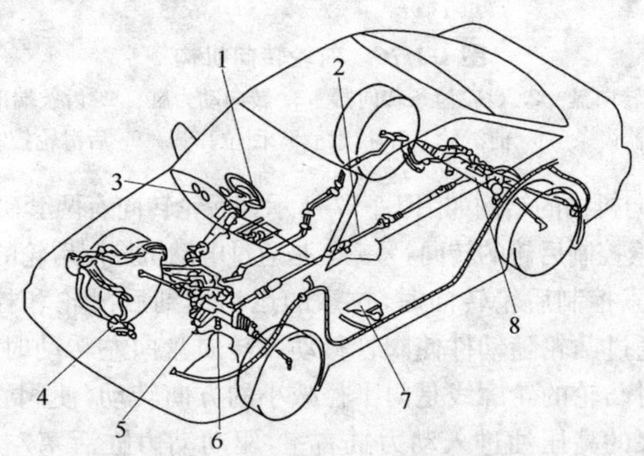

图 1-1-78　车速前馈控制四轮转向装置

1. 四轮转向断电器与定时器　2. 后轮转向传动轴　3. 2 号车速传感器　4. 转向油泵　5. 前动力转向系统　6. 1 号车速传感器　7. 四轮转向控制单元　8. 后转向控制箱

采用液压助力转向，但后轮转向为机-液-电联合控制。

系统中，后轮偏转的角度根据车速及转向盘转动角度，按事先设定好的程序由电子控制单元进行控制。当车速在35km/h以下时前后轮逆相位；在35km/h时后轮不偏转，此时相当于两轮转向；在35km/h以上时前后轮同相位。

前轮转向装置为一普通液压动力转向系统，其结构如图1-1-79所示。

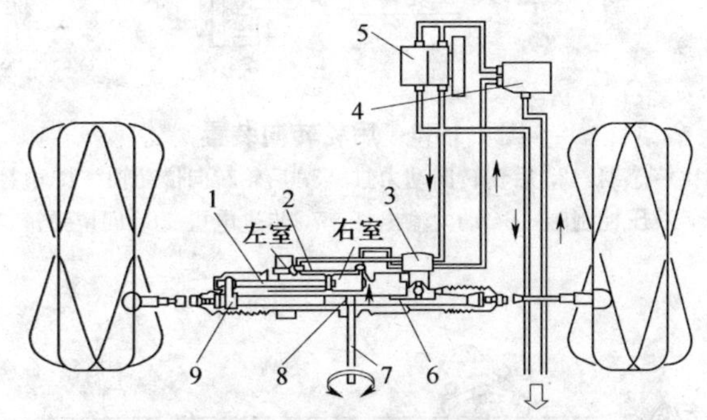

图 1-1-79　前轮转向装置

1. 转向动力缸活塞杆　2. 转向动力缸　3. 转向控制阀　4. 转向油泵　5. 储油罐　6. 转向齿条　7. 后轮转向传动轴　8. 小齿轮　9. 连接板

转向器为齿轮齿条式转向器，转向齿条被加长，另外设置一小齿轮与齿条啮合，该小齿轮固定在与后轮转向传动轴上相连的齿轮轴上。当转动转向盘使前轮转向时，齿条的水平移动一方面推动前轮转向，一方面通过小齿轮带动后轮转向传动轴旋转，将转向盘转动的信息（转动的方向、快慢和转动的角度）传给后轮转向装置，以控制后轮转向。

后轮转向装置如图1-1-80所示。它主要包括相位控制器、液压控制阀、后轮转向动力缸以及电子控制系统。

相位控制器的结构如图1-1-81所示。它包括步进电机、扇形控制齿板、摆臂、大锥齿轮、小锥齿轮、液压控制阀连杆、液压控制阀主动杆等。其功用是将步进电机驱动的扇形控制齿板的运动和由后轮转向传动轴驱动的大锥齿轮的运动合成后，将控制后轮偏转方向和偏转角度大小的运动信号传给液压控制阀，以驱动阀芯柱塞移动。

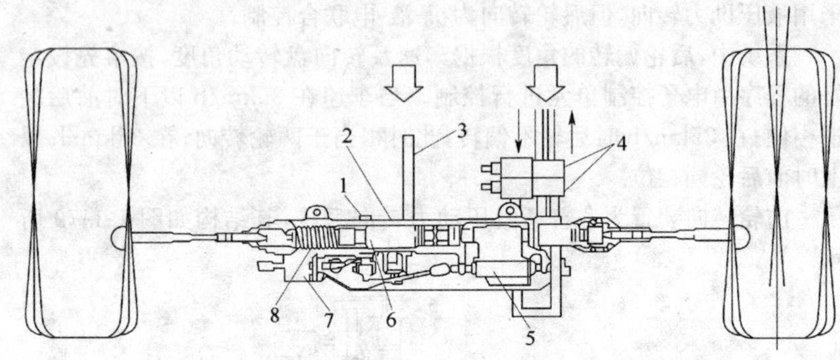

图 1-1-80　后轮转向装置

1. 转向比传感器　2. 后轮转向动力缸　3. 后轮转向传动轴　4. 电控油阀　5. 液压控制阀　6. 动力输出杆　7. 步进电机　8. 回位弹簧

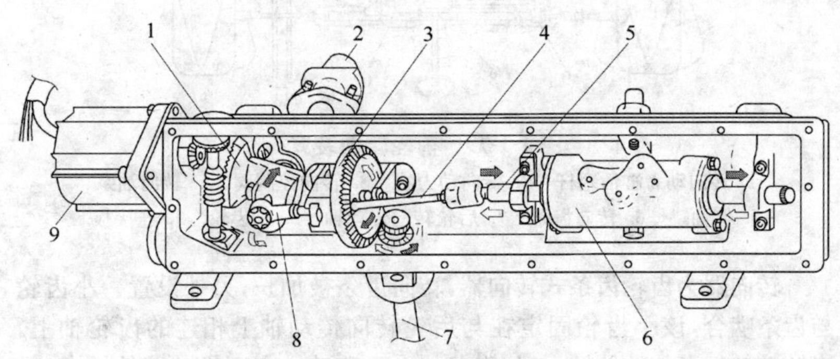

图 1-1-81　相位控制器

1. 扇形控制齿板　2. 转向比传感器　3. 大锥齿轮　4. 液压控制阀连杆　5. 液压控制阀主动杆　6. 液压控制阀　7. 后轮转向传动轴　8. 摆杆　9. 步进电机

当车速低于 35km/h 时，如图 1-1-82a 所示，扇形控制齿板在步进电机的控制下向图中负方向偏转，车速越低其偏转角度越大。假设这时转向盘向右转动（前轮向右偏转），与后轮转向传动轴相连接的小锥齿轮向空白箭头所示方向转动，与小锥齿轮啮合的大锥齿轮也向空白箭头所示方向转动，同时带动大锥齿轮中心贯通的控制杆也围绕大锥齿轮轴线旋转。控制杆的运动带动摆杆随之运动，由于扇形控制齿板是向负方向转动，因此摆杆向右上方摆动。控制杆在摆杆这种合成运动的作用下，推动液压控制阀主动杆向右移动，其行程大小与扇形控制齿板的转角大小成正比。

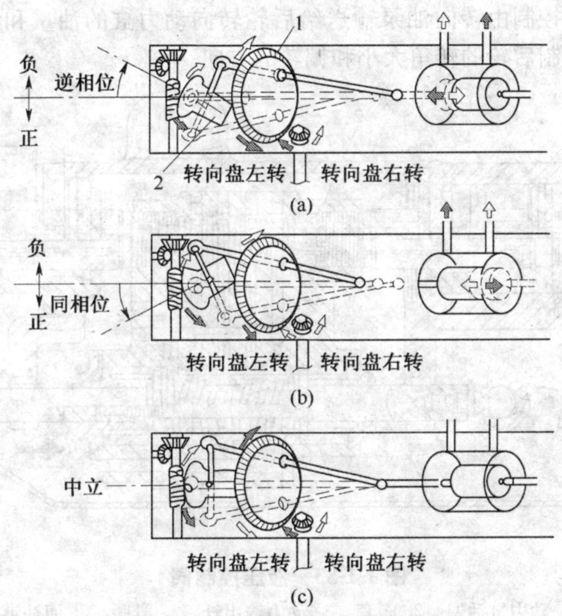

图 1-1-82　相位控制系统工作原理

(a)逆相位　(b)同相位　(c)中间位置

1. 大锥齿轮　2. 扇形控制齿板

当液压控制阀的主动杆向右移动时，由转向油泵输送的高压油液进入后轮转向动力缸的左腔，使后轮向左偏转，即后轮相对于前轮反向偏转。

当车速高于 35km/h 时(如图 1-1-82b 所示)，相位控制器中扇形控制齿板向图中正方向转动，假设这时转向盘仍向右转动(前轮向右偏转)，这时摆杆向左上方摆动，将控制杆向左拉动，结果使后轮向右偏转，即使后轮相对于前轮同向偏转。

当车速等于 35km/h 时(如图 1-1-82c 所示)，相位控制器中的扇形控制齿板处于中间位置，摇臂处于与大锥齿轮轴线垂直的位置。控制杆和液压控制阀主动杆不产生轴向位移。后轮转向动力缸左、右油腔均没有高压油液输入,后轮保持与汽车纵向轴线平行的直线行驶状态。

液压控制阀的结构如图 1-1-83 所示。其作用是按照相位控制器给定的信号,控制由转向油泵输送给后轮转向动力缸的油量和油液的流向,从而控制后轮的转角大小和偏转的方向。

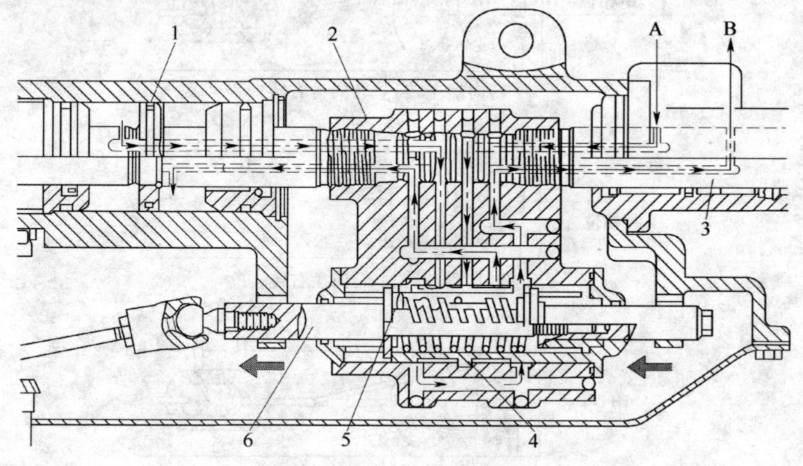

图 1-1-83 液压控制阀

1. 动力缸活塞 2. 阀套 3. 动力输出杆 4. 滑阀 5. 回油道
6. 液压控制阀主动杆 A—进油口 B—回油口

图中示出滑阀移向左侧,此时油泵送来的油液通过液压控制阀进入动力缸右腔,同时动力缸左腔通过液压控制阀与储油罐相通。在动力缸左、右腔压力差作用下,输出杆左移,使后轮向右偏转。因为阀套与输出杆固定在一起,所以当输出杆左移时将带动阀套左移,从而改变油路通道大小,当油压与回位弹簧及转向力的合力达到平衡时输出杆(连同阀套)停止移动。

当滑阀右移时使后轮向左偏转,其作用过程与上述相反。

五、定速巡航控制系统

定速控制系统是利用机械和电子装置使汽车在驾驶员设定的速度下行驶。

1. 工作原理

定速控制电脑接收定速主开关、设定和恢复开关发出的指令信号。当点火开关在“RUN”或“START”位时，定速控制主开关通电，当按下“ON”按钮时，电源即给定速控制电脑和制动开关供电。定速控制电脑接收来自制动开关、车速传感器、离合器开关或A/T档位开关的信号，定速控制电脑依次发送信号给定速控制促动器来调节节气门位置以维持所设定的行驶速度。

控制电脑把汽车在实际速度与所设定的速度进行比较，从而在必要时增加或减小节气门开度，使得所提供的动力与所设定的速度相匹配。

2. 定速巡航控制系统的元件位置及电路

雅阁巡航系统元件位置如图1-1-84和图1-1-85所示。

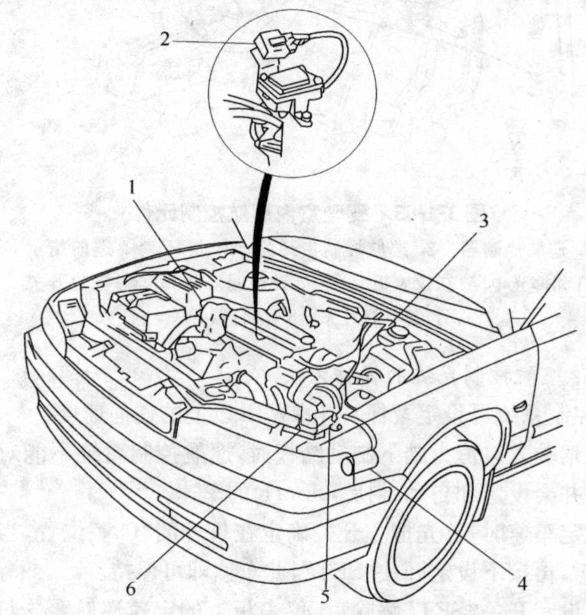

图1-1-84　发动机舱内巡航系统部件

1. 分电器　2. 速度传感器　3. 伺服器导线　4. 真空储存器　5. 伺服器　6. 通气管

其电路如图1-1-86所示。

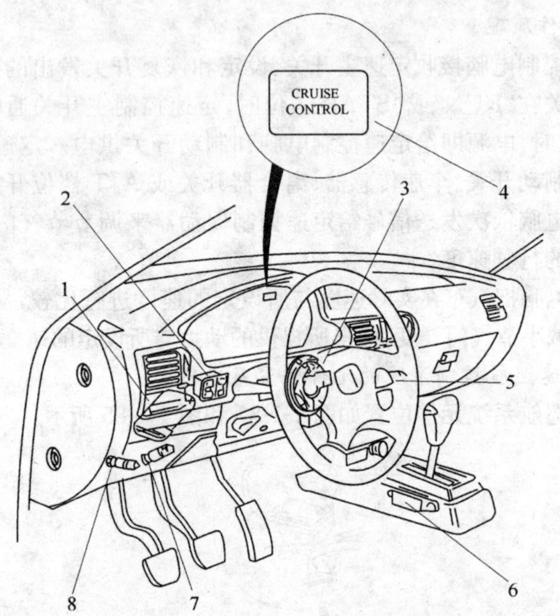

图 1-1-85 驾驶室内巡航控制元件

1. 巡航控制器 2. 巡航控制主开关 3. 滑环 4. 巡航指示灯和抑光电路(在仪表板上) 5. 设定回复开关 6. 档位开关 7. 刹车灯开关 8. 离合器开关

3. 定速巡航控制系统的操作方法

巡航控制系统可设定及保持 40kW/h 以上的任何速度。

(1)当驾驶人以恒力踏下制动踏板时,巡航控制系统不能对节气门进行控制,并会设定和自动维持 40km/h 的车速。

(2)设定车速时,首先把主开关确定在打开的“ON”位置,当达到希望的车速时,再按下设定开关“SET”,此车速即可保持。

(3)当设定开关“SET”解除后,仪表板上的定速巡航警告灯“Crouise control”会亮起,此时可按下主开关取消定速控制设定。

(4)如想加速而不踏加速踏板,可按下“恢复”(RESUME)开关,当达到希望的车速后,放开“恢复”开关,汽车就将以目前的速度行驶。

(5)如想减速而不踏制动踏板,只要按住设定开关“SET”,车速即会

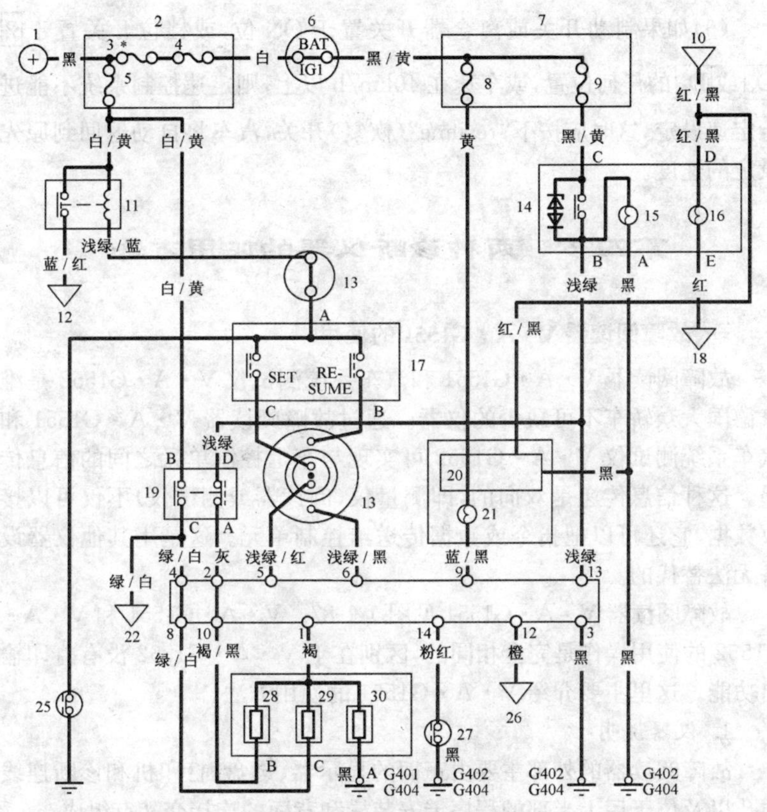

图 1-1-86　定速控制电路图

1. 电瓶　2. 发动机罩下保险丝和继电器盒　3. No. 15 保险丝　4. No. 18 保险丝(50A)　5. No. 30 保险丝(20A)　6. 点火开关　7. 仪表板下保险丝和继电器盒　8. No. 1 保险丝(10A)　9. No. 4 保险丝　10. 组合灯开关　11. 喇叭继电器　12. 喇叭　13. 螺旋电缆　14. 主开关　15. 指示灯(1. 12W)　16. 指示灯(1. 12W)　17. 设定和恢复开关　18. 仪表板照明灯亮度调节器　19. 制动开关　20. 定速控制变光电路　21. 定速控制指示灯(1. 4W)　22. 制动灯(故障传感器)　23. 定速控制电脑　24. 定速控制促动器　25. 喇叭开关　26. 车速传感器　27. M/T:离合器开关:

A/T:A/T 档位开关(2、D_3、D_4)　28. 真空阀　29. 通风阀　30. 安全阀

慢慢下降,当达到所要求的速度时,放开"SET"开关后,汽车则将以目前的速度行驶。

(6)如果制动开关或离合器开关置于ON位,或档位开关置于[2] [D_3]或[D_4]的任何位置,或车速在40km/h以上,则定速控制系统不能进行定速设定,这时应按下"resume"(恢复)开关,汽车将自动返回到原先设定的速度。

第四节 两种诊断仪器的使用方法

一、故障阅读器V·A·G1551的使用

故障阅读器V·A·G1551和汽车系统测试仪V·A·G1552是维修德国大众轿车不可缺少的仪器。通过故障阅读器V·A·G1551和汽车系统测试仪V·A·G1552可实现与车上控制单元之间的信息传递。这种信息传递是双向的,即测量仪(阅读器或测试仪)不仅可以接收数据,它还可以把指令或数据传送给控制单元。这是用其他仪器设备无法替代的。

故障阅读器V·A·G1551见图1-1-87。V·A·G1551和V·A·G1552的使用操作是完全相同的,区别在于V·A·G1552没有打印输出功能。这里主要介绍V·A·G1551的使用方法。

1. 仪器说明

故障阅读器的外部主要由正面的显示器、键盘、打印机和诊断连线插孔以及位于后上半部的程序卡安装槽和背面的连接交叉点组成。

(1)显示屏

显示屏可以为使用者输出各种信息且提供各种功能。显示屏可显示两行共40个字符,每个字符高度为12mm。由于具有良好的对比度、从几米远处即可清楚地阅读。

(2)键盘

使用者所发出的指令是通过键盘输入到仪器的。键0～9用于数字输入;C键清除输入,退回到上一操作步骤或终止程序运行;Q键是确认输入指令,相当于计算机的回车键;→键是程序继续运行或翻页命令;HELP键可调出功能说明;PRINT键可接通或关闭打印机,打印机接通时,指示灯亮。

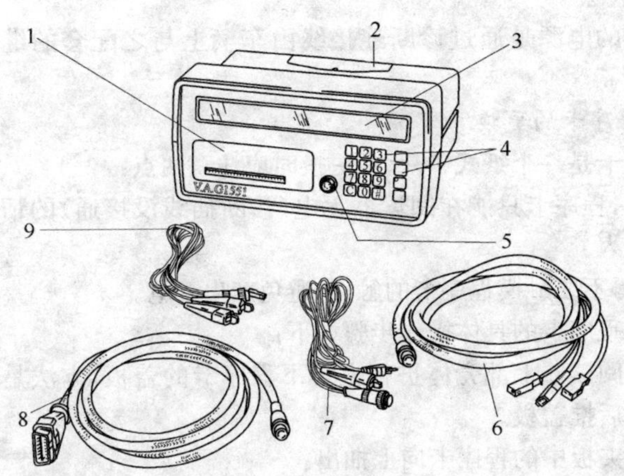

图 1-1-87 故障阅读器 V·A·G1551

1. 打印机 2. 程序卡安装槽 3. 显示器 4. 键盘 5. 诊断连接插口 6. V·A·G1551/1 诊断连线(用于 2 项扁插头的车辆) 7. V·A·G1550/2 连线(用于燃油泵继电器的插头) 8. V·A·G1551/3(用于 16 项扁插头的车辆) 9. V·A·G1551/1 诊断连线(用于一项扁插头的车辆)

(3)打印机

打印机是一个可容纳 40 个字符的热敏打印机。打印指令由按键"PRINT"来完成。可收集、整理、打印出故障说明、测量数据以及使用说明。

(4)程序卡

仪器的全部功能由一个易于更换的带电脑软件的程序卡控制。这样,以少量的费用就能使仪器与新的发展需要相匹配。程序卡在安装槽内,由一个盖板盖住。另外,程序卡可以提供不同的语言形式(目前常用的是德文与英文)。

(5)连接交叉点

通过连接交叉点,可以用交叉分配器将万用表 V·A·G1715、点火检测仪 V·A·G1767、排放检测仪 V·A·G1788 所测量的数据由 V·A·G1551 的打印机输出。

(6)电源

仪器的电源是通过诊断连接线由车辆上与之配套的继电器盘提供。

2. 程序卡的更换

程序卡是一个纸式卡片,在更换时应注意两点:

第一,程序卡只能在阅读器无电(诊断插线没接通)的情况下才能抽出或插入。

第二,不要触摸程序卡的触点,避免产生静电。

更换程序卡的具体操作步骤如下:

①从阅读器上部壳体护板上拆下程序卡的盖板,方法是拆下梅花螺钉并向后推盖板。

②把夹板中的程序卡向上抽出。

③把新的程序卡插到安装基座的挡板处,但要注意不干胶纸上的插入方向。

④把夹板后置并关上程序卡盖板。

⑤连上诊断插线,选择工作模式 3,仪器进行自检。自检结束后,旧的程序卡就不再需要了,更换完毕。

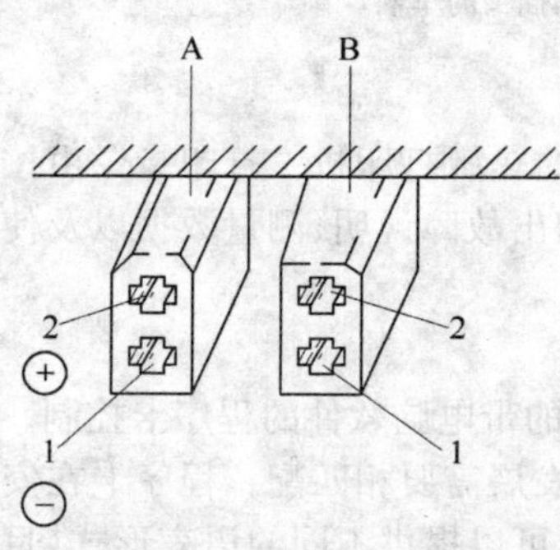

图 1-1-88　使用 V · A · G1551/1 诊断连线车辆的诊断插座

A. 黑色电源插座(插脚 1 为蓄电池负极,插脚 2 为蓄电池正极)　B. 白色诊断插座(插脚 1 为 L 连线,插脚 2 为 K 连线)

3. 仪器的接通

V · A · G1551 配有一个供给电压极性变换保护装置,当供给电压正确接通时,输入和输出板的安全保护装置才会发挥作用。因此,在接通仪器时一定要注意连接顺序。

(1)诊断连线 V · A · G1551/1 的使用

使用诊断连线 V · A · G1551/1 的车辆,中央配电盒上的插座见图 1-1-88。诊断连线 V · A · G1551/1 的各插头,见图 1-1-89。

插头各插脚之间连接关系见

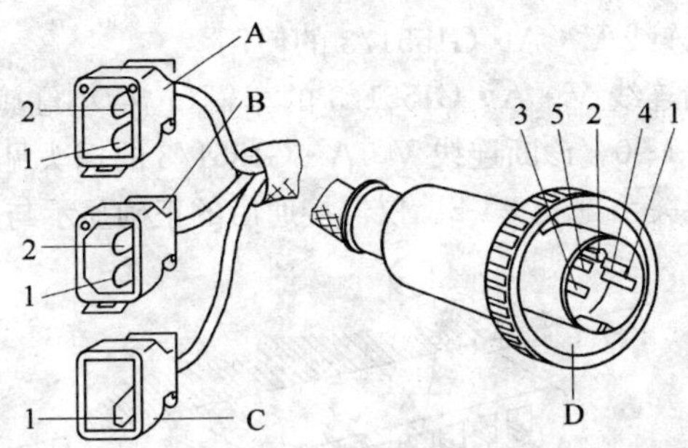

图 1-1-89　诊断连线 V · A · G1551/1 的插头

A. 黑色两孔电源插头　B. 白色两孔诊断插头　C. 蓝色单孔插头　D. 接故障阅读器　1、2、3、4、5. 插脚

表 1-1-1。

表 1-1-1　诊断连接线 V · A · G1551/各插脚的连接关系

接车的一侧		接仪器的一侧
扁平插头	插脚	插头—D—插脚
黑色—A—	1	3 蓄电池负极
	2	2 蓄电池正
白色—B—	1	4 L—连线
	2	1 K 连线
蓝色—C—	1	5 照明线

连接时，首先将诊断连线与阅读器接好，然后分别将诊断连线的黑色 A 插头插入车辆继电器盘上的黑色 A 插座；白色 B 插头插入白色 B 插座。

接通后，显示屏显示的正确菜单如下：

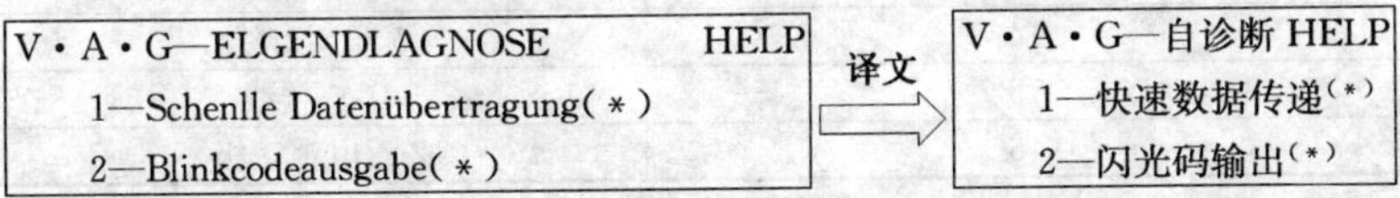

如果显示屏没有显示或出现错误显示，应检查连接线白色 B 插头是否接通，仪器的供给电压是否中断或极性是否接反。在检查车上扁平黑色 A 插座的电压时，同时要检查电极性，供电电压至少达到 10V 以上。如果蓄电池亏电严重，应对蓄电池充电后方可进行检测。

(2)诊断连线 V·A·G1551/3 的使用

使用诊断连线 V·A·G1551/3 的车辆(包括小红旗轿车),车上诊断插座见图 1-1-90。诊断连线 V·A·G1551/3 的插头见图 1-1-91,插头各插脚的连接关系见表 1-1-2。仪器接通后的正确显示与前面所述相同。

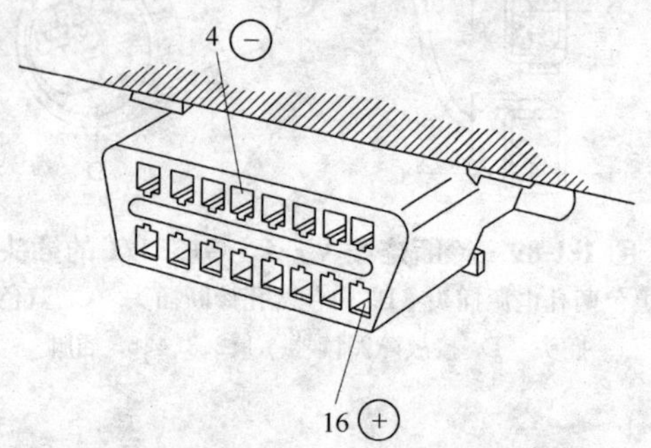

图 1-1-90　使用 V·A·G1551/3 诊断连线车辆的诊断插座

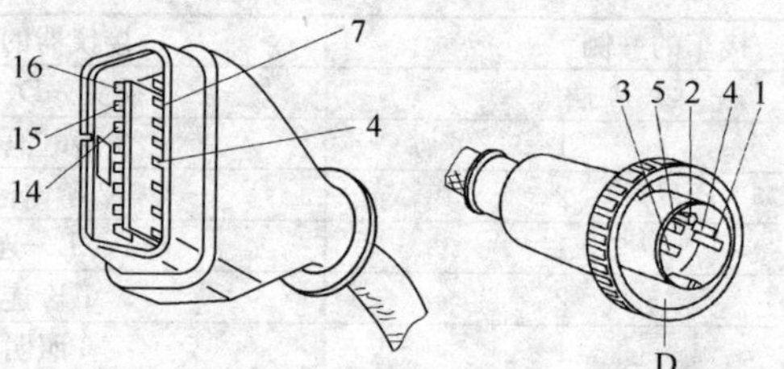

图 1-1-91　诊断连线 V·A·G1551/3 的插头

表 1-1-2　诊断连接线 V·A·G1551/3 各插脚的连接关系

接车的一侧插头/插脚	接仪器的一侧插头—D—/插脚
4	3 蓄电池负极(—)
7	1K—接线
14	5 照明灯线
15	4L—接线
16	2 蓄电池正极

(3)诊断连接线 V·A·G1550/1 和 V·A·G1550/2 的使用

诊断连接线 V·A·G1550/1 和 V·A·G1550/2 见图 1-1-92。

①V·A·G1550/1 的使用:首先把诊断连线的黑色接线夹 3 与蓄电池负极接通,红色接线夹与蓄电池正极接通,显示屏出现显示后才可

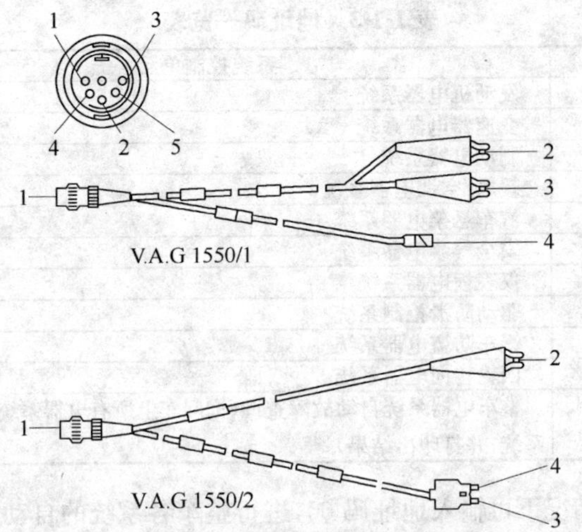

图 1-1-92 诊断连线 V · A · G1550/1 和 V · A · G1550/2

1. 诊断插头 K 接线 2. 蓄电池正极线 3. 蓄电池负极线 4. 诊断插头 L 接线

把诊断插头 4 插入车上发动机舱内的单孔诊断插座内。

②V · A · G1550/2 的使用:使用 V · A · G1550/2 时,首先将专用插头 3 和 4 插入燃油泵继电器的插孔上,再将诊断连线的红色接线夹 2 与蓄电池正极接通。

4. 仪器的操作

在接通故障阅读器后,可按键来选择所希望的工作模式。除两种交替显示的 1-快速数据传递和 2-闪光码输出外,还可选择 3-仪器自我检测和 4-服务站代码。选择时只需输入代码即可。如键入 1 后,用 Q 键确认,便进入了快速数据传递模式。

(1)快速数据传递模式

在进入快速数据模式以后,仪器显示的菜单如下:

Schenlle Datenübertragung HELP Adresswort eingeben XX	译文 ⇨	快速数据传递 HELP 地址码:××

阅读器等待着二位数字编码的输入。这一编码代表着不同系统控制单元的地址码,地址码具体内容见表 1-1-3。此时若按下 HELP 键,打印机会将地址码一览表打印出来。

表 1-1-3 地址码一览表

地址码	系统控制单元
01	发动机电器系统
02	变速器电器系统
03	制动电器系统
08	暖风/空调电器系统
14	汽车悬架电器系统
15	安全气囊电器系统
17	仪表板电器系统
24	驱动防滑控制系统
25	汽车防盗电器系统
34	四轮转向电器系统
00	整车电器系统自动故障查询(询问车上所有电器系统的故障记忆系统,并打印出结果)

在特殊情况下可输入地址码 00,进行整车各系统的自动故障查询。在查询过程中,阅读器会逐个地输出地址码,在每一个相关控制单元答复后,显示屏会短时间显示该控制单元,接着阅读该控制单元的故障记忆系统,打印机将结果打印出来。一个系统结束后,接着进入下一个系统。

以发动机和变速器控制单元为例,将其查询输出结果(已译成中文)列出如下:

……………………………………………………………… 12345

Carl Bondbauer

Kurfürstendamm 106/1000 Berlin 31

443907401A　　发动机

编码:1

发现 2 个故障!

00513　2111

发动机转速信号传感器—G28

无信号输入

00516　2121

怠速开关—F 60

信号输入正极(正常)。

095927731 DIGIMAT　　WSC12345

编码:111

无故障出现

输入地址码后，按下Q键予以确认，显示屏便会显示出该系统的地址码及其名称，可通过C键来确认输入指令。在确认输入无误后，按下Q键，便建立起了仪器地址码所代表的系统与控制单元之间的数据联系。

下面以发动机电气系统为例介绍快速数据传递功能的具体使用。

有一点须指出，各项功能所显示或打印出的文字，会因车上所使用的控制单元以及仪器上所使用的程序卡型号不同会有所不同。

输入地址码01，用Q键确认后，显示屏显示菜单如下：

Schenlle Datenübertagung Q 01—Motorelektronik	译文 ⇨	快速数据传递 Q 01—发动机电器系统

控制单元确认后显示菜单如下：

443907401A MOTOR Codierung 1	译文 ⇨	443907401A 发动机 编码 1

在该模式下按下"→"键继续进行，显示菜单如下：

Schnelle Datenübertagung HELP Funktion anwählem ××	译文 ⇨	快速数据传递 HELP 功能选择 ××

此时便可选择快速数据传递下的每一个功能。

为了调出该系统中的单个功能，阅读器以一个2位数字的代码作为固定指令输送给控制单元。各代码所代表的内容见表1-1-4所示。

表1-1-4 代码一览表

代码	指令内容	代码	指令内容
01	查询控制单元型号	06	诊断输出
02	查询故障记忆系统	07	编制控制单元代码
03	诊断终端执行元件	08	阅读测量数据块
04	基本调整	09	阅读单独测量数据块
05	清除故障记忆系统	10	匹配(自适应)

如果所选择的功能控制单元内不存在，或目前运行状态下此功能无法执行，阅读器将显示如下信息：

Funktion ist unbekannt ider kann → im Moment nichtt ausgefuhrt werden	译文 ⇨	功能未知或在 → 目前无法执行

①查询控制单元类型01功能：选择01代码，按Q键，通过数据传

递,控制单元确认后,将显示如下信息:

显示内容的上一行是控制单元所具有的部件编码,系统名称和数据状况;下一行是控制单元目前的编码。控制单元存储编码(见功能07)除了显示自身编码外,还显示服务站代码(WSC),此代码表明由那一家服务站最后对控制单元编制了代码。

②查询故障记忆系统 02 功能:查询故障记忆系统 02 功能,在实际维修中应用最多。选择 02 代码,通过数据传递,控制单元确认后,阅读器首先询问控制单元的故障记忆系统并显示所出现的故障数量,如下所示:

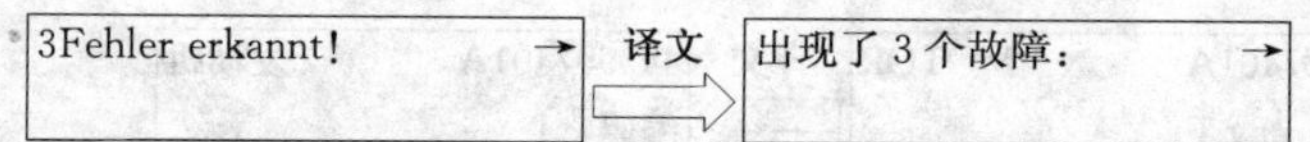

接着按动"→"键继续运行,每一个故障的文字说明都单独地出现在显示屏上,如下所示:

可用"→"键进行翻页,如在下一行显示的故障类型上带有/SP 的字样,表明此故障为偶发故障。如果接通打印机,故障文字说明将被打印出来。为了使打印输出的故障同维修手册上的一览表正确对应,每一个故障均带有一个 5 位数的故障代码。

③诊断终端执行元件 03 功能:对执行元件诊断,可检查每一个执行元件及其电路状况。选择 03 功能,用 Q 键确认后,便开始对执行元件进行诊断。执行元件的诊断顺序由控制单元决定,并通过显示屏显示出来。

如下所示是在对 1 缸喷嘴进行诊断,此时执行元件应作出相应的反应,反应现象视执行元件而定。如执行元件无反应,则说明此元件或电路部分有故障。通过按"→"键便可发出对下一个执行元件进行诊断的指令。

④基本调整04功能：对于某些系统，如点火提前角，在维修或保养时必须进行调整。基本调整功能只能在规定的车辆运行状况下才能进行。有些控制单元要输出一些内存的数据值用来进行基本调整。

在选择04功能后，故障阅读器将显示如下所示菜单：

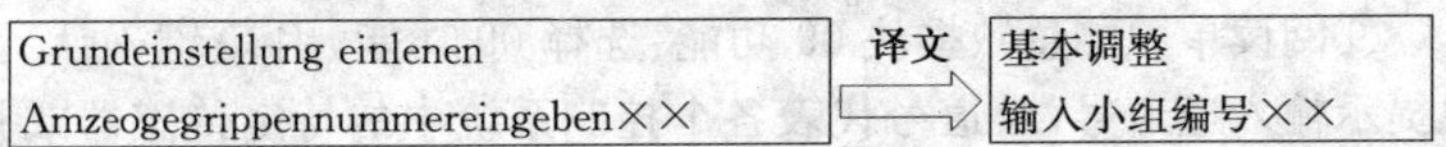

要求输入一个小组编号，小组编号参见功能08。测量值以物理量形式输出，所选择的小组编号在显示屏的上一行一起显示；在下一行显示的内容分别为发动机的机油温度、发动机转速、进气温度、蓄电池电压。如键入小组编号3后的显示如下：

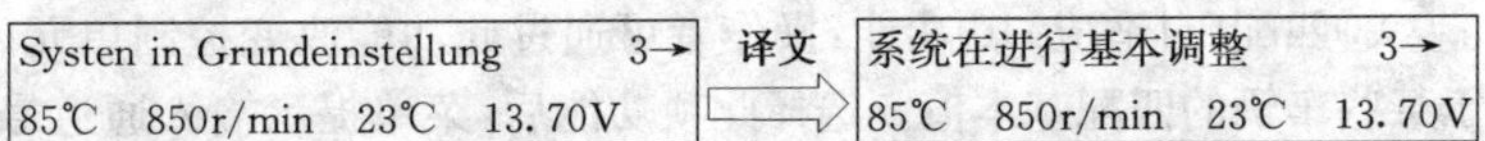

要转换到另一组测量值可通过按动C键，并输入所希望的小组编号来进行。在基本调整过程中，控制单元控制的运行工况将达到所选小组的固定值。

⑤清除故障记忆功能05：在进行修理之后，必须使用05功能清除控制单元的故障记忆。在输入清除命令之前，必须首先用故障阅读器查询故障记忆系统。使用05功能后，尽管文字显示故障记忆系统已被清除，但还需要再次查询一次故障记忆系统，看是否还有故障存在，必要时排除故障。

⑥终断输出06功能：选择06功能便终止与目前控制单元的数据传递，可输入新的地址码工作区。

⑦编制控制单元代码07功能：控制单元内存储的内容可通过07功能加以更改，控制单元的工作方式可被更换，以适应不同的发动机、变速器、车身或行驶系统，或者适应不同国家的有关法规要求。

07功能确认后，显示屏显示要求输入数值介于000与127之间的编码，必须是3位。输入编码后，控制单元便显示现在的控制单元代码和与之对应的服务站代码(WSC)。

⑧阅读测量数据块08功能，不同的控制单元可传输多种测量数据。这些数据值提供各系统的工作状况，即所连传感器的信息。

由于这些数据不能同时传递，因此需要按各个显示小组划分，每个小组均可通过小组编号进行选择。输入显示小组编号后，用 Q 键确认，测量数据便在显示屏的下一行显示出来。

非物理量的测量数据的输出必须输入显示小组编码 00。

将显示的测量数据与标准值进行比较，便可以判断出故障所在。

⑨阅读单独测量数据块 09 功能：选择 09 功能，用 Q 键确认后，菜单提示输入通道号，通道号代表各个控制系统中的特定传感器或其他部件。通道号用 2 位数字输入，并按下 Q 键确认输入指令，便显示出该通道的测量数据块的测量值。

将测量值与标准值比较，即可判断该传感器或其他部件及其连线是否有故障。

⑩匹配（自适应）10 功能：操作者可通过此功能改变控制单元内用于某些车辆的匹配基本值。选择此项功能后，菜单提示输入通道号，通道号用 2 位数字输入，并用 Q 键确认输入指令。控制单元将显示当前所使用的匹配值，同时还显示出附属通道号。如输入通道号 10 后所显示的内容如下：

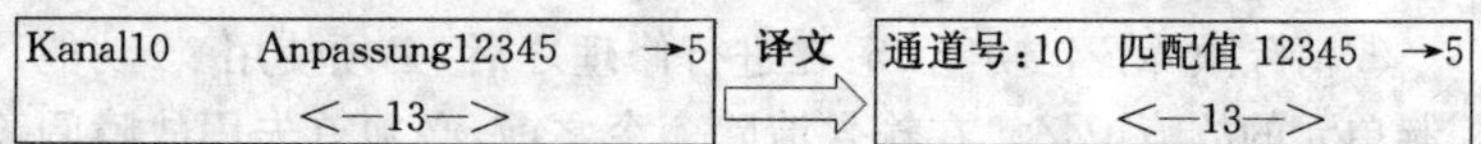

接着按动“→”键便显示如下所示菜单：

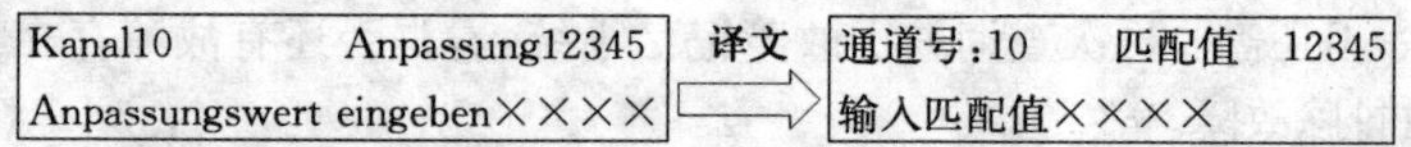

此时便可输入一个新的匹配值。输入时利用按键 1 或↓（每按一次匹配值在原值基础上减 1）和按键 3 或↑（每按一次匹配值在原值基础上增加 1）将匹配值以单位步进的方式加以更改，且可以检查控制单元的反应。

在某些情况下，除匹配值外，还可在下一行观察到这一通道内排有的测量数据，显示方式取决于控制单元的方式。

如果已得到正确的匹配值，必须用 Q 键确认此值，确认后菜单将显示如下所示内容：

Kanal10 Anpassung12001 Q
12 25 43 18 32 127 255 34 67

译文 →

通道号：10 匹配值 12001 Q
12 25 43 18 32 127 255 34 67

Kanal10 Anpassung12001 Q	译文	通道号:10 匹配值 12001 Q
1575r/min 16% 75>° 83.0℃	⇨	1575r/min 16% 75>° 83.0℃

询问是否存储新的匹配值，若想存储，可按下 Q 键确认存储指令，新的匹配值便被传递给控制单元加以存储。

(2)闪光码输出

车上有些系统只可使用闪光码输出。仪器接通后，按下 2 键即可调出。通过按动"→"键，使闪光码输出进入工作状态，显示菜单如下所示：

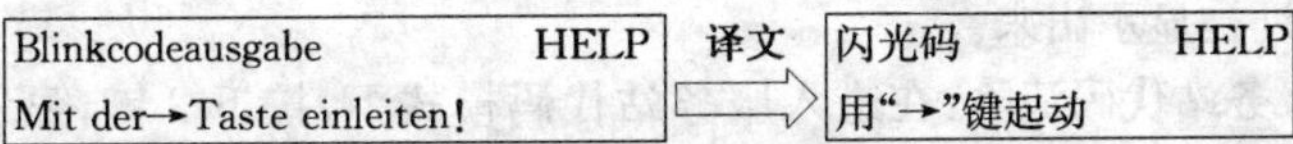

接着阅读器等待从控制单元输出闪光码(故障记忆输出)，闪光码以 4 位数字显示。控制单元内的信息完全传递后，与闪光码有关的文字说明在显示屏第二行显示出来，如下所示：

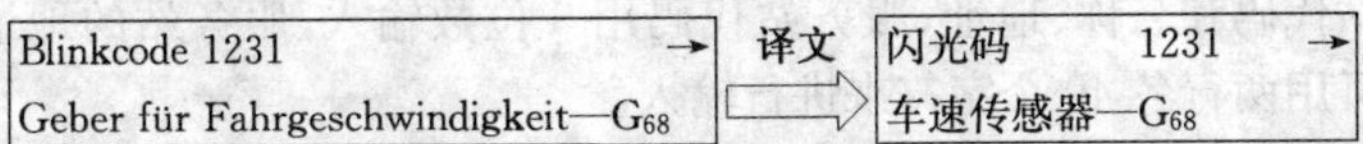

按动"→"键进行翻页，继续显示下一个故障。当故障记忆全部输出后，控制单元传出闪光码 0000，显示输出结束。

闪光码输出前，按下"PRINT"键，闪光码输出便被打印出来。

(3)自我检测

故障阅读器可以在很宽范围内进行自检。接通仪器后，按下 3 键，仪器便开始自检。自检的内容有：

①显示并打印现有的程序卡类型。

②打印出服务站代码。

③操作显示的各部分由打印机输出。

④检查现有程序，显示并打印现有故障。

⑤键盘检查，操作各个按键并通过显示器检查，如有故障，显示器显示出来。当一个键上同样错误出现三次时，便可打印出故障。

⑥检查所有输入极和输出极(K 线和 L 线)，接线如未接通，显示器上便显示出故障。

⑦检查所有输入极，显示器上应有电位显示(H/L)，否则需检查诊断连线的输入极。

自检完成后,按下“→”键便结束自检。

(4)服务站代码

在选择4键,进入服务站代码模式下可显示、清除及输入(1—显示,2—清除,3—输入)服务站名称和地址。只有先将服务站代码输入后,才能进行“编制控制单元代码”和“改变匹配值”两种功能。上述两种功能执行过其中一种后,服务站的代码就再不能被清掉。

①服务站代码显示:在进入服务站代码模式后,选择1(按下1键),存储的服务站代码便在显示屏上显示出来。接着按下“→”键。服务站名称、地址被显示出来。

②服务站代码清除:在进入服务站代码模式下,按下2键,显示屏提示是否清除服务站代码。要清除服务站代码,可按下Q键;如不清除,按下“→”键即可。

③重新输入服务站代码:在服务站代码模式下,按下3键便可输入服务站代码和名称、地址,服务站代码用5位数输入,服务站的地址或名称可用两行各40个字符来进行输入。

二、OTC微机故障检测仪的使用

OTC微机故障检测仪(OTC Monitor)是美国欧瓦顿勒工具公司(Owatonna Tool Company)的产品。该监测器为液晶显示屏,以菜单形式显示,如图1-1-93所示。

测试时,操作控制按键选择菜单项目即可,使用简便,显示明了。

与微机故障检测插座相连的诊断数据传输线缆配有多个接口,适用于插接各种车型的微机故障检测插座。监测器尾部的PROM插座,测试不同车系时,插接相应的PROM磁卡,有适用于克莱斯勒、福特和通用车系等的磁卡。

若汽车微机控制系统改进后,只需使用新修订版本的磁卡。因此,该微机故障检测仪能适用于不同年代出厂的各种车型,应用范围较广。

1. OTC微机故障检测仪的组成

①显示屏:用于显示数据及信息。

②LED灯:共8个LED灯,用于显示某些工作状态及某些试验中的信息。

③键盘:有数字键0~9共10个,方向键上、下、左、右共4个,功能

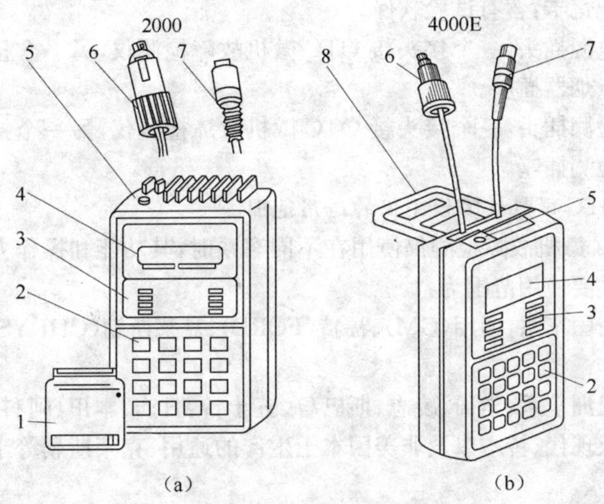

图 1-1-93　OTC 微机故障检测仪

(a)OTC 2000 型　(b)OTC 4000E 型

1. PROM 磁卡(记忆卡)　2. 键盘　3. LED 灯　4. 显示屏

5. 串行接口　6. 电源插头　7. 检测插头　8. 支架

键 F1 和 F2 共 2 个,还有回车键(ENTER)、帮助键(HELP)、模式键(MPDE),如图 1-1-94 所示。

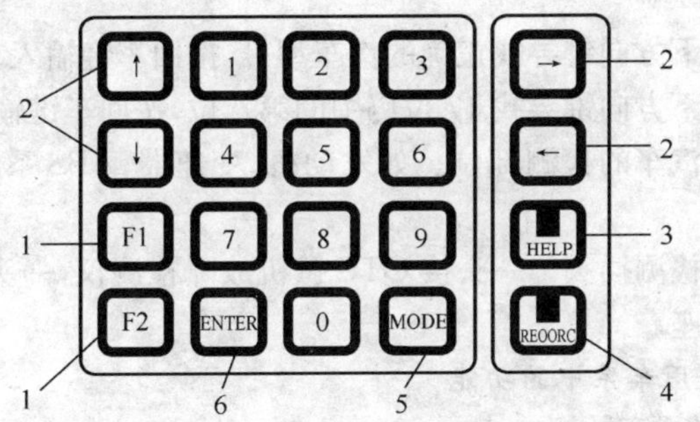

图 1-1-94　OTC 微机故障检测仪的键盘

1. F1/F2 功能键　2. 方向键　3. 帮助键(HELP)　4. 资料键

5. 模式键(MODE)　6. 回车键(ENTER)

④记忆卡:含有试验软件。

⑤电源插头:一个接头接 OTC 微机故障检测仪,另一个接汽车蓄电池或点烟器插座。

⑥检测插头:一个接头接 OTC 微机故障检测仪,另一个接汽车微机故障检测插座。

2. OTC 微机故障检测仪的适用范围

OTC 微机故障检测仪使用在不同车系时,其功能和操作方法不尽相同。主要使用范围为:

①美国车系:通用(GM)、福特(FORD)、克莱斯勒(CHRYSLER)车系。

②亚洲车系:丰田、凌志、斯巴鲁、五十铃、日产、本田、阿科拉、马自达、三菱、现代、铃木以及非美国本土生产的通用、克莱斯勒等十几种车型。

3. OTC 微机故障检测仪的安装

①将记忆卡(Memory Cartridge)装入 OTC 监测器。每套设备有两个卡:美国车型卡和亚洲车型卡。

②接电源。有两种方式,一种是将电源插头接点烟器插座;另一种是直接接蓄电池。

③选择车系。美国车型卡中 1 代表通用;2 代表福特;3 代表克莱斯勒。

④按上下方向键寻找正确的汽车型号,按回车键输入。

⑤按上下方向键寻找 17 位码中的第八位,按回车键输入。

⑥选择汽车的检测部位。如发动机、变速器、ABS 系统,安全气囊系统等。

⑦连接检测插头。一头接 OTC 微机故障检测仪,一头接汽车微机故障检测插座。

4. 在通用车系中的功能

(1)提供成套数据

在 OTC 微机故障检测仪的诊断功能菜单中,选成套数据(Datastream),OTC 微机故障检测仪可提供关于发动机的数据 99 种模式(Mode)、变速器的数据 25 种模式、ABS 的数据 36 种模式。这些数据反映了发动机、变速器、ABS本身的工作状态和各传感器、执行器的工作状态，对诊断分析车辆工作状况有较大帮助。

这些数据的显示有两种方式：一种是标准显示，通常一次显示两个数据；另一种是常用显示，一次显示八个数据。人们可以利用方向键去选择需要显示的数据，并可以利用帮助键去查看标准数据。通过标准数据与实际数据相比，便可分析发动机、传感器、执行器工作的好坏。

(2)调取故障代码

在诊断菜单中选取故障代码(Fault Code)，小屏幕出现故障代码菜单：

①过去的故障代码。

②现在故障代码。

③消除故障代码。

如果选现在的故障代码，这时屏幕显示出一个故障代码，按向上或向下的方向键可调出其他的故障代码。屏幕的右上角出现H大写英文字母时，告诉你可以按帮助键得到有关故障代码的说明。

(3)调取微机识别码(Prom ID)

当需要更换微机时，必须知道微机的识别码。这时可在诊断菜单中选取识别码(Prom ID)，检测仪屏幕出现汽车微机的识别码。

(4)调出技术数据(Specification)

在诊断菜单中选取技术数据，这时检测屏幕会出现你所输入车型的技术数据，如点火顺序、火花塞间隙、点火正时、怠速转速、燃油压力等技术数据。

(5)提供故障快照(Snapshots)

故障快照是为分析故障产生的原因提供线索，故障快照显示有关故障的参数以及故障出现期间的有关实际数值，有如下内容：最后一个故障代码出现的次数；故障代码出现时的发动机转速；故障代码出现后的发动机运行时间；故障代码的数量等。

(6)提供ABS试验

OTC微机故障检测仪提供的ABS试验内容有：慢闪显码(Flash Slow Code)、查码(Review Code)及消除故障代码(Erase Code)。

5. 在福特车系中的功能

福特汽车公司1979年以后生产的汽车至少有一个控制发动机的

微机即发动机微机，还有一些车型有一个或者两个附加的微机来控制制动、悬架以及自动变速器。OTC 微机故障检测仪的功能主要是对这些微机进行检测。

(1)发动机微机试验(Engine Computer Tests)

这些试验提供由汽车发动机微机自诊断出的服务码以及其他诊断信息。有如下诊断状态：

点火开关开，发动机未起动；

点火开关开，发动机起动；

正时检查(指微机 4 号端子)；

摆动试验(Wiggle test)；

输出状态试验(仅微机 4 号端子)；

开关试验(仅马自达发动机微机控制系统 MECS)；

排气试验(仅马自达发动机微机控制系统 MECS)；

消除故障代码；

怠速空气调整(仅微机 4 号端子)；

油泵试验(仅微机 4 号端子)；

手工码输入(仅 N1SSAN)。

(2)车速控制微机试验(IVSC)

该试验提供车速控制微机自诊断出的服务码(Service code)，有如下试验状态：点火开关开，发动机未运转；点火开关开，发动机运转。

(3)ABS——防抱死制动微机试验

该试验提供由防抱死制动微机试验自诊断出的服务码，有以下试验状态：读取故障代码、消码、摆动试验等。

(4)悬架微机试验

这些试验提供由悬架微机或者乘坐控制微机、方向控制微机自诊断出的服务码，有如下试验状态：驾驶试验、弹簧充气试验、方向试验等。

(5)四速自动变速器微机试验

这些试验提供由微机控制四速自动变速器微机(4EAT Computer)自诊断出的服务码，试验内容有：读故障代码、摆动试验、消除故障代码等。

(6)调出技术数据(Specififcation)

与通用(GM)汽车系列相同。

第二章　主持车辆大修工作

第一节　车辆的送大修标志及大修前的诊断与技术鉴定

一、车辆需要大修的标志

①载货汽车：发动机（含离合器）总成和车架总成，两者中有一个总成需要大修，另有前桥（含转向器）总成、变速器（含传动轴）总成、后桥（包括中桥）总成、车身总成等，又有一个总成或一个总成以上需要大修，即可组织送厂大修。

②客车：客车车身总成需要大修，而发动机附离合器等总成中，又有一个总成需要大修，即可组织送厂大修。

③挂车：凡挂车车架（包括转盘）、前轴、后轴、货厢四个主要总成中，如车架（包括转盘）和其他任何一个总成需要大修时，即可组织送厂大修。

二、汽车大修前的诊断与技术鉴定

①凡是已行驶达到大修额定里程的车辆，必须送汽车综合性能检测站或其他法定汽车技术性能鉴定机构，进行大修前的技术鉴定。

②未行驶到额定里程的汽车，因技术状况差，要提前进行大修，也必须进行大修前的技术鉴定。

③车辆行驶到鉴定允许延长的里程时，必须送厂大修，进口车可再送检测机关鉴定，根据技术状况，作出停驶送修或准予继续行驶一定里程的决定。

④一次或两次延长行驶里程的汽车，不论是否行驶到延长行驶里程，如需送大修时，持原有诊断证明，无需再作送修前的技术鉴定。

⑤延长大修间隔里程的依据：

a. 车架不弯、不扭,无断裂。

b. 客车车身骨架完好,无严重变形,蒙皮无大片锈蚀、破损。

c. 经二级维护后,符合维护出厂技术条件。

d. 车辆技术档案完整,最近1万km小修频率不大于1次/1000km,燃油、润滑材料消耗基本正常。

⑥延长大修间隔里程值的估算:发动机总成大修的主要标志是:气缸圆柱度偏差达0.175～0.250mm(最大磨损量达0.35～0.50mm)。根据动配合件的磨损特性,将气缸磨损从0～0.40mm分为四个区间,每区间为0.10mm。

据有关统计资料表明:

A区间磨损量0～0.10mm,占发动机行驶总里程的30%～40%。

B区间磨损量0.10～0.20mm,占发动机行驶总里程的25%～30%。

C区间磨损量0.20～0.30mm,占发动机行驶总里程的20%～25%。

D区间磨损量0.30～0.40mm,占发动机行驶总里程的10%～15%。

各区间均以0.01mm为1单位磨损,则:

A区间的平均磨损率m_a为3.5%～4%。

B区间的平均磨损率m_b为2.5%～3%。

C区间的平均磨损率m_c为1.5%～2%。

D区间的平均磨损率m_d为1%～1.5%。

估算发动机还可行驶的里程(潜在里程),可按下列公式进行:

$$S_g=[1-(am_a+bm_b+cm_c+dm_d)]S$$

式中 S_g——潜在里程(km);

a——A区间内单位磨损数;

b——B区间内单位磨损数;

c——C区间内单位磨损数;

d——D区间内单位磨损数;

S——已行驶里程(km)。

第二节 大修车辆的送修和出厂规定

一、送修规定

①车辆送修时，承修单位与送修单位应签订合同，商定送修要求，修理车日和品质保证等。合同签订后，必须严格执行。

②车辆送修时，应具备行驶功能，装备齐全，不得拆换。

③肇事车辆或因特殊原因不能行驶和短缺零部件的车辆，在签订合同时，应作出相应的规定和说明。

④车辆送修时，应将车辆的有关技术档案一并送承修单位。

二、修竣出厂规定

①送修车辆修竣检验合格后，承修单位应签发出厂合格证，并将技术档案、修理技术资料和合格证移交送修单位。

②车辆修竣出厂时，不论送修时的装备(附件)状况如何，均应按照有关规定配备齐全。发动机应安装限速装置。

③接车人员应根据合同规定，就车辆的技术状况和装备情况等进行验收，如发现确有不符合竣工要求的情况时，承修单位应立即查明，及时处理。

④送修单位必须严格执行车辆走合期的规定，在保证期内因修理品质发生故障或提前损坏时，承修单位应优先安排，及时排除，免费修理。如发生纠纷，由维修管理部门组织技术分析，进行仲裁。

第三节 通过检测线仪器测试和道路试验进行大修竣工验收

一、检测线上测试项目的检测和技术标准

1. 前轮侧滑的检测

将前轮开上前轮测滑仪的侧滑板，仪器显示的侧滑量值应≯±5m/km。

2. 测速检测

把汽车开上测速试验台，可测定汽车车速表和测速仪反映的速度

是否相同，使汽车在行驶中确保安全，准确反映汽车的车速和行驶里程，做到合理收费、准时维护和准确计算燃油、润滑油消耗和大修里程与安全里程等。

国标规定，车速表允许误差为＋5%～－10%。例如汽车实际车速为 40km/h 时，车速表指示值应为 36～42km/h。

3. 制动性能检查

把汽车开上制动试验台，在室内可测出汽车的制动性能。国标规定：

①制动力平衡：前轴左、右轮制动力差，不大于该轴负荷的 5%。

②制动力平衡：后轴左、右轮制动力差，不大于该轴负荷的 8%。

③制动力总和占整车质量的百分比：空载不低于 60%；满载不低于 50%。

4. 对汽油发动机汽车的排气限值的检测

依据国标 GB 18285—2005《点燃式发动机汽车排放污染物排放限值及其测量方法（双怠速法及其简易工况法）》的规定，装用点燃式发动机的新生产汽车、型式核准和生产一致性检查的双怠速法排气污染物排放限值见表 1-2-1；装用点燃式发动机的在用汽车双怠速法排气污染物排放限值见表 1-2-2。

表 1-2-1　新生产汽油发动机汽车排气污染物排放限值（体积分数）

车　型	类　别			
	怠速		高怠速	
	CO(%)	HC(10^{-6})	CO(%)	HC(10^{-6})
2005 年 7 月 1 日起生产的第一类轻型汽车	0.5	100	0.3	100
2005 年 7 月 1 日起生产的第二类轻型汽车	0.8	150	0.5	150
2005 年 7 月 1 日起新生产的重轻型汽车	1.0	200	0.7	200

表 1-2-2　在用汽油发动机汽车排气污染物排放限值（体积分数）

车　型	类　别			
	怠速		高怠速	
	CO(%)	HC(10^{-6})	CO(%)	HC(10^{-6})
1995 年 7 月 1 日以前生产的轻型汽车	4.5	1200	3.0	900

续表 1-2-2

车型	类别			
	怠速		高怠速	
	CO(%)	HC(10^{-6})	CO(%)	HC(10^{-6})
1995 年 7 月 1 日起生产的轻型汽车	4.5	900	3.0	900
2000 年 7 月 1 日起生产的第一类轻型汽车①	0.8	150	0.3	100
2001 年 10 月 1 日起生产的第二类轻型汽车	1.0	200	0.5	150
1995 年 7 月 1 日前生产的重轻型汽车	5.0	2000	3.5	1200
1995 年 7 月 1 日起生产的重轻型汽车	4.5	1200	3.0	900
2004 年 9 月 1 日起生产的重轻型汽车	1.5	250	0.7	200

注:①对于 2001 年 5 月 31 日以后生产的 5 座以下(含 5 座)的微型面包车,执行此类在用车排放限值。

5. 对柴油发动机汽车的排气限值的检测

依据国标 GB 3847—2005《车用压燃式发动机和压燃式发动机汽车排气烟度排放限值及其测量方法》的规定,对于在用汽车的排气污染烟度排放控制要求是:

①对于 2001 年 10 月 1 日本标准实施之日起生产的在用汽车,用不透光烟度法进行自由加速试验,试验所测得的排气光吸收系数应不大于以下数值:

自然吸气式:$2.5m^{-1}$;

涡轮增压式:$3.0m^{-1}$。

②对于 2000 年 10 月 1 日前生产的在用汽车。

自 1995 年 7 月 1 日起至 2001 年 9 月 30 日期间生产的在用车,使用自用加速试验滤纸法进行试验,所测得的烟度值应≯4.5Rb。

自 1995 年 6 月 30 日以前生产的在用车,使用自用加速试验滤纸法进行试验,所测得的烟度值应≯5.0Rb。

6. 国标GB 15742—2001对汽车喇叭声级的要求与测试

机动车应设置具有连续发声功能的喇叭，其工作应可靠；喇叭声级在距车前2m、离地高1.2m处测量时，其值对于发动机最大净功率7kW以下的摩托车及轻便摩托车为80～115dB(A)，其他机动车为90～115dB(A)。

7. 对车内、车外的噪声的检测

①客车车内噪声级应≯82dB(A)，中级以上营运客车车内噪声应≯82dB(A)。

②汽车驾驶人耳旁噪声声级应≯90dB(A)。

③客车以50km/h的速度匀速行驶时，客车车内噪声应≯79dB(A)。

④汽车定置噪声限值应符合表1-2-3的要求。

表1-2-3 汽车定置噪声限值(GB 16170—1996)

车型类别	燃油	噪声限值 dB(A)
轿车	汽油	85
微型客车、货车	汽油	88
轻型客车、货车、越野车	汽油 $n_r \leqslant 4300r/min$	92
	$n_r > 4300r/min$	95
	柴油	98
中型客车、货车、大型客车	汽油	95
	柴油	101
重型货车	$N \leqslant 147kW$	99
	$N > 147kW$	103

注：本表噪声限值为1998年1月1日及以后生产的车。N—汽车发动机额定功率；n_r—发动机额定转速。

8. 前照灯要求与检测

①在正常使用条件下，机动车前照灯光束照射位置应保持稳定。

②装有前照灯的机动车应有远、近光变换装置，并且当远光变为近光时，所有远光应能同时熄灭。同一辆机动车上的前照灯不允许左、右的远、近光灯交叉开亮。

③前照灯的远、近光灯上下并列设置时，近光灯应位于上侧，其他

情况下近光灯应位于外侧。

④所有前照灯的近光都不允许炫目。

⑤汽车(三轮汽车除外)、摩托车及轻便摩托车装用的前照灯应分别符合 GB 4599、GB 5948 及 GB 19152 的规定。

二、道路试验检测内容、方法和技术要求

GB/T 15746—1995《汽车修理质量检查评定标准》,适用于公路和城市道路用的国产客、货汽车(不包括专用设备和附属装置),进口汽车参照执行。

1. 一般技术要求

①装配的零件、部件、总成和附件,应符合相应的技术条件;各项装备应齐全,并按照原设计的装配技术条件安装;允许在汽车大修中,按经规定程序批准的技术文件改变某些零件、部件的设计,但其性能不得低于原设计要求。

②主要结构参数应符合原设计规定,由于经修理而增加的自重,不得超过原设计自重的 3%。

③驾驶室、客车厢应形状正确、曲面圆顺、转角处无皱褶;蒙皮平整,无松弛、污垢及机械损伤等缺陷。

④喷漆颜色协调、均匀、光亮;漆层无裂纹、剥落、起泡、流痕、皱纹等现象;不需涂漆的部位,不得有漆痕;刷漆部位允许有不明显的流痕和刷纹。

⑤驾驶室、客车厢、货厢及翼子板左右对称。各对称部位离地高度差:驾驶室、翼子板、客车厢≯10mm,货车厢≯20mm。

⑥座椅形状、尺寸、座距及调节装置,应符合原设计要求。

⑦门窗启、闭灵活,关闭严密,锁止可靠,合缝均匀,不松旷;风窗玻璃透明,不炫目。

⑧离合器踏板、制动踏板自由行程和手制动有效行程,应符合原设计要求。

⑨转向机构连接部位不松旷、锁止可靠;转向盘自由转动量(不带助力器):总重≮4.5t 的汽车,≯30°;总重<4.5t 的汽车,≯15°。

⑩仪表、灯光、信号、标志齐全,工作可靠。

⑪轮胎充气气压应符合原设计要求。

⑫限速装置应铅封。

⑬各部润滑应符合原设计要求。

⑭各部运行温度正常；各部位无漏油、漏水、漏气、漏电现象；润滑油、冷却水密封接合处，允许有不致形成滴状的浸渍。

2. 主要性能要求

①发动机起动容易，在各种转速下运转正常、无异响。

②传动机构工作正常，无异响；离合器接合平稳、分离彻底、操作轻便、工作可靠；变速器换档轻便，准确可靠。

③转向操纵轻便，行驶中无跑偏、摆头现象；前轮定位、最大转向角及最小转向半径，应符合原设计要求。

④制动性能符合《中华人民共和国机动车制动检验规范》(试行)(见表 1-2-4)的规定。

⑤汽车空载行驶，初速度为 30km/h 时，滑行距离≮220m。

⑥带限速装置的汽车，以直接档空载行驶，从 20km/h 加速到 40km/h 的时间，应符合表 1-2-5 的规定。

⑦带限速装置的汽车，以空载直接档行驶，在经济车速下，每百公里燃油消耗量，应不高于原设计规定的 85%；汽车走合期满后，每百公里燃油消耗量，应不高于原设计规定。

⑧驾驶室、客车厢不得漏水；汽车在多尘道路行驶，在所有门窗关闭的情况下，当车外空气含尘量≥200mg/m^3 时，驾驶室、客车厢内的含尘量，不得高于车外含尘量的 25%。

⑨汽车噪声应符合 GB 16170—1996《汽车定置噪声限值》的规定。

⑩汽车排放限值，应符合规定。

⑪汽车性能测试条件，在平坦、干燥、洁净的高级或次高级路面，长度和宽度适应测试要求，纵向坡度≯1%的直线道路上往复行驶。测试数据取平均值。

三、检验规则

①大修竣工的汽车，经检验合格，应签发合格证。

②大修竣工的汽车，应在明显部位安装铭牌。其内容包括发动机和车架号码、承修单位名称、修竣出厂年、月、日等。

表 1-2-4　中华人民共和国机动车制动检验规范

机动车类型	空载检验制动距离要求(m) 气压制动系统：气压表的指示气压≯589kPa 液压制动系统的踏板力： 有加力装置：≯343N 无加力装置：≯589N		满载检验制动距离要求(m) 气压制动系统：气压表的指示气压≯额定工作气压 液压制动系统的踏板力： 有加力装置：≯392N 无加力装置：≯687N		在规定的初速度下，紧急制动稳定性要求	点刹车时对车辆稳定性要求(双手轻扶转向盘)	
	20km/h	30km/h	20km/h	30km/h		30～40km/h	40～60km/h
小型汽车	—	6.2	—	6.4	跑偏量≯8cm	—	不跑偏
中型汽车	3.6	—	3.7	—	不跑偏	不跑偏	—
大型汽车	4.0	—	4.2	—	不跑偏	不跑偏	—
二、三轮摩托车	4.0	—	—	—	不跑偏	—	—
转向盘式拖拉机带挂车	5.4	—	6.0	—	不跑偏	—	—

表 1-2-5　加速时间

发动机标定功率与汽车自重比[kW/t(PS/t)]	加速时间(s)
7.35～11.03(10～15)	＜30
＞11.03～14.70(＞15～20)	＜25
＞14.70～18.38(＞20～25)	＜20
＞18.38～36.75(＞25～50)	＜15
＞36.75(＞50)	＜10

注：PS 是德国用的功率计量单位“马力”，1PS＝735.499W。

③修竣的汽车，经送修与承修单位双方确认合格后，办理出厂交接手续。出厂合格证和有关技术资料，应随车交付送修单位。

四、保用条件

承修单位对大修竣工的汽车应给予品质保证，品质保证期自出厂之日起，不少于 3 个月或行驶里程 10000km；在送修单位严格执行走合期规定、合理使用、正常维护的情况下，品质保证期内出现的修理品质问题，承修单位应负责包修。

第三章 处理复杂技术问题和排除疑难故障

第一节 处理修理工作中的复杂技术问题

由于汽车的用途不同，其结构千变万化，又加上使用条件、磨损情况不同，因而在汽车修理作业中体现出的技术问题就多种多样。复杂的技术问题是指产生问题的原因和解决问题的方法不是一两种，而是多种，它往往需要有比较丰富的实践经验和理论知识才能处理。

复杂的技术问题很多，下面仅举几例进行分析。

一、大修后发动机拉缸

大修后发动机产生拉缸是个比较复杂的技术问题。拉缸故障的判断，也需要有一定的经验，因为拉缸往往容易和活塞环漏气故障相混。一般拉缸严重时，会由气缸内发出尖锐的“嘶、嘶”声，从加机油口处就可听出。分析拉缸原因是个比较复杂的问题，因为拉缸可由多种因素产生。

1. 活塞环弹性过大或气缸套硬度低不耐磨

发动机拉缸后，当拆下检查时，如果活塞环能够在活塞环槽内自由转动，且无任何脏物存在，则可证明是活塞环的弹性过大或气缸套硬度低之故。

①由于活塞环弹力过大而产生拉缸时，气缸壁上很干，缺乏机油，其拉痕如图 1-3-1a 所示。

②如果由于气缸套材料太软而引起拉缸，则其拉痕如图 1-3-1b 所示。

2. 气缸套热处理品质质量差

在制造时，由于热处理不善，气缸套的内应力没消除，在使用时，会发生变形而产生拉缸。由于变形无一定规律，所以拉痕在气缸壁上分

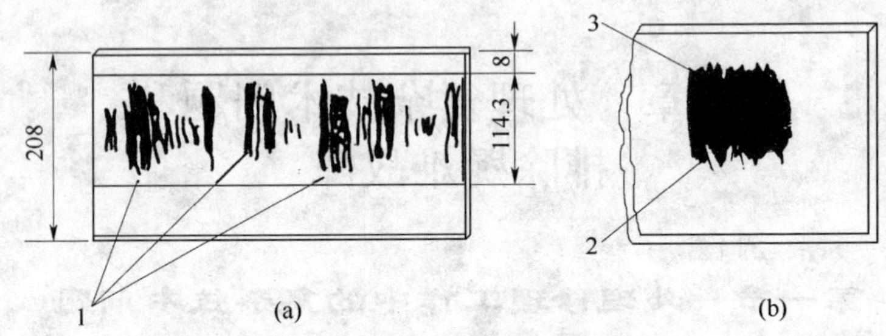

图 1-3-1 磨损气缸套展开图

(a)因活塞环弹力过大产生的气缸壁拉痕 (b)因气缸套材料硬度低产生的气缸壁拉痕

1. 拉痕 2. 拉痕深而略呈片状 3. 拉痕几乎集中在活塞环开口接触处

布的位置也不一样。

①如果气缸套较活塞环硬度低，则拉得较深。

②如果气缸套较活塞环的硬度高，则在气缸壁上拉有白印（肉眼可以看出）。

3. 活塞环卡死

由于活塞膨胀性过大，或是活塞环的边隙太小，或是活塞环的挠度过大，均有造成活塞环“卡死”的可能。

活塞环在活塞环槽内“卡死”以后，会引起拉缸。当发动机工作时，气缸内会产生金属摩擦声和漏气声，较严重的则会从加机油管处和废气回收管处冒烟。可用单缸断火法判断出拉缸的气缸。

4. 活塞环开口间隙过小或未修平

活塞环开口间隙过小或未修平，均会造成拉缸，其在气缸壁上的拉痕，分布于整个周围，在活塞环开口的附近拉痕则较深。

5. 气缸内掉进杂物

气缸内掉进铁屑或进气管内有砂粒等脏物，也会产生拉缸。

①此时在缸壁上的拉痕，细而且深；拉痕少，分布位置不一，且从气缸口一直拉到底，如图 1-3-2 中 A 所示。

②拆缸检查活塞及气缸盖时，在燃烧室及活塞顶部会发现有小砂粒或铁屑；在活塞裙部上会有细深的拉痕。

6. 活塞环上有碳化铁

如果在活塞环的外圆上有碳化铁，也会产生拉缸。

主要是活塞环材料成分不适当。当将活塞环从拉缸的部位折断时，查看其断面不呈灰色，严重时呈白口，不严重时呈现麻口。遇到这种活塞环，应予更换。

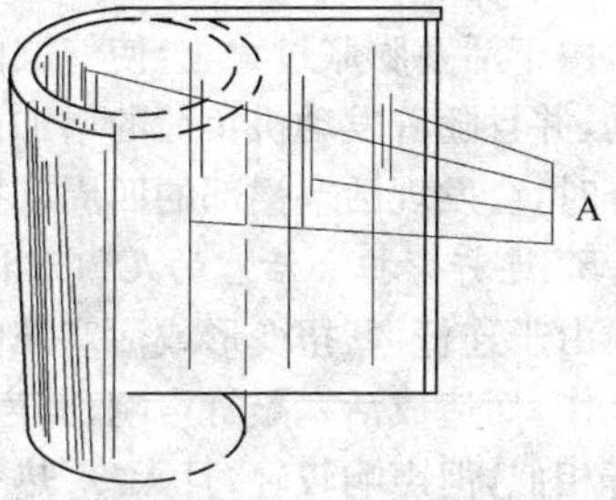

图 1-3-2　拉痕分布位置

A—拉痕一般在气缸内只有 1～3 条

二、大修后发动机活塞敲缸

大修后发动机活塞响(敲缸)是比较多见的故障。鉴别这一故障本身并不复杂，但分析其产生原因，则是一个比较复杂的问题，既有修理操作技术因素，也有零件材质因素。

1. 活塞与气缸配合间隙过大

这种原因产生的活塞敲缸响，判断比较容易，最主要的特征是冷车明显，热车时则减弱或消失。

2. 活塞变形

活塞变形会产生敲缸。活塞变形的原因有两种：一种是由于活塞本身材料的成分或热处理有缺陷；另一种是在与连杆装配时产生了变形。

①因为活塞变形而产生的异响，在加机油口处可清楚听到，有时也可在一侧缸壁上明显听到。

②活塞变形产生的敲缸响，其主要特点是：采用断火法检查，异响不减小。

③当拆下活塞时，较严重变形的活塞，在其裙部可看到有接触痕迹。

3. 气缸失圆

气缸失圆会使活塞在气缸内接触不正常，造成活塞发响。活塞接触的正确痕迹，应该是在垂直于活塞销中心方向的活塞裙部边缘，且两边接触均匀，而在膨胀槽方向，靠近油环槽处，则不允许有接触过重的现象；在活塞销中心两面的活塞裙部，则不允许有明显的接触痕迹。

4. 活塞膨胀过大

由于活塞膨胀过大，会使气缸内产生金属的干摩擦声，发动机出现抖动，并且随着发动机负荷的增加而变得显著，甚至会卡死。如果拆下检查时，会发现活塞裙部的四周有拉痕和接触过重的痕迹。

5. 连杆弯扭和活塞的几何形状不正

由于连杆弯、扭变形或活塞几何形状不正，会影响活塞连杆组的正常工作，而造成活塞敲缸声响，其声音和活塞与气缸壁间隙过大产生的声音相似，但声响较轻，且无冷、热车之分。

三、汽车摆头（前轮摆动）

在汽车修理和维护后，出现“摆头”现象的很多，特别是以前用老解放牌及其底盘改装的油罐车、消防车等更为明显和常见。

汽车产生“摆头”的原因比较复杂，除了有原车设计、制造工艺方面的原因外，还有使用条件等原因。其中属于维修方面的原因，主要有以下几种：

①前轮定位不正确：特别是主销后倾角，直接影响到前轮的自动回位。必要时，可在前轴与钢板弹簧之间加装楔铁，以增大主销后倾角，从而增加行驶稳定性。

②前束不当：如老解放牌汽车，规定标准为 8～12mm，应取其下限，即采用 8mm 为宜。

③转向传动机构间隙过大：由于转向传动机构间隙过大，汽车行驶在不平的道路上时，车轮在侧向力的作用下，会产生左、右摇摆。

④前钢板弹簧折断、老化、失效和松动，从而造成前轴产生松动，于是在外力作用下，车轮容易产生摆动。

⑤转向系统连接部件松动，特别是横、直拉杆球销接头松动、磨损、损坏等。都会使间隙增大，造成部位松旷，从而使汽车产生“摆头”。当在原地用手左、右转动转向盘时，即可观察到松旷部位。

⑥转向器支架安装不当、变形或松动，前轮毂螺母松动，前轮胎或轮辋摆动等，都会引起汽车前轮摆动。

⑦前轮轴承调整不当、磨损，使间隙增大；转向主销磨损、松旷；前轮胎严重磨损等，也会引起汽车行驶“摆头”。

⑧使用经修补、翻新过的轮胎和轮辋，在汽车高速行驶时，容易不

平衡，由此引起汽车“摆头”的最主要特点，是随车速的增加，“摆头”现象变得严重。

⑨带有转向助力器增压机构的转向系统，由于液压阀失效，也会引起汽车行驶“摆头”。

第二节 排除汽车疑难故障

一、二级维护后，发动机烧瓦

1. 现象

一辆长白山JT680型大客车，上午进行了二级维护，下午出场，行驶未超过30km，即把发动机轴瓦烧坏，曲轴摇转不动，由其他汽车拖曳回场。

2. 检查

①经拆检、观察和分析，确认烧瓦原因是润滑不良造成的。

②分别对机油集滤器，机油泵，限压阀，机油粗、细滤清器，旁通阀，各润滑油道及管路等进行检查，均无异常现象。

③重新检查机油细滤器，当拿掉细滤芯，用手试动壳体内底部去往油底壳的回油管时，发觉此管松动，用手可以从壳体孔中取出来。

3. 分析

此回油管体与细滤器外壳本应是过盈配合，但现在变成了间隙配合(这里不再介绍产生活动的原因)。这样，管体与壳体之间有了较大的间隙，致使大量机油经过这一间隙，流到了油底壳内，因而造成去往发动机主油道的机油量显著减少，使曲轴轴承处机油供应严重不足，导致烧瓦。

4. 故障原因

维修人员不懂机油细滤器内回油管的作用，更没注意到管体中心是一细孔，以为这是一个圆柱实心体，仅供安装细滤芯之用。结果维护时，虽已发觉管体松动，却认识不到其危害性，并用手拿出后，又重新放入到壳体孔内，造成了此种后果。

5. 处理措施

换用一个新的细滤器回油管，以过盈方式与细滤器壳体装配好，故障即排除。

二、大修发动机曲轴旋转阻力过大

1. 现象

一辆跃进 NJ130 型汽车发动机，大修后，一般体力的工人，以手摇柄用一只手不能成周摇转曲轴，使发动机起动。其阻力在摇转一周之内，由最小逐渐增到最大，继而又逐渐减至最小，周期性地变化着。阻力最大的 1/3 周，需要双手用力才能摇转曲轴。每日需由其他车辆拖曳才能起动。走合期完了，此种情况仍未好转。

2. 检查

①检查飞轮螺栓、传动销等，均无松动、磨卡等情况。

②曲轴前端起动爪和手摇柄在全周旋转过程中，均没有不正常的摩擦部位。

③起动发动机，再次原地热磨 24h，情况仍然不见好转。

④卸下油底壳，逐道检查曲轴的大、小轴承松紧度，其松紧程度均合适。

⑤在检查第三缸连杆轴承时，发现其连杆大头前端面（包括大头盖）有明显摩擦痕迹，再看与之相邻的曲拐后侧面也有摩擦痕迹，这表明了二者经常发生摩擦。

⑥卸下气缸盖，摇转曲轴进行观察，发现第三缸活塞在上止点时，阻力最小，而随着曲轴旋转，活塞下移，阻力则逐渐增大，当活塞再次抵达上止点时，阻力又变得最小。继续摇转曲轴，阻力仍按此规律变化。

3. 分析

在曲轴旋转时，由于第三缸连杆大头端面与相邻的曲拐侧面发生摩擦产生了摩擦阻力，因而就增加了摇转曲轴所需的转矩，反映到操作者身上，就产生了过分费力的感觉。

当活塞在上止点时，连杆轴颈处在最高位置，此时二者接触面积最小，所以摩擦阻力也最小；而随着曲轴旋转，活塞逐渐下移，该曲拐的水平位置也在逐渐下移，二者接触面积逐渐加大，其摩擦阻力也逐渐增大，当曲拐转到最低水平位置时，摩擦面积增至最大，于是摩擦阻力也达到了最大值；随着曲轴的继续旋转，曲拐水平位置逐渐又上升，摩擦面积也在逐渐减少，于是摩擦阻力值也逐渐减小，当曲拐水平位置最高时(活塞在上止点位置)，摩擦阻力达到最小值。如此周而复始，呈周期性变化。其中，曲拐在最下面的1/3周范围，属于最大摩擦阻力区域，因此需要用最大的力量(甚至需用两只手同时扳动手摇柄)去摇转曲轴。

连杆大头前端面与相邻曲拐后侧面相接触，并产生很大的摩擦阻力，这表明了此连杆已经发生严重弯曲变形。实际上，此连杆的严重弯曲变形，是在本发动机大修前产生的。那时，连杆虽已严重弯曲变形，但因在15万km的行程中，与其相配合的曲轴，也同时逐渐发生了与之相适应的变形，所以，两者的装配关系始终是一致的。因此，在发动机大修前的日常使用过程中，无异常感觉。

发动机大修时，由于曲轴经过磨削，已经消除了原来产生的异常变形，因此不能再与已经严重弯曲变形的原连杆相适应，也就产生了两者之间的摩擦阻力，故此有了明显费力感觉。

4. 故障原因

由于维修车间设备简陋，没有连杆矫正器，所以在发动机大修时，也不进行连杆变形检验和矫正，久而久之，形成习惯。而多年来又确实没遇到过因连杆变形而产生的故障(也可能因所形成的故障不明显，而未引起注意)，所以在修理时，不做任何检查，就使用了原连杆，因此造成了此种后果。

5. 处理措施

换用一个新连杆，按技术要求重新装配好后，故障即排除。

三、发动机曲轴不能全周旋转

1. 现象

东北地区冬季某日，一辆上海SG930型半挂汽车归场时，发动机运转正常，熄火约2h以后，放了水，露天停放。第二天早晨起动时，用手摇柄摇转曲轴约4/5周之后，再也旋转不动；卸下飞轮底壳，用旋具撬动曲轴飞轮齿环，也只能在正、反约4/5周内转动。

2. 检查

①检查飞轮螺栓、传动销等，均无松动、磨卡等情况。

②拆下发动机油底壳，检查大、小轴瓦，均无烧损、抱轴等迹象，但机油盘内有小冰块。

③拆下气缸盖,看到在发动机第五气缸内,有厚约 20mm 的冰层。

④检查气缸盖,看到在第五缸的燃烧室内,有一不很明显的裂纹。

3. 分析

由于气缸内活塞上方有冻结的冰层,阻止活塞上升,导致曲轴不能全周旋转。而产生结冰的水,则是由气缸盖的裂纹渗入的。

由于本缸燃烧室内有一裂纹,因此,水是经常由此裂纹渗入气缸内的。但在发动机工作时,此部分水即随时变成蒸气,并与燃烧废气一起排出机外。但这次因发动机熄火后停了约 2h,所以渗入的水则积聚在活塞上方的气缸内(其中有少量渗入到油底壳内),而当发动机水套放水时,此部分水无法放出,仍旧存留在气缸内,经过一夜,即结成冰层,导致曲轴不能全周旋转,发动机无法起动。

4. 故障原因

据本车司机口述,此台汽车发动机在近半个月期间,动力性就有所下降;在起动后的初驶阶段,常常有“腾、腾”声音;而在运输途中,常发现少量缺水。

实质上,这是在半个月前,气缸盖就已经产生了裂纹(产生裂纹的原因,这里不做深入讨论),开始渗水,而随着裂纹的逐渐增大,渗水量也逐渐增多,导致此种结果。

5. 处理措施

清除掉气缸内的冰层,更换一个新气缸盖,清洗发动机润滑系统,换用新的机油,发动机功能即恢复正常。

四、发动机气缸盖紧固螺栓边隙窜水

1. 现象

一辆 SP540 型气吹散装水泥汽车的发动机,起动后,从第四、五两气缸间相邻的两个气缸盖固定螺栓边缘处往外窜水。检查所见,窜水速度还很快。

2. 检查

①拆下气缸盖,反复检查气缸盖衬垫,没有发现任何损坏处和不良情况。

②仔细检查气缸盖各处,均无可渗水的宏观、微观裂纹;着重检查窜水的两个螺栓孔及其周围(气缸体和气缸盖),也无任何损伤。

③检查气缸体各孔道等，也无可渗水处。

④检查相应的两个螺栓及气缸体上对应孔的螺纹，均无损坏，两者配合的松紧程度也合适。

初步怀疑；可能是原来两个螺栓的紧固力矩未达到标准要求。为此：

⑤按照技术操作规程，重新安装好气缸盖衬垫和气缸盖，并严格按照规定顺序和力矩标准，紧固好全部气缸盖固定螺栓。再次起动发动机，窜水现象仍未好转。

⑥再次拆下气缸盖及其衬垫，重新检查气缸体上的有关两个螺纹孔。当用探针检查时，发觉这两孔的深度比其他螺孔少 1.0mm 以上，仔细探查，觉得孔底有很坚实的杂物。

3. 分析

由于此两螺孔底有较硬的杂物（这里不对杂物进来的原因进行探讨），当螺栓紧固到一定程度时，坚硬杂物开始与螺栓头接触，并对螺栓产生阻力，而继续紧固螺栓时，产生的阻力也将随之增大，反映到扳手上，其力矩值也就相应增加，当力矩值达到螺栓的紧固力矩标准时，操作者自然认为是达到了技术要求，即结束了紧固工作。但实质上，因螺栓并未拧到应达到的深度，所以此力矩值并不是气缸盖对螺栓的全部反力矩值，其中大部分力矩是由孔底杂物形成的。也就是说，螺栓虽然承受到了标准的力矩值，但对气缸盖来说，却并未受到符合此标准的相应压力，而操作者感觉到的则是一种假象。

由于气缸盖局部未达到标准紧固程度，因此，水套孔中的部分水就从气缸盖、衬垫及气缸体结合部的缝隙处流出，其中流到螺纹孔处的部分（自然也会有一部分水进入第四、五两气缸内，变成蒸气随废气而排出），在冷却系统内水的压强作用下，即顺着螺栓与气缸盖螺栓孔的间隙窜出。

4. 故障原因

据驾驶人口述，几天前更换几个气缸盖螺栓以后，即出现了此现象。

①拿此两螺栓和其他正常螺栓对比，稍长一些（约 0.5mm），说明误用了伪劣产品。

②螺栓孔底有杂物，形成了对螺栓正常紧固的额外阻力。

两个因素综合在一起，致使螺栓紧固不能达到需要的深度，造成了气缸盖、衬垫及气缸体接合部位局部紧固力不足，因而渗水并窜出气缸盖外。

5. 处理措施

取用坚硬的利器，清除气缸体上两螺栓孔底的杂物（砂土、铁屑等），并用丝锥进行一次清丝处理，使全部螺纹清洁、良好。换用两只标准气缸盖螺栓，按技术操作规程，安装好气缸垫和气缸盖，并按规定顺序和力矩标准紧固好全部螺栓，故障即排除。

第二篇　发动机修理工技术要求标准

第一章　应知部分

第一节　发动机性能测试和调整

发动机的性能有很多项，如起动性、怠速稳定性、各缸工作均匀性、速度特性、负荷特性、万有特性、燃油调整特性等。

对于汽车使用和维修部门，主要应当测试燃油调整特性、速度特性和负荷特性。

发动机的性能调试有两种方法：一是装在车辆上进行，二是在试验台上进行。

在车上进行性能调试前，应对装配完毕的发动机进行冷磨、热磨。装车后，结合车辆行驶检验，调整性能，直到满意。但是这种调整，并不能了解大修后的发动机动力性、经济性如何。只能在出现问题后，逐步调整。在不具备试验台的单位，只有采用这种方法。

在试验台上调整发动机，性能准确、迅速、效果良好。

一、性能测试

测试设备及仪器：台架测试所用的设备主要是测功器。主要仪器有转速仪、水温表、机油压力表、机油温度表、湿度计、温度计、大气压力计、计时器、燃油消耗测试仪等。

1. 测功器

用于测试发动机能发出的转矩及功率。它有机械式、电力式和水力式三种。

水力测功器由于造价低，使用、调整方便，而被广泛采用。水力测功器的构造，如图 2-1-1 所示。

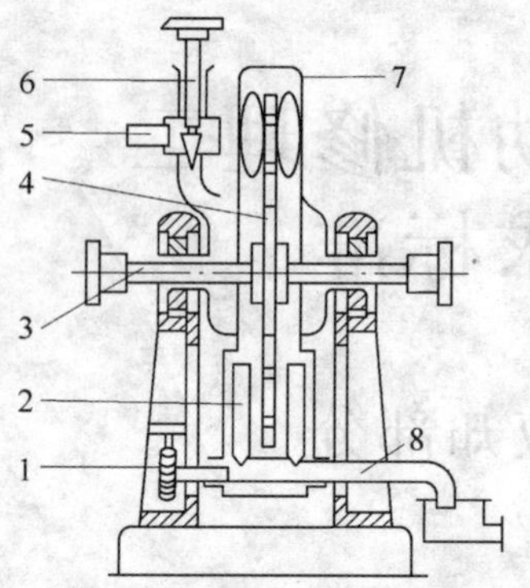

图 2-1-1　水力测功器基本构造

1. 蜗杆轮　2. 分水管　3. 轴　4. 圆盘
5. 进水管　6. 水阀　7. 外壳　8. 排水管

2. 燃油消耗则试仪

为测定发动机的耗油率，需测量燃油消耗量。对汽油机常采用容量法，对柴油机则常采用质量法。所用设备及测试方法，详见本篇第二章第一节之“一、9、10”内容。

二、仪器测量精度及测量部位

为保证测试精度，对测试仪器的精度和测量部位都有一定的要求。

(1)转矩

误差不大于发动机最大转矩读数的±1%。

(2)发动机转速

误差不大于所测转速的±0.5%。

(3)燃油消耗量

误差不大于所测值的±1%。

(4)温度

①冷却液温度，误差≯±2℃。

②机油温度，在主油道或主油道入口处测量，误差≯±2℃。

③排气温度，在离发动机排气管出口凸缘 50mm 处测量，温度感应头逆气流方向插入，其端头位于管子中心，测量误差≯±10℃。

④柴油温度，在喷油泵进口处测量，误差≯±2℃。

⑤进气温度，在进气流中离发动机进气口或空气滤清器进气口 30～60mm 处测量，测量误差≯±2℃。

⑥干湿球湿度计测量进气湿度的部位与进气温度部位相同，湿度误差≯±0.5%。

(5)压力

进气管真空度，在进气管进口之下 30mm 左右处测量，误差≯±0.15kPa(±1mmHg)。

气缸压力及机油压力用 1.5 级压力表测量。

三、测试条件

①发动机所用燃油和机油，需按制造厂规定牌号选用。

②发动机测试前，要按制造厂规定，进行冷、热磨合。

③发动机冷却水出水温度需控制在 80℃±5℃；机油温度控制在 85℃±5℃；柴油温度控制在 40℃±5℃范围内。

④所有数据要在工况稳定后测量，即待转速、转矩、排气温度变动≯±1%后，稳定 1min，方可测取。

四、测试过程

1. 绘制测试数据记录表

为便于试验和准确记录、整理、核算数据，以及便于绘制曲线，试验之前应绘好记录表。表 2-1-1 是一种经常采用的试验数据记录表格，可供试验时参考使用。

2. 发动机速度特性的测试

(1)汽油发动机速度特性

是指当点火提前角最佳、化油器按技术要求调整完好，节流阀开度保持一定的情况下，汽油发动机的性能指标，即转矩 M_e、功率 P_e、比油耗 g_e、油耗量 G_T 随曲轴转速 n 变化的关系。

表示它们关系的特性曲线，叫速度特性曲线。当节流阀全开时的速度特性，称为汽油发动机的外特性。表示外特性的曲线，叫汽油发动机的外特性曲线。

(2)柴油发动机速度特性

当喷油泵油量调节机构（供油拉杆或齿条）位置固定不动时，柴油发动机的性能指标，即转矩 M_e、功率 P_e、油耗率 g_e、油耗量 G_T 随曲轴转速 n 的变化关系，称为柴油发动机的速度特性。

表示速度特性的曲线，称为柴油发动机的速度特性曲线。当油量调节机构固定在标定功率循环供油量位置时的速度特性，称为柴油发动机的外特性。表示外特性的曲线，叫柴油发动机的外特性曲线。

(3)测试方法

对汽车维修和使用部门，在做发动机性能试验时，应带全套发动机附件，并采用汽车实际所用的排气系统。

①测试时，根据要求，将节气门或齿条调整到全开以下的一定位置(如 75%)。

表 2-1-1 发动机试验数据记录表

发动机型号＿＿＿号码＿＿＿ 测功机号＿＿＿ 进气总压＿＿（kPa / mmHg）进气温度＿＿（K / ℃） 湿度干球＿＿℃，湿球＿＿℃，水蒸气压＿＿（kPa / mmHg）	试验目的：	试验单位 试验日期 试验人 燃油密度　　校正系数

序号	测功机			有效功率				有效转矩				燃油消耗量					燃油消耗率				机油压力	
	转速	磅秤读数		实测		校正		实测		校正		容(质)量		历时	实测	校正	实测		校正			
	(r/min)	N	(kgf)	kW	(PS)	(kW)	(PS)	N·m	(kgf·m)	N·m	(kgf·m)	cm^3	(g)	s	kg/h	kg/h	g/(kW·h)	g/(PS·h)	g/(kW·h)	g/(PS·h)	kPa	(kgf/cm^2)
	1	2	3	4	5	6	7	8	9	10	11	12	13	14	15	16	17	18	19	20	21	22
1	1000	434.44	44.3	32.56	44.3			310.87	31.7			100		21.5	12.15		368.7	271				
2	1200	434.44	44.3	39.10	53.2			310.87	31.7			100		18.8	13.9		351	258				
3	1600	430.51	43.9	51.60	70.2			308.91	31.5			100		14.5	18.0		343	252				
4	2000	409.92	41.8	61.45	83.6			294.2	30.0			100		12.4	21.0		337.4	248				
5	2400	390.31	39.8	70.19	95.5			279.49	28.5			100		10.7	24.4		341.5	251				
6	2800	360.89	36.8	75.34	102.5			256.93	26.2			100		9.5	26.9		353.7	260				

②调节水力测功器的阻力，使发动机保持在被测发动机最低转速以上的一个较低转速上不变，当转速稳定后，记录以下数据：发动机的实际转速 n(r/min)、测功器平衡秤的显示重力 G(N)、消耗的燃油量 G_T(cm^3 或 g)、消耗一定燃油量的时间 t(s)。

③上述数据测完后，再调小测功器阻力，使发动机转速升高，稳定后，再测上述几项数据。

④以此在发动机转速范围内，选择适当均匀的 8 个测试点(在最大功率和最大转矩附近，可适当增加测试点)。

当节气门全开(供油最大)时，所测得的数据就是发动机的外特性数据。

3. 汽油发动机负荷特性的测试

(1)汽油发动机负荷特性

在点火提前角最佳、化油器调整完好的情况下，改变发动机的负荷并相应改变节流阀开度，保持发动机在一定的转速下工作时，每小时耗油量 G_T，耗油率 g_e 随发动机输出功率 P_e(或转矩 M_e)而变化的关系，称为汽油发动机的负荷特性。表示负荷特性的曲线，叫负荷特性曲线。

(2)发动机负荷特性测试方法

①测试时，发动机转速一般选用额定转速的 55%～65%；多数情况是选取发动机最大功率点的转速、最大转矩的转速和常用车速下的转速。

②根据确定的转速，从该发动机外特性曲线上找出相应的功率 P_e 和转矩 M_e。然后按它的 30%、40%、50%、60%、70%、75%、80%、85%、90%、95%、100%的比例，计算出相应点测功器磅秤的读数 G(N)。

③试验时，由无负荷做起，根据选好的点，逐渐增加节气门的开度或最大供油量，然后调整测功器阻力，相应增大负荷。

④记录好每个负荷点的燃油消耗量 G_T 和所用的时间 t(s)。

4. 汽油发动机燃油调整特性的测试

①汽油发动机燃油调整特性：发动机转速及节流阀开度保持一定，点火提前角最佳，用转动调整主量孔油针或更换量孔的办法，改变供油量 G_T。发动机功率 N_e、耗油率 g_e 随每小时耗油量 G_T 变化的关系，称为该转速和节流阀开度的燃油调整特性。

②测试方法：测试时，将节流阀开度固定在某一位置，发动机转速保持不变，当用调整主量孔油针或更换主量孔的方法改变供油量时，测定出测功器相应的磅秤读数 G、燃油消耗量 G_T 及消耗所用时间 t(s)，做好记录。

五、测试数据整理

由实测的发动机转速 n(r/min)、测功器磅秤读数 G(N)、耗油容积 ΔV(cm^3)、燃油密度 ρ(g/cm^3)、测功器臂长 L(m)(L 一般取 0.7162m)、消耗 ΔV(ml)燃油所用时间 t(s)，可计算出实测指标。

(1)发动机转矩

$$M_e = G \cdot L = 0.7162G(\mathrm{N \cdot m})$$

(2)发动机功率

$$P_e = \frac{M_e \cdot n}{9550}(\mathrm{kW})$$

(3)每小时发动机耗油量

$$G_T = \frac{3.6\Delta V \cdot \rho}{t}(\mathrm{kg/h})$$

(4)汽油发动机的耗油率

$$g_e = 1000\frac{G_T}{P_e}[\mathrm{g/(kW \cdot h)}]$$

六、绘制特性曲线

将试验中所得到的实测或换算数据，用符号(△、×、○等)标在坐标纸上，用平滑曲线将各点连接起来，使曲线通过尽量多的点，并尽可能靠近那些未通过的点，且使曲线上、下的点与曲线的距离大致相等。

例如，测定发动机的外特性时，测量发动机转速分别为 1000、1200、1600、2000、2400、2800 六个点的数据；其测功器磅秤读数分别为 434.44、434.44、430.51、409.92、390.31、360.89N；其耗油量为 100ml；耗时分别为 21.5、18.8、14.5、12.4、10.7、9.5s。

通过上述公式换算，分别得出相应各测试点的功率、油耗量、耗油率为表 2-1-1 所列数据。其绘制的外特性曲线，如图 2-1-2 所示。

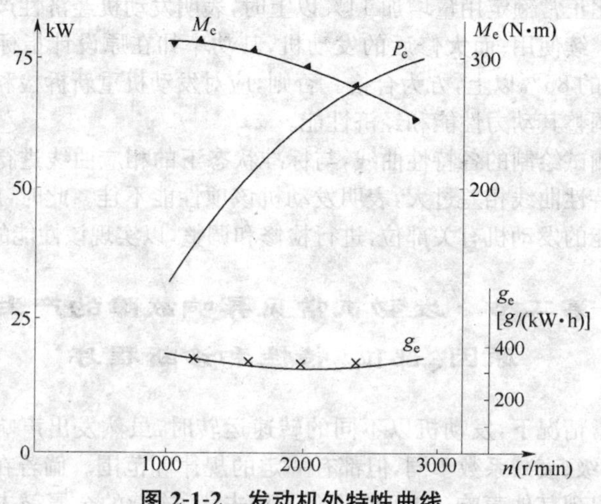

图 2-1-2　发动机外特性曲线

根据上面的方法，同样可测出发动机的负荷特性及燃油调整特性，其曲线如图 2-1-3 所示。

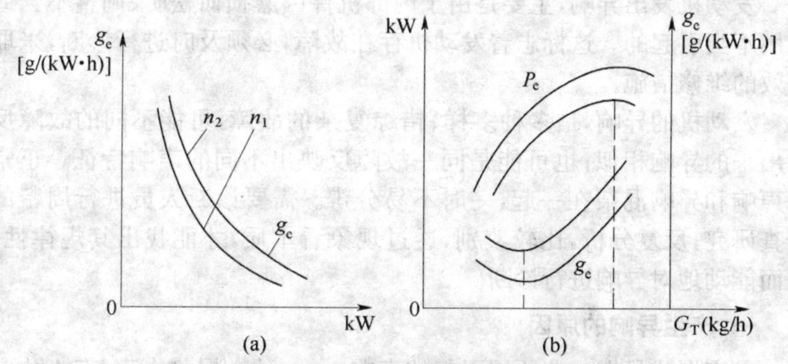

图 2-1-3　发动机负荷特性及燃油调整特性曲线

(a)负荷特性曲线　(b)燃油调整特性曲线

n_1、n_2——发动机转速，$n_2>n_1$

七、性能调整

发动机经过性能测试，如果测出的有效功率和有效转矩小于额定功率和最大转矩的 70%，表明动力性下降过甚，不能继续使用；如果燃油消耗比正常额定用量增加14%以上时，表明发动机经济性严重下降，也不能继续使用；而大修后的发动机，其功率如在原设计指标（新发动机指标）的85%以上，方为合格。否则，应对发动机重新拆检和调整，以相应地调整其动力性能和经济性能。

将测试绘制的各特性曲线，与标准状态下的相应曲线进行对比，如果某项特性曲线相差过大，表明发动机该项性能不佳。此时，应该对影响该性能的发动机有关部位，进行检修和调整，以实现该性能的改善。

第二节　发动机常见异响故障的产生原因、部位、特性和诊断程序

正常情况下，发动机以不同的转速运转时，虽然发出声响的频率、波长、声级、衰减系数不同，但都有一定的规律和范围。倘若在运转中，伴随着出现其他声响（如间歇的金属敲击声、连续的金属敲击声、连续的金属干摩擦声等），即表明发动机运转不正常，所伴随的声响，即为异常声响，通常称为异响。

发动机发出异响，主要是由于内部机件因磨损而松旷、调整不当或使用不当引起的。这标志着发动机存在故障，必须及时进行诊断，采取有效的维修措施。

发动机的异响，是多种多样、错综复杂的故障，可能不同的故障反映出来的异响相似；也可能是同一故障反映出不同的声响特征。正常的声响和异响混杂在一起，一时不易分辨。需要诊断人员进行周密的调查研究，反复分析，比较鉴别，透过现象看本质，才能找出其规律性，进而能动地对异响进行诊断。

一、产生异响的原因

①突爆或早燃。此原因引起的声响，是一种金属敲击声，有人称它为点火敲击声。

②某些运动机件，因自然磨损使配合间隙增大，并超出允许限度。例如活塞与气缸壁的敲击声响、连杆轴承与轴颈的敲击声响、气门杆与调整螺钉的敲击声响等，往往是由于这种原因引起的。

③某些运动件，因润滑不良使其配合间隙很快增大，并超出允许限度。例如连杆轴承响、主轴承响等，均可能是由此类原因引起的。

④某些运动件，因紧固不良而引起撞击。例如飞轮固定螺栓松动、连杆盖螺栓松动、凸轮轴正时齿轮固定螺母松动等所导致的声响。

⑤个别机件损坏。例如气门弹簧折断、曲轴折断、凸轮轴正时齿轮破裂等所引起的声响。

⑥某些机件因修理不当或调整不当，使配合间隙失准而引起声响。例如活塞销（浮式）装配过紧，气门座圈材料选用不当（未注意膨胀系数）或过盈量太小而造成的静配合松动，气门杆间隙调整不当，点火时间过早等所引起的声响。

二、常见异响部位和区域

发动机发生异响时，必然会产生一定程度的振动，根据振动的特点和部位，可以辅助诊断异响的部位和原因。

（1）发动机常见异响部位，如图 2-1-4 所示。

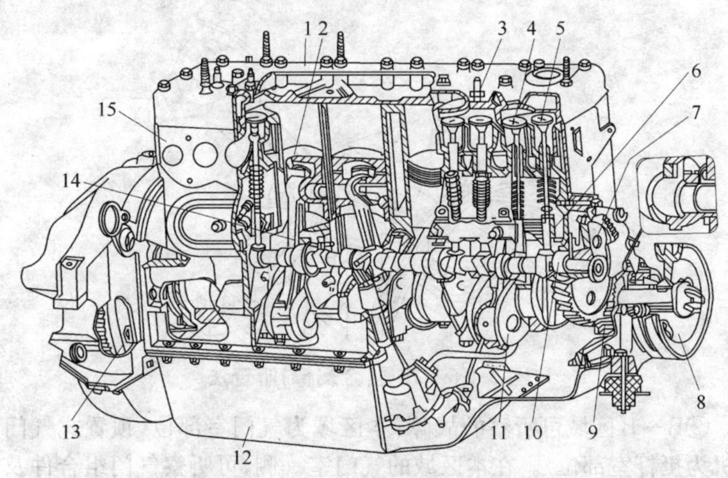

图 2-1-4　发动机常见异响部位

1. 活塞脱顶碰击气缸盖　2. 活塞敲击气缸壁或活塞环漏气冲击油底壳　3. 火花塞热型不对引起突爆　4. 进气门弹簧折断或锁销脱落敲击　5. 排气门弹簧折断或锁销折断敲击　6. 气门挺杆敲击　7. 凸轮轴正时齿轮破裂、牙齿磨损及其锁紧螺母松动敲击　8. 起动爪松动引起曲轴皮带轮敲击　9. 曲轴正时齿轮牙齿磨损过甚有啮合噪声　10. 凸轮轴轴向间隙过大敲击　11. 曲轴折断、主轴承松旷产生敲击　12. 集滤器敲击油底壳　13. 飞轮固定不良引起敲击　14. 连杆弯曲、连杆轴承松旷、连杆小头与活塞销松旷产生敲击　15. 排气支管衬垫烧穿的声响

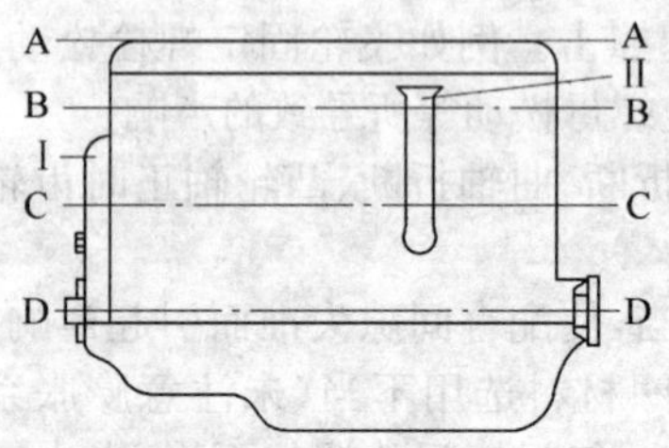

图 2-1-5　异响振动的分布区域

Ⅰ. 正时齿轮盖部位　Ⅱ. 加机油口部位　A—A 区域(气缸盖部位)　B—B 区域(气门室及其对面)　C—C 区域(凸轮轴部位)　D—D 区域(油底壳与气缸体接合部位)

(2)异响在发动机上的振动区域,如图 2-1-5 所示。可以分为四个区域、两个部位。

①A—A 区域可听察的故障:本区域为气缸盖部位。在本区域,可用旋具、金属棒或金属管触试气缸盖各气缸燃烧室部位,或触试与主轴承、气门等相对应的部位,如图 2-1-6 所示。能辅助诊断活塞顶碰气缸盖、气缸上部凸肩(因活塞环与气缸壁不接触所致)、气门座圈脱出等故障。

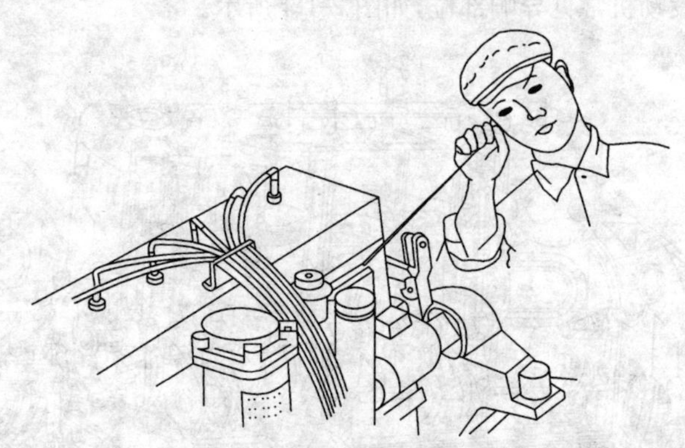

图 2-1-6　旋具(金属棒)听查法

②B—B 区域可听察的故障:本区域为气门室部位(顶置式气门发动机为挺杆室部位)。在本区域的气门室一侧,可听察气门组合件及挺杆等机件发响;还可在气门室对面,用旋具触试,能辅助诊断活塞敲缸一类故障;也可以拧下机油加注口盖,倾耳听察,辅助诊断出活塞销、连杆轴承、活塞环漏气等故障。

③C—C 区域可听察的故障:本区域为凸轮轴部位。在本区域,可用旋具触试凸轮轴的前、后衬套部位,或触试正时齿轮盖部位,能辅助诊断出凸轮轴正时齿轮破裂或其固定螺母松动、凸轮轴衬套松旷等故障。

④D—D 区域可听察的故障:本区域为油底壳和气缸体接合部位。

在本区域，可用旋具触试气缸体与油底壳分开面的附近（凸轮轴的对面），能辅助诊断出曲轴轴承发响或曲轴断裂等故障。

三、异响特征分析

发动机异响，常与发动机的转速、负荷、温度和工作循环有关。所以对其进行特征分析，主要应从这四个方面着手，找出每种异响的变化规律。

1. 异响与发动机转速的关系

发动机大多数异响的出现，将取决于发动机的转速状态。其通常类型见表 2-1-2。

表 2-1-2　与发动机转速有关的异响

异响与发动机转速的关系	异　响　原　因
异响在发动机急加速时出现，维持高速运转异响仍存在	①连杆轴承松旷，轴瓦烧熔，尺寸不符而转动 ②曲轴轴承松旷，轴瓦烧熔 ③活塞销折断 ④曲轴折断（有平衡重的）
维持某转速时，声响紊乱，急减速时，相继发出短暂声响	①凸轮轴正时齿轮破裂，其固定螺母松动 ②曲轴折断（无平衡重的） ③活塞销衬套松旷 ④凸轮轴轴向间隙过大或其衬套松旷
异响仅在怠速或低速时存在	①活塞与气缸壁间隙过大 ②活塞销装配过紧或连杆轴承装配过紧 ③挺杆与其导孔间隙过大 ④凸轮线形磨损 ⑤起动爪松动引起 V 带轮响（并在转速改变时明显）

①有些异响，在发动机急加速时出现。

②有些异响，在发动机急减速时更明显。

③另有些异响，仅在发动机怠速或低速运转期间出现，当转速提高后，则消失。

2. 异响与发动机负荷的关系

发动机有不少异响都与其负荷有明显的关系。诊断时，可采取逐缸解除负荷的方法进行试验，通常采用单缸或双缸断火法，解除一或两缸位的负荷，以鉴别异响与负荷的关系。其表现如下：

①某缸断火时，异响即无或减轻。

②某缸断火时，异响反而加重；或原本无异响，反而出现异响。

③某相邻两缸断火时，异响减轻或消失。

上述表现，均说明异响与负荷有关，而且故障就在断火的该缸，有关情况见表 2-1-3。

表 2-1-3 与发动机负荷有关的异响

异响与缸位负荷的关系	异 响 原 因
某缸断火，异响即无或减轻	①活塞敲缸 ②连杆轴承松旷 ③活塞环漏气 ④活塞销磨损
某缸断火，异响加重或原本无异响，反而出现异响	①活塞销铜套松旷 ②活塞裙部锥度过大 ③活塞销窜出 ④连杆轴承盖固定螺栓松动过甚，或轴瓦合金烧熔脱落 ⑤飞轮固定螺栓松动过甚
相邻两缸断火异响减轻或消失	曲轴轴承松旷

通常，由于曲柄连杆机构某部位故障所引起的异响，往往与缸位紧密联系着。

3. 异响与发动机温度的关系

发动机的某些异响，与发动机温度有关(见表 2-1-4)。其表现如下：

表 2-1-4 与发动机温度有关的异响

异响与发动机温度的关系	异 响 原 因
低温异响，温度升高后异响减轻甚至消失	①活塞与缸壁间隙过大 ②活塞因主轴承机油槽深度、宽度失准或机油压力低而润滑不良
温度升高后有异响，温度降低后异响减轻或消失	①过热引起的早燃 ②活塞反椭圆形 ③活塞椭圆度过小 ④活塞与气缸壁间隙过小 ⑤活塞变形 ⑥活塞环各间隙过小

①有些异响，将因发动机温度升高而减轻，甚至消失。

②有些异响，低温时较轻，随温度升高而加重；或低温时并不响，当温度升高后，出现异响。

4. 异响与发动机工作循环的关系

发动机的异响故障，往往与其工作循环有较明显的关系。尤其是曲柄连杆机构和配气机构的异响，与工作循环有更加明显的关系。

①活塞与气缸壁间隙过大所引起的敲击声：就四行程发动机而言，曲轴每转一圈，就会发响一次，即火花塞跳火一次(做功)发响两次。

②气门间隙过大所引起的敲击声：气门由凸轮轴带动挺杆而启、闭，而凸轮轴的旋转，就四行程发动机而言，与曲轴旋转的转数之比为1∶2，即一个工作循环曲轴旋转两转，凸轮轴只旋转一转。由此可知，气缸每点火一次，气门敲击声只出现一次。

由上得知：凡曲柄连杆机构引起的异响，均为火花塞点火一次发响两次；凡配气机构引起的异响，均为火花塞点火一次发响一次。这是此类异响的规律，其表现见表2-1-5。

表2-1-5 与发动机工作循环有关的异响

发响次数与曲轴转数的关系	异响原因
曲轴每转一转发响一次(火花塞跳火一次发响两次)	①活塞敲击气缸壁 ②活塞销敲击声 ③活塞顶碰气缸凸肩 ④连杆轴承松旷过甚 ⑤活塞环漏气
曲轴每转两转发响一次(火花塞跳火一次发响一次)	①气门间隙过大 ②挺杆与其导孔间隙过大 ③凸轮线形磨损 ④气门杆与其导管间隙过大 ⑤气门弹簧折断 ⑥凸轮轴正时齿轮径向破裂 ⑦气门座圈松脱 ⑧气门卡滞，不能关闭

5. 异响与其他故障现象的关联

发动机异响除了与发动机转速、负荷、温度、工作循环有关外，往往还与其他呈现出来的故障现象,有着内在的关联。据此,这些伴同出现的故障现象可以作为故障诊断的重要依据。通常,伴同异响出现的其他故障现象(见表 2-1-6)有:机油压力降低;机油加注口脉动冒烟;排气管冒出颜色不一的烟;发动机功率下降;燃油和机油消耗异常;机油颜色、品质变化;发动机运转不稳;难以起动等。

表 2-1-6 常伴同出现其他故障现象的异响

异响原因	伴同故障现象
曲轴轴承径向间隙过大或轴瓦合金烧毁脱落	机油压力下降,机体振抖
连杆轴承松旷过甚	机油压力下降
进、排气门卡滞,不能关闭	个别缸不工作,功率下降,机体抖动。若排气门卡滞,将出现排气管有"喘气"声
活塞与气缸壁间隙过大,活塞环对口或抱死	机油加注口脉动冒烟,排气管冒浓蓝烟,机油消耗多,机油品质恶化,燃油消耗多而功率下降
排气门弹簧折断	个别缸不工作,发动机振抖,怠速不稳,不易加速
点火正时不准	燃油消耗多,化油器回火,爆燃,排气管"放炮",功率下降

应该说明的是,对于以上所述,不是每种异响都与发动机的转速、负荷、温度、工作循环以及振动区域、伴同现象均有关的,而只是与其中的某项或数项有关。例如活塞敲缸声响,即与发动机的转速、负荷、温度、工作循环和伴同现象有关;而连杆轴承发响,则仅与转速、负荷、振动区域和伴同现象有关,而与温度及工作循环无关。

若将每种异响与这些因素的关系加以系统地归纳,就构成了每种异响的完整特性,即是异响特性。因此,异响故障的诊断方法,就是异响特征分析的方法。

四、异响故障的诊断程序

1. 异响的确定

所谓异响的确定,是从声响中找出异响。

在众多混杂的发动机运转声响中,应确定哪些是正常的声响,哪些是异响。异响中哪些是尚允许存在的,哪些则不允许继续存在,必须予以立即排除。这是异响诊断过程中，首先应得到的确切结论。其确定原则是：

①若声响在低速运转时显得轻微单纯，在高速运转时显得轰鸣平稳均匀，在加速或减速时显得圆滑过渡，则为正常声响。

②若声响中伴随着沉闷的“镗、镗”声、清脆的“当、当”声、短促的“嗒、嗒”声、细微的“唰、唰”声、尖锐的“喋、喋”声或强烈的“嘎、嘎”声等声响，即表明发动机存在异响，至于是否允许存在，则可依据以下情况作出决断。

a. 异响倘若仅在怠速运转时存在，转速提高后即自行消失，在整个使用过程中异响又无明显的变化，属于危害不大的异响。允许此异响暂时存在，可待适当时机再行维修排除。

b. 异响倘若在突然加速或突然减速时出现，而且当发动机在中、高速运转时并不消失，同时又引起机体振抖，那么，这是属于不允许继续存在的异响。应立即查明原因，予以排除。

c. 异响倘若是在运转中突然出现的，且又较猛烈，不应继续运转或试听诊断，而应立即停机拆检。一般先拆油底壳，再拆气缸盖，后拆气门室盖(罩)。

2. 异响的确诊

所谓异响的确诊，是指对异响进行特性分析，进而认定异响的部位、原因和程度。就异响出现的时机和连续存在的时间而言，异响一般都分别存在于怠速或低速运转期间、高速运转期间、整个行车期间等几个时期。

(1)怠速或低速运转期间

当遇到此种条件下出现的异响，可按以下顺序诊断。

①用单缸断火法，检查异响与缸位是否有关联，若某缸断火后，异响有明显的变化，说明故障即在该缸。

②若某缸断火后，异响并无明显的变化，说明异响与缸位并无关系。继而应逐缸检查异响与工作循环是否有关联，判定故障出在哪一机构。

③进而再逐渐提高发动机转速，听察异响有无变化，根据异响随转速的变化情况，判断运动机件耗损的程度。

④此外,在诊断过程中,还应注意观察发动机温度变化对异响的影响。

通过上述四个过程的诊断,基本可查明异响与发动机的负荷、工作循环、转速、温度之间的关系。如若异响与某种异响特性相符合,就可作出确诊结论。

(2)高速运转期间

当遇到此种条件下出现的异响,可按以下顺序诊断:

①从低速逐渐提高发动机转速,直至高速运转。在此过程中,注意异响出现的时机。

②当异响出现后,稳定于该转速运转,仔细听察异响,利用单缸断火法查明缸位。

③若难以查明缸位,则应用旋具(或金属棒)听察法找到异响分布的区域。

④若从低速逐渐提高转速的过程中,并不出现异响,却在急加速或急减速时出现异响,那么,可用单缸断火法,配以速度的急剧变化,即可判明异响在哪个缸位。

⑤此外,在诊断过程中,还应注意机油压力、机油加注口、排气管等处的伴同现象变化,辅以诊断故障,从而得出确诊结论。

(3)行车期间

当遇到此种条件下出现的异响,可按以下顺序诊断:

①行车中的发动机异响,一般都能在停车后使发动机处于同速度运转中得到反映,从而得出异响故障的确诊结论。

②有时也有例外,行车中的异响,停车后使发动机同速度运转,却不再出现这种异响。此时,则应调节化油器或急剧改变转速,一般都能使异响出现。然后再确诊其缸位和原因,从而得出确诊的结论。

③有时,行车中出现的异响,不一定是发动机异响,而可能是其他机件异响。应踩下离合器踏板或脱开变速器档位,再做急加速试验,若异响消失,表明异响不在发动机,而在底盘或车身部位。

第二章　应会部分

第一节　整机维修技术

一、发动机测试

1. 测量大修发动机的最大转矩

在热试的基础上,可利用测功器进行。

①先将发动机转速提高到应测转速 1000r/min 左右,然后进行加载。

②与此同时,开大节气门开度,维持转速在应测转速以上 200～300r/min。

③继续开大节气门至全开,同时调整负荷(注水量),使发动机转速稳定在测定转速 1min 时,记录测功器指示值 G。

④计算实测转矩：　$M_e=0.7162G$

式中　M_e——实测转矩值(N·m);

G——测功器指示器读数(N)。

⑤计算校正转矩：　$M_{eo}=dM_e$

式中　M_{eo}——校正转矩值(N·m);

d——校正系数(由现场环境状况计得)。

2. 测量发动机的转速

①在发动机试验中,一般采用手持式离心转速表测量转速。

②也可以由分电器截取脉冲信号,用电测法测取转速。

③采用各种转速仪测量出转速。

3. 测量大修发动机的有效功率

在测完发动机最大转矩和对应转速的基础上,即可计算出有效功率:

$$P_e=\frac{M_e\cdot n}{9550}(\mathrm{kW})$$

式中　P_e——发动机有效功率(kW)；

M_e——发动机最大转矩(N·m)；

n——发动机发出最大转矩时的转速(r/min)。

4. 使用便携式测功仪检测发动机有效功率

便携式测功仪是动态测功法检测发动机有效功率所用的一种无负荷测功仪，其面板如图 2-2-1a 所示。其测功方法如下：

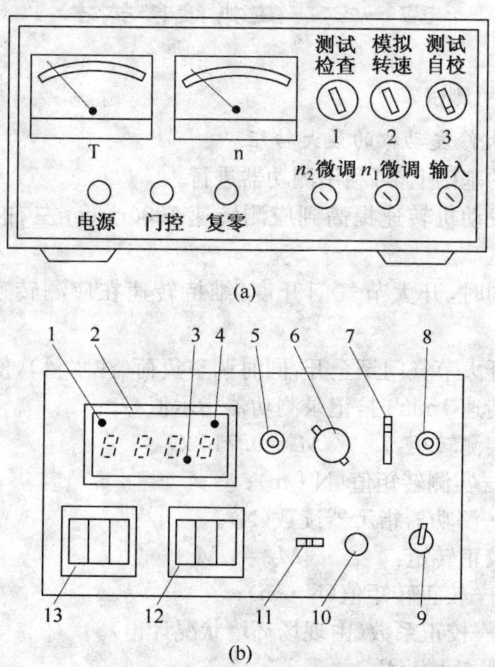

图 2-2-1　便携式无负荷测功仪和加速测功器面板

(a)便携式无负荷测功仪面板　(b)加速测功器面板

1. 电池指示　2. 电显示屏　3. 小数点　4. 信号指示　5. 门控指示　6. 机型选择　7. 测量自校　8. 输入　9. 电源开关　10. 起动按钮　11. Y_1 设定开关　12. Y_2 设定拨盘　13. K 设定拨盘

(1)仪器自校

将仪器预热 0.5h，然后进行自校。

①把计数检查旋钮 1 拨向“检查”位置，左边时间表 T 的指针应摆

动一次。再把旋钮 1 拨向“测试”位置。

②把旋钮 3 拨向“自校”位置,再缓慢旋转“模拟转速”旋钮 2,注意转速表表头指针慢慢向右偏转(模拟增加转速)。当指针偏转至起始转速 $n_1=1000$r/min 位置时,“门控”指示灯亮。继续模拟加速至 $n_2=2800$r/min 时,T 表指针即指示出加速时间,以表示模拟速度的快慢。

③按下“复零”按钮,仪器表针回零,指示灯熄灭,表示仪器调校正常。

④若需校正时,利用微调 n_1、n_2 电位器进行调校。

(2)预热发动机

①预热发动机至正常温度(85℃～95℃)。

②怠速稳定在 400r/min 左右。

③把仪器传感器两接线卡子,分别连接于发动机分电器低压接线柱和搭铁线路。

(3)测加速时间

①在驾驶室内,急速地把加速踏板踩到底,当发动机转速猛然上升时,注意观察 T 表。指针一动,示出加速时间读数时,应立即松开加速踏板,切忌发动机长时间高速空转。

②记下读数,按“复零”按钮,使指针回零。

③重复操作三次,取读数的平均值。

(4)检测评价

利用计算或图表等方法,查出测试的功率,与标准功率进行比较,鉴别、评价发动机的技术状况。

①若达不到额定功率,应对油、电路进行调整、检修。若调、检后仍达不到额定功率,应结合气缸压力和进气支管真空度的检测,判断机械部分是否有故障。

②对个别气缸技术状况有怀疑时,可对其进行断火后再测功,从功率下降的大小,诊断该缸的工作情况。

③发动机功率与海拔高度有密切关系,无负荷测功仪所测结果,是实际大气压力下的发动机功率,若要校正到标准大气压力的功率,尚应乘以校正系数。

5. 使用加速测功器检测发动机功率

WJC-2 型发动机加速测功器面板如图 2-2-1b 所示。测试步骤如下：

①接通电源进行自校，有关开关的位置按表 2-2-1 设置。

表 2-2-1　开关位置设定

适应气缸数	Y_1 设定	Y_2 设定	设定
四	750 或 1000	200	标定试验值
六	1000	300	标定试验值
八	750	400	标定试验值

②使电磁传感器橡胶头接触发动机曲轴前轴端。

③预热发动机，将油门拉杆迅速拉至最大供油位置。

④发动机加速至 Y_2 时，液晶屏即显示出测量结果。

6. 测量大修发动机的排量

(1)测量气缸工作容积

①用量具分别测出气缸直径和活塞行程(为曲柄半径的 2 倍，也可从原车说明书中查知)。

②计算：气缸工作容积是指活塞从上止点移动到下止点(或从下止点移动到止止点)，所扫过的气缸空间，用 V_h 来表示。

$$V_h=\frac{\pi D^2}{4\times10^6}\times S$$

式中　V_h——气缸工作容积(L)；

D——气缸直径(mm)；

S——活塞行程(mm)。

(2)计算发动机排量

发动机排量(或发动机工作容积)是指发动机各缸工作容积之和，用 V_L 表示。

$$V_L=V_h i$$

式中　V_L——发动机排量(L)；

V_h——气缸工作容积(L)；

i——发动机气缸数。

7. 测量大修后的发动机压缩比

气缸总容积与燃烧室容积之比，称为压缩比。

①计算或测量燃烧室容积 V_C：V_C 在大修中一般不会发生变化，是

固定值，可从原车资料中查知。

必要时，V_C 也可用现用燃烧室所能盛装的液体容积测知。

②计算大修后的发动机压缩比：在测量出发动机排量和燃烧室容积的基础上，可按下式计算压缩比：

$$\varepsilon_1 = 1 + \frac{V_h}{V_C}$$

式中　ε_1——大修后的发动机压缩比；

V_h——大修后的发动机排量(L)；

V_C——大修后的发动机燃烧室容积(L)。

8. 用气门叠开法测量发动机的配气相位

配气相位的测量应使用配气相位检查仪和上止点检查仪(见图2-2-2)进行。

用气门叠开法测量配气相位，是在气门间隙调整为零时，测量排气行程上止点时进、排气门的升程高度，然后根据气门叠开情况(相对高度差)，来确定配气相位快慢度。具体步骤如下：

①将第一缸进、排气门间隙调整为0(即顶死)。

②顺时针转动曲轴，使第一缸活塞处于排气行程上止点附近进气门将开而未开启的位置。

③拆下火花塞，固定好上止点检查仪，并安装好配气相位检查仪，将配气相位检查仪百分表触头触压于进气门弹簧座上平面，表针指向"0"。

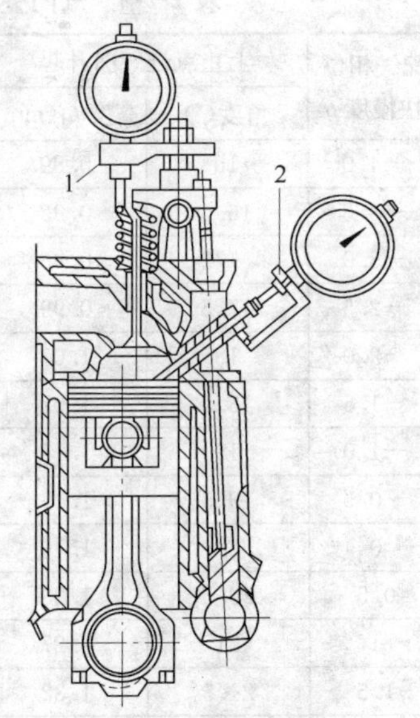

图 2-2-2　顶置式气门配气相位测量仪器

1. 配气相位检查仪
2. 上止点检查仪

④按顺时针方向慢慢摇转曲轴，根据上止点检查仪，确定活塞处于排气行程上止点时百分表的读数。在活塞到达上止点前 0.01mm 及超过 0.01mm 时，分别读出两次配气相位检查仪的气门升程高度 h_{j1} 和 h_{j2}，再取其平均值，作为上止点时进气门

升程高度 h_j。

⑤微量反转曲轴，使配气相位检查仪读数正好是平均升程高度 h_j，即找准活塞上止点。

⑥在找出的上止点位置，再将配气相位检查仪百分表触头触压于排气门弹簧座上平面，将百分表指针对准 2mm（即将表头压下 2mm）刻线。

⑦按顺时针方向慢慢摇转曲轴，使排气门完全关闭。此时，由配气相位检查仪百分表读出上止点时排气门关闭前的升程高度（即排气门升程高度）h_p。

⑧根据进、排气门在排气行程上止点时的升程高度及其相对升程高度差值，对照表 2-2-2，即可确定被测发动机配气相位变化快慢度 q。

表 2-2-2 气门叠开法测量配气相位数据表

配气相位快慢度 q	上止点进气门升起		上止点排气门落座前		进、排气门高度差
	角度(°)	高度 h_j(mm)	角度(°)	高度 h_p(mm)	(h_j-h_p)(mm)
−4.0	16	0.89	24.5	2.44	−1.55
−3.5	16.5	0.92	24	2.37	−1.45
−3.0	17	0.96	23.5	2.30	−1.34
−2.5	17.5	0.99	23	2.23	−1.24
−2.0	18	1.03	22.5	2.16	−1.13
−1.5	18.5	1.07	22	2.10	−1.03
−1.0	19	1.11	21.5	2.03	−0.92
−0.5	19.5	1.15	21	1.96	−0.81
0	20	1.19	20.5	1.90	−0.71
0.5	20.5	1.23	20	1.83	−0.60
1	21	1.27	19.5	1.77	−0.50
1.5	21.5	1.32	19	1.71	−0.39
2	22	1.36	18.5	1.65	−0.29
2.5	22.5	1.41	18	1.59	−0.18
3	23	1.46	17.5	1.54	−0.08 *
3.5	23.5	1.50	17	1.48	+0.02 * *
4	24	1.55	16.5	1.43	+0.12

续表 2-2-2

配气相位快慢度 q	上止点进气门升起		上止点排气门落座前		进、排气门高度差
	角度(°)	高度 h_j(mm)	角度(°)	高度 h_p(mm)	(h_j-h_p)(mm)
4.5	24.5	1.61	16	1.38	+0.23
5	25	1.66	15.5	1.33	+0.33
5.5	25.5	1.71	15	1.28	+0.43
6	26	1.76	14.5	1.23	+0.53
6.5	26.5	1.82	14	1.19	+0.63
7	27	1.88	13.5	1.14	+0.74
7.5	27.5	1.96	13	1.10	+0.86
8	28	1.99	12.5	1.06	+0.93
8.5	28.5	2.05	12	1.02	+1.03
9	29	2.11	11.5	0.98	+1.13
9.5	29.5	2.18	11	0.95	+1.23
10	30	2.24	10.5	0.91	+1.33

注：* 排高进低↑；* * 进高排低↓。

9. 用容量法测试汽油发动机的燃油消耗率

(1)测量

容量法测试燃油消耗率的设备，如图 2-2-3a 所示。

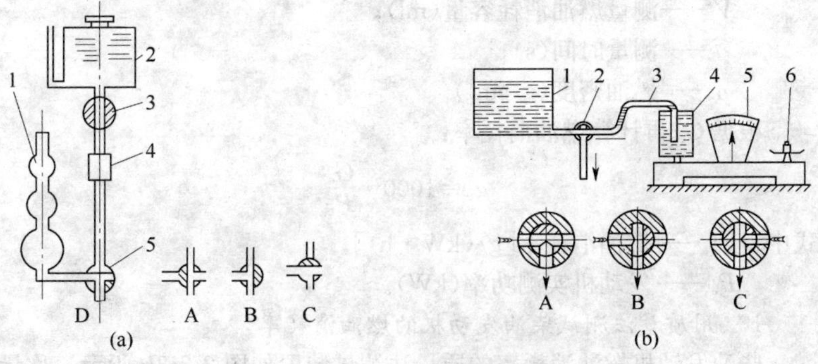

图 2-2-3　燃油消耗测试仪

(a)容量法燃油消耗测试仪　1. 量瓶　2. 油箱　3. 开关　4. 滤清器　5. 三通阀　A—油箱供油　B—充油　C—测量　D—至发动机

(b)质量法燃油消耗测试仪　1. 柴油箱　2. 三通阀　3. 油管　4. 油杯　5. 天平　6. 质量指示砝码　A—充油　B—油箱供油　C—测量

燃油由油箱经开关、滤清器至三通阀，再至发动机，并可向量瓶供油。量瓶用玻璃制成，细颈处有刻线，两分细颈刻线之间球形泡的容积标明在球泡上。测量操作顺序如下：

①打开油箱开关，将三通阀置于A位置，发动机直接由专用油箱供油。

②将三通阀置于B位置，油箱同时向发动机供油并向量瓶充油。在量瓶充满后，将三通阀再转回A位置。

③测量开始时，将三通阀转至C位置，由量瓶向发动机供油，选定某个球泡的容积测量，用秒表记录燃油流过此球泡上下刻线所用的时间 t(s)。为了保证测量精度，球泡容积的选择应使测量的时间不少于20s。

④测量完毕，将三通阀置于B位置，再向量瓶充油，以备进行下次测量，充满后再将三通阀转至A位置。

(2)计算

用上述测量记录下来的燃油消耗量和测量时间，按下式进行计算：

$$G_e = 3.6\frac{V}{t}\rho$$

式中 G_e——燃油消耗量(kg/h)；

V——测量燃油消耗容量(ml)；

t——测量时间(s)；

ρ——燃油密度(g/cm^3)。

根据 G_e 再计算燃油消耗率：

$$g_e = 1000 \cdot \frac{G_e}{P_e}$$

式中 g_e——燃油消耗率[g/(kW·h)]；

P_e——发动机实测功率(kW)。

10. 用质量法测试柴油发动机的燃油消耗率

柴油发动机燃油消耗率的质量法测试装置如图2-2-3b所示。称量用的天平5的两端分别放置油杯4和砝码6。在油箱1至柴油发动机和油管3上装有一个三通阀2，用以控制燃油的通路。测试时，应根据燃油消耗情况，选取砝码质量大小，要求测试时间不少于30s。

测试步骤如下：

①将三通阀旋至B位置，使发动机起动至开始试验前这一段时间的用油，直接由柴油箱供给。

②将三通阀旋到位置A，在继续向柴油发动机供油的同时，向油杯内充油。当油杯内充入足够量的燃油时，使天平向油杯一端偏斜。

③将三通阀旋到位置C，使油杯开始向柴油发动机供油。随着油杯内燃油的消耗，使天平两端逐渐趋向平衡。当天平指针通过"0"点时，开启计时器。然后在砝码一端取下一定质量的砝码，或在油杯一端加上一定质量的砝码，天平又偏向一端。当天平第二次再平衡时（即指针回到"0"点时），停止计时器，计时器记录的时间，就是消耗所取下或加上砝码质量燃油的时间。

④测试完后，将三通阀旋到位置B，以防止油杯内燃油耗尽，柴油发动机断油，造成突然停机。

⑤根据下式计算燃油消耗率 g_e

$$g_e=\frac{3600G_e}{tP_e}$$

式中 g_e——燃油消耗率[g/(kW·h)]；

G_e——所取砝码质量(g)；

t——记录的时间(s)；

P_e——柴油机有效功率(kW)。

11. 用气缸压力表检测汽油发动机的气缸压缩压力

①测量前，应判断蓄电池的技术状况，要求其放电程度不得低于50%。

②使发动机运转至正常温度（水温80℃～90℃）后熄火。

③关闭点火开关，拔下点火线圈高压线。

④吹净火花塞外部尘土，拆除全部火花塞和垫圈。

⑤拆去空气滤清器，将节气门和阻风门完全打开（减少进气阻力）。

⑥排除气缸内废气。

⑦把手持式气缸压力表的锥形橡胶头压紧在第一缸火花塞座孔上。

⑧用起动机或手摇柄迅速转动曲轴3～5s（曲轴转速应保持在150～180r/min），使气缸压缩2～3次，记下压力表所指示的压力值。为使测得的数据准确，应连续检测2次。

⑨依次检测其余各气缸。

要求汽油发动机的气缸压力应不低于原厂规定标准值(见表 2-2-3)的 90%,各气缸压力差不超过 10%。

表 2-2-3 几种车型发动机气缸压力标准

车 型	压缩比	气缸标准压力(kPa)	车 型	压缩比	气缸标准压力(kPa)
解放 CA1091	7.4	932	黄河 JN1150/100	17	3628
东风 EQ1090	7	≥834	布切奇 SR113N	7.2	650
跃进 NJ130	6.2	687～765	依发 W50-L	17.5	2534～2746
北京 BJ1040	6.6	≥785	五十铃 TXD50	22	1961 以下需修理
北京 BJ2020	6.6	785	日野 KM400	20.7	3133～3432
上海 SH141	6.3	863	太脱拉 T148N	16.5	2942～3226
上海桑塔纳	8.5	1000～1300	沃尔沃 N86	17	2746

12. 用气缸压力表检测柴油发动机的气缸压缩压力

①起动发动机,原地运转,待发动机水温达到 80℃左右时,停止发动机运转。

②先清理吹净喷油器安装孔处的尘土与脏物。

③拆开喷油器上的高压油管和回油管接头,卸下喷油器,把 5880kPa 的旋入式压力表旋装在喷油器螺纹孔内(千万不可使用手持式压力表)。压力表接头与喷油器座孔接合处,应加垫圈以防漏气。

④用起动机带动发动机,压力表的最大读数即为气缸压缩压力值。

所测定的数值应不低于原厂规定标准值(见表 2-2-3)的 80%,各气缸压力差应不超过 8%。

13. 根据气缸压力检测发动机技术状况

①当检测值高于规定值 10%以上时,表明气缸内可能有积水、积油;或燃烧室内积炭过多;或气缸衬垫过薄;或气缸体、气缸盖磨损过甚。

②当检测值低于规定值时,可从火花塞孔或喷油嘴孔向活塞顶部注入 20～30g 新鲜机油,转动曲轴数转后重测,如压力明显上升,表明活塞环和气缸磨损严重。

③如注油后无明显变化,可检查气门运动灵活性,如无发卡现象,可调大气门间隙重测,如压力上升至规定值,说明原气门间隙太小。

④如调整气门间隙后仍无明显变化,可测相邻气缸的压力,如压力

值也同样低，可能是相邻两气缸间气缸垫烧穿。

⑤如气缸垫未烧穿，则可能是气门或气门座的密封状况不良，应予拆检。

⑥完全没有压力的气缸，可能是气门卡住、烧缺口或活塞烧穿、活塞环粘附在环槽内。

二、排除气缸漏气故障

1. 检测发动机的气缸漏气量

可用气缸漏气量检测仪（图 2-2-4）进行。检测方法如下：

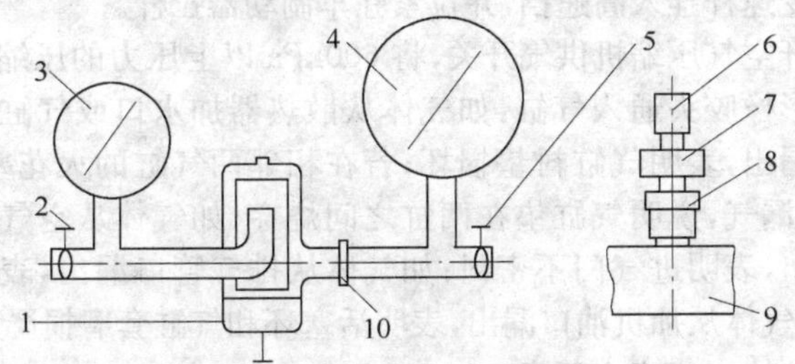

图 2-2-4　气缸漏气量检测仪

1. 调压器　2. 进气阀　3. 进气压力表　4. 测量表
5. 排气阀　6. 橡胶软管　7. 快速接头　8. 充气嘴
9. 气缸体　10. 校正孔板

①预热发动机到正常温度，拧下火花塞，装上充气嘴。

②接通电源，当排气阀关闭时，通过调节调压器，使测量表的指针指在压力 392kPa 位置上。

③摇转曲轴，依次使各气缸处于压缩终了的上止点位置，将变速器挂入低速档，拉紧驻车制动器。

④在充气嘴上接上快速接头，打开排气阀，向该气缸充气，测量表上的读数便反映了该气缸的密封状况。在充气的同时，还可以从化油器、排气管消声器、散热器加水口和机油加注口等处，察听是否有漏气声，以便找出故障之所在。

⑤按点火顺序，逐缸检测其他各气缸的漏气量（换缸摇转发动机时，先将变速器换入空档）。

⑥为了使检测的数据更加可靠，各气缸应重复测量一次。

⑦解放 CA1091 型和东风 EQ1090 型汽车发动机漏气量的检测,可参考表 2-2-4 进行。

表 2-2-4　气缸漏气量检测标准

气缸密封状况	仪器读数值(kPa)	气缸密封状况	仪器读数值(kPa)
合格	≥246	不合格(换环)	<246

2. 用压缩空气检测发动机漏气部位

①卸下空气滤清器,打开散热器盖,卸下火花塞或喷油嘴。

②摇转曲轴,使被检查气缸的活塞处于压缩上止点。

③将变速杆挂入高速档,并拉紧驻车制动器拉杆。

④拧开空气压缩机供气开关,将 600kPa 以上压力的压缩空气用胶管通过锥形橡胶头通入气缸:如气体从散热器加水口或气缸盖与气缸体接合处漏出,表明气缸衬垫损坏;若在相邻两气缸的火花塞口(或喷油嘴口)处漏气,说明气缸垫在两缸之间烧穿;如气体从空气滤清器进气口处漏出,表明进气门不密封;如气体从排气管口漏出,表明排气门不密封;如气体从加机油口漏出,表明活塞环和气缸套磨损严重。

3. 判断与处理气缸漏气

(1)判断

发动机工作时有"呼、呼"响声,在曲轴箱处响声大,同时在曲轴箱通风孔或加机油口处冒烟,且加速行驶时响声增大,此种响声多为气缸漏气所致。

用逐缸断火法进行检查,若某气缸断火后响声消失,说明该气缸漏气。此时卸下该气缸火花塞,用长油壶向活塞顶加机油,再按规定力矩拧紧火花塞,插好高压阻尼线,然后起动发动机,若能短时间内消除"呼、呼"响声,可以肯定是该气缸漏气。

(2)漏气原因

①活塞环弹力过小,密封性差。

②活塞环端间隙过大或装配时各活塞环端间隙重合。

③活塞环粘在活塞环槽内。

④气门头与气门座锥面密封差,或气门座圈松动漏气。

(3)处理方法

①活塞环弹力过小时,应更换活塞环。

②活塞环被粘在活塞环槽内,可用三角刮刀拨开、修锉好,然后再

将它装入活塞环槽内，使之转动自如。

③气门头与气门座贴合不严密，若烧蚀不严重，可重新研磨，然后用煤油清洗干净，再用煤油检查，在3min内，不漏煤油，证明密封好。

④气门座松动，应更换。

第二节　曲柄连杆机构维修技术

一、活塞环及连杆

1. 识别日本汽车发动机活塞环的包装

日本汽车发动机活塞环的包装纸各厂都有严格规定，它以不同颜色来显示是哪一道活塞环，以防装错。表2-2-5是理研股份公司生产的RIK活塞环包装纸规定的不同颜色。

表 2-2-5　RIK 活塞环包装纸规定

压缩环	第一道	蓝色	第一道、第二道为同一形状时蓝色
	第二道	黄色	
	第三道	白色	第三道、第四道为同一形状时白色
	第四道	红色	
油环	第一道	绿色	第一道、第二道为同一形状时绿色
	第二道	红色	

2. 用百分表检测连杆的弯曲变形

图2-2-5a所示为进行连杆弯曲检测。

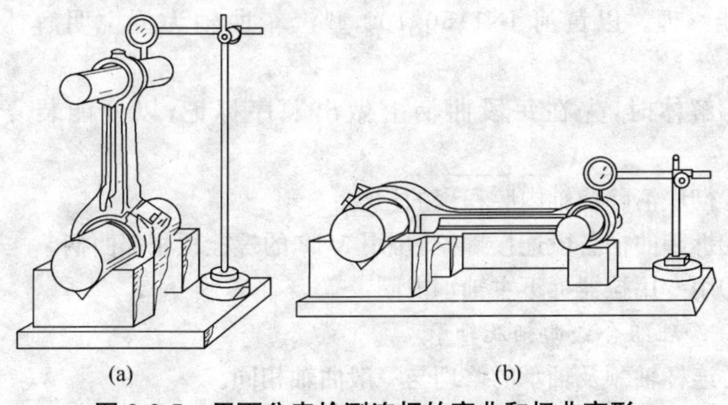

图 2-2-5　用百分表检测连杆的弯曲和扭曲变形
(a)检测弯曲　(b)检测扭曲

①制作两根与连杆大小头孔径相同的精制钢棒分别装入大小头孔中，将大端试棒用两块V形铁支撑在平板上，并使连杆竖直。

②检测时，将百分表支在支架上，支架底座置于平板上。

③使表的触头抵住小头试棒一端的顶面，转动表盘，使指针对正“0”。

④再将百分表和支架移至另一侧，使表的触头触及试棒另一端的顶面，并使其与上一测量点相距100mm，此时表针距离“0”位的刻度数，即为连杆的弯曲数值。

按技术标准规定，连杆的弯曲度应≯0.05：100。如弯曲度超过标准规定，一般应更换，在个别情况下，可进行矫正。

3. 用百分表检测连杆的扭曲变形

如图2-2-5b所示，将连杆放平，压平大端试棒，用支起的百分表分别测量小头试棒两端相距100mm的两个测点，将测得的两个读数相减，即为连杆的扭曲度数值。

技术标准规定：此值应≯0.05：100。在一般情况下应换件，有时也可以进行矫正。

二、组合式曲轴

1. 组合式曲轴的解体

组合式曲轴是由数节曲轴用螺栓装合成为一体的，应先解体，然后才能修理。以黄河JN1150/100型汽车曲轴为例说明解体的方法。

①解体时，先在每段曲柄上做出顺序标记，以便能装复回原位。

②彻底清除曲轴内腔积聚的污物。

③拆卸曲柄各段连接螺栓后，用M12的螺栓顶相邻曲柄。

④用专用拉器拆下主轴承内圈。

2. 修理组合式曲轴及轴承

①连杆轴颈及轴承的修理与一般曲轴相同。

②主轴承是滚柱轴承，曲轴主轴颈与轴承内座圈是热压配合。其配合尺寸见表2-2-6。

表 2-2-6 黄河 JN1150/100(6135Q)曲轴主轴颈与轴承内圈配合要求 (mm)

项目	标准尺寸		配合过盈		
	轴颈	孔径	标准	大修允许	使用限度
配合数据	$\phi180^{+0.080}_{+0.060}$	$\phi180^{0}_{-0.025}$	−0.105～−0.060	−0.105～−0.030	−0.020

③曲轴轴承的检验:

a. 曲轴滚柱轴承在气缸内呈装配状态时,要求径向间隙为 0.05～0.07mm,拆下来成套检查时要略大些。其径向间隙值见表 2-2-7。同一根曲轴最重要的是要装用同样间隙的七组滚柱轴承。

表 2-2-7 黄河 JN1150/100(6135Q)曲轴轴承径向间隙 (mm)

项目	曲轴轴承径向间隙			
	装配前	装在曲轴上	装入气缸体	同一台发动机主轴承装入气缸体后间隙差
新轴承	0.09～0.11	0.06～0.08	0.05～0.07	0.02～0.03
旧轴承	0.15	0.09～0.11	0.08～0.09	0.04～0.05

b. 曲轴轴承外圈与气缸体座孔的配合过盈为 −0.06～−0.010mm;当承孔磨损配合达不到要求时,应用电镀法修复至标准尺寸;如承孔圆度公差达 0.025mm 时,应进行扩孔修理,并配以加大的轴承外圈。

c. 曲轴轴承径向间隙测量方法:以塞尺在圆周上找出最大间隙,在其正对面一个滚柱下垫压 0.02mm 以上的塞尺,垫入片必须压紧,即滚柱不能在滚道内转动,将测量所得的值加上垫入塞尺厚度,即为该轴承径向间隙。

3. 装配组合式曲轴

①每节曲柄的两端接合面必须平整光滑,不得有损伤。对于个别部位的轻微碰毛,应小心地用细粒度油石磨平。

②曲轴前轴上装曲轴齿轮的键槽应对准第一节曲柄连杆轴颈上止点方向,连杆轴颈安装处的螺孔比其他螺柱孔大 1mm。

③装曲轴后凸缘时,应将甩油圈装上。

④装配轴承时，应将选配好的轴承内座圈在机油中加热至 100℃～120℃，趁热将其装到曲轴主轴颈上。

⑤组装时，先将螺母顺次以 40～70N·m 的力矩拧紧，然后自右至左（或自左至右）用力矩扳手将连接螺栓、定位螺栓对角交替拧紧。拧紧力矩为 180～270N·m。

4. 组合式曲轴的弯曲、平衡检验和矫正

①弯曲检验和矫正：曲轴装完并充分冷却后，套上轴承外圈，以第一、七主轴承为支点，置于 V 形铁上，用百分表检查中间各主轴承的同轴度，要求其径向圆跳动量≯0.14mm。如超差，可以放松或继续拧紧贯穿两个曲柄的双头螺栓来调整同轴度偏差。但是力矩最低应不小于 120N·m，最高也应不超过 250N·m。

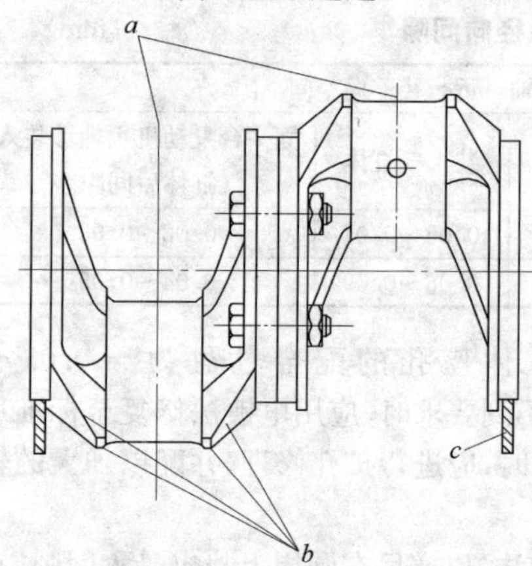

图 2-2-6　单个更换曲柄的平衡检验

a—新旧曲柄中心线　*b*—去重部位　*c*—导轨

严禁用压力矫正组合式曲轴弯曲度。矫正的曲轴应放置 8h 后，再次检查其同轴度。

②平衡的检验和矫正：曲轴在修理时，允许单独更换某一节曲柄。更换前应将新曲柄和被更换的曲柄以 180°平行装在一起进行静平衡检验，如图 2-2-6 所示。

在调整不平衡质量时，只能在新曲柄上去重，去重深度不得超过 3mm，两节质量差应在 50g 以内。曲轴最后需进行动平衡试验，要求在左右两个矫正面上的不平衡量不超过 300g·m。

三、曲轴的装配和调整

1. 装配和调整轴向限位装置在前端的发动机曲轴

以 CA6102 型汽油机为例，其装配、调整方法如下：

①装配前清理曲轴内斜油道（如图 2-2-7 所示）及滤油空腔内磨屑脏物。最好用磁性铁丝伸入斜油道中，将对磨损起加剧作用的铁屑吸出。

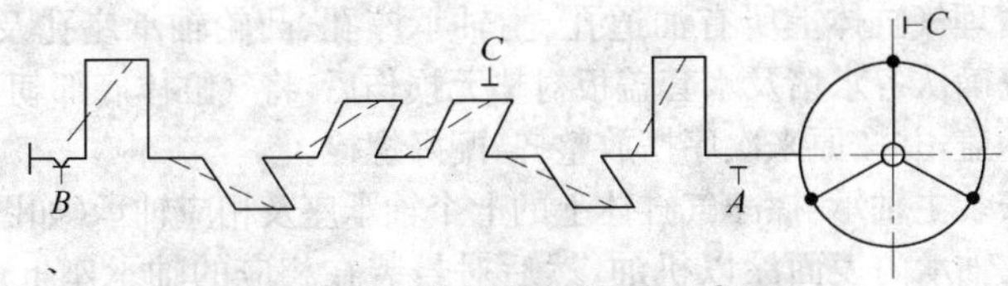

图 2-2-7　曲轴润滑油道示意图

②将两个整体式止推轴承(俗称止推片)及正时齿轮隔圈从曲轴前端套在第一主轴颈上(如图 2-2-8 所示),并将半圆键压装在曲轴齿轮轴颈的键槽中(如图 2-2-9a 所示)。检查两止推轴承的合金层表面(有油槽的面),注意分别朝向曲轴止推凸肩和止推板。

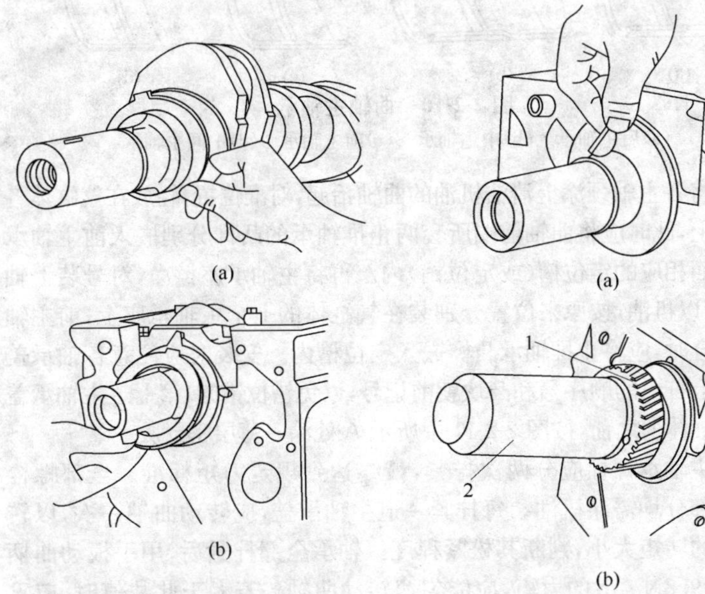

图 2-2-8　安装曲轴止推轴承及正时齿轮隔圈
(a)装入止推轴承　(b)套入正时齿轮隔圈

图 2-2-9　安装正时齿轮
(a)装入半圆键　(b)装入正时齿轮
1. 正时齿轮　2. 压套

③将曲轴正时齿轮加热至 80℃～100℃后,将齿轮键槽对准曲轴上半圆键,用专用工具压入曲轴,并让它紧靠在齿轮隔圈上(如图 2-2-9b 所示)。安装时,齿轮上有正时标记的一面应朝向曲轴前端。

④清理气缸体上所有油道孔、主轴承座孔、凸轮轴承座孔及定位销孔。检查确认各水堵及水套盖板衬垫无损伤后，将气缸体底部朝上，拆下各主轴承盖，并按原来次序摆放整齐，配好螺栓。

⑤安装主轴承：擦净气缸体上的七个轴承座及相应轴承（如图 2-2-10 所示），在轴承内表面涂以机油，然后对号装在相应的轴承座上，不可错乱。

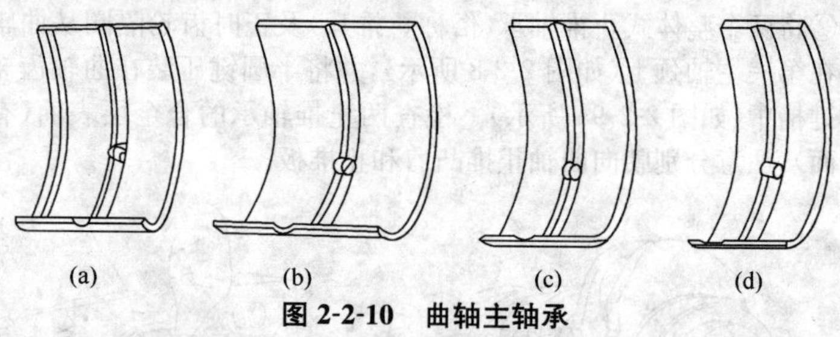

图 2-2-10　曲轴主轴承

(a)后主轴承　(b)中主轴承　(c)前主轴承　(d)中间主轴承

⑥将各主轴颈涂上清洁机油的曲轴抬起，对准位置，轻放在气缸体各主轴承上，此时应将曲轴前端所套两止推轴承的凸榫分别嵌入前主轴承座两端面相应的定位槽（或定位销）内。再将主轴承座擦净，对号装上轴承，并涂以机油，按原来位置分别装在气缸体的七个主轴承座上；前主轴承盖装合时，应将止推轴承凸榫嵌入定位槽内。安装时应注意各轴承盖外表面上打出的顺序号和凸块朝前记号，以免错位错向，第七道主轴承盖装入气缸体上之前，按图 2-2-11 中所示 A 处涂一薄层密封胶。

⑦主轴承螺栓应分两次拧紧，最终达到规定力矩标准。全部螺栓的螺纹部分均需涂机油。每拧紧一道主轴承盖，应转动曲轴一次，以转动曲轴的转矩大小，判断其松紧程度。轴承全部拧紧后，用手扳动曲柄臂，以≯9.8N·m 的力矩，应能匀速转动曲轴。若大于此数值时，应重新检查主轴承是否有杂物挤入；七个主轴颈不同轴度是否超出 0.05mm 的要求，轴承厚度与轴颈是否不对应等；另外，气缸体七个主轴承座孔不同轴时，也能引起转动力矩增大。

经检查，必要时可更换并重镗主轴承。

⑧待曲轴固定后，用撬杠沿轴向撬动曲轴，把其用力推向一端，然后用塞尺检查第一主轴承的止推轴承与曲轴轴颈端面之间的总间隙

（如图 2-2-12 所示），间隙值应为 0.15～0.35mm。其他主轴承端面与曲轴轴颈端面之间间隙，每边应不少于 0.75mm。如果达不到上述要求，要检查各主轴承盖是否装偏。

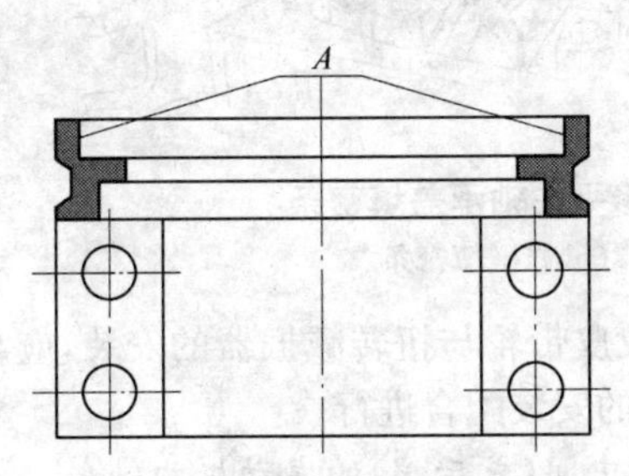

图 2-2-11　曲轴后主轴承盖涂胶部位

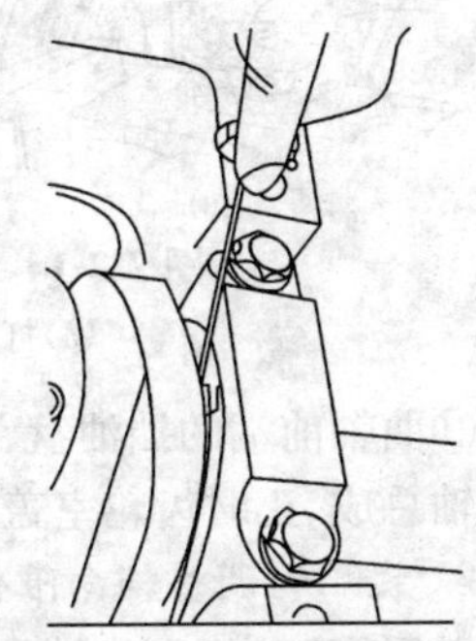

图 2-2-12　检查曲轴轴向间隙

⑨安装曲轴后油封：油封结构型式有整体式和分开式两种。

a. 整体式油封装配：整体式后油封尺寸为 100mm×125mm×12mm，有外圆为包胶型和外圆为金属型两种结构，可以互换。先检查油封唇口，确认完整无损后，方可装用。包胶型外圆应涂以润滑脂；金属型外圆则应涂胶。在油封唇口均匀涂抹润滑脂，然后再从曲轴后端套入。将装配夹具按图 2-2-13 所示放置后，均匀施加压力，或用手锤轻轻敲击压套端面，确保油封总成正确压入油封窝座中，无歪斜。再将油封挡片紧固在气缸体上。

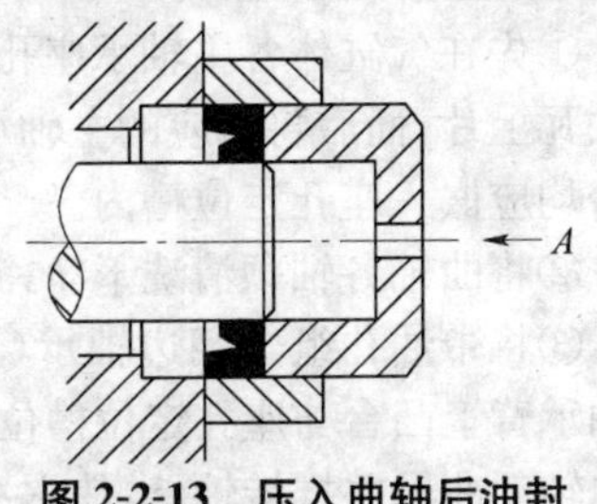

图 2-2-13　压入曲轴后油封

A—压入

b. 分开式油封装配：分开式带骨架的橡胶油封在最后主轴承中进行装配，一半压入气缸体油封槽内，一半在主轴承盖油封槽内。压入前将油封槽擦洗干净，涂上一层密封胶，并注意油封有槽的一面朝向气缸体内侧，在油封接口面及主轴承盖后接合面涂上一薄层密封胶，使接口吻合。

⑩仔细地将第七道主轴承盖填密条（松木条）打入槽内到底（如图 2-2-14 所示），然后将凸出的填密条修成与轴承盖平齐。

图 2-2-14　打入和修平主轴承盖填密条

(a)打入填密条　(b)修平填密条

⑪曲轴前端的挡油盘、前油封及皮带轮与扭转减振器的安装，应与凸轮轴总成、正时齿轮室盖、前支架的安装配合进行。

2. 装配和调整轴向限位装置在中间(或后端)的发动机曲轴

以 EQ6100-1 型汽油发动机为例说明。

EQ6100-1 型汽油发动机曲轴的轴向限位装置是装在第四主轴承座上的镶嵌式组合翻边轴承。四块半圆环状止推轴承片承担曲轴轴向限位，借镶嵌形式将它与主轴承周向固定，而止推轴承片背面贴靠在主轴承座孔前后侧座面上。装配方法与 CA6102 型汽油发动机曲轴不同之处是：

①先在气缸体各主轴承座孔(除中央主轴承座外)压入带油孔的各主轴瓦上片，而后将相应的主轴承下片压入对应主轴承盖座孔，轴承的凸台均应嵌入座孔定位槽内。

②将曲轴各轴颈清洗干净，涂上机油，安放在各主轴承上。

③将带油孔组合翻边轴承(上片)倒扣在曲轴第四道主轴颈上，注意轴承背上凸台与座孔定位槽位置对应。沿着凸台逐渐嵌入定位槽的方向转动曲轴并推转轴承，使它平顺地装入轴承座孔。

④按原序号装复各主轴承盖。

⑤将曲轴推向前，使组合轴承上下片的后止推面同时与曲轴主轴颈止推端面接触，实现上下止推轴承片对齐在同一平面内。

⑥最后从中央向两端按规定力矩分两次拧紧主轴承盖螺栓。

⑦装配后，检查曲轴轴向间隙，转动曲轴检查各主轴承盖装配品质。其基本方法与 CA6102 型汽油发动机相同。

丰田汽车发动机的曲轴止推轴承亦装在中间主轴承座处。上止推轴承片无周向定位结构，下片外缘有榫头，应嵌在中间主轴承盖前(或后)止推座面浅槽内。装配时，曲轴摆放在各主轴承上片内（如图2-2-15所示）；上止推片有油槽的面应朝向曲轴止推凸缘方向，将前后上止推片从缝隙装入承座面；将上止推片分别装在主轴承盖承座面上，亦使油槽面朝外；而后用主轴承螺栓将该主轴承盖安装到正确位置。其装配要求类同于EQ6100-1型发动机。

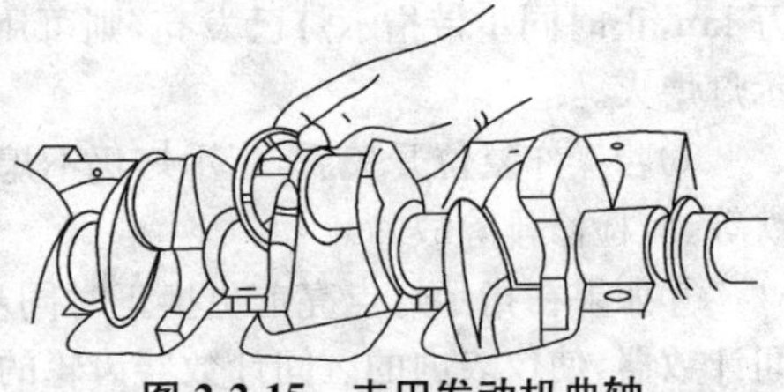

图 2-2-15　丰田发动机曲轴止推轴承上片的安装

第三节　配气机构维修技术

一、正时同步带指示灯和气门间隙

1. 一些进口汽车正时同步带指示灯亮起时采取的措施

一些凸轮轴上置且采用正时同步带传动的进口汽车发动机，为了保证发动机的良好工作状况，一般都要限制正时同步带的使用期（10万km），到期必须更换。为了使维修人员能按时更换正时同步带，在驾驶室仪表板上装有“T · BELT”正时同步带使用期限指示灯。

①当指示灯亮起来，应立刻观察里程表，若累计行驶里程已达到或超过10万km，必须更换正时同步带。否则，发动机将不能正常工作，正时同步齿形带也有断裂危险。

②在换上新正时同步带后，要拔开里程表盘上的复位开关橡胶塞，用小圆棒压一下装在里程表表盘下的复位开关（如图2-2-16所示），使正时同步带指示灯熄灭。

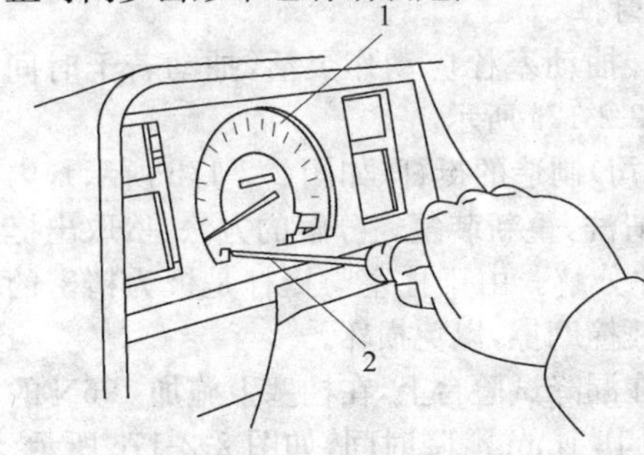

图 2-2-16　操作复位开关

1. 里程表　2. 复位开关孔

③把里程表拆下来，使里程表上的所有读数都调整到“0”位上。

④如汽车尚未行驶到10

万 km，正时同步带指示灯已发亮，则可用上述方法操作复位开关，使指示灯熄灭。

⑤若操作复位开关后，指示灯仍不熄灭，可能是开关失灵或线路搭铁等，应检修排除故障。

⑥如果在指示灯点亮前更换正时同步带，应拆下仪表，重新设定区间计数器，使仪表内的区间计数器齿轮的零位对准传动齿轮。

⑦若更换里程表不换正时同步带时，应把计数器齿轮设在原里程表的位置上。

2. 正确调整具有气缸减压装置发动机的气门间隙和减压气门间隙

一些进口汽车的发动机，如日野 EC100、三菱 6DB10、五十铃 DA20、DA640 和日产 PD60 发动机等都装有便于发动机起动的气缸减压装置。

调整减压装置时，应注意以下几点：

①调整应在发动机冷机状态下进行。

②注意减压气门间隙与气门间隙不一样。如三菱汽车进气门间隙规定为 0.3mm，而减压气门间隙则规定为 0.5mm。

③在调整气门间隙前，应先正确地装置减压调整螺钉。

④调整时首先将全部气门调整螺钉拧松，以 0.5mm 的塞尺片插入摇臂与进气门脚之间，调整其间隙为 0.5mm，并拧紧调整螺钉，然后再用厚度为 0.3mm 的塞尺片调整气门间隙。

只有这样，才能使气门间隙及减压气门间隙都达到规定值。

二、液压挺杆

1. 检验液压挺杆偶件的密封性

将液压挺杆浸泡在洗油中，抽动塞栓应动作灵活，抽动若干时间后，使其腔内的空气排出，如图 2-2-17a 所示。

如果采用的是 GM（通用公司）制造的挺杆（如图 2-2-17b 所示），内部空气没有排净，可将其分解、清洗，重新装复。分解的方法是：取出挺杆座上的卡环，即可将所有零件分解。由于柱塞与挺杆是极为精密的配合，必须注意，切不可与硬物碰撞摩擦，以免损坏。

将排除空气后的挺杆放置在漏降试验台上，在柱塞上施加 196N 的压力，在滑下约 2mm 以后，测量其 1mm 滑降时间，如图 2-2-17c 所示。其标准值为：在 20℃，7～50s/1mm。如果测得的值低于标准值，说明机油由柱塞处泄漏量大，将会影响气门开度，应更换挺杆。

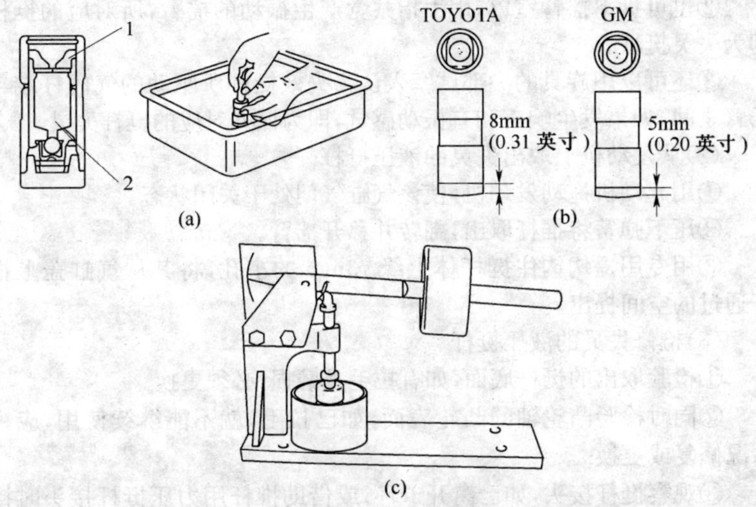

图 2-2-17　液压挺杆偶件密封性检验

(a)排除液压挺杆腔内空气　1. 推杆座　2. 柱塞

(b)丰田、通用液压挺杆厂家标记　(c)液压挺杆的漏降试验

2. 液压挺杆进入空气后的检修

①检验:对与液压挺杆接触的摇臂一端施压,无空气渗入时,会感到很结实,压不下去;若能够轻而易举地压下,表明挺杆内已进入了空气,应检修。

②检修:拆下怀疑有问题的液压挺杆,并把它解体,不得更换零件(并保证在修理过程中的清洁、操作仔细)。用溶剂清洗掉污垢和油泥。把拆散修理好的液压挺杆涂上发动机润滑油,重新装配起来。旧顶部护罩不可再用。

检查重新装配的液压挺杆,如果仍然有空气渗入的可压缩现象,表明已失效,则应更换新的液压挺杆。

3. 查找和检修失灵的液压挺杆

(1)在发动机上查找失灵的液压挺杆

失灵的挺杆将使机构发出异响,并且伴有摇臂振动,使机构内部产生间隙,可在发动机已走热的状态下检查。

①使发动机怠速运转,用听棒仔细辨别发响的部位,其对应部位的挺杆即为失灵者。

②也可拆下摇臂室罩，用手指察觉产生振动的摇臂，所对应的挺杆即为失灵挺杆。

③还可以用旋具的尖部试塞入认为失效挺杆所驱动的气门杆端与摇臂之间，如果发生响声和有振动感觉，即为该处对应的挺杆失灵。

(2)从发动机上取出失灵的液压挺杆

①用起动机拖动发动机，使该气缸气门处于关闭状态。

②压下弹簧将推杆取出，翻转并移开摇臂。

③用专用提钩钩住挺杆体上缘 ϕ3mm 的小孔，将其从气缸盖上推杆通过的空间提出。

(3)检修失灵的液压挺杆

①检验取出的挺杆底面，如有拉毛及磨损，必须更换。

②同时检验凸轮轴的凸轮表面，如已拉毛，就不能继续使用，应视情况修复或更换。

③观察挺杆接头，如已离开卡环，或借助推杆用力压挺杆接头时接头易被压低，证明挺杆已失效。

对于失效的挺杆总成应换用新件，或将原挺杆拆散清洗，仔细检查柱塞表面与挺杆体内孔有无拉伤。各零件如柱塞弹簧、单向阀罩、单向阀、弹簧垫片、挺杆接头或锁环损坏，应换用新件。

必须注意：挺杆体与柱塞为严格选配的偶件，不能随意拆换。

重新装复时，经性能检验确认良好后，再装入发动机使用。

(4)把液压挺杆总成装回发动机

可按与拆卸相反的顺序装回。应注意检查推杆两端是否进入相配零件的球坑。起动发动机后，观察推杆是否转动；对于完全不转的，还应换用新的挺杆总成。

4. 用气门间隙规分析确定液压挺杆的工作状态

一些轿车采用液压挺杆，无需调整气门间隙，可采用气门间隙规(如图 2-2-18 所示)检查其工作状态。

①当指针始终指零[如图 2-2-18d 之(1)所示]时，表示挺杆状态良好。

②当指针在 0.003″～0.010″(0.075～0.250mm)之间摆动[如图 2-2-18d 之(2)所示]时，运转数分钟后，液压挺杆即可恢复正常状态，表明挺杆可继续使用。

③当指针在 0.020″～0.030″(即 0.50～0.75mm)之间不规则摆动

[如图 2-2-18d 之(3)所示]时，表明液压挺杆工作状态已不正常，需立即更换。

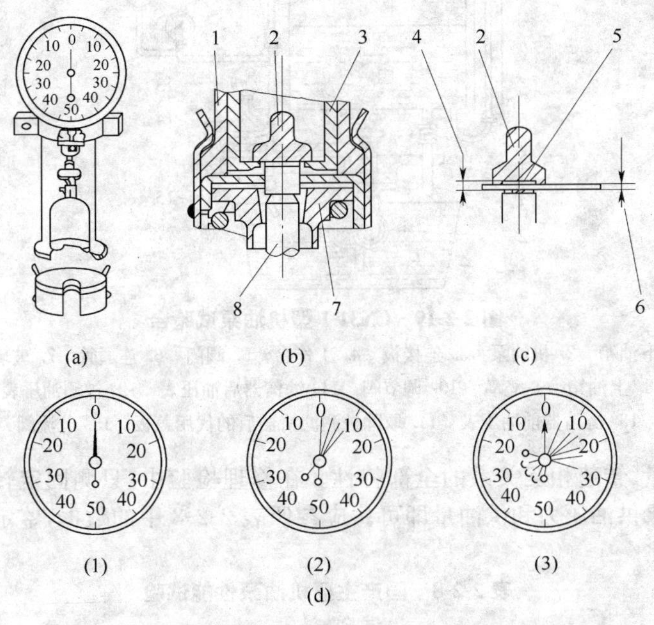

图 2-2-18　用气门间隙规检查和分析液压挺杆工作状态

(a)气门间隙规　(b)安装间隙规的方法　(c)用塞尺检测气门间隙的误差

1. 外筒　2. 摇臂　3. 内筒　4. 实际气门间隙　5. 摇臂磨损深度　6. 塞尺厚度　7. 弹簧座　8. 气门杆

(d)用间隙规分析液压挺杆状态　(1)正常，指针始终指零(即不摆动)　(2)指针在 0.003″～0.010″(即 0.075～0.250mm)之间摆动　(3)指针在 0.020″～0.030″(即 0.50～0.75mm)之间不规则摆动

第四节　润滑系统维修技术

一、机油泵

1. 在专用试验台上检验机油泵的性能

在专用机油泵试验台(如图 2-2-19 所示)上，可测得机油泵压力、

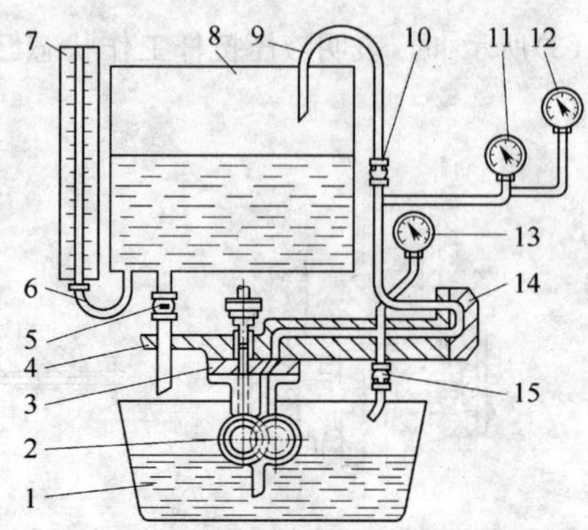

图 2-2-19 CN31-1 型机油泵试验台

1. 下油箱 2. 机油泵 3. 连接板 4. 工作台 5. 阀门 6. 连通管 7. 玻璃管 8. 上油箱 9. 弯管 10. 调节阀 11. 滤清器后油压表 12. 被测油压表 13. 滤清器前油压表 14. 取除被测滤清器后的代用盖板 15. 节流阀

供油量、转速相互关系的全部特性。在修理检验中，只测固定转速下的油泵供油压力和供油量即可。应参照表 2-2-8 中的数据，鉴定其是否合格。

表 2-2-8 国产主要机油泵性能试验

试验方法Ⅰ

机 型	试验用油	试验转速 (r/min)	采用量孔 DXL (mm)	量孔前压力表示数 (kPa)
EQ6100	60%20 号机械油 40%机油	700	ϕ2.5×10	400～550
BJ492Q	90%煤油 10%机油	250;750	ϕ1.5×5	400～600

试验方法Ⅱ

机 型	试验用油	试验温度 (℃)	机油泵转速 (r/min)	油压 (kPa)	泵油量 (L/min)
6135Q	机油(HC-11)	85±5	1875	500～600	>32
6120-1	机油(HC-11)	85±5	1930	400	>33.3
X6130	机油(HC-11)	85±5	2100	500～550	80
CA6102	6 号机油		1800	600	～67.5

解放 CA1091 型汽车机油泵转速在 1800r/min 时，泵油量约为 4050L/h，机油压力为 392～588kPa。机油压力可用调压阀进行调节（在发动机左侧后部的主油道上）。

东风 EQ1090 型汽车发动机转速在 1000r/min 时，机油压力为 147kPa；汽车以 30～40km/h 行驶时，机油压力为 196～392kPa。

部分进口汽车的机油压力见表 2-2-9。

表 2-2-9　部分进口汽车的机油压力

项目 \ 车型	丰田 2Y、3Y		标致 505			三菱 L303
油泵转速(r/min)	300	3000	850	2000	4000	
排油量(L/min)	>2.1	>33.6				
排油压力(kPa)	147	294	164.6	323.4	372.4	>78.4（怠速时）
限压阀开放压力(kPa)	392		517.44			441

2. 用经验方法检验机油泵的泵油压力

用手转动主动齿轮轴，应转动自如，无卡滞现象，不晃动，无异响。

将机油泵和集滤器装复后，一同放入清洁的机油池中，用旋具按工作方向转动油泵轴，应有机油从出油孔中排出。如用拇指堵严出油孔，继续转动油泵轴时，应感到阻力逐渐增加，直至难以转动为符合要求。

3. 就车检验机油泵的压力

将机油泵总成装到车上，起动发动机运转至正常温度后，按表 2-2-10 所列车速与压力数据，检查机油压力表所指示的压力是否符合标准（润滑油黏度正常，机油滤清器和油道无堵塞，主轴承和连杆轴承间隙适当，机油表和传感器良好）。如不符合，可调整限压阀。

表 2-2-10　就车检查机油泵压力数据

车　型	车速(km/h)	压力(kPa)	发动机怠速时压力(kPa)
东风 EQ1090	45	294～343	196(1500r/min)
北京 BJ2020	45	196～392	49
黄河 JN1150/100		588	

二、机油

1. 国产与进口机油的互换关系

汽油发动机机油的互换关系见表 2-2-11，柴油发动机机油的互换关系见表 2-2-12。表中的 API 是美国石油学会的代号，指的是按美国石油学会的使用条件分级(又称质量分级)；SAE 是美国工程师学会的代号，指的是按美国工程师学会的黏度分级。

表 2-2-11 国产与进口汽油发动机机油互换关系

API分级	SAE分级	国产规格	
		新标准	老牌号
SA			
SB	SAE20	QB20	6
	SAE30	QB30	10
	SAE40	QB40	15
SC	SAE10W/30	QC30、40、15W/30、10W/30	稠化机油 11 号
SD	SAE20W/40	QD30、40、10W/30、15W/40、20W/40	高级轿车稠化机油
SE		QE30、5W/30、40、10W/30、15W/40	
SF			
SG			

表 2-2-12 国产与进口柴油发动机机油互换关系

API分级	美军规格	SAE分级	国产规格	
			新标准	老牌号
CA	MIL-L-2140A	SAE20	CA20、30	8
		SAE30	40	11
		SAE40	50	14、18
CB	MIL-L-2140B	SAE30		低增压 11 号
CC		SAE40	CC30、40、20/20W、5W/30、15W/40	低增压 14 号
CD	MIL-L-2140C	SAE30	CD30、40、15W/40	中增压 11 号
		SAE40	10W、20/20W、5W/30	中增压 14 号

2. 不同车型机油的选择

(1)桑塔纳轿车

上海桑塔纳轿车说明书规定选用三种润滑油：单标号、多标号和改良润滑油。出厂时,发动机润滑油加的是多级优质机油 API-SF 或 SE。除此之外,也可使用改良润滑机油 VW5000、上海炼油厂生产的多级机油 SAE-15W/40 和深圳中国太阳石油公司生产的太阳牌机油 API-SE、SF。

(2)北京 BJ2021 型切诺基汽车

API 分级的润滑油应使用 SF 级机油;SAE 分级推荐以下牌号:16℃时使用 SAE30;－1℃时使用 20W/50、20W/40;－18℃时使用 10W/40、10W/30。

(3)斯太尔 91 系列汽车

自然吸气发动机规定使用三类机油:MIL-L(美军规格)-2104B 或 MIL-L-46152,相当于 API 的 CC 级;多级油 20W/40(全年通用)、SAE30(夏季)、SAE20(冬季)。或者使用 MIL-L-2104C,相当于 API 的 CD 级。增压发动机规定使用 MIL-L-2104C,相当于 API 的 CD 级润滑油;多级油 20W/40(全年通用),单级油 SAE30(夏季)、SAE20(冬季)。或者选用 MIL-L-2104C-PIUC,相当于 API 的 CD PIUS。

(4)奥迪轿车

①规定为 VW50101 多范围机油;VW50000 高级润滑机油和 VW505000 高性能发动机机油(两者的容器上必须标有技术条件,以上均为德国大众公司标准)。

②仅在特殊的情况下,可用多范围机油和单范围机油,其牌号为 API-SE(美国汽油机机油牌号),相当于我国北京长城高级润滑油 SAE10W/30 号和 15W/40 号黏度级别。

③要注意多范围机油和单范围机油的使用温度范围,根据季节和温度的变化,必须随时更换,选择适当温度范围的机油。其对国产机油的使用要求如图 2-2-20 所示。

(5)解放 CA1091 型汽车

①夏季使用 30QD 级汽油机润滑油,冬季使用 10W/30QD 级汽油机润滑油。

②由于 10W/30QD 为多级润滑油,除极寒冷地区外,一年四季都可通用。

③可用 30QE 级、15W/30 号 QE 级或进口 30 号 SE 级汽油机润滑油、30 号 CC 级柴油机润滑油等替代。

(6)夏利汽车

一般规定使用 API 分类 SE 级,黏度 SAE10W/30。

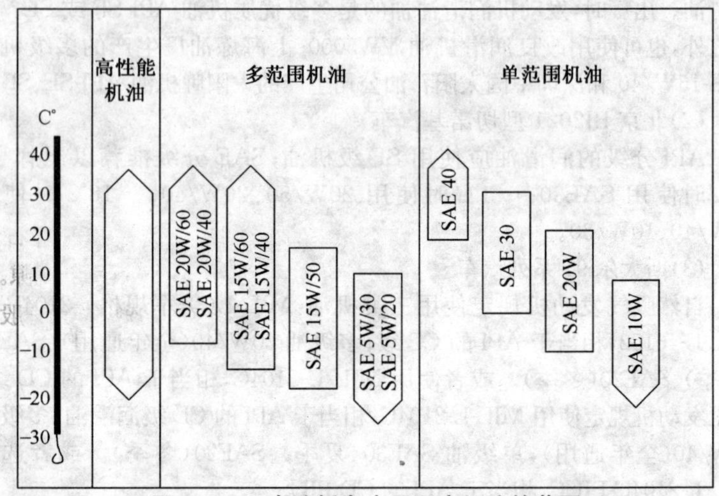

图 2-2-20　奥迪轿车应用国产机油的范围

(7)华利汽车

QC 或 QD 级汽油机油：－5℃以上用 SAE30；－15℃以上用 SAE15W-40 或 14 号高级轿车机油；－23℃以上用 SAE10W/30 或 11 号高级轿车机油；－30℃以下用 SAE5W/30 机油。

(8)CA6110A 柴油发动机

规定一般地区气温在 0℃～30℃时，全年使用 40 号 CA 级柴油机润滑油；气温在－5℃～15℃时，冬季用 20 号、30 号 CA 级柴油机润滑油。

(9)三菱 DC 系列柴油发动机(见表 2-2-13)。

表 2-2-13　三菱 DC 系列柴油发动机润滑油牌号及使用范围

润滑油牌号	SAE10W 或 SAE10W/30	SAE20W	SAE30	SAE40
大气温度(℃)	＜－15	－15～－5	－5～40	＞40

第五节　冷却系统维修技术

一、水泵及风扇

1. 确定水泵的装复标准

①水泵轴与轴承的配合间隙，一般为－0.010～＋0.012mm，大修

允许为－0.010～＋0.030mm。

②水泵轴承与泵壳承孔配合间隙，一般为－0.02～＋0.02mm，大修允许为－0.02～＋0.04mm。

③水泵轴与叶轮承孔配合间隙，无固定螺栓（螺母）的，一般为－0.02～－0.04mm；有固定螺母的，一般为－0.01～＋0.01mm。

④水泵叶轮装合后，一般应高出泵轴0.1～0.5mm。

⑤水泵装合后，叶轮外缘与泵壳内腔之间的间隙，一般为1mm左右。

⑥水泵装合后，叶轮与水泵盖之间一般应有0.75～1.00mm的间隙。

⑦水泵轴与风扇皮带轮毂的配合，无紧固螺栓（螺母）的，一般为－0.02～＋0.06mm；有紧固螺栓（螺母）的，一般为－0.01～＋0.04mm。

⑧各螺栓、螺母应按规定力矩拧紧，锁止应可靠。

⑨水泵体下方的泄水孔应畅通。

⑩水泵装合后，水泵轴应加注规定牌号的润滑脂。

国产主要机型的水泵装配技术要求，分别见表2-2-14和表2-2-15。

表2-2-14　国产主要机型水泵壳与轴承配合间隙值　(mm)

项目		EQ6100-1	492Q	6135Q	6120Q-1
水泵前轴承与水泵体配合	原厂标准	－0.008～＋0.029	－0.027～＋0.029	－0.020～＋0.018	－0.008～＋0.029
	大修标准	－0.008～＋0.041	－0.027～＋0.040	－0.020～＋0.041	－0.008～＋0.041
水泵后轴承与水泵体配合	原厂标准	－0.008～＋0.024	－0.027～＋0.011	－0.020～＋0.018	－0.008～＋0.018
	大修标准	－0.008～＋0.041	－0.027～＋0.031	－0.020～＋0.041	－0.008～＋0.041

表2-2-15　国产主要机型水泵叶轮与泵盖端面间隙值 (mm)

EQ6100-1	492Q	6135Q	6120Q-1	X6130
1.3～2.6	0.30	0.33～1.77	0.25～0.83	0.2～0.7

2. 在试验室内的专用试验台上测试硅油风扇的工作性能

①全速试验：试验的目的在于测定硅油在最大循环时风扇的转差率，用风扇主、从动盘的转差率表示，用下式进行计算：

$$\delta=\frac{n_{主}-n_{从}}{n_{主}}\times 100\%$$

式中　δ——风扇转差率(%)；

$n_{主}$——风扇主动盘转速(r/min)；

$n_{从}$——风扇从动盘转速(r/min)。

测试时，取下风扇上的双金属片及传动销，以保证硅油能以最大流量从储油室流至工作腔，然后将主动盘转速提高到3000r/min，此时测量从动盘的转速，应为主动盘转速的95%～97%，即转差率应为3%～5%。如转差率超过7%，可增加3ml硅油，以提高风扇转速。

②空转试验：试验时，室内温度应为25℃，并应装回双金属片及传动销，然后提高主动盘转速至3000r/min，此时测量从动盘转速，应为750～840r/min。

③接合传动试验：此试验除应装上双金属片及传动销外，还应在温度可以控制的实验室或试验台上进行。试验时，控制室内温度由45℃开始升高，此时双金属片应开始起作用，即阀片开始开启，硅油开始经进油孔流入工作腔，主动、从动盘开始接合，转速开始升高。当室内温度升至59℃时，阀片应达最大开度，风扇应达最大转速。此时，如主动盘转速为3000r/min，则从动盘转速应为2850～2910r/min。如从动盘不在上述转速范围内，则应控制室内温度使风扇转速达到2850～2910r/min，此时查看室内温度是高于61℃还是低于57℃，然后通过改变(更换)传动销的长度，以矫正阀片的开度而进行调整。即温度低于57℃时，应换用较长的传动销；高于61℃时，应换用较短的传动销。传动销的调整量为0.016mm/℃。

④切断传动试验：使控制室内温度缓慢下降，风扇转速也应随着下降。当室温下降到低于40℃时，风扇传动应明显切断而进入空转。

二、节温器及冷却系统

1. 节温器性能检验

检验前，应将节温器洗刷干净，如被水管中的水锈锈住，可用木棒轻击壳体四周将锈振掉。

①将节温器吊放在烧杯中(不应碰及杯底)，在烧杯中加入清水(最好是蒸馏水)，插入0℃～100℃量程的温度计，如图2-2-21a所示。

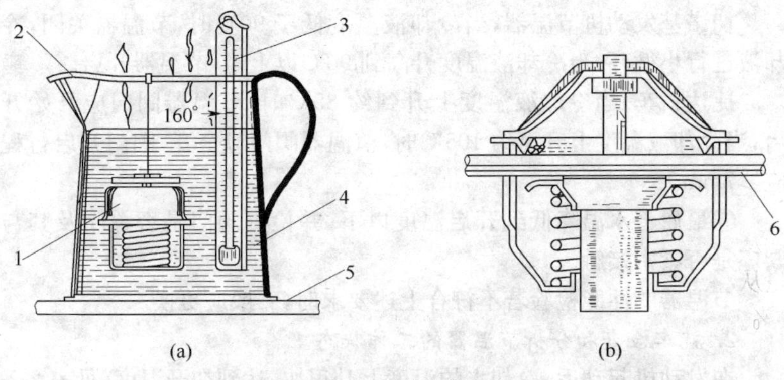

图 2-2-21　检验节温器

(a)在水容器中检验节温器　(b)检查阀门升程

1. 节温器　2. 烧杯　3. 温度计　4. 水　5. 电热炉　6. 4. 0mm 检查规

②逐渐用电炉或火焰加热烧杯，提高水的温度，并用搅棒搅拌，使水温变得均匀。

③观察节温器开始开启和完全开启时的温度：折叠式节温器开始开启温度应为 68℃～72℃，完全开启温度应为 80℃～85℃；蜡式节温器小阀门开启温度应为约 76℃（大阀门关闭），大阀门全开温度应为约 86℃（小阀门完全关闭）。可分别在规定的开启和全开温度时保温 5min 以上，观察情况。

④用钳子夹住节温器，以检查规测量阀门升程（如图 2-2-21b 所示）。节温器全开时主阀门的最大升程与标准升程相比，一般不得降低 1/4～1/3。如东风 EQ1090 型汽车的节温器主阀门，在全开时最大升程为 8. 5mm，使用限度为 6. 0mm。如升程减小到上述限度时，冷却水的循环量将减少约 10%，这将影响发动机的散热效果。

丰田系列汽车节温器阀门开启温度和升程如下：阀门开启温度，高温式为 86℃～90℃；低温式为 80℃～84℃。阀门升程，在 100℃时＞10mm；在 95℃时＞8mm。

标致 505 汽车节温器在水温 75℃时开始开启，有空调的 110℃全开，无空调的 105℃全开，有水压阀的 116℃全开。

桑塔纳汽车节温器在水温 85℃开始开启，105℃时全开，阀门升程不得＜7mm。

切诺基发动机节温器，当冷却液温度低于 90℃时，节温器关闭，冷却液进行小循环；当冷却液温度升高到 90℃以上时，节温器开启。

捷达轿车，当冷却液温度上升到约 85℃时，节温器阀门应开始开启；当冷却液温度上升至约 105℃时，节温器阀门应全开，阀门开启行程应≥7mm。

⑤最后将水温降低到开启温度以下，并检查阀门是否关闭及其与阀座是否紧密接触。

注　节温器的性能检验若不符合上述要求时，一般应更换。

2. 就车检查和分析节温器的工作状态

在发动机起动后，冷却水的温度上升很快，达到初开温度（见表 2-2-16）后，水温上升显著减慢，说明节温器工作正常。如果继续上升很快甚至“开锅”，则说明节温器已经失效，应更换。

表 2-2-16　部分车用柴油发动机节温器技术参数

柴油发动机型号	节温器型式	初开温度(℃)	全开温度(℃)	全开行程(mm)	使用限度(mm)
NJD433A	蜡式	75±2	86	>10	
DC6100B_3Q_1	蜡式	70±2	83±3		
EQ6102D	蜡式	76±2	86±1		
6105Q_1	蜡式	73	80		
YC6105Q	蜡式双阀式	70±2	83±3		
YC6105QC	蜡式双阀式	76	86		
YC6110Q	蜡式双阀式	76	86		
CA6110Z	蜡式双阀式	76	86	>9	$\not<8$
6120Q	折叠式	70±2	83±2		
X6130	蜡式双阀式	70±2	83±2		
6135Q	折叠式	70±2	83±3		
EQB 系列	蜡式	83	85		
W615 系列	芯体整体式	80±2	95		

节温器失效，可以通过打开散热器盖观察水面的情况进行检查：如果发现冷却水温过低，观察水面有滚动现象，说明节温器卡在半开或全开的大循环状态；如果发动机过热，水面平静，说明节温器卡在关闭状态。此时用手触摸散热器会感觉到明显低于机体温度。

节温器失效将出现三种可能：节温器卡死在完全小循环状态，使发动机升温较快，易产生过热现象；节温器卡在完全大循环状态，使发动机升温较慢，发动机长期低温下工作，会降低使用寿命；节温器卡在大小循环都具备的状态下，发动机会出现初期升温慢，长时间工作会出现过热。

3. 就车清洗发动机水冷却系统

(1)清洗溶液的成分及清洗方法见表2-2-17。

表2-2-17　就车清洗水套、散热器的溶液和清洗方法

<table>
<tr><th>类别</th><th>溶液成分</th><th>清洗方法</th><th>备注</th></tr>
<tr><td>1</td><td>苛性钠(火碱)　750g
煤油　150g
水　10L</td><td rowspan="2">将溶液过滤后加入冷却系统中，停留10～12h后，起动发动机，以怠速运转10～15min，直到溶液开始沸腾为止，然后放出溶液，再用清水多次冲洗干净，冷却系统中应加足清洗剂</td><td rowspan="3">适用于铸铁气缸盖、气缸套的清洗</td></tr>
<tr><td>2</td><td>碳酸钠(洗衣碱)　1000g
煤油　150g
水　10L</td></tr>
<tr><td>3</td><td>2.5%盐酸溶液</td><td>将盐酸溶液加入到冷却系统中，然后使发动机以怠速运转1h，放出溶液再注入5%的碳酸钠水溶液，怠速运转3～5min，以中和水套中的盐酸余液，最后放尽溶液，以超过冷却系统容量3倍的清水冲洗</td></tr>
<tr><td>4</td><td>水玻璃　150g
液态肥皂　20g
水　10L</td><td>将配好的溶液注入冷却系统中，起动发动机到正常温度，再运转1h后，放出清洗液，用清水冲洗干净</td><td rowspan="3">适用于铝制气缸盖、水套的清洗</td></tr>
<tr><td>5</td><td>煤油接触剂
(石油碳酸)　700～1000g
水　10L</td><td>将配好的溶液注入冷却系统中，起动发动机运转1～2h，再放出清洗溶液，用清水冲洗干净</td></tr>
<tr><td>6</td><td>QZ型清洗剂</td><td>把红粉剂按5%～10%的比例倒入散热器中，加满水后怠速升温至50℃～60℃，0.5h后放出，再加入白色粉末一包，加满水后，发动机运转20min后放掉，再以清水冲洗散热器1～2次即可</td></tr>
</table>

(2)还可以用以下方法清洗

①将2%～3%的苛性钠水溶液加入冷却系统内，汽车使用1～2天后放出，用清水冲洗；然后再重复一次这个过程，最后以清水彻底冲洗冷却系统。

②使冷却系统充满清水，从加水口加入1kg苏打，使汽车行驶一天。通过散热器和发动机的放水开关放尽存水，再使发动机低速运转，并不断地从加水口注入清水（放水开关也在放水），彻底冲洗冷却系统。

第六节 汽油发动机电控燃油喷射系统维修技术

一、传感器的检修

1. 空气流量传感器的检修

空气流量传感器出现故障时，ECU接收不到正确的进气量信号来控制喷油量，混合气就会过浓或过稀，从而导致发动机运转失常。检修或拆卸空气流量传感器时，应细心操作、切忌碰撞，以免损伤其零部件。

(1)涡流式空气流量传感器的检修

各型涡流式流量传感器的检修方法基本相同，下面以雷克萨斯LS400轿车IUZ-FE型发动机和皇冠3.0轿车7M-GE型发动机配装的光电检测涡流式空气流量传感器为例说明。该传感器的电路连接如图2-2-22所示，检修方法如下：

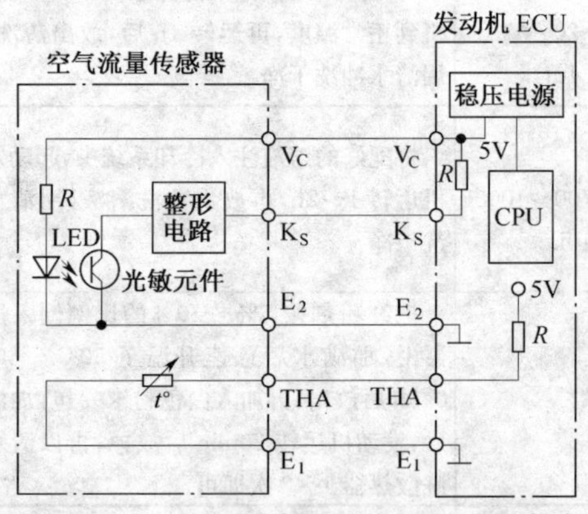

图2-2-22 丰田轿车涡流式AFS原理电路

①静态检测:检测时,首先断开点火开关,拔下空气流量传感器线束插头,用万用表电阻档测量传感器插座上端子 THA 与 E_2 之间进气温度传感器的电阻值(如图 2-2-23 所示),检测结果应当符合表 2-2-18 规定。如电阻值不符,则需更换传感器。

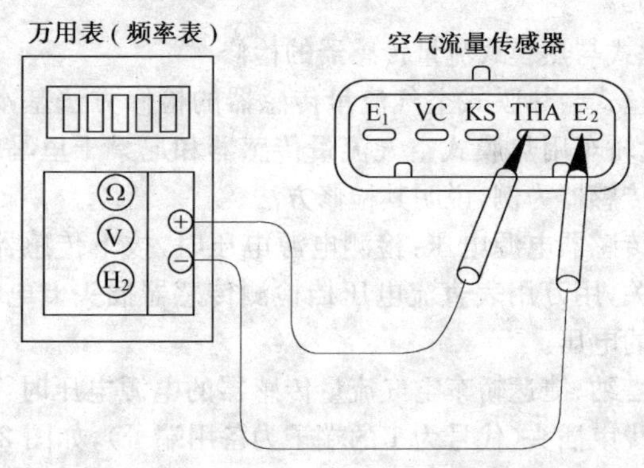

图 2-2-23　丰田轿车涡流式 AFS 的检测

表 2-2-18　雷克萨斯 LS400 型和皇冠 3.0 型轿车用涡流式 AFS 检修参数

检测对象	端子名称	检测条件	标准参数	备　注
进气温度传感器	THA-E_2	−20℃	10000～20000Ω	
		0℃	4000～7000Ω	
		+20℃	2000～3000Ω	
		+40℃	900～1300Ω	
		+60℃	400～700Ω	
进气温度传感器	THA-E_2	怠速、进气温度 20℃	0.5～3.5V	
空气流量传感器	VC-E_1	点火开关接通	4.5～5.5V	检测电源电压
	KS-E_1	点火开关接通	4.5～5.5V	检测信号电压
		怠速	2.0～4.0V(脉冲形式)	信号电压跳跃变化

②动态检测:将传感器线束插头与插座插好,用万用表直流电压档测量传感器连接器端子 THA 与 E_2、V_C 与 E_1 和 K_S 与 E_1 之间的电压应当符合表 2-2-18 规定。如检测结果与标准电压值不符,则应

检查传感器与 ECU 之间的线束是否断路。如线束良好，则拔下传感器插头并接通点火开关，检测电源端子 V_C 与 E_1 和信号输入端子 K_S 与 E_1 之间的电压，如均为 4.5～5.5V，说明 ECU 工作正常，应当更换流量传感器，如电压不为 4.5～5.5V，说明 ECU 故障，应检修或更换 ECU。

(2)热丝式与热膜式流量传感器的检修

各型热丝式与热膜式空气流量传感器的检修方法基本相同，现以桑塔纳、捷达轿车用热膜式空气流量传感器和尼桑千里马轿车用热丝式空气流量传感器为例，说明其检修方法。

①检测传感器电源电压：检测电源电压时，拔下传感器线束插头，接通点火开关，用万用表直流电压档检测传感器插头上电源端子与搭铁端子之间的电压。

检测桑塔纳、捷达轿车空气流量传感器的电源电压时，拔下传感器上的五端子线束插头（代号为 1 的端子为备用端子），如图 2-2-24 所示，然后接通点火开关，检测线束插头上 2 端子与发动机气缸体之间的电压，规定值应不低于 11.5V。如电压为 0，说明燃油泵继电器触点未闭合或电源线路断路，需要检修燃油泵继电器或电源线路。

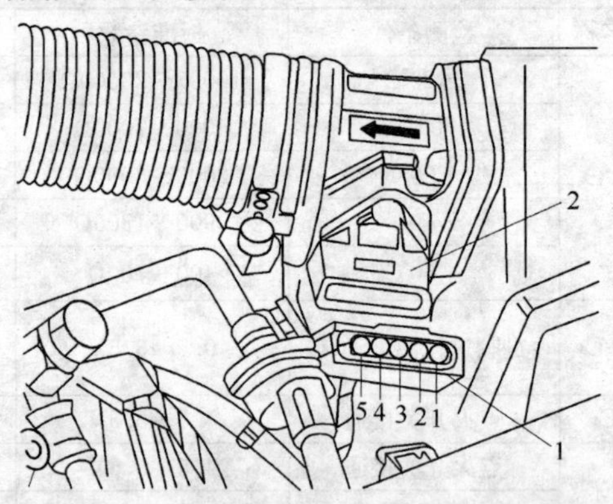

图 2-2-24　桑塔纳、捷达轿车 AFS 的检测

1. 线束插头　2. 传感器插座

②检测传感器的信号电压：检查信号电压时，拔下传感器线束插头，将蓄电池正负极分别与传感器插座上的电源端子和搭铁端子连接，

用万用表直流电压档测量信号输出端的电压，当向传感器空气入口吹气时，信号电压应随之升高。

检测尼桑千里马轿车 VG30E 型发动机用热丝式空气流量传感器的方法是：将蓄电池正极与插座上电源端子 E 连接，蓄电池负极与插座上搭铁端子 D 连接，如图 2-2-25 所示。此时用万用表测量信号输出端子 B 与 D 端子之间的信号电压应为(1.6±0.5)V；用嘴或 450W 电吹风机(冷风档)向传感器空气入口吹气时，B 与 D 端子之间的信号电压应升高到 2.0～4.0V。如信号电压不变，说明传感器失效，应换用新品。

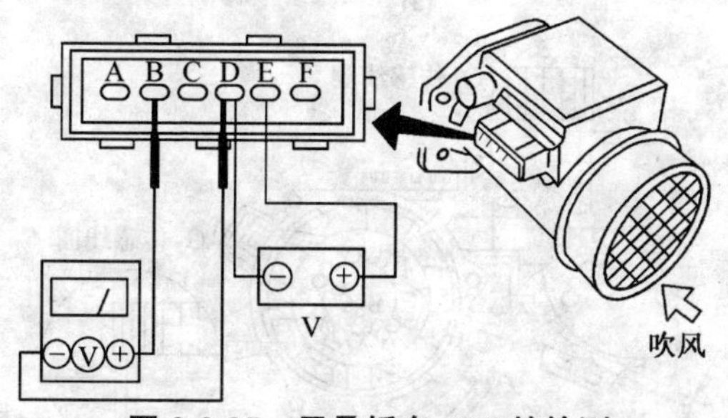

图 2-2-25　尼桑轿车 AFS 的检测

③就车检查热丝式流量传感器的自洁功能：先将空气流量传感器的线束插头与插座插好，然后起动发动机并将转速升高到 2500r/min 以上，再使发动机怠速运转。拆下空气流量传感器空气入口一端的进气管，断开点火开关，与此同时从传感器空气入口处观察热丝能否在发动机熄火 5s 后红热并持续 1s 时间(热膜式以及保持温度高于 200℃的热丝式流量传感器无此功能)。

2. 曲轴与凸轮轴位置传感器的检修

(1)磁感应式曲轴与凸轮轴位置传感器的检修

各型磁感应式传感器的检测方法基本相同，丰田计算机控制系统采用的磁感应式曲轴与凸轮轴位置传感器的检修方法如下。

①检测传感线圈电阻值：拔下传感器线束插头，其插座上各端子排列位置如图 2-2-26a 所示。用万用表 OHM×200Ω 档检测各端子间的电阻值应当符合表 2-2-19 的规定，电阻值不符则需更换传感器总成。

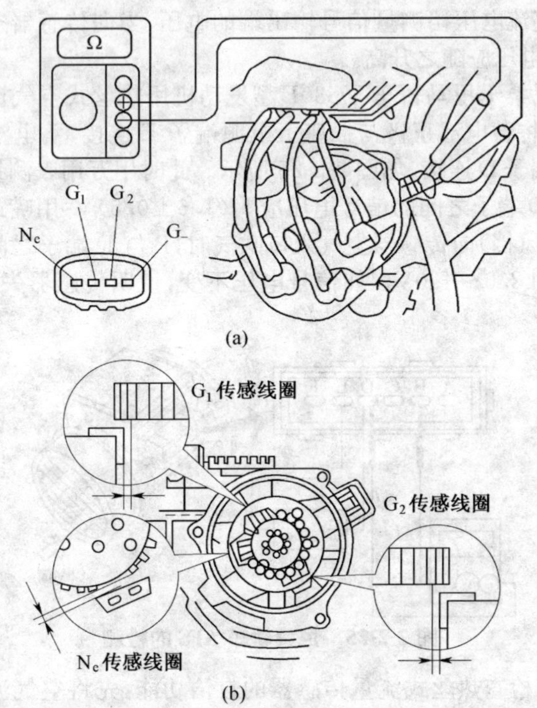

图 2-2-26 TCCS 系统曲轴与凸轮轴位置传感器的检修

(a)检测线圈电阻 (b)检测信号发生器气隙

表 2-2-19 曲轴位置传感器传感线圈的电阻值

端子名称	检测状态	电阻值(Ω)
Ne-G	冷态	155～250
	热态	190～290
G_1-G	冷态	125～200
	热态	160～235
G_2-G	冷态	125～200
	热态	160～235

②检测传感器磁路气隙:用非导磁塞尺测量信号转子与传感线圈磁头之间的气隙,如图 2-2-26b 所示,气隙大小应为 0.2～0.4mm,气隙不符合规定则需更换传感器总成。

(2)霍尔式曲轴与凸轮轴位置传感器的检修

各型霍尔式传感器的检测方法基本相同,切诺基吉普车曲轴与凸轮轴位置传感器的技术状况可用DRB-Ⅱ或DRB-Ⅲ型专用检测仪进行测试。若无专用检测仪,可用高阻抗数字式万用表进行检测。

①曲轴位置传感器的检修。

a. 检测曲轴位置传感器电源电压。切诺基吉普车曲轴位置传感器连接线路如图 2-2-27 所示,线束插头为三端子插头,插头上有A、B、C三个端子。A为电源端子,连接ECU插座7端子;B为信号输出端子,连接ECU插座24端子;“C”为搭铁端子,连接ECU插座4端子。

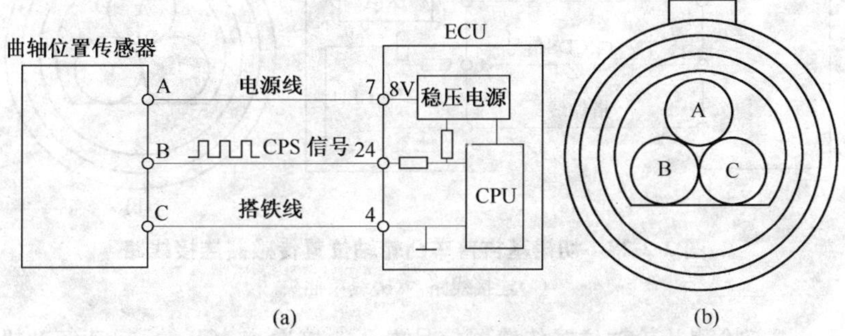

图 2-2-27 切诺基汽车曲轴位置传感器连接线路

(a)连接线路 (b)线束插头

接通点火开关时,用万用表直流电压档检测插头上端子A与C之间的电源电压应为8V。如电源电压为0,则断开点火开关,用万用表OHM×200Ω档检测A端子与ECU插头上7端子之间的电阻,电阻值应当<0.5Ω。如电阻值为∞,说明电源线断路,检修或更换导线即可。如电源电压为0V,电源线路也良好,说明ECU有故障,应换用新品。

b. 检测曲轴位置传感器信号电压。接通点火起动开关,起动发动机运转时,传感器B与C端子之间的信号电压应在0.3V和5.0V之间不断变化。可在B、C端子之间串接一只发光二极管(正极连接B端子)和一只510Ω/0.25W电阻进行测试。发动机运转时,发光二极管应当间歇闪亮。如电源电压正常，二极管不闪亮，说明传感器故障，应换用新品。

②凸轮轴位置传感器的检修。

a. 检测凸轮轴位置传感器电源电压。切诺基吉普车凸轮轴位置传感器连接线路如图 2-2-28 所示，线束插头为三端子插头，插头上有 A、B、C 三个端子。A 为电源端子，连接 ECU 插座 7 端子；B 为信号输出端子，连接 ECU 插座 24 端子；C 为搭铁端子，连接 ECU 插座 4 端子。电源电压的检测方法与检测曲轴位置传感器的方法相同。

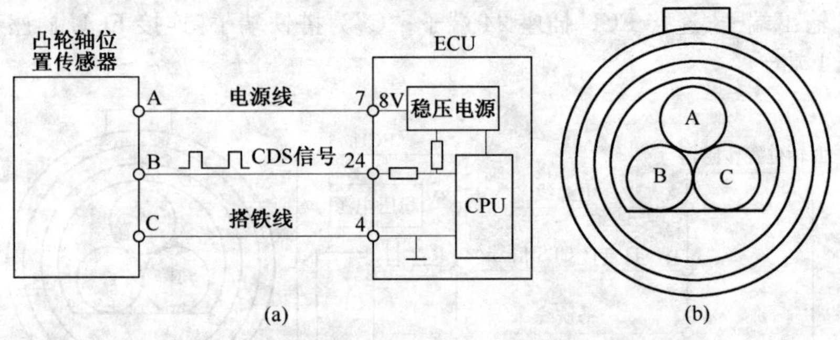

图 2-2-28 切诺基吉普车凸轮轴位置传感器连接线路

(a)连接线路 (b)线束插头

b. 检测凸轮轴位置传感器信号电压。接通点火开关，起动发动机并运转时，传感器 B 与 C 端子之间的信号电压应在 0.3～5.0V 之间不断变化。检测传感器输出电压时，拆下配电器盖，接通点火开关，转动曲轴，当脉冲环的叶片进入信号发生器时，B、C 端子之间的电压应为 5V。当叶片离开信号发生器时，B、C 端子之间的信号电压应低于 0.3V。如电压不符合规定，说明传感器故障，应换用新品。

检测传感器输出电压时，也可在“B”、“C”端子之间串接一只发光二极管（正极连接 B 端子）和一只 510Ω/0.25W 电阻进行测试。发动机运转时，发光二极管应当间歇闪亮。如电源电压正常，二极管不闪亮，说明传感器故障，应换用新品。

3. 支管压力传感器的检修

各型汽车支管压力传感器的检修方法大同小异，下面以切诺基吉普车用支管压力传感器的检修方法为例说明。该支管压力传感器的安装位置及电路连接如图 2-2-29 所示。

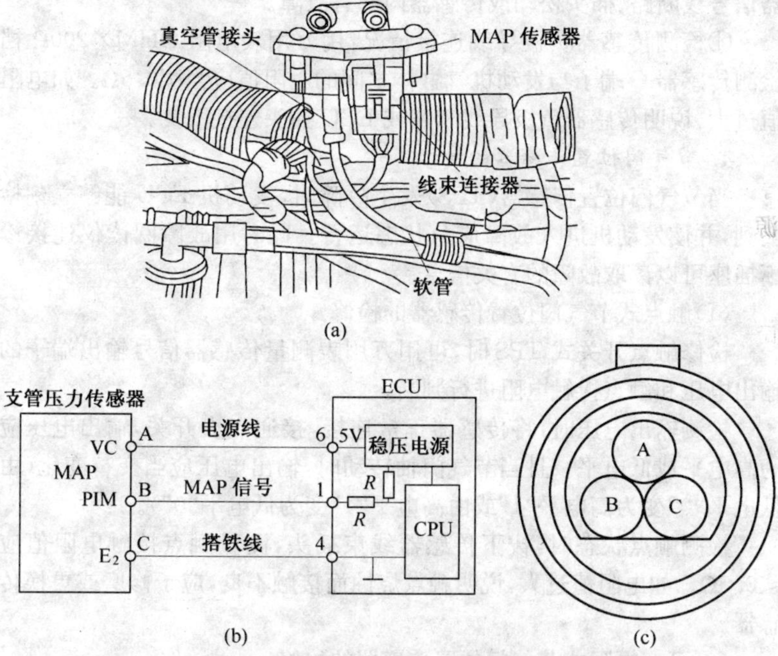

图 2-2-29　切诺基吉普车支管压力传感器安装位置与电路连接

(a)安装位置　(b)电路连接　(c)线束插头

①检查真空软管连接情况:仔细检查支管压力传感器的真空软管与节气门体的连接情况,如连接不良或漏气,就会影响传感器性能并直接影响发动机工作,可酌情修理或更换真空软管。

②检测传感器电源电压:当点火开关接通时,检测传感器 VC 端子上的电压应为 4.5～5.5V。如电压为 0,再检测 ECU 线束插头 6 端子上的电压,如电压为 4.5～5.5V,说明传感器电源线断路或插头松动。

③检测传感器信号电压:传感器输出的信号电压可用高阻抗数字式万用表直流电压档进行检测。传感器插座上有 A、B、C 三个端子,当点火开关接通、发动机未起动时,检测输出端子 B 上的电压应为 4～5V,当发动机热机怠速运转时,B 端子电压应下降到 1.5～2.1V,当节气门开度增大时,B 端子电压应逐渐升高。如检测 ECU 线束插头 1 端

子上的电压，则应与 B 端子电压相同。如检测结果不符规定，说明传感器信号线断路、插头松动或传感器内部有故障。

④检测传感器负极导线连接情况：用万用表电阻 OHM×200Ω 档检测传感器 C 端子与发动机气缸体之间的电阻值应当<0.5Ω。如电阻值过大，说明传感器负极导线断路或 ECU 插头连接不良。

4. 节气门位置传感器的检修

当节气门位置传感器(TPS)发生故障时，发动机 ECU 能够立刻检测到，并使发动机进入故障应急状态运行。此时用故障阅读仪连接诊断插座可以读取故障的有关信息。

(1)触点式节气门位置传感器的检修

检修触点开关式 TPS 时，可用万用表测量传感器信号输出端子的输出电压和触点接触电阻进行判断。

检测输出电压时，将传感器正常连接，接通点火开关，输出电压应为高电平或低电平。且当节气门轴转动时，输出电压应当交替变化(由低电平“0”变为高电平“1”或由高电平“1”变为低电平“0”)。

检测触点状态时，拔下传感器线束插头，测量触点接触电阻值应<0.5Ω。如电阻值过大，说明触点烧蚀而接触不良，应予修磨或更换传感器。

(2)可变电阻式节气门位置传感器的检修

检修可变电阻式 TPS 时，可用万用表检测传感器的电阻值和电压值进行判断。下面以丰田和夏利轿车可变电阻式节气门位置传感器检测为例说明，检测方法如图 2-2-30 所示。

①检测节气门位置传感器电阻：首先拔下传感器线束插头，然后用万用表检测信号输出端子 VTA 与搭铁端子 E 之间的电阻值，如图 2-2-30a 所示。当传感器处于初始状态(即止动螺钉与挡杆之间的间隙为 0)时，电阻值应为 200～600Ω；当节气门全开时，电阻值应为 1500～3000Ω。如果电阻值为∞，说明滑臂与镀膜电阻接触不良，需要更换传感器。

检测传感器电源端子 V_C 与搭铁端子 E 之间的电阻值时，如图 2-2-30b 所示，电阻值应为 1000～10000Ω。如果电阻值为∞，表明镀膜电阻断路，需要更换传感器。

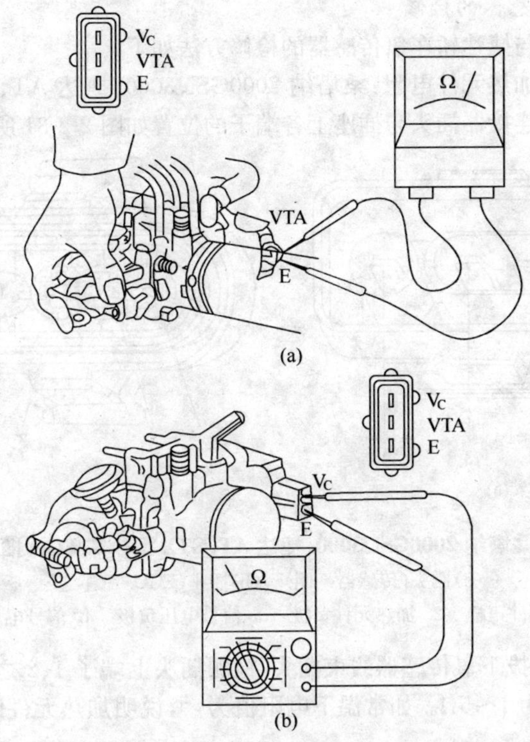

图 2-2-30　节气门位置传感器检测方法

(a)检测输出端子输出电阻　(b)检测传感器电阻

②检测传感器线束：当用万用表电阻 OHM×200Ω 档检测线束电阻时，断开点火开关，拔下 ECU 和传感器线束插头，检测两插头上相应端子之间的导线电阻值应当＜0.5Ω。如电阻值过大或为∞，说明线束与端子接触不良或断路，应予修理。

③检测电源电压和信号电压：检测时，接通点火开关，用万用表直流电压档检测传感器的电源电压应为 5.0V。当节气门关闭时，检测传感器的信号电压应为 0.5～1.0V，当节气门开度逐渐增大时，信号电压应随之升高，当节气门全开时，信号电压应为 4.0～4.8V。如检测结果与此不符，则需更换传感器。

5. 氧传感器的检修

桑塔纳与捷达轿车氧传感器的检修方法如下

①检测加热元件电阻：桑塔纳 2000GSi、3000、捷达 AT、GTX 型轿车氧传感器连接器插头与插座上各端子的位置如图 2-2-31 所示。

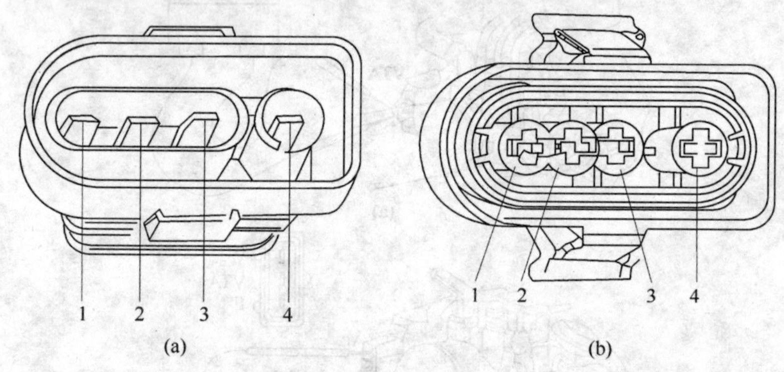

图 2-2-31 桑塔纳 2000GSi、3000、捷达 AT、GTX 型轿车 EGO 插头与插座

(a)插头(传感器一侧) (b)插座(ECU 一侧)

1. 加热元件正极 2. 加热元件负极 3. 信号电压负极 4. 信号电压正极

检测时，拔下氧传感器线束插头，检测插头上端子 1、2 之间的电阻值常温下应为 1～5Ω。如常温下电阻值为∞，说明加热元件断路，应更换氧传感器。

②检测氧传感器电压：检测加热元件的电压时，拔下氧传感器插头，起动发动机，检测连接器插座上端子 1、2 之间的电压应≮11V。如电压为 0，说明熔断器(桑塔纳 2000GSi、3000 的附加熔断器，30A；捷达 AT、GTX 的 18 号熔断器，20A)断路或燃油泵继电器触点接触不良，分别检修即可。

检测氧传感器的信号电压可将一只发光二极管和一只 510 Ω/0.25W 电阻串联连接在传感器 3、4 端子连接的导线之间进行测试。二极管正极连接到 4 端子导线上，二极管负极经 300Ω 电阻连接到连接器 3 端子导线上。发动机怠速或部分负荷运转时，发光二极管应当闪亮。如电源电压正常，二极管不闪亮，说明传感器故障，应换用新品。发光二极管闪亮频率应≮10 次/min。如二极管不闪或闪亮频率过低，说明氧传感器加热元件失效、氧传感器壳体上的透气孔堵塞、氧传感器热负荷过重或长期使用含铅汽油导致氧传感器失效，需要更换传感器。

6. 温度传感器的检修

各型汽车采用的温度传感器的电阻值各不相同，但是其检修方法基本相同。

(1)检测电源电压与信号电压

检修冷却液温度传感器时，可用高阻抗数字式万用表就车检测传感器的电源电压和信号电压。检测电源电压时，拔下冷却液温度传感器插头，接通点火开关，检测传感器线束插头上两端子间的电源电压应为5V左右。

检测信号电压时，插上传感器插头，接通点火开关，检测信号电压应当符合标准值，且当发动机温度高时信号电压低，温度低时信号电压高。如电压偏离标准值过多，则应换用传感器新品。

(2)检测热敏电阻电阻值

检测温度传感器电阻值时，断开点火开关，拔下温度传感器插头，拆下温度传感器，将传感器和温度表放入烧杯或加热容器中，如图2-2-32所示。在不同温度下，用万用表电阻档检测传感器插座上两端子间的电阻值，然后再与标准电阻值进行比较。不同车型温度传感器的标准电阻值各不相同，丰田汽车温度传感器的标准电阻值见表2-2-20。如电阻值偏差过大、过小或为∞，说明传感器失效，应换用新品。

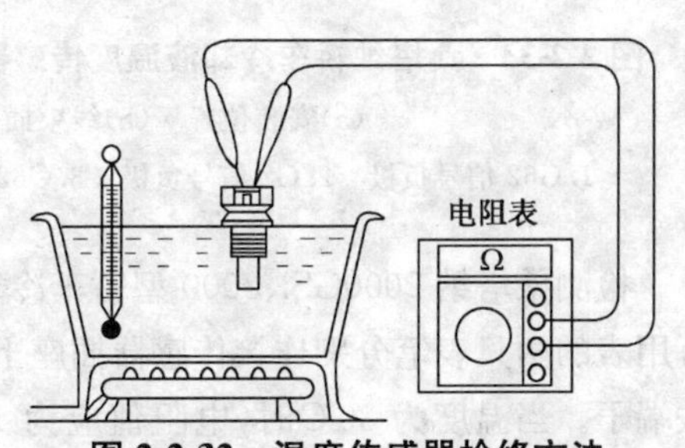

图 2-2-32　温度传感器检修方法

表 2-2-20　丰田与夏利轿车冷却液温度传感器与进气温度传感器电阻值与温度的关系

温度(℃)	电阻值(Ω)	温度(℃)	电阻值(Ω)
−20	10000～20000	40	900～1300
0	4000～7000	60	400～700
+20	2000～3000	80	200～400

(3)桑塔纳轿车冷却液温度传感器的检修

桑塔纳 2000GSi、3000 型轿车电控系统用冷却液温度传感器 G62 与仪表系统的冷却液温度传感器 G2 一起组装在一个壳体内，安装在气缸盖后端的出水管上，如图 2-2-33 所示。

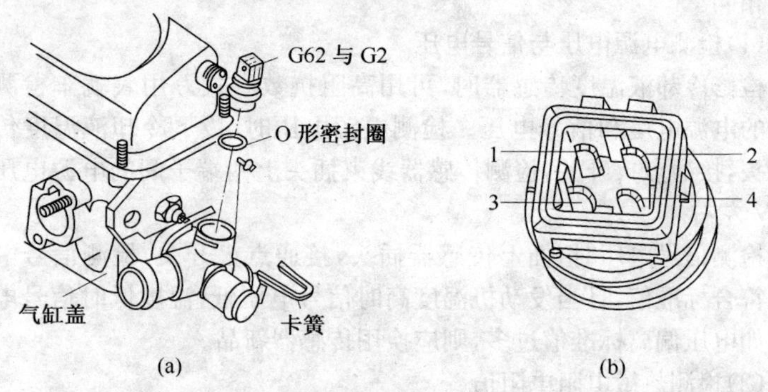

图 2-2-33　桑塔纳轿车冷却液温度传感器 G62 安装位置与线束插头

(a)安装位置　(b)线束插头端子排列

1. G62 信号负极　2. G2 信号负极　3. G62 信号正极　4. G2 信号正极

检测桑塔纳 2000GSi、3000 型轿车冷却液温度传感器电阻值时，将万用表的两只表笔分别连接传感器插座上的信号输出端子与传感器搭铁端子。当温度为 30℃时，电阻值应为 1500～2000Ω；当温度为 80℃时，电阻值应为 275～375Ω。如电阻值偏差过大、过小或为∞，说明传感器失效，应换用新品。

(4)桑塔纳 2000GSi、3000 型轿车进气温度传感器的检修

桑塔纳 2000GSi、3000 型轿车的进气温度传感器 G72 安装在进气支管上。传感器插座上有两个接线端子，信号输出端子 1 与电控单元(J220)插座上的 54 端子连接，传感器负极端子 2 与电控单元(J220)插座上的传感器搭铁端子 67 连接，如图 2-2-34 所示。检测时，用万用表电阻档，两只表笔分别连接传感器插座上的信号输出端子 1 与传感器搭铁端子 2，测得标准电阻值见表 2-2-21。

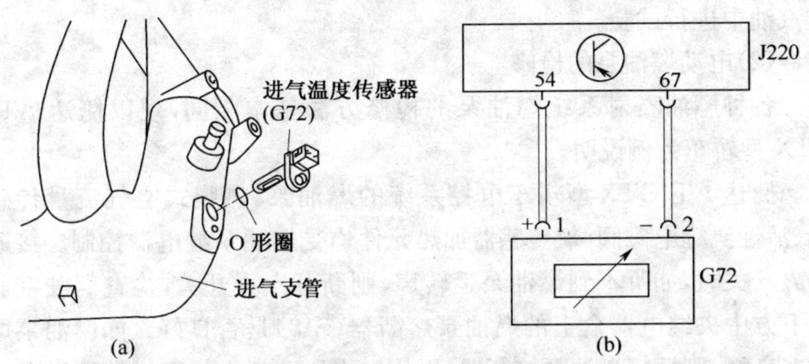

图 2-2-34　桑塔纳轿车进气温度传感器 G72 安装位置与电路连接

(a)安装位置　(b)电路连接

表 2-2-21　桑塔纳 2000GSi、3000 型轿车进气温度传感器的电阻值与温度的关系

温度(℃)	电阻值(Ω)	温度(℃)	电阻值(Ω)
−20	14000～20000	50	720～1000
0	5000～6500	60	530～650
10	3300～4200	70	380～480
20	2200～2700	80	280～350
30	1400～1900	90	210～280
40	1000～1400	100	170～200

二、执行器的检修

1. 电动燃油泵的检修

(1)电动燃油泵使用注意事项

电动燃油泵在使用中，必须注意以下两点：

①旧油泵不能干试：当油泵拆下后，由于泵壳内剩余有汽油，因此在通电试验时，一旦电刷与换向器接触不良，就会产生电火花引燃泵壳内汽油而引起爆炸，其后果不堪设想。

②新油泵也不能干试：由于油泵电动机密封在泵壳内，干试时通电产生的热量无法散发，电枢过热就会烧坏电动机，因此必须将油泵浸泡

于汽油中进行试验。

(2)电动燃油泵的检修

各种燃油喷射系统燃油泵的检修方法基本相同，现以捷达 AT、GTX 型轿车为例说明。

捷达 AT、GTX 型轿车电控系统的燃油泵、热膜式空气流量传感器、活性炭罐电磁阀、氧传感器加热元件均受燃油泵继电器控制。接通点火开关时，如听不到燃油泵运转声，则断开点火开关，检查驾驶室前左下方中央继电器盒上的燃油泵熔断器(S18)是否良好。如燃油泵熔断器良好，则插好燃油泵熔断器，再从中央线路板上拔下燃油泵继电器(12 号继电器)，并用一根跨接线将蓄电池正极连接到继电器插座 4 端子上，如燃油泵正常运转，说明燃油泵继电器故障，检查或更换继电器即可。如此时燃油泵仍不动，则拔下燃油泵线束插头，如图 2-2-35a 所示，检测插头上 1 与 4 端子之间的电压。如电压等于蓄电池电压，说明燃油泵故障，应换用新品；如无电压，说明燃油泵继电器线路故障，需要逐段仔细检修。

检查燃油泵的输油量时，断开点火开关，从燃油分配管上卸下进油管，将油压表连接到进油管一端，油压表出油管伸入量瓶，接通油泵电路(将蓄电池正极加到燃油泵继电器 4 端子上)30s，泵油量与电源电压的关系如图 2-2-35b 所示，单位为 ml/30s。当蓄电池电压为 10～12V、油压为 300kPa 时，泵油量应为 490～670ml。可见，系统油压越高，泵油量越大；油泵电源电压越高，油泵转速就越高，泵油量也就越大。如油压过高，应更换油压调节器；如油压过低，则应检查油管是否弯折、油路或汽油滤清器是否堵塞。

2. 油压调节器的检修

燃油喷射系统油压调节器的检查包括供油压力和保压能力两个方面。

(1)检查供油压力

为了保证发动机在各种工况下，供油系统都能供给足够数量的燃油，在不同工作条件下，供油系统实际供给的燃油压力并非为一固定值。桑塔纳 GLi、2000GLi、2000GSi 型轿车的具体规定见表 2-2-22。

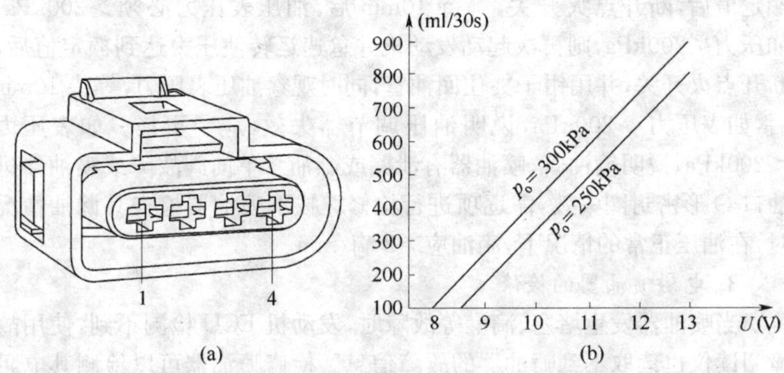

图 2-2-35　油泵插头端子位置及油泵输出特性

(a)端子排列位置　(b)油泵输出特性

表 2-2-22　桑塔纳 2000GLi、2000GSi 型轿车供油系统标准

项　目	检测条件	桑塔纳 GLi	桑塔纳 2000GLi	桑塔纳 2000GSi
发动机怠速(r/min)	不能调整	800±50	800±50	800±30
最高断油转速(r/min)	—	6400	6400	6800
怠速时燃油压力(kPa)	不拔下油压调节器真空管	250±20	250±20	250±20
	拔下油压调节器真空管	300±20	300±20	300±20
保持燃油压力(kPa)	接回真空管、点火开关断开 10min	≮200	≮200	≮150

当电源电压正常,将油压表连接到燃油分配管进油口处,起动发动机并怠速运行时,油压表压力额定值应为(300±20)kPa;当突然加大节气门开度时,油压表压力应迅速增大到 320kPa 左右。当拔下油压调节器上的真空管时,油压表压力必须升高到 320kPa。如油压不符合上述规定,说明供油系统故障,应予检修或更换有关部件。导致油压过高的原因是油压调节器损坏,应换用新品。导致油压过低的原因是油管接头或油管漏油、燃油滤清器堵塞、蓄电池电压过低或油压调节器损坏。

(2)检查保压能力

当电源电压正常,起动发动机并怠速运行,使油压表压力达到上述额定值后，断开点火开关，等待 10min 后，油压表压力必须＞200kPa。如压力＜200kPa，则再次起动发动机并怠速运转使压力达到额定值后，断开点火开关，并用钳子夹住回油管，同时观察油压表压力，等待 10min 后，如表压力＞200kPa，说明油压调节器失效，应予更换。如表压力＜200kPa，说明输油管、喷油器有泄漏或燃油泵单向阀故障或喷油器进油口 O 形密封圈失效，需逐项进行检修。拔下喷油器检查其漏油情况时，在油压正常的情况下，滴油应≯2 滴/min。

3. 电磁喷油器的检修

当喷油器发生堵塞、滴漏等故障时，发动机 ECU 检测不到，使用故障阅读仪也读取不到喷油器的故障信息。检修喷油器可以检测其电阻和电压进行判断。

(1)检测电磁喷油器的电阻

用万用表 OHM×200Ω 档检测喷油器电磁线圈的电阻值。检测时，拔下每只喷油器上的两端子线束插头，检测喷油器插座上两端子之间电磁线圈的标准电阻值应当符合《使用说明书》的规定，桑塔纳系列轿车喷油器电磁线圈的电阻值见表 2-2-23。如电阻值为∞，说明电磁线圈断路，应更换喷油器。

表 2-2-23 桑塔纳系列轿车喷油器技术参数

项目	桑塔纳 GLi	桑塔纳 2000GLi	桑塔纳 2000GSi、3000
电阻值(Ω,20℃)	15.9±0.35	15.9±0.35	13～18
发动机工作时电阻增量(Ω)	4～6	4～6	4～6
30s 喷油量(ml)	78～85	78～85	78～85
燃油喷雾形状	＜35°圆锥雾状		
正常油压下漏油量	≯2 滴/min		

(2)检测电磁喷油器的电源电压

喷油器电源电压可用数字式万用表检测。检测时，分别拔下各喷油器上的两端子插头，接通点火开关，若发动机不起动，检测插头上两个端子与发动机气缸体间的电压，高电平应为 12V 左右(喷油器电源电压为整车电源电压)，低电平为 0。如电压均为 0，说明电源电路不通，应当检修燃油泵继电器和燃油喷射熔断器。

(3)检测电磁喷油器的控制脉冲

检测喷油器喷油脉冲电压时,分别拔下喷油器线束插头,并在该插头的两个端子之间串接两只发光二极管(两只二极管并联,且一只的正极接另一只的负极)和一只 510Ω/0.25W 电阻(电阻与二极管串联)组成的调码器。起动发动机时,发光二极管应当闪烁。如二极管不闪烁或不发光,说明喷油器电源线路、燃油泵继电器或 ECU 故障,必要时更换 ECU。

4. 怠速控制阀的检修

(1)脉冲电磁阀式怠速控制阀的检修

各种脉冲电磁阀式怠速控制阀的检修方法大同小异,在此以桑塔纳 GLi、2000GLi 型轿车怠速控制阀为例说明。

桑塔纳 GLi、2000GLi 型轿车怠速控制阀上设有两个接线端子,分别与 ECU 的 4 端子和 26 端子连接。当怠速控制阀出现故障时,怠速控制阀便处于一个固定的位置,使发动机怠速转速上升到 1100r/min 左右,用 V·A·G1551 或 V·A·G1552 故障阅读仪读取不到此故障的有关信息。但可以通过故障阅读仪的"执行元件诊断测试功能",帮助诊断怠速控制阀是否有故障。也可利用万用表检测控制阀线圈的电阻来判断电磁阀有无故障。

①车上检查:当发动机怠速运转时,用手触摸怠速控制阀应当感觉到明显的振动。如无振动感或怠速转速过高过低,说明怠速控制阀失效,应换用新品。

②检测电磁线圈电阻:断开点火开关,拔下怠速控制阀连接器插头,用万用表电阻档检测插座上两个端子之间的线圈电阻值应当符合规定。脉冲电磁阀式怠速控制阀只有一组线圈,电阻值应为 20Ω 左右。如电阻值为∞,说明电磁线圈断路,应换用新品。

③检查怠速控制阀工作情况:从节气门体上拆下怠速控制阀,用导线将其一个端子连接蓄电池正极,另一个端子连接蓄电池负极时,阀芯应当移动。如阀芯不能移动,说明怠速控制阀失效,应换用新品。当断开一根导线时,阀芯应当迅速复位,如阀芯卡滞或不能迅速复位,说明控制阀故障或复位弹簧失效,应换用新品。

(2)永磁转子步进电机式怠速控制阀的检修

各型汽车用永磁转子步进电机式怠速控制阀的检修方法基本相同，下面以丰田轿车怠速控制阀的检修方法为例说明。

①就车检查：当发动机熄火时，怠速控制阀会发出“咔嗒”的响声，使阀门开度退到最大位置。如听不到复位时的“咔嗒”响声，应对怠速控制阀进行检查。

②检测定子绕组的电阻值：拔下连接器插头，用万用表检测插座上定子绕组电阻值应当符合规定。永磁转子步进电机式怠速控制阀有 2 组或 4 组线圈，各组线圈的电阻值为 30～60Ω。如电阻值不符合规定，应换用新品。丰田轿车步进电机定子绕组有 4 组线圈，其电阻值为

$$R_{B1\text{-}S1}=R_{B1\text{-}S3}=R_{B2\text{-}S2}=R_{B2\text{-}S4}=30\Omega$$

③检查步进电机的工作情况：从节气门体上拆下怠速控制阀，用导线将端子 B1、B2 连接蓄电池正极，然后依次将 S_1-S_2-S_3-S_4 与蓄电池负极连接，阀芯应当逐渐向外伸出，如图 2-2-36a 所示。如果依次将 S_4-S_3-S_2-S_1 与蓄电池负极连接，阀芯应当逐渐收缩，如图 2-2-36b 所示。如阀芯不能移动，说明步进电机失效，应换用新品。

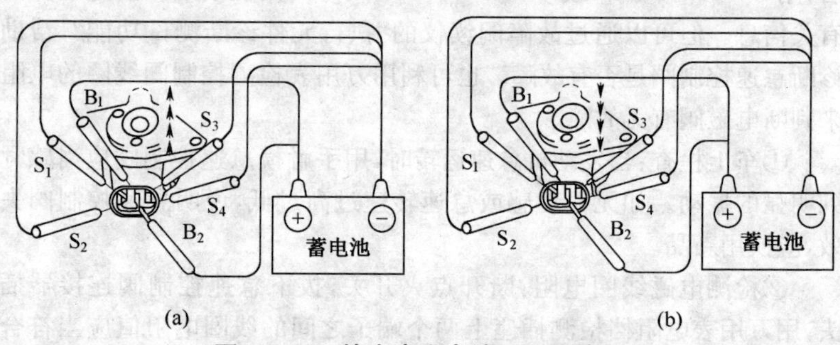

图 2-2-36 检查步进电动机工作情况

(a)阀门逐渐关小 (b)阀门逐渐开大

④检测步进电机的工作电压：将怠速控制阀安装到节气门体上，插好连接器插头。当点火开关接通 ON 位置时，检测 ECU 的 IS_1、IS_2、IS_3、IS_4 端子与 E_1 端子之间(或检测怠速控制阀连接器 S_1、S_2、S_3、S_4 端子与搭铁之间)应有 9～14V 的脉冲电压。如无电压，再检查电源电压和主继电器是否正常。

(3)桑塔纳、捷达和红旗轿车节气门控制组件 J338 的检修

节气门控制组件 J338 由怠速开关 F60、怠速节气门位置传感器(怠速节气门电位计)G88、怠速控制电机 V60 和节气门位置传感器(节气门电位计)G69 等组成,结构与电路连接如图 2-2-37 所示。节气门位置传感器 G69 和怠速节气门位置传感器 G88 均为线性电位器,怠速开关为触点开关。

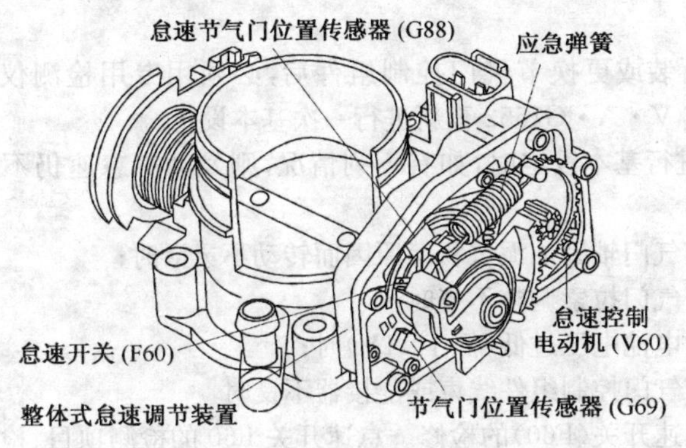

(a)

(b)

图 2-2-37　节气门控制组件 J338 的结构与电路连接关系

(a)结构图　(b)电路连接

节气门控制组件 J338 连接器各端子与电控单元(J220)连接情况如

图 2-2-37b 所示，连接器插头为八端子插头，端子排列位置如图 2-2-38 所示。

①检修注意事项。

a. 节气门控制组件为一整体结构，壳体不允许打开；

b. 怠速参数的基本设定已由制造厂设定在 ECU 中，不需要人工调整；

c. 拆装或更换节气门控制组件后，必须用专用检测仪 V·A·G1551 或 V·A·G1552 重新进行一次基本设定。

d. 进行基本设定时，如有下列情况，则发动机怠速仍不能正常工作。

· 节气门轴因油泥沉积等原因而转动不灵活时；

· 节气门拉索调整不当时；

· 蓄电池电压过低(低于 11V)时；

· 节气门控制组件线束或连接器不良时。

②怠速开关(F60)的检修。怠速开关 F60 的检测项目、检测方法和检修标准见表 2-2-24。如检测结果不符合检修标准，则应更换节气门控制组件。

表 2-2-24　桑塔纳 2000GSi、3000 型轿车怠速开关(F60)检修标准

检测项目	检测条件	检测部位	标准值
电源电压	拔下节气门控制组件八端子插头，接通点火开关	节气门控制组件插头端子 3 与 7	≥9.0V
怠速触点电阻	断开点火开关，节气门关闭	ECU 插头 67 与 69 号插孔	<1.5Ω
怠速触点电阻	断开点火开关，节气门开启	ECU 插头 67 与 69 号插孔	∞
导线有无断路	断开点火开关，拔下节气门控制组件(J338)连接器插头和电控单元(J220)连接器插头	控制组件插头 3 端子、ECU 插头 69 号插孔	<1.5Ω
		控制组件插头 7 端子、ECU 插头 67 号插孔	<1.5Ω
导线有无短路	断开点火开关，拔下节气门控制组件(J338)连接器插头和电控单元(J220)连接器插头	控制组件插头 3 端子、ECU 插头 67 号插孔	>1MΩ
		控制组件插头 7 端子、ECU 插头 69 号插孔	>1MΩ

拔下节气门控制组件八端子插头，用万用表检测3与7端子之间怠速开关的电源电压，接通点火开关时，电源电压应≥9.0V。

将数字式万用表的两只表笔用导线连接到电控单元的67与69号插孔连接的导线上，检查怠速开关的电阻值。当节气门关闭时，怠速触点的接触电阻应当<1.5Ω。然后慢慢打开节气门，电阻值应为∞。如电阻值不符合上述规定，拔下节气门控制组件上的八端子插头，检测各导线有无短路或断路故障。

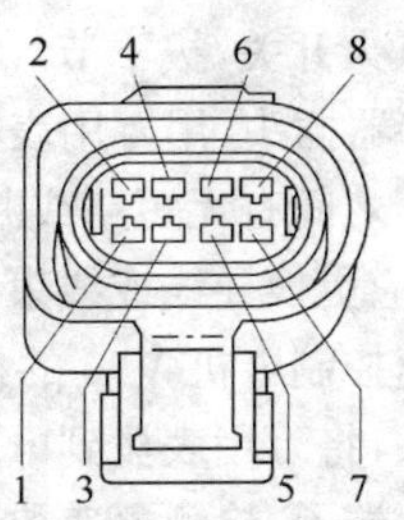

图 2-2-38 控制组件 J338 线束插头

1. 电动机正极端子 2. 电动机负极端子 3. 怠速开关信号输出端子 4. 节气门位置传感器（G69）和怠速节气门位置传感器（G88）电源端子 5. 节气门位置传感器（G69）信号端子 6. 备用端子 7. 搭铁端子 8. 怠速节气门位置传感器（G88）信号端子

用万用表电阻档检测导线有无断路故障时，两只表笔分别连接控制组件插头上3端子与电控单元连接器69插孔、控制组件插头上7端子与电控单元连接器67插孔，导线电阻值应当<1.5Ω。如电阻值为∞，说明该导线断路，应予检修。

检测导线有无短路故障时，两只表笔分别连接控制组件插头上3端子与电控单元连接器67插孔或控制组件插头上7端子与电控单元连接器69插孔，电阻值应为∞。如电阻值为0，说明导线短路，应予检修。

在上述检测中，如怠速触点接触电阻不正常而导线良好，说明怠速触点接触不良，应更换节气门控制组件。

③怠速节气门电位计（G88）和节气门电位计（G69）的检修。桑塔纳2000GSi型轿车怠速节气门电位计（G88）和节气门电位计（G69）的检测项目、检测方法和检修标准见表2-2-25，如检测结果不符合检修标准，则应更换节气门控制组件。

拔下节气门控制组件八端子插头，用万用表检测4与7端子之间怠速节气门电位计和节气门电位计的电源电压，接通点火开关时，电源电压应≥4.5V。

断开点火开关，拔下节气门控制组件(J338)连接器插头和电控单元(J220)连接器插头，用万用表检测控制组件插头上各端子与电控单元插头上各插孔之间有无短路或断路故障，检测部位见表 2-2-25。如有短路或断路，则应更换导线或线束。

④怠速控制电机 V60 的检修。断开点火开关，拔下节气门控制组件线束插头，将万用表拨到电阻档，两只表笔分别连接节气门控制组件插座上 1、2 端子，检测怠速控制电机绕组电阻值应为 3～200Ω。如电阻值不符规定，说明电机故障，需要更换节气门控制组件。

表 2-2-25　桑塔纳 2000GSi 型轿车节气门控制组件检修标准

检测项目	检测条件	检测部位	标准值
G88 与 G69 电源电压	拔下节气门控制组件八端子插头，接通点火开关	节气门控制组件插头 4 端子与 7 端子	≥4.5V
F60 电源电压	拔下节气门控制组件八端子插头，接通点火开关	节气门控制组件插头 3 端子与 7 端子	≥9.0V
导线有无断路	断开点火开关，拔下节气门控制组件 J338 连接器插头和电控单元 J220 连接器插头	控制组件插头 1 端子、电控单元插头 66 号插孔	<1.5Ω
		控制组件插头 2 端子、电控单元插头 59 号插孔	<1.5Ω
		控制组件插头 3 端子、电控单元插头 69 号插孔	<1.5Ω
		控制组件插头 4 端子、电控单元插头 62 号插孔	<1.5Ω
		控制组件插头 5 端子、电控单元插头 75 号插孔	<1.5Ω
		控制组件插头 7 端子、电控单元插头 67 号插孔	<1.5Ω
		控制组件插头 8 端子、电控单元插头 74 号插孔	<1.5Ω
导线有无短路	断开点火开关，拔下节气门控制组件 J338 连接器插头和电控单元 J220 连接器插头	检测控制组件插头上各端子之间的电阻值	>1MΩ
		检测电控单元插头上各个插孔之间的电阻值	>1MΩ

三、发动机燃油喷射系统电控单元的检修

以桑塔纳 2000GSi 型轿车发动机 ECU 为例，说明电控单元连接线

路的检修方法。

1. ECU 的结构

其电控单元各接线端子所连接的零部件名称及位置见表 2-2-26。

表 2-2-26 桑塔纳 2000GSi 型轿车发动机电控单元插座上各端子的连接

端子代号	连接部位	端子代号	连接部位
1	EFI熔断器,受点火开关15端子控制	59	怠速控制电动机电源负极
		60	三四缸爆燃传感器 G66 信号线
2	点火控制器搭铁线、爆燃与曲轴位置传感器屏蔽线搭铁(在J220旁边)	62	凸轮轴位置、节气门位置、怠速节气门位置传感器电源线
3	ECU 常电源线(连接电源 30 端子)	63	曲轴位置传感器负极信号线
		65	四缸喷油器控制线
4	电动燃油泵控制线	66	怠速控制电动机电源正极
6	发动机转速信号线	67	凸轮轴位置、冷却液温度、进气温度、怠速开关、怠速节气门位置、节气门位置与爆燃传感器负极信号线
8	空调压缩机信号		
10	空调开关信号		
11	空气流量传感器电源控制线		
12	空气流量传感器信号负极	68	一、二缸爆燃传感器 G61 信号线
13	空气流量传感器信号正极		
15	活性炭罐电磁阀控制线	69	怠速开关信号线
19	故障诊断触发信号线	71	二、三缸点火线圈初级电流控制线
20	车速信号线		
25	氧传感器负极信号线	73	一缸喷油器控制线
26	氧传感器正极信号线	74	怠速节气门位置传感器信号线
27	氧传感器加热电源控制线	75	节气门位置传感器信号线
53	冷却液温度传感器信号线	76	凸轮轴位置传感器信号线
54	进气温度传感器信号线	78	一、四缸点火线圈初级电流控制线
56	曲轴位置传感器正极信号线		
58	三缸喷油器控制线	80	二缸喷油器控制线

2. ECU 线路的检修

桑塔纳 2000GSi 型轿车 M3. 8. 2 型发动机电控系统线路故障可参

考图 2-2-39、图 2-2-40、图 2-2-41a、图 2-2-41b 以及表 2-2-27 所示检测部位进行检测。

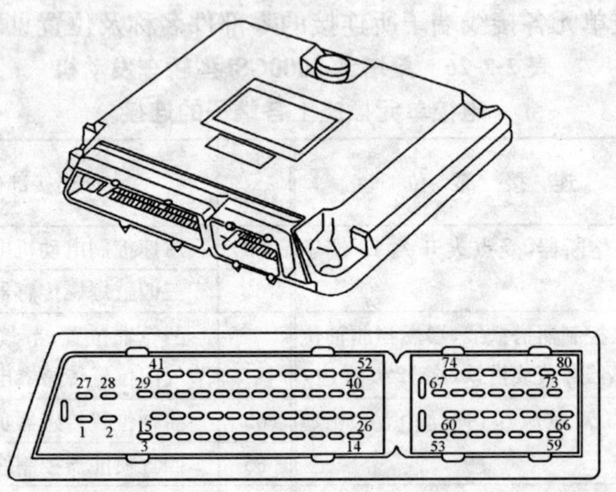

图 2-2-39　桑塔纳 2000GSi 型轿车发动机电控单元接线端子排列

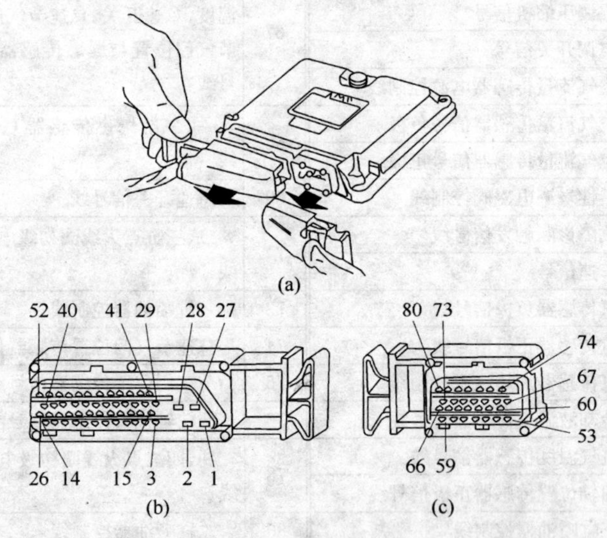

图 2-2-40　桑塔纳 2000GSi 型轿车发动机电控单元线束插头

(a)线束插头位置　(b)52 端子排列　(c)28 端子排列

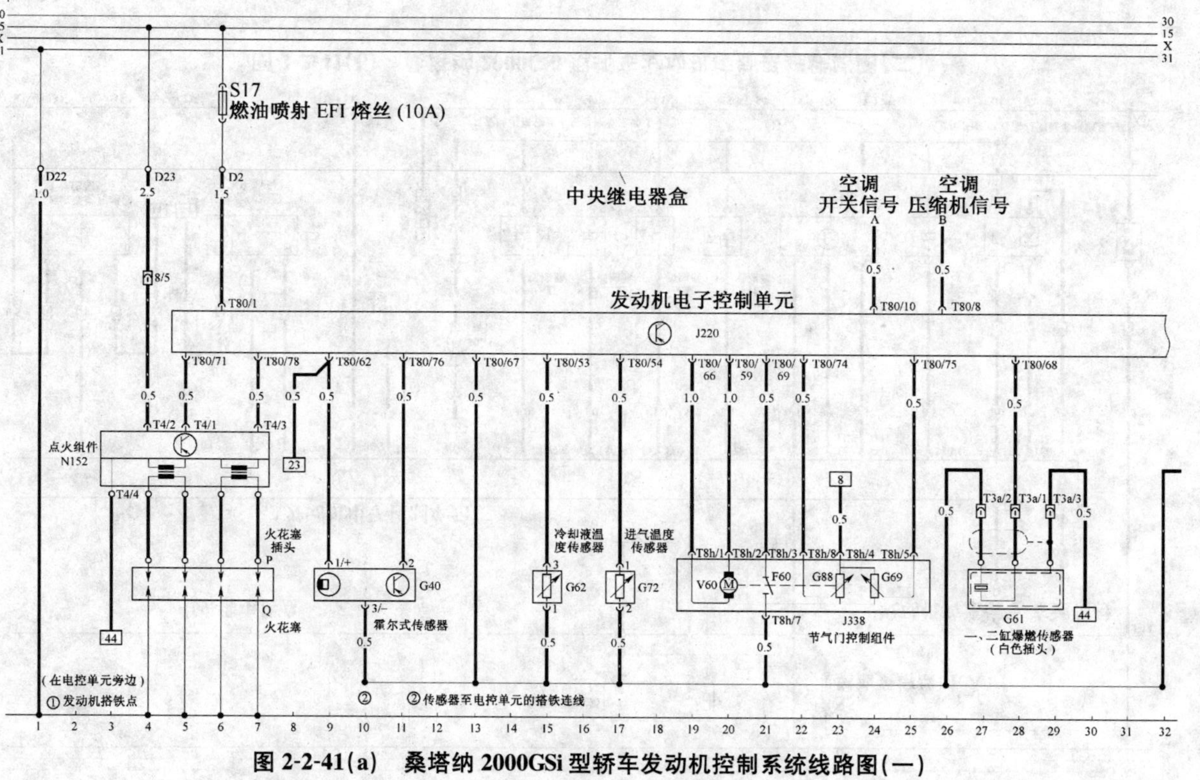

图 2-2-41(a) 桑塔纳 2000GSi 型轿车发动机控制系统线路图(一)

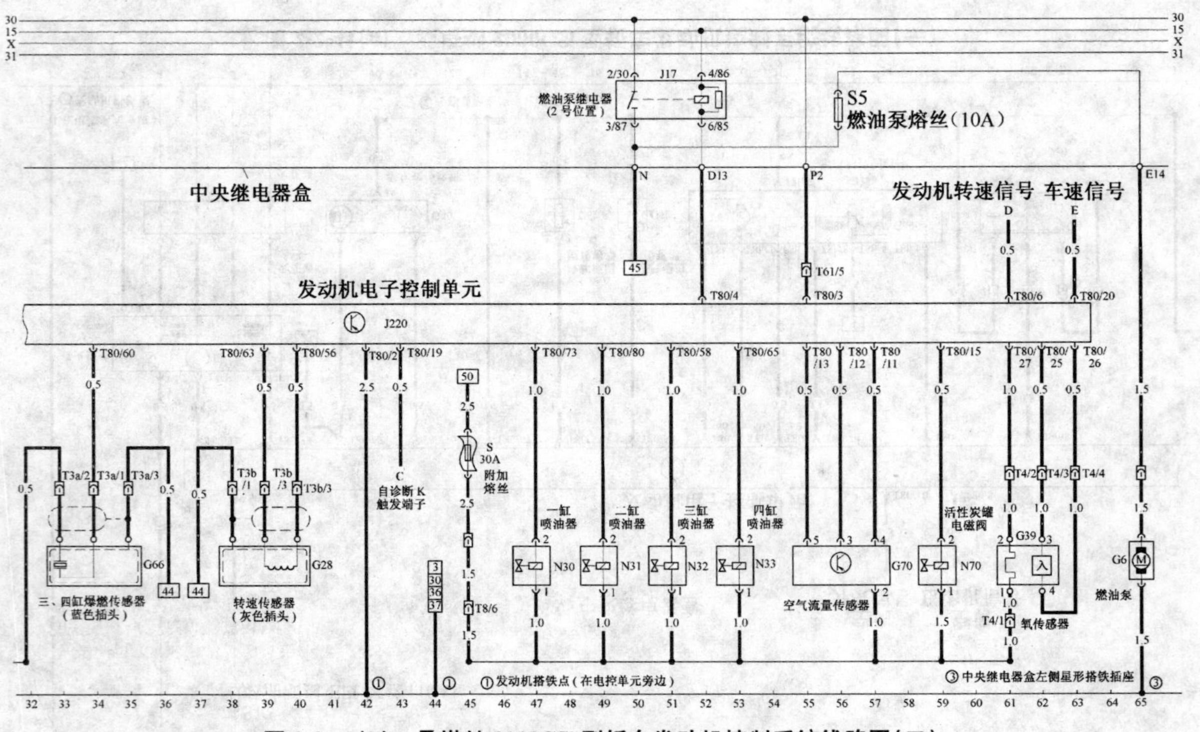

图 2-2-41(b)　桑塔纳 2000GSi 型轿车发动机控制系统线路图(二)

检测时，断开点火开关，拔下电控单元(J220)线束插头和被测传感器或执行元件线束插头，用万用表电阻 OHM×200Ω 档测导线电阻，应当符合表 2-2-27 规定。表中 D26 中的字母“D”表示中央继电器盒上代号为 D 的线束插座，数字“26”表示第 26 号端子，其余类推。

表 2-2-27 桑塔纳 2000GSi 型轿车 M3.8.2 型发动机电控系统线路故障检测方法

<table>
<tr><th rowspan="2">检测步骤</th><th rowspan="2" colspan="2">检测对象</th><th colspan="2">检测部位</th><th rowspan="2">额定值(Ω)</th></tr>
<tr><th>ECU 线束插头端子代号</th><th>零部件线束插头端子代号</th></tr>
<tr><td rowspan="3">1</td><td rowspan="3" colspan="2">霍尔式凸轮轴位置传感器 G40</td><td>62</td><td>1</td><td><0.5</td></tr>
<tr><td>76</td><td>2</td><td><0.5</td></tr>
<tr><td>67</td><td>3</td><td><1.0</td></tr>
<tr><td rowspan="2">2</td><td rowspan="2" colspan="2">冷却液温度传感器 G62</td><td>53</td><td>3</td><td><0.5</td></tr>
<tr><td>67</td><td>1</td><td><1.0</td></tr>
<tr><td rowspan="2">3</td><td rowspan="2" colspan="2">进气温度传感器 G72</td><td>54</td><td>1</td><td><0.5</td></tr>
<tr><td>67</td><td>2</td><td><1.0</td></tr>
<tr><td rowspan="9">4</td><td rowspan="9">节气门控制组件 J338</td><td rowspan="2">怠速调节电动机 V60</td><td>59</td><td>2</td><td><1.0</td></tr>
<tr><td>66</td><td>1</td><td><1.0</td></tr>
<tr><td rowspan="2">怠速开关 F60</td><td>69</td><td>3</td><td><0.5</td></tr>
<tr><td>67</td><td>7</td><td><1.0</td></tr>
<tr><td rowspan="2">怠速节气门电位计 G88</td><td>74</td><td>8</td><td><0.5</td></tr>
<tr><td>62</td><td>4</td><td><0.5</td></tr>
<tr><td>节气门电位计 G69</td><td>75</td><td>5</td><td><0.5</td></tr>
<tr><td>怠速开关 F60 断开</td><td>67 与 69</td><td>—</td><td>∞</td></tr>
<tr><td>怠速开关 F60 闭合</td><td>67 与 69</td><td>—</td><td><0.5</td></tr>
<tr><td rowspan="3">5</td><td rowspan="3" colspan="2">一、二缸爆燃传感器 G61</td><td>68</td><td>1</td><td><0.5</td></tr>
<tr><td>67</td><td>2</td><td><1.0</td></tr>
<tr><td>2</td><td>3</td><td><0.5</td></tr>
<tr><td rowspan="3">6</td><td rowspan="3" colspan="2">三、四缸爆燃传感器 G66</td><td>60</td><td>1</td><td><0.5</td></tr>
<tr><td>67</td><td>2</td><td><1.0</td></tr>
<tr><td>2</td><td>3</td><td><0.5</td></tr>
</table>

续表 2-2-27

检测步骤	检测对象	检测部位		额定值(Ω)
		ECU线束插头端子代号	零部件线束插头端子代号	
7	发动机转速与曲轴转角传感器 G28	63	2	<0.5
		56	3	<0.5
		2	1	<0.5
		6	D26	<0.5
8	第一缸喷油器 N30	73	2	<1.0
		附加熔断器 S30	1	<0.5
9	第二缸喷油器 N31	80	2	<1.0
		附加熔断器 S30	1	<0.5
10	第三缸喷油器 N32	58	2	<1.0
		附加熔断器 S30	1	<0.5
11	第四缸喷油器 N33	65	2	<1.0
		附加熔断器 S30	1	<0.5
12	空气流量传感器 G70	11	4	<0.5
		12	3	<0.5
		13	5	<0.5
		附加熔断器 S30	2	<0.5
13	活性炭罐电磁阀 N80	15	2	<0.5
		附加熔断器 S30	1	<0.5
14	氧传感器 G39	25	3	<0.5
		26	4	<0.5
		27	2	<0.5
		附加熔断器 S30	1	<0.5
15	点火线圈 N152	71	1	<0.5
		78	3	<0.5
		—	2与D23	<0.5
		2	4	<0.5
16	车速传感器	20	3	<0.5
17	空调压缩机	8	空调电磁离合器线圈插头	<0.5
		10	空调开关	<0.5

四、燃油喷射式发动机供油系统的检修

下面以桑塔纳 2000GSi 型轿车供油系统检修为例说明。

1. 供油系统的检测条件

①燃油泵继电器工作正常；

②电动燃油泵工作正常；

③蓄电池电压正常(≥11.5V)。

2. 供油系统供油压力的检测

电子控制燃油喷射式发动机供油系统的技术要求见表 2-2-28。供油压力的检测方法如下：

表 2-2-28　电子控制燃油喷射式发动机供油系统技术标准

<table>
<tr><th>项　目</th><th>检测条件</th><th>技术标准</th></tr>
<tr><td>怠速转速(r/min)</td><td>不能调整</td><td>800±50</td></tr>
<tr><td>最高断油转速(r/min)</td><td></td><td>600～7000</td></tr>
<tr><td rowspan="2">怠速时燃油压力(kPa)</td><td>不拔下油压调节器真空管</td><td>250±20</td></tr>
<tr><td>拔下油压调节器真空管</td><td>300±20</td></tr>
<tr><td>保持燃油压力(kPa)</td><td>接回真空管、点火开关断开 10min</td><td>≥200</td></tr>
<tr><td rowspan="5">电磁喷油器</td><td>室温条件下电阻(Ω)</td><td>14～15</td></tr>
<tr><td>发动机工作时电阻增量(Ω)</td><td>4～6</td></tr>
<tr><td>15s 喷油量(ml)</td><td>40～50</td></tr>
<tr><td>喷雾形状</td><td>小于 35°圆锥雾状</td></tr>
<tr><td>正常油压下漏油量</td><td>≤1 滴/min</td></tr>
</table>

①如图 2-2-42a 所示，拆开进油管接头。拆下前，在燃油分配管附近铺垫一块棉布，以便吸收流出的燃油。

②如图 2-2-42b 所示，将燃油压力表 V·A·G1318 串接在进油管路中。

③打开燃油压力表开关，起动发动机并怠速运转，燃油压力表显示的供油压力应为 250kPa。

④踩一下加速踏板，燃油压力应在 280～300kPa 之间跳动。

⑤拔下压力调节器上的真空管，燃油表压力标准值应接近于 300kPa。

图 2-2-42　测量燃油供给系统的供油压力

(a)拆卸进油管　(b)测量供油压力

⑥接上真空管,断开点火开关,利用压力表显示的压力降低值检查油路密封性和压力保持能力。点火开关断开 10min 后,燃油压力应当保持在 200kPa 以上。如果压力低于 200kPa,则需检查燃油管路是否泄漏,燃油分配管与喷油器的 O 形密封圈密封是否良好。如果管路无泄漏,密封圈也密封良好,则继续检查油压调节器。

⑦起动发动机并怠速运转,待压力升高到 300kPa 左右后,断开点火开关,同时用钳子夹住回油管观察压力表读数。如果压力在 10min 后<200kPa,说明油压调节器失效,需要换用新品。如果燃油压力保持在 200kPa 以上,说明燃油泵单向阀失效,需要更换电动燃油泵。

3. 喷油器喷油量和喷雾形状的检测

测试喷油器喷油量和喷雾形状时,燃油压力必须正常。检测程序和方法如下:

①拔下燃油压力调节器上的真空管。

②拔下所有喷油器的线束插头以及霍尔式凸轮轴位置传感器线束插头。

③从进气支管上拆下燃油分配管和 4 只喷油器。

④将 4 只喷油器的喷嘴放入喷油器喷射速率测试仪 V · A · G1602 的 4 个量杯内。

⑤用专用线束 V · A · G1348/3.2 将遥控开关 V · A · G1348/3A 与喷油器接线插座上的一个端子连接,遥控开关另一端与蓄电池正极

连接,如图 2-2-43 所示。用测试线束 V·A·G1594 连接喷油器的另一个接线端子,测试线束另一端搭铁。

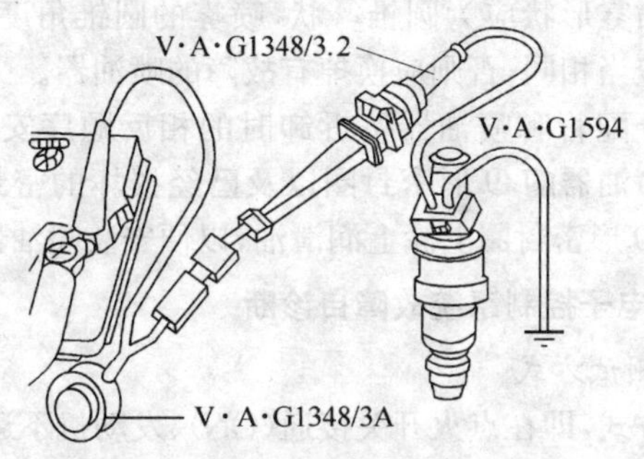

图 2-2-43 喷油器喷油量和喷雾形状的检测

⑥按读取故障代码的操作程序进入诊断测试“功能选择”。在诊断仪屏幕上显示输入“功能选择代码”时,输入“执行机构测试”的功能选择代码“03”,并单击“Q”键确认。此时燃油泵应当运转,显示屏显示如下:

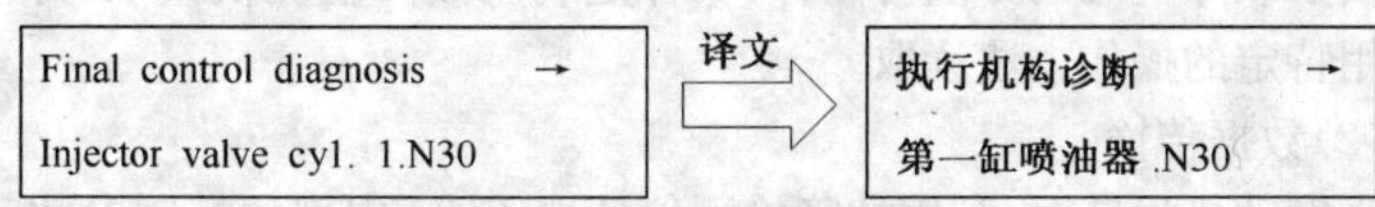

⑦查看每只喷油器滴油情况。当燃油泵运转时,每只喷油器允许滴油 1～2 滴/min。如果滴油超过 2 滴/min,单击“→”键,结束诊断测试,并换掉有故障的喷油器。

⑧如果喷油器均良好,按下遥控开关 V·A·G1348/3A 的按钮 30s,使燃油泵泵出的燃油直接泵入量杯中,然后将量杯中的燃油量与额定值比较。与此同时,注意观察喷油器喷出圆锥雾状燃油的喷雾形状。

当燃油泵电压为 9 V(燃油泵电压比蓄电池电压约低 2V)时,每 30s 的输油量应为 100～220ml;当燃油泵电压为 10V 时,每 30s 的输油量应为 280～400ml。如果实际输油量低于下限值,应当检查供油系统油压是否正常。压力过高应当更换油压调节器,压力过低应当检查油管(燃油滤清器)是否堵塞或弯曲、压扁。如果某只喷油器的喷油量没有达到额定值,则换掉该喷油器。

喷油器的喷雾形状应为圆锥雾状,喷雾的圆锥角度应当小于35°,且各只喷油器应当相同,否则应换掉有故障的喷油器。

⑨将燃油分配管和喷油器按拆卸时的相反顺序安装到进气支管上。注意更换喷油器的O形密封圈以及已经损坏的密封圈和密封垫。并在喷油器的O形密封圈上涂上润滑油,以便安装喷油器。

五、发动机电子控制系统故障自诊断

1. 自诊断测试方式

静态测试方式,即在点火开关接通(ON)、发动机不运转(OFF)的情况下进行诊断测试,主要用于读取或清除故障代码。

动态测试方式,即在点火开关接通(ON)、发动机运转(Run)的情况下进行诊断测试,主要用于读取或清除故障代码、检测传感器或执行器工作情况及其控制电路是否良好,以及与车载ECU进行数据通信等。

2. 自诊断测试内容

(1)读取故障代码

读取故障代码的方法有两种:一种是利用故障检测仪读取,另一种是利用特定的操作方法读取。

(2)数据传输

当发动机运转时,利用故障检测仪读取ECU内部的控制参数和计算结果等数值,以数据表和串行输出方式在检测仪屏幕上显示出来的过程,称为数据传输,通常称为“数据通信”或“读取数据流”。

通过数据传输,各种传感器输出信号电压的瞬时值、ECU内部的计算与判断结果、各执行器的控制信号都能一目了然地显示在检测仪屏幕上。根据发动机运转状态和传输数据的变化情况,即可判断控制系统工作是否正常,将特定工况下的传输数据与标准数据进行比较,就能准确判断故障类型和故障部位。

3. 自诊断测试方法

将故障检测仪、调码器或跨接线等自诊断测试工具与汽车上的诊断插座连接后,接通点火开关,即可触发自诊断系统进行自诊断测试。

(1)利用故障检测仪进行自诊断测试

以大众汽车专用的V·A·G1551和V·A·G1552型故障测试仪测试桑塔纳2000GSi型轿车多点喷射系统为例，说明利用故障测试仪进行自诊断测试的过程。测试仪V·A·G1551或V·A·G1552可供选择的功能有10项，见表2-2-29。

表 2-2-29　测试仪 V·A·G1551 或 V·A·G1552 可供选择的功能

代码	功能	前提条件	
		发动机停转，点火开关接通	发动机怠速运转
01	显示控制系统版本号	—	—
02	读取故障代码	是	是
03	执行机构测试	是	否
04	进入基本设定	是	是
05	清除故障代码	是	是
06	结束输出	是	是
07	控制模块编号	—	—
08	读取测量数据块	是	是
09	读取单个测量数据	×	×
10	自适应测试	×	—

注：(1)发动机停转，点火开关接通进行基本设定时，必须在更换电控单元(J220)、节气门控制组件(J338)、发动机或拆下蓄电池电缆后，才能选择代码“04”进行基本设定。(2)发动机怠速运转进行基本设定时，冷却液温度高于80℃才能进行，如果冷却液温度低于80℃，基本设定功能将被锁止。(3)自适应测试目前仅用于厂内检查。

①读取故障代码：使用故障诊断仪进行诊断测试时，蓄电池电压必须高于11.5V，燃油喷射熔断器必须工作正常，发动机和变速器上的搭铁线连接必须可靠。读取故障代码的操作程序如下：

a. 起动发动机进行至少220s试车。试车中应当满足的条件有：必须在发动机冷却液温度高于70℃的情况下至少运转174s，发动机至少高速运行6s，发动机运转210s后至少再怠速运转10s，发动机转速至少有一次超过2200r/min。

对于发动机不能起动的车辆，首先应当排除机械故障，然后反复接通起动开关，使发动机转动数次。

b. 连接故障测试仪。桑塔纳2000GSi型轿车电控汽油喷射系统设

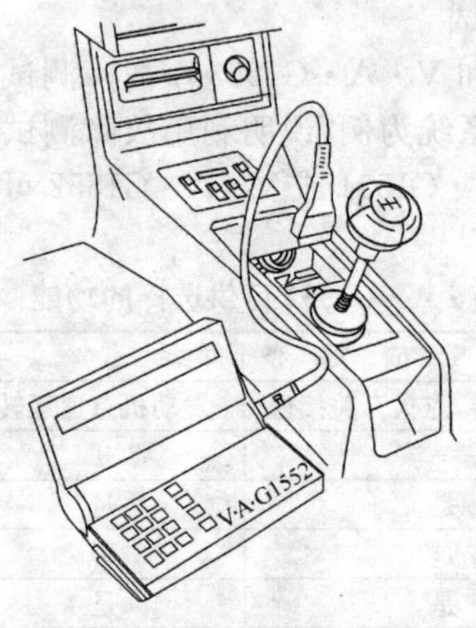

图 2-2-44 桑塔纳 2000GSi 型轿车故障诊断插座安装位置

有一个十六端子故障诊断插座，又称为故障阅读仪接口，是一个标准的 OBD-Ⅱ插座（第二代随车故障诊断插座），安装在变速杆下端皮质护套下面，如图 2-2-44 所示。诊断电控系统故障时，断开点火开关，用测试线束 V·A·G1551/3 将故障阅读仪 V·A·G1551 或汽车系统测试仪 V·A·G1552 与诊断插座连接，即可进行测试。

c. 接通电源进入诊断测试程序。首先接通点火开关或起动发动机怠速运行（如故障导致发动机不能起动，则接通点火开关即可），然后接通故障诊断仪电源开关。此时故障诊断仪进入“车辆系统测试”模式，显示如下：

Test of vehicle system　HELP Enter address word　××	译文 ⇨	**车辆系统测试　帮助** **输入地址代码　××**

d. 输入“发动机控制系统”的地址指令“01”，并单击“Q”键确认，地址指令代表的系统名称就会出现在屏幕上（单击 C 键可以改变输入指令）。电控单元确认后将显示如下：

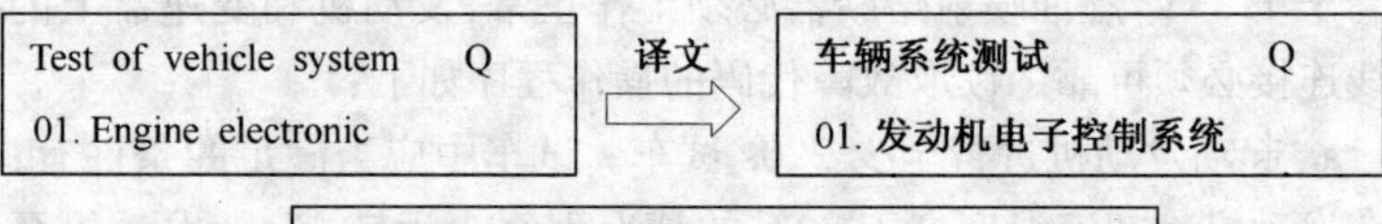

Test of vehicle system　Q 01. Engine electronic	译文 ⇨	**车辆系统测试　Q** **01. 发动机电子控制系统**

330 907 404 1.8L R4/5V MOTR HS D01 → Coding 08001　WSC×××××

注：330 907 404. 电控单元零件编号（实际编号参见配件目录）　1.8L. 发动机排量（1.8L）　R4/5V. 直列四缸五气门发动机　MOTR. 燃油喷射系统（MOTRONIC）名称　HS. 手动变速器　D01. 电控单元软件代码（程序编号）　Coding 08001. 电控单元编码　WSC×××××. 服务站代码

电控单元信息（注意：只有在点火开关接通或发动机运转时，才能显示控制器的编号和代码）。需要特别指出的是：由于汽车使用的 ECU 以及诊断仪使用的程序卡型号不同，各项功能所显示和打印的内容可能有所不同。

e. 单击"→"键，直到诊断仪屏幕上显示输入"功能选择代码"，如下：

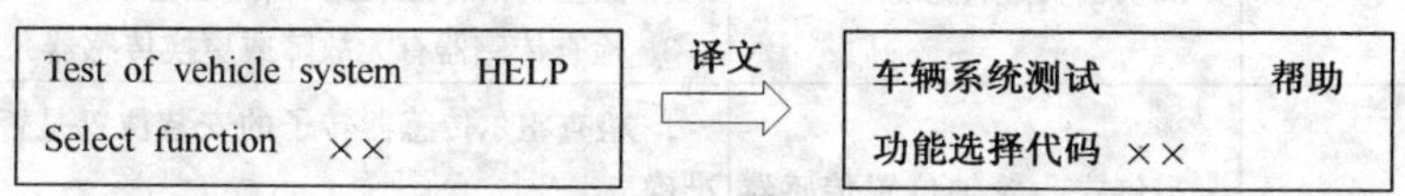

f. 输入读取故障代码的功能选择代码"02"，并单击"Q"键确认，屏幕上将首先显示存储故障的数量或显示"没有故障被识别"，显示如下：

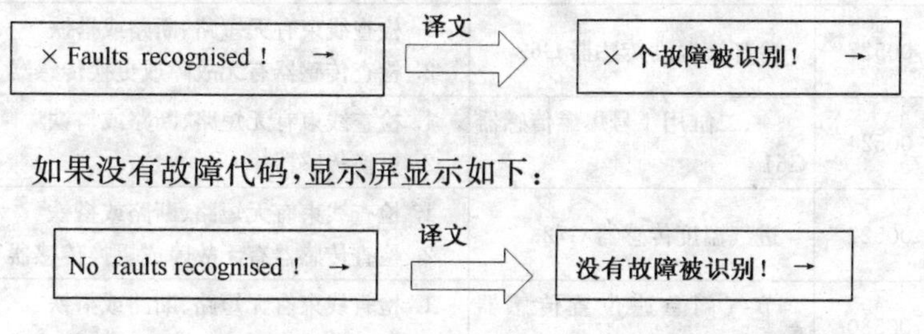

如果没有故障代码，显示屏显示如下：

g. 单击"→"键继续运行，每个故障的文字说明将单独显示在屏幕上，如下：

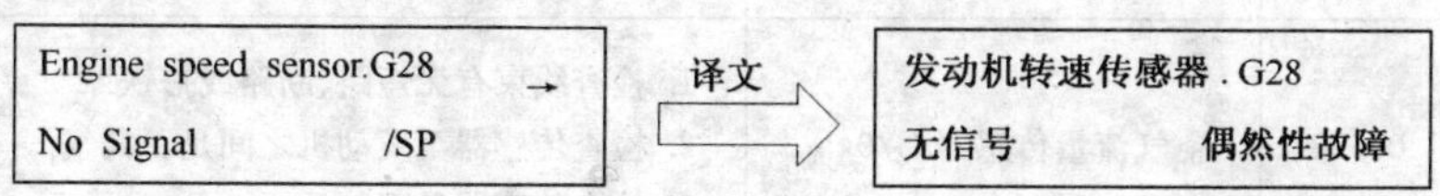

如果使用 V・A・G1551 型测试仪，单击"Print"键接通打印机（"Print"键上的指示灯将发亮），存储的一个或多个故障代码及其文字说明将按存储故障的顺序打印出来。为了使打印输出的故障代码与维修手册印制的故障代码表一一对应，故障代码均按 5 位数字排列，桑塔纳 2000GSi 型轿车的故障代码见表 2-2-30。

表 2-2-30　桑塔纳 2000GSi 型轿车发动机电控系统故障代码

V·A·G 打印码	故障部位	排除方法
00000	无故障	如果汽车有故障，说明故障没有被控制系统识别
00513	发动机转速传感器 G28	1. 检查曲轴位置传感器有无松动 2. 检查线束有无短路、断路或搭铁 3. 检查传感器有无故障或更换传感器
00515	霍尔式凸轮轴位置传感器 G40	1. 检查霍尔传感器转子的安装位置是否准确 2. 检查线束有无短路、断路或搭铁 3. 检查传感器有无故障或更换传感器
00518	节气门控制组件的节气门位置传感器(电位计)G69	1. 检查线束有无短路、断路或搭铁 2. 检查传感器有无故障或更换传感器
00522	冷却液温度传感器 G62	1. 检查线束有无短路、断路或搭铁 2. 检查传感器有无故障或更换传感器
00524	一、二缸用 1 号爆燃传感器 G61	1. 检查线束有无短路、断路或搭铁 2. 更换传感器
00527	进气温度传感器 G72	1. 检查线束有无短路、断路或搭铁 2. 检查传感器有无故障或更换传感器
00530	节气门怠速位置传感器 G88	1. 检查线束有无短路、断路或搭铁 2. 检查传感器有无故障或更换传感器
00540	三、四缸用 2 号爆燃传感器 G66	1. 检查线束有无短路、断路或搭铁 2. 更换传感器
00553	空气流量传感器 G70	1. 检查线束有无短路、断路或搭铁 2. 检查传感器至发动机之间是否漏气 3. 检查传感器是否脏污
00668	30 号电源线电压高低	1. 检查蓄电池电压是否过低 2. 检查整体式交流发电机能否发电
01165	节气门控制组件 J338 基本设定错误	1. 检查控制组件与 ECU 是否匹配 2. 检查节气门或控制电机 V60 是否卡死 3. 重新进行基本设定

续表 2-2-30

V·A·G打印码	故障部位	排除方法
01247	活性炭罐电磁阀 N80	1. 检查电磁阀线圈电阻(20℃时标准值40～80Ω) 2. 检查线束有无短路、断路或搭铁
01249	第一缸喷油器 N30	1. 检查线束有无短路、断路或搭铁 2. 检查喷油器线圈电阻(20℃时标准值13～18Ω)
01250	第二缸喷油器 N31	1. 检查线束有无短路、断路或搭铁 2. 检查喷油器线圈电阻(20℃时标准值13～18Ω)
01251	第三缸喷油器 N32	1. 检查线束有无短路、断路或搭铁 2. 检查喷油器线圈电阻(20℃时标准值13～18Ω)
01252	第四缸喷油器 N33	1. 检查线束有无短路、断路或搭铁 2. 检查喷油器线圈电阻(20℃时标准值13～18Ω)

在显示屏上,下面一行显示的是故障类型。如果故障类型后面显示有“/SP”字样,表明该故障为偶然性故障。故障代码及其类型显示完毕,显示屏将显示输入“功能选择代码”。此时输入“功能选择代码”,可继续进行其他诊断测试。

②清除故障代码:故障排除后应及时清除故障代码,否则再次读取故障代码时,此次故障代码会一并调出,影响工作效率。

如果电控单元电源切断(如控制器插头被拔下)或蓄电池极柱上的电缆端子被拆下,那么故障代码存储器中存储的故障信息将被清除。

利用故障诊断仪 V·A·G1551 或 V·A·G1552 清除桑塔纳2000GSi 型轿车发动机电子控制系统故障代码的操作程序如下:

a. 按读取故障代码的操作程序①～⑤进入诊断测试“功能选择”。当诊断仪屏幕上显示输入“功能选择代码”时,如下所示,输入“读取故障代码”的功能选择代码“02”,并单击“Q”键确认。

b. 单击“→”键,直到显示出所有的故障代码,并在屏幕上显示输入

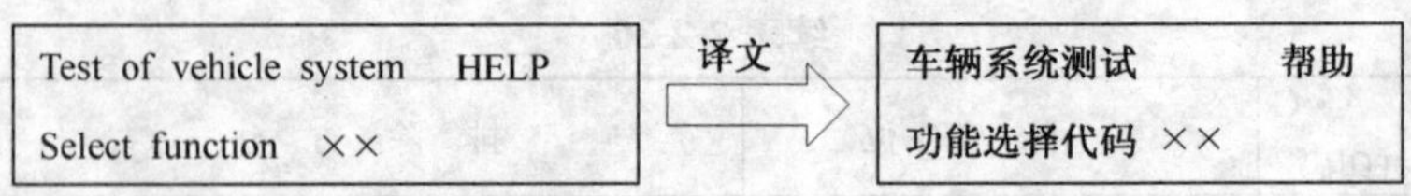

“功能选择代码”时，输入“清除故障代码”的功能选择代码“05”，并单击“Q”键确认，显示如下：

c. 单击“→”键，直到故障代码被清除，并在屏幕上显示输入“功能选择代码”时，输入“结束输出”功能选择代码“06”，并单击“Q”键确认。

d. 重新试车并再次读取故障代码，不得有故障代码显示。

③执行机构测试：桑塔纳 2000GSi 型轿车发动机电子控制系统执行机构的诊断测试又称为“最终控制诊断”。诊断测试执行机构时，ECU 将逐一激活每一个执行元件并产生相应的执行动作，从而可以检查每一个执行元件及其电路的技术状况。桑塔纳 2000GSi 型轿车发动机电子控制系统执行机构诊断测试需要注意以下几点：

a. 电控系统执行机构诊断测试只能在接通点火开关、发动机不运转的情况下进行。如果起动发动机运转，ECU 接收到转速信息时就会立即终止执行元件测试。

b. 在诊断测试执行元件期间，被测执行元件将连续动作，直到单击“→”键时该元件动作才结束，并进入下一个执行元件测试。

c. 在测试期间，能够听到执行元件动作的声音或通过触摸感觉到动作情况。

d. 需要重复进行执行元件测试时，必须断开点火开关 2s 以后，才能再次进行测试。

e. 在执行元件测试期间，电动燃油泵将连续工作，测试进行 10min 之后将自动结束。

f. 执行元件测试顺序为：第 1 缸喷油器（N30）、第 2 缸喷油器（N31）、第 3 缸喷油器（N32）、第 4 缸喷油器（N33）、活性炭罐电磁阀（N80）。

桑塔纳 2000GSi 型轿车发动机电子控制系统执行机构诊断测试程序如下：

a. 按读取故障代码的操作程序①～⑤进入诊断测试"功能选择"(但只接通点火开关,不起动发动机)。在诊断仪屏幕上显示输入"功能选择代码"时,输入"执行机构自诊断"的功能选择代码"03",显示如下：

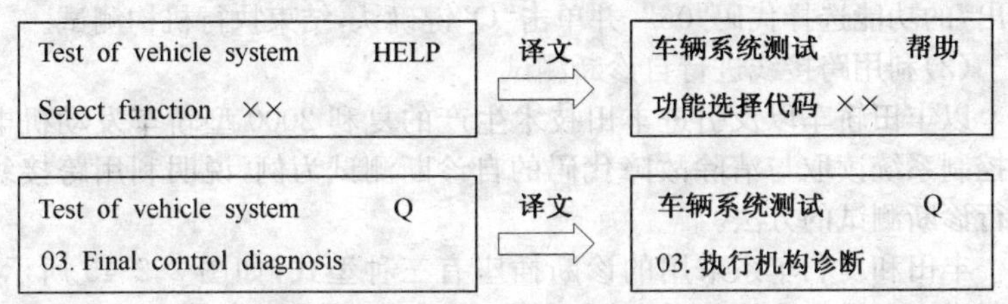

Test of vehicle system　HELP Select function　××	译文 ⇒	车辆系统测试　帮助 功能选择代码　××
Test of vehicle system　Q 03. Final control diagnosis	译文 ⇒	车辆系统测试　Q 03. 执行机构诊断

b. 单击"Q"键确认后,便开始对执行元件进行诊断测试。执行元件的诊断顺序由 ECU 决定,并通过显示屏显示如下：

Final control diagnosis　→ Injector cylinder 1.N30	译文 ⇒	执行机构诊断　→ 第 1 缸喷油器 .N30

此时踩下加速踏板,使节气门控制组件 J338 中的怠速触点断开,第一缸喷油器将连续发出 5 次"咔嗒"声。如果没有发出"咔嗒"声,说明第一缸喷油器或其线路故障,需要检修或更换喷油器。

c. 单击"→"键,切换到下一个执行元件(即第 2 缸喷油器)测试,显示如下：

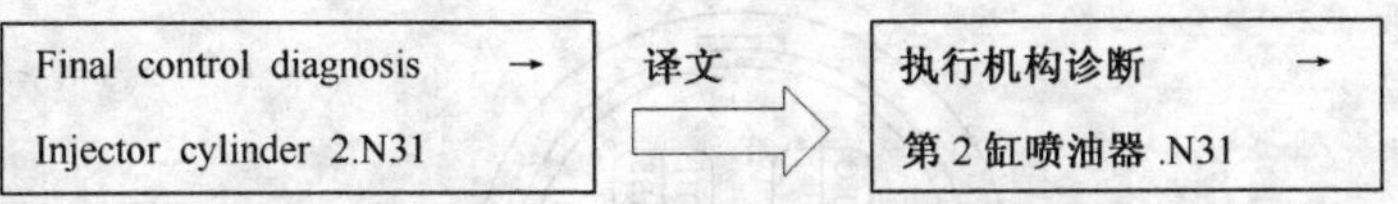

Final control diagnosis　→ Injector cylinder 2.N31	译文 ⇒	执行机构诊断　→ 第 2 缸喷油器 .N31

用踩下加速踏板测试第 1 缸喷油器的相同方法,分别检查其他各缸喷油器是否发出"咔嗒"声。

d. 单击"→"键切换到对活性炭罐 N80 进行诊断测试,显示如下：

Final control diagnosis　→ ACF Solenoid 1.N80	译文 ⇒	执行机构诊断　→ 活性炭罐电磁阀 1.N80

此时活性炭罐电磁阀必须连续动作(可以听到“咔嗒”声,用手触摸电磁阀时应有振动感),并持续到单击“→”键切换到对下一个执行元件测试。如果活性炭罐电磁阀不动作,则需检修或更换电磁阀。

e. 继续单击“→”键切换到对其他执行元件继续诊断测试。执行元件测试完毕,诊断仪返回到输入“功能选择代码”状态。此时输入“结束输出”的功能选择代码“06”,并单击“Q”键确认,结束执行机构测试。

(2)利用跨接线进行自诊断测试

以丰田轿车以及引进丰田技术生产的夏利 2000 型轿车发动机电子控制系统读取与清除故障代码的自诊断测试为例,说明利用跨接线进行诊断测试的方法。

丰田和夏利车系采用的诊断插座有三种型式,如图 2-2-45 所示。诊断插座上设有防护盖,打开防护盖即可看到图中所示端子排列位置,各端子代号及功能见表 2-2-31。

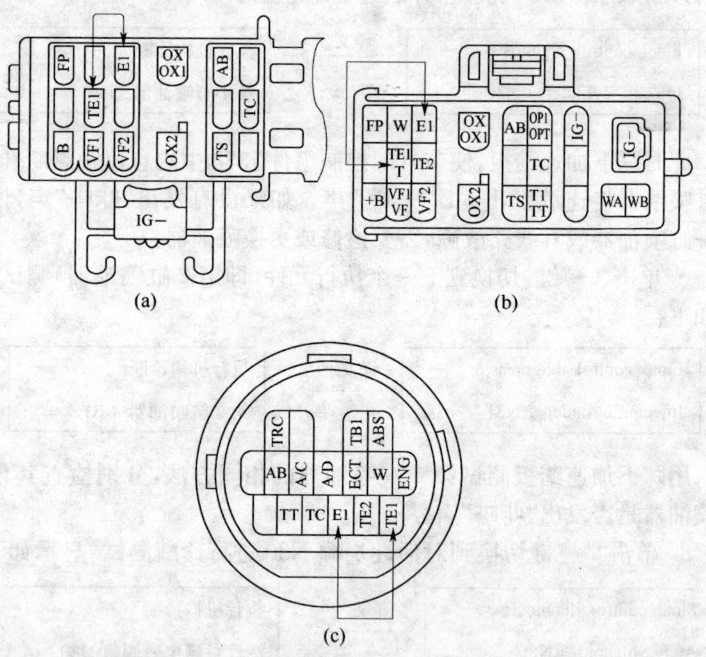

图 2-2-45　丰田与夏利轿车诊断插座型式与诊断触发端子排列位置

表 2-2-31　丰田与夏利轿车诊断插座引线端子连接部位及其功能

端子代号	连 接 部 位	功　　能
FP	与汽油泵"＋"端子连接	将"＋B"与 FP 连接时，汽油泵运转
W	仪表盘故障指示灯与发动机 ECU 控制端	当发动机 ECU 检测到故障时，使 CHECK 灯显示故障代码
E1	发动机 ECU 与车身搭铁线的引出端子	发动机 ECU 搭铁
OX (OX1)	No. 1 氧传感器信号输入发动机 ECU 的引线端子	检测氧传感器输出信号
AB	与 SRS ECU 的 LA 端子连接，SRS 指示灯控制端	当 SRS ECU 检测到故障时，控制 LA 端子搭铁，使 SRS 指示灯发亮
OP1(OPT)	与水温传感器至冷却风扇控制器 TH"＋"端子连接	冷却风扇控制器控制信号
TE1(T)	发动机 ECU 和 ECT ECU 故障代码诊断触发端子	读取发动机 ECU 和 ECT ECU 故障代码(读 ECT ECU 故障代码指发动机 ECU 和 ECT ECU 组合成一体的汽车)
TE2	发动机 ECU 开关动作触发端子	检查诊断开关动作
TC	与 ABS/SRS/巡航控制 ECU 的 TC 端子连接	调取 ABS/SRS/巡航控制系统故障代码
＋B(B)	与主继电器输出端子连接	由主继电器控制蓄电池电源与 ECU 是否接通或切断
VF1(VF) (ENG)	与发动机 ECU 的 VF 或 VF1 端子连接，主氧传感器浓稀修正控制端	混合气浓稀测试
VF2	与发动机 ECU 的 VF2 端子连接，辅助氧传感器浓稀修正控制端	混合气浓稀测试
OX2	No. 2 氧传感器信号输入 ECU 的引线端子	检测氧传感器输出信号

续表 2-2-31

端子代号	连 接 部 位	功 能
TS	与 ABS ECU 的 TS 端子连接	ABS 动作测试
T1（TT）	与电控自动变速器 ECT ECU、发动机 ECU 的 T1 或 TT 端子连接	ECT 动作测试
IG.	点火控制器转速信号输出 RPM 端	发动机转速脉冲信号输出
WA	ABS 指示灯及 ABS ECU	ABS 故障指示
WB	ABS 电磁阀继电器	ABS 动作测试
ECT	与电控变速器 O/D 指示灯及开关连接	电控变速器 O/D 指示灯控制
A/D	与巡航控制指示灯及 ECU 的 PI 端子连接	巡航控制系统指示灯控制
ABS	与 ABS ECU 的 D/G 端子连接	ABS ECU D/G 信号
TB1(AS)	与空气悬架指示灯及 ECU 的 AP 端子连接	空气悬架指示灯控制
TRC	与 ABS 指示灯及 ECU 的 B16 端子连接	ABS 故障指示灯控制
A/C	与空调器 ECU 的 DOUT 端子连接	空调器 ECU 诊断输出信号

①自诊断测试条件：在读取故障代码之前，控制系统必须满足以下条件：

a. 蓄电池电压>11V。

b. 节气门完全关闭（即节气门位置传感器的怠速触点处于闭合状态）。

c. 普通变速器的变速杆处于空档位置，自动变速器的档位控制开关处于 P 档位置。

d. 断开所有用电设备开关，如空调开关、音响开关、灯光开关等。

e. 检查组合仪表盘上的发动机故障指示灯及其线路是否良好。方法是：先将点火开关转到“ON”位置但不起动发动机，此时故障指示灯应当发亮。如果指示灯“CHECK”不亮，说明指示灯灯泡或其线路有故障，应予检修。然后起动发动机，此时故障指示灯应立即熄灭。如指示灯始终发亮，说明控制系统有故障。

②静态测试(KOEO)读取故障代码：在静态测试(KOEO)方式下读取发动机控制系统故障代码的程序如下：

a. 用跨接线将诊断插座上 TE1 与 E1 端子跨接，如图 2-2-58 所示。

b. 点火开关转到“ON”位置，但不起动发动机。

c. 根据组合仪表盘上的指示灯(CHECK)闪烁规律读取故障代码，故障内容见表 2-2-32。如果控制系统功能正常，则指示灯(CHECK)闪烁波形及时间如图 2-2-46a 所示，每 0.52s 闪烁一次，每次灯亮与灯灭时间均为 0.26s，高电平时灯亮，低电平时灯灭。如果控制系统存储有故障代码，指示灯(CHECK)的闪烁波形及时间将如图2-2-46b 所示。

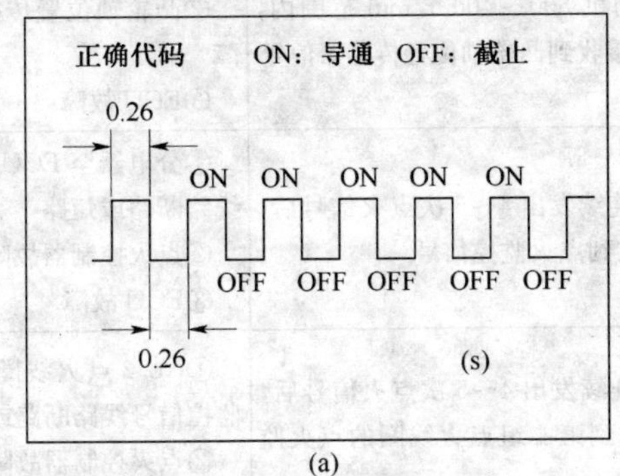

(a)

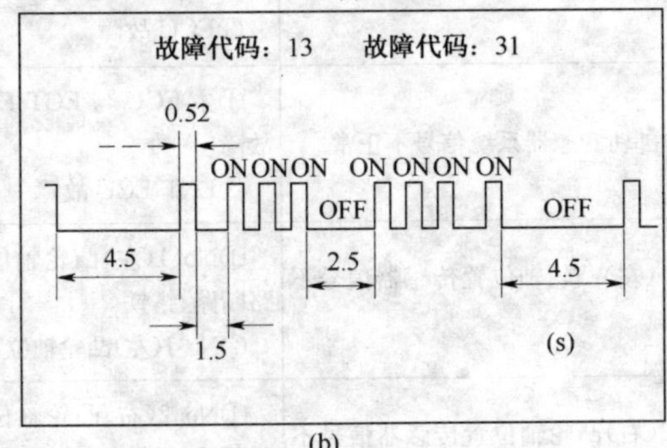

(b)

图 2-2-46　故障代码显示时间

(a)正常代码显示时间　(b)故障代码“13”、“31”显示时间

表 2-2-32 丰田与夏利 2000 型轿车故障代码的含义及故障原因

代码	故障内容	故障原因及部位
11	ECU 电源瞬间中断	主继电器及其线路接触不良
12	1. 起动机接通 2s 以上 ECU 未接收到曲轴转速信号 2. 发动机在 600～4000r/min 范围内,ECU 在 3s 以上未接收到凸轮轴位置传感器信号	①曲轴位置传感器及其线路故障 ②凸轮轴位置传感器及其线路故障 ③起动信号线路断路或短路 ④ECU 故障
13	1. 发动机转速 1500r/min 以上 ECU 在 0.3s 以上时间内未接收到转速信号 2. 发动机 500～4000r/min 范围内,ECU 未接收到凸轮轴位置传感器信号	①曲轴位置传感器及其线路故障 ②凸轮轴位置传感器及其线路故障 ③ECU 故障
14	ECU 连续发出 4～5 次点火信号后,仍未接收到点火监控信号	①分电器至 ECU 之间的监控信号线路断路或短路 ②点火控制器故障 ③ECU 故障
15	ECU 连续发出 4～5 次点火信号后,仍未接收到第二组点火线圈的点火监控信号	①No. 2 点火线圈至 ECU 之间的监控信号线路断路或搭铁 ②点火控制器故障 ③ECU 故障
16	电控自动变速器系统信号不正常	①主 ECU 与 ECT ECU 之间线路故障 ②ECT ECU 故障
17	No. 1(左)凸轮轴位置传感器信号不良	①No. 1(左)凸轮轴位置传感器线路断路、搭铁 ②No. 1(左)凸轮轴位置传感器故障
18	No. 2(右)凸轮轴位置传感器信号不良	①No. 2(右)凸轮轴位置传感器线路断路、搭铁 ②No. 2(右)凸轮轴位置传感器故障

续表 2-2-32

代码	故 障 内 容	故障原因及部位
21	左侧主氧传感器信号不正常(传感器输出电压在 0.35V 以下或 0.7V 以上超过 60s 无变化)	①左侧主氧传感器损坏或线路断路、搭铁 ②氧传感器加热元件损坏或线路断路、搭铁
22	冷却液温度传感器 CTS 线路断路或短路 0.5s 以上时间(ECU 在 0.5s 以上时间内未接收到 THM 信号)	①冷却液温度传感器线路短路或断路 ②冷却液温度传感器失效 ③ECU 故障
24	进气温度传感器 IATS 线路断路或短路 0.5s 以上时间(ECU 在 0.5s 以上时间内未接收到进气温度信号)	①进气温度传感器线路短路或断路 ②进气温度传感器 IATS 失效 ③ECU 故障
25	混合气过稀、空燃比过大(ECU 接收到氧传感器信号电压低于 0.45V 时间超过 90s)	①氧传感器失效、线路断路 ②冷却液温度传感器失效 ③喷油器线圈断路或阀针卡住 ④空气流量传感器工作不良 ⑤ECU 故障
26	混合气过浓、空燃比过小(氧传感器信号电压高于 0.45V 时间超过 10s,发动机怠速运转冷却液温度在 80℃ 以上)	①喷油压力过高 ②喷油器密封不良、漏油 ③正时带跳齿、配气正时错乱 ④进气支管漏气 ⑤ECU 故障
27	左侧副氧传感器信号不正常	左侧副氧传感器损坏或线路断路、搭铁
28	右侧主氧传感器信号不正常(传感器输出电压在 0.35V 以下或 0.7V 以上超过 1min 无变化)	①右侧主氧传感器损坏或线路断路、搭铁 ②氧传感器加热元件损坏或线路断路、搭铁
29	右侧副氧传感器信号不正常	右侧副氧传感器损坏或线路断路、搭铁

续表 2-2-32

代码	故障内容	故障原因及部位
31	支管压力传感器 MAP 线路断路或短路 0.5s 以上时间(怠速运转时 ECU 在 0.5s 以上时间未接收到 PIM 信号)	①支管压力传感器信号电压失常〔标准值(5±0.5V)〕 ②支管压力传感器线路断路或短路 ③ECU 故障
32	空气流量传感器信号不良(怠速运转时 ECU 在 0.5s 以上时间未接收到 AFS 信号)	①空气流量传感器故障 ②空气流量传感器线路断路或短路 ③ECU 故障
33	怠速控制阀信号不良	①怠速控制阀线路断路或短路 ②怠速控制阀故障
34	压力传感器信号不良(TURBO 车型)	压力传感器损坏或线路断路、搭铁
35	大气压力传感器信号不正常	大气压力传感器损坏或线路断路、搭铁
41	节气门位置传感器 TPS 线路断路或短路 0.5s 以上时间(ECU 在 0.5s 以上时间内没有接收到 VTA 信号或怠速时信号电压低于 0.4V、高于 3.5V)	①节气门位置传感器 TPS 线路断路、搭铁 ②节气门位置传感器 TPS 故障 ③ECU 故障
42	发动机在 2500～5000r/min(普通变速器)或 2800r/min(ECT)以上、冷却液温度高于 80℃、支管压力高于 60kPa 时,ECU 在 8s 以上时间内未接收到车速传感器 VSS 信号(SPD 信号)	①车速传感器 VSS 线路断路、搭铁 ②车速传感器 VSS 故障 ③P/N 开关故障 ④ECU 故障
43	起动信号不良	①起动 STA 信号线路断路、搭铁 ②ECU 故障
47	辅助节气门位置传感器线路断路或短路 0.5s 以上时间(雷克萨斯 LS400)	①辅助节气门位置传感器线路断路、搭铁 ②辅助节气门位置传感器故障 ③ECU 故障

续表 2-2-32

代码	故障内容	故障原因及部位
51	自诊断测试时，自动变速器的档位控制开关处于空档 N、倒档 R、行驶档 D、2、1(应拨到停车档 P)位置或空调开关接通	①操作不当 ②自动变速器的档位控制开关故障 ③空调开关故障
52	No. 1 爆燃传感器信号不正常(发动机在 1600～5200r/min 范围内，爆燃传感器信号有 6 个循环未输入 ECU)	①No. 1 爆燃传感器线路断路、搭铁 ②No. 1 爆燃传感器故障 ③ECU 故障
53	发动机在 650～5200r/min 范围内，ECU 检测到爆燃信号无法处理	ECU 内部爆燃控制电路失效
54	涡轮增压器水温信号不良	①冷却液温度传感器线路短路或断路 ②冷却液温度传感器失效 ③ECU 故障
55	No. 2 爆燃传感器信号不正常(发动机在 1600～5200r/min 范围内，爆燃传感器信号有 6 个循环未输入 ECU)	①No. 2 爆燃传感器线路断路、搭铁 ②No. 2 爆燃传感器故障 ③ECU 故障
71	废气再循环(EGR)系统工作不良	①EGR 真空电磁阀故障或线路断路或搭铁 ②EGR 系统排气温度传感器故障 ③ECU 故障
72	燃油切断电磁阀工作不良	①燃油切断电磁阀故障或线路断路或搭铁 ②ECU 故障
78	①发动机转速低于 1000r/min 时，电动燃油泵线路断路或短路 1s 以上 ②发动机转速低于 1000r/min 时，燃油泵与 ECU 之间的线路断路或短路 ③发动机转速低于 1000r/min 时，燃油泵、ECU 的监测线路断路或短路	①燃油泵、ECU 线路断路或搭铁 ②燃油泵、ECU 故障 ③燃油泵线路故障 ④发动机 ECU 故障
99	控制系统正常	

丰田系列轿车和装备8A-FE型燃油喷射式发动机的夏利2000型轿车，其故障代码均为两位数字。故障指示灯先显示十位数字，后显示个位数字。同一数字灯亮与灯灭时间均为0.52s，十位数字与个位数字之间间隔1.5s。如有多个故障代码，则在故障代码与故障代码之间间隔为2.5s，并按故障代码的大小由小到大顺序显示。故障代码全部输出后，间隔4.5s再重复显示。只要诊断插座上TE1与E1端子保持跨接，就会继续重复显示。

d. 故障代码读取完毕，断开点火开关，拆下跨接线，盖好诊断插座护盖。

③动态测试(KOER)读取故障代码：动态测试(KOER)方式读出的故障代码与静态测试(KOEO)方式相比，检测能力和灵敏度较高。不仅可以读取在静态测试方式显示的故障代码，而且还能检测起动信号、节气门怠速触点信号、空调信号和空档开关信号等。动态测试(KOER)是在汽车运行状态下进行诊断测试，其测试程序如下：

a. 将点火开关转到“OFF”位置。

b. 用跨接线将诊断插座上的TE2与E1端子跨接，如图2-2-47a所示。

c. 将点火开关转到“ON”位置，但不起动发动机，此时组合仪表盘上的故障指示灯将快速闪烁(大约闪烁4次/s)，如图2-2-48所示，发亮与熄灭时间均为0.131s。

d. 起动发动机，模拟驾驶人所述故障状态行驶，此时端子TE2与E1保持跨接，且车速不低于10km/h。

e. 路试完毕，再用一根跨接线将诊断插座上的端子TE1与E1跨接，即将TE2、TE1和E1三个端子同时跨接，如图2-2-47b所示。

f. 根据仪表盘上的指示灯(CHECK)闪烁规律读取故障代码。

g. 故障代码读取完毕，将点火开关转到“OFF”位置，并拆下跨接线，盖好诊断插座护盖。

关于动态测试的几点说明：

a. 在跨接端子TE2、E1时，如果点火开关处于“ON”位置，那么控制系统将不能进入动态测试状态，即不能读取故障代码。

b. 如果指示灯(CHECK)显示17、18、42、43、51等代码，分别表示

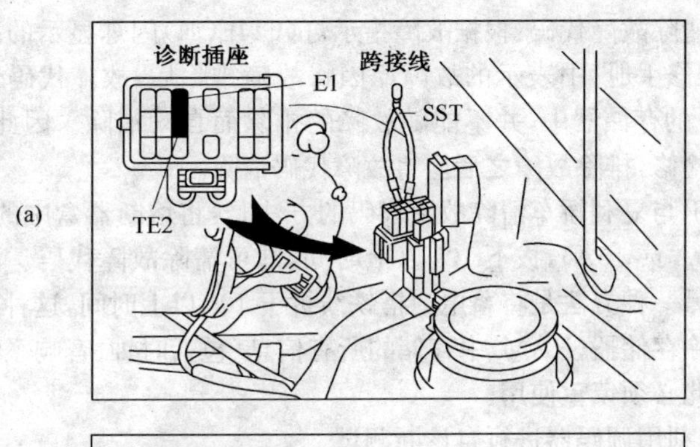

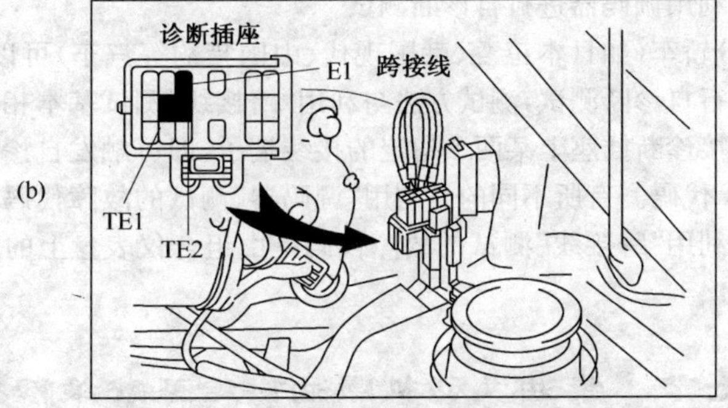

图 2-2-47　诊断插座在动态测试时的跨接情况

(a)跨接端子 TE2 与 E1　(b)跨接端子 TE2、TE1 和 E1

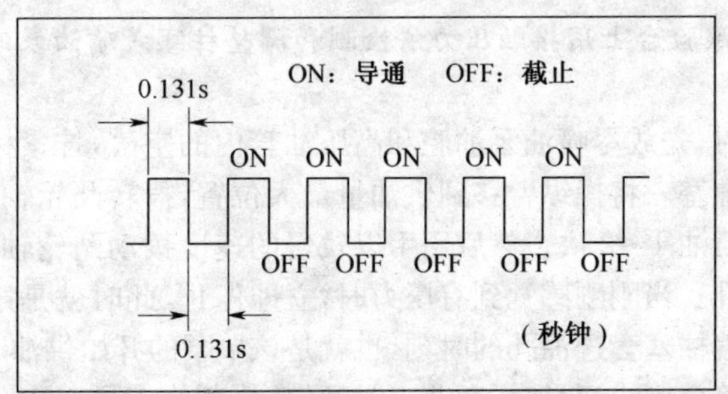

图 2-2-48　动态测试时指示灯(CHECK)闪烁时间

No. 1(左)和 No. 2(右)凸轮轴位置传感器信号、车速信号、起动信号、开关信号正常。

④清除故障代码：根据故障指示灯（CHECK）闪烁显示的故障代码查阅《维修手册》中表示的故障原因将故障排除后，故障代码仍将存储在 ECU 的存储器中，并不能随故障的排除而自动消除。因此，为了便于以后检修，排除故障之后应将故障代码清除。

丰田与夏利轿车清除故障代码的方法是：将熔断器盒中的“EFI”熔断器（20A 或 15A），拔下 10s 以上时间，即可清除故障代码。清除故障代码的另一种方法是将蓄电池搭铁线拆下 10s 以上时间，这种方法同时也会清除存储器（RAM）中存储的所有信息（包括时钟、音响系统的密码等），因此必须慎重使用。

（3）利用调码器进行自诊断测试

部分轿车（如日本三菱、韩国现代、中国猎豹等汽车）可以利用“调码器”进行自诊断测试，测试方法与利用“跨接线”测试基本相同，将“调码器”跨接诊断插座上某两个指定的接线端子，即可触发自诊断系统来读取故障代码。有所不同的是利用“调码器”测试的故障代码是由调码器显示，利用“跨接线”测试的故障代码是由组合仪表盘上的故障指示灯显示。

第七节 柴油发动机燃油供给系统维修技术

一、柱塞式喷油泵的试验台检测和调整

1. 在试验台上用接触压力法检测和调整柱塞式喷油泵的供油开始时间

检测时，先放尽喷油泵油腔和高压油管内的空气，拧紧标准喷油器上的放气螺塞。将操纵臂移到供油量最大位置，拨转凸轮轴，使各分泵的喷油器喷油 1～2 次。然后用手以较慢的速度拨动凸轮轴，使第一分泵柱塞上升。当刚刚感觉到有压力时，立即停止，此时就是第一分泵柱塞刚刚遮盖柱塞套进油孔的时刻，也就是该单泵的开始供油时刻。

当不符合刻线记号时，调节正时螺钉，使刻线记号对正。再以第一缸为基准，以同样的方法按照供油顺序和间隔角检查、调整其余各缸。

2. 在喷油泵试验台上检测柱塞式喷油泵的供油量

可按两种情况进行：

①在一定转速下，检查不同油量控制杆行程位置时，各柱塞每喷100或200次的供油量。一般常在200r/min和600r/min时检查油量控制杆在最大行程时，以及50%行程和怠速时三种情况下的油量。

②在油量控制杆最大行程下，检查各种不同转速时，柱塞每压油100或200次的油量，也有规定为400次油量的。一般检查时的转速，通常采用200r/min、600r/min和1000r/min。

表2-2-33是黄河牌柴油车的检验标准。

表2-2-33　供油量检验标准

车　型	检验时的转速(r/min)	喷油次数	标准供油量(ml)
黄河JN1150/100	900或750	400	52
黄河JN1150/106	1000	500	55

二、调整特性试验

1. 供油提前角调整特性试验

试验时的条件应符合规定，发动机所带附件应符合规定，并按制造厂规定的供油提前角，选择几个比最佳供油提前角大和小的角度作为自变参数。例如295型柴油发动机最佳点火提前角为上止点前17°±2°，试验时可选取10°、13°、15°、17°、19°、20°等。起动前，将喷油提前角调节为最小(或最大)角度。起动发动机，改变调速手柄使转速升高，待达到稳定的热状态后，逐步调节测功器以增加负荷，使柴油机在额定功率、额定转速下稳定运转。

试验中测量进气温度、排气温度、消耗一定燃油的时间、出水温度、机油压力和温度等，并记录供油提前角、转速、测功器读数及上述参数等。依次按选取的角度调整供油提前角，重新调整负荷和转速，使稳定在额定工况，测量上述各参数。

该项试验需进行5~7次。根据测量数据，整理、绘制调整特性曲线。

2. 喷油压力调整特性试验

喷油压力调整特性是在额定工况下，将供油提前角调整到最佳值时进行。

试验时，保持发动机功率 P_e 和转速 n 不变，改变喷油压力，测取每次调整后各种不同喷油压力时的耗油率 g_e 和排气温度 t_1。然后分别以 g_e 和 t_1 为纵坐标，以喷油压力为横坐标，绘制特性曲线。

第八节　发动机大修后竣工验收

一、技术要求

根据国家标准 GB 3799—2005《汽车发动机大修竣工技术条件》规定，国产往复活塞式汽车发动机(汽油发动机、柴油发动机)大修竣工应符合以下技术要求。同类型的进口汽车发动机可参照执行。

①装配的零、部件和附件，均应符合经规定程序批准的制造或修理技术条件。

②发动机应按规定程序批准的装配技术条件进行装配，并装备齐全。

③装配后的发动机，应按经规定程序批准的工艺和技术条件进行冷、热磨合、拆检和清洗。

④发动机在正常温度下，使用原车规定电压的蓄电池或手摇柄，5s 内能迅速起动。柴油发动机在环境温度不低于 5℃，汽油发动机在环境温度不低于−5℃时，起动顺利。

⑤发动机怠速运转稳定，其转速应符合原设计规定(冷却水温在 75℃～85℃)。

⑥四冲程汽油发动机转速在 500～600r/min 时，以海平面为准，进气支管真空度应在 57～70kPa 范围内。其波动范围，六缸汽油发动机一般不超过 3.3kPa，四缸汽油发动机一般不超过 5kPa。

⑦发动机在各种转速下运转稳定，在正常工况下，不得有过热现象；改变转速时，应过渡圆滑；突然加速或减速时，不得有突爆声，化油器不得回火，消声器不得有“放炮”声，不得冒黑烟(但允许冒淡蓝色烟)。

⑧在规定转速下，机油压力应符合原设计规定。

⑨气缸压缩压力应符合原设计规定，各气缸压缩压力差，汽油发动机应不超过各缸平均压力的 8%，柴油发动机应不超过 10%(冷却水温在 75℃～85℃)。

⑩发动机起动运转稳定后，只允许正时齿轮、正时链条、正时链轮、机油泵齿轮、喷油泵传动齿轮及气门脚有轻微均匀响声，不允许活塞销、连杆轴承、曲轴轴承有异响和活塞敲缸及其他异常响声。

⑪发动机不允许有窜机油现象。怠速运转 5min 后，拆下火花塞检

查，电极与瓷芯处不应有油迹，但允许有黑烟色。

⑫发动机最大功率和最大转矩均不得低于原设计规定值的90%（最大功率和负荷特性进行抽样测试）。

国产主要机型发动机最大功率和最大转矩值见表2-2-34。

表2-2-34　国产主要机型发动机最大功率和最大转矩值

项目 \ 机型		CA6102	EQ6100-1	492Q	6135Q	6120Q-1	X6130
最大功率（kW）	转速（r/min）	3000	3000	3800～4000	1800	2000	2100
	原设计值（kW）	99	99.2	62.5	117.6	117.6	154.5
	大修出厂（kW）	89.1	89.3	56.25	105.9	105.9	139
最大转矩（N·m）	转速（r/min）	1200～1400	1200～1400	2000～2500	1200～1300	1300～1400	1200～1400
	原设计值（N·m）	372	352	179.34	686	608	784.5
	大修后值（N·m）	335	334.4	161.40	617.4	546.8	706

注：东风EQ6100-E型发动机转矩出厂标准为原设计标定值的95%（摘自JT310《东风EQ1090型汽车修理技术条件》）。

⑬发动机最低燃料消耗率不得高于原设计规定。国产主要车型最低燃油消耗率如表2-2-35所列。

表2-2-35　国产主要机型发动机最低燃料消耗率值　（g/kW·h）

EQ6100-1	CA6102	492Q	6135Q	6120Q-1	X6130
306	306	333	224.4	238	221.6

注：压缩比6.75的东风EQ6100型发动机最低燃料消耗率为320。

⑭发动机不应有漏油、漏水、漏气、漏电现象，但润滑油、冷却水密封接合面处允许有不致形成滴状的浸渍。

⑮发动机排放限值应符合国家有关规定（GB 3842～3844—1983）。

⑯发动机应按原设计规定加装限速片，或对限速装置做相应调整，并加铅封。

⑰发动机外表应按规定涂漆，漆层应牢固，不得有起泡、剥落和漏涂现象。

⑱发动机应按规定加注润滑剂。

⑲其他有关要求应符合原设计规定。

二、检验规则

①承修单位应对发动机的最大转矩和最低燃油消耗率进行测试，并按主管部门或修理合同规定，对最大功率和负荷特性进行抽样测试。

②检验合格的发动机，应签发合格证，并提供必要的技术资料。

三、保用条件

承修单位对大修竣工的发动机应给予品质保证。（以下内容与第一篇第二章第三节之“二、4.”的对应文字完全相同，此处略去。）

四、包装

①发动机包装前，应放掉润滑油和冷却水，并堵封好外露通孔；技术资料应齐全；包装牢固，防潮、防锈良好。

②包装箱外应标明：承修单位名称，产品名称、型号，收货单位名称及地址，体积、毛重，放置方向，出厂日期等。

第九节　检验和调整发动机配气相位

一、检验发动机的配气相位

(1)用气门微开量测量法检验顶置气门式发动机的配气相位

①先将气门脚间隙调至符合技术标准。

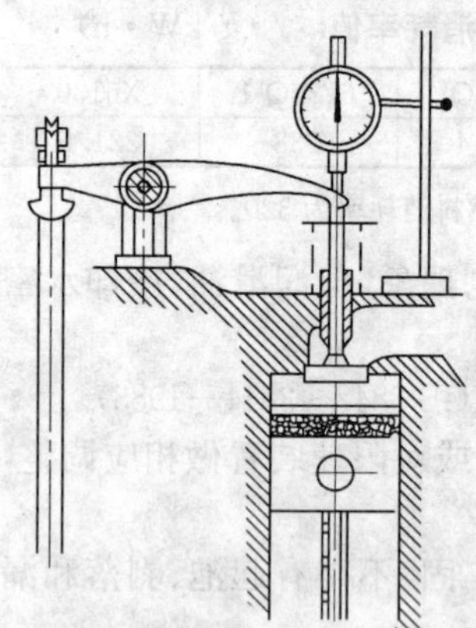

图 2-2-49　测量顶置式气门叠开期微开量

②如图 2-2-49 所示，当活塞处于排气行程终了上止点位置时，将百分表触头垂直触及摇臂，转动表面，使指针对准“0”位。

③摇转曲轴，使气门关闭，此时，表头读数即为该气门的微开量。

④按发动机的做功顺序，用上述方法依次测出各缸气门的微开量，并与标准配气相位时的气门微开量做比较，得出检验结论。

⑤请注意：测量排气门时，应顺时针转动曲轴；测量进气门时，应逆时针转动曲轴。

⑥曲轴的转动，可用以起动机改装的扳手扳动飞轮，使曲轴随之顺、逆方向旋转来实现；也可用以起动机前端外壳及其驱

动齿轮改装的长柄手摇柄，顺、逆方向转动飞轮，带动曲轴旋转。

(2)用飞轮转角测量法检验发动机的配气相位

①先将气门间隙和凸轮轴轴向间隙调好，并找出所检查气缸的压缩行程上止点。

②使百分表的触头垂直抵触在气门弹簧座上，使指针具有一定的压缩余量，然后将表针对零。

③转动曲轴，当百分表指针偏离零线的瞬时，即是该气门开始开启的时间，此时观察飞轮转过的角度(飞轮上无刻度时，可根据飞轮外圈的周长，换算成角度)，即可知道此气门的开启角度是多少。

④继续转动曲轴，待表针又回到零线的瞬时，即可测知气门关闭的角度。

⑤将上述检测出的各个气门的开闭时间和曲轴转角，与原厂家规定的配气相位相比较，即可得出检验结论。

(3)用气门叠开法检验发动机配气相位

对顶置气门式汽油发动机一般采用此法。具体检验步骤，详见本章第一节"一、8"的内容。

(4)用在曲轴前端固定刻度盘法检验柴油发动机配气相位

①拆下发动机前端的散热器，在曲轴前端装上有 360°刻度的盘，在正时齿轮室盖上定置一根可调节的指针，并使指针与盘刻度"0"线对齐，两者均固定。

②如图 2-2-50 所示，将各气缸气门间隙调整正

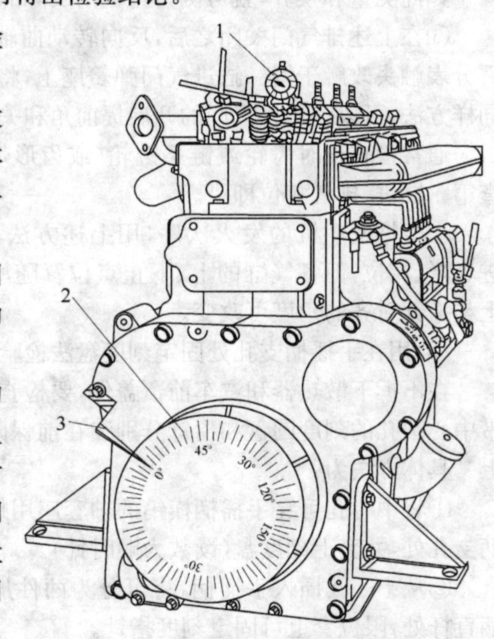

图 2-2-50　用曲轴前端固定刻度盘法检验柴油发动机的配气相位

1. 百分表及表架　2. 刻度盘　3. 指针

确，并使发动机第一缸处于压缩行程上止点位置。

③在气缸盖上安放一只百分表，使它的触头先与第一缸排气门的弹簧座接触，将百分表指针与“0”线对齐。

④缓慢转动曲轴，当第一缸快接近做功行程下止点前，百分表指针从“0”线开始摆动的瞬间（此时推杆由手能转动变为不能转动），表示排气门开始开启，此时曲轴上刻度盘被指针所指角度与180°之间的差值，即为排气门开启提前角。

⑤继续转动曲轴，百分表指针从“0”摆到某一最大值后又开始减小，当曲轴前刻度盘“0”线与指针对准之后，此时百分表指针逼近“0”线。当百分表指针读数为“0”的瞬间，表示排气门已关闭。此时曲轴前刻度盘被指针所指角度与“0”线之间的角度差，即为排气门关闭的延迟角。

如此测量和换算，就可测得排气门实际的提前角和延迟角的值。

⑥在上述排气门关闭之后，反向转动曲轴70°～80°，并将气缸盖上百分表触头改触于第一缸进气门弹簧座上，将表针调至“0”线。按上述同样方法，可以测出进气门的开启提前角和关闭延迟角。

通常检查正时齿轮或链条链轮（或齿形带）安装正确与否，只需检查第一缸进、排气相位即可。

⑦根据发动机的发火次序，用上述方法，可以依次检查各气缸的进、排气相位，但各气缸的上、下止点位置随所对应的曲轴前端刻度盘上与指针对齐的角度可改变。

(5)用在手摇柄支孔处固定刻度盘法检验柴油发动机配气相位

在不拆下散热器和汽车前覆盖件，要检查发动机配气相位时，可将带中心圆孔的刻度圆盘和指针分别装在前保险杠手摇柄支孔和手摇柄上。具体方法为：

①将中心孔可穿手摇柄横销的轴套座用螺钉夹持在前保险杠手摇柄支孔处，并套上刻度盘（读数为顺时针）。

②从中心孔插入手摇柄，将可分为两件加工的限位套夹持在手摇柄直杆处，限位套上可固定刻度指针。

③待手摇柄的横销靠住启动爪的爪口时，缓慢摇转曲轴，使第一缸处于压缩行程上止点，以让正时标记对齐。

④将限位套靠拢保险杠，并使限位套上所夹持的指针处于朝上垂直位置固定，亦使限位套固定在手摇柄上。

⑤这时手摇柄不得随意拔出，将刻度盘“0”度线与指针对齐，亦使刻度盘固定位置。

⑥其他步骤与在曲轴前端固定刻度盘的检验方法基本相同。

使用刻度盘法来检查配气相位，有一定的误差（一般发动机配气相位误差应控制在±5°范围内）。这种方法在判断配气相位异常故障时，比较简便、直观，对于柴油发动机，一般采用此法比较合适。

二、调整发动机的配气相位

(1)用偏移凸轮轴键法调整发动机配气相位

通过改变正时齿轮与凸轮轴连接键的断面形状，可调整发动机的配气相位。偏位键如图 2-2-51 所示。

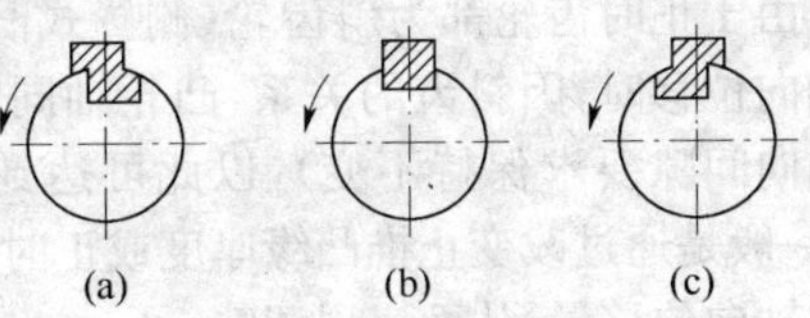

图 2-2-51　偏位键及安装方向

(a)顺键：由快调慢　(b)正键：配气正时　(c)逆键：由慢调快

①将键的矩形断面改制成阶梯形，当键安装在键槽中时，使其露出轴颈的部分左右有所偏移，从而使正时齿轮相对凸轮轴有了相应的偏转角度。于是也就改变了配气相位。

②键的偏移量可按以下近似公式计算：

$$S=\frac{\pi d\varphi}{720}$$

式中　S——键的偏移量(mm)；

d——凸轮轴装键处的断面直径(mm)；

φ——需要调整的配气相位角(°)。

如东风 EQ1090 型和解放 CA1091 型汽车发动机，其凸轮轴安装正时齿轮轴颈的直径 d 为 30mm，若需改变配气相位角 1°($\varphi=1$)，则可得键的偏移量

$$S=\frac{\pi d\varphi}{720}=\frac{3.1416\times30\times1}{720}\approx0.13\text{mm}$$

即当将键偏移 0.13mm 时，可改变配气相位角(曲轴转角)1°。如测

量结果需要提早或推迟一个角度 φ，只需代入上式进行计算，即可求得所需偏移量。

③偏位键分为正键（配气正时）、顺键（由快调慢）、逆键（由慢调快）三种，如图 2-2-64 所示。在安装时应注意方向，不能装反，否则，配气相位将加倍变动。

偏移凸轮轴键法，工艺简单，目前采用较广，但偏移量大时，键的强度将降低，误差也较大。因此，只适用于 6°范围内的调整。当偏移量达 1.2mm 左右时，应提前旋转凸轮轴正时齿轮一个齿（相当于偏移 1.74mm），剩余值再用偏移凸轮轴键法调整。

（2）用凸轮轴正时齿轮轴向位移法调整发动机配气相位

由于正时齿轮都为斜齿轮（侧置式凸轮轴），如将凸轮轴正时齿轮做轴向位移时，因斜齿的关系，凸轮轴同时也跟随转过一个角度（凸轮轴轴向间隙要求保持不变），以此可达到调整配气相位的目的。此方法，一般是通过改变止推凸缘厚度或正时齿轮轮毂的厚度，使正时齿轮获得轴向位移量，从而实现调整。

上述厚度的增减量，可通过以下经验公式计算：

$$h=f\left(\frac{A_{大}-A_{小}}{2}\pm u\right)$$

式中 h——增加止推凸缘或减小正时齿轮毂的厚度（mm）；

f——换算系数，配气滞后时，取 $f=16.5$；配气提前时，取 $f=15.2$；

$A_{大}$——同缸进、排气门微开量的较大值（mm）；

$A_{小}$——同缸进、排气门微开量的较小值（mm）；

u——配气相位调整值，即在理论上进、排气门微开量差值之半，一般取 $u=0.02$mm。配气滞后时，取“－”；配气提前时，取“＋”。

当配气相位需要小范围的调整时，可参考此方法。

（3）用改变凸轮轴正时记号法调整发动机配气相位

当配气相位调整量要求较大时，可采用改变凸轮轴正时记号法。

将凸轮轴正时齿轮相对曲轴正时齿轮顺向或逆向转过一个齿，然后重新在两个齿轮上打上正时标记，进行大的调整（如东风 EQ6100 型发动机，每顺向或逆向转过一个齿，就使配气相位加快或减慢 9.23°），之后，再用凸轮轴键偏移法进行小的修正。

(4)用更换正时链条法调整发动机配气相位

以凸轮轴顶置、正时链条传动的丰田 5M 发动机为例说明调整方法。

①拆下上链罩，缓慢转动曲轴，令第一缸活塞处于压缩行程上止点，即让曲轴前端皮带轮上缺口与链罩上的正时标板的“0”刻度线对正。

②查看凸轮轴凸缘上的正时销是否对准发动机气缸盖前端第一摇臂支架上的压印记号。如未能对准，则按顺时针方向慢转曲轴，使定位销对准压印记号。

③检查皮带轮缺口与链罩上刻度标板：若延迟角为 0°～4°，则链条良好；若超过 4°，说明配气正时不能满足发动机要求，应当更换链条。

第十节 发动机复杂故障的诊断和排除

一、发动机冷却系统故障

冷却系统的技术状况正常与否，对发动机的动力性、经济性以及安全可靠性，都有很大的影响。实验资料表明：当冷却液温度从 90℃降到 40℃时，耗油量约增加 30%，功率约降低 10%；当冷却液温度从 90℃升到 120℃时，耗油量增加，功率却降低约 5%；当冷却液温度从 80℃降到 30℃时，磨损铁质将增加约 5 倍。因此冷却系统必须在发动机工作的任何情况下(包括任何工作状态和任何可能的环境温度)，都保持在最适宜的温度(80℃～90℃)范围内。

冷却系统常见故障部位如图 2-2-52 所示。

1. 冷却水量充足而发动机过热

(1)现象

①发动机冷却系统的水容量符合标准，且无漏水，但汽车在行驶过程中，发动机动力不足，水温超过 90℃，直到沸腾(俗称“开锅”)。

②运行中水温在 90℃左右，停车后冷却水立即沸腾。

(2)原因分析

①百叶窗关闭或开度不足。

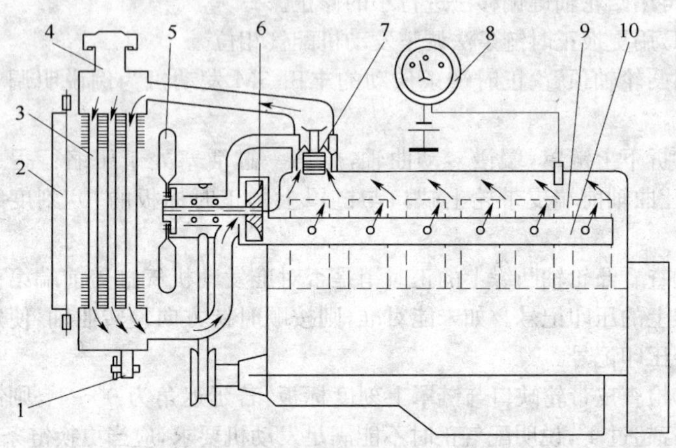

图 2-2-52 冷却系统常见故障部位

1. 放水开关漏水 2. 百叶窗叶片销锈滞 3. 散热器漏水或堵塞 4. 散热器盖排气阀与进气阀失效 5. 风扇叶片折断;叶片角度不符合技术标准;其皮带折断或打滑 6. 水泵水封漏水或叶轮与其轴松脱 7. 节温器失效 8. 水温表或其传感塞不良 9. 水套内水垢沉积过多 10. 分水管或进水量孔堵塞、损坏

②风扇V带松弛或因油污而打滑。

③节温器大循环工作不良或分水管(或进水量孔)不良。

④散热器出水管被吸瘪或管内壁脱层堵塞。

⑤散热器散热片倾倒过多或水管堵塞;散热片的外部积垢过多,堵塞水管外表空间,使散热效率降低。

⑥气缸体水套水垢沉积过多。

⑦风扇叶片变形,角度不当。

⑧超负荷低速档行驶时间过长,引起过热。

除了冷却系统的故障之外,尚有其他系统故障也可能造成发动机过热。如:点火时间过迟;混合气过浓或过稀;排气门间隙过大;燃烧室积炭过多;发动机油底壳内机油量不足;汽车使用条件如道路、气候、风向、负荷等方面的影响。

(3)诊断和排除

①检查百叶窗,若关闭或开度不足,可将其全部开启。

②检查风扇叶片,若有变形,应予矫正或更换;检查风扇传动带松

紧度,若过松,应调整至适当程度,使V带不能打滑。

③若以上检查良好,再检查水循环系统是否正常,胶管是否吸瘪,管内壁是否脱层,节温器是否失效,散热器是否堵塞,叶片是否倾倒过多,气缸体水套是否积垢过多,分水管(或进水量孔)是否损坏或堵塞等。可按检查所见,更换损坏的输水胶管;清洁堵塞的散热器管,校直倾倒的散热器叶片;清洗水套、分水管(或进水量孔)的水垢或堵塞污物;更换损坏的分水管(或进水量孔)及失效的节温器等。

④若通过以上冷却系统的检查,发动机仍然过热,则应考虑以下技术方面的因素:点火时间是否过迟;排气门间隙是否过大;混合气是否过浓或过稀;燃烧室内积炭是否过多以及油底壳内机油量是否不足等。可按检查所见,采取对应处理措施。

2. 发动机突然过热

(1)现象

①水温表指针很快指示到100℃的位置。

②发动机功率明显下降。

③冷车起动发动机时,发动机水温迅速升高并沸腾,在补足冷却水后转为正常。

(2)原因分析

①风扇传动带断裂或发电机固定支点松动移位。

②节温器主阀门脱落。

③水泵轴与叶轮松脱。

④冷却系统严重漏水。

⑤气缸垫冲坏,水套与气缸沟通,高压气流进入水道。

⑥风扇离合器失灵。

(3)诊断和排除

①若行车中发动机突然过热,应注意电流表动态:若提高发动机转速,电流表不指示充电,而是在3～5A之间和"0"位置做间歇摆动,说明风扇V带断裂,发电机和水泵均不工作。应更换断裂的风扇V带。

②用手触试散热器和发动机,若发动机温度甚高,而散热器温度较低,说明水泵轴与叶片松脱,使冷却水循环中断。应检修水泵。

③若发动机和散热器温度差别不大,则应检查冷却系统有无严重

漏水之处，并对渗漏处采取焊、铆、堵等措施。

④检查自动调速的风扇离合器，若不能随温度变化而改变转速，应进行检修。

⑤若冷车发动时温度迅速升高，冷却水沸腾，多系节温器主阀门脱落并横卡在散热器进水管内，阻碍了冷却水的大循环。因为这种故障能使冷却系统内压力迅速升高，当内压到一定程度时，便突然冲动卡滞的主阀门改变其方位，突然导通大循环水路，此时，沸腾的水便迅速冲开散热器盖。应拆检更换该节温器。

⑥检查气缸垫是否烧坏，气缸垫烧坏有时也能使散热器口向外溢水和排气泡，呈现冷却水沸腾的假象。这主要是由于气缸垫烧蚀或气缸盖、气缸套出现裂纹，使高压气体窜入水套，因此冒出激烈气泡。可进行拆检，更换烧坏的气缸垫；对出现裂纹的气缸盖、气缸套采取堵漏措施，裂纹严重无法堵漏时，应更换。

3. 冷却水量不足而发动机过热

(1)现象

①发动机冷却系统容纳不了规定的冷却水量。

②在运行中冷却水消耗异常。

(2)原因分析

①气缸体及气缸盖水套或散热器积垢过多，造成冷却系统局部堵塞。

②散热器漏水或散热器盖进、排气阀失效。

③水泵水封皮碗不良，或叶轮密封垫圈磨损过量，而使水泵漏水。

④在低温季节，散热器及水套内的冷却水在停车时未放净，而冻结成冰。

⑤气缸水道孔与气缸沟通。

⑥气门室内壁破裂漏水。

⑦冷却系统其他部位漏水。

(3)诊断和排除

①检查冷却水容量，若缺乏，应加足；检查散热器，若不良，应予检修；检查冷却系统各部，若有漏水处，应采取堵漏措施。

②若上述几项检查均符合要求，应检查散热器和气缸体水套内水垢沉积堵塞情况，并视情进行清洗除垢。

③在严寒季节和严寒地区行驶的汽车，应特别注意检查散热器内部是否结冰。这种故障的特征是水温已达到 100℃，但散热器仍然冰

冷，称为“冰阻”。此时，可将百叶窗关严，使发动机怠速运转，逐渐将结冰化开。

④用一洁净木条伸到水泵泄水孔处检查，若木条上有水，说明水泵漏水，应检修水泵。

⑤若冷却系统外部并无漏水之处，而冷却水仍然消耗较快，则应检查冷却系统内部。若拔出机油尺发现机油中有水，则说明气门室内壁或进气通道内壁破裂漏水，或气缸垫水道处冲坏与气缸沟通，可采取堵漏措施或更换气缸垫。同时还应检查散热器盖的排气阀是否失效，若冷却水容易从加水口处飞溅损失，则说明散热器盖的排气阀失效，应更换散热器盖。

4. 发动机温度过低

此故障一般出现于寒冷的冬季或在高寒地区行驶过程中。

(1)现象

①温度表指示值低于发动机正常工作温度。

②发动机动力不足，消声器时有“放炮”声。

③燃油消耗增加。

(2)原因分析

①百叶窗未关闭或无法调节开度。

②在严寒地区未使用保温套等设备。

③节温器失效，使起动时不能迅速升温，以保持发动机在正常温度下运转。

④发动机机油过多。

(3)诊断和排除

①检查百叶窗，若不能开闭自如，应消除卡滞因素；若关闭后仍然不能升高温度，则应考虑装保温套等保温设备。

②检查发动机机油量，若过多，应减至标准。

③检查节温器，若失效，应换用新件。

二、发动机润滑系统故障

发动机是在高速、高压、高温的情况下运动的，久而久之，机油的压力、品质和数量都会产生不利的变化，这就是出现了故障。为了确保发动机正常工作，延长使用寿命，必须准确诊断故障所在，及时予以排除。

润滑系统常见故障部位如图 2-2-53 所示。

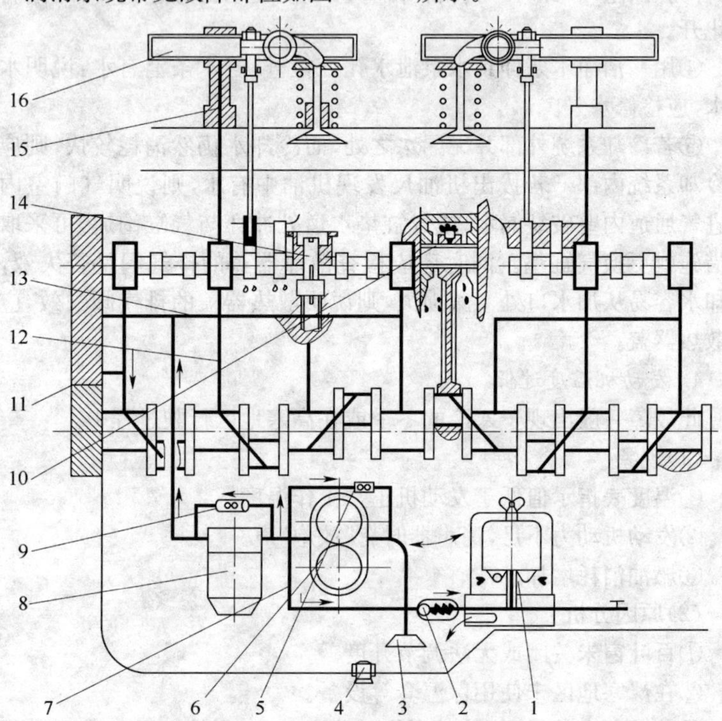

图 2-2-53　润滑系统常见故障部位

1. 细滤器壳与盖衬垫未压紧或损坏；细滤芯脏污；细滤器中心孔两端不密封；转子卡滞；喷嘴堵塞　2. 细滤器进油限压阀调节不当或失灵　3. 集滤器破损或堵塞　4. 油底壳放油螺塞处渗漏　5. 限压阀调节不当；弹簧过软或折断　6. 机油泵齿轮啮合间隙过大或齿轮与泵盖间隙大　7. 油管接头松动或破裂　8. 粗滤器过脏；粗滤器壳和其盖衬垫未压紧或损坏；粗滤器芯未压紧；密封圈损坏　9. 粗滤器旁通阀密封不良或弹簧过软、折断，调节不当　10. 连杆小端油道堵塞　11. 正时齿轮喷油嘴堵塞　12、13. 主油道堵塞　14. 机油泵传动机构不能正常工作　15. 上油道堵塞或气缸盖和气缸体油道孔未对准　16. 摇臂轴松旷，机油压力过低

1. 机油消耗异常

(1)现象

①机油消耗率为 0.1～0.5L/100km 或更大。

②排气管排蓝烟;机油加注口脉动冒烟。

③积炭增多。

④空气储气筒放气时油沫增多。

⑤发动机和空气压缩机有漏油处。

(2)原因分析

①活塞与气缸壁配合间隙过大。

②活塞环弹力减低、抱死或对口;活塞环磨损过量,使端间隙、边间隙、背间隙过大,加重了泵油现象。

③扭曲活塞环装错。

④进气门导管磨损过量。

⑤曲轴箱通风不良。

⑥空气压缩机活塞与气缸壁配合间隙过大。

⑦空气压缩机前、后曲轴盖处漏油。

⑧发动机曲轴后端漏油。

⑨发动机正时齿轮室盖处漏油。

⑩油底壳或气门室盖(罩)处漏油。

(3)诊断和排除

①查看发动机和空气压缩机各部外表面,若有漏油处,应进行密封处理。

②使发动机高速运转,查看排气管是否冒蓝烟,有时也可看到从机油加注口冒出脉动的蓝烟。这些都是由于机油进入气缸燃烧所致,应拆检活塞连杆组,进行检查分析,并重新装配或更换活塞及活塞环等。若仅是排气管冒蓝烟,而机油加注口并无脉动的蓝烟,则说明是由于气门室的机油沿磨损过量的气门导管流入燃烧室燃烧的结果。应拆检和更换磨损严重的气门导管。

2. 机油压力过高

机油压力过高,容易冲坏机油细滤器盖,也会冲坏机油压力传感器。

(1)现象

①接通点火开关,机油压力表即指示 196kPa,起动后增至 490kPa 以上。

②发动机在运转中,机油压力表指示数值突然增高。

③有时机油压力表指示数值增高后,又突然下降至过低。

(2)原因分析

①机油的黏度过大。

②限压阀调整不当。

③新装配的发动机曲轴轴承或连杆轴承间隙过小。

④气缸体主油道堵塞。

⑤机油滤清器滤芯堵塞且旁通阀开启困难。

⑥机油压力表失准或传感器失效。

⑦机油压力增高，油路中某处破裂大量泄油，又使压力骤然下降。

(3)诊断和排除

发动机机油压力过高，应立即熄火停车检查。

①首先检查机油黏度，若过大，应换用合适型号的机油。

②用新机油压力表及传感器与旧的机油压力表及旧传感器做对比试验，若已失效，应匹配更换机油压力表或传感器。

③若上述检查良好，则应拆检限压阀弹簧，若调节得过硬，应重新调整至合适。

④再检查曲轴轴承和连杆轴承间隙，若过小，应进行瓦口加垫调整或刮研轴承。

⑤检查机油滤清器滤芯，若堵塞，应予清洁疏通；若旁通阀弹簧过软，应更换该弹簧。

⑥检查气缸体主油道，若堵塞，应予疏通。

机油压力过高的故障树如图 2-2-54 所示。

3. 机油压力过低

机油压力过低，将使润滑效果减低，磨损加剧，甚至危及机件的正常运转而使之烧坏。

(1)现象

①发动机起动后，机油压力很快降低。

②发动机运转过程中，机油压力始终过低。

③油底壳内机油被稀释，油面增高，机油黏度变小，带有浓厚的汽油味或带有水泡沫。

(2)原因分析

①机油量低于规定容量。

②机油黏度变小。

③汽油或冷却液进入油底壳内。

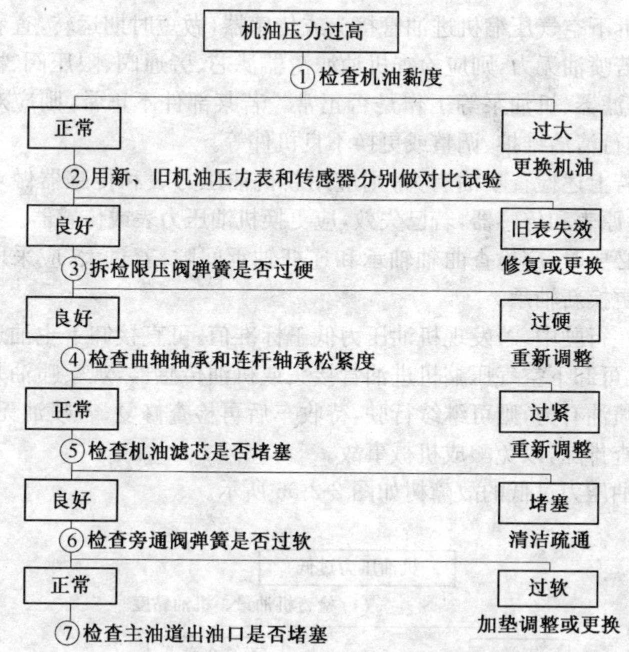

图 2-2-54　机油压力过高的故障树

④机油泵工作不正常。

⑤机油粗滤器堵塞。

⑥机油集滤器堵塞。

⑦限压阀调整弹簧弹力过低,或弹簧折断。

⑧机油滤清器旁通阀不密封,其弹簧折断或弹力过小。

⑨油管接头松动或油管破裂漏油;油道某处严重泄漏。

⑩发动机曲轴轴承或连杆轴承间隙过大;凸轮轴轴承间隙过大。

⑪机油压力表或传感器失效。

(3)诊断和分析

①拔出下曲轴箱机油尺检查油底壳内机油量,若过少,应补加至规定标准。

②检查机油黏度,若变小,应更换机油;若机油内还混杂有汽油或水分,则应进一步检查是何处渗漏,并对渗漏处采取堵漏措施。

③拆下空气压缩机进油管接头或传感器，做短时期运转，查看喷油力度。若喷油无力，则应检查机油滤清器滤芯、旁通阀、限压阀、机油进油管、集滤器、机油泵等工作是否正常。若某部件不正常，则应对症处理，如进行清洁维护、调整或更换不良机件等。

④若上述检查喷油有力，则应用新机油压力表和传感器做对比试验，检验原表和传感器，若已失效，应更换机油压力表或传感器。

⑤必要时，应检查曲轴轴承和连杆轴承间隙，若过大，应采取紧瓦措施或更换新轴承。

⑥在行驶中，若发现机油压力低于标准值，可直接卸下主油道上的螺塞，也可卸下空气压缩机进油管接头或机油传感器，观察喷油是否有力。若喷油有力，则可继续行驶，待收车后再检查修复；若喷油无力，应立即检查排除，以免酿成机械事故。

机油压力过低的故障树如图 2-2-55 所示。

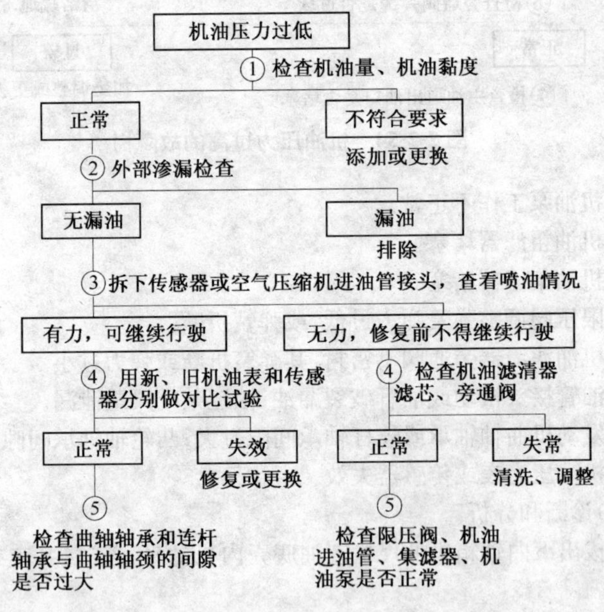

图 2-2-55 机油压力过低的故障树

4. 机油变质

(1)现象

①机油取样检查,颜色变黑,用手指捻搓,失去黏性并有杂质感。

②含水分的机油呈乳浊状并有灰色泡沫。

(2)原因分析

①机油使用时间过长,在高温和氧化作用下形成氧化物和氧化聚合物,使机油逐渐老化变质。

②活塞环漏气,混合气和燃烧废气等窜入曲轴箱中,使机油变质。

③曲轴箱通风不良,机油中混杂有废气中的燃油,使机油变质。

④发动机气缸盖或气缸体裂纹,使冷却水渗漏入油底壳内。

⑤机油泵磨损,供油能力下降。

⑥机油滤清器过脏、堵塞或密封不好,使机油短路。

⑦润滑油路堵塞。

(3)诊断和排除

①用机油尺取数滴机油滴于中性滤纸上,检查其扩散后的油迹:若中心黑色杂质较黑,粒子较粗,则说明机油含杂质(尘土、金属细末)较多已变质,应对整个润滑系统进行清洗后换用新机油。

②用手指捻搓取样的机油,若失去黏性感,说明机油内混有燃油。可进而检查曲轴箱通风是否良好,活塞的漏气量是否过大。并分别对曲轴箱通风系统采取维护措施,或拆检活塞连杆组件,重新装配对口的活塞环,或更换磨损过甚及与活塞粘结在一起的活塞环。

③检查机油,若含有水分(机油呈现灰色),可进而检查气缸壁和气缸盖,若有裂纹,则应采取堵漏措施。

④检查机油滤清器,若失效,可采取清洁、维护措施;检查润滑油道,若堵塞,应予疏通。

三、发动机异响故障

见本套丛书之二《中级汽车修理工自学读本(修订版)》的第二篇第二章第十二节内容。

四、柴油发动机燃油系统故障

见《中级汽车修理工自学读本(修订版)》的第二篇第三章第三节内容。

第三章　维修实例

第一节　发动机性能的台架检测及调整

发动机的综合性能主要是指发动机的电气系统、燃油供给系统工作状态以及混合气燃烧状态和发动机的机械工作状况等。

一、发动机性能检测参数

发动机的工作条件不稳定，它经常在转速与负荷变化的条件下运转，某些零件还要在高温、高压等条件下工作，因此，在使用过程中，其技术性能将逐渐变坏。

发动机技术性能变坏的主要症状有：功率下降，燃油、润滑油消耗量增加，废气中的有害气体含量增加，以及出现漏水、漏油、漏气、起动困难和运转中有异常响声等。

检测发动机技术性能的方法，应因检测时所选择的检测参数不同而异。在实际工作中，则可根据企业的具体条件，来选定评价发动机技术性能的参数。

发动机主要性能检测参数有下面 13 项：

1. 发动机功率

功率是发动机的一个总技术指标。发动机零件磨损，以及点火、供油、冷却、润滑等系统工作不良，都会引起功率下降。因此，用它可以综合表明发动机技术性能的好坏。

2. 燃油消耗量

这是一个综合评价技术参数。它不仅与发动机燃油供给系统的技术状况有关，同时还受点火系统、冷却系统以及底盘系统等技术状况因素的影响。汽车在使用过程中，定期检查燃油消耗量，可以作为发动机（或汽车）不解体性能检测的参考。

3. 机油消耗量

它可以反映发动机气缸活塞组的磨损情况，从而在一定程度上表明发动机的技术性能状况。机油消耗量,可用核算汽车行驶一定里程(如 1000～1500km)后的实际消耗量(不包括更换机油)与标准定额的比较来评定。

4. 发动机燃烧品质(废气 CO、HC、NO_x 的含量)

混合气在燃烧室内的燃烧情况,可以反映燃油供给系统的技术状况,也影响发动机功率的高低。因此,根据燃烧品质的好坏,可以判断发动机的技术性能。

5. 气缸压力

气缸压缩终了时的压力与气缸压缩比、曲轴转速、机油黏度及气缸活塞组的技术状况有关。对气缸压力的检测,可以判断发动机的技术状况。同时,根据检测所得的特征,还能判明是气缸活塞组漏气,还是气门与气门座不密合,并且能够查明每一个气缸的磨损情况。

6. 曲轴箱窜气量

气缸活塞组与活塞环因磨损间隙增大后,窜入曲轴箱的气体量(可燃混合气与燃烧废气)将会增加。因此,曲轴箱窜气量可以反映气缸活塞组的技术状况。

7. 气缸漏气率

在发动机不工作时,把压缩空气通过火花塞孔或喷油嘴孔充入气缸内,测量压缩空气的漏气率,可以检测气缸的磨损情况,从而判断发动机的技术状况。

8. 进气支管真空度

发动机进气支管的真空度,随气缸活塞组的磨损而改变,并且与配气机构零件状况以及点火、供油系统的调整有关。它只能用来判断发动机总的技术状况,不能确定故障的确切部位,因此,进气支管真空度的检测,仅可作为发动机不解体检测的辅助手段。

9. 点火系统工作品质

汽油发动机点火系统的工作品质,可以用点火波形曲线形式表现在荧光屏上。研究和分析点火系统点火波形的变化,可确定点火系统及其元件的技术状况,从而判断发动机的技术状况。

10. 机油压力

机油压力的变化,能表明发动机曲轴轴承总的技术状况(不能分别诊断出是主轴承还是连杆轴承的磨损情况)。

11. 机油成分

机油中磨粒(主要是铁、铬、铜、铝、硅等从零件表面上磨损下来的产物)的含量是机件磨损的函数,测量出机油中磨粒的多少,可以确定机件磨损的程度。同时,机油中磨粒含量的变化速度,亦可反映机件磨损的速度。因此,定期测定机油中磨粒的含量,可以辅助确定发动机的技术状况。汽车使用中的机油品质,可通过机油成分分析仪来测定。

12. 发动机温度

它可以作为发动机不解体检测时的辅助测量参数。它除能表明冷却系统的技术状况外,尚可反映气缸活塞组间隙是否得当,点火时刻是否合适,燃烧室积炭是否过多,配气相位是否失准等。

13. 发动机异响和振动

发动机工作时出现异响和振动,是技术状况不良的有力证明。它表明各机件因磨损增加而导致零件配合间隙变大。对工作时产生的异响和振动信号分析处理,则可判定发动机的技术状况。

二、发动机燃烧品质检测

检测发动机的燃烧品质,通过检测其排放污染物的方法进行。

1. 排放污染物的检测标准

在 GB18285—2005《点燃式发动机汽车排气污染物排放限值及测量方法(双怠速法及简易工况法)》中,对汽车废气排放标准及测量方法作了如下规定:

(1)装用点燃式发动机的新生产汽车,型式核准和生产一致性检查的排气污染物排放限值参见表 1-2-1。

(2)装用点燃式发动机的在用汽车,排气污染物排放限值参见表 1-2-2。

2. 检测设备

(1)不分光红外线 CO 和 HC 气体分析仪

这是用于检测汽油发动机排放物的一种设备,它有单独检测 CO 和 HC 浓度的单项分析仪,也有能测这两种气体浓度的综合分析仪。它是一种能够从发动机排气管采集气样,而后对其中所含 CO 和 HC 浓度进行连续测量的仪器。

综合分析仪的外部构造如图 2-3-1 所示。它由废气取样装置、废气分析装置、废气浓度指示装置和校准装置等组成。

废气在分析仪内的流动路线，见图 2-3-2。

(2)滤纸式烟度计

它是用于检测柴油发动机排气烟度的一种设备。图 2-3-3 所示为常见滤纸式烟度计的组成和工作原理。它由废气取样装置（见图 2-3-4）、污染度指示装置（见图 2-3-5）、污染度检测装置和校准装置等组成。

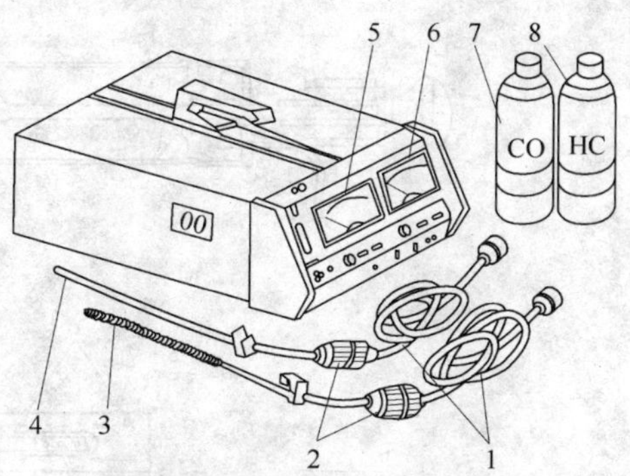

图 2-3-1　CO、HC 综合测量仪

1. 导管　2. 滤清器　3. 低浓度取样头　4. 高浓度取样头　5. CO 指示仪表　6. HC 指示仪表　7. 标准 CO 气样瓶　8. 标准 HC 气样瓶

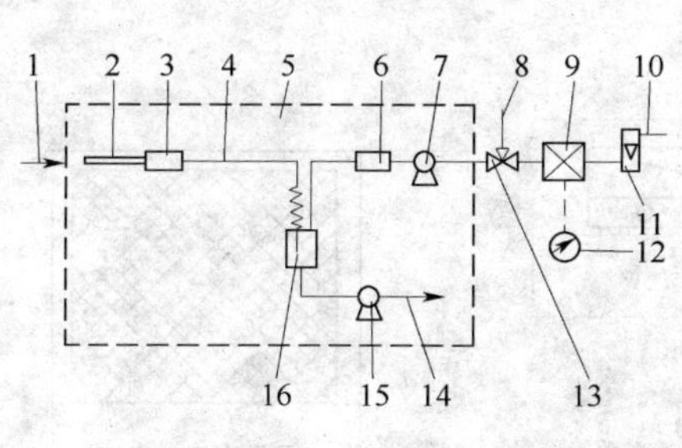

图 2-3-2　分析仪气体流动路线

1. 废气　2. 取样头　3、6. 滤清器　4. 导管　5. 废气取样装置　7. 泵　8. 标准气样入口　9. 废气分析装置　10. 排气口　11. 流量计　12. 指示仪表(CO 和 HC)　13. 换向阀　14. 排水　15. 排水泵　16. 水分离器

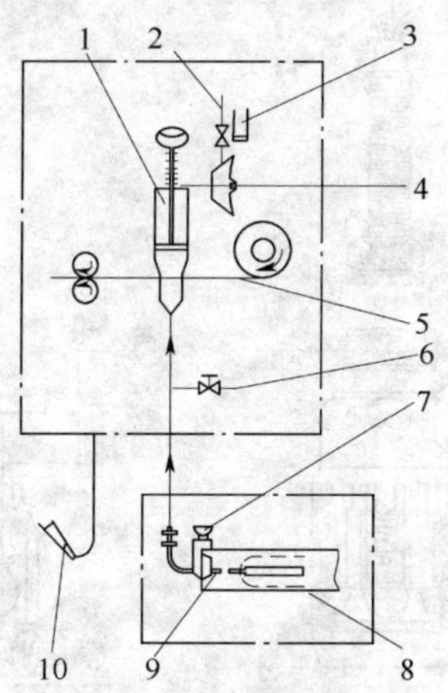

图 2-3-3　滤纸式烟度计的组成及废气流动路线

1. 吸气泵　2. 压缩空气　3. 电磁阀　4. 气动快门开关　5. 滤纸　6. 压缩空气　7. 安装夹具　8. 排气管　9. 取样头　10. 踏板开关

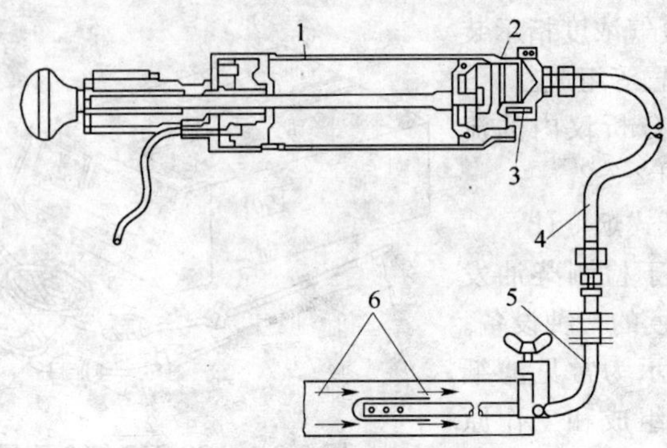

图 2-3-4　废气取样装置

1. 吸气泵　2. 滤纸插入口　3. 滤纸压紧器
4. 导管　5. 取样头　6. 废气

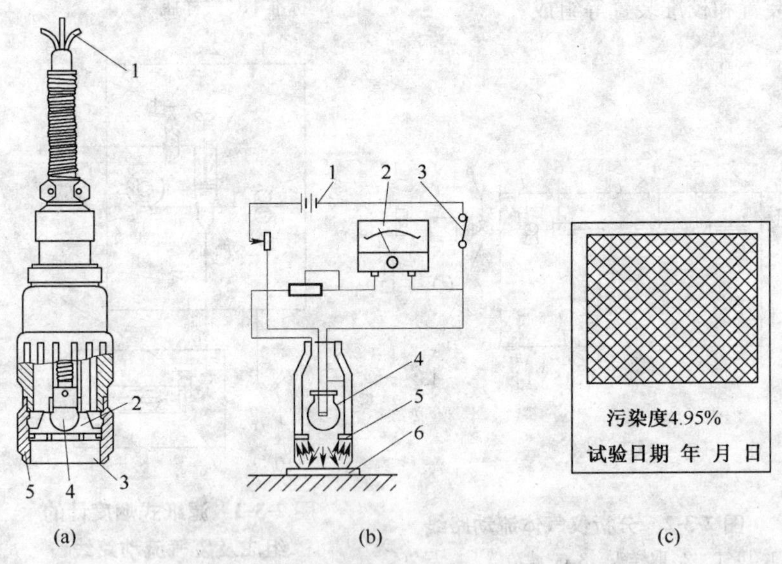

图 2-3-5　污染度检测、指示装置和标准色纸

(a)污染度测量装置　1. 电线　2. 灯泡罩　3. 滤纸接触面
4. 电灯泡　5. 光电元件　(b)污染度指示装置电路
1. 稳压电源　2. 指示仪表　3. 电源开关　4. 灯泡
5. 光电元件　6. 滤纸　(c)校准用标准色纸

3. 检测方法

(1)利用不分光红外线 CO 和 HC 气体分析仪进行汽油发动机的排放污染物检测

测量仪的准备:

①因为使用方法根据测量仪的牌号、型式而有所区别,所以一定要认真阅读所用测量仪的《使用说明书》,掌握正确的使用方法。

②按表 2-3-1“HC 和 CO 分析仪检查调修表”所规定的项目及期限,进行检查校准。

表 2-3-1 HC 和 CO 分析仪检查调修表

检查周期	检查部位	检查要领	调修方法
使用前	指示仪表	通电前,检查仪表指针是否在机械零点上	指针失准,可用零点调整螺钉调到零点
	流量计	把导管从测量仪上的废气入口处拔下来,用手把废气入口挡住,检查流量计工作情况	不能正常工作时,要请厂家或专人进行修理
	取样头和导管	检查有无压扁、破裂、堵塞和脏污等情况	压扁、破裂时应换上新件,脏污、堵塞时,用布条或压缩空气清洁
	滤清器	检查脏污情况	脏污时,应更换滤芯
	水分离器	检查积水量	有积水,取下排尽并清洗
	校准装置 (1)标准气体校准装置	通电后,预热分析仪,分析仪吸进新鲜空气,检查仪表指针能否调到零位	无法调到零位,请教厂家或由专人进行修理
		关掉泵开关(有“校准·测量”转换开关的,扳到“校准”侧),灌入标准气样,检查指针是否能调到标准位置(按厂家规定校准间隙周期进行)	HC 分析仪的标准气样为丙烷,故应按下式计算校准的标准值 校准的标准值=标准气样浓度×换算系数
	(2)简易校准装置	接通简易校准开关,检查工作情况及仪表指针位置(应对准刻度线)	无法调整时,应请教厂家或由专人进行修理
	各种导线	检查有无因损伤引起的接触不良的部位	有接触不良或断线处,应焊好或更换
一年	接受有关部门的校定		

③校准气体标准值换算:

a. CO的校准值，就是标准气样瓶上标明的CO浓度值。

b. HC的校准标准值，由于是用丙烷作为标准气样，因此要按下式求出正乙烷的换算值，再以它作为校准的标准值。

$$A=B\times C$$

式中 A——校准的标准值(正乙烷换算值)；

B——标准气样浓度(丙烷)；

C——换算系数(分析仪的给出值，标在铭牌上，一般为0.472～0.578)。

例如，当分析仪标明的换算系数为0.530，HC标准气样瓶上标明的丙烷浓度值为700×10^{-6}时，则HC的校准标准值$A=700\times10^{-6}\times0.530=3.71\times10^{-4}$。

④接通电源，预热分析仪0.5h以上。

⑤用标准气样校准(见图2-3-6)：先让仪器吸入清洁空气，用零点调整旋钮2、7把仪表指针调到与零点重合，然后关掉泵开关9，并从仪器的标准气样注入口12注入标准气体，再用标准调整旋钮1、6把仪表指针调到标准指示值。

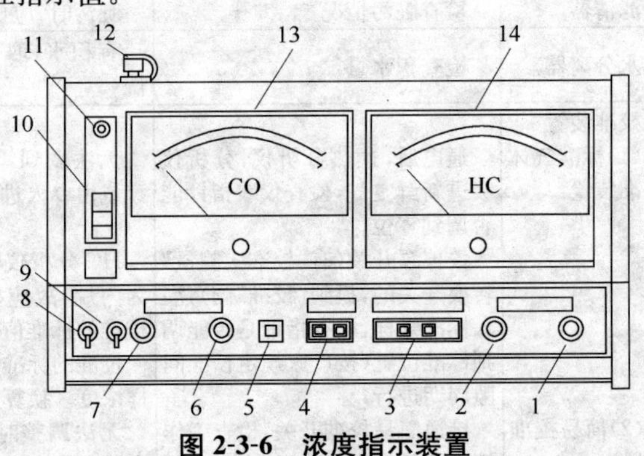

图2-3-6 浓度指示装置

1. HC标准调整旋钮 2. HC零点调整旋钮 3. HC读数转换开关 4. CO读数转换开关 5. 简易校准开关 6. CO标准调整旋钮 7. CO零点调整旋钮 8. 电源开关 9. 泵开关 10. 流量计 11. 电源指示灯 12. 标准气样注入口 13. CO指示仪表 14. HC指示仪表

⑥简易校准：接通简易校准开关，对于有校准位置刻度线的分析仪，用标准调整旋钮将指示仪表的指针调整到正对校准刻度线即可。

如果没有校准位置刻度线，则要在标准气样校准时，在标准指示值上做上标记，然后立即进行简易校准，使仪表指针与标准指示值标记重合。

⑦把取样头和取样导管安装到分析仪上。注意仪表指针如果超过零点，则表明导管内壁吸附有较多的 HC，需要用压缩空气或擦布等清洁取样探头和导管。

被测发动机的准备：

①起动、预热发动机，使之达到规定的热状态，见表 2-3-2。

表 2-3-2　发动机的热状态

四 冲 程	水　冷	水温 60℃以上
	风　冷	油温 40℃以上

②按该车使用说明书的规定，调整好怠速转速和点火正时。

③受检发动机的排气系统不得有泄漏。

④检查分析仪的取样探头，其可插入消声器排气管的深度应≮300mm，否则排气管应加接管，并要保证其接口不漏气。应当注意的是：不同冲程数的发动机，要用不同的取样探头。

检测步骤：

①把发动机由怠速加速到中等转速，维持 5s 以上时间，再降至怠速状态。

②将分析仪指示仪表的读数转换开关旋转到最高量程档位。

③将取样探头插入排气管中，插入深度应≮300mm。

④选择适当的量程，待指针稳定后读数。

⑤若为多排气管时，则取各管测值的算术平均值。

⑥检测完毕，抽出取样探头，让它吸入 5min 时间新鲜空气，待仪表指针回到零位后再关掉电源。

检测注意事项：

①测量时，发动机不能高速运转，转速一定要控制在规定的怠速范围内。

②一定不要把导管折起来测量。

③取样探头、软管分为低浓度和高浓度用两种，应当分别采用。

④需连续检测时，应检测完一台发动机，抽出取样探头，待仪表指针回到零位后，再测下一台发动机。

⑤严禁在有油或有机溶剂的地方进行测量。

⑥在室内检测时,要注意通风换气,以免工作人员中毒。

⑦测量结束后,要立即把取样探头从消声器排气管中抽出来。

⑧取样探头不用时,要垂直吊挂起来,防止平趴地下,以免管内积水腐蚀探头。

⑨分析仪应平放在湿度小、温差小、无振动的地方。

⑩校准用气样有毒,要加强管理。

(2)利用滤纸式烟度计进行柴油发动机的排气烟度检测

①仪器准备:

a. 由于使用方法是因烟度计的牌号、型式不同而有所区别的,所以一定要认真阅读烟度计的“使用说明书”,掌握正确的操作方法。

b. 按表 2-3-3“烟度计检查调修表”所规定的项目及期限进行检查和校准。

表 2-3-3 烟度计检查调修表

检查周期	检查部位	检查要领	调修方法
使用前	指示仪表	通电前,检查仪表指针的机械零点	仪表失准,可用零点调整螺钉使指针与 100%的刻度重合
		通电后,进行必要的预热,用标准色纸检查仪表指针是否符合污染度数值	不能调整时,清扫检测装置、更换规定的灯泡
	取样头和导管	检查有无压扁、破裂、堵塞、污染等	有压扁、破裂时,换新件;有污染、堵塞时,可用布条或压缩空气进行清洁
	压缩空气调节器	检查控制压力	按规定的压力调整
	空气吹洗机构	检查空气吹洗机构的工作情况	如不动作,检查空压机压力表和测量装置上的气压调节器
	吸气泵和脚踏开关	检查动作情况	动作不灵活,请专人修理
	滤纸送给机构	检查有无滤纸和动作情况	无滤纸时,补充;动作不灵活,请教专人修理
	各种导线	检查有无因损伤引起接触不良的部位	有接触不良或断线的导线,要焊好或更换
一个月	检测装置	检查污染和变形	污染时清洗;变形时更换新件
一年	接受有关部门的校定		

c. 接通电源，预热烟度计 5min 以上。

d. 检查脚或手控制的吸气泵开关与吸气泵工作是否同步。

e. 检查控制和清洗用压缩空气的压力是否符合要求。

f. 检查滤纸是否合格，滤纸应洁白、无污染。

②被测发动机的测前准备：

a. 起动发动机并预热，直到规定的热状态。

b. 检查燃用柴油，若加有消烟剂，应更换。

c. 检查排气系统，不得有泄漏。

d. 应保证取样探头插入排气管内的深度≮300mm，否则，排气管应加接管，并需保证两者接口不漏气。

③检测步骤：

a. 把取样探头逆气流方向固定于排气管内，并使其中心线与排气管轴线大致重合（如图 2-3-7 所示）。

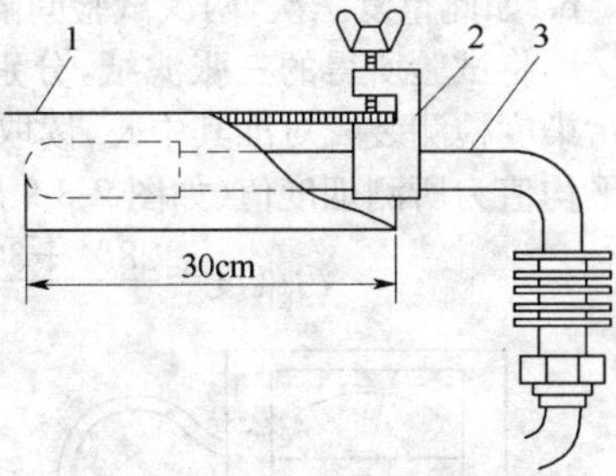

图 2-3-7　安装取样探头

1. 排气管　2. 安装夹具　3. 取样探头

b. 将踏板开关安装在加速踏板上，或将手动橡皮球通过远控软管引入驾驶室内。

c. 将吸气泵的活塞推到最前端并锁上，然后装上滤纸。

d. 按图 2-3-8 所示的检测规程，进行自由加速烟度的检测。先由怠

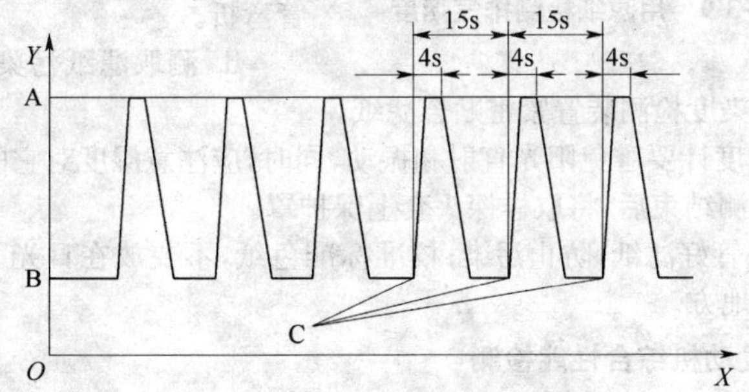

图 2-3-8　自由加速烟度检测

X—时间　Y—转速　A—最高转速　B—怠速　C—测量开始点

速工况将加速踏板踩到底，约 4s 时迅速松开。如此重复三次，以便将排气管内的炭渣吹掉。

e. 然后怠速运转 11s。在此期间内用压缩空气吹扫机构，对取样探头和软管吹扫 3～4s。

f. 将加速踏板与踏板开关一并迅速踩到底，维持 4s 后即松开加速踏板，并维持 11s。

g. 更换新滤纸，用压缩空气清洁取样探头及软管 3～4s，同时将吸气泵的活塞推到吸气位置。

h. 如此重复三次，两次试验间隔时间为 15s。

i. 将试验所得的三张滤纸，分别放在以 10 张为一叠的新滤纸上，用污染度检测装置对准其中心，读取仪表指针指示值，取三次读数的算术平均值为所测烟度值(如图 2-3-9 所示)。即

$$污染度=\frac{28\%+30\%+29\%}{3}=29\%$$

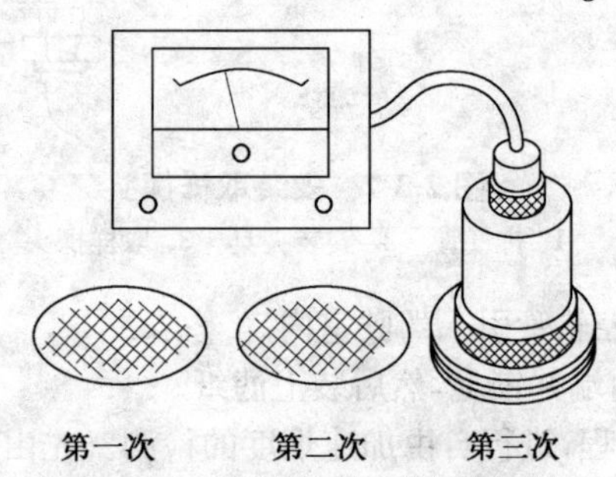

图 2-3-9　用滤纸检测排气烟度

④检测注意事项：

a. 装滤纸时，滤纸与取样装置装滤纸处的接触面，要贴合紧密。

b. 取样软管的内径和长度对检测结果有影响，因此不得随意更换。

c. 测量时，不要使取样软管弯折。

d. 测取滤纸污染度时，要注意使污染度检测装置紧密贴合滤纸。

e. 烟度计要避免阳光直射和振动，同时，应注意湿度对它的影响。

f. 检测结束后，将取样探头套上保护罩。

g. 保管好滤纸，防止污染；校准标准色纸，不要放在日光下暴晒和多灰尘的地方。

三、发动机综合性能检测

发动机的综合性能主要是指发动机的电气系统、燃烧供给系统工作状态，以及混合气燃烧状态和发动机的机械工作状况。

1. 主要检测项目

①点火系统各项指标:包括触点闭合角,分电器重叠角,点火提前角,各缸点火高压。

②起动电流、起动电压和起动转速。

③气缸压力。

④发动机配气相位动态。

⑤柴油发动机供油系统指标:喷油嘴喷油状况;喷油泵供油压力;供油均匀性。

⑥汽油发动机单缸动力性。

⑦发动机的动力性(加速时间或功率测量)。

⑧发动机混合气燃烧状况分析。

⑨发动机异响(曲轴轴承响,连杆轴承响,活塞销响,敲缸响,气门响等)分析。

2. QFC-3 型发动机综合性能测试仪的主要测量项目及技术指标

发动机综合性能检测设备大都是由各单项性能检测仪组合而成的,如点火示波器、触点闭合角试验器、燃烧试验器、压缩压力试验器、发动机转速仪和正时灯等。

国产 QFC-3 型汽车发动机综合测试仪可以测量发动机点火系统的全部性能指标,判断发动机单缸动力性和整机动力性,并具有异响诊断和配气相位动态测量等功能。其主要测量项目及技术指标,如表 2-3-4 所列。

表 2-3-4 主要测量项目及技术指标

测量项目		量程与精度
点火系统	闭合角	四缸:0°～90°±2°;六缸 0°～60°±1°;八缸 0°～45°±1°
	重叠角	分辨力:0.5°
	提前角	四缸:0°～45°;六缸:0°～30°;八缸:0°～22.5°±1°
	分电器技术状况	检查断电器触点是否烧蚀,检测弹簧力是否正常,检测电容器状况
	点火波形	测量点火高压(kV)值;测量火花塞加速千伏特性及点火系统各种故障
转速		0～3000r/min;0～(7500±20)r/min
异响分析		判断曲轴轴承、连杆轴承、活塞销、敲缸、气门等异响的程度和部位

续表 2-3-4

测量项目	量程与精度
配气相位	精度：±1°
动力性测量	选缸转速下降测量精度：10r/min，加速时间测量显示精度：±0.001s
蓄电池及充电系统	蓄电池端电压及起动电压降

3. QFC-3 型发动机综合性能测试仪的主要工作原理

(1)点火示波器及闭合角、重叠角、点火提前角的测量

点火系统各元件技术状况的判断和参数测量、异响波形的显示、配气相位的测量等，都直接或间接地由示波器来完成。因此，屏幕上有专用刻度，将波形和凸轮角度对应起来进行闭合角、重叠角、提前角的测量。

通常在屏幕上可观察到如下几种波形：

①单缸直列波形：发动机工作时，次级电压的实际波形即为直列波。图 2-3-10 所示是发动机在 1500r/min 时放大后的标准单缸直列波形图。波形上各点的意义见图注。

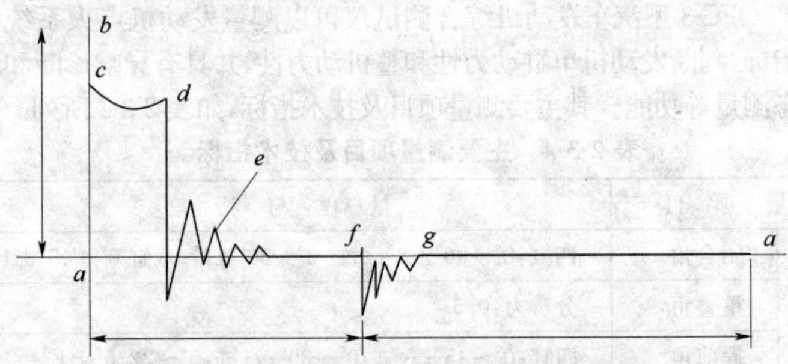

图 2-3-10　单缸直列波的标准波形

a—断电器触点打开，初级电压急剧上升　*ab*—击穿电压　*bc*—电容放电　*cd*—电感放电，称为火花线　*e*—火花消失后，剩余磁场能维持的衰减振荡，称为第一次振荡　*f*—断电器触点闭合　*g*—触点刚刚闭合时，由于初级电流突然接通而引起的少许振荡，称为第二次振荡　*af*—触点打开的全部时间(触点打开段)　*fa*—触点闭合的全部时间(触点闭合段)

②多缸重叠波形：是将各单缸的直列波形重叠在一起的波形。六缸发动机的标准重叠波形如图 2-3-11a 所示。

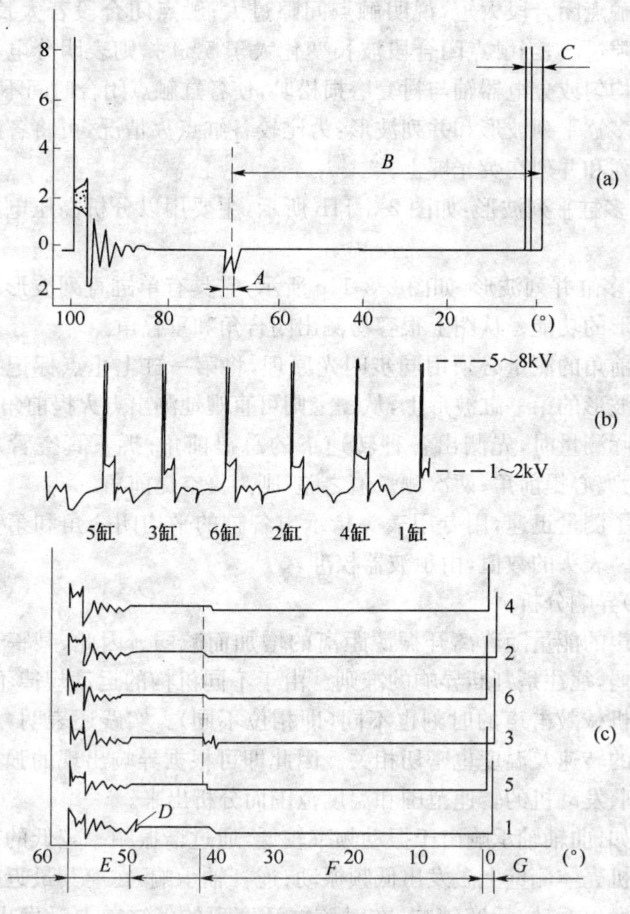

图 2-3-11　多缸波形

(a)多缸重叠波形　(b)多缸平列波形　(c)多缸并列波形

A—波形变化范围　B—触点闭合波形　C—重叠角

D—1 缸上止点标记　E—提前角　F—闭合角　G—重叠角

在正常情况下，四缸发动机断电器触点闭合段，应占周期的 45%～

50%;六缸发动机占63%~70%;八缸发动机占64%~71%。

波形变化范围,不应超过滤段长度的5%。

若触点闭合段太短,说明触点间隙过大;触点闭合段若太长,说明触点间隙过小;当触点闭合段波长变化大于5%时,则表明分电器凸轮磨损不均匀或分电器轴与衬套磨损松旷,使各缸触点闭合时间不等。

③多缸平列波形和并列波形:为比较各缸点火情况,可将各缸点火波形平列和并列在荧光屏上。

a. 多缸平列波形:如图2-3-11b所示,主要用以分析高压电路的故障。

b. 多缸并列波形:如图2-3-11c所示,它具有单缸直列波形和多缸重叠波形的功能。从图上很容易测出闭合角和重叠角。

提前角的测量必须用同步闪光原理,将第一缸上止点标记打在标准并列波形的第一缸波形上,从图上则可直观地测出点火提前角。

实际测量时,先测出各种转速下的总提前角;拆下真空管后再重测,即为离心提前角;两次测量值之差,则为真空提前角。

为了测量迅速,用专用表头指示出各缸的平均闭合角和第一缸的提前角。表头的数值,由示波器校准。

(2)异响分析

响声的能量随着离开振源距离的增加而减弱。因此,某一部位的振动强弱,往往是判断异响的准则。由于不同机构的运动规律不同,因此出现机械敲击声的时刻也不同(即相位不同)。实践还表明,异响和发动机的转速及温度也密切相关。因此即可根据异响出现的强振动部位、时刻、发动机的转速范围和温度范围而分析出来。

例如,曲轴轴承响由于振动频率较低,通过谐振频率较低的油底壳或发动机壳体侧壁上激发出低频振动;连杆轴承响,在离其最近的壳体侧面激发出振动;活塞销响,在对该缸活塞顶的气缸盖上激发出振动;由于振动方向的原因,活塞敲缸响在正对该缸外侧气缸壁上产生的振幅最大;气门响,在正对该缸活塞顶的气缸盖上激发出频率较高的振动;再如发动机气门响声、敲缸响声,一般出现在稍高的怠速工况,此时响声最明显。而活塞销响在1000~2000r/min时则较为明显。

(3)配气相位的动态测定

由于点火示波器具有相位鉴别能力，只要把各缸上止点标记和气门关闭时振动的波形同时显示在示波器上，就可进行此动态测量。

配气机构的响声，断火时一般不会发生变化，而且不出现在本缸的做功行程上，根据发动机的配气相位图，可十分方便地推算出进、排气门关闭时刻在点火示波器上应出现的位置。

以解放 CA1091 型汽车为例，进气门在上止点前 12°打开，下止点后 48°关闭；排气门在下止点前 42°打开，在上止点后 18°关闭。

对于第一缸来说，排气门是在做功行程上止点后 378°关闭（360°＋18°），由于曲轴转角为凸轮轴转角的两倍，因此换算到凸轮轴上的转角为 189°，也就是说，在按点火顺序排列的并列波形上，第一缸排气门是在第六缸上止点后 9°关闭；同样，第一缸进气门是在上止 点前 132°时关闭，换算到凸轮轴上的转角为 66°，应该在并列波形第四缸上止点前 6°的位置关闭。

同理，可以推出其他各缸的进、排气门关闭位置，其结果列于表 2-3-5。

表 2-3-5 进、排气门关闭位置观察表

气缸号	气门	观察并列波缸号	气门关闭位置	
			解放 CA1091 型	东风 EQ1090 型
1	进	4	4 缸上止点前 6°	4 缸上止点前 2°
	排	6	6 缸上止点后 9°	6 缸上止点后 10°
5	进	1	1 缸上止点前 6°	1 缸上止点前 2°
	排	2	2 缸上止点后 9°	2 缸上止点后 10°
3	进	5	5 缸上止点前 6°	5 缸上止点前 2°
	排	4	4 缸上止点后 9°	4 缸上止点后 10°
6	进	3	3 缸上止点前 6°	3 缸上止点前 2°
	排	1	1 缸上止点后 9°	1 缸上止点后 10°
2	进	6	6 缸上止点前 6°	6 缸上止点前 2°
	排	5	5 缸上止点后 9°	5 缸上止点后 10°
4	进	2	2 缸上止点前 6°	2 缸上止点前 2°
	排	3	3 缸上止点后 9°	3 缸上止点后 10°

由上表可以看出，各缸进、排气门关闭时刻的观测次序，仍然是按点火顺序排列的。为了使波形上第一缸上止点标记能代表其他各缸上

止点，若分电器重叠角>1°时，应换用经过挑选的专用分电器，其重叠角在各种转速下均应接近于零。

(4)选缸转速下降测量

人为地使某一缸火花塞短路，然后根据转速下降来判断该缸工作状况的好坏。

仪器面板上有按键，可十分方便地使任一缸短路，以观察各缸工作情况和功率平衡情况。

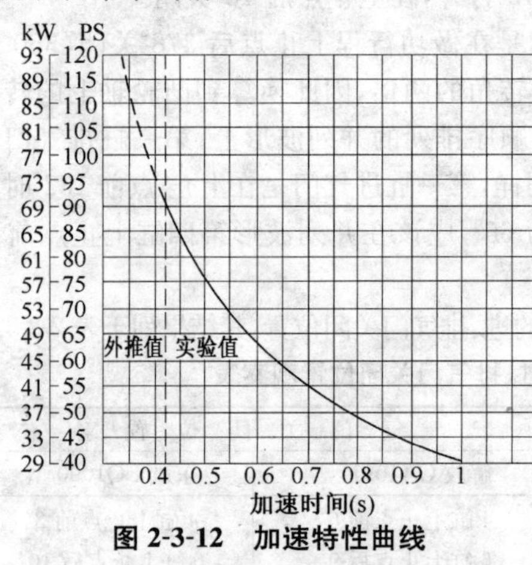

图 2-3-12 加速特性曲线

(5)加速时间测量

发动机在节气门急速全开下，从某一转速增加到另一转速所需的时间越短，说明其动力性越好。从理论上讲，如忽略发动机摩擦力矩的影响，则功率和加速时间成正比。

图 2-3-12 为某中型汽油车的实验曲线，根据曲线就可标定加速时间和对应的功率值。

(6)蓄电池及充电系统检查

为了判断蓄电池是否良好，除了测出蓄电池未使用时的端电压值外，还必须测出起动机大电流放电时的电压值。对于12V蓄电池来说，起动时蓄电池电压应≮9V，否则，说明蓄电池电量不足或接触不良。

通过示波器观测发电机输出脉冲的直流波形，并用电压表直接测出直流电压值，可测出调节器的闭合电压，从而对调节器的弹簧进行调整。使发电机高速运转，电压表的指示即为最高充电电压值，一般为13.8～14.8V。

4. 使用 QFC-3 型综合测试仪检测发动机综合性能

仪器的面板如图 2-3-13 所示，实际使用时，和被测发动机的连接如图 2-3-14 所示。

θ
0. 4 2 0
r/min
4 2 6 3 5 1
80 70 60 50 40 30 20 四缸
60 50 40 30 20 10 五缸
凸轮角度
异响输入
直流12V输入
点火信号输入
J01
功能选择
8 缸
6 缸
4 缸
2 缸
测试
测量
J02
异响分析
全频异响
选择异响
配气相位
J03
异响选择
8 7 6 5 4 3 2 1
J04
自检输入
垂直幅度
垂直位置
亮度
J05
辅助同步
水平同步
水平位置
水平幅度
J06
选缸测量
8 7 6 5 4 3 2 1
4 2 6 3 5 1
J07
示波选择
初级重叠
初级并列
初级平列
正点火高压
负点火高压
异响分析
J08
r/min测量
0~3000
0~2500
0~2000
0~1500
单缸断火
J09
θ测量
闭合角
提前角
本机电流
停车
J10
n_1细调
n_2粗调
门控测量
ΔT测量
J11
电源指示
模拟闭合角
模拟转速
复零
J12
电源开关
正时灯插座
J13

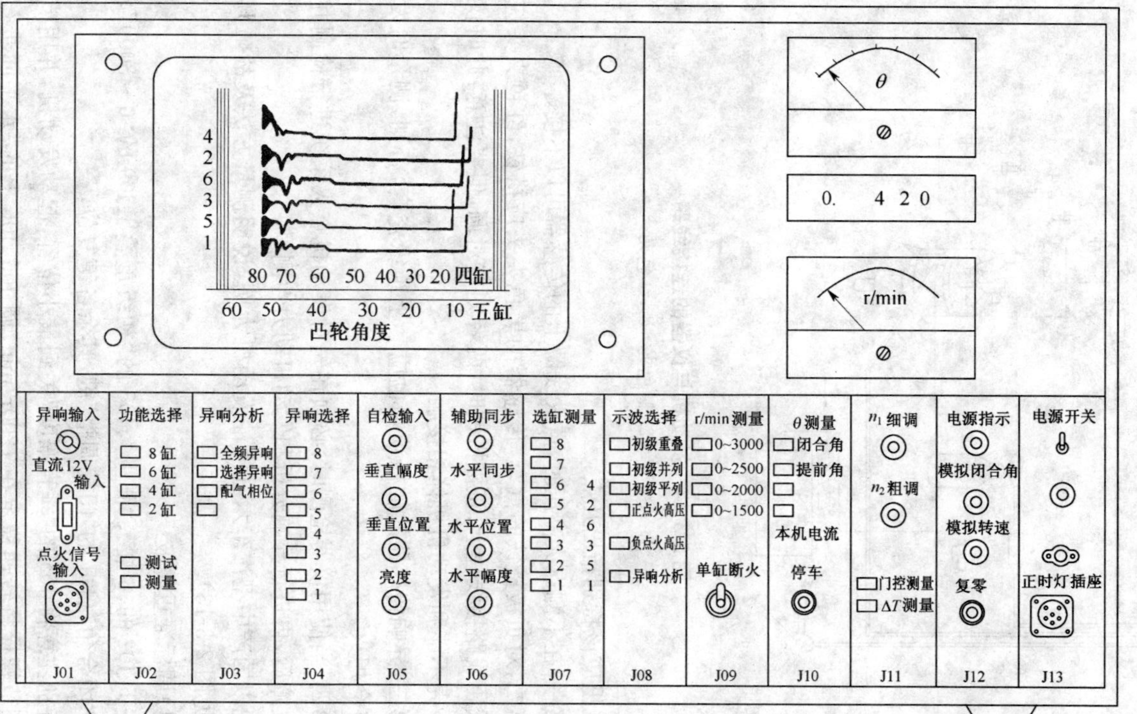

图 2-3-13　仪器面板

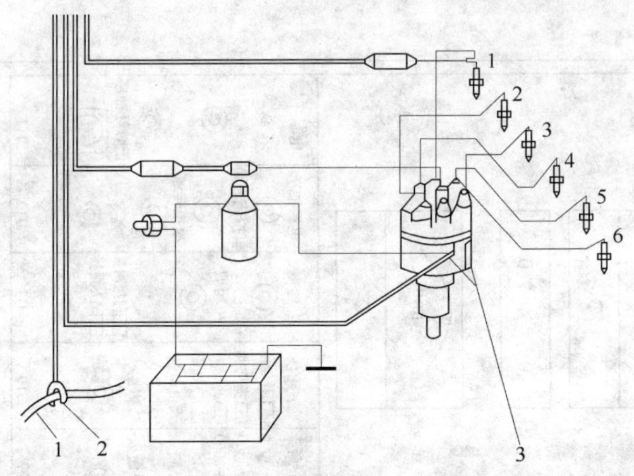

图 2-3-14 发动机与仪器的连接线路

1. 真空管 2. 黑色夹 3. 红色夹

这里应该特别指出几点：

第一，在不测点火高压时，点火线圈上的传感器可以不接。

第二，对负极搭铁的汽车，传感器的黑色夹头应搭铁，红色夹头应接在低压线路接线柱上；正极搭铁时，两者则应对调，但要注意：此时仪器的外壳不能和发动机机体相接触。

第三，异响传感器的触杆顶端也应套上绝缘瓷套，否则，测量时发动机将会熄火。

第四，当使用仪器检测时，必须在先对发动机点火系统进行检测并排除故障后，再进行异响分析和发动机动力性测量。

现以国产中型汽车六缸汽油发动机为例，说明测量方法及故障判断(参见图 2-3-13)。

(1)调标准重叠波

按下 J02 的“6 缸”、“测量”、J08 的“初级重叠”、J09 的“0～3000”、J10 的“闭合角”、J11 的“门控调整”键，其余各键复位。

特别注意将 J05 的“垂直幅度”关到最小位置，起动发动机，并用节气门调节螺栓将转速稳定在 1200r/min，调 J05、J06 上的“水平同步”、“水平位置”、“水平幅度”、“垂直位置”、“亮度”等示波器功能旋钮，即可得到标准重叠波。

(2)故障判断及调整

按下 J08 的“初级并列”键，即得到标准的触点并列波形，如图 2-3-11c 所示。利用该波形，可进行如下参数测量和故障判断：

①将波形两端与示波屏幕刻度的边线对齐，即可从波形上读出各缸的闭合角值，而 θ 值表头指示的是六缸平均闭合角，两者应基本一致。

故障判断及调整：六缸发动机闭合角的标准值为 38°～42°，若闭合角太小，说明触点间隙大；反之，若闭合角太大，说明触点间隙太小。因此，应调整触点间隙使闭合角为标准值，并重新“对火”，以保证发动机应有的动力性。

四缸发动机的闭合角标准值为 40°～45°(注意：凸轮间隔角度为 90°)。

八缸发动机闭合角的标准值为 29°～32°(注意：凸轮间隔角度为 45°)。

②重叠角的测量：在波形与屏幕刻度边线对齐的情况下，重叠角很容易直接读出。

故障判断与调整：若重叠角大于 3°，说明分电器凸轮角度不规则或分电器轴松旷。

③若并列波形某一缸触点闭合时的下跳沿有杂波 A，说明触点烧蚀，如图 2-3-15a 所示。

④若某一缸触点闭合点附近或触点闭合波段有杂波，则可能是触点臂弹簧力不足，从而在发动机运转时由于振动使下触点接触不良(见图 2-3-15b)。

⑤某一缸火花塞跳火波形振幅减小且明显变宽，而且变得平直，不上下跳动，说明该缸火花塞

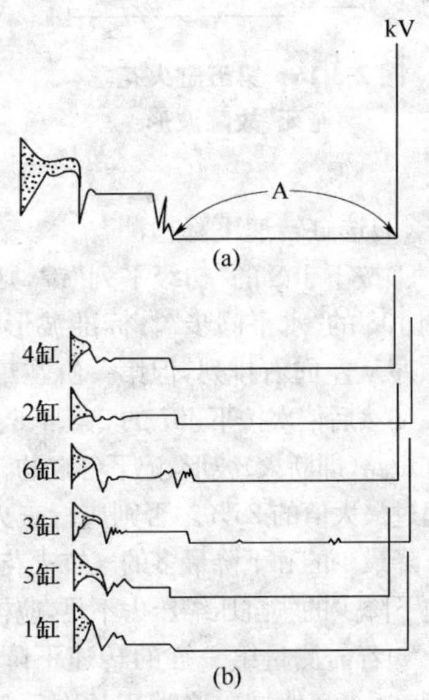

图 2-3-15　分电器故障波形

(a)触点烧蚀故障波形

(b)触点臂弹簧太软故障波形

“淹死”，如图 2-3-16 所示，此时应清洁和干燥该缸火花塞，调整至正常；若波形时好时坏，说明该火花塞性能不良，可根据后面的选缸转速下降值，决定是否更换。

⑥若每一缸波形的振铃减小，幅度也变低，可能是电容器漏电或断路，如图 2-3-17 所示。此时应更换漏电的电容器或接好其断路处。

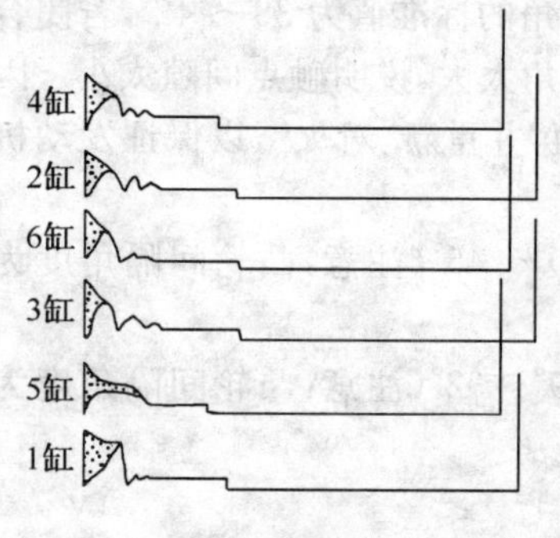

图 2-3-16　第五缸火花塞“淹死”故障波形

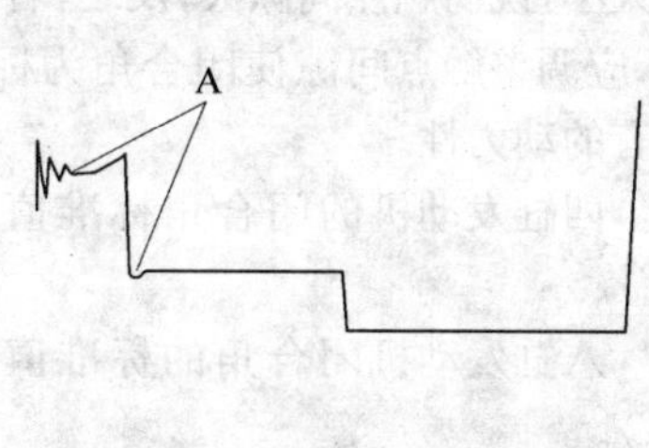

图 2-3-17　电容器性能不良故障波形

A—振铃减小

(3)选缸转速下降检测

①按下 J08 的“初级平列”键，则出现平列波形，若波形不够稳定，可略调 J06 的“水平同步”。标准波形如图 2-3-11b 所示。各缸峰值按点火顺序从左向右排列，但第一缸在最右端。

②然后依次按下 J07 的 2、3、4、5、6 键(分别代表 5、3、6、2、4 缸)，则出现选缸短路(即断火)波形，记下各缸的转速下降值。最大值和最小值之差，不应超过最大值的 25%。否则应检查火花塞点火是否正常，必要时，可将转速下降最少的和下降最多的气缸火花塞对调重测，如测量结果不变，即说明转速下降少的气缸压缩压力不足，应检查该缸的机械故障。

③若需测量第一缸的转速下降值，则应将第一缸上的传感器移至第四缸(或其他缸)，这时 2、3、4、5、6 键分别代表 1、5、3、6、2 气缸。

应当注意：测完第一缸转速下降值后，应及时将传感器移回第一缸，以免以后测提前角时找不到第一缸的上止点标记。

(4)点火高压检测

按下 J08 的“正点火高压”或“负点火高压”键，使屏幕上出现如图 2-3-11b 所示的标准高压波形。

利用该波形，可完成以下参数测量：

①各缸点火高压(kV)值测量：将波形底部对准 kV 刻度的 0 线，即可以由 kV 刻度上直读出来，一般为 6～8kV，各缸的最大相差值应不超过 2kV。

②短路高压测量：将某缸火花塞对地短路，该缸跳火电压应≯5kV，否则说明分火头和分电器盖触点间隙过大或高压线接触不良，其波形如图 2-3-18a 所示。

③断路高压测量：将某缸火花塞高压线取下，该缸高压值应为 30kV 以上，否则说明高压线绝缘不良或点火线圈、电容器的性能不良，其波形如图 2-3-18b 所示。

④火花塞加速 kV 特性测量：调节化油器调节螺栓，使发动机至怠速；再将发动机转速稳定在 800r/min 左右。然后突然开大节气门，使发动机加速，各缸跳火电压会相应增大，但增大部分不应超过 3kV，否则应更换该缸火花塞。

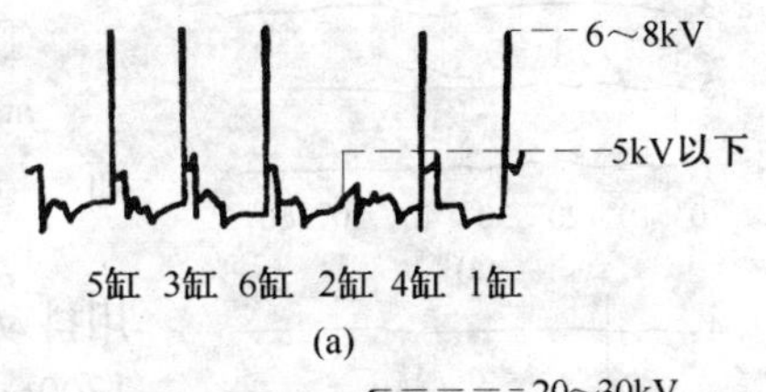

(a)

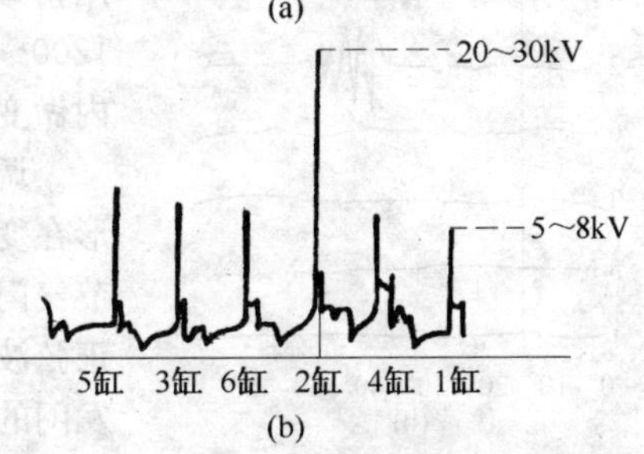

(b)

图 2-3-18　第二缸火花塞的故障平列波形

(a)高压短路的平列波形

(b)高压线取下的平列波形

(5)点火提前角检测

①先用粉笔或油漆将飞轮上第一缸“上止点”描白，将发动机稳定在怠速，打开正时灯去观察飞轮上第一缸的“上止点”标记。

②调整正时灯上的电位器，使飞轮上的标记和飞轮壳体上的标记对齐，θ 表头的读数即为怠速时的总提前角。

③测完后，注意将正时灯及时关闭，并按下 J10 的“闭合角”键。

(6)异响分析

通过前面的检测，发动机的工作状况已基本被调整正常，若其原分电器的重叠角大于 3°，最好换用较好的分电器。

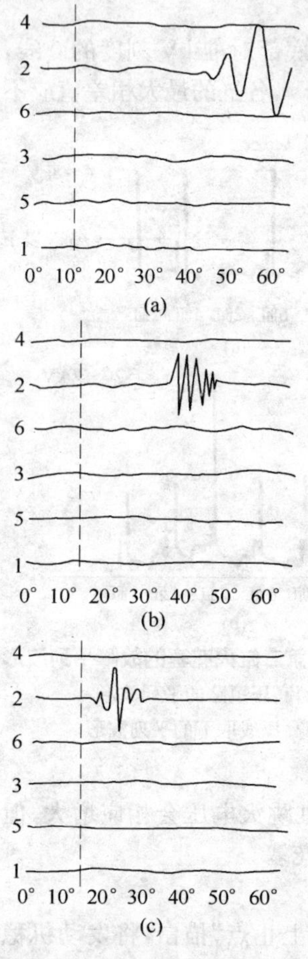

图 2-3-19　第二缸的故障波形

(a)曲轴轴承响故障波形(1200r/min)

(b)连杆轴承响故障波形(1200r/min)

(c)活塞销响故障波形(1200r/min)

按下 J08 的“异响分析”键，并将 J05 的“垂直幅度”旋到最大，然后根据下面的操作方法和故障波形，进行异响判断。

①曲轴轴承响：

a. 传感器部位：垂直于油底壳侧面。

b. 操作方法：按下 J04 的“1”键，用抖动节气门的方法，使发动机在 1200～1600r/min 或更高的转速范围内做变速运转。

调 J06 的“水平同步”，使并列波形在变速范围内稳定同步，观察抖动节气门时各缸波形的后部有无明显的正弦波出现，同时注意能否听到沉重发闷的金属敲击声。

必要时，可进行逐缸断火试验，以观察各缸波形的变化情况。

进行断火试验时，先分别按下 J07 的 2、3、4、5、6 键，则出现相应的选缸波形，此时若同时将 J09 的按钮开关置于“单缸断火”位置，即可完成 5、3、6、2、4 缸的断火；将传感器移至第四缸，即可完成 1、5、3、6、2 缸的断火试验。

断火时，曲轴轴承的异响波形基本消失，与第二缸相邻的两道曲轴轴承响的故障波形，如图 2-3-19a 所示。

②连杆轴承响：

a. 传感器部位：垂直于发动机壳体(非内部有筋部位)侧壁正对各缸连杆轴承处(节气门一侧)。

b. 操作方法：按下 J04 的 2 键(或 3、4 键)，从怠速开始，逐渐提高发动机转速直到 2000r/min 左右，同时调 J06 的“水平同步”，保证正常并列波形，观察各缸波形中、后部有无故障波形。随着转速的提高，异常波形的幅度将明显增加。

必要时，可用抖动节气门的方法，观测和进行逐缸断火试验：断火时波形消失，方法同上。

第二缸连杆轴承响的故障波形，见图 2-3-19b。

③活塞销响：

a. 传感器部位：垂直于气缸盖正对各缸活塞处。

b. 操作方法：按下 J04 的 5 键(或 6、7 键)，将发动机转速由 800r/min 逐渐提高到 2400r/min 左右，并调 J06 的“水平同步”，使波形不断处于稳定状态，观察波形上各缸上止点附近有无异常波形。

必要时，可在中、高速范围内用抖动节气门的方法，观测和进行断火试验：断火时波形将减小或消失，也可能分为两段。

第二缸活塞销响的故障波形，见图 2-3-19c。

④活塞敲缸响：

a. 传感器部位：面对发动机，垂直于发动机壳体右侧上部正对各缸处。

b. 操作方法：按下 J04 的 5 键(或 6、7 键)；使发动机从怠速逐渐提高到 1000r/min 左右，并用 J06 的“水平同步”，使波形不断处于稳定状态，观察各缸波形的中、前部有无异响波形出现。

必要时，可在低、中速范围内，用抖动节气门的方法，观测并进行断火试验：断火时，波形将基本消失。

第二缸敲缸响的故障波形，见图 2-3-20a。

以上四种异响波形均出现在“做功冲程”上，即波形出现在并列波形的哪一缸上，就是该缸有异响，而且断火时波形均有变化。

⑤气门响：

a. 传感器部位。垂直于气缸盖上正对各缸活塞中心之处。

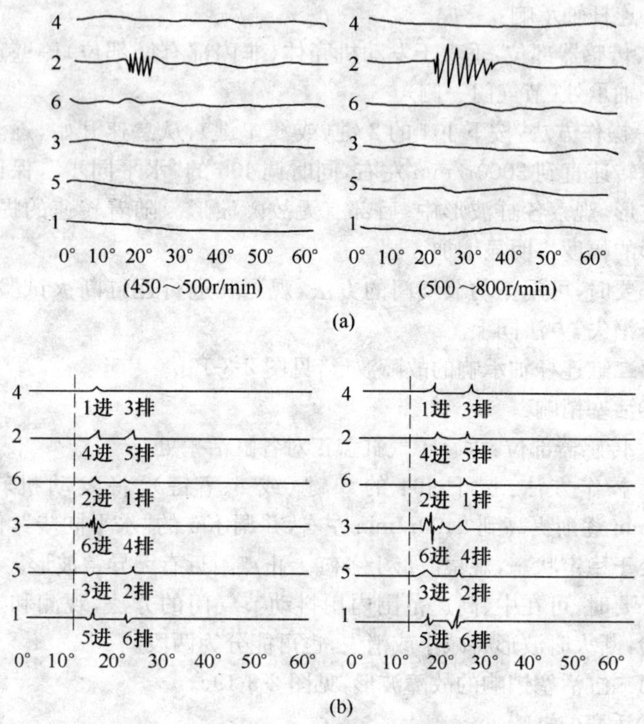

图 2-3-20　活塞敲缸响和气门响的故障波形

(a)不同转速下活塞敲缸响的故障波形

(b)第六缸气门响的故障波形

b. 操作方法。按下 J04 的 8 键，并将发动机转速稳定在 1000r/min 左右(注意转速不能太高，否则会使波形连在一起不易辨认)，观测有无故障波形。断火时若保持转速不变，波形无变化。

各缸进、排气门的响声部位，见图 2-3-20b。图中还给出了第六缸排气门响的故障波形。

(7)配气相位检测

进行配气相位检测时，最好用在各种转速下重叠角基本为 0°的标准分电器。

①传感器部位：垂直于气缸盖上正对各缸排气门或进气门附近，具

体部位如图 2-3-21 所示。

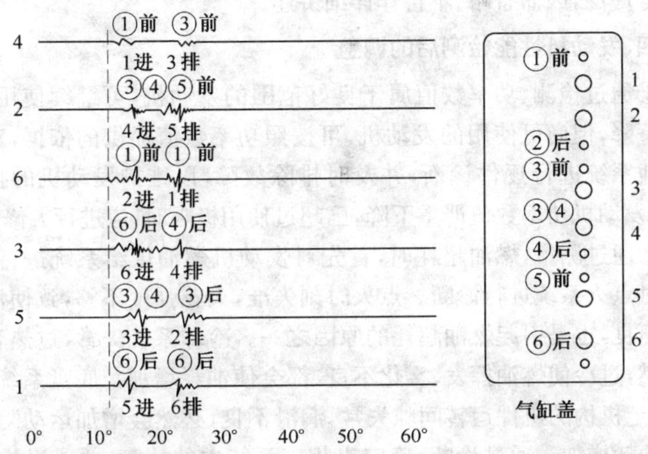

图 2-3-21　各缸进、排气门响声波形及传感器触点部位

图中还标出了各缸进、排气门的测试部位和关闭响声在并列波上的位置；图中“①前”表示第一缸前部；“②后”表示第二缸后部，以此类推。

②操作方法：按下 J03 的“配气相位”键，将发动机转速稳定在 1000r/min 左右，调 J06 的“水平同步”，使屏幕上出现稳定的并列波形，并使波形两端与凸轮角刻度的两端对齐。

按下“提前角”键，打开正时灯，寻找第一缸上止点标记，并将其准确地对准发动机飞轮壳体上的标记。

按图 2-3-21 逐点改变传感器测点位置，并将出现进、排气门响声波形的凸轮角度填入表 2-3-6 中，此时左边为零，正好与测试闭合角时的刻度相差 60°（六缸机）。

表 2-3-6　进、排气门响的凸轮角度

并列波缸位	1	5	3	6	2	4
进气门响的角度						
排气门响的角度						

关于加速时间的测量，蓄电池及充电系统的检测方法等，由于使用不十分广泛，因而省略，不再作详细讲述。

四、发动机性能检测后的调整

①通过检测，功率数值属于良好范围的发动机，可继续使用；功率有所下降，但尚可使用的发动机，可按照功率数值提供的依据，对发动机其他系统进行逐件诊断，并及时排除故障，以维护发动机的技术状况；当发动机功率数值严重下降，已超过使用极限时，应进行大修。

②通过测量，燃油超耗时，首先对发动机燃油供给系统进行诊断；其次对点火系统进行诊断。点火时刻失准，火花强度不够，致使混合气燃烧不良，也是引起燃油超耗的原因之一。冷却系统失常，过热容易引起爆燃，过冷使燃油挥发、雾化不良，都会使油耗增加。底盘系统，如传动、行走机构的机件运转间隙失常，润滑不良，必然会增加运动阻力，也会使油耗增加。通过诊断，确定出相应系统中的故障，并予以排除，从而实现燃油消耗量的调整。

③发动机磨损小，机油消耗量约 0.1～0.5L/100km。发动机磨损严重时，机油消耗量可达 1.0L/100km 或更多。此时，应对发动机曲柄连杆机构进行检查。若非因密封不严而漏失，则应相应采取更换活塞环、活塞、镗磨气缸及紧固过松轴承等维护措施，将机油消耗量调至正常。

④当发动机燃烧品质不良时，应对燃油供给系统进行拆检和调整，解决混合气浓度不正常的问题。若有烧机油现象，则应采取搪、磨气缸或更换活塞环等措施。

⑤当气缸压力不足时，可根据诊断情况，采取如镗、磨气缸，更换活塞环及活塞，研磨气门等措施，调整气缸压力达到标准要求。

⑥气缸漏气率过大时，说明活塞环、活塞和气缸的配合间隙过大，可用单独更换活塞环或镗、磨气缸后再更换加大尺寸的活塞及活塞环的方法解决。

⑦点火系统工作不良时，应对整个点火系统进行检查，更换性能不良的元件，并使系统连接良好。

⑧发动机正常的机油压力，在怠速时，应不低于 100kPa（机油压力

的具体数值，应参照原厂规定）。当润滑系统工作正常，而机油压力下降时，一般是由于曲轴主轴承和连杆轴承磨损的缘故（曲轴主轴承与主轴颈间隙每增加 0.01mm，机油压力大致要降低 10kPa）。

机油压力的变化，能表明发动机曲轴轴承总的技术状况，但不能分别诊断出是主轴承还是连杆轴承的磨损情况。此时则应采取紧固轴承措施，必要时可更换新轴承，以调整机油压力至正常。

⑨机油成分分析：当机油中含铁量过高时，说明气缸磨损严重；含铬过多，说明活塞环磨损加剧；含铜量过多，说明曲轴及凸轮轴等的轴承磨损过甚；含铝量过多主要表明活塞的磨损；硅含量（即进尘量）的多少，表示空气滤清器技术状况的好坏。可以按分析结果，采取更换气缸套、镗磨气缸、更换活塞环、紧固或更换轴承、更换活塞、清洁维护空气滤清器，以及合理确定机油更换周期等措施，来调整发动机性能状况。

⑩当发动机工作温度不正常时，应分别按诊断结果，对冷却系统、气缸活塞组配合间隙、点火时刻、配气相位、发动机燃烧室等进行清洁或调整，以实现发动机性能正常。

⑪通过异响分析，找准发动机的磨损机件，进行零件更换和配合间隙调整，从而恢复发动机的技术性能。

第二节　利用 CFC-1 型柴油发动机测试仪对柴油发动机进行检测

一、检测高压油管内的压力

以六缸柴油发动机为例，将压力传感器按红、橙、黄、绿、蓝、紫六种颜色（若八缸柴油发动机可增加灰、白二色）分别串接在 1、5、3、6、2、4 缸的高压油管与喷油器之间，将 CFC-1 型测试仪调零。仪表面板如图 2-3-22 所示。然后按下列步骤进行检测：

①将发动机转速调到 800～1000r/min。

②按下 J04 的“测量”、“6 缸”键，J08 的“平列波”键和 J11 的“P 测量”键，将 J05“垂直幅度”旋钮调到最大，并调 J06 的“辅助同步”旋钮，使屏幕上出现稳定的平列波（见图 2-3-23a）。

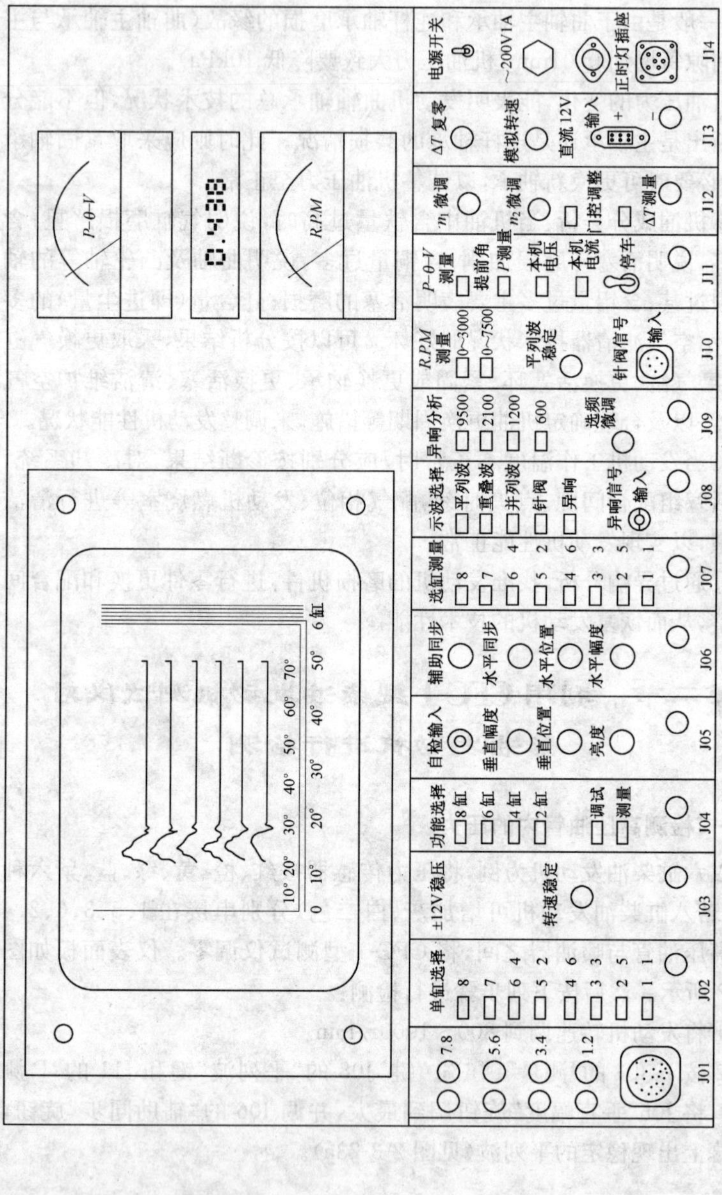

图 2-3-22　CFC-1 型测试仪面板

③再按下 J02 的“1”键,即可出现第一缸的全周期单缸波(见图 2-3-23b)。

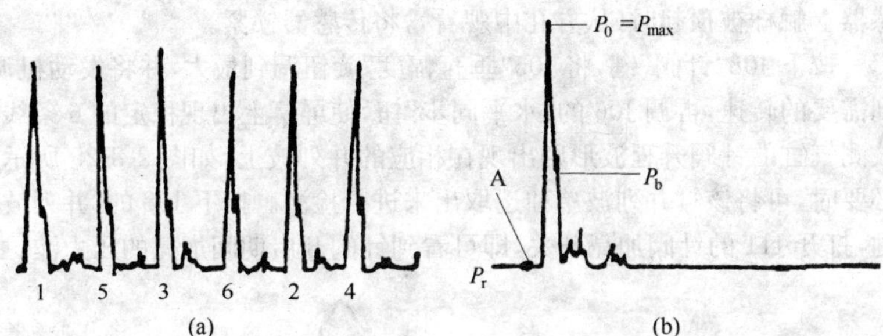

图 2-3-23 六缸平列波形和全周期单缸波形

(a)六缸平列波形 (b)全周期单缸波形

A—亮点

④调节正时灯上的电位器,则有一亮点沿波形移动,亮点所在位置的压力可由 P-θ-V 表头直接读出。

⑤由此便可分别测出喷油器针阀开启压力 P_0、针阀关闭压力 P_b、最高压力 P_{max}和残余压力 P_r 等。必要时可配合观测针阀升程的波形,以确认波形上针阀开启和关闭的抖动点。

当发动机空载,且循环供油量很小时,有时 $P_0 = P_{max}$,如图 2-3-23b 所示。

同一台发动机各缸的 P_0、P_b 和 P_{max}应该相等,并应符合规定要求。

二、检测各缸供油量的一致性

在各缸 P_0、P_b、P_r 一致的情况下,可进一步比较各缸供油量的一致性。

①先将发动机调到需要的转速,一般是中高速。

②然后按下 J08 的“重叠波”键。若波形(见图 2-3-24a)三阶段部分重叠较好,则说明各缸供油量比较一致;若某缸波形变窄,则说明该缸供油量小;若波形变宽,则说明供油量大。

③通过 J07 的键钮,可找出是哪一缸供油量不正常;也可以同时按下几个键,比较这几个缸供油量是否一致;还可以用并列波(见图 2-3-24b)进行比较。此时垂直幅度要适当减小。

三、检测针阀升程和针阀开启加亮压力波

将被测气缸喷油器回油管拆下，将针阀传感器旋在喷油器上，当传感器上触杆被顶起时（从方孔中观看），将传感器锁紧。

按下 J08“针阀”键，将 J05“垂直幅度”旋钮调到最大，并将发动机调到需要的转速，再调 J06 的“水平同步”钮，使屏幕上出现稳定的 6 条线，被测气缸的针阀升程波形则出现在相应的并列波上，如图 2-3-25 所示。必要时，可将该缸并列波单独选取出来进行检测。按下 J08 的“并列波”键，打开 J11 的针阀加亮开关，即可看到针阀开启期间加亮的压力波。

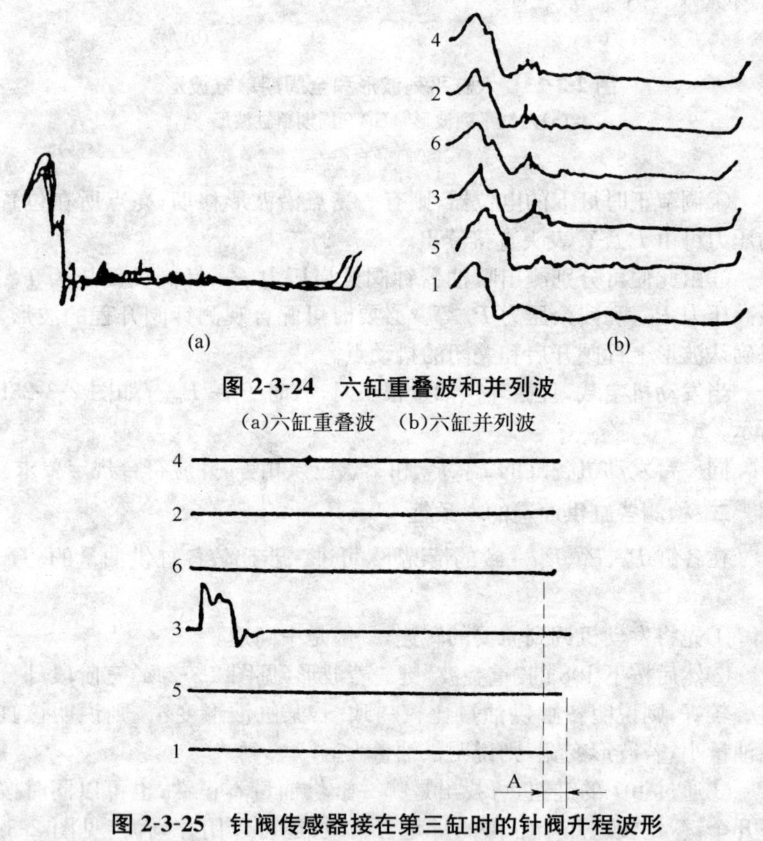

图 2-3-24　六缸重叠波和并列波

(a)六缸重叠波　(b)六缸并列波

图 2-3-25　针阀传感器接在第三缸时的针阀升程波形

A—重叠角

针阀升程波形和针阀加亮压力波形，对于检测针阀的开启、关闭、针阀跳动和异常喷射方面很有用处。异常喷射是指喷射器间隙喷射、二次喷射、停喷和针阀抖动等不正常喷射现象。这些现象很容易通过针阀升程波形和针阀加亮压力波形检测。其中，间隙喷射和停喷等现象常在喷油量很小的怠速或低速情况下出现，此时压力波形的峰值和 P_r 值均发生变化，而针阀升程波形也将变得时有时无或升程时大时小。

四、检测第一缸供油提前角

接上正时灯，打开正时灯开关，对准运转中的发动机第一缸上止点记号。调整灯上的多圈电位器，当上止点动态标记与固定标记对正时，P-θ-V 表头上的读数即为该转速下喷油泵第一缸供油提前角。

改变发动机转速，检测不同转速下第一缸供油提前角是否符合要求。若喷油泵各气缸供油间隔相等，那么各气缸的供油提前角均等于第一缸供油提前角。所以，把这种情况下的第一缸供油提前角也称之为柴油发动机的供油提前角。

五、检测发动机加速时间

按下 J04 的“调试”键，用模拟信号将 J12 的门控转速 n_1 和 n_2 校准。按下 J04 的“测量”键和 J12 的“ΔT 测量”键。

起动发动机，待水温正常后，使发动机稳定于怠速后，再将油门猛加到最大。数码管所显示的数字，即为发动机在加速过程中由 n_1 增至 n_2 所需要的时间。然后按下 J13 的“ΔT 复零”键，重复测量数次，取重复性好的数据作为测量结果。

六、检测发动机各气缸供油间隔

按下 J08 的“针阀”键或“异响”键。发动机转速调至 800～1000r/min。调J06“水平同步”旋钮，使屏幕上出现稳定的 6 条并列线。最后，调 J06“水平位置”和“水平幅度”旋钮，使并列线首端与屏幕标尺 0 线对齐，尾端与 60°对齐。各线所占屏幕标尺的度数，即为各气缸实际供油间隔。实际供油间隔与标准供油间隔相比，其误差应在 0.5°范围内。

柴油发动机按供油顺序各气缸标准供油间隔，可用下式计算：

$$供油间隔=360°/i$$

式中 i——气缸数。

经上述检查，若第一缸供油提前角正确，且各气缸供油间隔也符合要求，则可诊断整机供油正时是正确的。

第三节 奥迪轿车V6电喷发动机的维修

一、故障的读取

1. 调出电喷系统自我诊断装置的故障存储

在关闭点火开关150min后，电脑进入自保持阶段，如果此期间对燃油喷射和点火系统进行检修，应调出故障存储并在排除故障后予以消除。

(1)调出故障存储时(读出故障代码)要用专用仪器

应先进行以下工作：

①17号熔丝和热敏熔丝应正常。

②确认燃油泵继电器正常、对ECU的供电电压正常。

③确认蓄电池、进气支管右侧、发动机和发动机右支架这四处搭铁线连接可靠，无腐蚀。

④确认ECU(电路图中代号为J192)搭铁线搭铁可靠。具体说就是插头A(见图2-3-26)上1端子，端头D上1端子和9端子的电阻值应在0～0.3Ω范围内。

(2)调出故障存储

使用如图2-3-27所示的V·A·G 1551故障阅读仪，读故障代码。由于阅读仪都有详细的使用说明书，所以对其使用方法不再介绍。但是多数单位没有此仪器，在此情况下应详细地弄清V6发动机电喷系统的组成、工作原理及各种关系，才能防止检修时拆装引起新的故障。

2. 利用故障代码表确定电喷系统的故障原因和排除故障

故障代码(见表2-3-7)虽然只有用V·A·G 1551故障阅读仪的打印机才能读出，但其列出的原因及现象在没有故障阅读仪时，对排除故障仍有很大价值。

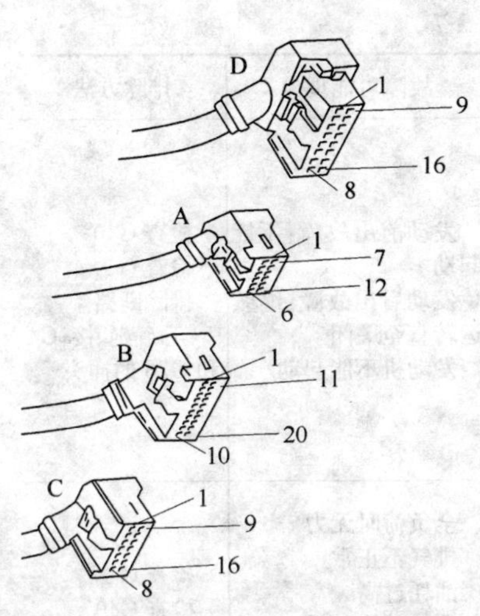

图 2-3-26　ECU的四个线束插头

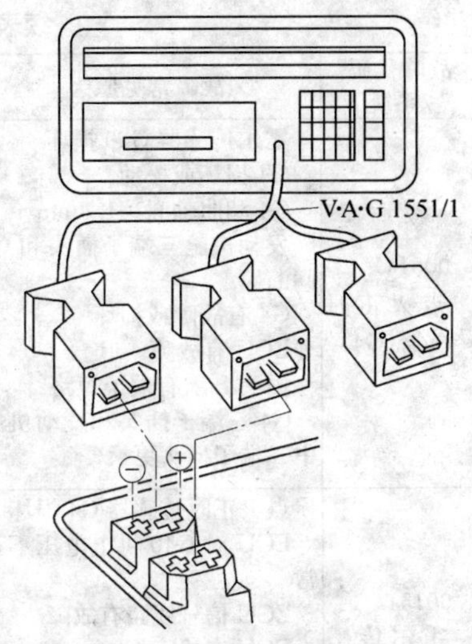

图 2-3-27　故障阅读仪 V·A·G 1551

表 2-3-7　故障代码表

故障代码/系统	故障常见原因	故障可能现象	排除方法
00281 车速传感器(G68)	仪表与ECU间的连线 G68与ECU间线路断路或短路 G68损坏	超速中挂档时，发动机熄火 负荷变化时有冲击感	检查车速传感器 检查仪表板与电脑间线路
00513 发动机转速传感器(G28) ·无转速信号	G28损坏、支架松动 G28到飞轮的距离＞1.2mm，插头插错或损坏 ECU有故障 三端子G28插头连线和发动机舱中G4更换 ECU插头B上有端子短路	起动机不转、不点火 发动机突然熄火 发动机不转动	检查G28及排除有关线路的断路或短路 正确地插接G4、G28上的插头

续表 2-3-7

故障代码/系统	故障常见原因	故障可能现象	排除方法
00514 点火正时传感器(G4)	霍尔传感器 G40 损坏 G4 损坏或松动 G4 和曲轴间＞1.3mm 发动机舱三端子插头和 G4 间断路 G4 有故障或损坏 ECU 有故障 插头 B 上有端子短路 G4 三端子插头和发动机舱中二端子插头更换	发动前出故障：不能起动 发动后出故障：继续运转直至关闭 发动机不能起动	检查 G40 检查 G4 排除断路 正确连接 G4 和 G28 的插头
00151 霍尔传感器(G40)	点火正时传感器 G4 损坏 ECU 对 G40 供电电压不正常 ECU 信号线路有故障 ECU 有故障 G40 损坏 线路断路 控制时间不对	全负荷时无力 排气不正常 油耗过高 发动前出故障：发动机不转动 发动后出故障：继续运转直至熄火	检查 G4 检查 G40 排除断路、短路 检查控制时间
00516 节气门怠速位置开关(F60) · 地线短路，接通正极后断路/短路	F60 调整不当 加速踏板不正常 ECU B 插头 4 号端子的线路断路或短路 ECU 损坏 节气门传感器插头受潮	怠速转速提高 超速时不能切断供油 负荷变化时有冲击	检查 F60 检查加速踏板 排除线路故障
00518 节气门位置传感器(全负荷开关)G69 · 正极断路/短路 · 搭铁线短路 进气支管压力传感器(G71) · 信号不清	G69 与 ECU 间线路断路 G69 中正极或搭铁线断路 G69 与 ECU 间线路短路 G69 损坏或插头受潮或 ECU 有故障 ECU 中的真空传感器损坏 真空管路漏气	功率不足 加速不良 怠速不稳 行驶中，负荷变化时有冲击，加速不良	检查 G69 检查真空管路 检查 ECU

续表 2-3-7

故障代码/系统	故障常见原因	故障可能现象	排除方法
00522 水温传感器(G62) ·搭铁线短路 ·正极断路/短路 ·信号不清	搭铁线短路 G62 插头受潮 G62 和 ECU 间断路 G62 损坏或电阻不当 ECU 有故障	冷起动困难 快怠速不良 快怠速供油不足 冷车挂档后转速下降	检查 G62 检查 ECU
00523 进气温度传感器(G42) ·搭铁线短路 ·正极断路/短路	搭铁线短路 G42 与 ECU 连线断路 G42 损坏 ECU 有故障	快怠速不好	检查 G42
00524 爆燃传感器(G61) ·信号过弱	G61 松动或插头锈蚀 G61 和 ECU 连线有断路或短路 G61 搭铁线短路 G61 损坏 ECU 损坏	转速不稳或运行无力 点火过早	检查 G61 检查 ECU 拧紧 G61 (20N·m)
00532 供给 ECU 的电压过低或过高	供给电压<7.5V 或>16V 蓄电池电不足 充电系统不正常	发动机无法起动 损坏 ECU	检查电压 检查蓄电池 检查充电系统
00533 怠速控制阀(N71) ·调整不当	N71 发卡和伸缩不良 N71 打开时卡住 N71 至 ECU 连线断路 N71 插头端子有电阻 进气系统漏气	怠速转速过低 挂档时转速降低 怠速太高并且不稳 怠速不稳	调整怠速 检查 N71 消除断路 消除漏气

续表 2-3-7

故障代码/系统	故障常见原因	故障可能现象	排除方法
00535 一号爆燃控制 · 低停止值	汽油低于91号(RON法)与1、2、3缸有关 爆燃传感器(G61)松动 发动机附部件松动 G61屏蔽线有断路 ECU有故障	功率不足 油耗增大 最高转速过低 发动机运转不稳	拧紧传感器(G61) 检查G61的线路 检查ECU
00536 二号爆燃控制 · 低停止值	原因同上,但是G66的故障只与4、5、6缸有关	功率不足 油耗增大 最高转速过低 发动机运转不稳	同上,但仅对G66
00545 自动变速器信号	变速器ECU到发动机ECU间信号线搭铁	换档困难	检查该线路
01257 怠速控制阀(N71) · 线路断路	N71与ECU间连线短路 N71正极短路 N71内和ECU搭铁短路 线路断路	怠速转速过高 发动机转速不稳 怠速转速过高	检查N71
01247 活性炭罐电磁阀(N80) · 对搭铁断路/短路	N80或N80与ECU间连线对正极或对搭铁有短路 热敏保险(褐色)损坏 线路断路	活性炭罐工作失效 车内有汽油味	检查N80

说明:1. 上表未列有控制及氧传感器方面的故障代码及现象等,因为国产奥迪轿车上没有装,进口奥迪轿车上虽然大部分都装了,但因国内部分地区还使用含铅汽油,λ控制系统中氧传感器很快失效。

2. 燃油系统:压力过低,油耗过大、冒黑烟;压力过高:起动困难、加速不良。

3. 使用汽车故障自检系统

①汽车故障自我查询系统(简称自检系统),其故障符号如图 2-3-28 所示。

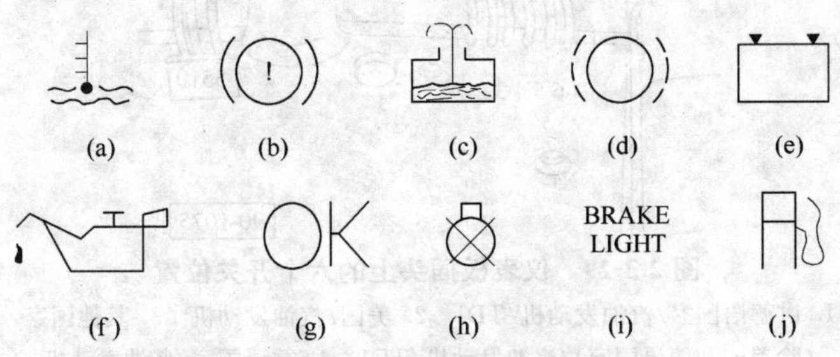

图 2-3-28　自检系统查询符号

(a)水温过高/冷却液面过低(主要)　(b)制动和液压系统(主要)　(c)风窗清洗器储液罐液面过低(次要)　(d)制动蹄片磨损过大(次要)　(e)蓄电池电压过高/过低(次要)　(f)机油压力过低(主要)　(g)所有功能都正常　(h)大灯/尾灯灯泡损坏(次要)　(i)制动灯损坏(次要、不闪动、只显示字母)　(j)汽油即将用完(次要)

②自检系统显示时,各红灯、黄灯都应亮。否则,可检查相应的灯泡。

③显示主要故障时——红灯闪 3 次;显示次要故障时——黄灯闪 1 次。

4. 检查自检系统气缸代码

按下仪表板插头上的检查按钮,打开点火开关,相关代码会出现在自检系统的显示单元上:第一位数——缸数;第二位数——开关位置(如图 2-3-29 所示)。

例:代码 53 表示五缸汽油发动机,其他国家。

5. 正确使用检测盒

在原厂规定用检查仪器中,检查盒 V·A·G 1598(如图 2-3-30 所示)是一项常用的专用仪器,它用附加导线 1598/11 通过诊断插孔(如图 2-3-31 所示)接入电脑控制线路中(见表 2-3-8)。

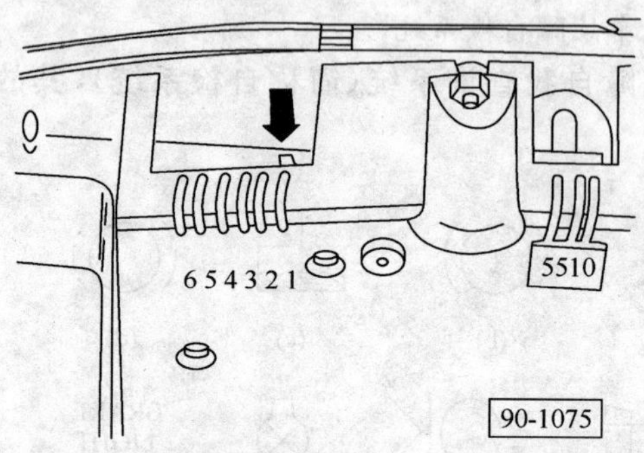

图 2-3-29 仪表板插头上的六个开关位置

1. 讲德语国家/汽油发动机/TD1 2. 美国/汽油发动机 3. 其他国家(除美国和德语国家)/汽油发动机/TD1 4. 德语国家/柴油发动机 5. 美国/柴油发动机 6. 其他国家(除美国、德国外)/柴油发动机

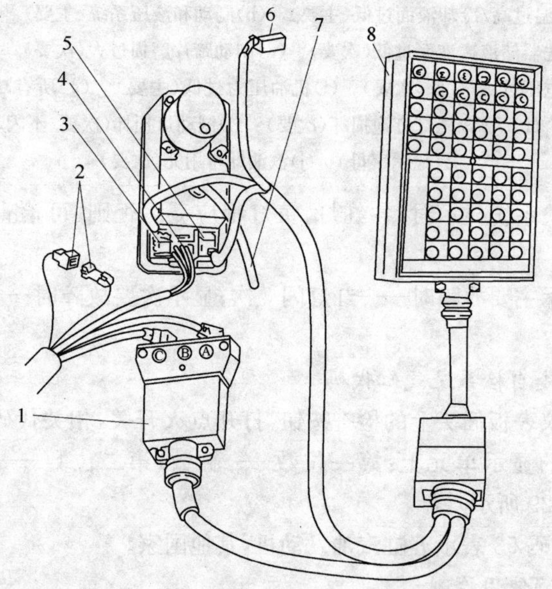

图 2-3-30 检查盒 V·A·G 1598 及其检测插孔

1. V·A·G 1598/11 2. 代码插孔(仅用于瑞士) 3. 控制信号 12 项插孔 4. 电源供给 6 项插孔 5. 控制信号 16 项插孔 6. 空位 7. 软管 8. V·A·G 1598

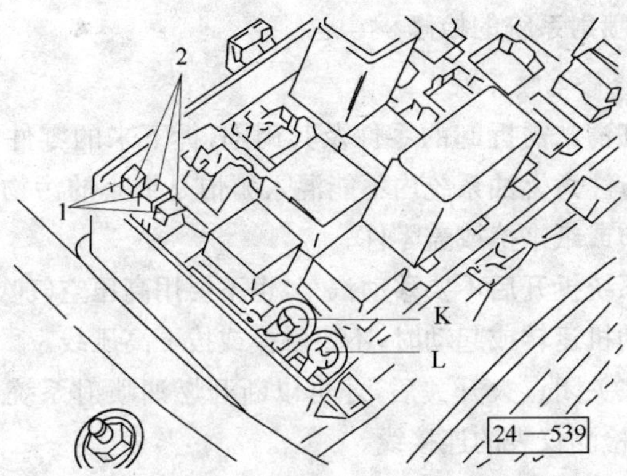

图 2-3-31　诊断插孔和接线器的位置

1. 端子(白色)—接地　2. 端子(白色)—正极
(通过 19 号熔丝)　L、K—接线器

表 2-3-8　检查盒 V·A·G 1598 上插孔和 ECU(J192)上插头端子对应表

ECU 接头 A	V·A·G 1598 插孔	ECU 接头 B	V·A·G 1598 插孔	ECU 接头 C	V·A·G 1598 插孔
1	41	1	21	1	1
2	42	2	22	2	2
3	43	3	23	3	3
4	44	4	24	4	4
5	45	5	25	5	5
6	46	6	26	6	6
7	47	7	27	7	7
8	48	8	28	8	8
9	49	9	29	9	9
10	50	10	30	10	10
11	51	11	31	11	11
12	52	12	32	12	12
		13	33	13	13
		14	34	14	14
		15	35	15	15
		16	36	16	16
		17	37		
		18	38		
		19	39		
		20	40		

二、燃油喷射系统的检修

1. 正确检修电喷系统

①要仔细清洁需拆卸的零件及其周围，拆下来的零件应放在干净处。清洗时应注意燃油系统内不能混入哪怕是细小的污物。不要用会留下纤维的布或纸来擦或盖零件。

②燃油系统拆开后不要移动汽车，也不要用高压空气吹。

③当发动机运转或起动时，不要触摸或拔下高压线。

④只有在关闭点火开关后，才可以断开燃油喷射系统和点火系统的线束，以及检测仪表的连接线。

⑤用起动机带动发动机转动，例如：检查气缸压力，要拔下点火器线束的四端子插头 A（见图 2-3-32 中"3"）和六个喷油器的线束插头。检修完毕还需消除故障存储。

⑥在折下蓄电池正负极线前，应清除带防盗码收录机的编码。在拆装蓄电池正负极线前，点火开关应关闭，否则可能损坏 ECU。发动机运转时决不能拆下蓄电池正负极线。

⑦推荐用 V·A·G 1598 接线盒连接测量仪器。用自制的接线器时，应保证接线牢靠，以防因松动而产生电脉冲，造成偶发性故障。

⑧ECU 插头必须在点火开关断开 39s 后方可拔掉，也不允许在点火开关接通时插入插头。

应当指出，在正常使用条件下，电脑是极少损坏的。

2. 检查燃油系统的压力和保持压力

(1)检查标准

①系统标准压力为 380～420kPa。

②10min 后保持压力：冷发动机$\not<$220kPa；热发动机$\not<$300kPa。

热发动机时保持压力要求较高，是因为汽油受热膨胀的缘故。

(2)检查条件

①熔断器盒中 17 号熔断丝（在仪表板左下方中央电器盒中，见图 2-3-33a）正常。

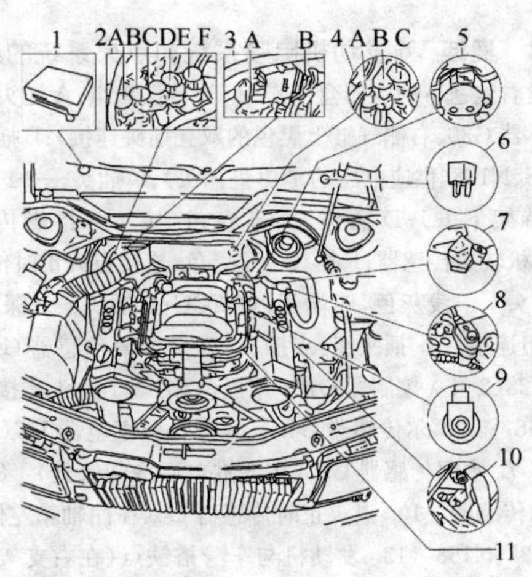
1
2ABCDE F
3 A
B
4 A B C
5
6
7
8
9
10
11

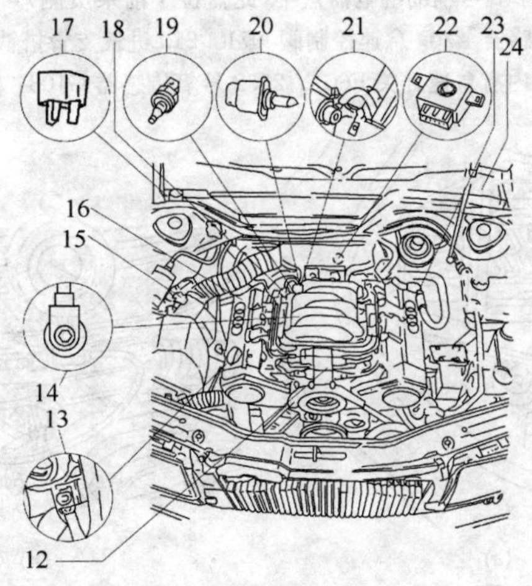
17
18
19
20
21
22
23
24
16
15
14
13
12

图 2-3-32 奥迪 V6 发动机电喷系统和点火系统的组成

1. ECU(J192 装在车舱右地毯下的电器盒中) 2. 连接插头组：A 插头——连接氧传感器加热器 Z219(氧传感器 G30、右侧气缸上黑色的双孔插头连接)；B 插头——连接点火线圈及点火器 N、N128、N158(供应电压的是白色插头)；C 插头——1 号氧传感器 G39 信号线(在插头组保持架下方)；D 插头——蓝色，连接 1 号爆燃传感器 G61；E 插头——灰色，连接发动机转速传感器；F 插头——黑色，连接点火正时传感器 G4 3. 点火器线束连接器：A 插头——浅灰色，四端子，接 ECU；B 插头——深灰色，三个端子，与点火线圈的一次绕组连接 4. 插头组：A 插头——2 号氧传感器 G108 信号线；B 插头——λ 探测加热器 Z28(2 号 λ 控制器 G108 用黑色，两端子插头连接)；C 插头——蓝色，接爆燃传感器 IIG66 5. 霍尔传感器 G40 6. 燃油泵继电器 J17(装于中央电器盒中继电器位置“6”处) 7. 水温传感器 G62(在气缸盖后冷却管处) 8. 发动机转速传感器 G28 9. 2 号爆燃传感器 10. 点火正时传感器 G4(在曲轴箱左侧) 11. 喷油器 12. 点火线圈 N、N128、N158 13. 发动机与车身搭铁点(在右支架处) 14. 1 号爆燃传感器 G61 15. 活性炭罐 1 号电磁阀 N80 16. 氧传感器 G39 17. 氧传感器加热器的控制器 J208(装于 3 号辅助继电器盒中，此盒位于前乘员侧) 18. 燃油压力调节器 19. 进气温度传感器 20. 怠速控制阀 N71 21. 进气支管搭铁点 22. 节气门开度传感器 G69(内有怠速开关 F60) 23. 2 号氧传感器 G108 24. 诊断插孔

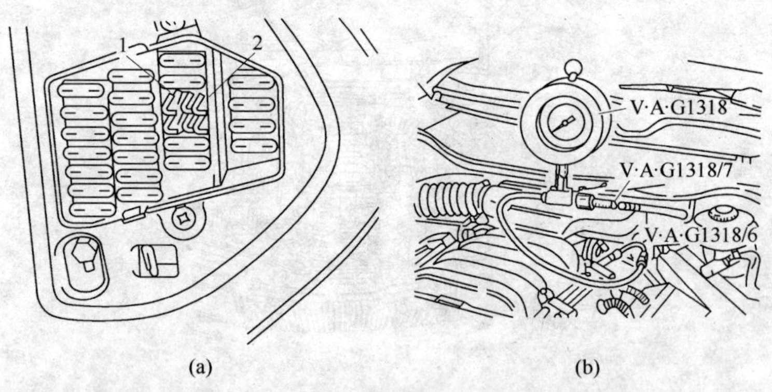

图 2-3-33 检查燃油系统的压力和保持压力

(a)17 号熔丝的插座 (b)接入压力表

②燃油滤清器正常。

③蓄电池电压≮12V。

(3)检查燃油静态压力

①在进油管和总油管间接入压力表，使手柄位于开启位置(见图2-3-33b)，拆下燃油压力调节器上的真空管，堵住进气管接头，以防漏进气去。检查压力时，如果汽油从压力调节器真空管中漏出，说明膜片破裂，应当更换压力调节器。

②拔出17号熔丝，把带开关的连接线一端接蓄电池正极(空调车接在起动辅助座"＋"极上)，另一端接在17号熔丝的插座"2"上。

③按下连接线开关，燃油泵应运转，油压应当是380～420kPa。

④若压力不足，则拆下总供油管的回油管，用手指塞住回油口，油压若升高，则是油压调节器不正常，更换后再试验(拆下回油管前，应先在下面垫上毛巾，接上油盆，并且慢慢松开回油管)。

⑤若油压仍不足，应检查燃油泵和输油管有无损坏。

⑥若油压高于标准，应检查回油管有无挤压变形。油压高于420kPa是不允许的，因为这可能使喷油量过大，压力调节器膜片会损坏，从而使燃油经真空管进入发动机，引起发动机转速过高，甚至爆炸。

(4)检查动态油压

压力调节器真空管拆下后，应尽量使发动机运转时间短些，因为此时燃油压力较高，会使喷油量过多，可能导致存储"混合气过浓"这一故障(代码)。

①插入17号熔丝，使发动机怠速运转，关闭用电器；检查装上和未装上真空管时的油压。在装上真空管时，油压应下降50kPa左右。

②如油压不变，则应检查真空管有无漏气、进气管上的接头孔有无堵塞。

如无上述故障，则应更换压力调节器。

(5)检查燃油系统保持压力

①熄火10min后，油压若低于220kPa(冷机)或300kPa(热机)，应检查压力表连接处、燃油管及其接头处、燃油泵单向阀、喷油器有无漏油。

②如无渗漏，且燃油泵单向阀也正常，应更换压力调节器后再试

验。

3. 检查燃油泵继电器

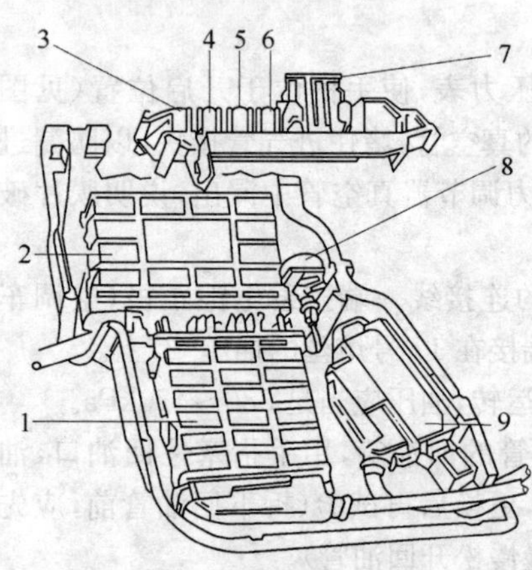

图 2-3-34　出风口处电器盒

1. 发动机控制单元(简称“电脑”)　2. 自动变速器控制单元　3. 热敏切断熔丝(黑色)　4. 热敏切断熔丝(褐色)　5. 热敏切断熔丝(红色)　6. 热敏切断熔丝(黄色)　7. 海拔高度传感器　8. 带爆燃控制的点火系统控制单元　9. 空气流量控制单元

(1)拔下热敏熔丝 1(褐色)和 2(红色)

热敏熔丝座在右前地毯下的电器盒坑中,其拆装可参阅图 2-3-34 和图 2-3-35。

①拔下 17 号熔丝,把二极管试验灯一端接在 17 号熔丝插孔内,另一端搭铁。

②接通一下起动机,此时应能听到和感觉到燃油泵继电器被吸合,看到二极管试验灯发亮。

③如果继电器未被吸合,就应检查对继电器的控制信号。

④如果试验灯不亮,则应在 17 号熔丝上另一个插孔试验。

⑤如试验灯仍不亮,那就应检查 17 号熔丝插孔到继电器位置“6”(燃油泵继电器用)上的插孔“30”(见图 2-3-36a)间的线路有无断路。

(2)把试验灯接在 1 号熔丝的插孔“1”(见图 2-3-36b)与搭铁之间

①接通一下起动机,燃油泵继电器应被吸合,试验灯应亮起。

②如灯不亮,则可将试验灯接在插孔“2”与搭铁之间,再试。

③如果试验灯还不亮,则应检查热敏熔丝座到继电器位置“6”处的 31 端子(见图2-3-36a)间有无断路。

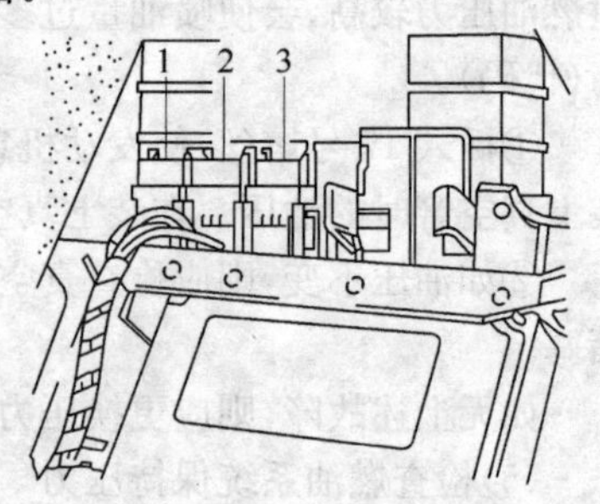

图 2-3-35　热敏熔断丝

1、2、3. 热敏熔断丝

(3)检查有无断路

把试验灯接入 2 号热敏熔丝(见图 2-3-36b)的“1”插孔上,按上一条的顺序检查热敏熔丝座到继电器位置“6”处的 30 端子间有无断路。

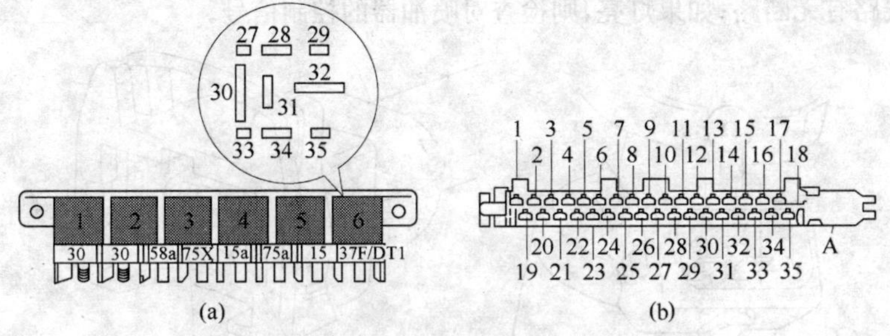

图 2-3-36　继电器位置和熔丝插孔编号

(a)继电器位置“6”　(b)熔丝的插孔编号

(4)检查对燃油泵继电器的控制信号

检查电源电压(见图 2-3-36a):拆下燃油泵继电器 J17,打开点火开关,用电压表测量端子 28(电源)↔34(地线)以及端子 32(电源)↔34 之间的电压,其值应为 12V 左右。如电压不符合要求,则为线路连接不良或断路。

检查 ECU 的控制信号:把二极管试验灯连在端子 28、29 间(见图 2-3-36a),打开点火开关后,试验灯应当亮 1s,然后变暗;在接通起动机时,试验灯应明显变亮。如果在打开点火开关时灯的亮度很微弱,接通起动机时,灯的亮度也不强,应更换 ECU 后再试验。如灯完全不亮,则应检查 ECU 插头 A 上 7 端子与继电器位置“6”上 29 端子之间的线路有无断路;如无断路,灯却不亮,则应更换 ECU 后再检查。

4. 检查喷油器的电阻、对喷油器的电压供给和对喷油器的控制信号

(1)检查喷油器电阻

如图 2-3-37a 所示进行检查,电阻值应为 13.5～17.0Ω,否则,应更换喷油器。因为电阻不当会影响喷油量。

(2)检查对喷油器的电压供给(控制信号)

从被测的喷油器上拆下线束插头,把二极管试验灯接在端子 2(见图 2-3-37b)和发动机搭铁之间,将起动机接通几秒钟,试验灯应亮。如果灯不亮,则应检查以下几项:

①燃油泵继电器是否正常。

②2 号热敏熔丝是否正常。

③2 端子(如图 2-3-37b 所示)到 2 号热敏熔丝(见图 2-3-35)之间的线路有无断路;如果灯亮,则检查对喷油器的控制信号。

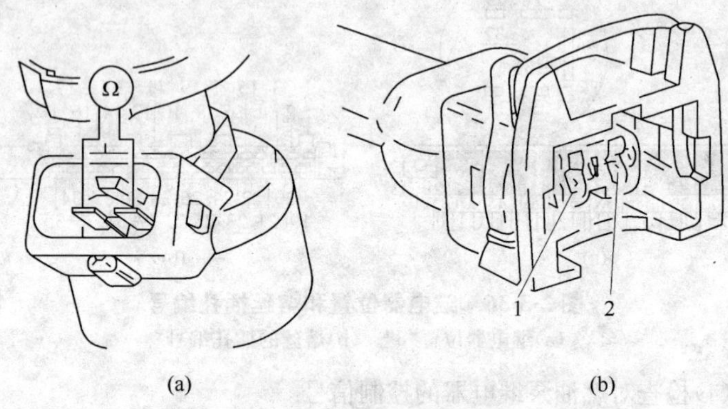

图 2-3-37　检查喷油器

(a)检查喷油器电阻　(b)喷油器插头上的端子

1、2. 端子

(3)检查对喷油器的控制信号

将二极管试验灯接在 1 端子(见图2-3-37b)和蓄电池正极或起动辅助装置的正极之间。接通起动机数秒(发动机可能会被发动),试验灯应闪亮。

①如果灯不闪亮,则应检查 1 端子到 ECU 线束接头 D(见图 2-3-26)的线路之间有无断路或短路。两端子的对应插头号见表 2-3-9。

表 2-3-9　端子对应插头号

喷油器插头 1 端子	ECU 插头 D 端子号	喷油器插头 1 端子	ECU 插头 D 端子号
1 缸	6	4 缸	13
2 缸	7	5 缸	14
3 缸	8	6 缸	15

②如果对所有喷油器检查时灯都不闪亮,那就应检查 ECU 的电压供给情况。

③如电压供给正常,则应更换 ECU 后再试。

5. 检查喷油器的密封状况和喷油量

(1)检查准备

①拆下空气滤清器和进气支管间的进气软管,拆下点火线(放于边

侧)，拔下喷油器上的线束插头。

②从进气管上拆下总燃油管的固定螺栓(见图 2-3-38a)，从燃油压力调节器上拔下真空管，再将要检查的喷油器放入大量筒中(见图 2-3-38b)。

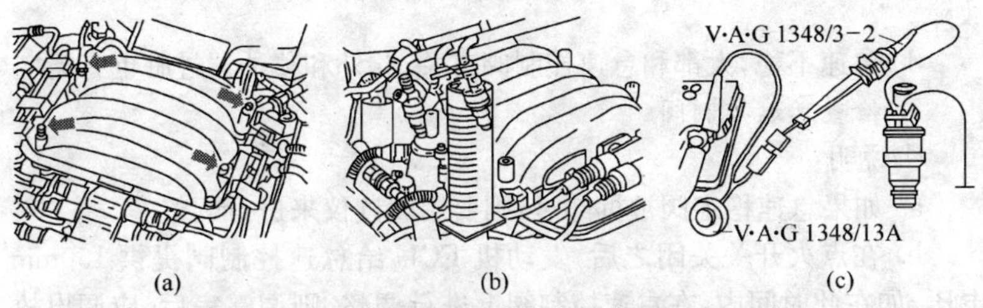

图 2-3-38　检查喷油器的密封状况和喷油量

(a)拆下总燃油管固定螺栓　(b)将喷油器放入大量筒中

(c)把喷油器接在正极和搭铁之间

(2)检查喷油器密封情况

从熔丝盒中拔下 17 号和 19 号熔丝，将带有 15A 熔丝的导线接到 19 号的插孔“1”(正极)和 17 号的插孔“2”之间，燃油泵应转动。此时，喷油器只允许漏 1～2 滴/min 汽油，否则，应更换喷油器及其 O 形圈。装配时，O 形圈应浸一下机油。

(3)检查喷油器的供油量

①要把检查的三个喷油器如图 2-3-38c 所示接入正极和搭铁之间。如无图示的连接线，可自制类似工具。

②按下 V · A · G 1348/3A 上的按钮开关 30s，每个喷油器喷油量为 85～100ml(一次查三个)。如不符合，则更换喷油量不当的喷油器，或用清洗剂在喷油器针阀打开的情况下来冲洗。如果所有喷油器都高于或都低于规定，那就应检查燃油压力。

③用同样的方法检查另外一排喷油器。

6. 检查电喷系统发动机的怠速

①标准怠速为 680～820r/min。

②标准怠速条件：热车(发动机水温≮85℃)，所有电器均关闭，发动机无故障。

③说明：

a. 奥迪发动机怠速不可调，如确需要，要用解码器 V·A·G 1551 来调低或调高怠速。

b. 检查怠速时，散热器风扇不应转动。

c. 怠速过高，通常是进气系统漏气或怠速稳定阀(怠速控制阀)有故障。

d. 怠速不稳，大都和怠速控制阀有关，此外和喷油器过脏也有关。

7. 检查怠速控制阀

①说明：

a. 如果怠速稳定阀被拆卸过，则要用阅读仪来进行调整。

b. 在点火开关关闭之后，发动机 ECU 给怠速控制阀提供 150min 电压，如在此时间内，在怠速控制阀上进行调整，则调整完后，应调出故障存储并排除。

c. 怠速控制阀不允许在拆下来后进行调整。

②将怠速控制阀从进气管上拆下来(见图 2-3-39a)。接通点火开关时，阀杆向内运动；关闭点火开关时，阀杆向外运动。

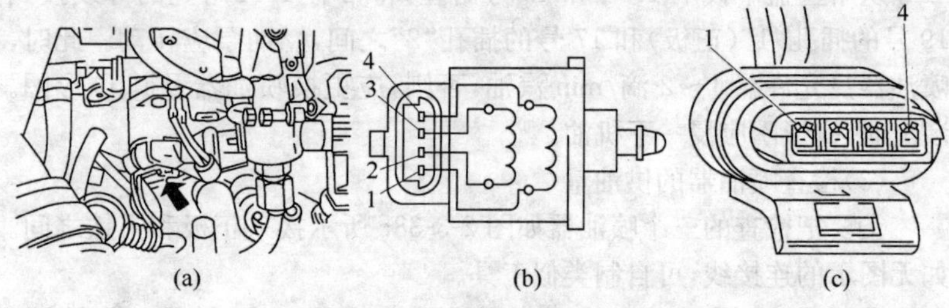

图 2-3-39　检查怠速控制阀

(a)怠速控制阀的位置　(b)测量怠速控制阀的电阻　(c)怠速控制阀插头销孔编号

1、2、3、4. 端子

③如果关闭点火开关时阀杆向内运动，则应重新调整和安装怠速控制阀；如果关闭点火开关时阀杆不运动，则应从阀上拔下线束插头，测量端子 1-4 和 2-3 间的电阻(见图 2-3-39b)。怠速控制阀电阻标准值为 45～60Ω(室温 25℃±5℃时接近 45Ω，热车时接近 60Ω)。

④如电阻值不符合要求，应更换怠速控制阀，并用阅读仪调整；如果电阻值符合要求，则应拆下 ECU。

⑤检查怠速稳定阀插头各销孔(见图 2-3-39c)与 ECU 线束插头 D

(见图 2-3-26)上各端子的导通情况,见表 2-3-10。

表 2-3-10 检查导通

怠速稳定阀插头销孔	ECU 插头 D 端子	怠速稳定阀插头销孔	ECU 插头 D 端子
1	2	3	11
2	10	4	3

如果没有断路或短路故障,怠速稳定阀也是正常的,则应更换 ECU 再试。

8. 检查汽油蒸气活性炭罐电磁阀(ACF 阀)

(1)检查 1 号 ACF 阀电阻(见图 2-3-40a)

标准为 20~28Ω。如电阻值不符,应更换 ACF 阀。

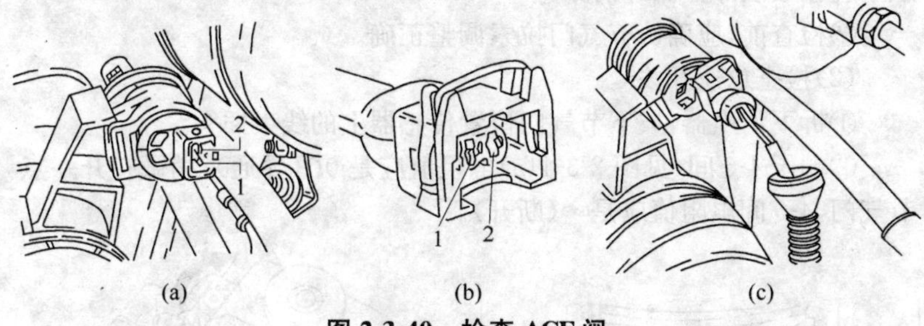

(a) (b) (c)

图 2-3-40 检查 ACF 阀

(a)检查 ACF 阀电阻 (b)检查电压 (c)检查对 ACF 阀的控制信号 1、2. 端子

(2)检查 ACF 阀电压

①条件:ACF 阀电阻正常,热敏熔丝(褐色座)正常,燃油泵继电器正常。

②把二极管试验灯接在 ACF 阀插头的 1 端子(见图 2-3-40b)和搭铁线间,接通几秒起动机,此时试验灯应亮。

③如试验灯不亮,则应检查热敏熔丝(褐色座)和阀插头 1 端子(见图 2-3-40b)到热敏熔丝间线路是否正常(电阻值应≯0.5Ω);如果正常,则检查燃油泵继电器和控制信号。

④最后,调出故障存储,并消除。

(3)检查对 ACF 阀的控制信号

①将插头上护套拉开,将二极管试验灯接在 2 端子(见图 2-3-40c)与发动机搭铁线之间

②起动发动机，在怠速运转时，试验灯应闪亮。

③如试验灯持续亮，接入检测盒 V·A·G 1598。检测 ACF 阀插头 2 端子(见图 2-3-40b)到检查盒插孔 1、2 间是否出现对地短路。如试验灯不亮，检查 2 端子到插孔 1、2(见图 2-3-30 及表 2-3-10)间是否有断路(电阻值应≯1Ω)。

④如线路无故障，则应更换 ECU 后再试。

9. 检查和调整怠速开关

(1)说明

①怠速开关(F60)位于节气门位置传感器中。在点火开关关闭后，ECU 供给节气门位置传感器电压 150min，如在此期间检修传感器，完成后应调出故障存储并消除。

②检查前，应确认节气门拉索调整正确。

(2)检查怠速开关

①拆下消声器，拔下节气门位置传感器上的线束插头。

②端子 4-6 间(见图 2-3-41a)电阻值应是 0Ω(导通)；稍微打开一点节气门，4-6 间电阻值应是∞(断开)。

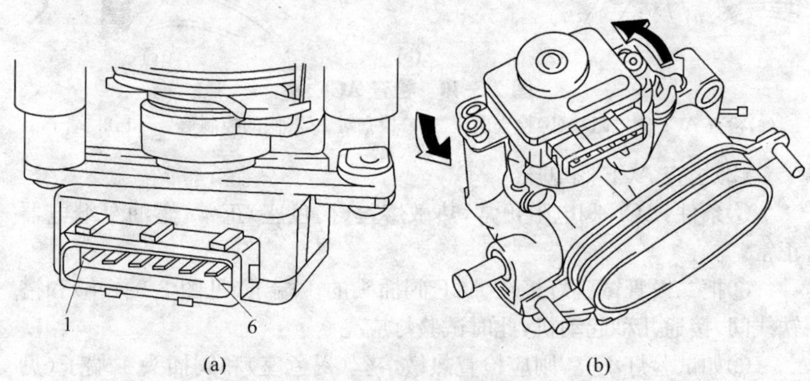

图 2-3-41　检查和调整怠速开关

(a)节气门位置传感器插座上的端子　1、6. 端子　(b)调整怠速开关

③如不是这样，或只有在节气门开度较大时是这样，说明怠速开关应当调整。如调整后仍达不到要求，则要更换怠速开关。

(3)调整怠速开关

①拆下节气门体后，松开节气门位置传感器上的两个固定螺栓(见

图 2-3-41b)。

②按图 2-3-41b 中箭头方向转动传感器，直到碰到挡销为止(在此过程不能转动节气门)，然后在此位置上拧紧传感器的两个螺栓。

③再次检查怠速开关。

(4)检查 ECU 及怠速开关间的线路

①节气门位置传感器线束插头上 4 端子(见图 2-3-41a)和进气管右侧搭铁点间不应有短路或断路(电阻值≯1Ω)。

②如电阻不符合要求，则检查 ECU 线束插头 B(见图 2-3-26)和节气门位置传感器插头之间有无短路或断路(见表 2-3-11)，如有，则排除。

表 2-3-11　检查端子间线路

节气门位置传感器线束插头上端子号	ECU 线束插头 B 上端子号	节气门位置传感器线束插头上端子号	ECU 线束插头 B 上端子号
6	4	4	进气管右侧搭铁点

10. 检查和调整节气门开度传感器

(1)说明

关闭点火开关后，ECU 会给节气门开度传感器(G69)供应 150min 电压(自保持阶段)，如果在此时间内进行检修，接着应调出故障存储，必要时予以消除。

(2)检查供应电压

①打开点火开关(见图 2-3-42a)，端子 1-2 和 1-3 间电压标准应为 4.5～5.5V。

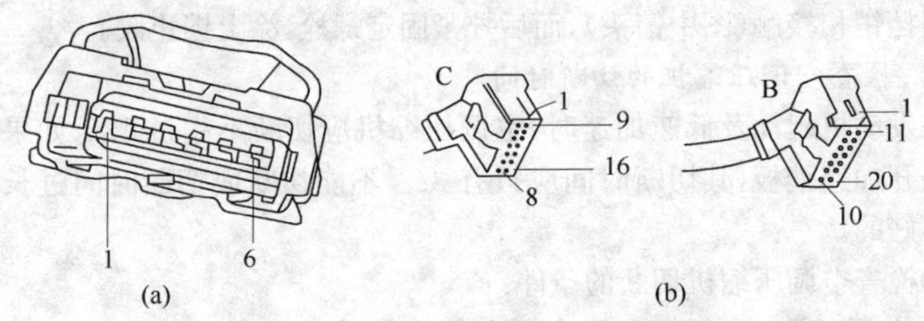

图 2-3-42　ECU 及节气门位置传感器上的线束插头

1、6、8、9、10、11、16、20. 端子

②如电压不符合要求，则检查节气门插头端子 2 到 ECU 插头 C 处 16 端子(见图 2-3-42b)的电阻，其值应≯1Ω。

③如电压符合要求，则检查节气门开度传感器的电阻。

(3)检查节气门传感器电阻(见图 2-3-43)

①端子 1-2 间电阻值应为 1.5～2.6kΩ。

②端子 2-3 间电阻值在怠速状态下应为 0.75～1.30kΩ。

③逐渐地将节气门推至全开(全负荷)，此时电阻值应升高，但不能超过 3.6kΩ。

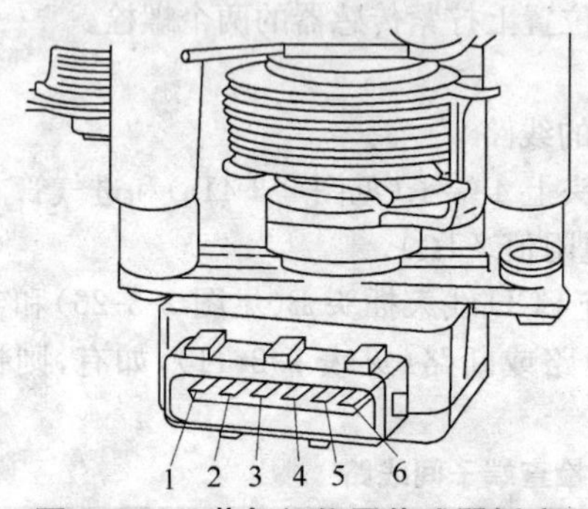

图 2-3-43 节气门位置传感器插座

1、2、3、4、5、6. 端子

④如果有一个数值未达到要求，则应更换节气门传感器。

(4)调出并消除故障的存储。

11. 调整自动变速器跳合开关

跳合开关(F8)装在节气门体上，检查和调整方法如下：

①拆下进气消声器，拔下跳合开关上的两端子插头。两端子间电阻值应是∞。

②慢慢地踏下加速踏板，跳合开关应在 A 和 B 点间打开(见图 2-3-44a)，两端子间电阻值应为 0Ω。否则，应调整跳合开关。

③调整方法如图 2-3-44b 所示，先松开固定螺栓，使开关的顶杆与节气门挡销相接触(图中箭头)，而后拧紧固定螺栓，涂上锁止胶。

12. 检查空调压缩机的切断时间

在发动机起动及低速加速时，空调压缩机应切断不超过 12s，如果立即松开加速踏板，其切断时间应只有 3s。不能切断或切断时间过长都是不好的。

①检查空调压缩机切断的条件：

a. 空调正常，无故障存储，室温 15℃为最适宜。

b. 发动机怠速，开空调(指示灯亮、压缩机转)。

②目视检查：怠速踏下加速踏板，应能观察到压缩机会停转数秒。

图 2-3-44　检查和调整跳合开关

(a)检查跳合开关　(b)调整跳合开关

③如压缩机不停转，则关点火开关，接上检测盒 V·A·G 1598，并将数字式电压表接在插孔 21 和 51(搭铁)之间。使发动机怠速运转，打开空调，约 10s 后，电压表应指示约 8V。

④如电压达不到 8V，则应将 ECU 上插头拔掉。若拔掉后电压能达到 8V，则应换 ECU 后再试。

⑤若拔掉插头后电压仍达不到 8V，可检查插头 B(见图 2-3-26)端子 1 到空调与离合器控制单元 J153(或 E87)间线路。

⑥如电压表指示约 8V，可在不关点火开关情况下使发动机熄火，此时电压应指示 2V。否则，应换 ECU 后再试。

第四节　桑塔纳 2000GLi 型轿车用 AFE 发动机部分机构和系统的拆装

一、配气机构的拆装

1. 配气机构的拆卸

(1)拆卸凸轮轴油封

①用图 2-3-45 所示的油封拆装器拆卸凸轮轴油封(也可拆卸曲轴前端油封)。它由外套 2085，内螺纹套 A 和固定螺钉 B 组成。A 可在外套中作螺旋转动，但若用手将 B 拧入后，则 A 就不能转动了。外套是锥形的，其上面的螺纹用于进入油封的工作刃口中，以便抓住油封。

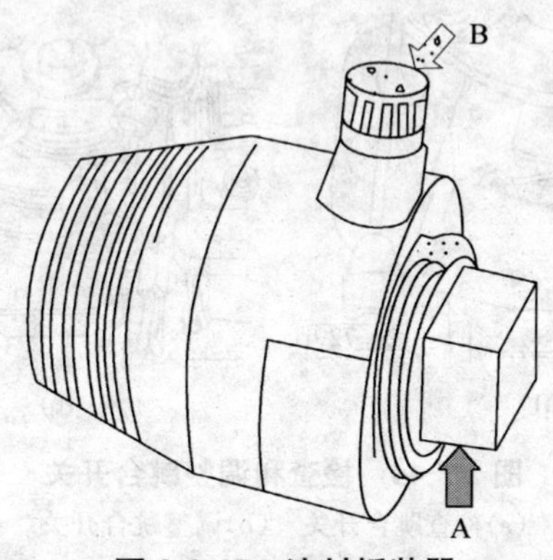

图 2-3-45 油封拆装器

②将油封拆装器内套 A 旋出 2 圈(约 3mm),再用螺钉 B 将内套固定。

③在外套螺纹上涂上机油,先用手将它拧入油封,再用扳手沿箭头方向尽可能深地把油封拆装器拧入油封中。

④旋松螺钉 B,将内套 A 旋入,油封和油封拆装器一起被拉出。

(2)拆卸气门杆油封(不拆气缸盖)

①卸下凸轮轴和液力挺杆,旋下火花塞,挂上档位并拉紧驻车制动器。

②通过火花塞孔输入 0.6MPa 以上的压缩空气,以防拆卸气门弹簧时气门打开。

③用尖嘴钳拆卸气门弹簧和气门杆油封。

(3)拆卸齿形胶带

①拆下发动机各有关连线和连接管。

②拆下空气滤清器。

③拆下皮带盘固定螺栓,取下皮带盘。

④拆下正时齿轮上、下护罩。

⑤将曲轴置于第 1 缸活塞上止点,放松并取下齿形胶带(见图 2-3-46)。

(4)拆卸凸轮轴

①拆下凸轮轴齿形带轮,取出其半圆键。

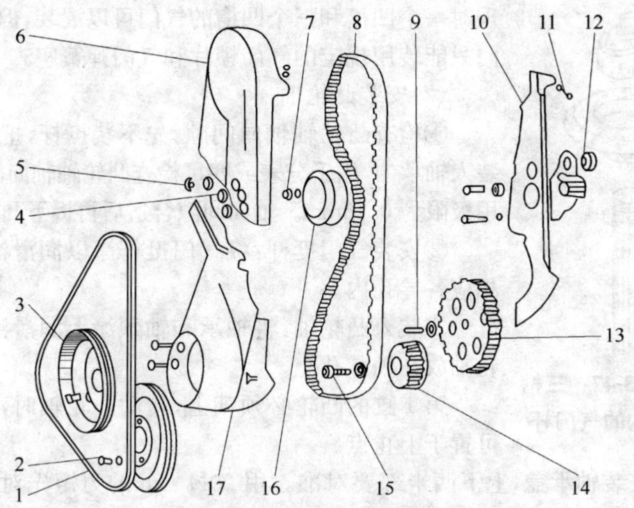

图 2-3-46　V 带盘、同步的拆卸

1. V 带　2、5、9、11、15. 拆卸螺钉　3. V 带轮　4、7、12. 塞堵　6. 上护罩　8. 正时同步带　10. 后护罩　13. 中间轴齿轮　14. 曲轴齿轮　16. 张紧轮　17. 下护罩

②拆下气门室罩盖。

③拆下 1、3、5 轴承盖，再对角交叉松开 2、4 轴承盖，即可抬下凸轮轴。

(5)拆卸气门

用专用工具“VW2037”压下弹簧座，取下气门锁夹，取出气门弹簧，最后取出各气门，并在气门头顶上打好各缸顺序号。

2. 配气机构的安装

(1)安装气门

①将气门杆油封涂上油，再用塑料导套和“10-204”号专用安装工具把油封压装于气门导管上，并且一定要压到位，防止油封变形或损坏。

②装上气门弹簧和弹簧座，将气门杆上涂少许润滑油，按原次序插入气门导管内，用专用工具压紧气门弹簧，装上锁片。

自 1981 年 5 月起装用杆部为三槽结构的气门。这种气门必须装用相配套的气门锁片和气门弹簧座，如图 2-3-47 所示。气门锁片内有相应的凹槽，气门弹簧座表面镀铜或铬，有约 1.5mm 斜边 a 和外边 b。修

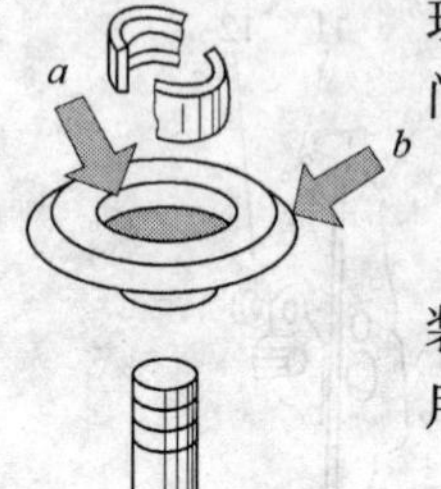

图 2-3-47　三槽结构的气门杆

理时一个凹槽和三个凹槽的气门可以混装，但每种气门只能装用规定的气门锁片和气门弹簧座。

(2)安装凸轮轴

①检查凸轮轴轴向间隙：先不装挺杆，把凸轮轴装入轴承中，用千分表或塞尺检查凸轮轴轴向间隙，使用极限为 0.15mm。轴向间隙合适后再拆下凸轮轴。

②安装气门挺杆：将气门挺杆涂以润滑油，插入相应各导孔内。

③装入凸轮轴：将轴承和轴颈涂上润滑油，把凸轮轴放在轴承孔上。

第 1 缸的凸轮必须朝上，转动凸轮轴时，曲轴不可置于上止点。

安装轴承盖，上下两半部要对准。用 20N·m 的力矩先对角交叉地拧紧第 2、4 轴承盖。再用同样的力矩拧紧 1、3、5 轴承盖。最后用 80N·m 的力矩紧固凸轮轴正时齿轮。

④装上凸轮轴油封：在油封的唇边和外圈涂上一薄层机油，将油封放入专用导套“VW10-203”平稳压入到合适的位置。注意不要将油封压到头，以免堵塞回油孔。

⑤装上凸轮轴正时齿轮：先装半圆键，再压上正时齿轮，拧紧固定螺栓(80N·m)。

(3)安装正时同步带

①将正时同步带套在曲轴正时同步齿轮和中间轴齿轮上。

②曲轴 V 带盘用一只螺栓固定。

③凸轮轴正时齿轮上的标记应与气门室罩盖平面对齐，如图 2-3-48 所示。转动凸轮轴时，曲轴不可置于上止点。

④曲轴 V 带盘上止点标记和中间轴齿轮上标记对齐(适用 AFE 型机)，如图 2-3-49 所示。

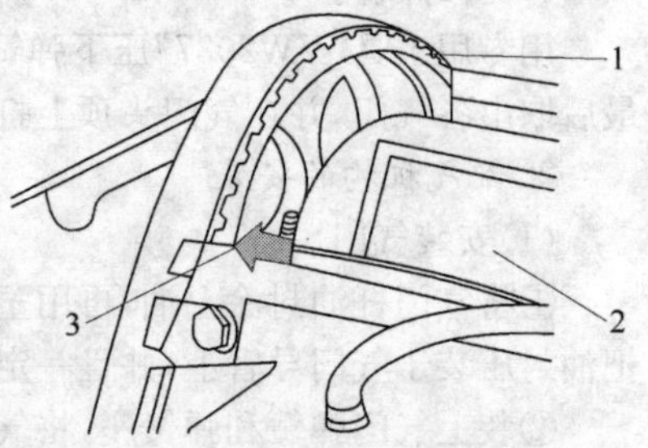

图 2-3-48　凸轮轴正时齿轮标记与气门室罩盖上平面对齐(图中箭头)

1. 凸轮轴正时齿轮　2. 气门室罩盖　3. 对齐标记

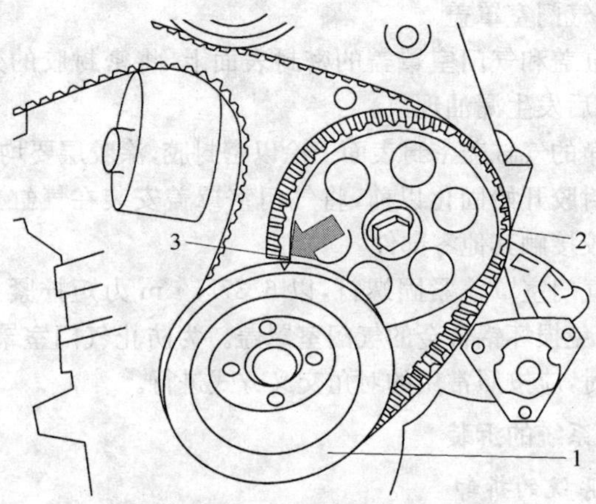

图 2-3-49　曲轴 V 带盘与中间轴齿轮标记对齐(图中箭头)

1. 曲轴 V 带盘　2. 中间轴齿轮　3. 对齐标记

⑤将正时同步带套到凸轮轴正时齿轮上。

⑥按图 2-3-50 所示箭头方向转动张紧轮,以张紧正时同步带。用拇指和食指捏住凸轮轴齿轮和中间轴齿轮中间的正时同步带刚好可以转 90°。

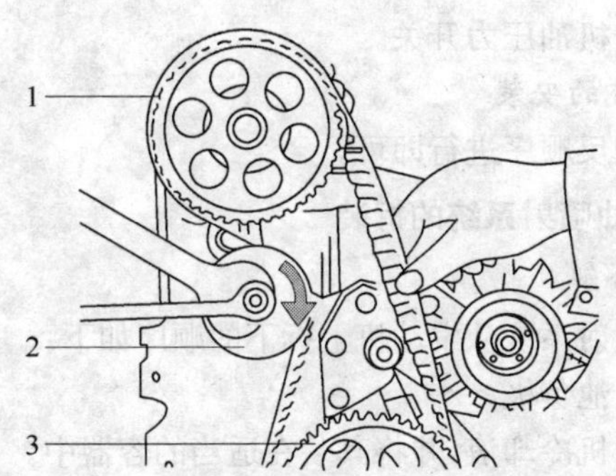

图 2-3-50　正时同步带松紧度调整与检查

1. 凸轮轴齿轮　2. 张紧轮　3. 中间轴齿轮

如果张紧程度不符,可松开张紧轮螺母,进行第 2 次调整。

(4)安装气门室罩盖

①在气缸盖和气门室罩盖的密封表面上，将密封胶的残渣清理干净，防止安装后发生漏油现象。

②在干净的气缸盖密封表面上涂以密封胶，涂胶层要均匀适量。

③在密封胶开始固化以前，将气门室罩盖安装在气缸盖上。注意不得使密封胶接触其他零部件。

④安装气门室罩盖紧固螺钉，以 6.37N · m 力矩拧紧。螺钉不可拧得过紧，以免损坏铝合金的气门室罩盖。为防止气门室罩盖的变形，在拧紧螺钉时，应按照常用的对角交叉方式进行。

二、润滑系统的拆装

1. 润滑系统的拆卸

参照图 2-3-51 进行。

①放尽油底壳机油，拆卸油底壳。

②旋松分电器（AJR 发动机无此件）轴向限位卡板的紧固螺栓（25N · m），拆去卡板，拔出分电器。

③拆下机油泵总成紧固螺栓（20N · m），将总成一起拆卸下来。

④拆卸集滤器、连接管（吸油管组）。

⑤旋松机油滤清器的紧固螺栓，将机油滤清器拆卸下来。

⑥拆卸两个机油压力开关。

2. 润滑系统的安装

按拆卸的相反顺序进行即可。

三、电控汽油喷射系统的拆装

1. 拆卸和分解

电控汽油喷射系统从发动机上拆下的顺序如下：

①断开蓄电池负极。

②放出发动机冷却液，并将其装在适当的容器中。

③释放燃油系统的压力。

④拆下怠速调节器组件并进行分解，如图 2-3-52 中的 5 所示。

⑤拆下燃油分配管组件并进行分解，如图 2-3-52 中的 26 所示。

⑥拆下节气门组件并进行分解，如图 2-3-52 中的 16 所示。

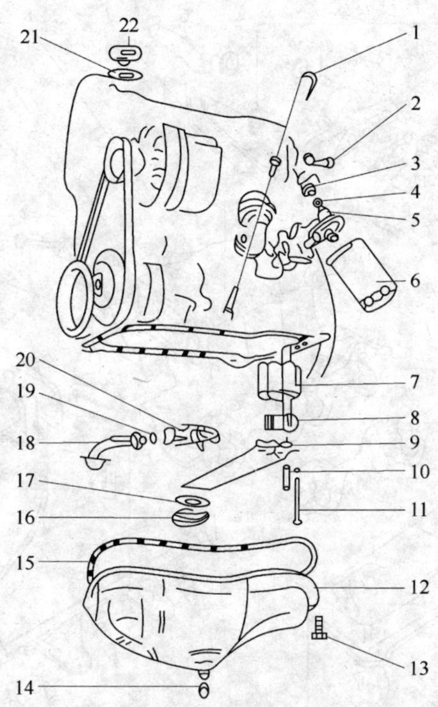

图 2-3-51 发动机润滑系统的分解

1. 机油标尺 2. 30kPa 油压开关 3. 180kPa 油压开关 4. 密封垫圈 5. 机油滤清器支架 6. 机油滤清器 7. 机油泵壳体 8. 机油泵齿轮 9. 机油泵盖(有限压阀) 10、11. 螺栓 12. 油底壳 13. 油底壳固定螺栓 14. 放油螺塞 15. 密封衬垫 16. 机油集滤器盖 17. 滤网 18. 吸油管 19. O形圈 20. 带限压阀的机油泵盖 21. 橡胶密封垫 22. 机油加油口盖

电控汽油喷射系统一般只分解空气供给系统和燃油供给系统，控制系统通常不进行分解。

从图 2-3-52 中可以看出，电控汽油喷射系统的零部件较多，但主要归纳为怠速调节器组件、节气门组件、燃油分配与喷射组件、传感器类和进气支管。其中以进气支管为骨架，其他所有零部件几乎全都装在进气支管上。

怠速调节器组件通过螺栓固定在进气支管一侧上部，燃油分配与

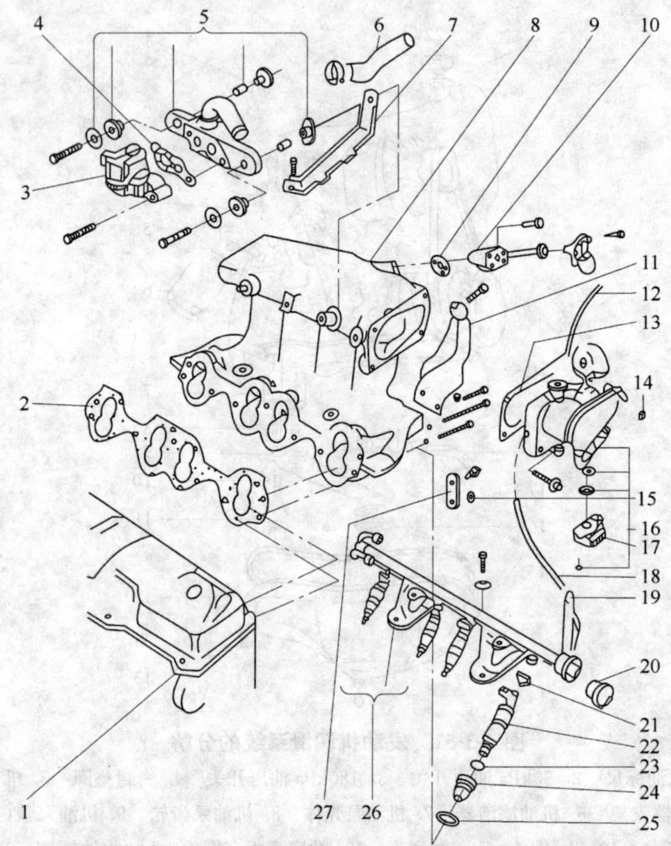

图 2-3-52　AFE 电喷式发动机空气与燃油供给系统的分解

1. 气缸盖　2. 密封垫　3. 怠速调节器　4. 怠速调节器密封垫　5. 怠速调节器组件　6. 软管　7. 支架　8. 进气支管　9. 法兰垫片　10. 法兰　11. 隔热板　12、18. 气管　13. 节气门垫片　14. 堵盖　15、25. 垫圈　16. 节气门　17. 节气门位置传感器　19. 夹紧器　20. 燃油压力调节器　21. 喷油器夹紧器　22. 喷油器　23. O形垫　24. 喷油器插入件　26. 燃油分配管　27. 进、排气管支架

喷射组件通过螺栓固定在进气支管一侧的下部，节气门组件通过螺栓固定在进气支管的端部，进气温度传感器和进气压力传感器通过螺钉固定在进气支管另一侧的上部。

2. 安装

按拆卸的相反顺序进行即可。

第五节　捷达轿车发动机典型故障排除实例

为便于理解，首先介绍捷达轿车车型字母的含义。

捷达轿车型号由三部分字母组成，每一部分的含义见表2-3-12。

表2-3-12　车型字母含义

第一部分		第二部分		第三部分	
C	经济型	L	化油器发动机	空位	非改脸车
G	豪华型	T	20阀电喷发动机	X	第一次改脸车（1998年上市）
AT	自动变速器	E	新2阀化油器发动机	F	第二次改脸车（2004款车）
		i	新2阀电喷发动机		
		D	柴油发动机		

一、曲柄连杆机构

1. GT型轿车发动机上部出现“嗞嗞”声

①故障现象：发动机运转中，听到其上部有“嗞嗞”的吸气异响。

②检查过程：仔细听，好像是发动机机油加注口和油尺口处有空气吸入的声音。怀疑是曲轴箱强制通风管有问题。将进气支管上的小通风管和曲轴箱主通风管断开后异响即消失了，说明主通风管有问题。然后拆下主通风管，发现加热电阻处堵塞。

③分析判断：主通风管堵塞造成曲轴箱不能补充空气，曲轴箱内就会形成负压，所以机油加注口和油尺口会有空气吸入，于是就产生了“嗞嗞”的吸气异响。

④排出故障：将加热电阻处疏通，发动机上部的“嗞嗞”异响消除。

2. GiX型轿车高速行驶时车身严重振动

①故障现象：车速在120km/h以上时，车身发生严重振动。

②检查过程：试换上四条不振动车辆上的轮胎，故障依旧；检查底盘各机件，也无松动和变形；检查发动机各支撑部件无异常。检查发动机的支撑橡胶带，看到因紧固过分而发生了较大的变形。

③分析判断：由于发动机与车身连接固定时存在着压缩应力，其变

形较大的支撑橡胶垫已不能有效地吸收振动能量，从而会造成高速行驶时车身严重振动。

④排除故障：将发动机三个橡胶垫松开后重新紧固，故障即消除。

二、配气机构

1. CiX 型轿车发动机抖动

①故障现象：发动机在怠速、中速时均抖动。

②检查过程：使用 V·A·G1552 查询有爆燃传感器偶发故障码，清除后未出现。检查火花塞、高压线正常；测量气缸压力，发现四缸压力基本为零。

③分析判断：气缸压力降低的原因有两条：活塞与气缸密封不良，气门与座圈密封不良。根据该车排气管不冒蓝烟，曲轴箱不窜废气，初步判断是四缸气门密封不良。

④排除故障：拆卸气缸盖，发现四缸排气门与座圈之间压住一条金属屑，导致气门关闭不严，造成四缸的气缸压力为零。清除金属屑，检查排气门密封性，装复后试车，故障排除。

2. GiX 型轿车发动机抖动且发出“突、突”声

①故障现象：冷车时发动机有“突、突”声且抖颤，热车时有所好转，但仍有发抖的感觉。

②检查过程：根据故障现象判断是个别气缸不工作。检查火花塞、高压线无故障；用 V·A·G1551 查询无故障记忆；对燃油系统进行免拆清洗后，发动机“突突”声及抖颤稍有好转；检查发现第二缸不工作，测量其气缸压力比其他气缸低。

③分析判断：可能是第二缸气门或活塞环密封不严。

④排除故障：拆下气缸盖，转动凸轮轴，发现第二缸进气门弹簧折断，更换后故障排除。

3. GTX 型轿车冷车不易起动，且液压挺杆异响超过正常时间

①故障现象：冷车起动后，气门液压挺杆异响时间过长，大约响 7、8min 时间。

②检查过程：用内窥镜观察，发现燃烧室和进气门的边缘有很多积炭。

③分析判断：冷车起动后，允许液压挺杆有异响但不应超过 5min。

如果异响时间过长，则有两方面原因：

a. 机油压力或液压挺杆有问题。在机油过滤器底座上有一个通往机油主油道的单向阀，如果单向阀失去单向密封能力、就会造成熄火后缸盖油道内的机油压力不能保持。如果单向阀堵塞，冷车时机油粘度大，造成缸盖的油道机油压力建立缓慢。这样都会使冷车运转时液压挺杆内不能充满机油，使气门间隙大而导致产生异响。

b. 气门背部严重积炭（俗称粘气门）。气门背部积炭在冷车时，会导致气门关闭不严和液压挺杆不能弥补过大的间隙，造成冷车不易起动，以及起动后挺杆长时间异响。随着发动机温度的升高，气门背部的积炭变软，液压挺杆又可以正常工作了。

④排除故障：对于较轻的气门背部积炭，可以使用积炭清洗剂溶化进气道和进气门背部的积炭，但由于该车气门背部积炭特别严重，利用免拆清洗的方法难以达到预期效果，所以将气缸盖拆下，拆卸所有气门，清除积炭，装复后故障排除。

4. GiX 型轿车发动机冷车起动正时带罩内有异响

①故障现象：早上冷车起动，正时带罩内发出异响，热车后响声消失。

②检查过程：热车用听诊器检查，正时带张紧轮没有明显异响。将正时带的背面抹上一点机油后测试，异响消除。

③分析判断：由于抹油后正时带背面与张紧轮打滑，致使张紧轮转动变慢，而减小了张紧轮轴承异响，可知此异响与张紧轮有关。

④排除故障：更换正时带及其张紧轮后，异响故障即排除。

5. CT 型轿车链条异响

①故障现象：冷车时发动机气门室罩内有明显“嗒、嗒”异响，热车后异响消失。

②检查过程：拆开气门室罩，检查链条液压张紧器，发现链张紧器对链条的张紧力稍有不足。

③分析判断：可能是油道内有堵塞物而使机油流动不畅，造成张紧器内油压不够高，所以使链条张紧力不够。

④排除故障：使用机油道清洗机对气缸盖油道进行 40min 清洗，洗出了很多堵塞油道的小块油垢。将旧机油放出，加注符合要求的新机油，起动发动机，冷车发动机产生的“嗒、嗒”异响消失。

三、润滑系统

1. GiX 型轿车打开空调后油底壳内有异响

①故障现象：怠速时，打开空调有“哗啦、哗啦”的异响。

②检查过程：将空调压缩机传动带拆下，打开空调后异响减轻，由此认为可能是压缩机内部故障。但试换压缩机后，噪声现象同前。将车辆举起，用听诊器抵到油底壳前部听到异响，不开空调时也有轻微响声，打开空调时响声更大一些。

③分析判断：油底壳前部安装有机油泵传动链条和链轮，可能是机油泵链条响。在打开空调时，发动机负荷增加，导致振幅增大，所以异响就加大。

④排除故障：拆开油底壳，发现链条张紧器弹簧比较软。更换机油泵链轮、链条和张紧器后，打开空调与不打开空调发动机噪声变化不大，异响消除。

2. GiX 型轿车机油报警灯报警

①故障现象：发动机怠速运转时机油警告灯报警，转速升到 1200r/min 时机油警告灯熄灭。

②检查过程：在机油高压开关和低压开关处分别接入压力表，发现在高压开关处怠速油压为 200kPa，而低压开关处怠速时仅有 10kPa。

③分析判断：因为机油高压开关装在油道首端，低压开关装在油道末端，高压压力正常，低压过低，可能的故障原因是机油过滤器堵塞。而机油过滤器内的旁通阀又未打开，造成怠速报警故障。

④排除故障：换上新机油及机油过滤器后，故障排除。

四、冷却系统

1. CT 型轿车高速行驶时冷却液温度过高

①故障现象：汽车中低速行驶冷却液温度表显示基本正常，高速行驶冷却液温度表显示温度过高；暖风机出风口吹出的风不热。

②检查过程：首先检查温控开关和散热风扇。当冷却液温度升高后，散热风扇不转动，测量散热器上、下水室温度比正常车低，并且基本相同，为 82℃～92℃。打开暖风机，从出风口吹出的风不热。

③分析判断：以上检查结果说明冷却液没有进行循环，其原因有两个：一是节温器没有打开；二是水泵叶轮没有转动。如果是前者，暖气

出风应是热的，但从检查中已知出风并不热，所以只有发生水泵叶轮不转动的时候才能出现上述现象。

④排除故障：拆下节温器，将手指伸入节温器安装孔转动叶轮，此时感到叶轮可以稍微转动，这就说明是水泵叶轮与水泵轴脱开。更换水泵后，冷却液温度恢复正常，暖风机出风口也可以吹出热风了。

2. GiX 型轿车冷却液温度过高

①故障现象：冷却液温度表指针显示 120℃以上。

②检查过程：不装储水罐盖，起动发动机半分钟后，看到有大量气体从储水罐底部冒出。如拧上盖，用手摸散热器水管，发现水管被气缸胀得特别硬，摸进水管烫手、摸散热器很凉。打开加机油的盖，看到盖内有许多水珠，机油呈白颜色，且有一股特殊气味。

③分析判断：当气缸中的高温废气经气缸垫两侧的间隙进入冷却水套以后，除了增高冷却液温度使其超过 120℃以外，还将进入与水套相连的储水罐，并从储水罐中冒出。因此可以判断可能是气罐盖窜气。

④排除故障：拆开气缸盖，用刀口形直尺测量气缸盖平面度知道缸盖中部与刀口之间的间隙是 0.25mm，超出了极限（规定极限是 0.10mm）。更换气缸盖、气缸垫后，冷却液温度显示正常。

3. GTX 型轿车温度警告灯间断报警

①故障现象：在冷却液温度正常情况下，警告灯间断报警，尤其是在颠簸路面上行驶时，报警更频繁。

②检查过程：怀疑冷却液温度传感器的导线有时存在搭铁故障。将线束剥开，在真空罐附近看到有两根线外皮划伤而短路，形成冷却液温度传感器导线的搭铁故障点。

③分析判断：当冷却液温度传感器信号线搭铁时，会使采用负温度系数热敏电阻的传感器电阻为零，从而反映出温度非常高，故使冷却液温度警告灯报警。

④排除故障：将两根磨破绝缘的导线用胶布包好，冷却液温度误报警故障消除。

五、发动机电控系统

（一）控制单元

1. AT 型轿车发动机尾气不合格

①故障现象：采用北京稳态加速工况法检测排放尾气，CO 和 HC

正常，NO超标。

②检查过程：清洗喷嘴、燃烧室积炭，更换火花塞，但未见效；查看该车发动机控制单元零件号是L06A 906 018 EL。

③分析判断：查阅资料知道发动机电脑同为一个零件号，但是有四种尾缀，即G、EL、EK、GE。尾缀G带三元催化器但版本较低，是过渡型；EL不带三元催化装置；EK带三元催化装置，不带防盗；GE带三元催化装置，带防盗。

该车在实际配置上带三元催化器，所以应安装尾缀为EK的发动机控制单元。

④排除故障：将原尾缀为EL的电脑更换成尾缀为EK的电脑，经检测NO排放值大幅度降低。

2. CT型轿车发动机有时熄火

①故障现象：发动机有时自行熄火，熄火后有时能起动，有时不能起动。

②检查过程：用V·A·G1551查询无故障码，读数据块未发现异常，经试车熄火现象未发生。

③分析判断：这是一种隐性故障，熄火的原因主要是在电路，可能是导线断路或短路、插头接触不良、接地线不良等。

④排除故障：当拔下控制单元插头时，发现插头内有进水痕迹，电极上有白色锈蚀物。清洗插头插座，并用高压空气吹干插头，故障排除。

3. ATi型轿车加速无力

①故障现象：行车加速无力，加速踏板踩到底，车速起不来。

②检查过程：使用V·A·G1551进入自动变速器控制系统1—02—02，发现有两个故障码：Throttle valve Potentiometer-G69 Signal outside tolerance（G69节气门控制单元信号有误）；Engined gearbox electrical connection 2 NO signal（发动机电脑与自动变速器电脑之间2号信号线没有信号）。使用V·A·G1551进入发动机控制系统1—01—02，没有故障显示。但是进入1—01，发现电脑编码有误，此电脑编码是00001，这是手动变速器的编码，而自动变速器的编码应是00003。

③分析判断：捷达2气门发动机的控制单元储存两个控制程序，以适用于手动变速器车和自动变速器车的需要。如果不按规定编码，对于自动变速器车则会使升档时发动机转速不匹配，出现加速无力、熄

火、油耗增加等现象。

④排除故障:对发动机控制单元正确编码,使用 V·A·G1551 进入 1—01—07,把编码改为 00003,试车一切恢复正常,查询自动变速器控制单元无故障存储。

(二)传感器

1. CTX 型轿车发动机加速滞后

①故障现象:加速滞后;发动机无力;排气管发出“突、突”声;有时发动机熄火。

②检查过程:用 V·A·G1551 查询故障码是 00553:空气流量计 G70 不可靠信号。阅读数据块中的进气量小于 1.8g/s,说明进气管漏气,但经检查无漏气故障。

③分析判断:空气流量计 G70 信号弱的原因是 G70 损坏、线路有故障、进气管漏气及空气滤清器堵塞。检查后两项无问题,故障应出在前两项。

④排除故障:拆下 G70,发现有一小块纸挡在 G70 的格栅上。将纸取掉,使用 V·A·G1551 查询无故障码,读取进气数据正常,再经试车,上述故障现象完全消失。

2. AT 型轿车加速无力

①故障现象:加速无力,最高车速只能达到 120km/h。

②检查过程:变速器在 P、N 档时,感觉发动机加速正常,路试时随着节气门开度的缓慢增加,最高车速只有 120km/h;对变速器进行检查,升降档正常。用 V·A·G1552 查询自动变速器控制单元无故障码存储;对发动机控制单元进行查询也没有发现故障记录。可能是由于供油不畅或点火不良引起发动机功率降低。首先检查供油量与燃油压力正常;再检查点火系统,火花塞电极间隙等均正常。清洗喷油嘴、更换火花塞,试车无效。

再次用 V·A·G1552 进入 01—08—002,发现加速时空气流量计最大读数没有超过 28g/s,而正常空气流量在急加速时最大值应为约 60g/s。

③分析判断:由于空气流量计供给 ECU 的信号小于实际值过多,但未达到报警的条件,此时 ECU 计算出的喷油量过小,即导致混合气过稀,所以发动机功率下降,最高车速达不到规定值。

④排除故障:空气流量计有故障但没有存储故障码,更换空气流量

计后，经试车，高速行驶正常，故障排除。

3. CT 型轿车热车自行熄火

①故障现象：发动机热车自行熄火，然后又能起动。

②检查过程：用 V·A·G1551 查询无故障码记忆，阅读数据块未见异常；检查控制单元的插头、电源线及接地点均正常。

③分析判断：发动机突然熄火的原因一般有：

a. 发动机控制单元的 30 号线或 15 号线瞬间断路，或瞬间低于 9V。

b. 发动机控制单元的两条接地线突然断路。

c. 发动机转速传感器 G28 信号中断（仅指 5 气门捷达电喷车）。

d. 点火执行元件或线路有故障。

e. 供油突然中断。

可按先简后繁的原则逐项检查，找出故障原因。

④排除故障：当检查转速传感器 G28 时，测量其电阻值没有问题，但在拆下 G28 后看到其端部有脏物。将 G28 清洁后装复使用，不再出现熄火现象。

4. GTX 型轿车有时熄火

①故障现象：行驶途中有时熄火，之后需要起动三至四次才能使发动机运转。

②检查过程：通过 V·A·G1551 查询发动机控制单元无故障记忆，捷达 5 阀发动机能造成发动机不能起动、起动困难和熄火故障的传感器只有 G28 转速传感器，测量 G28 转速传感器的电阻为 1250Ω，正常值是 450～1000Ω，该车 G28 的电阻高于正常值。

③分析判断：G28 线圈电阻值的正确性非常重要，电阻值超上限，说明 G28 的线圈有故障，这样会使 G28 信号电压下降。控制单元由于收不到此信号，就会中断点火而使发动机熄火。

④排除故障：换上一个新的 G28，其电阻值在正常范围内。再路试，没有熄火现象。

5. GiX 型轿车急加速熄火

①故障现象：急加速过程中发动机熄火。

②检查过程：查询故障码是 00518：节气门电位计 G69 断路/对正极短路；00530：节气门怠速电位计 G88 断路/对正极短路。经查节气门电位计插头松动。

③分析判断:电位计插头松动导致 G69 和 G68 信号不能提供给控制单元、ECU 可以用进气压力传感器 G71 的信号来判断进气状况。但是在急加速时,替代信号不能使空燃比控制精确,此时发动机又需提供很大功率,故会造成熄火。

④排除故障:将插头插牢,清除故障码,经试车急加速熄火现象消除。

6. CTX 型轿车怠速不稳,排气管发出"突、突"声

①故障现象:发动机怠速不稳,排气管发出"突、突"声音,急加速排气管冒黑烟。

②检查过程:检测怠速时尾气,发现 CO 为 0.9%,HC 为 350×10^{-6}。用 V·A·G1551 查询无故障码,读数据块发现发动机冷却液温度为 20℃,而冷却液温度表显示却为 95℃。

③分析判断:此时是热发动机,后者数据应该是正确的。由此说明冷却液温度传感器信号错误,ECU 根据错误的冷却液温度信号进行修正喷油量,使增加,所以产生混合气过浓现象。

④排除故障:更换发动机冷却液温度传感器,发动机工作恢复正常。

7. CTX 型轿车起动困难

①故障现象:发动机起动困难、怠速抖动严重。

②检查过程:用 V·A·G1552 查询故障码为 00522:冷却液温度传感器 G62 断路/对正极短路。读取数据块,发现发动机冷车冷却液温度居然为-46℃,这与此时的发动机温度绝对不相符。起动发动机,待车热后,发动机冷却液温度为 80.5℃。

③分析判断:由于控制单元监控的发动机冷却液温度范围是-46℃~140℃,当冷却液温度传感器信号线断路或与正极短路时,相当于冷却液温度传感器电阻值无穷大,故起动时冷却液温度信号为-46℃,此时将以很浓的混合气起动,所以发动机起动困难。起动后 ECU 将以温度值 80℃替代,由于空燃比不精确,所以使发动机怠速时抖动。

④排除故障:检查从冷却液温度传感器至发动机 ECU 的线束,发现线束与制动真空助力管相摩擦后被磨断,线束中冷却液温度信号线已断开。将其接好后,故障排除。

8. CTX 型轿车怠速不稳，排气管冒黑烟

①故障现象：怠速不稳，排气管冒黑烟。

②检查过程：使用 V·A·G1551 查询故障码为 00525：氧传感器 G39 无信号。读数据块发现氧传感器电压总是 0.45V 不变化。

③分析判断：闭环控制系统的喷油量反馈信号是氧传感器提供的。通过氧传感器电压变化幅度和变化频率，可以判断空燃比情况和氧传感器的好坏。如果燃烧特别好，电压应在 0.4～0.6V 之间变化。如变化范围是 0.1～0.9V，说明一会儿混合气浓，一会儿混合气稀，原因是喷嘴可能有故障，所以 ECU 对喷油量的调节幅度就大。变化频率应为 10 次/min 以上，好的能变化 10～20 次/min，如果变化只有 6～8 次/min，则是氧传感器不灵敏或喷嘴故障，要考虑更换。该车数据块中的 0.45V 电压是控制单元内部的电压，说明氧传感器信号中断或氧传感器失效。

④排除故障：测量氧传感器 G39 的电路正常，更换氧传感器，故障排除。

9. GiF 型轿车无法提速

①故障现象：车速升至 80km/h 时无法再提速，怠速时车抖。

②检查过程：用 V·A·G1552 检查发动机，发现故障码 00525：氧传感器信号不可靠。读数据块发现空燃比(λ)调节数值为－18.5%，规定范围是－10%～＋10%，该车数据超过规定范围，反应了混合气被调节变稀。用燃油压力表测油压数值正常，检查线路发现氧传感器插头到电脑之间，有一小段线束与车身紧密接触的地方磨破。

③分析判断：氧传感器到电脑线束磨破，造成氧传感器向电脑提供误信号，电脑将混合比调节变浓，进一步造成发动机功率下降，怠速不稳，排放超标。

④排除故障：更换发动机电脑右线束后，故障排除。

(三)燃油系统

1. GT 型轿车行驶中熄火

①故障现象：有时发动机不易起动，行驶中熄火。

②检查过程：用 V·A·G1551 查询发动机电控系统有四个故障码：01249、01250、01251、01252，应为 1～4 缸喷嘴断路/对正极短路。

③分析判断：四个喷嘴共用正极电源，又出现同一故障，应检查四个喷嘴的共用正电源供给线路，重点怀疑油泵继电器。若继电器的线

圈有断路或触点接触不良，均会造成喷嘴有时得不到正电源供给。

④排除故障：拆开油泵继电器，发现继电器内部有一个焊点开焊，造成有时断电。将开焊的焊点焊好，清除故障码，经试车一切正常。

2. GT 型轿车急加速发动机熄火

①故障现象：行驶中急加速发动机熄火。

②检查过程：用 V·A·G1551 查询发动机控制单元，无故障储存。测量燃油压力，用夹子夹住回油管后，燃油系统压力仍是 0.2MPa。

③分析判断：经以上试验，说明燃油压力低的原因不是燃油压力调节器引起的，因为堵住回油管后，如压力提高，才说明是压力调节故障。分析其原因是：燃油泵供油压力低；燃油箱内的出油管泄漏。

④排除故障：拆卸取出汽油泵，发现油泵出油口有裂缝。更换汽油泵，故障排除。

3. AT 型轿车行驶中减速熄火

①故障现象：怠速不稳，行驶中减速熄火。

②检查过程：用 V·A·G1551 查询无故障码。阅读数据块发现节气门开度过小，进气量过小。

③分析判断：根据节气门开度及进气量均小，可以判断进气管漏气。

④排除故障：仔细检查，发现第 3 缸喷嘴的橡胶密封圈变形导致漏气，更换橡胶圈后，故障排除。

(四)点火系统

1. CTX 型轿车加速不良

①故障现象：加速迟缓，排气管出现“放炮”。

②检查过程：用 V·A·G1551 查询无故障码，系统压力符合标准，高压线阻值符合标准，火花塞燃烧状态良好。读数据块 08—001 第四区显示的点火提前角，怠速时为 12°，当踩加速踏板时，点火提前角在 20°～28°间有跳跃现象。使用万用表测量点火线圈的次级电阻符合标准，怀疑输出能量级有故障。更换点火线圈 N152，加速时读取点火提前角，看到 20°～28°间的跳跃现象消除。进行路试，上述故障消失。

③分析判断：由于点火线圈工作不稳定导致上述故障发生。

④排除故障：更换点火线圈，故障消除。

2. GiF 型轿车加速缓慢

①故障现象：怠速抖动，加速缓慢，最高车速只能达到 120km/h。

②检查过程:检查火花塞电极已经烧蚀,测量高压线电阻正常,接触点无氧化物。更换火花塞后试车,偶而发生怠速抖动、加速滞后现象。用 VAS 5051 的 KV 检测钳测量点火波形,发现只有第 1 缸点火波形接近标准波形,第 2、4 缸点火线圈击穿,电压最低。

③分析判断:尽管高压线两端的电阻正常,但如果高压线的绝缘层漏电,也会使点火电压降低。由于用 KV 检测钳已查出第 2、4 缸点火线圈被击穿,电压最低,因此可以判断故障出在第 2、4 缸高压线上。

④排除故障:更换第 2、4 缸高压线后,故障排除。

3. GiX 型轿车加速熄火

①故障现象:行驶中急加速熄火,怠速不稳。

②检查过程:查询无故障码存储,阅读数据块基本正常,检查发动机电控系统有关插头和接地点未发现问题。检查发现电极被烧蚀,火花塞瓷裙部存有很多积炭。

③分析判断:由于火花塞因长期使用而烧蚀了电极和瓷裙部存有积炭,其功能已严重下降,因而形成了此故障。

④排除故障:更换火花塞后,发动机的怠速、加速变得良好,尾气排放恢复正常。

(五)进气系统

1. CT 型轿车发动机怠速不稳

①故障现象:发动机怠速不稳,转速在 800~850r/min 之间反复跳动。

②检查过程:使用 V·A·G1551 查询发动机电控系统无故障码。阅读数据块显示组 001 的第 3 区,节气门角度为 8°,而怠速时的标准值应是 2°~5°。

③分析判断:如果发动机加速、高速工况均无问题,只是怠速运转不稳,不用去怀疑油、电路有问题,一般是节气门和进气管内壁有积炭,导致怠速进气量减小,所以电控单元产生的节气门角度值就要超过 5°。另外,节气门脏也会使节气门调节值范围增大,所以怠速转速波动范围增大。

④排除故障:拆下节气门控制单元 J338,用化油器清洗剂和棉布擦拭节气门及其周围内壁,然后用 V·A·G1551 进行节气门基本调整。起动发动机,检查怠速转速在 830r/min 上下 10r/min 的正常范围内波动,故障排除。

2. GTX 型轿车冷车不易起动

①故障现象:冷车不易起动,起动后怠速也不稳,加速滞后。

②检查过程:检查节气门拉索没有发现异常。用 V·A·G1552 查询有两个偶发性故障:一个是 00533,怠速调节超过自适应极限;另一个是 00553,空气流量计信号不可靠。阅读数据块发现节气门开度偏大,空气流量计数值基本正常。

将进气总管拆下,把节气门清洗干净,用 V·A·G1552 将故障码清除,查询无故障后,对节气门进行基本调整。然后将车发动,这时发现着车后,怠速仍然不稳,故障未能排除。检查数据块与之相关的节气门开度、空气流量计数值、氧传感器电压,也基本正常。踩下加速踏板感觉发动机提速慢,测量尾气 CO、HC 高于正常值,说明混合气过浓,这时怀疑发动机进气方面有问题。

把空气滤清器总成拆下、解体,发现空气滤清器的进气口中有一个金属过滤网,上面有许多柳絮毛和灰尘。

③分析判断:由于进气口过滤网过脏,导致进气阻力增大,造成怠速不稳、加速滞后。

④排除故障:将空气滤清器的进气口滤网清洗干净,试车发现怠速平稳,测量尾气排放正常。

3. AT 型轿车加速滞后

①故障现象:行驶中有加速滞后现象,油耗比以前加大。

②检查过程:用 V·A·G1552 查询无故障码存储,阅读数据块发现怠速工况下的空气流量数值很大,在 840r/min 时为 4.9g/s,而规定值的上极限是 5.0g/s。检查空气流量计插脚 2 与接地之间的电压为 12V,符合规定。再检查空气流量计信号线电阻,分别测量插脚 3、4 和 5 与发动机 EGU 插孔 12、11 和 15 之间的导线电阻,都是 0.5Ω 以下,在规定范围内。

检查进气系统,当打开空气滤清器后发现,此车的空气滤芯品质非常差。

③分析判断:由于空气滤芯品质差,致使空气流量计提供出错误的信号,发动机控制单元则误以为空气流量很大,所以增加了供油量,从而使混合气的浓度增大,引发了上述的故障。

④排除故障:换上新的空气流量计和正品空气滤芯,故障消除。

(六)排气系统

1. GTX 型轿车排气管冒黑烟

①故障现象：怠速不稳、加速滞后、排气管冒黑烟。

②检查过程：使用电脑诊断仪查询故障码为 00561：混合气自适应值超过上限；读数据块，看到氧传感器信号电压变化周期约 5s。使用尾气分析仪检测尾气，首先满足检测条件，冷却液温度 90℃以上，关闭所有用电器，发动机以怠速运转，测量尾气 CO 为 0.2%，HC 为 200×10^{-6}。

③分析判断：经检测此车尾气中的有害气体 CO、HC 数值较高。由于此车装有三元催化转换器，可能还转化了一部分 CO、HC。又根据故障码的内容，可以判断该车存在混合气过浓故障。根据氧传感器信号电压变化周期长，说明氧传感器老化损坏，但还未达到存储故障码的程度，此时电控单元已不能正常进行闭环控制，所以使得空燃比不正确，致使混合气过浓，排气管冒黑烟。

④排除故障：更换氧传感器，清除故障码，起动发动机，使用尾气分析仪检测尾气，排放正常，故障排除。

2. GT 型轿车怠速不稳且偏高

①故障现象：发动机怠速不稳，且转速偏高，转速表针在 1000r/min 左右。

②检查过程：用 V · A · G1551 查询无故障码存储；读取数据块，发动机负荷为 1.4ms，每工作循环的喷油时间为 4ms，节气门开度为 0°。捷达 5 阀发动机怠速进气量控制是由节气门控制单元完成，怠速节气门开度正常值是 2°～5°，如果是 0°，理论上说发动机应该熄火，但该车的怠速还偏高，所以怀疑进气支管有漏气的地方。对进气支管垫、喷油器、节气门体、制动真空助力泵及真空管路等进行检查，均未发现有漏气故障。将进气支管上的曲轴箱通风管拔下，用手堵住，再起动发动机，怠速恢复正常，发动机工作也平稳了，由此证明上述怀疑是正确的。继续检查曲轴箱通风管，发现机油滤清器处的管子出现裂缝。

③分析判断：由于曲轴箱通风管漏气，所漏入的空气，空气流量计不能感知，导致发动机负荷减小。但由于氧传感器的作用，发动机控制单元会对喷油时间进行修正，使每工作循环的喷油时间增加，这就是读数据块时为什么前者低后者高的原因。另外，由于进气支管漏气量的增加，控制单元就会减小节气门的开度来降低怠速，虽然把节气门开度降低到了 0°，但是怠速转速仍然达到 1000r/min，由此失去了怠速自动

控制的功能，所以怠速不稳现象同时出现。

④排除故障：更换曲轴箱通风管，对节气门体作基本调整，怠速转速及稳定性恢复正常。

（七）线路

1. GiX 型轿车行驶中自动熄火

①故障现象：行驶中经常自动熄火，有时熄火后不能起动。

②检查过程：用 V · A · G1551 查询，故障码是 01249、01250、01251、01252；1～4 喷嘴断路/对正极短路。同时发现燃油泵不工作，测量油泵电动机的正极电源有电。起动起动机时，用手摸 167 号油泵继电器，感觉有触点吸合声音，测量 30 号插脚没电。

③分析判断：上述检查表明，四个喷嘴和 167 号继电器得不到正极电源，因此可以判断是中央继电器盒内部有故障。

④排除故障：更换中央继电器盒后，故障排除。

2. GiX 型轿车怠速不稳

①故障现象：怠速不稳，转速在 800～1200r/min 范围内波动。

②检查过程：用 V · A · G1551 查询有两个故障码：17952，节气门怠速电位计 G187 信号太大；17549，负荷信号识别不可靠。两个故障均为偶发性故障。清除故障码，进行基本设定，怠速不稳现象消除。但是一周之后故障重现，再次用 V · A · G1551 进行检测，仍是上述故障。用万用表测量节气门电位计，没有发现异常。测量节气门体到电脑之间的线路、进气压力传感器到电脑之间的线路也没有故障。用替换法分别更换了节气门体、进气压力传感器、发动机控制单元，都没有解决问题。

③分析判断：根据故障现象，认为线束存在软性故障，可以用试更换线束的方法鉴别故障原因所在。

④排除故障：更换与发动机控制单元连接的两套线束，故障排除。

3. GT 型轿车怠速时好时坏

①故障现象：怠速不稳，时好时坏。

②检查过程：查询故障码为 00518：节气门电位计 G69 信号不可靠。试更换节气门体后，试车怠速正常，但行驶一段路后停车摘档，怠速仍在 1000～1400r/min 范围内摆动。查询故障码同上次相同，拔下节气门体控制单元插头，看到一根导线有折断痕迹，轻轻一拉该线断了。

③分析判断：由于节气门体控制单元插头有一根导线处于基本折

断状态，所以常使节气门电位计信号中断，于是影响了怠速的平稳。

④排除故障：将断路的导线连接，用 V·A·G1551 进行节气门基本设定，着车后怠速平稳，阅读数据块各项数据均正常。

4. GiX 型轿车打开空调后怠速明显不稳

①故障现象：怠速不稳，忽高忽低，打开空调后怠速不稳现象更加明显。

②检查过程：用 V·A·G1552 查询无故障，检查油路和电路均正常。将发动机控制单元小插头拔开，用手揉揉线束再将插头插上，发动机怠速平稳了，但起步停车后故障重现。

③分析判断：用手揉揉线束可以使断点暂时接触上，但经振动又可能断开，所以发动机工作不稳定，怠速工况会更明显，在试车中故障又出现，故怀疑控制单元的小把线束有问题。

④排除故障：更换发动机控制单元小把线束，上述故障消失。

5. GiX 型轿车行驶中经常熄火

①故障现象：行驶中经常熄火。

②检查过程：用 V·A·G1552 查询没有故障码。路试中发现熄火之前，空调出风口没有风吹出。

③分析判断：这说明供空调真空执行元件使用的真空罐有问题，造成风板不能调节变化，当车辆行驶中，如果真空罐或真空管漏气，会造成混合气过稀，导致发动机熄火。

④排除故障：对真空部件检查时发现真空罐漏气，更换后故障排除。

6. GiX 型轿车氮氧化合物超标

①故障现象：车辆年检，因尾气 HC、NO 超过北京市简易工况法规定的极限而未能通过。

②检查过程：用 V·A·G1552 查询未发现故障码。读取数据块发现氧传感器电压总在 0.5～0.8V 之间变化。尾气检测值说明混合气稀，而氧传感器信号电压值则表示混合气浓。在检查线路时，发现发动机控制单元接地线松动。

③分析判断：读尾气检测单看到 CO 较低，HC、NO 较高，说明混合气偏稀，而氧传感器的信号电压为什么又长期停留在表示混合气浓的高端呢？可能是发动机控制单元接地线不良，引起控制单元工作不正常所致。

④排除故障：紧固控制单元接地线，尾气排放正常，故障排除。

第三篇　底盘修理工技术要求标准

第一章　应知部分

第一节　底盘测试仪器的使用方法

一、底盘测功试验台

测功试验台的牌号、型式不同，使用方法也有区别。因此，在使用之前，要认真阅读其“使用说明书”。现以检测汽车驱动轮输出功率为例，简述其一般使用方法。

1. 检测前的准备

(1)试验台的准备

使用之前，除应按厂家规定的项目及期限对试验台进行检查、调整、润滑外，在使用过程中，还要注意仪表指针的回位、举升器工作和导线的接触情况，发现故障应及时消除。

(2)被检汽车的准备

①仔细调整发动机燃油系统及点火系统至最佳工作状态。

②检查、调整、紧固和润滑底盘有关部位。

③轮胎沾有水、油等，或轮胎花纹沟槽内嵌有小石子时，一定要清除干净。

④轮胎气压要符合标准。

⑤运行走热全车。

(3)检测点的选择

为便于全面评价被检汽车发动机及底盘的技术状况，应选择几个有代表性的检测点，检测汽车驱动轮的输出功率(或牵引力，下同)。检测点，除制造厂给出的发动机最大功率相应的转速(或车速，下同)和最大转矩相应的转速两个点以外，还应选择1～2个常用转速（例如经济车速）作为检测点，或根据交通管理部门的要求，选择检测点。

2. 检测方法

①接通试验台电源，并根据被检车辆驱动轮输出功率的大小，将功率指示表的转换开关置于低档或高档位置。

②操纵手柄（或按钮，下同），升起举升器的托板。

③将被检汽车的驱动轮，尽可能与滚筒成垂直状态停放在试验台滚筒间的举升器托板上。

④操纵手柄，降下举升器托板，直到轮胎与举升器托板完全脱离。

⑤用三角铁板架抵在试验台滚筒之外的一对车轮的前方，以防止汽车在检测时从试验台上滑出去。

⑥将风扇置于被检汽车正前方，并接通电源。

⑦起动发动机，由低档逐级换入选定的档位。逐渐踩下加速踏板，同时调节试验台的功率吸收装置负荷旋钮，使发动机在节流阀全开的情况下，以最大功率相应的转速运转。

⑧待发动机转速稳定后，读取并记录仪表指示的功率值（或牵引力，下同）和转速值。

⑨保持发动机节流阀全开，调节试验台功率吸收装置的负荷旋钮，增加测功器负荷，使发动机以最大转矩相应的转速运转。

⑩待发动机转速稳定后，读取功率值和转速值。

⑪部分抬起加速踏板，按上述方法，检测发动机节流阀在部分开度工况下的驱动轮输出功率值。

⑫全部检测结束，待驱动轮停止转动后，移开风扇，去掉车轮前的三角铁板架，操纵手柄，举起举升器的托板，将被检汽车驶离试验台。

⑬切断试验台电源。

3. 注意事项

①超过试验台允许轴重或轮重的车辆，一律不准上试验台进行检测。

②检测过程中，切勿拨弄举升器托板操纵手柄，车前方严禁站人，以确保检测安全。

③检测最大功率和最大转矩相应转速工况下的驱动轮输出功率时，一定要开启冷却风扇，并密切注意各种异响和发动机的冷却水温。

④走合期间的新车和大修车，免检最大功率相应转速下的驱动轮输出功率。

⑤非检测时，不准在试验台上面停放车辆。

二、第五轮仪

1. 安装

第五轮仪一般固定在汽车后面或侧面。第五轮固定板有 12 个孔，试验时可根据位置适当选其中 4 个孔，用螺栓将其牢固地紧固在汽车上。若汽车与第五轮的固定板不便于直接连接，则可另做一块铁板，先将该板固定在汽车上，然后再将第五轮通过固定板连接在该铁板上。

2. 充气

试验前，用打气筒对第五轮及储气筒充气，对车轮的充气要以能方便地调出设计周长为准。对储气筒充气，使车轮对地产生一定压力，压力的大小凭经验估计，一般为 120N 左右。

3. 校准

第五轮周长的设计数据为 156cm，因此，每次试验时应将车轮的周长校准为 156cm，方法如下（如图 3-1-1 所示）：

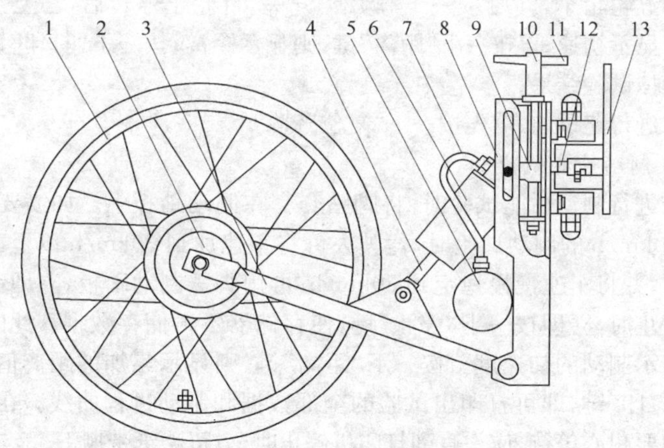

图 3-1-1　第五轮仪的结构

1. 20 英寸自行车轮　2. 电磁传感器　3. 叉架　4. 活塞杆　5. 储气筒　6. 气缸　7. 气管　8. 壳体　9. 螺母　10. 丝杠　11. 手柄　12. 调节轴　13. 固定板

①开始时，在车轮与地面接触点划上一道线，并在车轮上该点处做一标记。

②然后开动汽车缓慢行走，使第五轮正好转过10圈。

③再在地面划一道线，这两条线之间的距离应正好等于1560cm。如差值大，则可利用对轮胎、储气筒的充、放气进行调整；若差值小，则可转动手柄11调整车轮对地面的压力。这样反复几次，直到满意为止。

4. 使用时的调整

在第五轮固定在汽车高度适中位置的情况下，利用手柄11调节气缸6的位置，使活塞杆伸出35mm左右，以保证车轮在运转中上下颠簸时不致发生上抗和脱空。为了防止试验过程中第五轮摆动过大，试验时，可将调节轴12拉出调到最大位置，此时汽车转弯应缓慢，并且转弯半径要大些。

5. 开机使用

第五轮仪接通电源后，显示器应显示出000000，或移动显示801。若显示000000，说明该仪器处于正常状态。若不显示，可按一下“复位”开关，然后按铭牌顺序将附件接上。信号线连接到传感器上，用手猛转一下第五轮轮子，同时按一下“脚踏”开关，待轮子停转后，马上按“停止”键，显示初速；再按一下“距离”键，则显示距离；按一下“打印”键，将打印模拟试验结果。

在进行路试前，需先按一下“复位”键。

6. 制动性能试验

在进行制动性能试验时，将脚踏套套在制动踏板上。如需要进行车速30km/h的制动试验时，驾驶人可将车速加到30km/h以上，观察显示器，并将车速慢慢稳定到30km/h，再用脚踩制动踏板，立即制动。制动停止时，立即按一下“停止”键，使存储器不再储存数据。此时，显示器显示制动的初速度。按一下“距离”键，则显示累加的距离值。然后按“打印”键，即可打印出试验的全部数据和制动过程曲线。在打印过程中要耐心等待，应一直到打印机停止时，方可将纸带撕下。

若进行下一步试验，需要停止现行状态时，只需按一下“复位”键即可。

在进行制动试验时，拔出销轴（在气缸下部的活塞杆上）使棘牙脱离为限，并旋转 180°，使销轴上的红点对准活塞杆上的黑点。这样，在试验时，能产生最大冲程，而使车轮不脱空。在做其他试验时，再回转到黑点对黑点的位置。

三、反力式制动试验台

由于使用方法根据试验台的牌号、型式有所区别，所以，一定要认真阅读试验台的“使用说明书”。一般使用方法如下：

1. 准备工作

①按表 3-1-1 所规定的项目和期限，进行检查、调修。

②检查轮胎气压，必须使之符合原厂规定。

③清除干净轮胎上面的油、水、泥土污物及花纹沟槽中嵌有的小石子、铁钉等杂物。

2. 检测方法

①接通试验台电源。

②用 B 型试验台手控设定轴重时，要把预先测定的前、后轴重，分别设定在轴重指示仪表上。

③操纵手柄，升起举升器的托板，如图 3-1-2a 所示。

表 3-1-1　制动试验台检查调修表

<table>
<tr><th>检查周期</th><th>检 查 部 位</th><th>检 查 要 求</th><th>调 修 方 法</th></tr>
<tr><td rowspan="6">使用前</td><td>指示仪表</td><td>使滚筒在无负荷状态下运转，检查仪表指针的零点</td><td>指针若不在零位，用零点调整螺钉将指针调到零点</td></tr>
<tr><td>滚筒</td><td>检查有无油、泥、水等杂物</td><td>如有，要清除干净</td></tr>
<tr><td>齿轮减速器和缓冲器</td><td>检查润滑油的油量</td><td>若不足，按厂家规定品种补足</td></tr>
<tr><td rowspan="2">举升器的操纵机构和空气压缩机</td><td>检查举升器动作情况：有无漏气部位</td><td>动作阻滞或有漏气部位，解体清洗、润滑，并消除漏气现象</td></tr>
<tr><td>检查空气压缩机的滤清器和润滑油量及脏污情况</td><td>脏污时，清洗滤清器；油量不足，按厂家规定品种补足</td></tr>
<tr><td>各种导线</td><td>检查有无因损伤引起接触不良的部位</td><td>有接触不良或断开的导线，要焊好或更换</td></tr>
</table>

续表 3-1-1

检查周期	检 查 部 位	检 查 要 求	调 修 方 法
六个月	齿轮减速器和空气压缩机	检查润滑油量及脏污程度	如脏污,按厂家规定品种更换
	链条	拆下链条罩,检查链条脏污和松紧情况	如脏污,清洗并润滑;链条伸长时,应予更换
	V带	检查脏污、松紧和损伤情况	如脏污,应清洗,并重新调整松紧度;如损伤,应予更换
	滚筒和滚筒轴承	检查滚筒在运转时,有无异响、损伤	有异响或损伤时,请教厂家进行修理。按原厂规定品种注入润滑脂
一年	接受有关部门的校定		

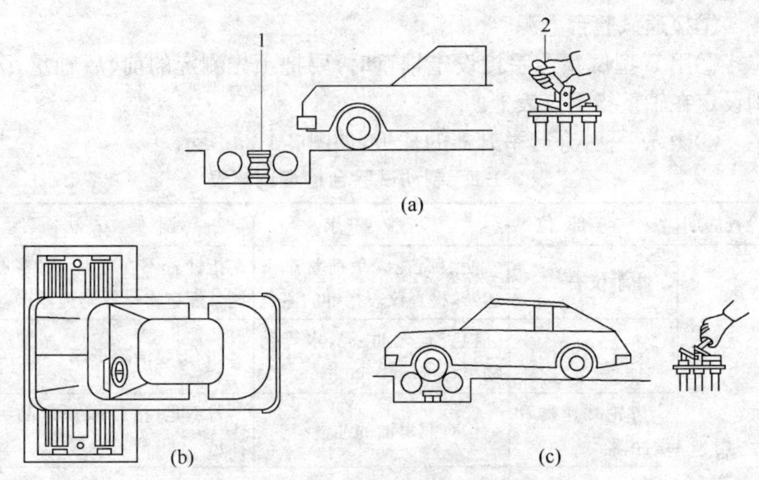

图 3-1-2 汽车驶上试验台

(a)升起举升器托板 (b)车轮停放在举升器托板上

(c)轮胎与举升器托板脱离

1. 举升器 2. 操纵举升器

④将汽车尽可能地按垂直于滚筒的方向驶上试验台,让车轮停放在举升器托板上(图 3-1-2b)。

⑤操纵手柄，降下举升器托板，直到轮胎与举升器的托板完全脱离为止。将变速器的变速杆摘入空档(见图 3-1-2c)。

⑥用挡块(俗称三角木)抵住位于试验台滚筒之外的一对车轮的后方，以防止车轮在检测时，从试验台向后方滑溜出去。

⑦起动电动机，使滚筒带动车轮转动。

⑧缓缓将制动踏板踩到底，读取仪表上所指示的最大制动力值。当指针具有锁定机构时，应在制动力达到峰值时，先锁定仪表指针，再读取制动力值。

⑨前、后轮的制动力检测完后，拉动手制动拉杆，读取仪表指针指示的最大制动力值。

⑩全部检测结束后，切断电动机电源。操纵手柄，升起举升器的托板，将汽车驶离试验台。

⑪切断试验台电源。

3. 注意事项

①超过试验台允许轴重或轮重的汽车，一律不准上试验台进行检测。

②检测时，发动机应熄火，变速器应处于空档位置。对于气压式制动系统的汽车，其储气筒气压应$\nless$588kPa。

③试验台不检测期间，一律不准在上面停放汽车。

四、GCD-1 型光束水准车轮定位仪

1. 前束检测方法

①检测时，将汽车停放在水平、坚硬的场地上，使其转向轮处于直线行驶位置。

②先将支架安装在转向轮的轮辋(或车轮辐板)上，再将聚光器安装在支架上，接通聚光器的电源，并将聚光器的光束水平地投向预先放置在后轮中心的标尺上(注意:左、右两侧标尺的放置要与汽车纵向中心线对称，见图 3-1-3a)。

③调节聚光器的焦距，使带缺口的扇形图像(以下简称指针)清晰地指在标牌刻度尺上，并读出两标尺上的数值。如果两标尺上的数值相同，则表明转向轮处于直线行驶状态，否则，需要转动转向盘进行调整。校正好汽车直线行驶的位置后，即可按以下步骤检测其前束值(如图 3-1-3 所示)。

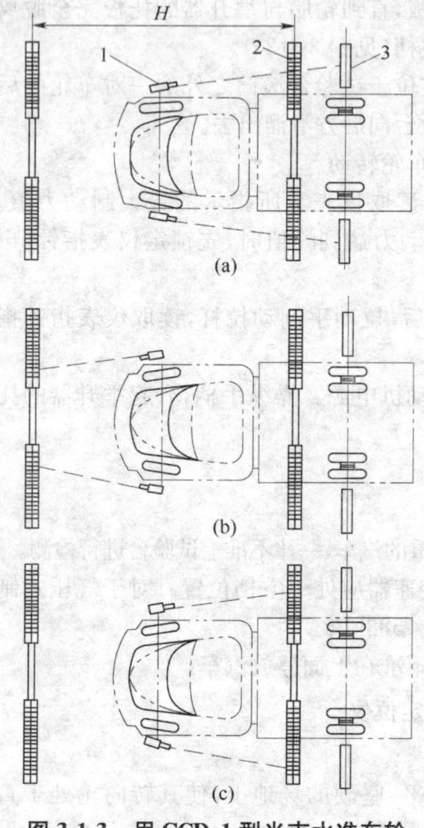

图 3-1-3　用 GCD-1 型光束水准车轮定位仪检测前束

1. 聚光器　2. 前束标杆　3. 标尺

H—前束测量位置直径的 7 倍

④调节两标杆长度，使同一标杆上的两标牌上的间距略大于被测汽车的轮距。

⑤将已调好的两根标杆，分别平行等距离地放置在转向桥的前、后方，两标杆之间的距离(H)为转向轮胎径向检测前束位置直径的 7 倍(如图 3-1-3a 所示)。

⑥将左、右转向轮上聚光器的光束分别投向前、后标杆的标牌上(如图 3-1-3b、图 3-1-3c 所示)，然后用下述两种方法检测：

第一种方法：如果左、右两转向轮上聚光器的光束在前标杆标牌上的指示值均为 18，在后标杆标牌上的指示值为 22(假设前束均匀分布在左、右转向轮的情况下)，则所测得的前束值为(22－18)×2＝8(mm)。

第二种方法：向一侧平行地移动后标杆，使聚光器的光束在一侧的前、后标牌上的指示值相同。如上例：将标杆向左平移 4，则左侧聚光器的光束在前、后标杆标牌上的指示值均为 18，虽然右侧聚光器的光束在前标杆标牌上的指示值仍为 18，但在后标杆标牌上的指示值变为 26 了，不过，所测前束值同样为 26－18＝8(mm)。

2. 转向轮外倾角检测方法

转向轮外倾角一般用水准器检测，其方法有两种。

①图 3-1-4 所示为磁铁式水准器检测转向轮外倾角的情况。检测前，先拆除被测转向轮的轮毂轴承盖，然后用水准器端部的永久磁铁 2 使水准器牢靠地吸附在转向轮的轮毂端面上。此时，纵向水准器水泡和外倾角刻度的指示值，即为被测转向轮的外倾角度。

②图 3-1-5 所示为插销式水准器及检测转向轮外倾角的情况。检测时，将水准器上的插销 1 插入支架相应的孔中，并使水准器在其左、右方向上大致处于水平状态，然后调节调节螺旋体 2，直到检测外倾角的水准水泡 A 处于中间位置，然后从调节螺旋体读取转向轮外倾角度值。

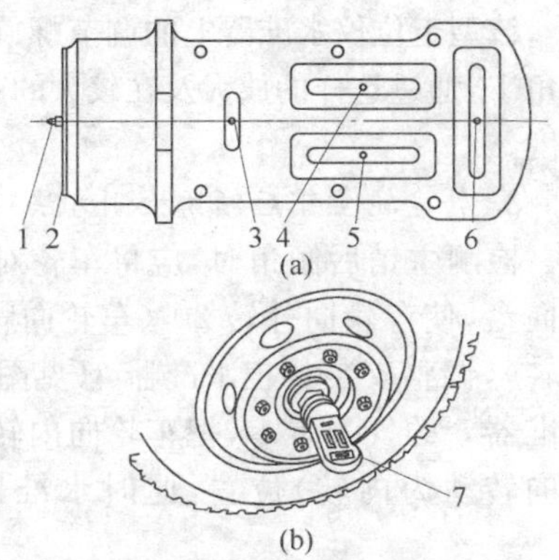

图 3-1-4　用磁铁式水准器测量转向轮外倾角

(a)磁铁式水准器　(b)转向轮外倾角的测量

1. 定位针　2. 永久磁铁　3. 安装找正用横向水准器气泡　4. 纵向水准器气泡和转向轮外倾角刻度　5. 纵向水准器气泡和主销后倾角刻度　6. 横向水准器气泡和主销内倾角刻度　7. 磁铁式水准器

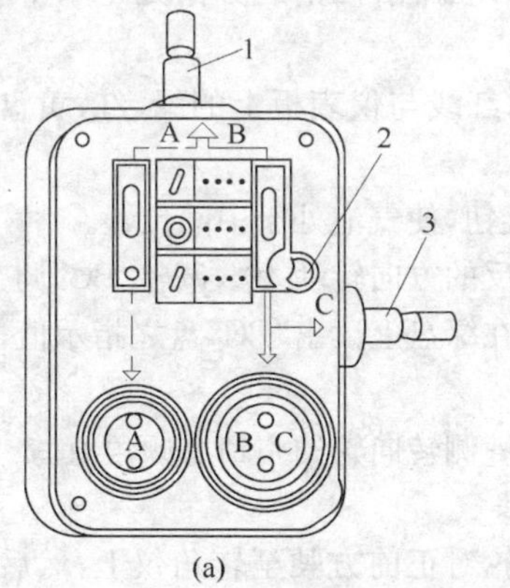

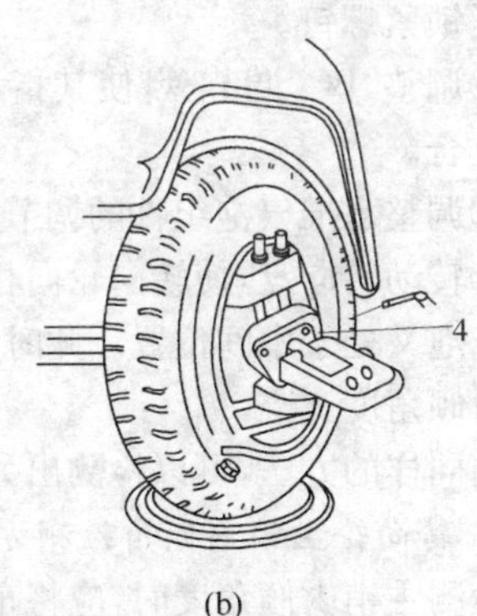

图 3-1-5　用插销式水准器测量转向轮外倾角

(a)插销式水准器　(b)转向轮外倾角的测量

1、3. 插销　2. 调节螺旋体　4. 安全支架该型定位仪水准器上的调节螺旋体，每转 27.69°(360°/13)代表外倾角 1°，通过这样的放大及在较大的刻度盘上读取数值，提高了检测的精度。

3. 转向轮主销后倾角检测方法

检测主销后倾角时，应将车轮对正前方驶至转角仪上，然后转动转向盘，使车轮向外转 20°(车轮向背离汽车纵向中心线方向转动为外转)，调整安装找正水准器 3(见图 3-1-4)的气泡置零，再使后倾角水准器 5 的气泡置零，把车轮向内转 20°(即车轮向汽车纵向中心线方向转动为内转)位置，此时水准器 5 气泡所示值即为主销后倾角。

用 GCD-Ⅰ型光束水准车轮定位仪检测主销后倾角度值的步骤如下：

①将汽车的转向轮置于转角仪上，同时，在汽车的后轮垫上木块，以保证前、后车轮处于同一平面内。

②将水准器上纵向端部的插销 1(见图 3-1-5)，插入支架对应的孔中，拧紧锁紧螺钉。

③旋转转向盘，使转向轮向内转 20°(对于左轮向右转，对于右轮则向左转，余同)，松开锁紧螺钉，使水准器沿插销的方向处于水平状态，再拧紧锁紧螺钉。

④调整“BC”调节盘，使其指示红线与仪表板上的绿、红、黄盘上的零线重合。

⑤调整水准气泡组件的调节旋钮，使气泡处于中间位置。

⑥转动转向盘，使转向轮向相反的方向转动 40°，调整“BC”调节盘，直到气泡又处于中间位置。此时，在绿盘上读出“BC”盘之指示值，即为主销后倾角度。

用同样的方法，可以检测出另一侧转向轮的主销后倾角值。

4. 转向轮主销内倾角检测方法

检测主销内倾角度时，应将车轮对正前方驶至转角仪上，然后转动转向盘，使车轮向外转 20°，调整内倾角水准器 6 的气泡置零，然后把车轮回正后再向内转 20°位置。此时水准器 6 气泡之所示值，即为主销内倾角(见图 3-1-4 所示)。

用 GCD-1 型光束水准车轮定位仪检测主销内倾角的步骤如下：

①用制动踏板抵压器压下制动踏板，使转向轮处于制动状态而不能自由转动。

②取下水准器，将其横向端部的插销插入支架的对应孔中，拧紧锁紧螺钉。

③旋转转向盘，使转向轮向内转 20°。松开锁紧螺钉，使水准器沿插销方向处于水平状态，然后再拧紧锁紧螺钉。

④调整"BC"调节盘，使其红色刻线与绿、红、黄盘上的零线重合。

⑤调节水准气泡组件上的调节旋钮，使气泡处于中间位置。

⑥转动转向盘，使转向轮向相反的方向转 40°，调整"BC"调节盘，直到气泡重新处于中间位置。此时，"BC"调节盘上的红线在红盘（测右转向轮时）或黄盘（测左转向轮时）上所指示的值，即为主销内倾角度。

用同样的方法，可以检测另一侧转向轮的主销内倾角。

五、滑板式侧滑试验台

由于各种侧滑试验台的牌号、型式有所不同，因此，必须按照其"使用说明书"的规定使用。一般试验台的使用方法如下：

1. 测前准备

使用试验台之前，除需按表 3-1-2 所规定的项目及期限进行检查外，还要对被检汽车进行下列准备：

表 3-1-2　侧滑试验台检查调修表

检查周期	检查部位	检查要求	调修方法
使用前	试验台及周围	检查有无机油、石子、泥污等杂物	如有，要清除干净
	指示仪表	通电前，检查仪表指针的机械零点	指针若不在零位，用零点调整螺钉将指针调到零点
		通电后，左右拨动滑板，待滑动停止后，检查仪表指针是否回到零点	指针若不在零点，用零点调整螺钉或零点电位计将指针校准到零点
	各种导线	检查有无因损伤引起接触不良的部位	有接触不良或断开的导线，要焊好或更换

续表 3-1-2

检查周期	检查部位	检查要求	调修方法
一个月	警报装置(定性显示装置)	用规定值(5 格刻度)检查蜂鸣器及信号灯能否发出信号	蜂鸣器、灯泡、限位开关等有故障,要调修或更换
三个月	连杆机构和回位装置	检查动作情况和滑动板是否回位	动作阻滞,进行清洗、润滑;回位不彻底调紧回位弹簧
	指示装置	检查 L 形杠杆和指针的动作情况	动作阻滞,进行清洗、润滑
六个月	滚轴、轨道及滑动板	拆下滑动板,检查各部位有无脏污、变形、松动、锈蚀、磨损等情况	对各部位分别进行清洗、紧固、润滑;更换破损件
一年	接受有关部门的校定		

①使轮胎气压符合规定值。

②清除轮胎上沾有的油污、水渍或轮胎花纹沟槽内嵌有的小石子等,使轮胎干净。

2. 检测步骤

①取下滑动板的锁止销钉,接通电源。注意指示仪表的指针应指示“零”位置。

②汽车以低速(4km/h 以下)垂直驶向试验台,使被测车轮从滑动板上通过。注意此时严禁转动转向盘或制动值。

③待被检汽车转向轮从滑动板上完全通过时,观察仪表指针的指示(侧滑)方向,并读取最大侧滑量值。

④检测结束后,将滑动板锁止,切断电源。

3. 检测注意事项

①不允许超过试验台允许载荷的汽车开到试验台上。

②不允许汽车在侧滑试验台上转向或制动。

③不允许在试验台上停放任何车辆。

④注意经常保持试验台内、外清洁。

第二节　传动系统常见异响部位及区分

一、常见异响部位

汽车传动系统包括离合器、变速器(及分动器)、万向节、传动轴和驱动桥等。产生异响是常见故障之一。

传动系统所传递的功率和转矩,随汽车的速度和负荷而变化,在这样复杂的工作条件下,传动机件的磨损、变形、松动及平衡不良等,均可导致产生异响。

传动系统常产生异响的部位如图 3-1-6 所示。

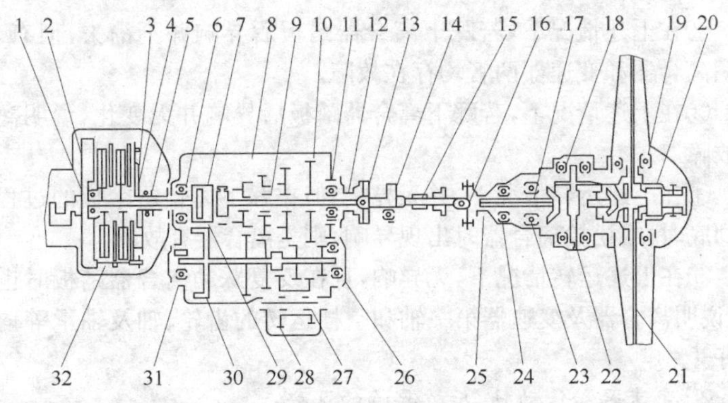

图 3-1-6　传动系统常产生异响的部位

1、5、6、9、11、14、18、23、24、25、26、27、29、31. 各型轴承磨损松旷或损坏　2. 离合器从动盘摩擦片铆钉松动或外露　3. 离合器从动盘花键轴套铆钉松动、钢片破裂、减振弹簧折断或与第一轴花键配合松旷　4. 分离杆或其支架销磨损松旷　7、10、28、30. 各啮合齿轮副啮合不良、间隙过大或过小、第二轴或中间轴弯曲　8. 变速器壳变形、形位精度超差　12. 第二轴凸缘与第二轴配合松旷　13、16. 万向节磨损松旷、凸缘螺母松动　15. 传动轴花键配合松旷、两端万向节叉不在同一平面、传动轴弯曲或不平衡　17、22.　主、从动圆锥齿轮啮合不良、间隙过大或过小　19、20. 半轴齿轮与半轴花键配合松旷　21. 半轴与半轴齿轮花键磨损、半轴凸缘螺母松动　32. 中间主动盘传动销与孔配合松旷

二、异响部位的区分

传动系统各总成互相连成一体，若其中一个总成发生异响，这种异响便会通过金属传导到其他相连总成，很容易混淆故障的实际部位。然而传动系统的异响与发动机的异响一样，也有它一定的规律和特性，分别与车速、档位、负荷有一定的关系。这种关系称为传动系统的异响特性。检验时，可以采取路试或支起后桥进行无负荷运转等方法，根据其异响特性区分和判断异响的部位，从而得出结论。

1. 离合器和变速器异响的区分

①使发动机怠速运转，把变速器置于空档，拉紧手制动器。若在离合器和变速器附近出现异响，且踩下离合器踏板后，异响消失，说明变速器有故障。

②在上述情况下，若踩下离合器踏板后异响并不消失，但有变化，说明离合器和变速器两者均存在故障。

③在上述情况下，若踩下离合器踏板后异响并无变化，说明离合器有故障。

④在上述运转情况下，并无异响，但在踩下离合器踏板的过程中或踩到底时，或松抬离合器时出现异响，则是离合器有故障。

⑤在上述运转情况下，无异响，且在反复踩动离合器踏板时也无异响，说明离合器及变速器第一轴和空档运转的齿轮、轴及轴承等均状态良好。

2. 变速器和传动轴、后桥异响的区分

①在离合器和变速器空档运转良好的情况下，汽车起步时出现撞击声，说明传动轴、万向节或后桥有故障。

②汽车起步时并无异响，但在行驶中变速器出现异响，或除直接档外，各档均有异响，说明变速器有故障。

3. 传动轴、万向节和后桥异响的区分

①车速越高，异响越明显，甚至伴有转向盘振抖，脱档滑行时，异响更清晰，则是传动轴、万向节的故障；当车速提高后异响虽然增强，但脱档滑行后，异响却明显减弱或消失，则是后桥有故障。

②汽车直线行驶时并无异响，但在转弯时却出现异响，则是后桥（或前驱动桥）的故障。

4. 后桥和车轮异响的区分

①行驶中，异响随路面状况而变化，说明车轮有故障。

②行驶中，底盘后部的异响，不随路面状况的变化而变化，但在脱档滑行时却迅速消失或明显减弱，则多属后桥故障。

5. 万向节、传动轴异响的检查

万向节、传动轴结构简单，且多数机件暴露在外面，其技术状况可直观检查、判断。

图 3-1-7 是解放 CA1091 型汽车的万向节、传动轴，其前端凸缘与变速器第二轴配合，后端凸缘与减速器圆锥主动齿轮轴配合，三个万向节呈等速排列。

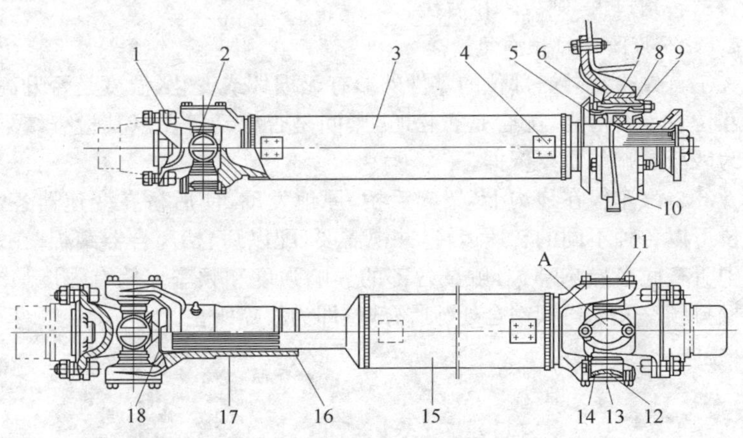

图 3-1-7　解放 CA1091 型汽车的万向节、传动轴

1. 凸缘叉　2. 万向节十字轴　3. 中间轴轴管　4. 平衡片　5. 中间轴轴承油封　6. 中间轴轴承前盖　7. 胶套　8. 中间轴轴承　9. 中间轴轴承后盖　10. 中间轴轴承支架　11. 锁片　12. 万向节滚针轴承油封　13. 万向节滚针轴承　14. 滚针轴承锁片　15. 传动轴轴管　16. 滑动叉油封　17. 万向节滑动叉　18. 堵盖　A—加机油口

检查万向节、传动轴的技术状况时，应停车，将变速器置于空档，并放松手制动器，然后按以下顺序进行检查：

①检查各凸缘与凸缘叉的连接螺栓有无松动，检查中间轴承支架

固定螺栓有无松动。

②径向晃动凸缘叉 1(或手制动盘),检查凸缘螺母锁紧情况,若第二轴径向间隙大,说明第二轴后轴承损坏或松旷。

③径向晃动中间轴凸缘,检查凸缘螺母有无松动,若中间轴径向间隙大,说明中间轴轴承磨损松旷或垫环磨旷。

④检查锁片 11 的紧固情况;晃动万向节叉,检查万向节是否松旷。

⑤径向晃动传动轴 15 的前端,检查万向节滑动叉与传动轴花键有无松旷;目测传动轴有无弯曲,平衡片 4 有无脱落,两端万向节叉是否在一个平面内,三个万向节是否符合等速排列的要求。

⑥径向晃动后凸缘叉,检查凸缘螺母是否松动,若径向间隙及传动轴自由转角过大,则故障在后桥。

6. 不易区分的异响的检查

①首先检视外露部位的零件外形有无损坏或变化,温度是否升高,相互位置是否恰当,配合是否松旷,紧固是否松动等。以其检查结果,作为区分异响的重要依据。

②将汽车停在地沟上,架起后桥,原地发动,使后桥在变速器各个档位下以各种不同的转速运转,并视需要,配以踩、抬离合器踏板;在地沟中听查底盘异响部位,触试各部的异响强度和频率。倘有强度最大而振抖频率又与声频吻合处,则该部位即为故障所在。

第二章　应会部分

第一节　传动系统（电控自动变速器）维修技术

一、电控自动变速系统故障诊断程序

各型汽车自动变速系统的控制原理基本相同、部件结构大同小异。因此，故障诊断与排除程序基本一致，如图3-2-1所示，内容包括故障自诊断测试、初步检查、手动换档测试、机械系统测试、电控系统测试、按故障征兆表检查排除故障等。当自动变速器发生故障时，就可按照检修程序进行诊断与排除。

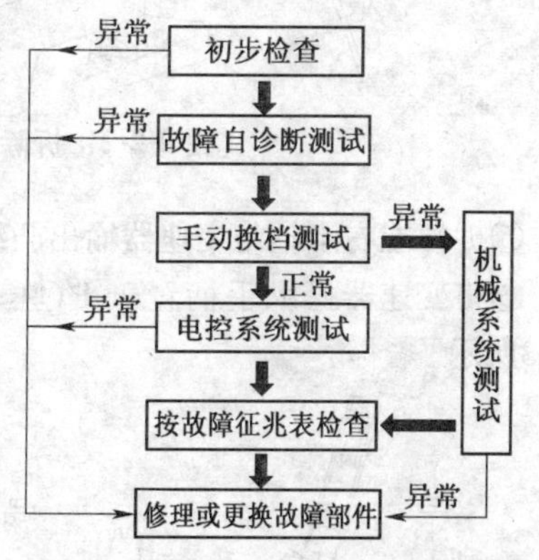

图3-2-1　电控自动变速器故障诊断程序

二、自动变速器的拆装

1. 自动变速器的拆卸

①对于有密码的收放音机，先取得密码，拆掉蓄电池搭铁线，取下发动机盖板。

②将变速器操纵手柄置于N(空档)位，拆下排气管隔热板、线束固定板、前排气管上部螺栓以及自动变速器与发动机的上部连接螺栓。

③举升汽车，拆掉前排气管上的氧传感器，断开前排气管与三元催化转换器的连接，拆下前排气管。

④拔下车速表、车速传感器、自动变速器速度传感器、多功能开关等元件的线束插头，如图 3-2-2 所示。

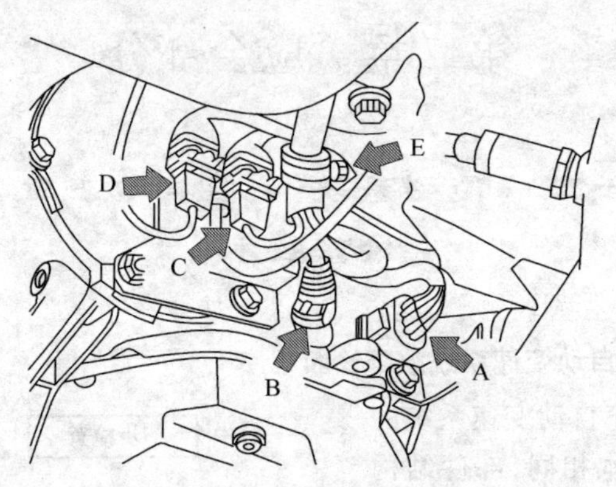

图 3-2-2　拆除电器插头

⑤拆掉左右半轴与变速器输出凸缘的连接螺栓。

⑥将变速器操纵手柄置于 P(驻车档)位，拆下变速杆拉线，如图 3-2-3所示。

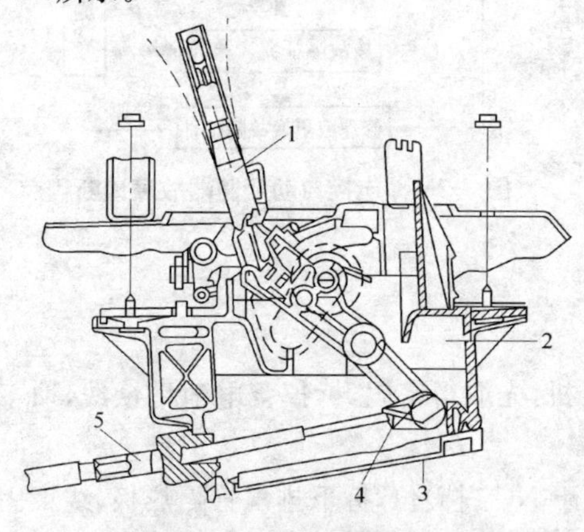

图 3-2-3　拆卸变速杆拉线

1. 变速器操纵手柄　2. 支架　3. 盖板　4. 固定卡环　5. 变速器操纵手柄拉线

⑦拆下起动机及变速器油冷却器连接管。

⑧转动曲轴皮带轮，拆下飞轮与液力变矩器的连接螺栓。

⑨拆掉副车架与车身连接螺栓，用专用支架托住自动变速器总成，拆下变速器后部支撑架与车身的连接螺栓。

⑩拆下自动变速器与发动机下部的连接螺栓，使两者分离，然后抬

出自动变速器。在此过程中注意固定好液力变矩器，防止其脱落。

2. 自动变速器的分解

①排放自动变速器油：用专用设备将自动变速器油抽出，或者拆下油底壳上的液位检查螺塞，从液位检查孔中拆下溢流管，排空自动变速器油，然后将溢流管和液位检查螺塞装回，如图 3-2-4 所示。

②用直尺和游标卡尺测量液力变矩器在自动变速器壳中的安装深度（安装时用此数据），然后取下液力变矩器，用专用工具撬出油封，如图 3-2-5 所示。

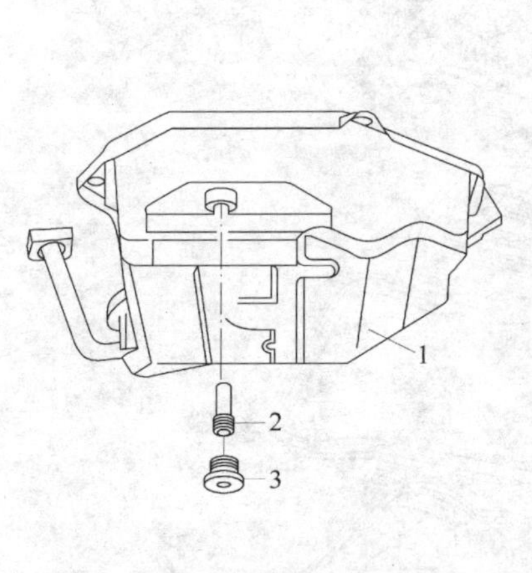

图 3-2-4　排放自动变速器油

1. 油底壳　2. 溢流管　3. 螺塞

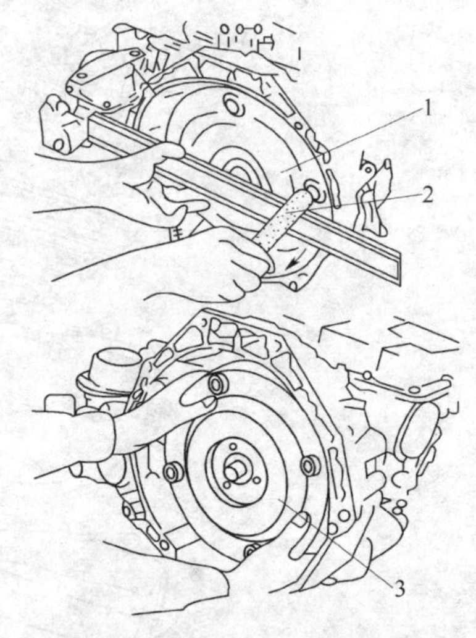

图 3-2-5　拆卸液力变矩器

1. 液力变矩器　2. 游标卡尺　3. 液力变矩器

③拆下油底壳、油滤网：用专用工具拔下阀体总成上的电磁阀线束插头，拆下阀体总成。转动手动阀，使其与操纵杆脱钩，如图 3-2-6 所示。

④拆下变速器油冷却器、多功能开关、变速器转速传感器、车速传感器、换档轴、手动阀控制器、动作杆、停车闭锁轮、定位杆等元件，如图

3-2-7 所示。

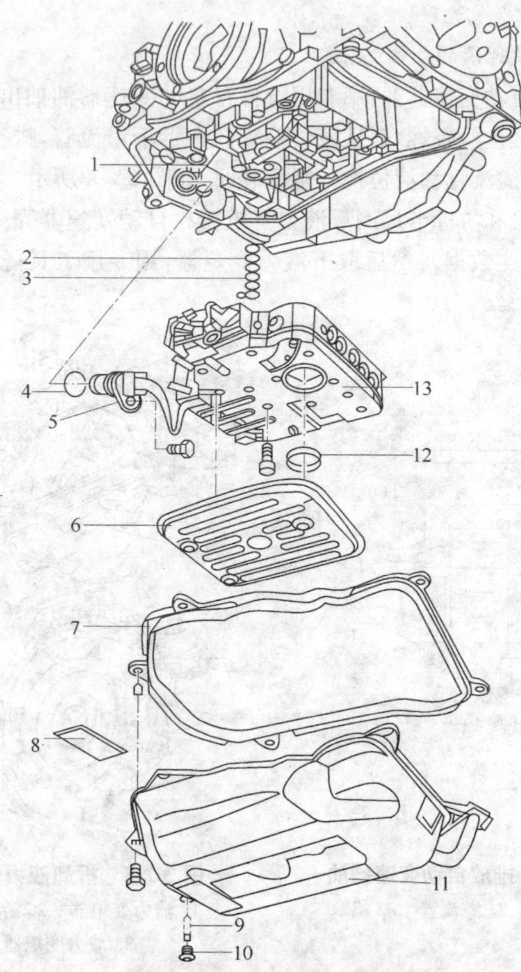

图 3-2-6 拆卸阀体总成

1. 手动阀操纵杆 2. O形圈 3. 密封圈 4. O形圈 5. 扁状导线 6. 油滤网 7. 密封垫 8. 磁铁 9. 溢流阀 10. 螺塞 11. 油底壳 12. 密封垫 13. 阀体

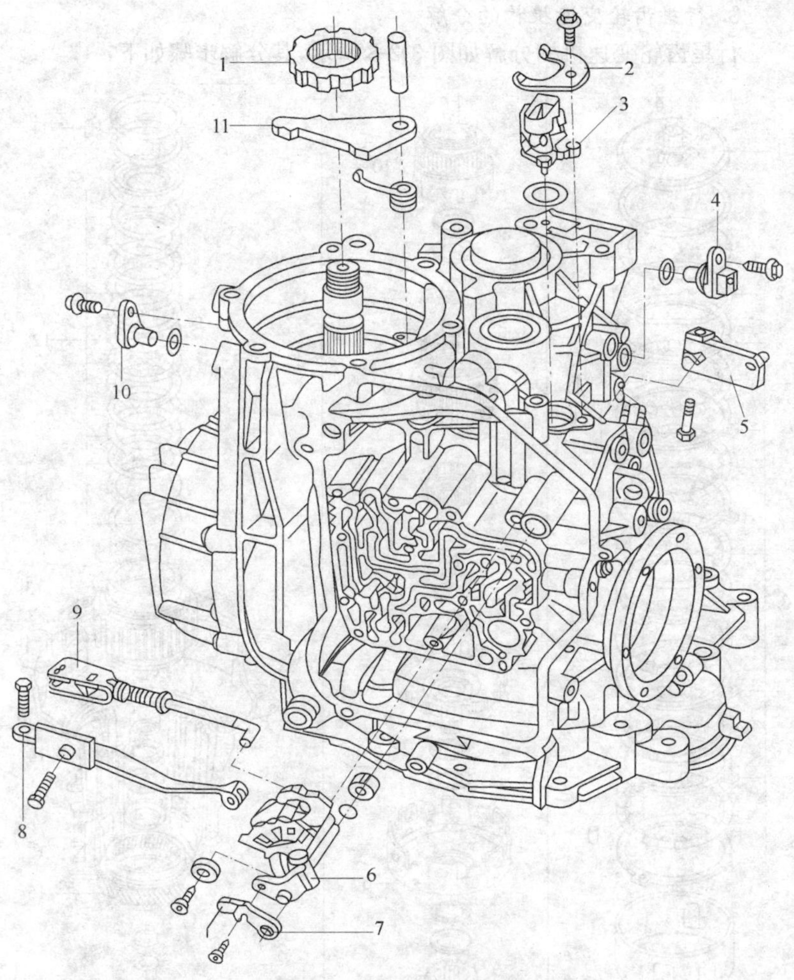

图 3-2-7　拆卸外围附件

1. 停车闭锁轮　2. 支撑板　3. 多功能开关　4. 车速传感器　5. 手柄　6. 手动阀控制器　7. 换档轴　8. 定位弹簧　9. 动作杆　10. 转速传感器　11. 定位杆

⑤分解行星齿轮变速机构。

3. 行星齿轮变速机构的分解

行星齿轮变速机构分解如图 3-2-8 所示,其分解步骤如下:

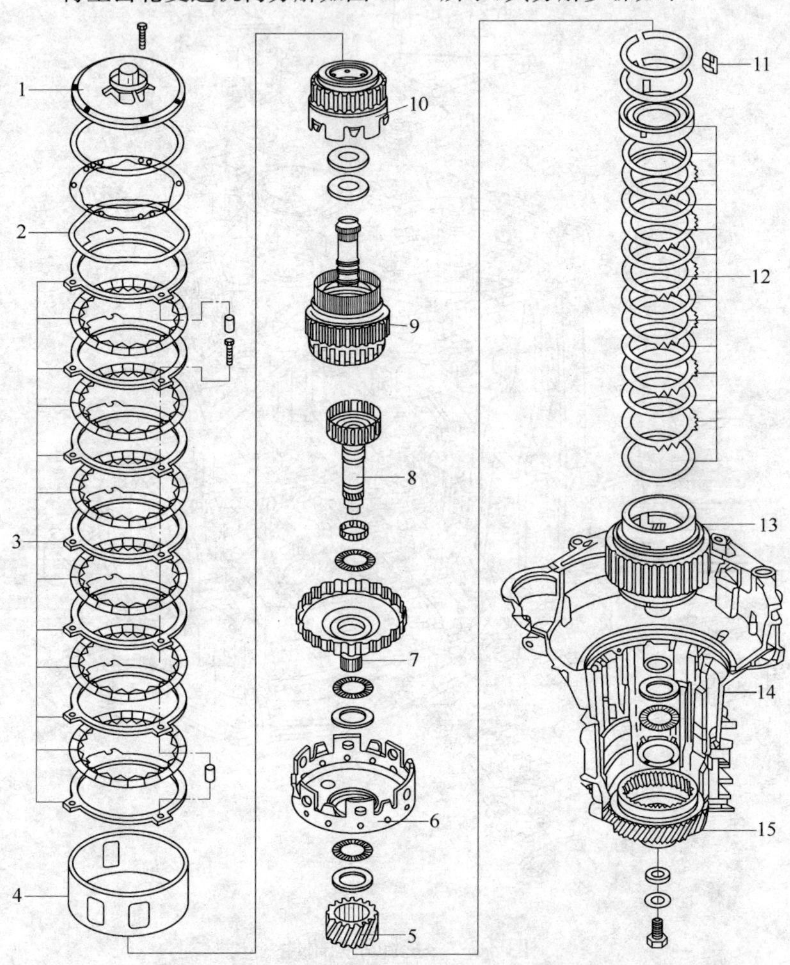

图 3-2-8　自动变速器行星齿轮变速机构分解

1. 油泵　2. 波纹形弹簧片　3. 二、四档制动器 B_2 组件　4. 制动器壳　5. 大太阳轮　6. 小太阳轮　7. 大传动轴　8. 小传动轴　9. 一、三档离合器 C_1　10. 倒档离合器 C_2　11. 导流块　12. 倒档制动器 B_1 组件　13. 行星齿轮架　14. 自动变速器壳　15. 输入齿轮

①将自动变速器壳体装油泵的一端朝上,拆下油泵壳体上一周的螺栓,再用两个 M8 螺栓均匀地拧入油泵螺纹孔内,把油泵从变速器壳体内顶出,如图 3-2-9 所示。

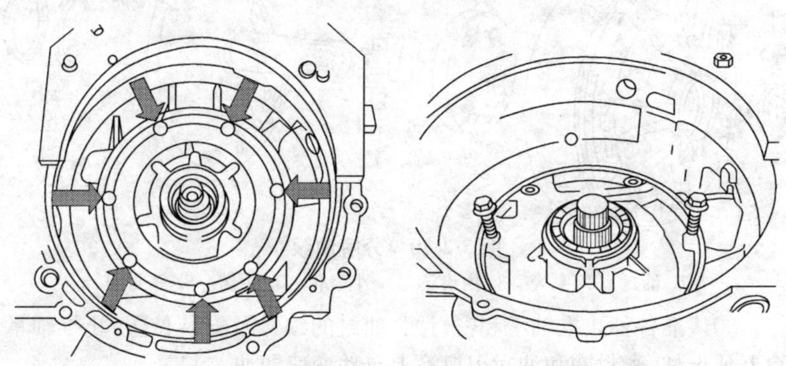

图 3-2-9　拆卸油泵

②拆掉止推环和调整垫片,取出二、四档制动器 B_2 组件。

③取出倒档离合器 C_2 组件,取出一、三档离合器 C_1 组件。

④依次取出小传动轴、大传动轴、大太阳轮、小太阳轮等元件。

⑤拆出自由轮和倒档制动器 B_1 组件。

⑥取出行星架,拆掉输出齿轮。

4. 油泵的分解

油泵的分解如图 3-2-10 所示。

①拆卸油泵 O 形密封圈。

②拆卸油泵密封环和油封。

③拆卸泵壳与泵盖之间的连接螺栓,从泵壳上取出小齿轮和内齿轮。

5. 自动变速器的装配

自动变速器大修完后,应按下列原则进行装配。

①将所有零件清洗干净,按序摆放。

②更换的离合器和制动器摩擦片应该放在盛有自动变速器油的容器中浸泡 30min 以上再进行装配。

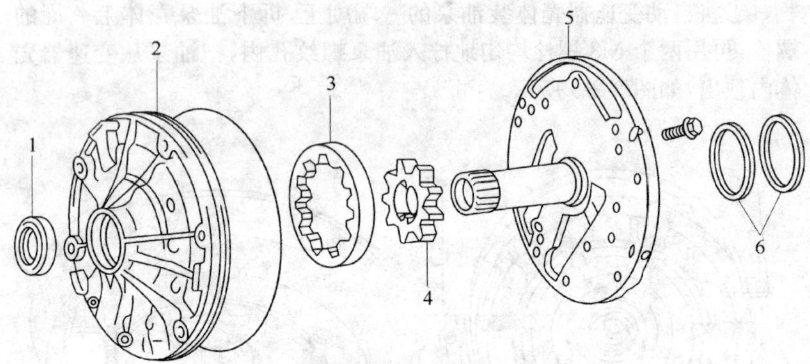

图 3-2-10 分解油泵

1. 油封 2. 泵壳 3. 内齿轮 4. 小齿轮 5. 泵盖 6. 密封圈

③认准各种止推轴承和密封圈、油封的编号及安装位置，止推轴承涂上凡士林，密封圈和油封刃口涂上自动变速器油。

④装配自动变速器时应遵循从后向前逐次装配的原则。

⑤将自动变速器壳体前端向上，依次装配行星齿轮变速机构，并调整各执行元件之间的间隙。

⑥安装油泵、阀体、油底壳及前后自动变速器壳体。

⑦安装液力变矩器和所有外围零件。

⑧按照与从车上拆下的相反顺序将自动变速器装车，连接操纵机构和电气线路。

三、自动变速器的检修

1. 自动变速器基本检查和性能测试

对于有故障的自动变速器应先进行性能检验，以确认其故障原因，为进一步的分解修理提供依据。自动变速器检修完后，也应进行全面的性能检查，以鉴定修理质量。

(1)基本检查

基本检查是对引发自动变速器故障的常见原因进行检查和调整。包括油面检查、油质检查、液压控制系统漏油检查、节气门拉索检查和调整、变速器操纵手柄位置的检查和调整、空档启动开关和怠速检查。

①油面检查：将汽车停放在水平地面上，拉紧驻车制动。起动发动机并怠速运转 1min 以上。踩下制动踏板，将变速器操纵手柄拨至倒

档、前进档、前进低档等位置，并在每个档位上停留几分钟，最后将变速器操纵手柄拨至停车档位置。拔出自动变速器油尺并擦干净，再插入加油管后拔出，检查油尺上的油面高度。

②油质检查：从油尺上嗅一嗅油液的气味，用手指蘸少许油液捻一捻，或将油液滴在白纸上检查油液的颜色。如果油液呈棕色或有焦味，说明油液已经变质，应立刻换油。

③液压控制系统漏油检查：液压控制系统的各连接部位都有油封和密封垫，油封和密封垫的损坏会造成油液泄漏，致使油路压力降低，换档打滑和延迟。自动变速器易发生漏油部位如图 3-2-11 所示。

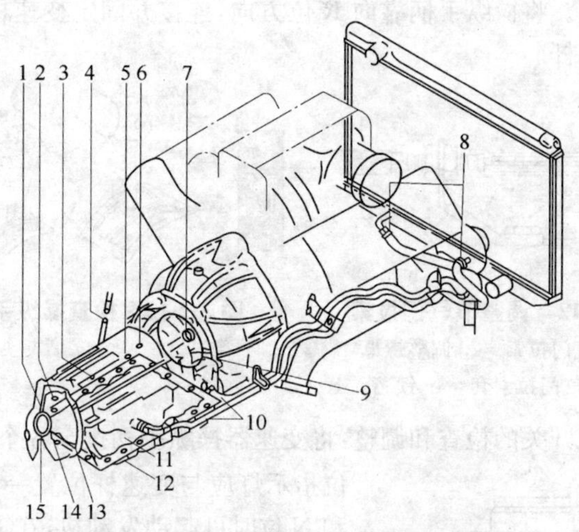

图 3-2-11　自动变速器常见漏油部位

1. 车速传感器 O 形圈　2. 转速传感器 O 形圈　3. 电磁线圈配线 O 形圈　4. 油尺导管 O 形圈　5. 压力管路的测试塞和 O 形圈　6. O/D 直接档离合器转速传感器油封　7. 油泵油封　8. 冷却器管箍　9. 油泵 O 形圈　10. 冷却器管接头 O 形圈　11. 蓄压器背压测试塞和 O 形圈　12. 油底壳和变速器壳间的密封垫　13. 加长壳体和变速器壳间的密封垫　14. 车速传感器油封　15. 加长壳体传感器油封

④节气门拉索检查和调整：节气门拉索的长度应保证发动机熄火后节气门全闭，加速踏板踩到底时节气门全开。节气门拉索调整不当，

会导致电控自动变速器主油路压力异常，使换档执行机构打滑或产生换档冲击。

如果发现节气门拉索调整不当，应进行如下调整：将加速踏板踩到底，拧动调整螺母使橡胶套与拉线止动器间的距离为 0～1mm，如图 3-2-12 所示。拧紧调整螺母，重新检查，直到正确为止。

⑤变速器操纵手柄位置的检查和调整：变速器操纵手柄的位置应与自动变速器阀体中手动阀的实际位置和仪表板上档位指示灯显示相符，如图 3-2-13 所示。否则应进行以下调整：拆下操纵手柄与自动变速器手动阀摇臂之间的连接杆，将操纵手柄拨至空档位置。将手动阀摇臂向后拨至极限位置（停车档位置），然后再退回 2 格，使手动阀摇臂处于空档位置。将操纵手柄靠向 R 位方向，连接并固定变速杆与手动阀之间的连接杆。

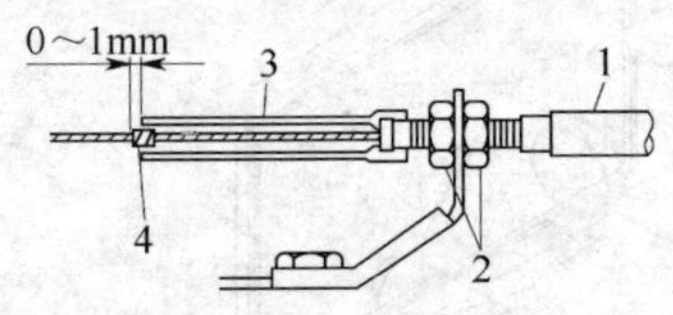

图 3-2-12　调整节气门拉索

1. 节气门拉索　2. 调整螺母
3. 节气门拉索套　4. 锁芯

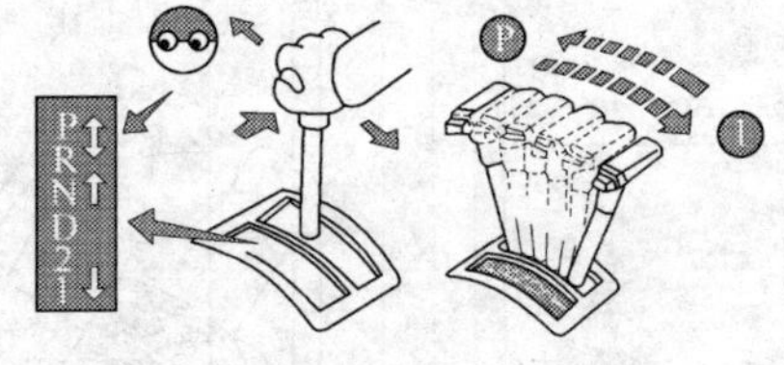

图 3-2-13　检查操纵手柄位置

⑥档位开关的检查和调整：将变速器操纵手柄拨至各个档位时，档位指示灯应与变速杆位置一致，在 P 位和 N 位时可起动发动机，在 R（例车档）位时倒车灯应点亮。否则应按以下步骤调节空档起动开关：拧松档位开关固定螺钉，将变速器操纵手柄拨至 N 位，将手动阀摇臂轴上的槽口与档位开关外壳上的基准线对齐，如图 3-2-14 所示，并拧紧档位开关固定螺钉。

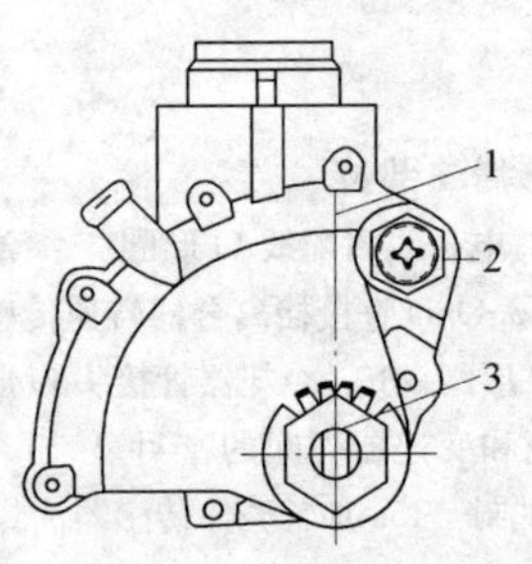

图 3-2-14　调整档位开关

1. 基准线　2. 螺栓　3. 槽

⑦怠速检查：将变速器操纵手柄拨至 P 位或 N 位，起动发动机并检查怠速的高

低。通常装有自动变速器的汽车发动机怠速为750r/min,否则应调整。

(2)手动换档试验和检查

手动换档试验是将电子控制自动变速器所有换档电磁阀的线束插头全部脱开,然后进行换档试验。如果手动换档试验正常,说明是机械、液压系统故障,否则,说明是电子控制系统故障。

①脱开电子控制自动变速器的所有换档电磁阀线束插头。

②起动发动机,将变速器操纵手柄拨至不同档位进行道路试验,观察发动机转速和车速的对应关系,以判断自动变速器所处的档位。

不同档位时发动机转速与车速的关系见表3-2-1。

表3-2-1 自动变速器不同档位时发动机转速和车速的关系

档位	发动机转速(r/min)	车速(km/h)	档位	发动机转速(r/min)	车速(km/h)
1	2000	18～22	3	2000	50～55
2	2000	34～38	超速档	2000	70～75

试验结束后,接上电磁阀线束插头,清除计算机中的故障码。

(3)道路试验与检查

道路试验是分析、诊断自动变速器故障的最有效的手段之一。此外,自动变速器在修复之后也应进行道路试验,以检查其工作性能,检验修理质量。

在道路试验之前,应先让汽车以中低速行驶5～10min,使发动机和自动变速器都达到正常工作温度。在试验中,通常应将超速档开关置于ON位置(即超速指示灯熄灭),并将模式开关置于普通模式或经济模式的位置。

自动变速器的道路试验主要包括升档试验、锁止离合器试验、发动机制动试验和强制降档试验等。

①升档试验。将变速器操纵手柄拨至D(前进档)位,踩下加速踏板,节气门保持在1/2开度左右,汽车起步加速,检查自动变速器的升档情况。正常情况下,汽车起步后随着车速的升高,自动变速器能顺利地由一档升入二档,再升入三档和超速档。若自动变速器不能升入高档(三档或超速档),说明控制系统或换档执行机构有故障。

当察觉到自动变速器升档时,记下升档车速。一般四档自动变速器在节气门开度保持在 1/2 时升档车速见表 3-2-2。

表 3-2-2　四档自动变速器升档车速

档位	车速(km/h)	档位	车速(km/h)	档位	车速(km/h)
1～2	25～35	2～3	55～70	3～4(超速档)	90～120

需要说明的是,节气门开度不同,升档车速也不同,而且不同车型的自动变速器各档传动比的大小都不相同,其升档车速也不完全一样。因此,只要升档车速基本保持在上述范围内,而且汽车行驶中加速良好,无明显的换档冲击,都可认为其升档车速基本正常。

升档车速太低一般是控制系统的故障所致,升档车速太高则可能是控制系统的故障所致,也可能是换档执行机构的故障所致。

汽车在做自动变速器道路试验时,还应注意观察发动机转速变化的情况,它是判断自动变速器工作是否正常的重要依据之一。正常情况下,若自动变速器处于经济模式或普通模式,节气门保持在低于 1/2 开度范围内,则汽车在由起步加速直至升入高速档的整个行驶过程中,发动机转速都将低于 3000r/min。通常发动机在加速至即将要升档时的转速可达到 2500～3000r/min,在刚刚升档后的短时间内发动机转速下降至 2000r/min。

如果在整个行驶过程中发动机转速始终过低,加速至升档时仍低于 2000r/min,说明升档时间过早或发动机动力不足;如果在整个行驶过程中发动机转速始终偏高,升档前后的转速在 2500～1500r/min 之间,且换档冲击明显,说明升档时间过迟;如果在整个行驶中发动机转速过高,常高于 3000r/min,在加速时达到 4000～5000r/min 甚至更高,说明自动变速器的换档执行机构打滑,应拆修自动变速器。

正常的自动变速器只能有不太明显的换档冲击,特别是电子控制自动变速器的换档冲击应十分微弱。若换档冲击太大,说明自动变速器的控制系统或换档执行机构有故障,其原因可能是油路油压高或换档执行机构打滑。

②锁止离合器试验。试验中,让汽车加速至超速档,以高于 80km/h 的车速行驶,并让节气门开度保持在低于 1/2 的位置,使变矩器进入锁止状态。此时,快速踩下加速踏板使节气门开度达到 2/3,检查发动机转速的变化情况,如图 3-2-15 所示。如果发动机转速没有太大的变化,说明

锁止离合器处于接合状态;如果发动机转速升高很多,则表明锁止离合器没有接合,通常是锁止控制系统有故障。

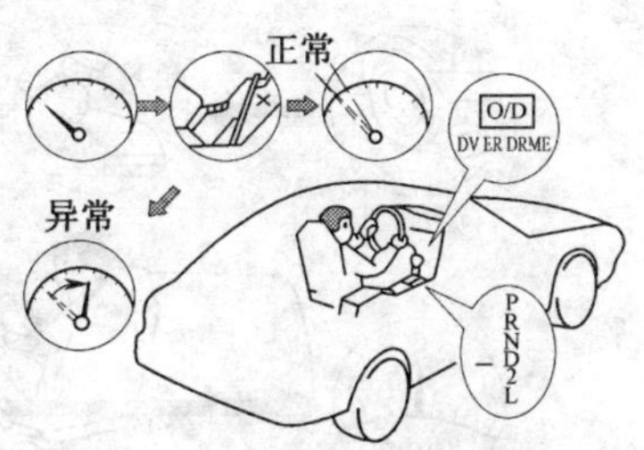

图 3-2-15　锁止离合器工作状况的检查

③发动机制动试验。汽车以二档或一档行驶时,突然松开加速踏板,如果车速立即随之下降,说明发动机有制动作用,否则说明控制系统或前进档离合器有故障。

④强制降档试验。将变速器操纵手柄拨至 D 位,保持节气门开度为 1/3 左右,汽车以二档、三档或超速档行驶时,突然将加速踏板踩到底,检查自动变速器能否被强制降低一个档位。

在强制降档时,发动机转速会突然上升至 4000r/min 左右,并随着加速升档,转速逐渐下降。如果没有出现强制降档,说明强制降档功能失效;如果强制降档时发动机转速过高,并在升档时出现换档冲击,说明换档执行机构打滑。

(4)失速试验

所谓失速是指变速器操纵手柄在前进档或倒档位置,踩住制动踏板,然后完全踩下加速踏板。此时,变矩器涡轮静止不动,变矩器壳及泵轮随发动机一同转动,发动机处于最大转矩工况,在此工况下的发动机转速称为失速转速。

失速试验的目的是检查发动机、变矩器及自动变速器中有关换档执行机构的工作状态。由于在失速工况下,发动机的动力全部消耗在变矩器内液压油的摩擦损失上,油温急剧上升,因此,从加速踏板踩下到松开的时间不得超过 5s,试验次数不多于 3 次。

试验步骤(如图 3-2-16 所示):

①试验准备,包括检查机油、冷却水和自动变速器油,预热发动机,固定车轮,拉紧手制动,在发动机转速表上做出标准失速转速的标记,以便观察转速。

②起动发动机,将变速器操纵手柄拨至 D 位。

③踩紧制动踏板的同时,将加速踏板踩到底(不要超过 5s),读取并记录发动机失速转速。

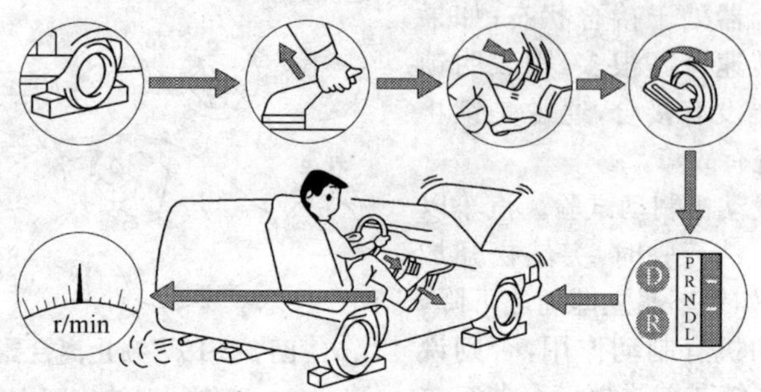

图 3-2-16　失速试验

④将变速器操纵手柄拨至 P 位或 N 位，发动机怠速运转，直到自动变速器油降至正常温度。

⑤将变速器操纵手柄拨至其他档位（R、S、L 或 2、1 位），做同样的试验。

不同车型的自动变速器都有其失速转速标准。若失速转速与标准值相符，说明自动变速器的油泵、主油路油压及各个换档执行机构的工作基本正常，否则，就存在某些故障。

(5)时滞试验

时滞试验的目的是测量自动变速器的换档延迟时间，根据延迟时间的长短来判断主油路油压及换档执行机构的工作是否正常。

试验步骤(如图 3-2-17 所示)：

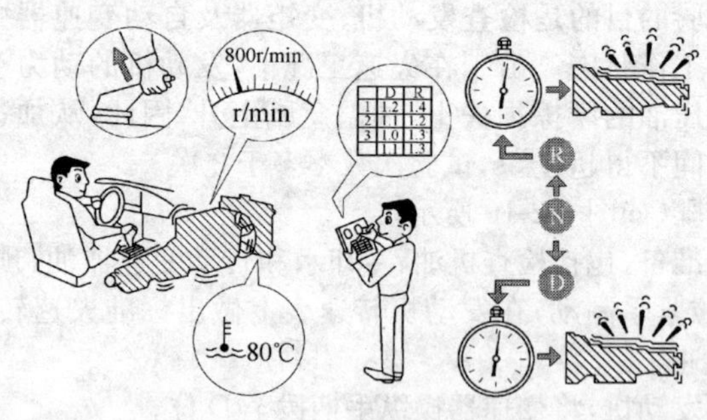

图 3-2-17　时滞试验

①试验准备，包括让汽车行驶并使发动机和自动变速器达到正常工作温度，将汽车停放在水平地面上并拉紧驻车制动。检查发动机怠速应正常。

②将变速器操纵手柄从 N 位拨至 D 位，用秒表测量从拨动变速器操纵手柄开始到感觉到汽车振动为止所用时间，该时间即为 N-D 延迟时间。

③将变速器操纵手柄拨至 N 位，发动机怠速运转 1min 后再做一次同样的试验。做 3 次试验，并取平均值。

④按上述方法，将变速器操纵手柄由 N 位拨至 R 位，测量 N-R 延迟时间。

大部分自动变速器的 N-D 延迟时间小于 1.0～1.2s，N-R 延迟时间小于 1.2～1.5s。若 N-D 延迟时间过长，说明主油路油压过低、前进档离合器摩擦片磨损过甚或前进档单向离合器工作不良；若 N-R 延迟时间过长，说明倒档主油路油压过低、倒档离合器或倒档制动器磨损过甚或工作不良。

(6)液压试验

液压试验的目的是通过测量液压控制系统各油路的压力，来判断液压控制系统及电子控制系统各零部件的功能是否正常，并作为变速器性能分析和故障判断的主要依据。

一般车型自动变速器液压试验包括：主油路压力测试、各离合器和制动器的蓄压器油压测试、各档离合器油压测试、速控阀油压测试和节气门油压的调整。

试验步骤(如图 3-2-18 所示)：

①行驶汽车，使发动机和自动变速器达到正常工作温度(50℃～80℃)。将汽车停放在水平地面上，确认油面高度、油质状况、操纵手柄及发动机节气门拉线都正常。准备一个量程为 2MPa 的压力表。

②拆下变速器壳体上的主油路测压孔螺塞，连接油压表。

③用三角木塞住前、后轮，拉紧驻车制动。

④起动发动机，将操纵手柄拨至 D 位。

⑤读取发动机怠速运转时的油压，该油压即为怠速工况下的前进档主油路油压。

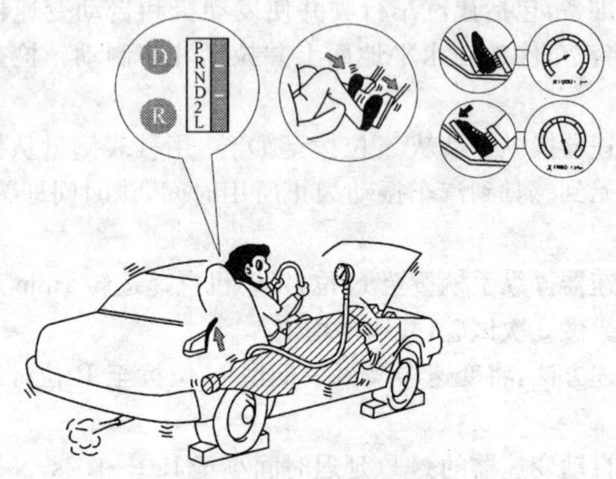

图 3-2-18　液压试验

⑥踩紧制动踏板,然后将加速踏板完全踩下,读取失速工况下的油压,该油压即为失速工况下的前进档主油路油压。

⑦将操纵手柄拨至 N 位或 P 位,发动机怠速运转 1min 以上。

⑧将操纵手柄拨至其他各档(R、S、L 或 2、1 位),重复上述试验,分别读出各档在怠速工况和失速工况下的主油路油压。

将测得的主油路油压与标准值进行比较。若主油路油压不正常,说明油泵或控制系统有故障。

在怠速工况下,如果所有档位的主油路油压均过低,说明油泵故障、节气门拉索或节气门开度传感器调整不当、节气门阀卡滞或主油路泄漏;如果前进档和前进低档的主油路油压均过低,说明前进档离合器活塞漏油或前进档油路泄漏;如果前进档的主油路油压正常,前进低档的主油路油压过低,说明一档强制离合器或二档强制离合器活塞漏油或前进低档油路泄漏;如果前进档主油路油压正常,倒档主油路油压过低,说明倒档及高档离合器活塞漏油或倒档油路泄漏;如果所有档位的主油路油压均过高,说明节气门拉索或节气门开度传感器调整不当、节气门阀卡滞、油压电磁阀损坏或线路故障。

在失速工况下,如果主油路油压稍低于标准油压,说明节气门拉索或节气门开度传感器调整不当、电磁阀损坏或线路故障;如果主油路油压明显低于标准油压,说明油泵故障或主油路泄漏。

2. 液力变矩器检修

①液力变矩器的清洗：倒出变矩器中残留的液压油，向液力变矩器内注入干净的液压油，然后用手摇动变矩器(或者用变速器输入轴插入涡轮转动)。反复清洗几次。

②液力变矩器的检查：检查驱动盘有无破裂、严重磨损及较大变形。

用百分表测量驱动盘的端面跳动，如图 3-2-19 所示。如果超过 0.20mm 或者齿圈损坏则应更换驱动盘。

用百分表测量轴套的径向摆差，如图 3-2-20 所示，如超过 0.30mm 应校正变矩器的安装位置，如果无法矫正则应更换液力变矩器。

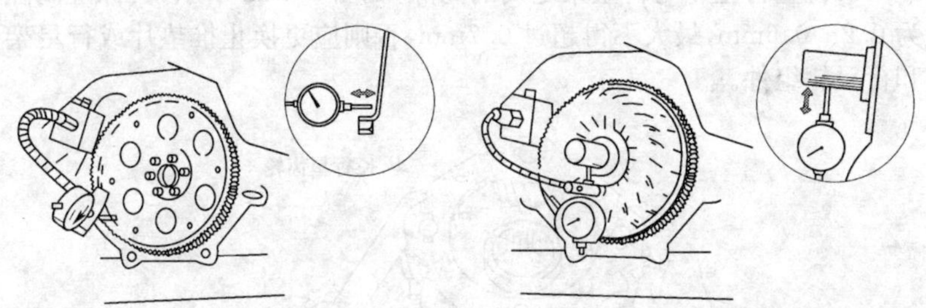

图 3-2-19　液力变矩器驱动盘端面跳动的测量　　**图 3-2-20　液力变矩器轴套径向摆差的测量**

将专用工具插入单向离合器内座圈中，用固定工具卡在变矩器轴套的油泵驱动缺口内，如图 3-2-21 的示。转动专用工具，顺时针方向应能自由转动，逆时针方向应能锁止，否则，更换液力变矩器。

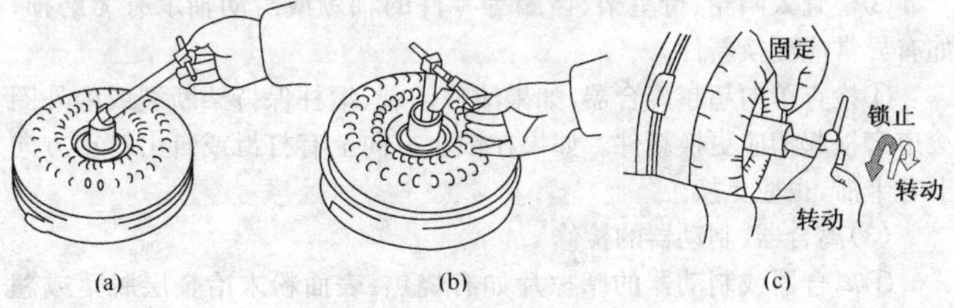

图 3-2-21　检查单向离合器

(a)插入专用工具　(b)用专用工具卡住离合器外座圈　(c)转动驱动杆

3. 齿轮变速机构检修

(1)壳体的检修

检查自动变速器壳体,如壳体变形或裂纹,应更换;如油底壳接合平面不平,可用锉刀修整;清除所有密封平面上残留的密封衬垫或密封胶;用煤油或汽油将自动变速器壳体清洗干净,用压缩空气将所有油道吹净;更换壳体上的所有O形密封圈。

(2)行星排、单向超越离合器的检修

①检查太阳轮、行星轮、齿圈的齿面,如有磨损或疲劳剥落,应更换整个行星轮。

②检查行星轮与行星架之间的间隙,如图3-2-22所示,其标准间隙为0.2～0.6mm,最大不得超过0.7mm,否则应更换止推垫片或行星架和行星轮组件。

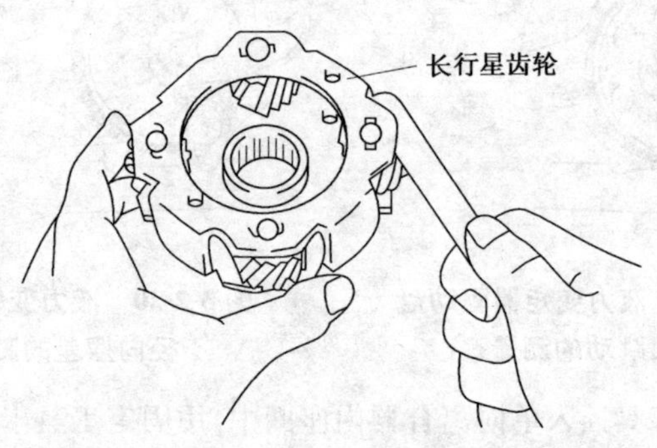

图3-2-22　检查行星轮与行星架之间的间隙

③检查太阳轮、行星架、齿圈等零件的轴颈或滑动轴承有无磨损,如有异常应更换新件。

④检查单向超越离合器,如果滚柱破裂、滚柱保持架断裂或内外圈滚道磨损起槽应更换新件。如果在锁止方向上有打滑或自由转动方向上有卡滞,也应更换。

(3)离合器、制动器的检修

①离合器或制动器的摩擦片如有烧焦、表面粉末冶金层脱落或翘曲变形,应更换。摩擦片表面符号已被磨去或摩擦片厚度小于极限值,如图3-2-23所示,则应更换。

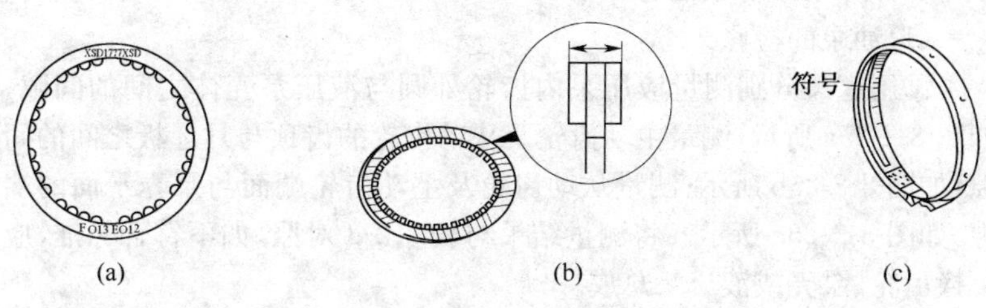

图 3-2-23　摩擦片和制动带的检查

(a)摩擦片表面符号　(b)摩擦片厚度　(c)制动带内表面符号

②制动带内表面如有烧焦、表面粉末冶金层脱落或表面符号已被磨去应更换。

③离合器钢片如有磨损或翘曲变形,应更换。

④档圈的摩擦面如有磨损应更换。

⑤离合器和制动器的活塞表面如有损伤或拉毛,应更换。

⑥离合器活塞上单向阀的阀球应能在阀座内活动自如,用压缩空气或煤油检查单向阀的密封性,如图 3-2-24 所示,如有异常则应更换活塞。

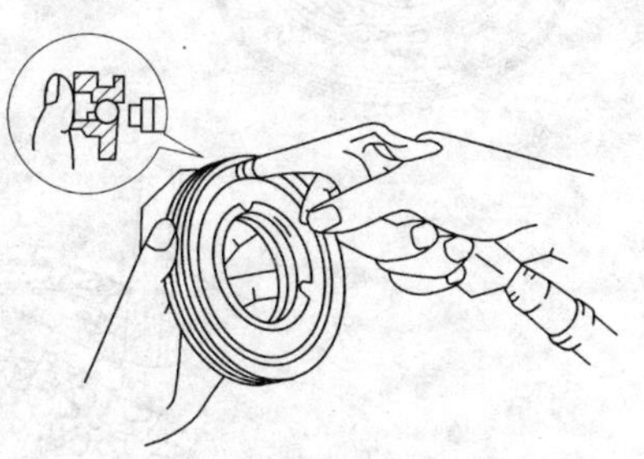

图 3-2-24　离合器活塞单向阀密封性的检查

⑦检查离合器和制动器鼓,其液压缸内表面应无损伤或拉毛,与钢片配合的花键槽应无磨损,如有异常,应更换新件。

⑧量活塞复位弹簧的自由长度,若弹簧自由长度过小或有变形,应更换新弹簧。

⑨更换所有离合器、制动器及制动带、液压缸活塞上的 O 形密封圈及轴颈上的密封环。新的密封圈和密封环应涂上少许液压油或凡士林后装入。

4. 液压控制系统检修

(1)油泵的检修

①用塞尺分别测量液压泵内齿轮外圆与液压泵壳体之间的间隙,如图 3-2-25a 所示;测量主动齿轮及从动齿轮的齿顶与月牙板之间的间隙,如图 3-2-25b 所示;测量从动齿轮及主动齿轮端面与泵壳平面的端隙,如图 3-2-25c 所示。将测量结果与表 3-2-3 对照,如不符合标准,应更换齿轮、泵壳或液压泵总成。

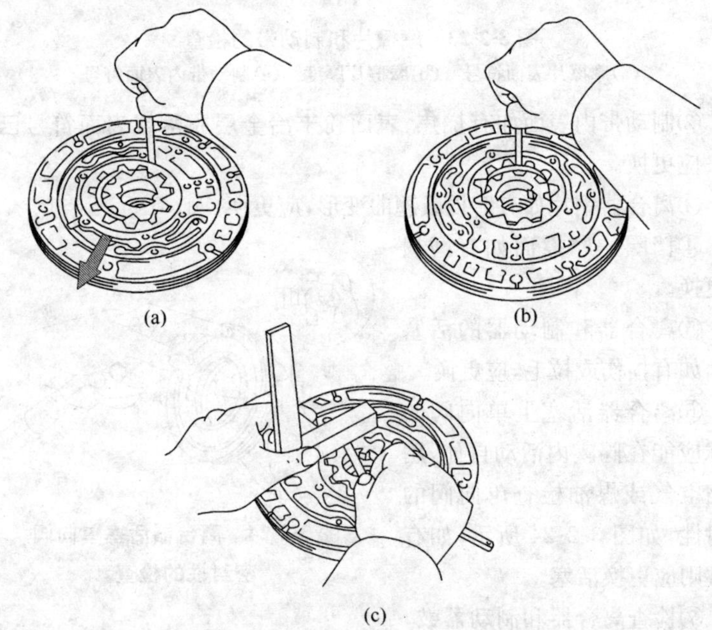

(a)　(b)　(c)

图 3-2-25　液压泵齿轮间隙的测量

表 3-2-3　液压泵测量标准　(mm)

项　目	标准间隙	最大间隙
内齿轮与壳体间隙	0.07～0.15	0.3
齿顶与月牙板间隙	0.11～0.14	0.3
齿轮间隙	0.02～0.05	0.1

②检查液压泵主动齿轮、从动齿轮、泵壳端面，如果有明显的磨痕，应更换。

(2)阀板的检修

在拆检自动变速器时，一般不检修阀板，以免影响阀板内各控制阀的装配精度。只有在自动变速器换档规律失常，或摩擦片严重烧毁、阀板内沾有大量摩擦粉末时，才对阀板进行检修。在检修阀板时，应注意以下几点：

①切不可让阀芯等重要零件掉落，不要将铁丝等硬物伸入阀板中，以免损伤阀芯和阀孔的精密配合表面。

②阀板零件在清洗后，使用压缩空气吹干，而不允许用棉布擦拭，以免沾上细小的纤维丝，造成控制阀卡滞。

③装配阀板时，应检查各控制阀阀芯是否能在阀孔中活动自如。如有卡滞，查明原因重新安装。

④不要在阀板衬垫及控制阀的任何零件上使用密封胶或粘合剂。

⑤在分开上、下阀板时，要将隔板连同阀板一同拿起，待翻转阀板使油道一面朝上后，再拿开隔板。

⑥拆下的各个控制阀零件要按顺序排放，以便重装。

(3)阀板零件的检修

①将上、下阀板和所有控制阀的零件用清洁的汽油或煤油清洗干净。

②检查控制阀阀芯表面，如有轻微刮伤痕迹，可用金相砂纸抛光。

③如控制阀卡死在阀孔中，应更换阀板总成。

④更换隔板上的纸质衬垫和所有橡胶阀球。

(4)液压油散热器的检修

液压油散热器的检修一般可直接在汽车上进行。

①检查液压油散热器及油管各接头处有无漏油。如有漏油，应更换接头处的O形密封圈。

②如液压油散热器或油管破裂，应更换或拆下焊修后装回。

③用专用清洗设备清洗液压油散热器内部，或者从散热器进出油管吹入压缩空气，将残留在散热器及油管内的液压油清除掉，向油管内加入0.5～1L液压油，再吹入压缩空气进行清洗。

5. 电子控制系统检修

电子控制系统的检修主要包括各种传感器、电磁阀、控制开关等的检修。

(1)节气门位置传感器检修

①拔去节气门位置传感器的线束插头，用万用表在接线插座上测量怠速开关的导通情况。当节气门全闭时，怠速开关应导通；节气门开启时，怠速开关应不通。否则应调整或更换传感器。

用万用表测量端子 VAT 与端子 E_2 之间的电阻值，该电阻值应能随节气门开度的增大而呈线性增大。

②节气门位置传感器调整不当，会影响电子控制自动变速器的正常工作，甚至会使故障警告灯亮起，出现故障码。其调整方法如图 3-2-26 所示。

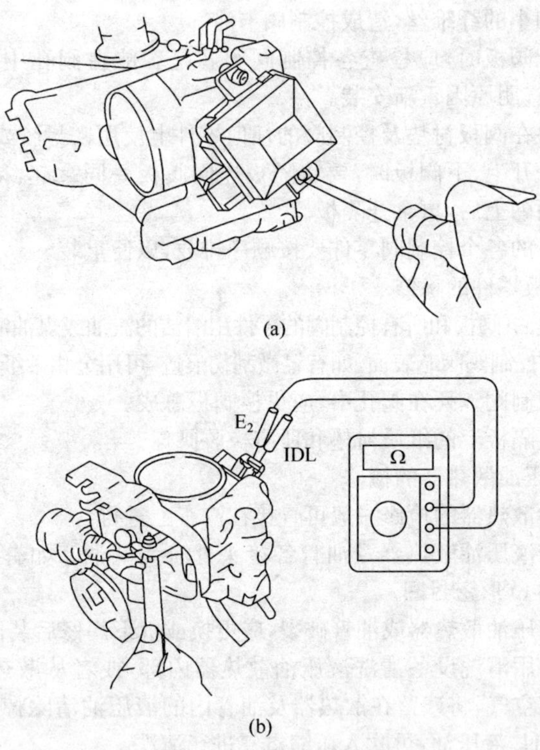

图 3-2-26　节气门位置传感器的调整

a. 拧松节气门位置传感器的两个固定螺钉，将厚度为 0.50mm 的塞尺插入节气门摇臂和限位螺钉之间，同时用万用表测量怠速开关的导通情况。

b. 朝节气门闭合方向转动节气门位置传感器，使怠速开关触点断开，然后朝节气门开启方向慢慢地转动节气门位置传感器，直至怠速开关闭合为止。

c. 拧紧传感器的两个固定螺钉。

d. 分别用 0.40mm 和 0.65mm 的塞尺插入节气门限位螺钉和节气门摇臂之间，同时测量怠速开关的导通情况。当塞尺为 0.40mm 时，怠速开关应导通；当塞尺为 0.65mm 时，怠速开关应断开，如图 3-2-26b 所示。否则，应重新调整。

(2)车速传感器及输入轴转速传感器检修

车速传感器的检修主要是测量感应线圈的电阻值和传感器的输出脉冲，输入轴转速传感器的检修方法与此相同。

①拔下车速传感器或输入轴转速传感器线束插头，用万用表测量车速传感器或输入轴转速传感器两接线端之间的电阻值(如图 3-2-27 所示)。不同车型自动变速器电阻值不完全相同，通常为几百欧到几千欧。如果感应线圈短路、断路或电阻值不符合标准，应更换传感器。

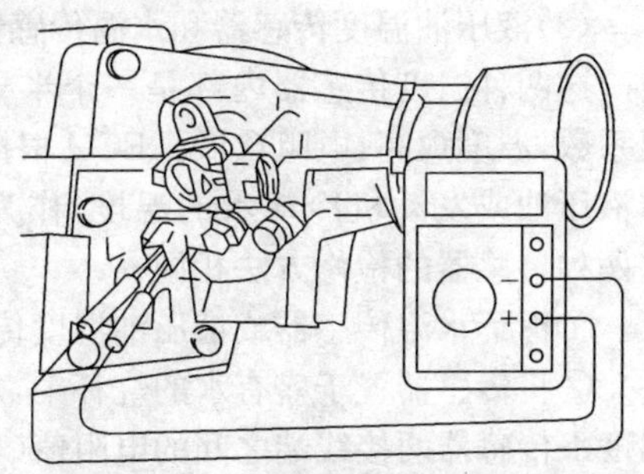

图 3-2-27　车速传感器感应线圈电阻的测量

②测量车速传感器输出脉冲时，首先将万用表选择开关转至 1V 以下的直流档位置或电阻档位置，然后用千斤顶将一侧驱动轮顶起，让操纵手柄置于空档，用手转动悬空的驱动轮，同时用万用表测量车速传感器两接线柱之间有无脉冲感应电压。若在转动车轮时万用表指针有摆动，说明传感器有输出脉冲，其工作正常，否则，应更换传感器。

③测量输入轴转速传感器输出脉冲时，应将传感器拆下，用一根铁

棒或一块磁铁迅速靠近或离开传感器(如图 3-2-28 所示),同时用万用表测量传感器两接线柱之间有无脉冲感应电压。如果没有感应电压或感应电压很微弱,说明传感器有故障,应更换。

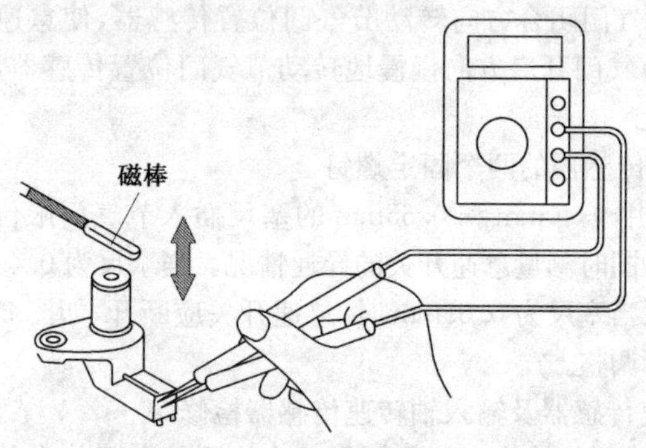

图 3-2-28 输入轴转速传感器输出脉冲的测量

(3)液压油温度传感器和水温传感器检修

这两种温度传感器内部是一个半导体热敏电阻,具有负的温度电阻系数,温度愈高,电阻愈低。ECU 根据电阻值的变化计算出自动变速器液压油或发动机冷却水的温度,作为控制自动变速器的参考信号。这两种传感器的检修方法相同。

①拆下水温传感器或液压油温度传感器。

②将传感器置于盛有水的烧杯中,加热杯中的水,同时测量在不同温度下传感器两接线端之间的电阻值(如图 3-2-29 所示)。

③将测量的电阻值与标准值相比较,如不符合标准,应更换传感器。

(4)档位开关的检修

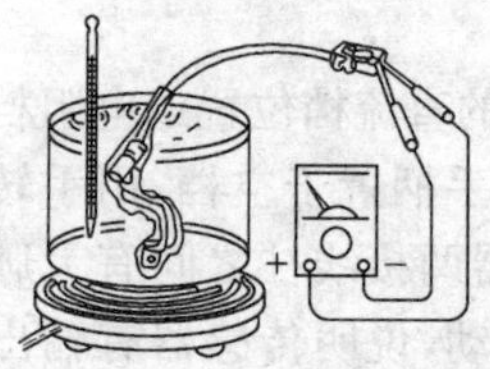

图 3-2-29 水温传感器和液压传感器的检测

①将汽车顶起,拆下自动变速器手动阀摇臂和变速操纵手柄之间的连接杆,拔下档位开关的线束插头,将手动阀摇臂拨至各个档位,同时用万用表测量档位开关线束插座内各插孔之间的导通情况。将测量结果与标准值进行比较,如有不符,应重新调整档位开关。

②拆下变速操纵手柄与自动变速器

手动阀摇臂之间的连接杆，将变速杆拨至N位，将手动阀摇臂拨至空档位置(先将手动阀摇臂向后拨至极限位置，然后再退回两格)，然后连接并固定变速杆与手动阀摇臂之间的连接杆。

将变速操纵手柄拨至各个档位，检查档位指示灯与变速操纵手柄位置是否一致、变速操纵手柄拨至P位和N位时发动机能否起动、变速操纵手柄拨至R位时倒档灯是否亮。如有不符，应松开档位开关的固定螺钉，转动档位开关进行调整。

(5)开关式电磁阀的检修

①用举升器将汽车升起，拆下自动变速器的油底壳，拔出电磁阀的线束插头。用万用表测量电磁阀线圈的电阻(图3-2-30a)，电阻值一般为10～30Ω。若电磁阀线圈短路、断路或电阻值不符合标准，应更换。

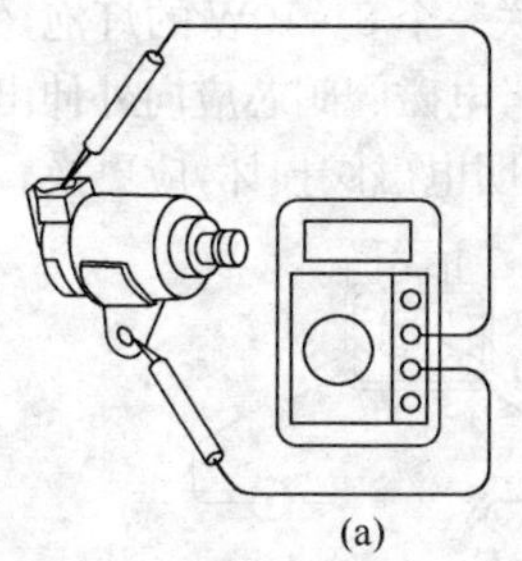

(a)

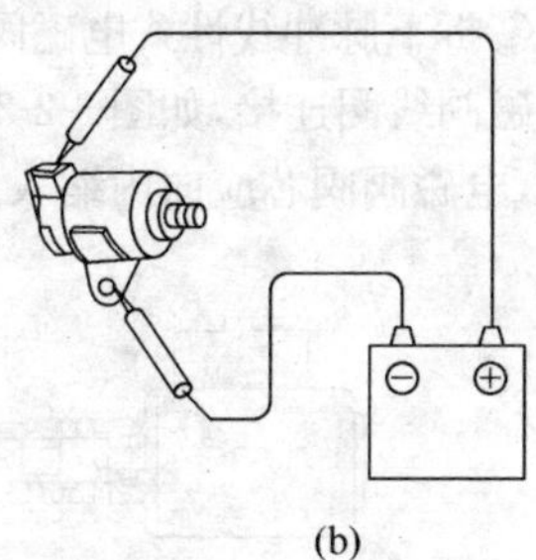

(b)

图3-2-30　开关式电磁阀的就车检查

②将12V电源加在电磁阀线圈上(图3-2-30b)，此时应能听到电磁阀工作的“咔嗒”声。否则，说明阀芯卡住，应更换电磁阀。

③拆下电磁阀，将压缩空气吹入电磁阀进油孔，如图3-2-31所示。当电磁阀线圈不接电源时，进油孔和泄油孔之间应不通，接上电源后，进油孔和泄油孔之间应相通。否则，说明电磁阀损坏，应更换。

(6)脉冲线性式电磁阀的检修

①用举升器将汽车升起，拆下自动变速器的油底壳，拔出电磁阀的线束插头，用万用表测量电磁阀线圈电阻值。脉冲线性式电磁阀的线

圈电阻值一般为 2～6Ω。若电磁阀线圈短路、断路或电阻值不符合标准,应更换电磁阀。

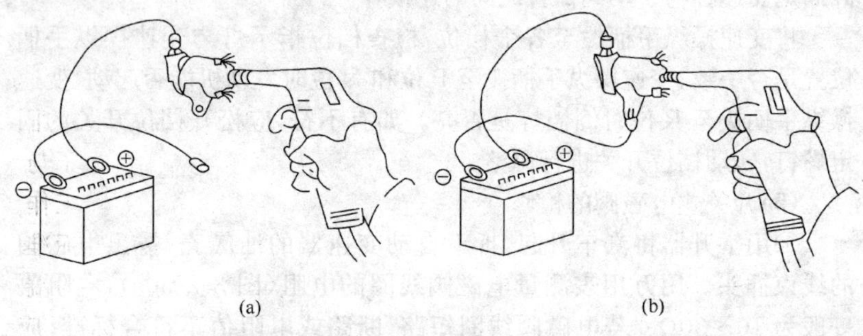

图 3-2-31　开关式电磁阀性能的检验

②拆下脉冲线性式电磁阀,将蓄电池串联一个 8～10W 的灯泡,然后与电磁阀线圈连接,如图 3-2-32 所示,通电时,电磁阀阀芯应向外伸出;断电时,电磁阀阀芯应向内缩入。如有异常,说明电磁阀损坏,应更换。

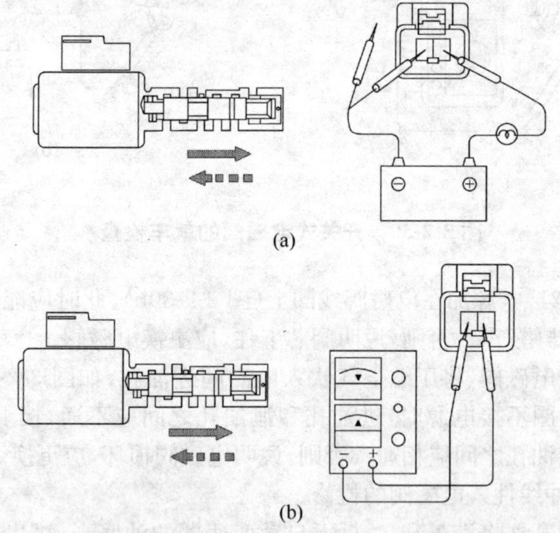

图 3-2-32　脉冲线性式电磁阀的性能检验

6. ECU 及其控制电路的检修

ECU 及其控制电路可用该车型的电脑检测仪或通用于各种车型的解码器来检测。不具备电脑检测仪或解码器，也可以通过测量 ECU 线束连接器内各端子的工作电压来判断 ECU 及其控制电路工作是否正常。

用测量端子工作电压的方法进行检测，必须以被测车型的详细维修技术资料为依据。维修技术资料包括：ECU 线束连接器中各端子与控制系统中的哪些传感器、电磁阀相连接，各端子在发动机不同工作状态下的标准电压值。在检测中如发现某一端子的工作电压与标准值不符，即表明 ECU 或其控制电路有故障。如果与电磁阀连接的端子工作电压不正常，则表明 ECU 有故障；如果与传感器连接的端子工作电压不正常，则可能是传感器损坏或电路故障。

在检测时，应先将 ECU 连同线束一同拆下，在线束插头处于连接的状态下，分别在点火开关关闭、开启及汽车行驶等状态下测量各端子与搭铁端子之间的电压，并将测得的电压与标准值进行比较。

四、电控自动变速器的故障自诊断

电控自动变速器的 ECU 通常都具有自诊断功能。下面以桑塔纳 2000GSi-AT 车型上装配的 01N 型自动变速器为例，介绍自动变速器的故障自诊断过程。

1. 进行自动变速器故障自诊断的条件

①变速器操纵手柄置于 P 位，拉紧驻车制动。

②汽车电源电压正常。

③熔丝完好。

④变速器接地点连接正常。

2. 连接故障诊断仪 V · A · G1551 和选择功能

①拆下驻车制动器操纵杆旁边的诊断插座盖板，如图 3-2-33 所示。

②关闭点火开关，用诊断导线 V · A · G1551/3 连接好故障诊断仪。屏幕显示：

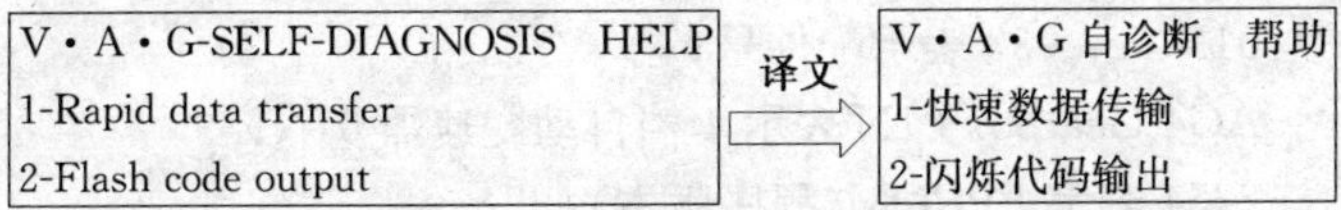

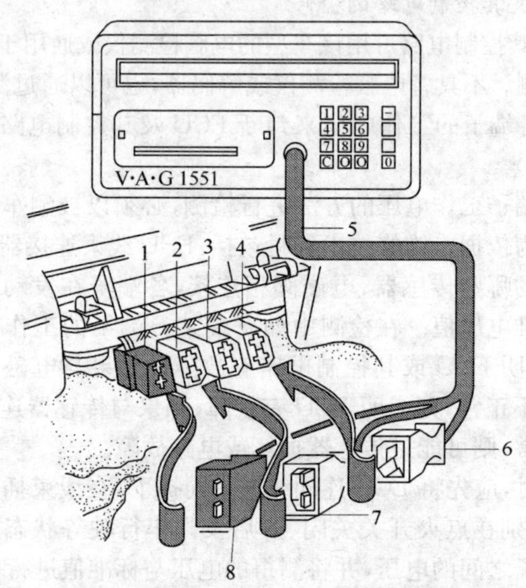

图 3-2-33 V·A·G1551 的连接

1、2、3、4. 诊断插座 5. V·A·G1551/3 6. 闪光代码输出
7. 变速器电气系统的快速数据传送 8. 供电

③接通点火开关，按数字键 1。屏幕显示：

Rapid data transfer HELP Enter address word ××	译文 ⇨	快速数据传输 帮助 输入地址码 ××

④按输入数字键 0 和 2，屏幕显示：

Rapid data transfer Q 02 Gearbox electronics	译文 ⇨	快速数据传输 Q 02 变速器电子系统

⑤按 Q 键确认屏幕显示：

01N 927 733BA AG4 Gearbox 01N 2754 Coding 00000 wsc 00000	译文 ⇨	01N 927 733BA AG4 Gearbox 01N 2754 编码 00000 wsc 00000

其中：01N 927 733 表示配件号；

AG4 Gearbox 01N 表示 4 档自动变速器 01N；

2754 表示 EPROM(程序版本)；

编码 00000 目前不需要；

wsc 00000 表示最近一次编码故障诊断仪 V·A·G1551 的经销商代号。

⑥按"→"键，屏幕显示：

Rapid data transfer　HELP Select function　××	译文 →	快速数据传输　帮助 选择功能　××

⑦按 HELP 键，则可显示所有可执行的功能，如表 3-2-4 所示。

表 3-2-4　可选择功能表

代　码	功　　能	代　码	功　　能
01	查询控制单元版本	05	清除故障码
02	查询故障码	06	结束输出
04	进行基本设定	08	读测量数据块

3. 查询故障码

①连接故障诊断仪 V·A·G1551，输入地址码 02-变速器电子系统。屏幕显示：

②按输入数字键 0 和 2，查询故障码。屏幕显示：

③按输入 Q 键确认，屏幕上显示出存储的故障数量或"No faults recognized"！（没有识别到故障）：

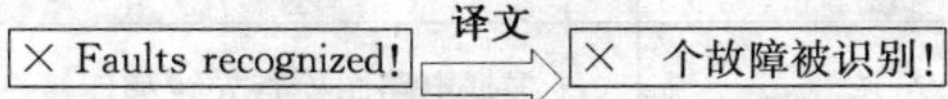

④按"→"键依次显示所有故障码直至结束。

01N 型电子控制自动变速器故障码见表 3-2-5。

表 3-2-5　自动变速器故障码表

故障码与含义	故障原因	故障排除
No faults recognized!（没有识别到故障）	如果进行了修理之后，显示出“No faults recognized”！自诊断结束；如果已经执行了自诊断，但是自动变速器仍然工作不佳，应根据故障诊断程序进行修理	
00258 电磁阀 1-N88 断路、对地短路	· 导线断路或对地短路 · 电磁阀 1-N88 有故障	· 根据电路图检查导线和连接（先检查连接端子是否被腐蚀或有水渗入，如有必要，应当更换。如果显示电磁阀有故障，应当仔细检查变速器上阀体扁状导线和导线束之间的十端子插头） · 读测量数据块，显示组编号 004 · 检测执行电器
00260 电磁阀 2-N89 断路、对地短路	· 导线断路或对地短路 · 电磁阀 2-N89 有故障	· 根据电路图检查导线和连接 · 读测量数据块，显示组编号 004 · 检测执行电器
00262 电磁阀 3-N90 断路、对地短路	· 导线断路或对地短路 · 电磁阀 3-N90 有故障	· 根据电路图检查导线和连接 · 读测量数据块，显示组编号 004 · 检测执行电器
00264 电磁阀 4-N91 断路、对地短路	· 导线断路或对地短路 · 电磁阀 4-N91 有故障	· 根据电路图检查导线和连接 · 读测量数据块，显示组编号 004 · 检测执行电器
00266 电磁阀 5-N92 断路、对地短路	· 导线断路或对地短路 · 电磁阀 5-N92 有故障	· 根据电路图检查导线和连接 · 读测量数据块，显示组编号 004 · 检测执行电器
00268 电磁阀 6-N93 断路、对地短路	· 导线断路或对地短路 · 电磁阀 6-N93 有故障	· 根据电路图检查导线和连接 · 读测量数据块，显示组编号 004 · 检测执行电器
00270 电磁阀 7-N94 断路、对地短路	· 导线断路或对地短路 · 电磁阀 7-N94 有故障	· 根据电路图检查导线和连接 · 读测量数据块，显示组编号 004 · 检测执行电器

续表 3-2-5

故障码与含义	故障原因	故障排除
00281 车速传感器G68无信号	·导线断路 ·车速传感器G68有故障	·根据电路图检查导线和连接 ·读测量数据块,显示组编号 002 ·检测执行电器 ·更换车速传感器G68
00293 多功能开关F125不明确的开关状态	·导线断路或对地短路 ·多功能开关F125有故障	·根据电路图检查导线和连接 ·读测量数据块,显示组编号 001 ·检测执行电器 ·更换多功能开关F125
00297 变速器转速传感器G38无信号	·导线断路 ·变速器转速传感器G38有故障	·根据电路图检查导线和连接 ·检测执行电器 ·更换变速器转速传感器G38
00300 变速器油温度传感器G93,故障类型不能识别	·导线断路 ·变速器油温度传感器G93有故障	·根据电路图检查导线和连接 ·读测量数据块,显示组编号 005 ·检测执行电器
00518 节气门位置传感器G69信号超出允许范围	·导线断路 ·发动机控制单元或节气门位置传感器G69有故障,来自节气门位置传感器G69的信号通过发动机控制单元直接送入变速器控制单元并且只能在读测量数据块中进行检查 ·如果自诊断显示节气门位置传感器有故障,也应当执行发动机控制单元的自诊断	·如果不显示出故障码 00638,应当先排除本故障 ·根据电路图检查导线和连接 ·读测量数据块,显示组编号 001 和 003 ·检查发动机控制单元 ·更换节气门位置传感器G69或发动机控制单元 ·对系统进行基本设定
00529 转速信号出错	·导线断路	·根据电路图检查导线和连接 ·读测量数据块,显示组编号 003 ·检查发动机控制单元 ·检测执行电器

续表 3-2-5

故障码与含义	故 障 原 因	故 障 排 除
00532 电源电压过低	·蓄电池有故障 ·供给液压阀的电压太低	·测试蓄电池电压 ·读测量数据块，显示组编号 002 ·检测至发动机控制单元 J217 的电压 ·检测执行电器
00545 发动机/自动变速器电器连接断路、对地短路	·导线断路或对地短路 ·发动机/自动变速器控制单元未连接 ·发动机和自动变速器控制单元之间的影响使点火的信号未被传送或传送不正常	·根据电路图检查导线和连接 ·读测量数据块，显示组编号 005 ·检查发动机控制单元 ·对系统进行基本设定
00596 液压阀之间的导线短路	·阀体扁状导线和导线束之间的十端子插头短路	·根据电路图检查导线和连接 ·检测执行电器 ·更换扁状导线
00638 发动机/自动变速器电器连接 2 无信号	·导线断路或对地短路 ·发动机/自动变速器控制单元未连接 ·节气门信号未被传送至变速器控制单元	·根据电路图检查导线和连接 ·读测量数据块，显示组编号 005 ·检查发动机控制单元，如有必要，进行更换 ·对系统进行基本设定
00641 ATF 温度信号太大	·自动变速器油温太高，最高温度应不超过 148℃。如果 ATF 的温度太高，变速器自动换至下一个较低的档位 ·汽车后面拖车的负荷太大 ·ATF 液位不正确 ·ATF 温度传感器有故障	·检查 ATF 液位 ·读测量数据块，显示组编号 005，读取 ATF 的温度 ·根据电路图检查导线和连接 ·更换扁状导线

续表 3-2-5

故障码与含义	故障原因	故障排除
00652 档位监控不可信的信号	·电器/液压有故障 ·离合器或阀体有故障	·读测量数据块，显示组编号 004，并且通过汽车的道路试车确定故障发生在哪个档位
00660 强制低档开关/节气门位置传感器(只有在行驶中才能识别 00660 故障)信号不可靠	·导线断路 ·强制降档开关有故障 ·节气门位置传感器 G69 有故障	·根据电路图检查导线和连接 ·读测量数据块，显示组编号 001 ·检测执行电器 ·调整或更换加速踏板拉索 ·按照“排除故障”中序号为 00518 节气门位置传感器 G69 中的措施进行修理
65535 控制单元有故障	·控制单元 J217 有故障	·更换控制单元 ·对系统进行基本设置

4. 清除故障码

①查询到故障码以后，屏幕显示：

②按数字键 0 和 5 清除故障码，屏幕显示：

③按 Q 键确认，屏幕显示：

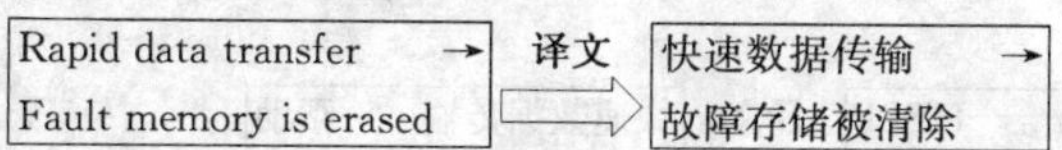

④屏幕显示约 5s 后，故障存储被清除。如果在查询故障码和清除故障码过程中点火开关处于关闭状态，那么故障存储将不能被清除。屏幕显示：

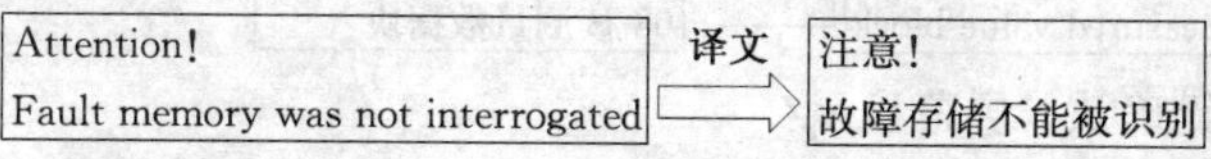

5. 进行基本设定

在进行一些修理之后，如更换发动机、更换发动机控制单元、更换节气门、调整节气门(设定怠速)、更换节气门电位计 G69、改变节气门电位计 G69 的设置、更换自动变速器控制单元 J217 等,应当进行基本设定。

①连接故障诊断仪 V · A · G1551,输入地址码 02-变速器电子系统。屏幕显示:

②按数字键 0 和 4,进行基本设定。此时加速踏板应当保持在怠速位置。屏幕显示:

③按 Q 键确认。屏幕显示:

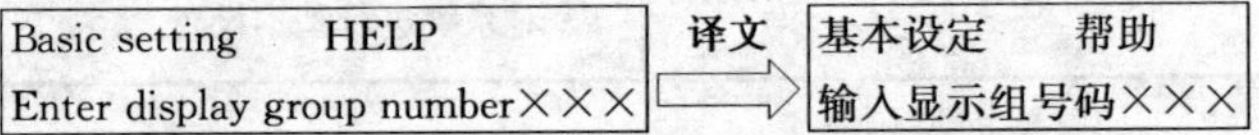

④按数字键 00 和 0,按 Q 键确认。屏幕显示:

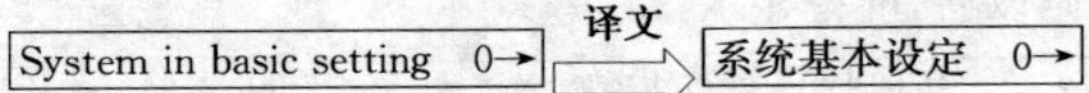

⑤将加速踏板踩到底,使得换档开关动作并且保持在该位置 3s 以上。此时对系统进行基本设定。按"→"键,V · A · G 将退回到起始状态。

6. 读测量数据块

①连接故障诊断仪 V · A · G1551,输入地址码 02-变速器电子系统。屏幕显示:

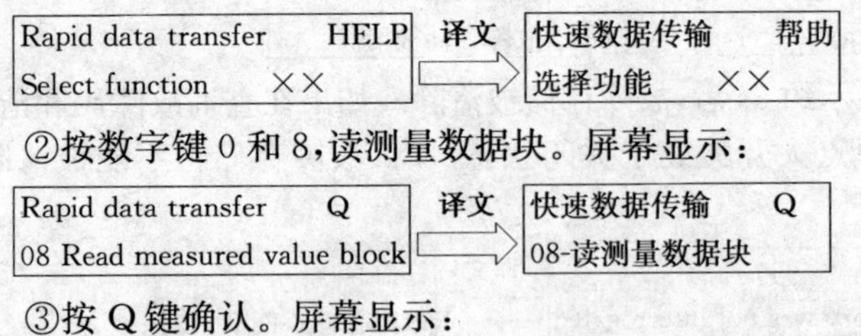

②按数字键 0 和 8,读测量数据块。屏幕显示:

③按 Q 键确认。屏幕显示:

Basic settomg　HELP	译文	基本设定　帮助
Enter display group number×××	⇨	输入显示组号码×××

④输入显示组编号，按 Q 键确认。屏幕显示：

Read measured value block 1	译文	读测量数据块 1
1　2　3　4	⇨	1　2　3　4

显示组编号及测量数据块 4 个显示区域各代表的意义、显示区域中各数值的测试见该车型的维修技术资料。

第二节　行驶系统维修技术

一、用仪具检验驱动桥壳的半轴套管座孔同轴度

1. 安装检验仪

将半轴套管同轴度检验仪（见图 3-2-34）放入后桥壳内，把内管 6 拉出，使定位头 1 和 7 的花瓣套置于桥壳内两侧最内端的半轴套管座孔 14、15 内，再锁紧锁母 5。此时，锁母内装的五只橡胶圈被压缩变形，将内管 6 抱住，锁母 5 便与内管 6 连成一体。

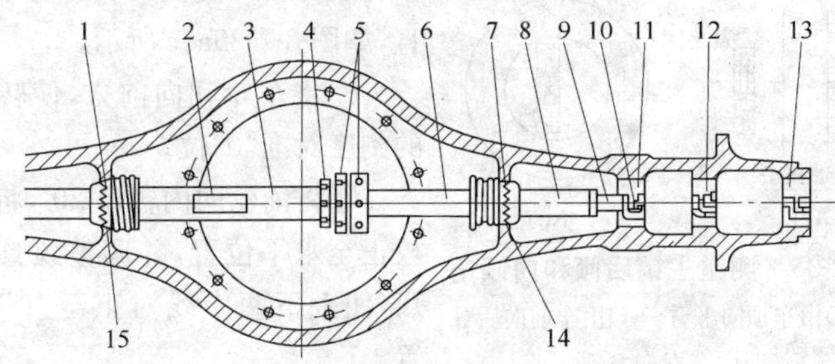

图 3-2-34　检验半轴套管座孔同轴度

1、7. 定位头　2. 操作孔　3. 外管　4. 推母　5. 锁母　6. 内管　8. 检验杆　9. 接杆　10. 百分表　11、12、13、14、15. 半轴套管座孔

2. 确定基准

用跨径扳手旋转推母 4（推母 4 的内圈和外圈上均有螺纹），并分别与锁母 5 及外管 3 连接。由于螺纹的方向相反，因此，转动推母 4 时内管 6 及外管 3 便可向两头伸长，使两端定位头 1 和 7 的锥面压入花瓣套内，把花瓣套张开，而在半轴套管座孔 14 和 15 内胀紧，两花瓣套的轴心

线便与 14 和 15 两座孔轴心线重合,作为基准。

3. 检验

①从操作孔 2 推动检验杆 8,使接杆 9 及百分表 10 移至其余需要检验的各座孔内。

②转动检验杆 8 及接杆 9,百分表上最大读数与最小读数之差的一半,即为该后桥壳半轴套管座孔的同轴度偏差。

二、前轮定位的静态检测

1. 检测转向桥主销后倾角

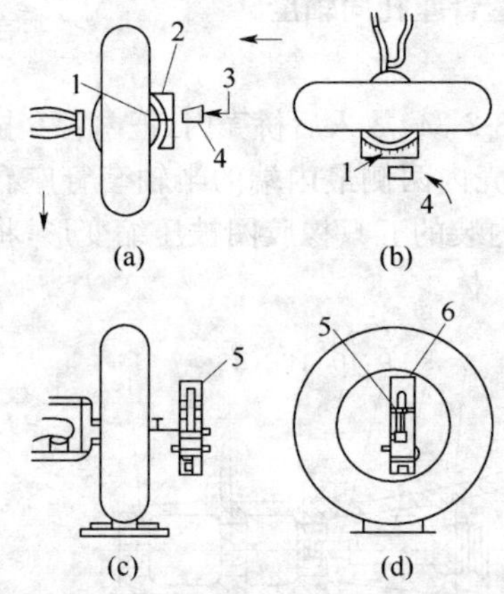

图 3-2-35 测量主销后倾和内倾角

(a)、(b)由车顶向下看 (c)由车前向后看

(d)由车左向右看

1. 刻度指 0° 2. 转盘 3. 水平位置

4. 仪具表面 5. 仪具 6. 水平位置

测试转向节主销的后倾角度,应在轮胎气压正常、轮辋无变形的情况下,在专用前轮定位仪上进行。

①测量前,将汽车前轮置于可转动的刻度盘上,并将仪具装置在车轮上,同时,使仪具表面与车轮垂直,如图 3-2-35a、c 所示。

②将车轮朝向前方,使转盘上的刻度对准“0”位。

③将前轮向内转动 20°,将仪具校正至水平位置,并调整仪具的标尺,使上下两中线对正至“0”的位置。

④将前轮回正,并向外转动 20°后,将仪具校正至水平位置,这时标尺上的刻线便指出后倾角度。

2. 调整转向桥主销后倾角

①对于东风 EQ1090 等型采用滑板式前钢板弹簧的汽车,当相关部件磨损和变形均不超限时,可利用在前钢板弹簧下与座之间加入楔形垫块(前薄后厚)的方法,进行调整。

②对于解放 CA1091 等型采用铰接式前钢板弹簧的汽车,当相关

部件磨损和变形均不超限时，其主销后倾角无法调整。在可能情况下，应将全车分解（可结合汽车大修进行），测量和校正车架，以实现调整。

③当相关部件出现异常时，可进行以下作业予以调整：检查和更换严重磨损的前后钢板弹簧支架、吊耳（或滑板机构）、钢板销及其衬套；更换折断或弧度不足的弹簧片；紧固钢板弹簧U形螺栓；配齐和紧固各钢板弹簧夹箍，使之作用可靠；检查和更换磨损过甚的转向节主销及其衬套；检查、更换或矫正变形的轮胎钢圈。

④对于独立悬架的前轮定位，其调整方法要视结构型式而定，如在V形独立悬架中，主销后倾角可通过转动上摆轴来实现其调整。

⑤进行完上述调整作业后，仍应在检验仪上进行测试检验。

经过几次测试和调整，即可符合技术标准。

3. 检测转向桥主销内倾角

主销内倾角的测量方法与测量后倾角相同，唯仪具表面需改为与车轮平行，如图3-2-35a、d所示。

4. 调整转向桥主销内倾角

①检查和更换磨损超限的主销及其衬套。

②必要时，可拆下前桥（可结合二级维护进行），检验和矫正其变形。

③对于独立悬架的前轮定位，其主销内倾角的调整，随外倾角调整同时进行，只要外倾角调整正确后，主销内倾角也随之正确。

④用检验仪复查检测，直到调整正确为止。

5. 检测转向桥前轮外倾角

①可用前轮定位仪进行。先将前轮停置于直线行驶位置，并使仪表的表面与车轮垂直，表面的中心线与胎体纵断面平行。当调整标尺至水平位置时，所指刻度即为前轮外倾角度。

②如没有专用测量仪具，可用90°的大直角尺，按图3-2-36所示的方法来测试。将直角尺对准车轮中心，测量车轮轮辋上下边缘和直角尺之间的距离A、B之差，由测得的直角三角形关系，可求得相当于该型

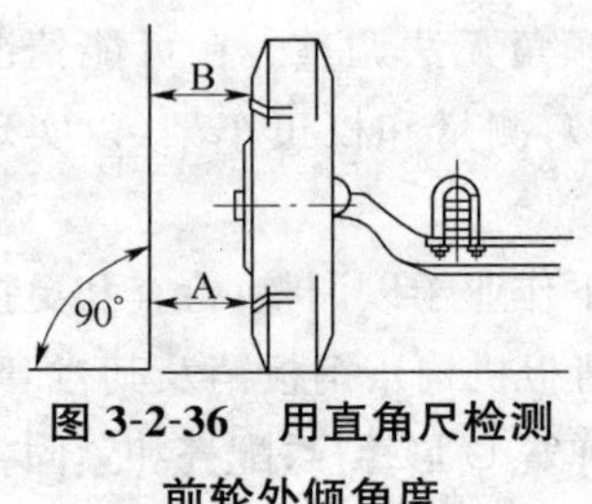

图 3-2-36 用直角尺检测前轮外倾角度

车外倾角的相应值。例如解放 CA1090 型汽车的 A、B 之差应该是8～12mm,即相当于该型车规定的外倾角约 1°。

6. 调整转向桥前轮外倾角

①检查和调整车轮轮毂轴承的松紧度,使之符合标准。

②检查和更换磨损超限的转向节主销及其衬套。

③检查和更换指轴角度不对的转向节。

④必要时,拆下前桥,进行变形检验和矫正。

⑤对于独立悬架的前轮定位,其车轮外倾角是由加在上臂轴与固定架之间的调整垫片来调整的,只要按照需要增减调整垫片即可。

7. 转向桥前轮前束的测前准备

①使轮胎气压达到标准要求(如解放 CA1091 型汽车前轮气压:8.25—20 型轮胎为 441kPa;9.00-20 型轮胎为 392kPa)。

②正确选择测量位置:前束的测量点,应按各制造厂家的规定进行。国产汽车,有的规定在左右轮胎内侧的胎壁上测量,如黄河 JN1150/100、JN1150/106 型汽车,规定在轮胎的内边缘直径 648mm 处测量,其前束值为 6～8mm;有的汽车规定在轮胎内侧面边缘间的最小距离位置处,如跃进 NJ1061 型汽车(如图 3-2-37a 所示);有的汽车则规定在左右轮胎胎面中间测量,如解放 CA1091 型和北京 BJ2020 型汽车(如图 3-2-37b 所示);也有的汽车只规定了前束值,而未规定具体测量位置。

对于未规定测量位置的充气胎,因胎壁有一定弹性,为了准确求得前束值,测量点建议选在胎冠中心线上,尤其是前束值特殊的汽车,更应如此。

8. 检测转向桥的前轮前束

①将汽车前桥支起,使两前轮悬空成水平,转动转向盘,使两前轮

摆成汽车直线行驶状态。

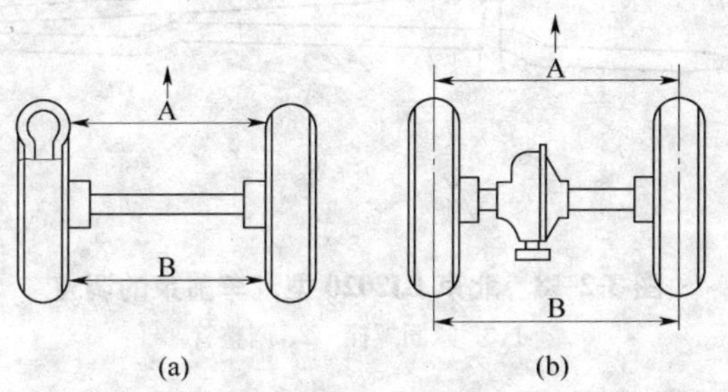

图 3-2-37　前轮前束测量位置

(a)跃进 NJ1061 型汽车　(b)北京 BJ2020 型汽车

②用前束尺测量(无前束尺可用钢盒尺)。把前束尺对准规定的测量点(两前轮胎面中心或内侧胎壁的规定处),做好标记,在两端地面距离相等处,测量出前面距离值。

③将两前轮各转动 180°,再在同一标记位置处,测量出后面的距离,后者与前者距离之差(B－A),即为前束值(见图 3-2-37)。

9. 调整转向桥的前轮前束

前束值经过测量如不符合要求,必须进行调整。

①解放 CA1091 型和东风 EQ1090 型汽车,应先把横拉杆两端接头的四个锁紧螺栓松开,再用管子钳转动横拉杆(因横拉杆两端的螺纹是相反的,故转动横拉杆即可改变横拉杆的长度),以达到改变前束值之目的。横拉杆伸长,前束值增大,反之,则前束减小。

前束调整好后,应注意及时将横拉杆左右两端接头的四个锁紧螺栓紧固好。

②对于前驱动桥的汽车(如解放 CA30A),由于横拉杆是弯曲的,前束的调整不能转动横拉杆,而应转动横拉杆两端的接头。

这种汽车的横拉杆两端螺距是不相等的,一般左边的螺距是 2.0mm,右边的是 1.5mm,因此在调整前束时,可根据需要分别转动两端接头,配合调整。

③北京 BJ2020 型汽车前束的调整,是通过装在横拉杆左端的调整管来进行的,如图 3-2-38 所示。

图 3-2-38 北京 BJ2020 型汽车前束的调整

1、3. 紧固螺栓 2. 调整管

调整时，将调整管两端紧固螺栓拧松，用铁棍插入中心孔内，转动调整管。由于管两端的螺纹是相反的(左端为左螺纹，右端为右螺纹)，因而转动调整管可以使横拉杆伸长或缩短，以达到调整前束目的。调好后，将紧固螺栓及时锁紧。

④经过上述调整后，还要进行一次检测，如未达到标准，需再次调整。

几种车型的前轮定位值见表 3-2-6 和表 3-2-7。

表 3-2-6 常用国产汽车的前轮定位参数

车 型	主销后倾角	主销内倾角	前轮外倾角
解放 CA1091	1°30′	8°	1°
东风 EQ1090	2°31′	6°	1°
黄河 JN 1150/100 1150/106	2°	6°50′±15′	1°40′
北京 BJ1040	1°30′	7°30′	1°
跃进 NJ1061	2°30′	8°	1°
北京 BJ2020	3°	5°30′	1°30′
上海 SH380	1°	6°	1°
东风 EQ2080	3°	8°	1°

表 3-2-7 前轮前束值

车 型	测 量 位 置	前 束 (mm)	调 整 方 法
解放 CA1091	胎面中心	2～4	转动横拉杆
东风 EQ1090	胎面中心	2～6	转动横拉杆

续表 3-2-7

车　型	测量位置	前束（mm）	调整方法
黄河 JN 1150/100 1150/106	在轮胎同侧 φ648mm 的圆周上	6～8	转动横拉杆
北京 JB1040	胎面中心	1～4	转动横拉杆
跃进 NJ1061	轮胎内侧 φ800mm 的圆周上	1.5～3	转动横拉杆
北京 BJ2020	胎面中心	3～5	转动横拉杆左端调整管

10. 校准转向驱动桥的前轮定位

转向驱动桥的前轮定位，包括前轮前束、前轮外倾和前桥后倾三项内容。

①前束：其检测方法与转向桥相同，其调整方法主要是按照需要，拧进或拧出横拉杆的左右两端螺纹（如上述的解放 CA30 型汽车和北京 BJ2020 型汽车前束调整方法）。

②前轮外倾：车轮顶部向外倾斜叫正外倾；与地面垂直没有倾斜叫无外倾；向内倾斜叫负外倾。

a. 正外倾在制造时已定就，因此不可能借任何调整加以更动。

b. 经过检查和分析，可拆下驱动桥壳，进行变形矫正；更换磨损超限的轴承和弯曲变形的转向节等。

③前桥后倾：转向驱动桥的后倾角是无法调整的。在使用适当的仪具进行检查时，如发现后倾角不正确，只能分析、研究其原因，更换有缺陷的零件。

第三节　转向系统维修技术

一、排除转向盘故障

1. 转向盘产生颤抖或振动的原因

①转向泵内液压油液面低。

②转向泵传动带松。

③在转向极限位置时，转向杆系统碰发动机机油盘。

④泵压力不足。

⑤转向泵流量控制阀卡住。

2. 转向盘颤抖或振动的故障排除方法

①按要求加注动力转向液。

②调整传动带张力。

③调整杆系与机油盘的间隙。

④检查泵压，如安全阀损坏则更换。

⑤检查流量控制阀有无损坏，必要时更换。

二、排除动力转向器故障

1. 动力转向液产生乳状泡沫、液面低、泵压偏低的故障排除

(1)可能原因

转向系统中有空气或转向系统渗漏。

(2)排除方法

①检查系统有无渗漏，对系统排气。

②将泵从车上卸下，检查壳体有无裂纹，螺塞有无松动，必要时予以修理。

2. 动力转向器输出压力低的故障排除

(1)可能原因

①活塞齿条或油缸磨损严重，或密封环失效。

②转向阀油封、转阀体和螺杆间油封漏油。

(2)排除方法

①分解转向器，检查活塞齿条及油缸、油缸密封环，必要时修理或更换。

②分解转向器，更换油封。

三、电控动力转向系统故障诊断与排除

电控动力转向系统机械及油路的故障诊断与排除，可参照普通动力转向部分进行。这里主要介绍电控动力转向系统电子控制系统的故障诊断与排除方法。

1. 三菱微型轿车电控动力转向系统故障诊断与检修

(1)电控动力转向系统故障诊断

①EPS 警告灯的检查:系统正常状态,打开点火开关(ON),EPS 指示灯亮,发动机起动后指示灯熄灭。如果打开点火开关指示灯不亮,应检查灯泡是否损坏、熔丝和配线是否断路;如果发动机起动后,指示灯仍亮,应考虑系统是否处于失效保护状态(只有常规转向工作,无转向助力),然后进行自诊断操作。

②自诊断操作:将万用表直流电压档的正极探针接诊断插座的 2 号端子,负极探针接地,如图 3-2-39 所示。打开点火开关(ON),观察万用表指针的摆动,读取故障码。如果有多个故障码,故障码将由小到大顺序显示。故障码波形如图 3-2-39b 所示,各故障码含义见表 3-2-8。

(2)主要部件的检查

①转矩传感器的检查。

a. 检测转矩传感器线圈电阻:从转向器总成上拔开转矩传感器配线连接器,其端子排列如图 3-2-40b 所示,测量转矩传感器 3 端子与 5 端子之间、8 端子与 10 端子之间的电阻值,其标准值应为(2.18±0.66) kΩ。若不符合要求,则为转矩传感器异常。

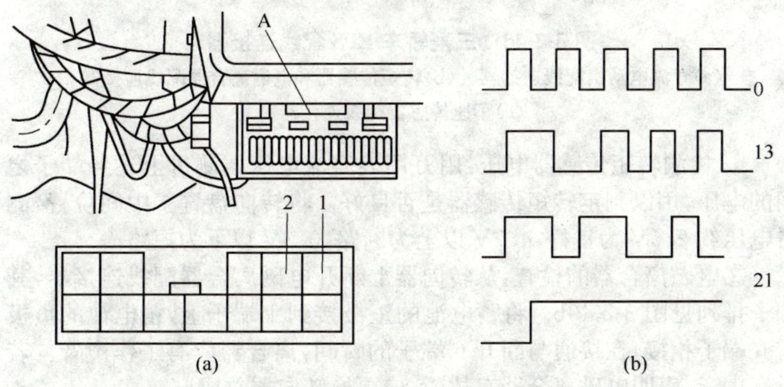

图 3-2-39　自诊断操作

(a)自诊断插接器　(b)故障码输出波形

1. 多点燃油喷射端子　2. 电动助力转向端子

A—连接片

表 3-2-8 三菱微型汽车 EPS 系统故障码表

故障码	检查诊断项目	故障码	检查诊断项目
0	正常	41	直流电动机
11	转矩传感器(主)	42	直流电动机电流
12	转矩传感器(副)	43	直流电动机过电流
13	转矩传感器(主、副侧电压差过大)	44	直流电动机锁止
		51	电磁离合器
21	车速传感器(主)	54	EPS 控制装置
22	车速传感器(主、副侧压差过大)	55	转矩传感器 E/E 回路不良
23	车速传感器(主)电压急减	—	EPS 控制装置(ECU)不良
31	交流发电机 L 端子		

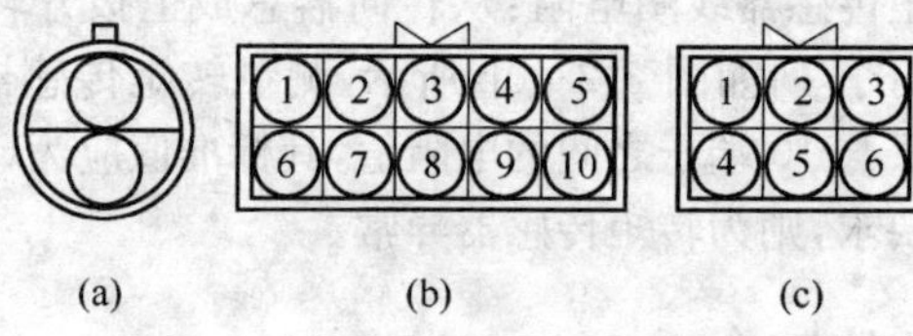

图 3-2-40 三菱轿车 EPS 配线连接器

(a)直流电动机配线连接器 (b)转矩传感器和电磁离合器配线连接器 (c)车速传感器配线连接器

b. 检测转矩传感器电压:用万用表直流电压档测量上述各端子之间的电压,用以判定转矩传感器是否良好。将转向盘置于中间位置,测得电压约 2.5V 为良好,4.7V 以上为断路,0.3V 以下为短路。

②电磁离合器的检查:从转向器上断开电磁离合器配线连接器,其端子排列见图 3-2-40b。将蓄电池的正极接到 1 端子上,蓄电池的负极与 6 端子相接,在接通与断开 6 端子的瞬间,离合器应有工作声音。若没有声音,表明电磁离合器有故障,应更换转向器总成。

③直流电动机的检查:从转向器上断开电动机配线连接器,其端子排列如图 3-2-40a 所示。给电动机加上蓄电池电压时,电动机应有转动声音。若没有声音,应更换转向器总成。

④车速传感器的检查:

a. 检查车速传感器转动情况:从变速器上拆下车速传感器,用手转动车速传感器的转子检查其能否顺利运转,若有卡滞应予更换。

b. 检测车速传感器电阻:拔开车速传感器配线连接器,其端子排列如图 3-2-40c 所示。测量车速传感器插接器 1 端子与 2 端子之间、4 端子与 5 端子之间的电阻,其值等于(165±20)Ω 为良好。若与上述不符则必须更换车速传感器。

2. 丰田轿车电控动力转向系统故障诊断与检修

(1)电子控制系统的故障排除

丰田轿车电控转向的电子控制系统如图 3-2-41 所示。ECU 连接器如图 3-2-42 所示。

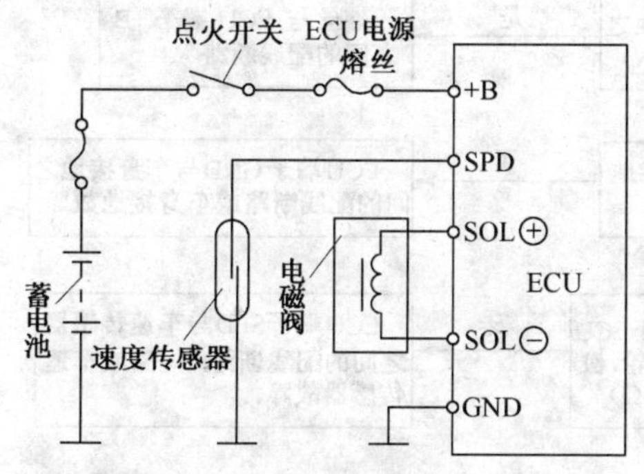

图 3-2-41　电控动力转向电子控制系统

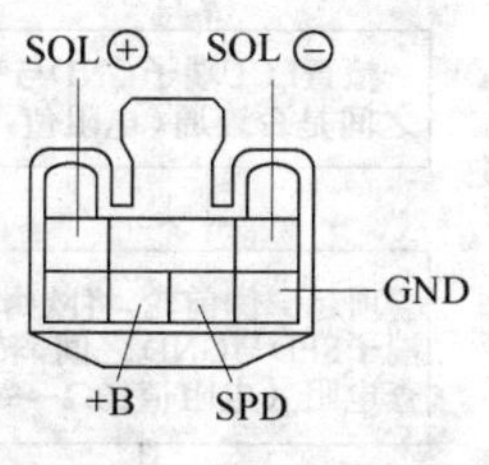

图 3-2-42　ECU 连接器

①故障现象。

a. 怠速或低速行驶时转向困难。

b. 高速行驶时转向太灵敏。

②初步检查。

a. 检查轮胎气压。

b. 检查悬架与转向连接件之间润滑。

c. 检查前轮定位。

d. 检查转向系统接头及悬架臂球接头。

e. 检查转向柱管是否弯曲。

f. 检查是否所有接头均牢固可靠。

g. 检查动力转向泵液压。

③故障诊断流程图

丰田轿车电控转向的电子控制系统的故障诊断流程如图 3-2-43 所示。

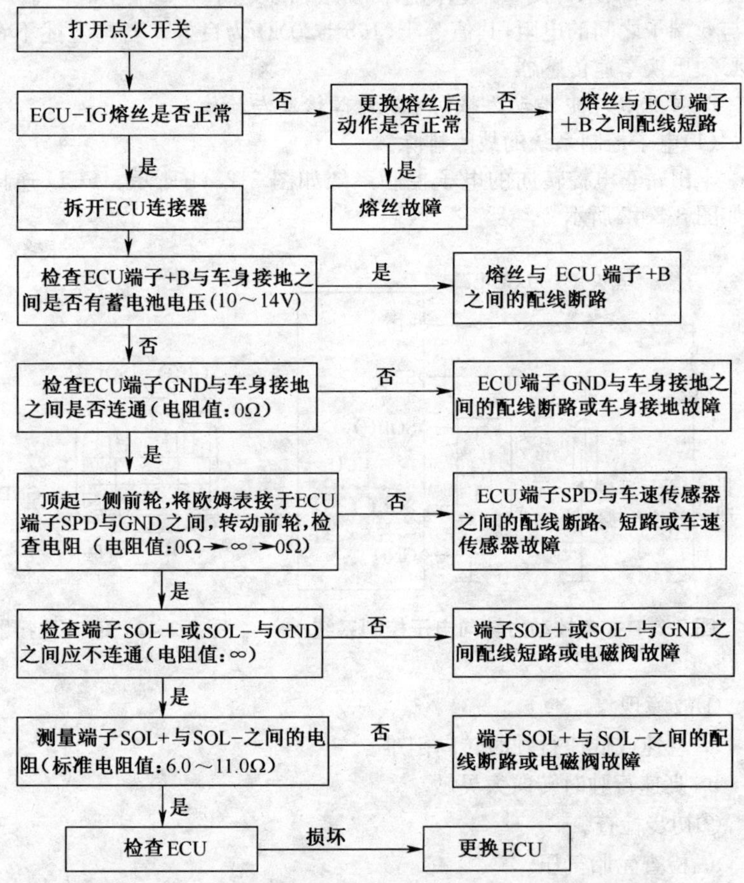

图 3-2-43 丰田轿车电控转向的电子控制系统的故障诊断流程

(2)电子控制部件的检查

①电磁阀。

a. 拆下电磁阀连接器。

b. 测量电磁阀端子 SOL＋与 SOL－之间的电阻，电阻值为 6.0～11.0Ω。

c. 接上电磁阀连接器。

d. 从齿轮座上拆下电磁阀。

e. 将蓄电池正极接电磁阀端子 SOL＋，将电池负极接电磁阀端子 SOL－，电磁阀的针阀应缩进大约 2mm，否则，更换电磁阀。

f. 安装电磁阀。

g. 动力转向管路放气。

②动力转向 ECU。

a. 支起汽车。

b. 拆下手袋箱（注意不要拔出 ECU 的连接器）。

c. 起动发动机。

d. 发动机怠速运转，用万用表测量 ECU 的端子 SOL－与 GND 之间的电压。挂上档使车速达到 60km/h，再测量 ECU 的端子 GWD 与 SOL－之间的电压。标准电压为 0.07～0.22V，否则，更换 ECU。

e. 装回手袋箱。

f. 放下汽车。

第四节　制动系统（防抱死制动）维修技术

一、ABS 的故障诊断

汽车主动安全电子控制系统故障诊断与检修方法基本相同，下面以国产轿车使用较多的 MK20-Ⅰ型 ABS 为例，说明其故障诊断与检修方法。

1. ABS 故障自诊断测试条件

(1)ABS 自诊断测试功能

MK20-Ⅰ型 ABS 与发动机燃油喷射系统（EFI）一样，具有故障监测与自诊断测试功能。在组合仪表台上设有 ABS 指示灯，每次行车前接通点火开关时，ABS 将进入自检状态。

在自检过程中，ABS 指示灯发亮，如果 ABS 指示灯持续发亮大约 2s 后熄灭，说明 ABS 正常；如果 ABS 指示灯一直发亮，说明 ABS 有故障。自检过程将一直持续到汽车行驶过程中，因为某些故障只能在行驶过程中才能识别出来。在自检过程中，能够听到继电器动作和电动回液泵起动的声音，也能感觉到制动踏板轻微的振动。

汽车行驶过程中，当 ABS 发生故障时，ABS ECU 立即切断控制电路，中断 ABS 的防抱死制动功能，但是仍然保持常规制动功能，并接通 ABS 指示灯电路，使 ABS 指示灯发亮指示。与此同时，控制系统还将故障编成代码存储在存储器(RAM)中，以供检测维修调用。大众车系利用故障诊断仪 V · A · G1551 或 V · A · G1552 可以进行自诊断测试。

(2)ABS 自诊断测试注意事项

在对 MK20-Ⅰ型 ABS 进行自诊断测试时，需要注意以下几点：

①自诊断测试只能在汽车静止并接通点火开关(或起动发动机运转)时进入。如果车速＞2.5km/h，则无法进入自诊断。如果车速＞20km/h，自诊断程序将自动中断。

②在进行自诊断过程中，ABS 无调节功能，此时 ABS 指示灯 K47 发光。

③自诊断功能不仅可以读取和清除存储器中的故障信息，还可以提供“电控单元识别”和“读取测量数据块”等附加功能。

④自诊断的第一个检测步骤必须是读取故障存储器中的故障信息。

⑤从 ABS ECU 上拔下线束插头时，切勿开动汽车。只有当点火开关断开时，才能拔下或插上 ABS 控制部件的线束插头。

⑥只有在更换电动回液泵和电磁阀继电器时，才允许拧开液压调节器固定螺栓。

⑦ABS 系统中的故障是通过 ABS 指示灯 K47 发光显示。因为某些故障只有在汽车行驶中才能被识别，所以在自诊断测试后要通过试车来检查系统的功能。试车时应在 30s 时间内以＞60km/h 的车速行驶，并且至少进行一次紧急制动，以使 ABS 投入工作。

(3)ABS 自诊断测试条件

①所有轮胎的型号和规格必须相同，且轮胎气压符合标准规定；

②制动灯开关和制动灯技术状态良好；

③制动液压系统无泄漏(观察液压电控单元，制动泵等有无泄漏)；

④转速传感器安装位置正常；

⑤所有熔丝正常，并按电路图规定连接好；

⑥液压电控单元上回液泵电动机 V64 的搭铁线连接正常；

⑦ABS ECU 线束插头连接可靠并锁紧；

⑧当故障检测仪 V·A·G1551 工作时，测试盒 V·A·G1598 不应同 ABS ECU 相连接；

⑨供电电压正常(≮10.5V)。

2. ABS 故障自诊断测试过程

(1)读取故障代码

①按前述发动机自诊断测试方法连接故障测试仪。

②接通电源进入诊断测试程序。首先接通点火开关或起动发动机怠速运行(如故障导致发动机不能起动，则接通点火开关)，然后接通故障诊断仪电源开关。此时故障诊断仪进入“车辆系统测试”模式，显示：

③输入“防抱死制动电子控制系统”的地址指令“03”，并单击“Q”键确认，地址指令代表的系统名称就会出现在屏幕上(单击“C”键可以改变输入指令)。电控单元确认后将显示电控单元信息(注意：只有在点火开关接通或发动机运转时，才能显示控制器的编号和代码)：

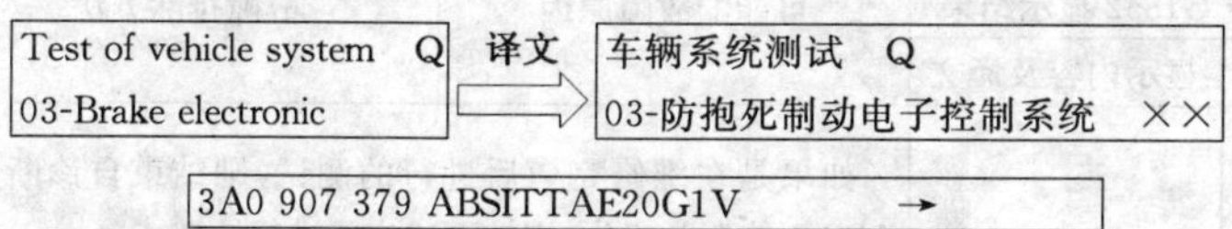

上面显示中：3A0 907 379—电控单元零件编号；ABS—防抱死制动系统；ITT—公司名称　AE20G1V—软件版本。

需要特别指出的是：由于汽车使用的电控单元以及诊断仪使用的程序卡型号不同，各项功能所显示和打印的内容会有所不同。

④单击“→”键，直到诊断仪屏幕上显示输入“功能选择代码”：

⑤输入功能选择代码 01、02、…、08，并单击“Q”键确认，即可进入

所选择功能的测试。读取故障代码时，输入功能选择代码“02”，并单击“Q”键确认，屏幕上将首先显示存储故障的数量或显示“没有故障被识别”：

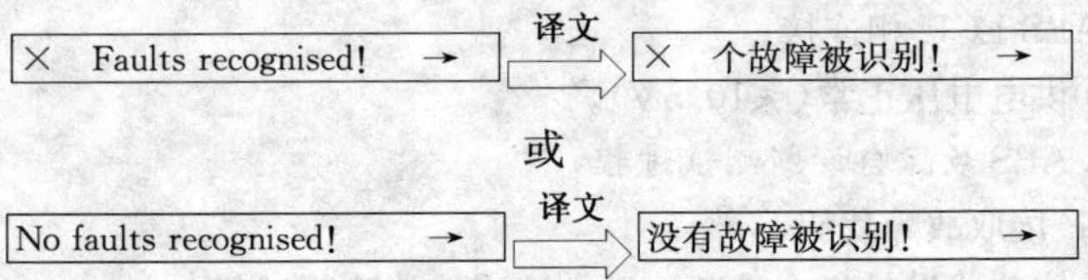

如果使用 V・A・G1551 型测试仪，单击“Print”键接通打印机（“Print”键上的指示灯将发亮），存储的一个或多个故障代码及其文字说明将按存储故障的顺序打印出来。为了使打印输出的故障代码与维修手册印制的故障代码表一一对应，故障代码均按 5 位数字排列，MK20-Ⅰ型 ABS 的故障代码见表 3-2-9。在显示屏下面一行显示的是故障类型，如果故障类型后面显示有“/SP”字样，表明该故障为偶然性故障。

故障代码及其类型显示完毕，显示屏将显示输入“功能选择代码”，此时输入“功能选择代码”，可继续进行诊断测试。

表 3-2-9　MK20-Ⅰ型防抱死制动系统 ABS 故障代码

V・A・G1551 或 V・A・G1552 显示结果		可能的故障原因	故障排除方法
代码	显示内容及译文		
	No fault recognised 未发现故障	如果是在维修完毕后进行的测试，则结束自诊断；如 ABS 不能正常工作，则按下述步骤进行检查： (1)以＞20km/h 的车速进行紧急制动试车 (2)再次用故障诊断仪读取故障代码，如果仍无故障代码显示，则需对电气系统进行全面检查	
00668	Vehicle voltage terminal 30Signal outside tolerance 30 号电源端子电压信号超差	电源线路、连接插头或熔断器故障	检查 ABS 电源线路、熔断器和连接器

续表 3-2-9

V·A·G1551 或 V·A·G1552 显示结果		可能的故障原因	故障排除方法
代码	显示内容及译文		
00283	Speed sensor front left—G47 左前轮速传感器 G47 故障	(1)左前轮速传感器 G47 与 ABS ECU 之间的线路对正极或对地断路、短路 (2)信号转子受到污染或损坏 (3)车轮轴承间隙过大 (4)轮速传感器 G47 安装不正确 (5)轮速传感器 G47 损坏	(1)检查 G47 与 ABS ECU 之间的线束及连接器 (2)检查传感器 G47 与齿圈之间的间隙 (3)选择“读取测量数据块”代码 08 进行检查
00285	Speed sensor front right—G45 右前轮速传感器 G45 故障	(1)右前轮速传感器 G45 与 ABS ECU 之间的线路对正极或对地断路、短路 (2)信号转子受到污染或损坏 (3)车轮轴承间隙过大 (4)轮速传感器 G45 安装不正确 (5)轮速传感器 G45 损坏	(1)检查 G45 与 ABS ECU 之间的线束及连接器 (2)检查传感器 G45 与齿圈之间的间隙 (3)选择“读取测量数据块”代码 08 进行检查
00287	Speed sensor rear right—G44 右后轮速传感器 G44 故障	(1)右后轮速传感器 G44 与 ABS ECU 之间的线路对正极或对地断路、短路 (2)信号转子受到污染或损坏 (3)车轮轴承间隙过大 (4)轮速传感器 G44 安装不正确 (5)轮速传感器 G44 损坏	(1)检查 G44 与 ABS ECU 之间的线束及连接器 (2)检查传感器 G44 与齿圈之间的间隙 (3)选择“读取测量数据块”代码 08 进行检查

续表 3-2-9

V·A·G1551 或 V·A·G1552 显示结果		可能的故障原因	故障排除方法
代码	显示内容及译文		
00290	Speed sensor rear left—G46 左后轮速传感器 G46 故障	(1)左后轮速传感器 G46 与 ABS ECU 之间的线路对正极或对地断路、短路 (2)信号转子受到污染或损坏 (3)车轮轴承间隙过大 (4)轮速传感器 G46 安装不正确 (5)轮速传感器 G46 损坏	(1)检查 G46 与 ABS ECU 之间的线束及连接器 (2)检查传感器 G46 与齿圈之间的间隙 (3)选择"读取测量数据块"代码 08 进行检查
01276	ABS hydraulic pump—V64 Signaloutside tolerance ABS 电动回液泵 V64 信号超差	(1)电动回液泵 V64 与 ABS ECU 之间的线路对正极或对地断路、短路 (2)电动回液泵故障	(1)检查 V64 与 ABS ECU 之间的线束及连接器 (2)选择"执行元件测试"代码 03 进行检查
66535	Control unit 电控单元故障(如果同时显示电动回液泵 V64 有故障,则应先排除回液泵故障)	(1)ABS ECU 搭铁线断路或接触不良 (2)ABS ECU 故障	(1)检查 ABS ECU 搭铁线是否断路或接触不良 (2)更换 ABS ECU
01044	Control unit incorrectly coded 电控单元编码不正确	ABS ECU 的 25 端子线束插座上端子 6 与 22 连接的编码跨接线断路或搭铁	检查 ABS ECU 编码跨接线
01130	ABS operation Signaloutside tolerance ABS 工作信号超差	有外界干扰信号(高频发射信号,如点火信号)干扰 ABS 工作	(A)检查 ABS 线路是否与点火线路搭接 (2)清除故障代码 (3)以>20km/h 的车速进行紧急制动试车 (4)再次读取故障代码

(2)清除故障代码

故障排除后应及时清除故障代码，否则再次读取故障代码时，此次故障代码会一并调出，影响工作效率。

如果电控单元电源切断（如控制器插头被拔下）或蓄电池极柱上的电缆端子被拆下，那么故障代码存储器中存储的故障信息将被清除。

利用故障诊断仪 V·A·G1551 或 V·A·G1552 清除 ABS 故障代码的操作程序如下：

①按读取故障代码的操作程序①～④进入诊断测试“功能选择”时，诊断仪屏幕上显示输入“功能选择代码”如下：

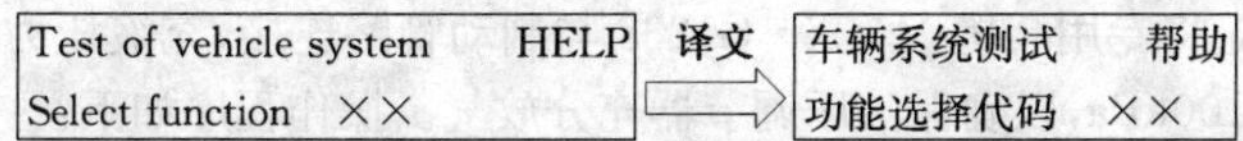

此时，“读取故障代码”的功能选择代码“02”，并单击“Q”键确认。

②单击“→”键，直到显示出所有的故障代码，并在屏幕上显示输入“功能选择代码”时，输入“清除故障代码”的功能选择代码“05”，并单击“Q”键确认，显示如下：

③单击“→”键，直到故障代码被清除，并在屏幕上显示输入“功能选择代码”时，输入“结束输出”功能选择代码“06”，并单击“Q”键确认。

④重新试车并再次读取故障代码，不得有故障代码显示。

二、ABS 故障的排除方法

当 ABS 出现故障或感到 ABS 工作不正常时，可通过目视检查以下内容：

①驻车制动是否完全释放；

②制动液有无渗漏、制动液液面是否符合规定高度；

③ABS 熔丝、断电器是否完好、ABS ECU 连接器插接是否牢固；

④控制部件（轮速传感器、电磁阀、电动回液泵、压力指示开关和压力控制开关等）连接器插头与插座连接是否良好；

⑤ABS ECU、压力调节器的搭铁线是否可靠搭铁；

⑥电源（蓄电池和交流发电机）电压是否符合规定；

⑦读取故障代码并根据代码指示情况进行检修。对于故障诊断仪V·A·G1551或V·A·G1552能够检测到的故障,可根据故障代码表建议的检测项目有的放矢地进行检查;对于故障诊断仪检测不到的故障,必须对电气系统进行全面检查。

三、ABS加液与放气

更换液压调节器或储液器中的制动液泄漏流尽之后,除了按照常规制动管路进行加液放气之外,必须借助故障诊断仪V·A·G1551或V·A·G1552和专用制动液注入与放气装置V·A·G1238.13对ABS进行加液和放气。

首先将专用装置V·A·G1238与制动管路连接,充液压力调节到不超过100kPa,以确保液压调节器充分放气。操作程序如下:

①按读取故障代码的操作程序①~④进入诊断测试"功能选择"。在诊断仪屏幕上显示输入"功能选择代码"时,输入"基本设定"的功能选择代码"04",并单击"Q"键确认,显示屏显示如下:

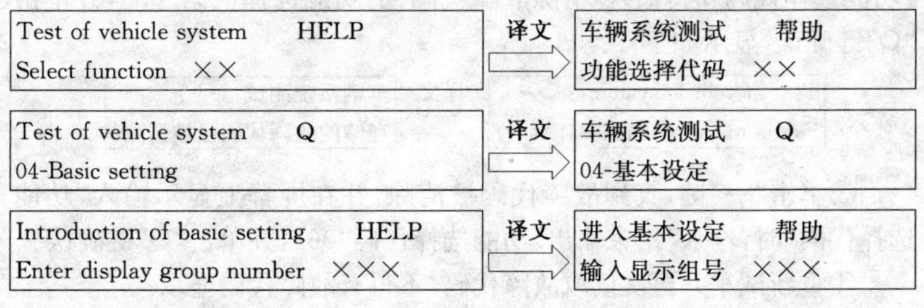

②输入显示组号"001",屏幕显示如下:

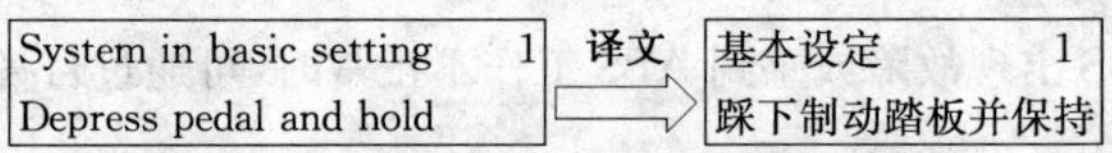

③按如上屏幕显示要求踩下制动踏板并保持,电动回液泵应当运转,制动踏板有回弹感觉。在屏幕如下时,放松制动踏板,拧松右前/左前制动钳放气螺钉。

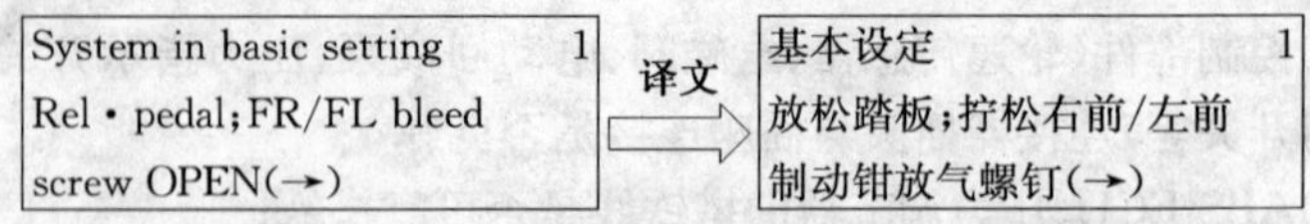

④单击"→"键,此时电动回液泵应当运转,屏幕显示如下:

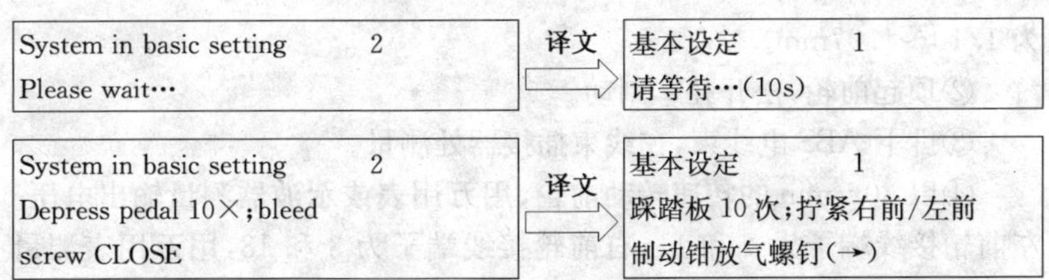

等待 10s 后,踩制动踏板 10 次,并将右前/左前制动钳放气螺钉拧紧。

⑤重复③～④操作过程 7 次,然后单击"→"键,当屏幕显示如下所示的放气结束时,输入"结束输出"的功能选择代码"06",并单击"Q"键确认,退出测试。

屏幕显示		译文
System in basic setting　17 Partial bleeding ended	⇨	基本设定　17 部分放气结束
Test of vehicle system　HELP Select function　××	⇨	车辆系统测试　帮助 功能选择代码　××

⑥断开点火开关,拆下故障诊断仪,然后再按常规制动管路放气方法进行放气。

四、防抱死制动系统主要部件的检修

1. 前轮转速传感器的检修

(1)检查前轮齿圈

①前轮轴承损坏或轴承轴向间隙过大时,会影响前轮传感器的间隙。举升起前轮,使之离地,用双手转动前轮感觉前轮摆动是否异常。若轴承轴向间隙过大,则要检查齿圈轴向摆差,轴向摆差应≯0.3mm。

②若前轮轴承损坏或轴向间隙过大,则应更换轴承。

③若出现齿圈轴向摆差过大,而引起传感器与齿圈擦碰,造成齿圈变形或齿数残缺不全,则应更换前轮齿圈。

④若前轮齿圈完好无损,但被泥或脏物堵塞,应清除齿圈空隙中的脏物。

(2)检查前轮转速传感器输出电压

①检查前轮转速传感器与齿圈之间的间隙是否符合规定,标准值

为 1.10～1.97mm。

②顶起前轮，松开驻车制动。

③拆下 ABS 电线束，在线束插接器处测量。

④以 30r/min 的转速转动前轮，用万用表或示波器测量输出电压。左前轮接线端子为 4 和 11，右前轮接线端子为 3 和 18，用万用表测量时，前轮转速传感器输出电压应为 70～310mV。用示波器测量时，输出电压应为 3.4～14.8mV/Hz。

⑤若输出电压不符合规定时，需检查传感器是否有故障。检查传感器电阻值是否在 1.0～1.3kΩ 之间，在齿圈上取四点检查齿圈与车轮转速传感器之间的间隙是否过大，检查线束安装是否有误差。

2. 后轮转速传感器的检修

(1)检查后轮齿圈

①举升起后轮，使之离地，用双手转动后轮感觉后轮摆动是否异常。若后轮摆动过大，则要检查后轮轴承的径向圆跳动，径向圆跳动标准值为 0.05mm。

②若后轮轴承径向圆跳动过大，则需用调整螺母调节后轴承的间隙，或者更换后轮齿圈。

③若后轮齿圈完好无损，但被脏物堵塞，应清除齿圈空隙中的脏物。

(2)检查后轮转速传感器输出电压

①检查后轮转速传感器与齿圈之间的间隙是否符合规定，标准值为 0.42～0.80mm。

②顶起前轮，松开驻车制动。

③拆下 ABS 电线束，在线束插接器处测量。

④以 30r/min 的转速转动后轮，用万用表或示波器测量输出电压。左后轮接线端子为 2 和 10，右后轮接线端子为 1 和 17。用万用表测量时，后轮转速传感器输出电压应＞260mV。用示波器测量时，输出电压应＞12.2mV/Hz。若输出电压不符合规定时，检查传感器是否有故障，检查项目与前轮传感器相同。

3. ABS ECU 的检修

①检查 ABS ECU 的线束插头应无松动，接触良好。管脚应无腐

蚀，否则应清除干净。

②检查 ABS ECU 的输入电源及搭铁情况。

③直接用替换法进行试验。

4. 制动压力调节器的检修

制动压力调节器常见的故障是电磁阀、液压泵不工作或电磁阀泄漏等。

①检查电磁阀线圈的电阻，应符合要求。

②对电磁阀、液压泵进行通电试验应能听到动作声。

③可用专门的 ABS 测试设备进行测试。

④通过汽车诊断仪（解码器）的“执行元件测试”功能进行测试。

5. 继电器的检修

ABS 装用的继电器主要有控制 ABS 工作电源的主继电器、电磁阀继电器、液压泵继电器等。继电器的常见故障是触点接触不良、线圈断路或短路等。

①用万用表测量线圈电阻值，应正常。

②通电检查，用万用表测量两触头间电阻值，不通电时为∞，通电时应为 0。

③继电器触头接触情况也可以通过测量触头的电压降进行判断，如工作时电压降>0.5V，则说明接触不良。

五、防抱死制动系统的拆装

1. ABS ECU 的拆装

(1) ABS ECU 的拆卸

ABS ECU 各零部件之间的连接如图 3-2-44 所示。

①关闭点火开关，拆下蓄电池及支架。

②从 ABS ECU 上拔下 25 端子线束插头。

③踩下制动踏板，并用踏板架定位。

④在 ABS ECU 下垫一块布。拆下连接制动主缸和控制器的油管 2 和 3，并做标记，拆下油管后立即用密封塞将接口堵住。把制动油管用绳索挂在高处，使油管接头处高于制动储液罐的油平面。

⑤拆下 ABS ECU 与各制动轮缸的制动油管 4～7，并做标记，拆下

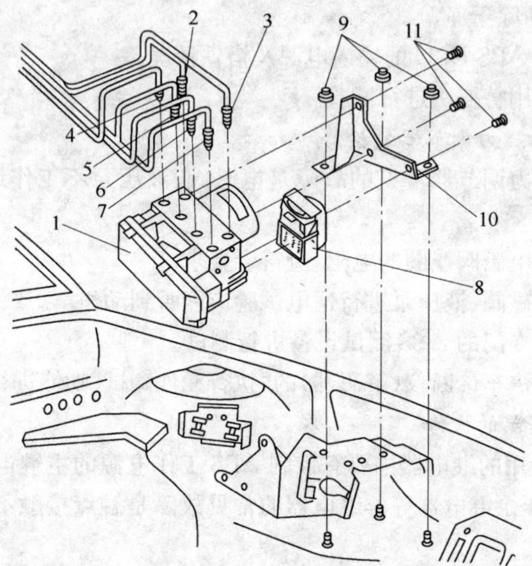

图 3-2-44　ABS ECU 各零部件之间的连接

1. ABS ECU　2. 与制动主缸后腔连接的制动油管与接头　3. 与制动主缸前腔连接的制动油管与接头　4. 与右前制动轮缸连接的制动油管与接头　5. 与左后制动轮缸连接的制动油管与接头　6. 与右后制动轮缸连接的制动油管与接头　7. 与左前制动轮缸连接的制动油管与接头　8. ABS ECU 线束插头(25 个端子)　9. ABS ECU 支架紧固螺母　10. ABS ECU 支架　11. ABS ECU 安装螺栓

油管后立即用密封塞将接口堵住。

⑥把 ABS ECU 从支架上拆下来。

(2)ABS ECU 的分解

①压下接头侧的锁止扣,拔下 ABS ECU 上液压泵电线插头。

②用专用套筒扳手拆下 ABS ECU 与压力调节器的 4 个连接螺栓,如图 3-2-45 所示。

③将压力调节器与 ABS ECU 分离。注意:拆下压力调节器时要直拉,不要碰坏阀体。

④在 ABS ECU 的电磁阀上盖一块干净且不起毛的布。

⑤压力调节器和液压泵安放在专用支架上,以免在搬运时碰坏阀体。

(3)ABS ECU 的装配

①把压力调节器和 ABS ECU 装成一体,用专用套筒扳手拧紧螺栓,拧紧力矩≯4N·m。

②插好液压泵电线插头,注意锁扣必须到位。

(4)ABS ECU 的安装

①将 ABS ECU 装到支架上,以 10N·m 的力矩拧紧固定螺栓。

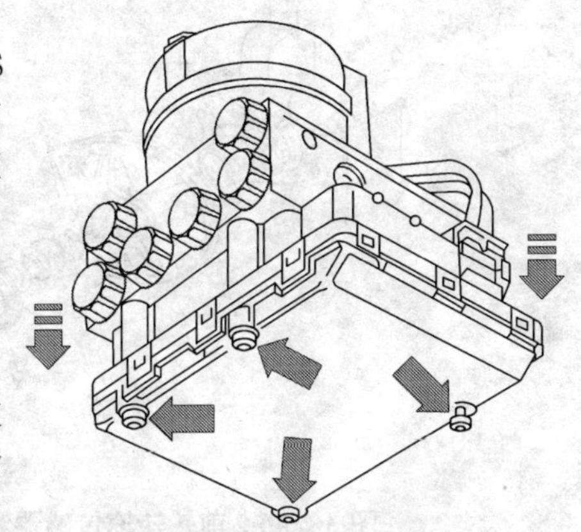

图 3-2-45　拆下 ABS ECU 与压力调节器的连接螺栓

②拆下接口处的密封塞,装上连接各制动轮缸的制动油管,检查油管位置是否正确,以 20N·m 的力矩拧紧管接头。

③装上连接制动主缸的制动油管,检查油管位置正确后以 20N·m 的力矩拧紧管接头。

④插上 ABS ECU 线束插头。

⑤对 ABS 系统充液和放气。

⑥如果 ABS ECU 更换新的,必须对 ABS ECU 重新编码。

⑦打开点火开关,ABS 警告灯需亮 2s 后再熄灭。

⑧使用 V·A·G1552 故障诊断仪,先清除故障存储,再查询故障码。

⑨试车检测 ABS 功能,需感到踏板有反弹。

2. 前轮转速传感器的拆装

前轮转速传感器和前轮轴承的分解如图 3-2-46 所示。

(1)前轮转速传感器的拆卸

①拆卸前轮毂及齿圈。如图 3-2-47 所示,在前轮毂的中心放一块专用压块,再用拉具的两个活动臂先钩住前轮轴承壳的两边,转动顶尖,使拉具顶住专用压块,将前轮毂连同齿圈一起顶出,并拆下齿圈的十字槽固定螺栓。

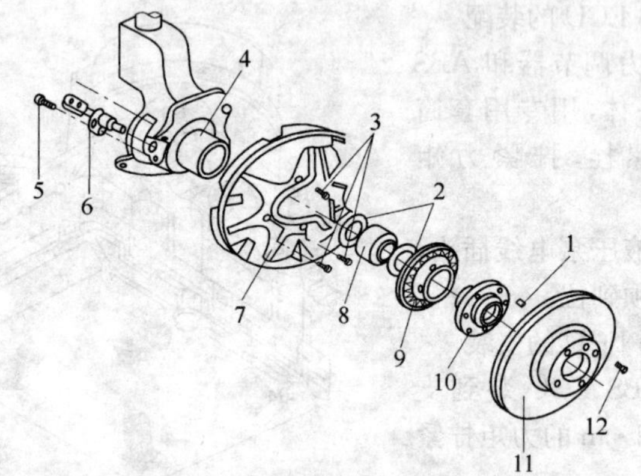

图 3-2-46　前轮转速传感器和前轮轴承分解

1. 固定齿圈螺钉套　2. 前轮轴承弹性挡圈　3. 防尘板紧固螺栓　4. 前轮轴承壳　5. 转速传感器紧固螺栓　6. 转速传感器　7. 防尘板　8. 前轮轴承　9. 齿圈　10. 轮毂　11. 制动盘　12. 十字槽螺栓

②拆卸前轮转速传感器。如图 3-2-48 所示，先拔下传感器导线插头，再拧下内六角紧固螺栓，取下前轮转速传感器。

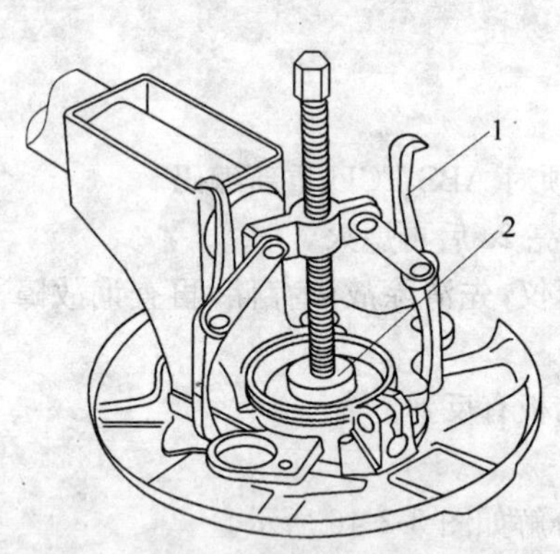

图 3-2-47　拆卸前轮毂及齿圈

1. 拉具　2. 专用压块

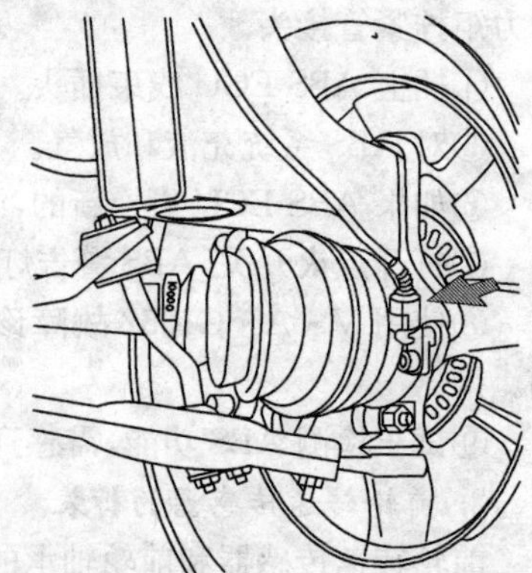

图 3-2-48　拆卸前轮转速传感器

(2)前轮转速传感器的安装

安装与拆卸顺序相反。先清洁前轮转速传感器的安装孔内表面，并涂上固体润滑膏，然后装入转速传感器，以 10N · m 的力矩紧固内六角螺栓，最后插上导线插头。

3. 后轮转速传感器的拆装

后轮转速传感器和后轮轴承的分解如图 3-2-49 所示。

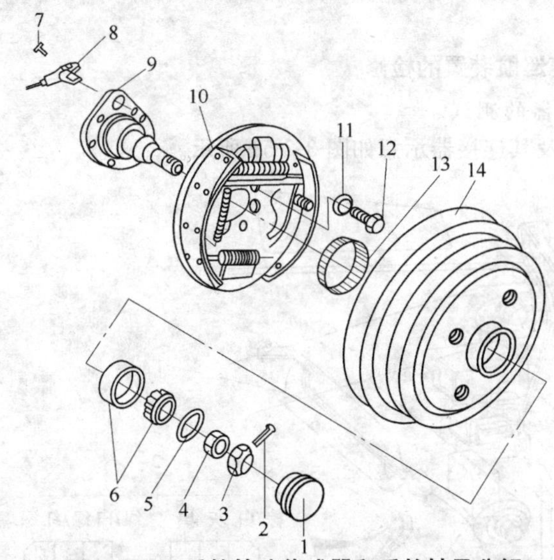

图 3-2-49　后轮转速传感器和后轮轴承分解

1. 轮毂盖　2. 开口销　3. 螺母防松罩　4. 六角螺母　5. 止推垫圈　6. 锥轴承　7. 内六角螺栓　8. 转速传感器　9. 车轮支承短轴　10. 后轮制动器总成　11. 弹性垫圈　12. 六角螺栓　13. 齿圈　14. 制动鼓

(1)后轮转速传感器的拆卸

①先翻起汽车后座垫，拔下后轮转速传感器的连接插头。

②拧下传感器的内六角紧固螺栓，然后拆下后轮转速传感器。

③按图 3-2-50 箭头所示方向取下后梁上的转速传感器导线保护罩，拉出导线和导线插头。

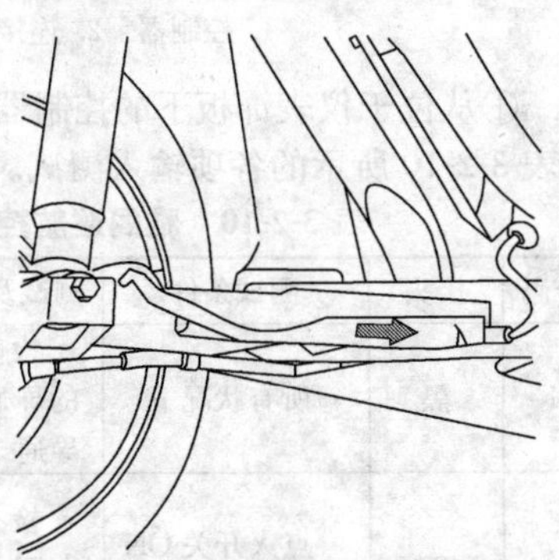

图 3-2-50　取下转速传感器导线保护罩

(2)后轮转速传感器的安装

安装与拆卸的顺序相反。先清洁后轮转速传感器的安装孔内表面，并涂上固体润滑膏，然后装入转速传感器,以 10N·m 的力矩紧固内六角螺栓,最后插上导线插头。

第五节 定速巡航系统维修技术

一、定速巡航装置的检修

1. 控制器的测试

控制器及其连接器示意如图 3-2-51 所示。

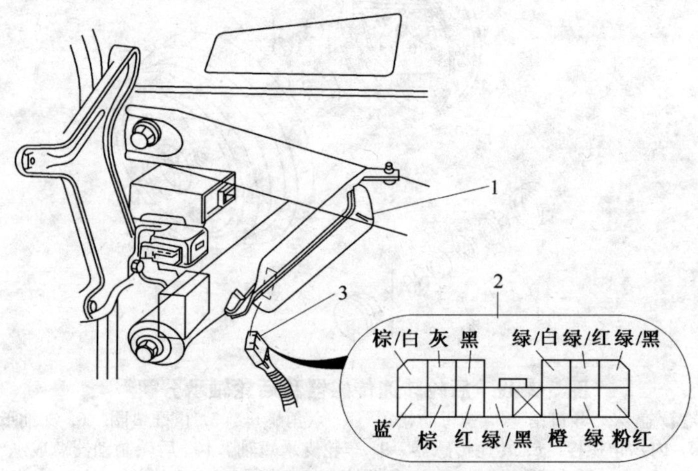

图 3-2-51 巡航控制器及其连接器

1. 控制器 2. 连接器线色 3. 14-P 接头

①从位于仪表饰板下的控制器上拆下 14-P 接头,在配线端子处作如表 3-2-10 所示的各项输入测试。

表 3-2-10 雅阁巡航控制器 14-P 连接器的测试

号码	接头	测试条件	测试及正确结果	可能原因(若结果不符)
1	黑	所有状况下	检查至搭铁的导通性,应为导通	(1)接地不良(G401,G402) (2)电线断路
2	LT 绿	点火开关 ON 和主开关 ON	检查搭铁的电压,应为蓄电池电压	(1)熔丝 No. 4(75A)烧坏 (2)主开关故障 (3)CT 绿或黑/红断路

续表 3-2-10

号码	接头	测试条件	测试及正确结果	可能原因(若结果不符)
3	LT绿/黑	压下回复钮	喇叭应能压下,开关时鸣警	(1)熔丝 No.25(20A)烧坏 (2)设定/回复开关故障 (3)滑环故障 (4)白/黄、蓝/红、LT绿/黑或CT绿红断路
4	LT/绿/红	压下设定钮		
5	粉红	MT:压下离合器踏板 AT:换档杆在 2D3 或 D4 位置	检查至搭铁的导通性,应为导通	(1)离合器开关(M/T)故障或无法调整 (2)档杆位置开关 A/T 故障 (3)接地不良(G401,G402) (4)电线断路
6	蓝	起动发动机	检查搭铁电压,应为蓄电池电压	(1)点火系统故障 (2)电线断路
7	橙	点火开关ON和主开关ON,顶高车前部缓慢旋转车轮	检查在搭铁浅绿＋和橙－端子间之电压,应为 0.5V～0.5V 重复	(1)速度表故障 (2)电线断路
8	灰	点火开关ON和主开关ON和压下刹车踏板等然后释放	检查搭铁电压:压下踏板应为0,而解除踏板应为蓄电池电压	(1)制动灯开关故障 (2)灰线或LT绿线断路
9	绿/白	压下制动踏板然后释放	检查搭铁电压:压下踏板应为蓄电池电压,而解除踏板应为	(1)制动灯开关故障 (2)线断路蓄电池电压
10	红	点火开关ON	搭铁:仪表指示灯不亮	(1)灯泡烧坏 (2)熔丝 No.1(10A)烧坏 (3)抑光电路故障 (4)电线断路

续表 3-2-10

号码	接头	测试条件	测试及正确结果	可能原因(若结果不符)
11	棕	所有状况下	检查搭铁电阻,应为 80Ω～120Ω	(1)起动电磁阀故障 (2)电线断路或短路
12	棕/黑	所有状况下	检查搭铁电阻,应为 70Ω～110Ω	
13	棕/白	所有状况下	检查搭铁电阻,应为 40Ω～60Ω	

②检查 14-P 连接头与控制器间的连接状况,若输入测试显示良好,则更换控制器。

2. 控制主开关的测试

①从仪表面板上拆下主开关。

②按照图 3-2-52 所示的端子和电路,用仪表检查每一个端子的导通性,检查项目如表 3-2-11 所示。

表 3-2-11　控制主开关的测试项目

位　置	端　子						
	A		B	C	D		E
OFF	○—	—○—	—○		○—	—○—	—○
ON	○—	—○—	—○—	—○	○—	—○—	—○

○—○:导通

3. 设定/回复开关的测试

①卸下仪表板下方面板。

②从主线束拆下 20-P 接头,如图 3-2-53 所示。

③仪表 3-2-12 检查每一端子之导通,如果导通性良好,则设定/回复开关良好;如果一个或多个开关导通性不好,则继续测试工作④。

④拆下转向盘,端子如图 3-2-4 所示,并重复第④步,但此时测试转向盘的 4-P 接头。如果一个或多个开关位置不导通,则修复设定/回复

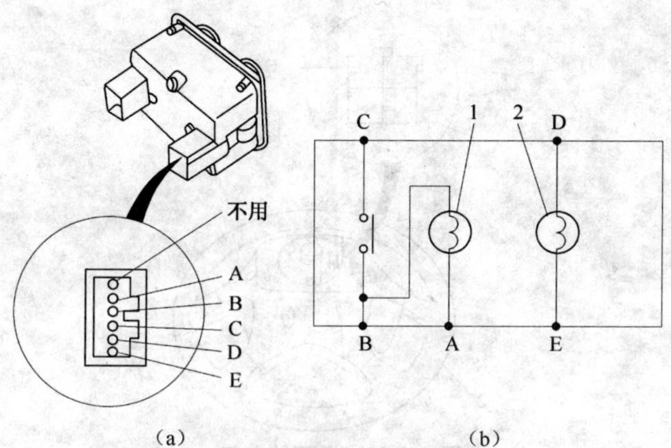

图 3-2-52　控制主开关的测试

(a)主开关端子　(b)测试电路

1. 辅助灯(1.12W)　2. 灯泡

开关。如果所有导通性均良好,则应检查滑环。

表 3-2-12　设定/回复开关的测试项目

位置	端子		
	A	B	C
OFF			
设定	○—	—○	
回复	○—	—○—	—○

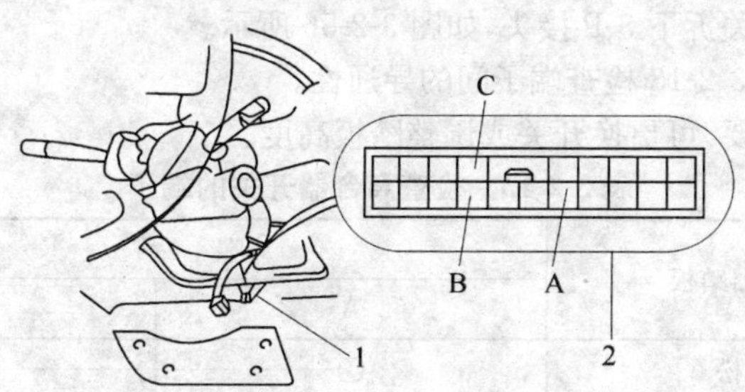

图 3-2-53　20-P 接头

1. 接头　2. 从线端面看

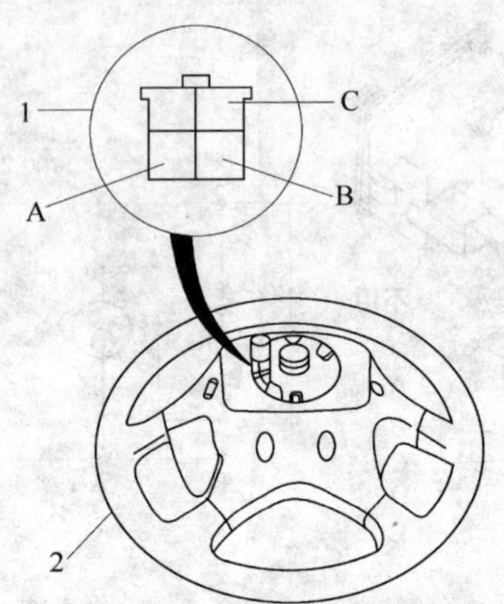

图 3-2-54　拆下转向盘

1. 从线端面看　2. 转向盘

4. 滑环的测试与更换

①卸下方向盘。

②卸下盖子。

③从方向盘上卸下 3 个螺栓和设定/回复开关。

④卸下转向柱底盖。

⑤端子 3 与 A、端子 2 与 B、端子 1 与 C 在旋转滑环时应有端子导通，如图 3-2-55 所示。

⑥若需要，可卸下转向柱底盖与 4 个螺栓，以便更换滑环。

5. 离合器开关的测试

①从开关拆下 3-P 接头，如图 3-2-56 所示。

②按表 3-2-13 检查端子间的导通性。

③若需要，可更换开关或调整踏板高度。

表 3-2-13　检查离合器开关的端子

离合器踏板	端子	
	A	B
放松	○——	——○
压下		

6. 档位开关的测试

①从作动器上拆下 4-P 接头，如图 3-2-57 所示。

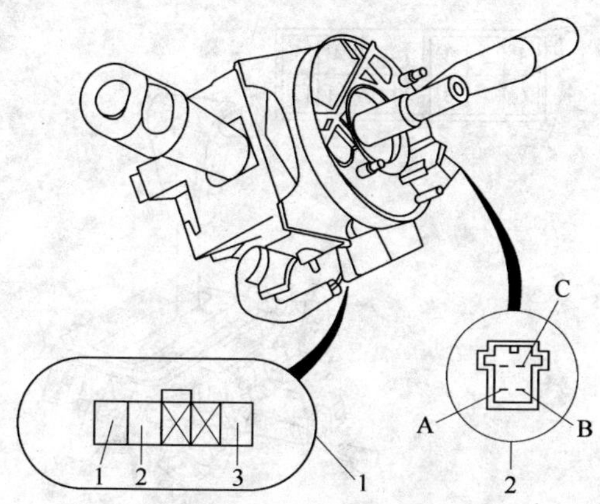

图 3-2-55　滑环的测试

1. 从电线端看　2. 滑环的测试

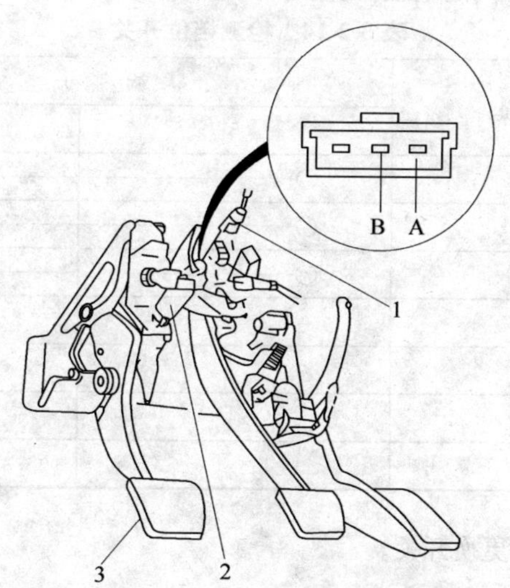

图 3-2-56　离合器开关的检测

1. 接头　2. 离合器开关　3. 离合器踏板

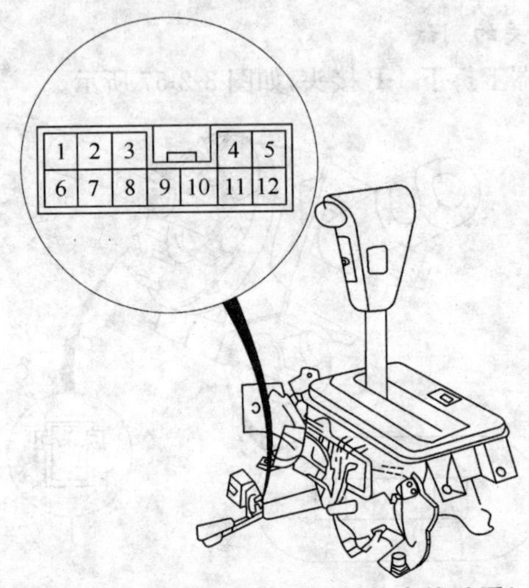

图 3-2-57 档位开关的检测(从电线端看)

②测量端子间的电阻,见表 3-2-14。

表 3-2-14 检测档位开关

位置	端子	
	5	8
1	○	○
2	○	○
D3	○	○
D4		
N		
R		
P		

③若需要,更换开关。

7. 制动灯开关的测试

①拆下前踏板,然后从踏板开关处卸下 12-P 接头,如图 3-2-58 所示。

②依表 3-2-15 检查每端子的连续性。

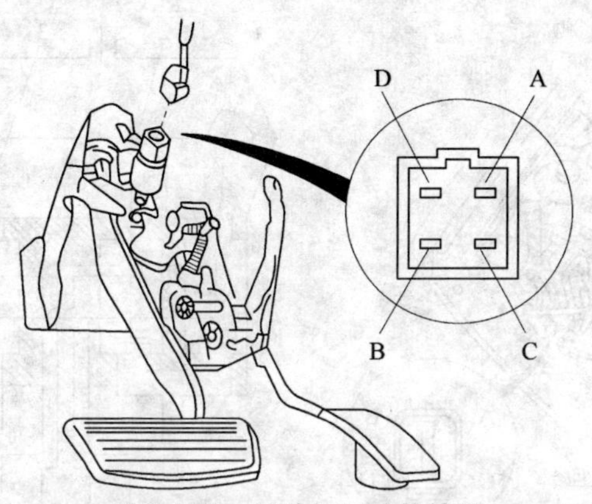

图 3-2-58　制动灯开关的检测

表 3-2-15　制动灯开关的检测项目

离合器踏板	接头			
	A	B	C	D
压下	○—	—○		
放松			○—	—○

③若需要，更换开关或调整踏板高度。

8. 伺服电磁阀的测试

①从开关上拆下 4-P 接头。

②检查接头间的导通性，如图 3-2-59 所示。

测量结果应该为如下所示：

真空电磁阀(B-D 间)：30Ω～50Ω；

泄放电导管(C-D 间)：40Ω～60Ω；

安全电磁阀(A-D 间)：40Ω～60Ω；

因电阻值随温度不同而有所变化，规格电阻是在 20℃(70℉)下的电阻值。

9. 伺服器的测试

①从伺服器杆上拆下伺服导线并拆下 4-P 接头，如图 3-2-60 所示。

②连接蓄电池正极至 D 端，连接蓄电池负极至 A、B、C 端。

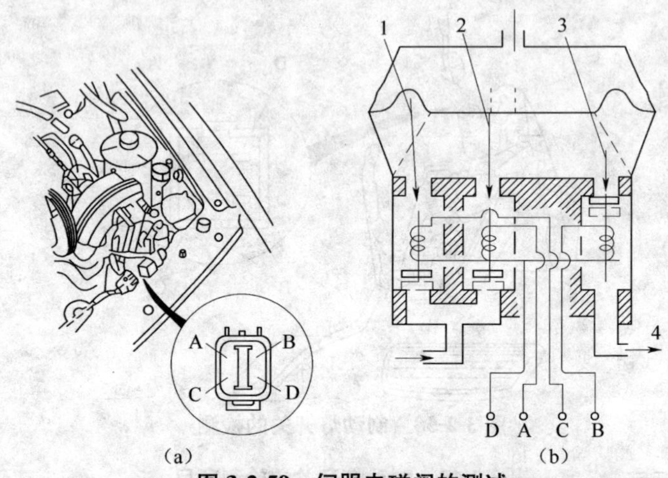

图 3-2-59　伺服电磁阀的测试

1. 泄放阀　2. 安全阀　3. 真空阀　4. 单向阀

③将真空吸力表接至单向阀,然后抽真空引到伺服器。

④伺服器杆应拉到底,如图 3-2-61 所示。

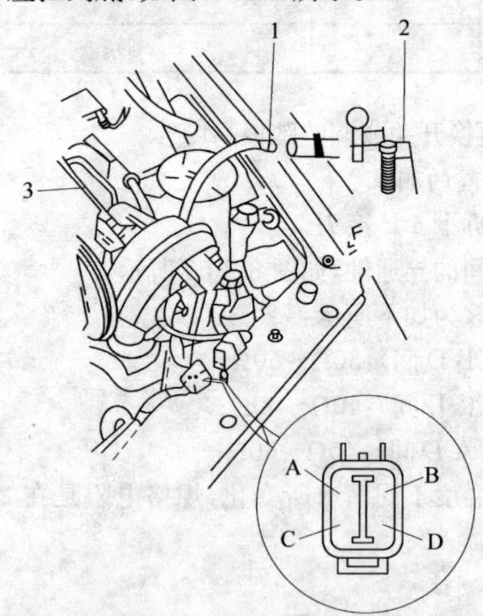

图 3-2-60　伺服器的检测

1. 单向阀　2. 真空泵　3. 伺服器导线

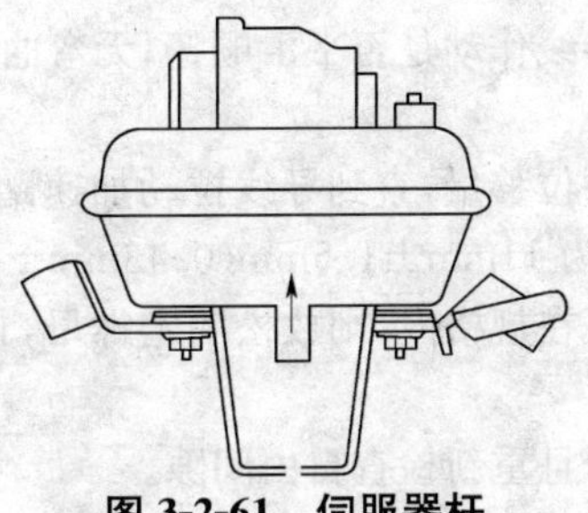

图 3-2-61　伺服器杆

若伺服器的杆只稍微动作或根本不动作，则检查真空管是否泄气或电磁线圈损坏。

⑤电压及真空仍保持着，然后当试用手将伺服器杆拉出。

⑥从 C[1] 端拆下蓄电池负极，伺服器杆应回到原位，若无法回到原位且通气管及洗清器都没装上，则可确定为电磁线圈损坏。

⑦重复步骤②～③，但此次拆下 A 端的蓄电池负极，伺服器杆应回到原位。若无法回到原位且通气管及滤清器都没装上，则可确定为电磁阀损坏。

⑧若电磁阀损坏须更换时，务必使用新的 O 环。

10. 伺服器的调整

参照图 3-2-62 进行。

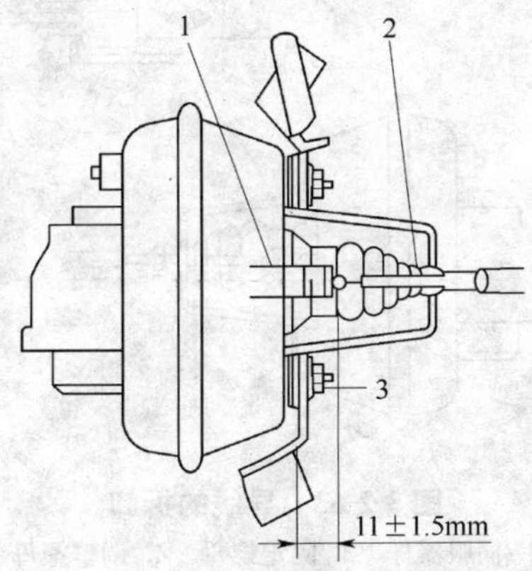

图 3-2-62　伺服器的调整

1. 伺服器连杆　2. 调整螺母　3. 固定螺母

①检查伺服器导线作动是否平滑顺畅，无弯曲现象。

②起动发动机。

③测量伺服器的位移量，直到导线拉动加速踏板，使发动机转速增加为止，自由间隙应为 11mm±1.5mm(0.43mm±0.60mm)。

④若自由间隙不在规格内，则放松固定螺母，且旋转调整螺母进行调整。

⑤锁紧固定螺母且重新检查自由间隙。

⑥路试检查当按下设定（SET）车速时，上下限勿超过±1.6km/h。

若必要时，检查节气门导线自由间隙，然后重新检查伺服器杆自由间隙。

11. 伺服器导线的更换

参照图 3-2-63 进行以下作业。

①拉回橡皮套，放松固定螺母，然后从支架座上拆下导线。

②从作动器上拆下导线。

③从伺服器上拆下 4-P。

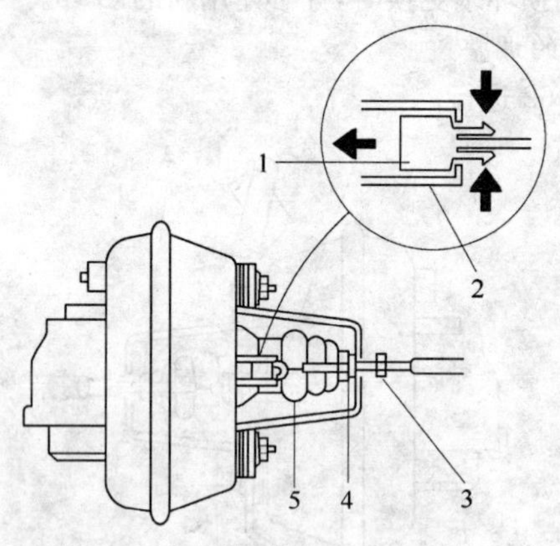

图 3-2-63　导线的拆卸

1. 导线端　2. 伺服器杆　3. 固定螺母　4. 调整螺母　5. 橡皮套

④从固定环上拉出排气管。

⑤从单向阀处扳下真空管。

⑥拆下两个螺栓和支架座、真空蓄瓶、伺服器。

⑦若需要从加速踏板上拆下导线，应先将固定环转 90°，从防火墙上拆下导线。

⑧依拆卸相反顺序组合，并调整伺服器杆间隙。

二、定速巡航控制系统功能测试

(1)当车速超过 42km/h 时，将定速开关打开，压下“SET”开关，汽车应保持在设定的车速下行驶。

(2)按下“SET”开关，松开油门踏板，汽车应以减速行驶。

(3)松下“SET”开关，定速控制应起作用，如果目前车速高于 42km/h，汽车应保持一个较低的速度行驶。

(4)按下“RESUME”开关，汽车应加速。

(5)松开“RESUME”开关，汽车将保持以目前较快的车速行驶。

(6)踩制动踏板，车速应缓慢下降(定速解除)。

(7)按下“RESUME”开关，若车速高于 42km/h，汽车应加速至设定的车速。

(8)对于手动变速器，踩下再松开离合器踏板；对于自动变速器，将档位选择器换至空档，然后再推回行驶位置，车速均应缓慢下降(定速解除)。

(9)定速行驶过程中，先加速，然后再松开油门时，车速应缓慢地降回设定的速度。

(10)定速行驶过程中，敲击“RESUME”开关几次，每敲一下，车速应提高 1.6km/h。

(11)定速行驶过程中，敲动“SET”开关几次，每敲一下，车速应下降 1.6km/h，直至降至 42km/h(定速解除)。

(12)敲击“RESUME”开关，如果当前行车速度超过 40km/h，汽车会提高定速速度。

(13)按下定速“OFF”开关，定速控制应当断开。

三、定速巡航控制系统常见故障的诊断

定速巡航控制系统常见故障的诊断见表 3-2-16。

表 3-2-16　定速巡航控制系统常见故障的诊断

故障现象	主开关	设定和恢复开关	制动开关和支座	离合器开关和支座	A/T档位开关	车速传感器	仪表变光电路	促动器、拉索是否翘曲	控制电脑	搭铁不良
不能设定车速	√	√	√	√					√	√
能设定车速，但指示灯不亮							√		√	√
实际车速明显高于或低于设定车速						√		√	√	
设定车速时过量调节或调节不足						√		√	√	
车速设定后，即使在水平路面也不能维修持恒速						√		√	√	
按下 SET 或 RESUME 按钮时，车子没有相应地减速或加速		√							√	
踩下离合器踏板（M/T)时，不能解除设定车速				√					√	
变速杆置于 N 位（A/T)时，不能解作设定车速					√				√	
踩下制动踏板时，不能解除设定车速			√							√
主开关置于 OFF 位时，不能解除设定车速	√								√	
按下 RESUME 按钮（主开关置于 ON 位，但设定车速暂时解除）时，不能恢复原先设定的车速		√						√		

第六节　底盘复杂故障的诊断和排除

一、传动系统功能性故障

主要是指失去传动能力，挂档后汽车并不走动。它涉及离合器、变速器、万向传动装置和后桥等系统。

(1)现象

①挂档起步，汽车不动。

②汽车行驶中，突然感到速度下降，并慢慢地停下来。

(2)原因分析

①离合器严重打滑，或从动盘花键齿毂与钢片断开。

②变速器个别档的变速叉折断，或变速叉轴导块固定螺栓松脱。

③变速器中间轴带有半圆键齿轮的半圆键切断。

④变速器中间轴支承轴承采用滚珠轴承的，当滚珠轴承散架时，则会造成中间轴下落，使齿轮不能啮合传递动力。

⑤变速器中间轴折断，也会造成齿轮不能啮合，而失去传递动力的功能。

⑥主减速器圆锥从动齿轮铆钉全部切断。

⑦半轴或半轴套管折断。

⑧后轮毂轴承锁紧螺母脱落。

(3)诊断和排除

汽车挂档不走，是综合性功能故障。诊断时应首先判明故障的部位。诊断的顺序一般从驱动车轮往前，经后桥再到传动轴，再到变速器，最后到离合器。

①首先观察传动轴，若传动轴旋转而汽车并不行驶，可诊断故障在后桥。进而可支起后桥，转动一侧后轮，若另一侧后轮同向转动，但传动轴并不跟着转，说明主减速器圆锥从动齿轮铆钉全部切断，此时必须解体检修，重铆圆锥从动齿轮的铆钉；若另一侧后轮并不转动，则应拆检半轴，若折断，必须更换。

②汽车挂某档起步，传动轴却不转动，说明故障在变速器。可进而拆下变速器盖，检视变速叉是否折断，导块固定螺栓是否松脱；逐档检查齿

轮挂档后，轴与齿轮是否跟着转，否则即为半圆键切断；检视中间轴是否一起转动，以判断中间轴是否折断；检视中间轴支承滚珠轴承是否散架而使中间轴下落。可按拆检所见，更换损坏机件和重新装配、调整等。

③若变速器在任何档时，传动轴都不转动，则属于离合器故障。应检查其是否严重打滑，或从动盘花键齿毂与钢片铆钉是否全部切断或钢片断裂。可按检查所见，进行调整、装配和更换损坏机件。

汽车传动系统功能性故障的综合故障树如图 3-2-64 所示。

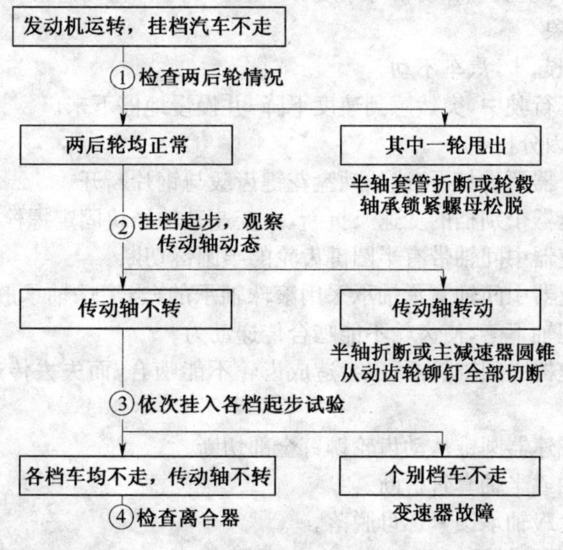

图 3-2-64　传动系统功能性故障的综合故障树

二、离合器故障

1. 离合器打滑

(1)现象

①挂上低速档，离合器踏板完全抬起，汽车起步仍然困难。

②行驶中，车速不能随发动机转速的提高而提高，感到行驶无力。

③当汽车重载、上坡行驶或在泥泞道路行驶时，可嗅到离合器摩擦片的焦臭味。

(2)原因分析

①离合器踏板与驾驶室底板碰擦、卡滞或回位弹簧弹力不足，不能

完全放松，或者调整不当没有自由行程。

②离合器从动摩擦片磨损过薄、硬化、腐蚀、斑点、铆钉外露或沾有油污。

③离合器压盘过薄，或压盘、飞轮变形。

④离合器压紧弹簧过热变软或折断。

⑤离合器分离杆调整过高。

⑥离合器盖、飞轮连接螺栓松动。

⑦膜片式离合器膜片弹簧弹力不足或开裂（如解放 CA1091 型汽车所用的 DS330 型离合器）。

(3)诊断和排除

①待发动机温度正常后，拉紧手制动器，挂入低速档，缓抬离合器踏板，同时徐徐踩下加速踏板使汽车起步，若车不动，发动机又不熄火，说明离合器打滑。

②将发动机熄火，挂低速档，拉紧手制动器，用手摇柄可以摇转曲轴，也说明离合器打滑。

③按所分析的原因，逐项进行检查，并按检查所见进行检修（如消除离合器踏板与驾驶室底板发生碰擦、卡滞的因素；紧固离合器盖或飞轮的松动连接螺栓；清除从动盘摩擦片的表面硬化层、腐蚀部位及斑点、重铆外露的铆钉）、矫正（如变形的压盘或飞轮）、调整（如没有自由行程的离合器踏板、过高的分离杆）、清洁（如从动盘摩擦片上沾有的油污），更换不良零件（如弹力不足的离合器踏板回位弹簧、过热变软或折断的离合器压紧弹簧、磨损过薄的离合器从动摩擦片和压盘、弹力不足或开裂的膜片弹簧）。

2. 离合器分离不彻底

(1)现象

①离合器踏板踩到底，从动盘没有完全与主动盘分离，离合器处于半接合状态。

②发动机怠速运转时，离合器踏板虽已踩到底，但挂档困难，变速时变速器齿轮有撞击声。如果勉强挂上档后，则在离合器踏板尚未完全放松时，汽车就已开始行驶或发动机熄火。

(2)原因分析

①离合器踏板自由行程过大。

②分离杆内端面不在同一平面,或杆的内端面过低。

③分离杆弯曲或某内端面磨损折断(如解放 CA1091 型汽车)。

④分离杆支架螺钉松脱或折断,或其支架销孔磨穿,销子脱出(如跃进 NJ1040 型汽车)。

⑤分离杆调整螺钉松动或其浮动销脱出(如东风 EQ1090 型汽车)。

⑥从动盘翘曲,铆钉松脱或摩擦片破碎。

⑦双片式离合器中间主动盘限位螺钉调整不当,或其个别分离弹簧折断、过软或高低不均。

⑧中间主动盘(如黄河 JN1150/100 型汽车)定位块损坏,或分离弹簧(两面各三个)长度及弹性相差较大。

⑨中间主动盘受热变形翘曲。

⑩部分压紧弹簧折断或弹力不均。

⑪从动盘花键槽与变速器第一轴花键齿卡滞。

⑫对于修竣汽车或重新装复的离合器,导致分离不彻底的原因还可能有:新换的从动盘摩擦片过厚;从动盘方向装反。

⑬液压式操纵机构的离合器(如北京 BJ2020 型汽车),液压操纵系统漏油或渗入空气,也会使离合器分离不彻底。

⑭膜片式离合器(如解放 CA1091 型汽车)的膜片弹簧变形、裂损,也会产生此故障。

(3)诊断和排除

①根据现象,即可基本确诊。

②拆下离合器底盖,将变速器置于空档,将离合器踏板踩到底,用旋具拨动从动盘,若能轻轻拨转,说明分离良好,若拨不动,则说明分离不彻底。应进一步检查,找出故障所在部位,进行相应调整或更换损坏和性能不良的零件。

对新装用和使用过程中离合器出现分离不彻底故障的两种情况,可按图 3-2-65 所示的故障树进行诊断和排除。

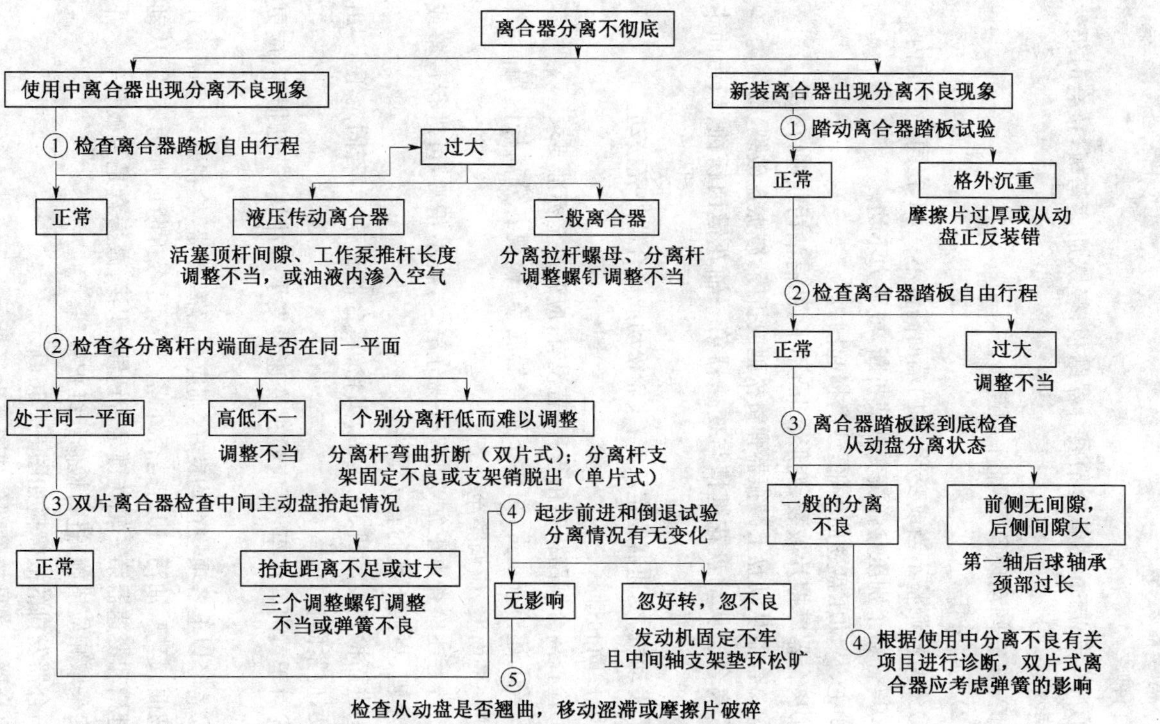

图 3-2-65 离合器分离不彻底的故障树

3. 离合器发抖

(1)现象

①汽车起步时,尽管缓抬离合器踏板,轻踩加速踏板,接合时仍然出现振抖。

②汽车有闯动现象,不能平顺起步。

(2)原因分析

①分离杆调整不当或变形,各内端面高低不一,不在同一平面内。

②离合器个别压盘弹簧变软或折断,或弹力不均。

③主、从动压盘翘曲不平,或磨损起槽。

④离合器摩擦片破裂、变形、凹凸不平、沾有油污或铆钉外露。

⑤离合器从动盘上减振器弹簧松弛或折断,减振盘破裂、损坏。

⑥离合器从动盘花键槽与变速器第一轴花键因锈蚀、积污而卡滞。

⑦发动机、变速器固定不牢;飞轮松动或离合器外壳松动。

(3)诊断和排除

①检查离合器踏板自由行程,若没有,应调整至标准要求。

②若上述检查正常,可拆下离合器底盖,检视各分离杆内端面,若不在同一平面上,应调整至平齐。

③若上述检查也正常,则应检视分离叉,若不正常,可进行调整或矫正、修理、更换不良的有关零件。

④进而检视发动机、变速器、飞轮、离合器壳盖等,若固定不牢,出现松动,应紧固良好。

⑤对于黄河牌汽车,还应检视变速器支承缓冲块,若已损坏,应更换。

⑥若经以上各项检查均良好,则应分解离合器,检视从动盘摩擦片是否翘曲、起槽、油污;铆钉是否外露;弹簧是否折断或弹力不均;从动盘花键槽和变速器第一轴花键是否锈蚀、积污;减振盘是否破裂等。并且对症采取相应措施,进行检修或维护处理。

离合器发抖的故障树如图 3-2-66 所示。

离合器的常见故障部位如图 3-2-67 所示。

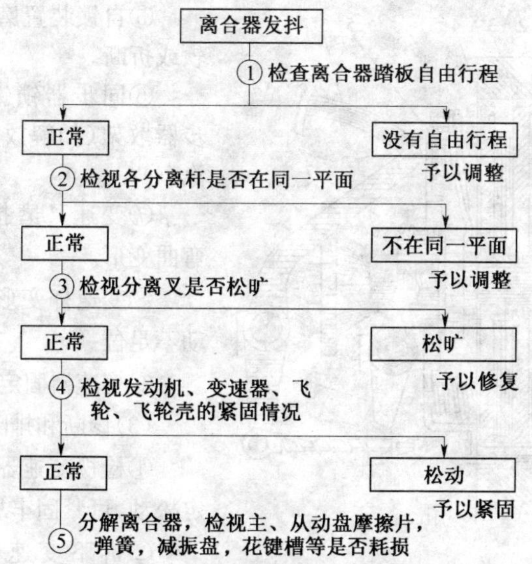

图 3-2-66　离合器发抖的故障树

三、手动变速器故障

1. 变速器跳档

(1)现象

汽车在某一档位行驶时,变速杆自动跳到空档位置。

(2)原因分析

由于齿轮磨损形成锥形,啮合时,便产生一个轴向推力,以及在工作过程中的振抖,转速变化的惯性等,迫使啮合的齿轮沿变速器轴向脱开。其具体原因可能为:

①变速器齿轮、齿套或同步器锥盘轮齿磨损过量,沿齿长方向成锥形。

②变速器轴承磨损松旷,变速器第一、二轴与中间轴的平行度超差。

③变速器齿轮啮合齿长位置不足,尤其是内、外齿环的啮合齿长位置不足更易引起跳档。

④变速器第二轴花键齿与滑动齿轮花键槽磨损松旷。

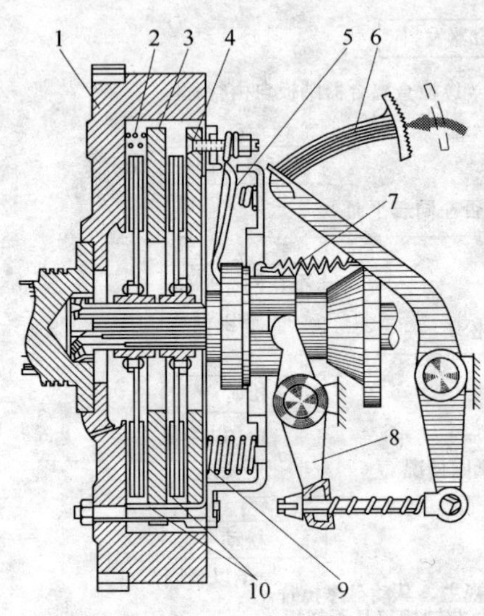

图 3-2-67　离合器常见故障部位

1. 飞轮与从动盘接触表面油污　2. 中间主动盘撑持弹簧折断或高低不均　3. 中间主动盘翘曲、油污或放松后位置不当　4. 压盘翘曲或油污　5. 分离杆折断变形或调整不当　6. 离合器踏板工作行程不足或无自由行程　7. 分离套筒锈涩，移动不自如　8. 分离叉位置调整不当　9. 离合器压紧弹簧折断、过软或高低不均　10. 从动盘翘曲变形或其摩擦片破碎、铆钉外露、过厚或过薄，钢片与齿毂断脱，或两从动盘装反

⑤自锁装置磨损，弹簧过软或折断。

⑥同步器锁销松动或同步器散架（如解放 CA1091 型汽车）。

⑦变速叉磨损或向一侧弯曲变形。

⑧变速杆变形，使齿轮移动不足位。

⑨变速器固定不牢。

(3)诊断和排除

①检视变速器，若总成固定松动，可紧固牢靠。

②拆下变速器盖，检视齿轮啮合端，若已磨成锥形，应更换该齿轮。但若滑动齿轮跳档，啮合端并不呈锥形，则应进而检视第二轴上的花键与滑动齿轮花键槽，若配合松旷，应拆下测量，并更换磨损超限的零件。

③当变速器挂档时，变速杆阻力甚小或无阻力，而该档跳档，大多是变速叉轴自锁装置失效造成。应进而检视自锁钢球和变速叉轴上的凹槽，若已磨损过甚，则应更换钢球及变速叉轴；若自锁钢球弹簧过软或折断，应更换。

④解放 CA0191 型汽车以四档行驶时，若变速杆剧烈振动并伴有啸叫声，松抬加速踏板即跳档，大多是第二轴该档齿轮的衬套及止推环磨损过量或破碎所致，应拆检和更换严重磨损及破碎件。

⑤东风 EQ1090 型汽车装有锁销惯性式同步器，如若跳档，还应检

视同步器，若锁销松动或同步器散架，则应更换该同步器总成；北京BJ2020型汽车装有锁环式同步器，如若跳档，则应检视锁环牙齿和内锥面的螺纹槽，若磨损过量，应予修复或更换新件。

⑥若变速时变速杆移动距离变短，且出现跳档，大多是变速叉磨损或向一侧弯曲变形，致使齿轮啮合深度不足所致。应进行拆检和修复、矫正该变速叉。

⑦若通过上述检查均正常，则应检查第一轴与曲轴的同轴度是否超差。检查时可拧松变速器壳体固定螺栓，挂入直接档，松开手制动器，用手摇柄摇转发动机，检视变速器壳与离合器壳的接触面间隙是否一致：若一边大一边小，可将缝隙塞住，然后拧紧变速器壳固定螺栓再试车，若故障消失或好转，则说明变速器第一轴与曲轴同轴度超差。应更换磨损过甚的变速器壳体或第一轴及相配合的轴承等。

变速器跳档的故障树如图3-2-68所示。

2. 变速器挂档困难

挂档困难是变速器常见故障之一，尤其是目前国产汽车有级齿轮变速器采用同步器日益增多的情况下，其故障率逐渐有所上升。

(1)现象

挂档时，不能顺利进入档位，常发生齿轮撞击声响。

(2)原因分析

①变速叉轴弯曲变形。

②自锁或互锁钢球破裂、毛糙卡滞，锁止变速叉轴弹簧过硬。

③变速杆调整不当或损坏。

④变速器第一轴弯曲变形或花键损坏。

⑤同步器耗损或有缺陷。

⑥同步器散架。

⑦冬季齿轮油凝固；齿轮油规格不符；齿轮油过多或过少。

⑧离合器分离不彻底。

(3)诊断和排除

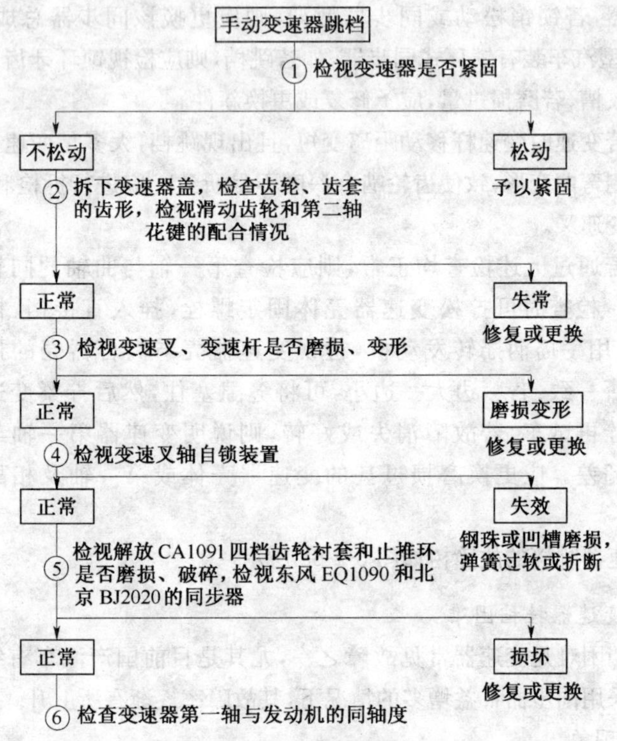

图 3-2-68　手动变速器跳档的故障树

①检视变速杆及远距离操纵机构调整是否合适，是否变形，是否卡滞。若某机件发生变形或卡滞，应予检修和矫正；若操纵机构调整不当，则应当仔细调整。

②拆下变速器盖，检视变速叉轴，若有弯曲变形，应进行矫正或更换。检视自锁和互锁钢球是否损坏，锁止变速叉轴弹簧是否过硬。可按检视所见，更换损坏的锁止钢球和过硬的变速叉轴弹簧。

③如若上述检查正常，对于装置有同步器的变速器，应该检视：同步器是否散架；同步器锥环内锥面螺旋槽是否磨损；同步器滑块是否磨损；同步器弹簧弹力是否过弱。若有某项损坏，则应更换同步器总成。

④若同步器也正常，应再检视变速器第一轴是否弯曲变形，其花键是否磨损。可对有缺陷的第一轴进行矫正或更换新件。

变速器挂档困难的故障树如图 3-2-69 所示。

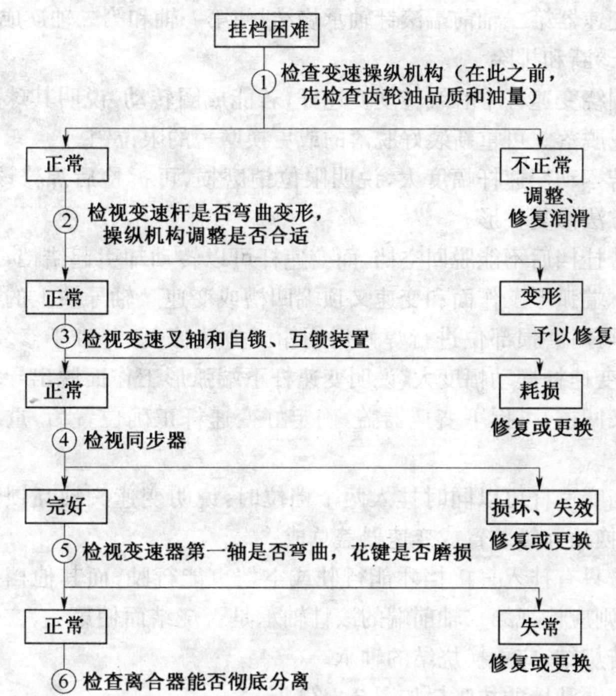

图 3-2-69　变速器挂档困难的故障树

3. 变速器乱档

(1)现象

①变速杆不能挂入档位或挂入后不能脱回空档。

②变速杆挂入档位与应该挂入的档位不符。

③一次挂入两个档位。

(2)原因分析

主要是变速器操纵机构失效。

①变速器球头限位销松旷、脱落或球头磨损过量。

②变速杆下端弧形工作面和变速叉顶端凹槽或变速叉轴导块上的凹槽磨损过甚。

③互锁装置磨损过量或损坏,失去互锁作用。

④变速器第二轴前端滚针轴承烧结,使第一轴和第二轴连成一体。

(3)诊断和排除

①围绕变速杆中心线转动变速杆,若能成圈转动,说明其球头限位销磨短或脱落。可重新装好脱落的或更换磨短的限位销。

②若摆动变速杆幅度大,说明限位销磨损,可拆检后焊修该销,并用钳工方法修复整形。

③若挂档后不能脱回空档,而变速杆可以转动却引起错档,则属于变速杆下端弧形工作面和变速叉顶端凹槽或变速叉轴导块上的凹槽磨损过大,可对磨损部位进行焊修后用钳工方法修复,若难于修复,可换新件;若变速杆摆动幅度大,说明变速杆下端弧形工作面脱出导块凹槽或变速叉凹槽,可拆下变速器盖,确定好变速杆正确位置后,重新将盖装上。

④当变速杆可以同时挂入两个档位时,说明变速叉轴互锁装置失效,可更换该互锁装置或变速器盖总成。

⑤若只有挂入直接档才能行驶或空档也能行驶,而其他档位均不能行驶,则应检视第二轴前端的滚针轴承是否烧结而使第一、二轴连成一体。若烧结,应更换烧结的轴承。

变速器乱档的故障树如图 3-2-70 所示。

四、万向传动装置和后驱动桥常见故障部位

传动系统中的万向传动装置和后驱动桥的常见故障部位,分别如图3-2-71 和图 3-2-72 所示,可在判断故障时参考使用。

五、电控自动变速器常见故障诊断与排除

1. 自动变速器油变质

(1)故障现象

更换后的新自动变速器油使用不久就变质,且自动变速器油温度过高,可闻到焦煳味或从加油口处看到冒烟。

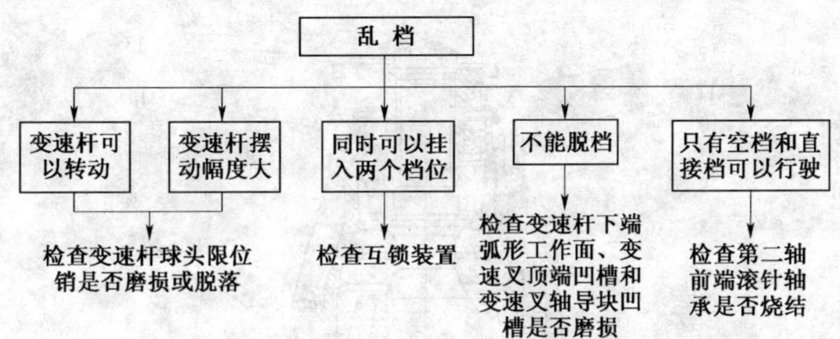

图 3-2-70　变速器乱档的故障树

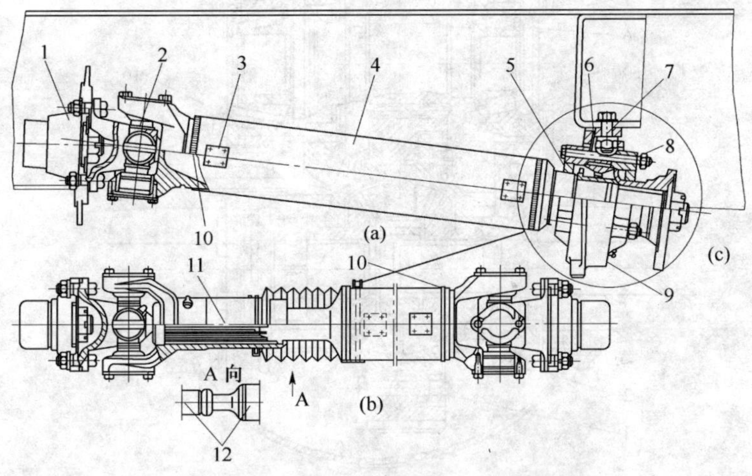

图 3-2-71　万向传动装置常见故障部位

(a)中间传动轴　(b)主传动轴　(c)中间支承

1. 变速器第二轴凸缘与中间传动轴前凸缘连接松动　2. 万向节十字轴颈磨损、滚针轴承磨损、破碎，润滑不良，装配过紧或过松，加垫过厚使十字轴回转中心与传动轴同轴度超差　3. 平衡块脱落　4. 传动轴弯曲、凹陷　5. 油封损坏　6. 橡胶垫环隔套过紧、过松　7. 中间支承支架固定松动　8. 中间支承轴承磨损、破裂、散架、润滑不良，轴承装配过紧或过松，轴承装配偏斜，轴承内圈过盈配合破坏　9. 中间支承歪斜　10. 轴管与凸缘焊接歪斜　11. 滑动叉与传动轴的花键配合松旷　12. 装配标记未对准，前、后万向节叉不在一个平面内

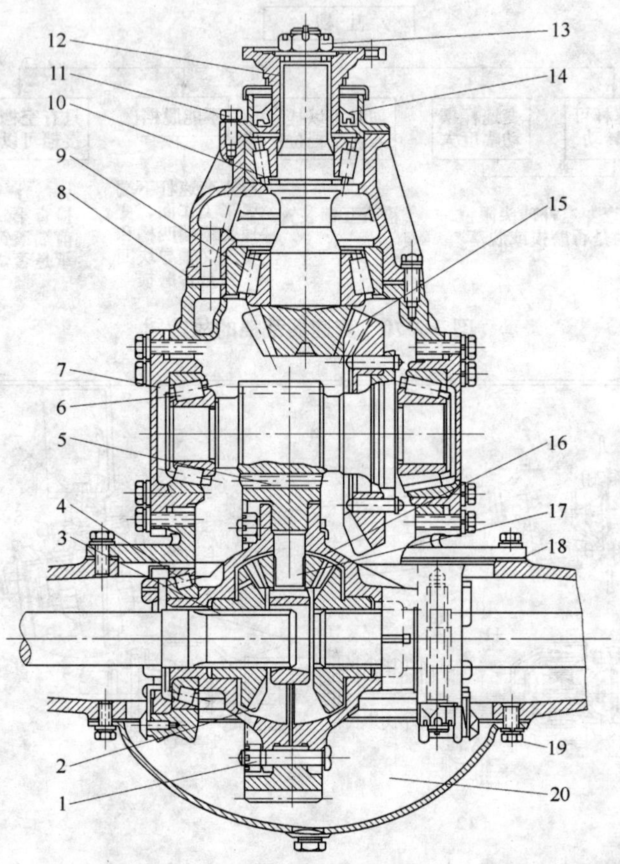

图 3-2-72　解放 CA1091 型汽车后桥常见故障部位

1. 差速器壳铆钉或螺栓松动　2. 行星齿轮与半轴齿轮不匹配，配合过紧或过松，轮齿损坏或折断　3. 半轴花键与半轴齿轮花键套磨损松旷　4. 差速器轴承调整不当或损坏　5. 圆柱主、从动齿轮不匹配，轮齿磨损或折断，配合间隙过大或过小，印痕位置不当　6. 主动圆柱齿轮轴轴承调整不当，轴承损坏　7. 主动圆柱齿轮轴承盖紧固螺栓松动　8. 主动锥齿轮调整垫片选配不当　9. 主动锥齿轮后轴承过紧或过松，轴承损坏　10. 主动锥齿轮轴承调整垫片选配不当　11. 主动锥齿轮前轴承盖紧固螺栓松动　12. 主动锥齿轮花键与凸缘花键套磨损　13. 主动锥齿轮槽顶螺母松动　14. 主动锥齿轮油封损坏　15. 圆锥主、从动齿轮配合不当，齿轮损坏或折断　16. 行星齿轮支承垫圈过厚或过薄　17. 行星齿轮与十字轴磨损　18. 差速器外壳紧固螺栓松动、漏油　19. 后桥外壳盖紧固螺栓松动、漏油　20. 后桥壳内齿轮油不足

(2)故障原因

①自动变速器使用不当,如经常急加速、超速行驶,经常超负荷行驶等。

②所使用的自动变速器油品质不合要求或已受污染。

③自动变速器到冷却器的油管堵塞,冷却器的限压阀卡滞。

④离合器或制动器的间隙过小。

⑤主油路的油压过低。

(3)诊断与排除

①使汽车以中、低速行驶 5～10min,待自动变速器达到正常工作温度后,在发动机运转的情况下检查自动变速器油冷却器的温度,冷却器正常的温度应为 60℃左右。

②如果冷却器温度过低,说明自动变速器至冷却器的油管有堵塞,或冷却器限压阀有卡滞,应查明原因予以修理。如果冷却器温度过高,说明离合器和制动器间隙太小,应拆检自动变速器并予以调整。

③如果冷却器温度正常,则需检测主油路压力。如果压力过低,应检查节气门位置传感器的调整情况。如果节气门传感器安装正常,应拆卸自动变速器,检查油泵是否磨损过甚、阀板内的主油路调压阀和油压电磁阀有无卡滞、主油路有无漏油等。

④如果上述检查均正常,则可能是自动变速器使用不当或自动变速器油本身的问题,应将自动变速器油全部放出,加入规定牌号的自动变速器油。

2. 汽车不能行驶

(1)故障现象

无论自动变速器操纵手柄置于任一前进档或倒档,汽车均不能行驶。

(2)故障原因

①自动变速器油全部漏光。

②油泵损坏或油泵进油滤网严重堵塞。

③操纵手柄与手控阀之间的连接杆或拉索松脱。

④液压控制系统中的主油路或主油路调压阀堵塞。

⑤自动变速器机械系统有损坏不能传递动力。

⑥变矩器损坏不能传递动力。

(3)诊断与排除

①检查自动变速器的油面高度,如油面过低,应检查自动变速器油底壳,冷却器及油管接头处有无破损漏油,如有严重漏油处,应进行修复并重新按规定加油。

②检查自动变速器操纵手柄与手控阀摇臂之间的连杆或拉索有无松脱,如有松脱,应重新调整操纵手柄的位置,将松脱处拧紧。

③拆下主油路测压孔上的螺塞,起动发动机,将操纵手柄置于倒档或前进档,检查测压孔液压油流出情况。

a. 如果测压孔无油液流出,打开油底壳,检查手动阀摇臂是否松脱,如果手动阀工作正常,说明油泵损坏,应维修或更换。

b. 如果测压孔只有少量油液流出,打开油底壳,检查油泵的滤网有无堵塞。如果滤网无堵塞,需拆开自动变速器,检查油泵、主油路调压阀。

c. 如果测压孔有大量油液喷出,说明故障出在自动变速器机械系统。这时,可拆下自动变速器油底壳,检查手控阀摇臂轴与摇臂之间是否松脱。如果没有松脱,则需拆检自动变速器齿轮系统。如果自动变速器齿轮系统无故障,需检查或更换液力变矩器。

④如果冷车起动时有一定的油压,而在热车后油压明显下降,说明是油泵磨损严重,应更换油泵。

3. 自动变速器打滑

(1)故障现象

①汽车起步时踩下加速踏板,发动机转速上升很快但车速上升缓慢。

②加速时,发动机转速很高但车速不能很快提高。

③上坡时,汽车行驶无力,但发动机的转速却很高。

(2)故障原因

①自动变速器油面过低。

②离合器或制动器摩擦片(或制动带)磨损严重或烧焦。

③油泵磨损严重或主油路有泄漏。

④单向离合器打滑。

⑤离合器或制动器活塞密封圈损坏，导致漏油。

(3)诊断与排除

①检查自动变速器油面高度，如果油面过低，添加自动变速器油至规定高度后重新检查自动变速器是否打滑。如果还打滑，应进一步检查液压油品质，如果液压油呈棕黑色或有烧焦味，说明离合器或制动器摩擦片或制动带已烧坏，应拆检自动变速器。

②根据自动变速器打滑规律判断故障部位(以四档辛普森式行星齿轮自动变速器为例)，见表 3-2-17。

表 3-2-17　打滑的规律和可能的故障部位

打　滑　规　律	可能故障部位
在前进档时都有打滑现象而在倒档时不打滑	前进档离合器打滑
在 D 档位和一档打滑而在 L 档位时的一档不打滑	前进档单向离合器打滑
在 D 档位和 L 档位的二档都打滑	二档制动器打滑
在 D 档位的二档打滑而在二档位时的二档不打滑	二档单向离合器打滑
在 D 档位和 L 档位下的二档都打滑	二档制动器打滑
只是在三档时有打滑现象	倒档及高档离合器打滑
只是在超速档时有打滑现象	超速档制动器打滑
在倒档和高档时都有打滑现象	倒档及高档离合器打滑
在倒档和一档时有打滑现象	低档及倒档制动器打滑
在前进档和倒档时均有打滑现象	主油路的油压过低

③在拆检自动变速器前，先检测一下主油路的油压。如果油压正常，则在拆检自动变速器时，更换已打滑(磨损过度或已烧焦)的换档执行元件即可；如果油压过低，则在拆检自动变速器时，应检查油泵滤网、油泵、主油路和主油路压力调节阀等。

4. 换档时冲击大

(1)故障现象

在自动变速器操纵手柄从停车档或空档挂入前进档或倒档时，汽车会有明显的振动，而在汽车行驶时，自动变速器升档的瞬间，汽车也有明显的冲击。

(2)故障原因

①发动机的怠速过高。

②节气门拉索或节气门位置传感器调整不当。

③主油路压力调节阀故障。

④主油路油压电磁阀故障。

⑤蓄能器故障(如活塞卡住)。

⑥单向阀损坏或单向阀钢球漏装。

⑦换档执行元件(离合器、制动器)打滑。

⑧升档过迟。

⑨自动变速器电子控制单元有故障。

(3)诊断与排除

①发动机怠速转速一般为750r/min左右,如果怠速转速过高,应予以调整。

②如果节气门拉索过紧或过松,应调整。

③通过道路试验,判断自动变速器有无打滑或升档过迟故障。

④在发动机怠速运转情况下,如果主油路压力过高,说明主油路压力调节阀或节气门阀有故障,可能是调压弹簧的预紧力过大或阀芯卡滞。如果主油路压力正常,说明前进档离合器或倒档及高档离合器的进油单向阀钢球损坏或漏装,应拆卸阀体修理。

⑤如果在换档时主油路的油压有瞬时下降,但有换档冲击,可能是换档执行元件的间隙太小而造成换档冲击。如果换档时主油路的油压没有下降,则应检查主油路压力电磁阀的线路有无故障、主油路压力电磁阀能否正常工作、在换档时电子控制单元有无向主油路压力电磁阀输出信号、自动变速器蓄能器有无损坏。

5. 不能升档

(1)故障现象

汽车行驶中,自动变速器始终在一档,不能升入二档,或能升入二档,但不能升入三档和超速档。

(2)故障原因

①节气门拉索或节气门位置传感器有故障。

②车速传感器故障。

③二档制动器或高档离合器有故障。

④换档阀卡滞。

⑤档位开关故障。

⑥换档执行元件打滑。

⑦自动变速器电子控制单元故障。

(3)诊断与排除

①进行故障自诊断,如果有故障码输出,则按所显示的故障码检查故障。

②检查节气门拉索或节气门位置传感器的工作情况,不符合技术要求,应调整。

③检查车速传感器及其线路,如果工作不良,应更换。

④检查空档起动开关是否良好,如果有故障,应调整或更换。

⑤如果上述检查均未发现故障,则需拆检自动变速器,检查换档执行元件是否严重磨损或有无泄漏。

⑥如果上述检查均正常,则需检查自动变速器 ECU。

6. 无超速档

(1)故障现象

汽车在行驶中不能升入超速档。

(2)故障原因

①超速档开关或超速档电磁阀故障。

②超速档制动器打滑。

③超速行星排的离合器或单向离合器卡死。

④空档起动开关故障。

⑤自动变速器油温传感器故障。

⑥节气门位置传感器故障。

⑦三-四档换档阀卡滞。

⑧自动变速器 ECU 故障。

(3)诊断与排除

①进行故障自诊断,如果有故障码输出,则按所显示的故障码检修故障。

②检查自动变速器油温传感器在不同温度下的电阻值,如果不合标准,应更换。

③检查空档起动开关的信号,如果没有信号或信号与操纵手柄的位置不符,应调整或更换。

④检查节气门位置传感器的输出信号，如果不合标准，应调整或更换。

⑤当超速档开关接通（ON）时，超速指示灯应不亮。当超速档开关断开（OFF）时，超速档指示灯应亮起。如果不是这样，应检查超速档开关电路或更换超速档开关。

⑥打开点火开关（不起动发动机），按下超速档开关按钮时，超速档电磁阀应有工作的响声。如果超速档电磁阀不工作，应检查其线路或更换超速档电磁阀。

⑦用举升机将驱动轮悬空，检查在空载的情况下自动变速器能否升入超速档。如果空载下能升入超速档，且升档后车速正常，说明控制系统正常，超速档制动器在有负载时打滑。如果空载下能升入超速档，但升档后车速偏低，发动机转速下降，说明超速行星排中的离合器或单向离合器卡滞。如果空载下不能升入超速档，说明液压控制系统或电子控制系统有故障。

⑧如果液压控制系统有故障，需拆开自动变速器检查三-四档换档阀有无卡滞。

⑨如果是电子控制系统的故障，应检查传感器、电磁阀、自动变速器 ECU 及其线路。

7. 自动变速器异响

(1)故障现象

汽车在行驶过程中自动变速器有异响，停车挂空档后异响消失。

(2)故障原因

①自动变速器油面过高或过低。

②油泵磨损严重。

③变矩器锁止离合器、导轮单向离合器等损坏。

④行星齿轮机构损坏。

⑤换档执行元件损坏。

(3)诊断与排除

①检查自动变速器油面高度，如果过高，应将自动变速器油抽出至符合要求为止。如油面过低，应添加自动变速器油至正常的高度。

②用举升机将汽车举起，起动发动机，分别在空档、前进档和倒档时检查自动变速器的异响情况。

③如果在任何档位下自动变速器始终有连续的异响，则可能是油泵或液力变矩器有故障，应拆检油泵和液力变矩器。

④如果在挂入空档后自动变速器异响就消失，则为自动变速器行星齿轮机构异响，应拆检自动变速器。

8. 无倒档

(1)故障现象

汽车在前进档能正常行驶，但在倒档时不能行驶。

(2)故障原因

①操纵手柄调整不当。

②倒档油路泄漏。

③倒档及高速档离合器或倒档及低速档制动器打滑。

(3)诊断与排除

①检查自动变速器操纵手柄的位置。若有异常，应按规定程序重新调整。

②检查倒档油路油压。若油压过低，则说明倒档油路泄漏，应拆检自动变速器。若倒档油路油压正常，应拆检自动变速器，更换损坏的离合器片或制动器片(制动带)。

9. 无前进档

(1)故障现象

汽车倒档行驶正常，在前进档不能行驶；自动变速器操纵手柄在D位时不能起步，在S位(或2位)、L位(或1位)时可以起步。

(2)故障原因

①前进档离合器严重打滑。

②前进档单向离合器打滑或装反。

③前进档离合器油路严重泄漏。

④自动变速器操纵手柄调整不当。

(3)诊断与排除

①检查操纵手柄的调整情况。若有异常，应重新调整。

②测量前进档主油路压力。如果压力过低，说明主油路严重泄漏，

应拆检自动变速器，更换前进档油路上各处的密封圈和密封环；如果前进档的主油路压力正常，应拆检前进档离合器；如摩擦片表面粉末冶金层有烧焦现象或磨损过多，应更换摩擦片；如果主油路压力和前进档离合器均正常，则应检查前进档单向离合器有无打滑，安装方向是否正确。

10. 升档过迟

(1)故障现象

在汽车行驶中，升档车速明显偏高。升档前发动机转速高于正常值，必须采用松加速踏板提前升档的操作方法才能使自动变速器升入高速档或超速档。

(2)故障原因

①节气门位置传感器调整不当或损坏。

②车速传感器损坏。

③强制降档开关短路。

④ECU 故障。

(3)诊断与排除

①进行故障自诊断，如有故障代码，则按所显示的故障代码查找故障原因。

②检查节气门位置传感器的调整情况，如不符合标准，应重新调整。

③测量节气门位置传感器的电阻值，如不符合标准，应更换。

④检查车速传感器是否损坏，如有损坏，应更换。

⑤检查强制降档开关，如有短路，应修复或更换。

⑥通过上述检查，若均正常，则应更换自动变速器 ECU 再进行测试。

六、前桥和转向系统故障

汽车前桥和转向系统是密切相关的两部分，它们的故障不仅取决于它们自身，而且还受底盘其他机构技术状况的影响。所以，在诊断故障时，不能只局限于前桥和转向系统，还应充分注意其他部位的影响。

前桥和转向系统常见故障的部位如图 3-2-73 和图 3-2-74 所示。

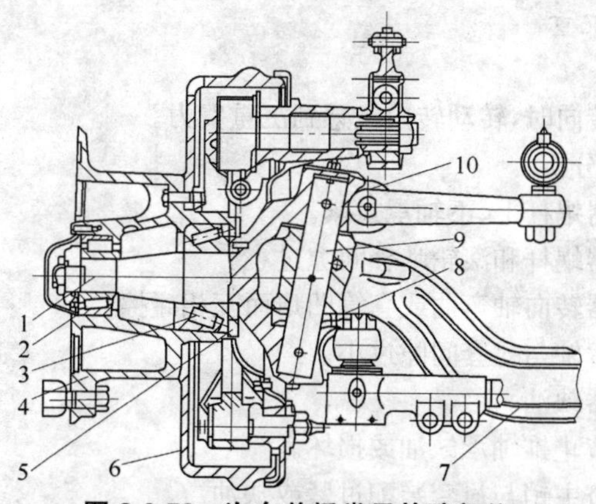

图 3-2-73　汽车前桥常见故障部位

1. 转向节裂缝、变形，前端螺纹损坏，转向节销孔磨损　2、3. 前轮轴承过紧、过松或损坏　4. 轮毂破裂、轮胎螺栓孔磨损　5. 油封损坏　6. 制动鼓磨损、失圆、裂缝　7. 前轴变形　8. 止推轴承缺油或损坏　9、10. 转向节销与衬套配合过紧或磨损松旷

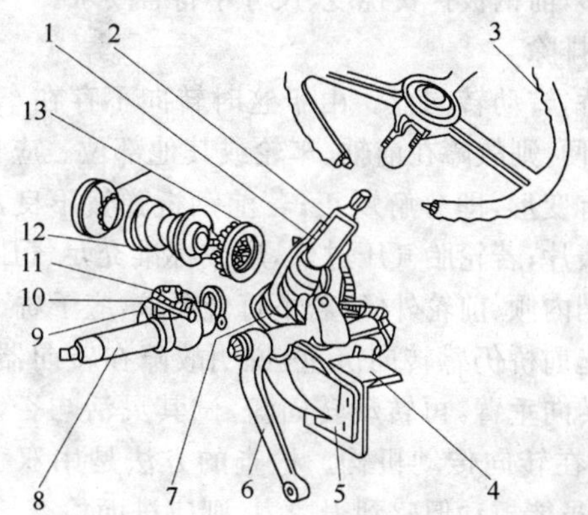

图 3-2-74　汽车球面蜗杆滚轮式转向器常见故障部位

1. 转向器外壳裂缝、变形　2. 转向轴套管凹陷　3. 转向盘自由转动量太大　4、5. 转向器支架与车架纵梁装置松动　6. 转向垂臂弯曲、装配松动或装配位置不适中　7. 调整垫片厚度不当　8. 转向臂轴与衬套配合过紧　9. 止推垫圈磨损　10. 滚轮轴松旷　11、12. 蜗杆与滚轮间隙过大或过小　13. 上、下圆锥滚子轴承调整过紧、过松或损坏

1. 转向沉重

(1)现象

汽车在转向时,转动转向盘感到沉重费力。

(2)原因分析

①转向器蜗杆上、下轴承过紧。

②转向器蜗杆和滚轮啮合间隙过小。

③转向器转向轴弯曲或套管凹瘪而互相碰擦。

④转向臂轴与衬套间隙过小。

⑤转向器缺油。

⑥转向节止推轴承缺油或损坏。

⑦转向节主销与衬套装配过紧或缺油。

⑧横、直拉杆球头销调整过紧或缺油。

⑨横拉杆与转向节臂调整过紧或缺油。

⑩前轮定位不准或轮胎气压不足。

⑪车架变形,前钢板弹簧挠度、尺寸不符合要求。

(3)诊断和排除

①支起前桥,转动转向盘。由于这时转向不存在车轮与路面接触阻力,若转向轻便,则故障在前轴、车轮或其他部位。应检查前轴(工字梁)和车架,若有变形,即分解矫正;若前钢板弹簧不良,应更换折断和挠度减弱的弹簧片;若轮胎气压过低,应按标准充足气压。进而应检查前轮定位的主销内倾、前轮外倾,若不符合要求,应予矫正和调整。

②如若支起前桥仍感转向沉重,说明故障在转向器或转向传动机构。则应拆下转向垂臂,再转动转向盘,试其灵活与否,若感到转动灵活了,说明故障在转向传动机构。检查的方法是用双手左、右扳动车轮,若扳不动或虽能扳动但感到很费力,则应进而检查转向节止推轴承是否缺油或损坏;转向节主销与衬套装配是否过紧或缺油;拉杆螺塞是否拧得过紧或拉杆头部润滑不良;各拉杆是否弯曲变形等。然后再用双手上下扳动车轮,检查车轮轴承是否过紧。并按检查所见,进行润滑、更换或检修损坏件,重新装配和调整。

③若按上述拆下转向垂臂后,转向仍然沉重,则可诊断故障在于转向器本身。应进而检查转向器是否缺油;转动转向盘时听查有无转向轴与

管壁碰擦声;检查转向器蜗杆轴承预紧度是否过量;蜗杆与蜗轮的啮合间隙是否过小等。可按检查结果,补足润滑油,调整轴承装配预紧度和蜗轮、蜗杆的啮合间隙,矫正、修弯曲的转向轴和凹瘪变形的套管等。

④通过上述检查若均良好,则应拆检转向器,检查其内部零件损坏情况,更换或修理损坏零件后,重新装配和调整。

转向沉重的故障树如图 3-2-75。

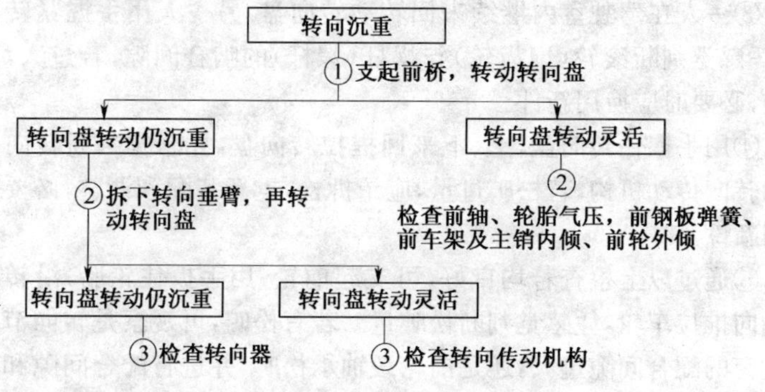

图 3-2-75 转向沉重的故障树

2. 低速行驶摆头

(1)现象

汽车在低速(20km/h 以下)行驶时,感到方向不稳,前轮摆动。

(2)原因分析

①前钢板弹簧挠度不良,承受负荷后压平或下弯,使主销后倾改变。

②前轴变形,前束过大,前轮外倾角、主销后倾角变小。

③货厢装载的货物后部超长,后轮超载或后轮胎气压不足,使前轮负荷相应减小。

④转向器蜗杆与滚轮的啮合间隙过大。

⑤转向器蜗杆上、下轴承间隙过大。

⑥转向节主销与衬套的间隙过大。

⑦前轮轴承过松或转向节轴颈锁紧螺母松动。

(3)诊断和排除

①检视前钢板弹簧挠度的变化,有无错位、折断,弹簧的规格是否

一致。并根据检视情况，进行钢板弹簧位置调整和更换挠度减弱、折断及不合规格的弹簧片。

②用手左右转动转向盘，检查其自由转动量，若过大，可继续来回转动转向盘，另一人在汽车下观察横、直拉杆球节，若球节松动，则为球头销或球碗磨损过量，或弹簧折断、螺塞调整过松等。可按检查结果，更换严重磨损和损坏的机件，并重新装配和调整。

③一人在驾驶室内继续来回转动转向盘，另一人用手握紧转向垂臂，凭感觉判断滚轮（扇齿轮）与蜗杆（螺杆）的啮合间隙，若过大，则应调整，必要时应换用新件。

④用手握住转向盘，上、下来回提拉转向盘，凭感觉判断转向器轴承和转向传动机构，若松旷过量，应予拆检，重新装配和调整，必要时可换用新件。

⑤通过以上检查若均良好，可支起前轮，用手扳住轮胎，沿转向节轴轴向推拉车轮，凭感觉判断松旷量。若有松旷，可观察是转向节主销和衬套的配合间隙过大，还是前轮毂轴承松旷，并进行配合间隙和轴承紧度调整。严重情况下，应更换转向节主销及其衬套或轮毂轴承。

3. 高速行驶摆头

(1)现象

汽车高速行驶或在某一高速时，出现转向盘发抖、摆振、行驶不稳定。

(2)原因分析

①前轮胎由于修补等原因引起动不平衡。

②前轮辋拱曲变形；前轮毂螺栓数量不全。

③传动系统某部件松动。

④传动轴弯曲，引起动不平衡。

⑤减振器失效，前钢板弹簧刚度不一样。

⑥车架变形或铆钉松动。

⑦前轴在制造或维修中发生工艺误差。

⑧产生低速行驶摆头的原因也可能造成高速行驶摆头。

(3)诊断和排除

①在前轮下垫上塞块，支起后驱动桥，起动发动机，逐渐换入高速

档并提高转速，若转速提高到某一程度时，出现车身和转向盘振抖，可诊断为传动系统故障引起摆头（因为此时前轮、前桥处于静止状态），应对传动系统进行检修；若转速提高，并不出现振抖，说明故障部位在前桥，应对前桥各部位进行检修。

②继上检查，进而支起前桥，在轮辋边上放一划针，抵住轮辋，然后转动车轮，看其轮辋是否拱曲，一般拱曲量≯5mm。若超过限度，应更换轮辋。

③检视减震器，若失效，应更换。

④检视钢板弹簧支架铆钉，若有松动，应铆紧。

汽车行驶中摆头的故障树见图 3-2-76。

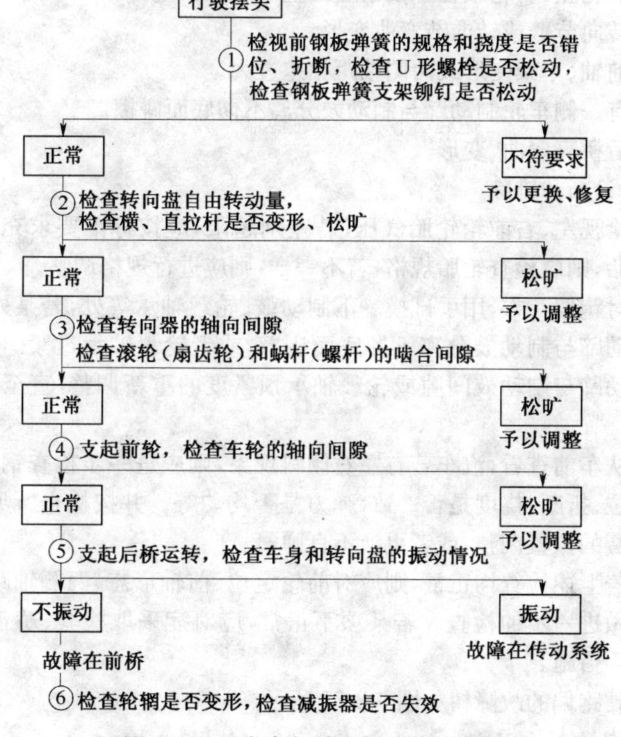

图 3-2-76 汽车行驶中摆头的故障树

4. 行驶跑偏

(1)现象

汽车行驶时,不能保持直线方向,而自动偏向一边,为了保证正直方向行驶,必须用力把住转向盘。

(2)原因分析

①左、右两前轮轮胎气压不均匀,或轮胎规格不一致。

②左、右两前轮的主销后倾角或前轮外倾角不相等。

③前轮前束不符合要求。

④前钢板弹簧错位、折断,左、右两侧钢板弹簧挠度不相同,弹力不一致。

⑤前轮左、右轮毂轴承松紧度调整不一致。

⑥转向节臂或转向节弯曲变形。

⑦前轴、车架变形或两侧轴距相差过大。

⑧有一侧车轮制动蹄与制动鼓分离不彻底而碰擦。

⑨后桥壳弯曲、变形。

(3)诊断和排除

①检视左、右前轮轮胎气压,若差别超限,应按标准要求充气。若换过轮胎,则应检查轮胎规格,若不一样,则应进行规格调整。

②对跑偏一方,用手试摸一下制动鼓、轮毂轴承等处,若某处发热,说明制动蹄与制动鼓分离不彻底而碰擦,或者轮毂轴承过紧。可分别进行制动蹄与制动鼓间隙或轮毂轴承预紧度的重新调整,直至符合标准要求。

③从车前查看,汽车若有左右倾斜现象,则应进一步检查钢板弹簧是否错位、折断,挠度是否一致,弹力是否均匀等。并按检查所见,进行钢板弹簧的位置调整,或者更换不良弹簧。

④若上述检查均正常,则应对前轮定位、前轴形态、两侧轴距、后桥形态等做进一步的检查。若某项不正常,应对症采取检验、矫正、调整或检修等措施。

行驶跑偏的故障树如图 3-2-77 所示。

5. 动力转向沉重

(1)现象

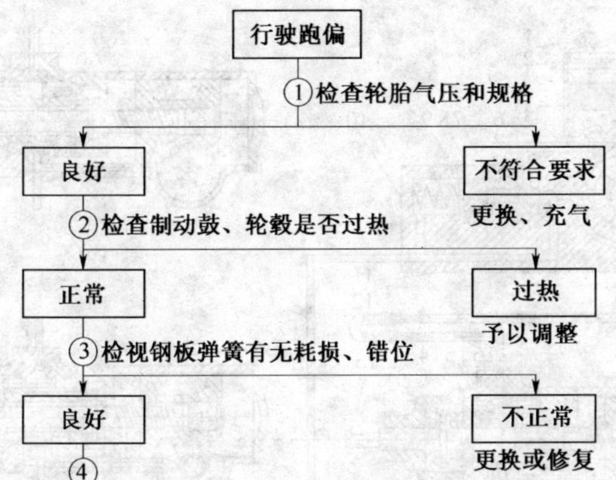

图 3-2-77　行驶跑偏的故障树

动力转向的汽车，本来转向应该是很轻便的。突然感到转向沉重，或转向盘突然转不动。

(2)原因分析

①油箱中缺油或油面高度不足。

②滤油器堵塞。

③油路中有空气。

④油泵磨损，使其内部泄漏严重，或油泵驱动V带打滑。

⑤安全阀泄漏，弹簧过软或调整不当。

⑥动力缸或分配阀密封圈损坏。

⑦某油管接头泄漏。

动力转向器的结构如图 3-2-78 所示。

(3)诊断和排除

①检查油泵驱动V带或其他驱动形式的传动机件。若驱动V带打滑，可进行张紧度调整，必要时可换用新V带。若其他驱动型式的传动机件损坏，则应换用新件。

②检查转向器、分配阀、油泵、动力缸及各油管接头等处，若有泄漏，应进行密封处理，必要时，可换用新件。

③打开油箱盖，检查油箱内油的品质及油平面高度。若油质变坏，

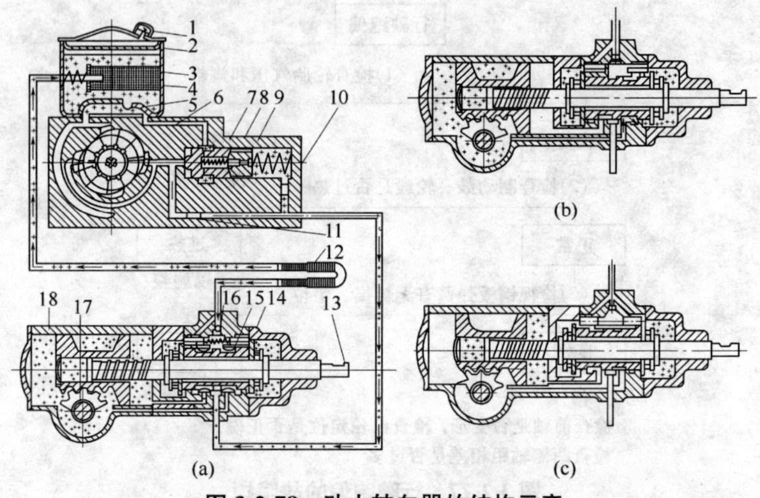

图 3-2-78　动力转向器的结构示意

(a)直行　(b)右转弯　(c)左转弯

1. 通气阀　2. 加油滤网　3. 滤清器　4. 滤清器旁通阀　5. 集流管　6. 转子　7. 流量控制阀　8. 安全阀　9. 安全阀的阻尼孔　10. 流量控制阀的阻尼孔　11. 定量孔　12. 机油散热器　13. 转向螺杆　14. 分配阀滑阀　15. 反作用柱塞　16. 球阀　17. 转向臂轴　18. 液压缸

应更换全部动力转向系统的用油；若油平面过低，应往油箱内加足动力用油；若发现油中有泡沫，要排去油路中的空气。

④检查油泵、安全阀、动力缸工作是否良好。接上与规定油压相适应的压力表和开关，打开开关，把转向盘转到尽头，起动发动机并使其低速运转。这时，若油压表读数达不到该车型规定值，且在逐步关闭开关时，油压也提不高，说明油泵有故障或安全阀未调整好。应对油泵进行拆检，通过更换、修理损坏件和调整等方法，排除故障，或把安全阀调整正常；若油压表读数能达到规定值，且在逐步关闭开关时压力有所提高，说明油泵良好，故障在动力缸或分配阀。应对动力缸和分配阀进行分解检查，更换或修理其损坏零件，调整、矫正不良配合部位，排除存在的故障。

6. 动力转向系统液压助力有瞬时间的消失

①故障原因：油泵的传动带打滑；液面过低；内部泄漏；发动机怠速

过低;液压系统中有空气。

②排除方法:按照故障原因逐项检查,并对症采取如下相应措施:调整松弛打滑的油泵V带,V带磨损过甚时,应更换新件;加添油液到规定的液面高度;找出内部泄漏点,检修或更换不合格的零件;排除液压系统中存在的空气;把发动机过低的怠速适当调高。

7. 采用动力转向系统的汽车转向盘发飘或跑偏

(1)故障原因

①分配阀反作用弹簧损坏或过软,难以克服转向器逆传动阻力,使滑阀不能及时回位。

②油液脏污使滑阀运动受到阻滞。

③滑阀与阀体台阶位置偏移,使滑阀不在中间位置。

④流量控制阀卡住,使油泵泵油量过大;油路管道布置不合理,导致油路系统管道节流损失过大,造成动力缸左右腔压力差过大。

(2)排除方法

①检查油液,若已脏污,应更换。

②转动转向盘,凭手感判断滑阀开启是否自如,来考虑反作用弹簧是否失效或过软,并应更换失效或过软的弹簧。

③调整滑阀与阀体台阶的相对位置。

④清除卡住流量控制阀的因素,如污物、毛刺、锈蚀、损伤等。

⑤调整不合理布置的油路管道。

8. 采用动力转向系统的汽车左右转向轻重不同

(1)故障原因

①分配阀的滑阀偏离中间位置,或虽在中间位置,但与阀体台肩的缝隙大小不一致。

②滑阀内有脏物阻滞,使左右移动时阻力不一样。

③转向器轴承调整螺母调整不当。

(2)排除方法:

①检查油液,若已脏污,应更换。

②检查转向器轴承调整螺母,若调整不当,应重新进行调整。

③拆开分配阀,检查缝隙台阶,若有毛刺和异物等,应清除,并把滑阀位置调至居中。

七、制动系统故障

制动系统技术状况的完好和可靠，是保证汽车安全行驶和发挥汽车行驶速度及经济性能的重要条件。气压制动系统常见故障部位见图3-2-79。

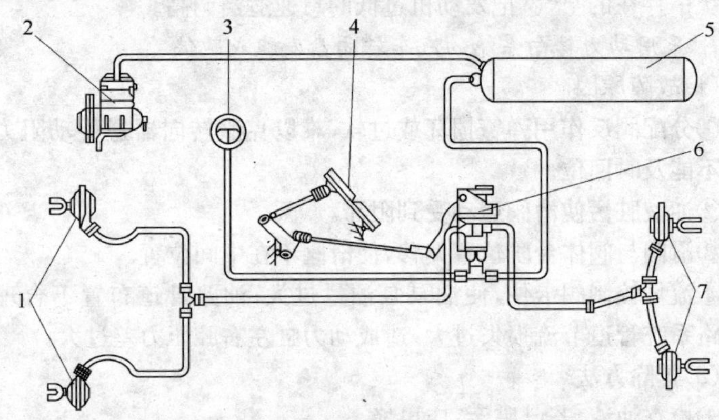

图 3-2-79 气压制动系统常见故障部位

1、7. 制动膜片破损，制动软管老化、发胀或破裂，弹簧变形、过软，调整臂调整不当或卡滞 2. 空气压缩机气缸盖变形，出气阀与阀座密封不良或阀片弹簧过软，空气滤清器堵塞，皮带打滑，活塞和气缸壁磨损过量 3. 气压表损坏 4. 制动踏板自由行程调整不当 5. 储气筒接头漏气，气压不足，油污过多 6. 制动阀排气间隙调整不当，挺杆锈涩，膜片破裂，平衡弹簧过软，阀门不密封或回位弹簧过软

1. 气压制动失效

(1)现象

汽车行驶中，将制动踏板踩到底时，制动装置根本不起作用。或者在使用一次或几次制动后，制动装置突然不起作用。

(2)原因分析

①储气筒无气或气量不足：

a. 空气压缩机 V 带折断、打滑或空气压缩机供气少。

b. 放水阀、放气阀或挂车分离开关关闭不严或未关闭。

c. 制动阀中进气阀关闭不严，压缩空气从排气口自动排出。

d. 单向阀卡滞或制动管路堵塞，冬季因管路中积存的油、水结冰等，造成堵塞。

②储气筒有气，但制动不起作用：

a. 制动阀、制动软管、制动室膜片破裂，制动时压缩空气从破裂处漏出，不能促动制动凸轮工作。

b. 制动阀排气间隙过大，制动时进气阀不能打开。

c. 使用一次或几次制动后，正巧制动阀的排气阀因锈蚀、卡滞，造成压缩空气从排气口漏完。

d. 车轮制动器失效。

(3)诊断和排除

①在使用一次或几次制动后，制动阀自动排气，则应拆检制动阀，清洁、润滑制动阀进、排气阀总成。

②观察气压表，当气压指示为0时：

a. 检查空气压缩机传动带，若折断或过松，应更换折断的传动带或调整传动带至合适松紧度。

b. 若上项检查良好，则应检查储气筒气压。若储气筒内气压正常，应进而检查气压表，若气压表不良，应更换新表。若连接管路漏气，应进行紧固、密封和堵漏处理。

c. 当空气压缩机传动带完好，而储气筒气压为0时，可拆下空气压缩机出气管，查听发动机工作时空气压缩机是否有泵气声，若无泵气声，应进一步拆检空气压缩机。

d. 若空气压缩机工作正常，应进一步检查单向阀、制动气管是否卡滞、堵塞、漏气，出气阀与阀座是否密封不严等。并根据检查所见，进行清洁、堵漏，消除卡滞因素，进行出气阀与阀座的密封处理等。

③气压表指示气压正常，踩下制动踏板观察工作时气压变化情况：

a. 若气压降至极小或为零，说明制动阀进气阀不能打开。应进行拆检、修理和调整。

b. 若踩住制动踏板，气压不断下降，并有漏气声，则应检查出漏气处，拧紧制动室紧固螺栓和制动管路接头连接螺栓，更换或修理漏气的输气管、泵膜等。

c. 若气压下降正常，在39～49kPa范围内，且无漏气声，说明故障在车轮制动器，应进一步对车轮制动器进行拆检、修理和调整。

气压制动失效的故障树如图3-2-80所示。

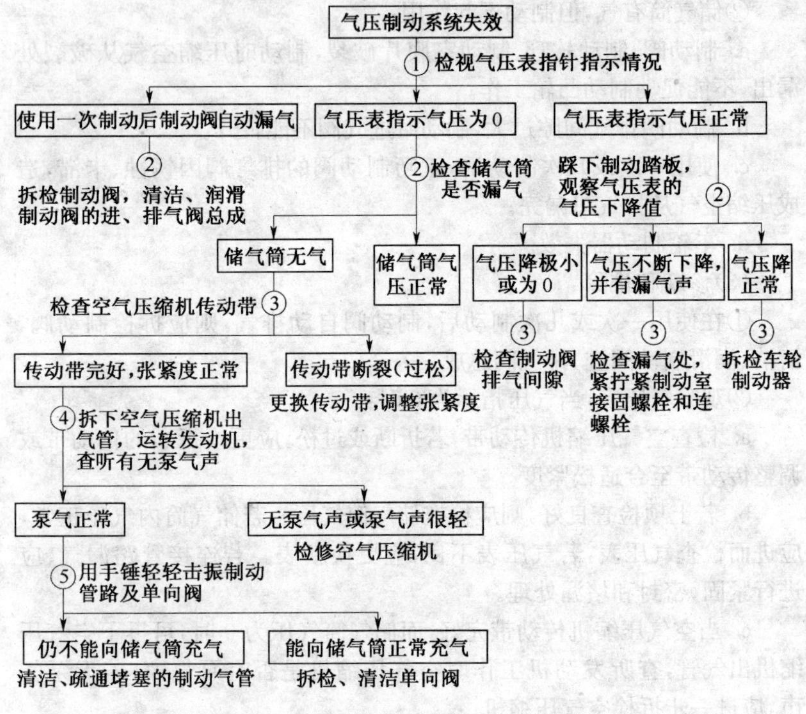

图 3-2-80　气压制动失效的故障树

2. 气压制动不良

(1)现象

①汽车行驶中，将制动踏板踩到底后，车辆不能立即减速、停车，制动距离延长。

②停车后，地面没有轮胎拖印或拖印很短。

(2)原因分析

①空气压缩机工作不正常，储气筒气压不足。

a. 空气压缩机传动带过松或沾有油污造成打滑，或因开裂、老化而失效。

b. 空气压缩机阀座松动、漏气，阀门卡住或损坏。

②制动阀、制动踏板行程调整不当。

a. 制动踏板自由行程过大；

b. 制动阀及调整臂调整不当，制动室推杆行程过长；

c. 制动阀出气阀回位弹簧过硬；

d. 制动阀膜片、接头处有漏气。

③车轮制动器故障。

a. 制动蹄摩擦片沾有油污、泥水，表面烧焦、炭化以及摩擦片碎裂、磨损过薄或铆钉外露；

b. 制动鼓失圆、起槽、磨损过量，制动鼓与制动蹄摩擦片的接触面过小，或两者之间的间隙过大；

c. 制动凸轮轴或蹄片轴因润滑不良而锈蚀，转动困难，工作阻力过大。

(3)诊断和排除

①使发动机中速运转数分钟后，储气筒气压不足。可先检查空气压缩机传动带张紧度，若不当，应调整至正常。若传动带正常，则需拆检空气压缩机，检查出气阀和阀座是否松动、漏气，然后，采取密封和固牢措施。

②储气筒气压上升正常，但发动机熄火后，气压自动下降。可检查制动阀，若漏气，应分解检修及更换损坏件。检查制动阀到空气压缩机之间的制动管路，若漏气，应焊修破漏处，密封接触不良处或更换损坏的制动气管。

③储气筒气压能保持正常，踩下制动踏板后有漏气声。检查制动阀，若有漏气，则需拆检制动阀。若制动阀无漏气声，应再检查制动室或制动软管，若有漏气处，应更换制动室膜片或制动软管。以上检查如若均正常，可再检查制动阀以后的管路，若有漏气处，可进行焊修、紧固、密封等处理。

④储气筒气压保持正常，踩下制动踏板后也不漏气，但却制动不灵。首先检查制动踏板自由行程，若过大，应调整至正常；检查制动室推杆行程，若过大，应调至符合标准；检查制动阀最大制动输出气压，若达不到539～588kPa，应对制动阀进行调整或检修；检查车轮制动器间隙，若过大，可调整至标准要求，若车轮制动器间隙也正常，则应进而拆检车轮制动器，检查制动蹄摩擦片是否沾有油污，是否破裂，其磨损是否超过规定值，可除去油污，更换破碎或磨损过甚的摩擦片等；还应检查制动鼓，若有起槽或失圆，应进行车削矫正。

气压制动不良的故障树如图 3-2-81 所示。

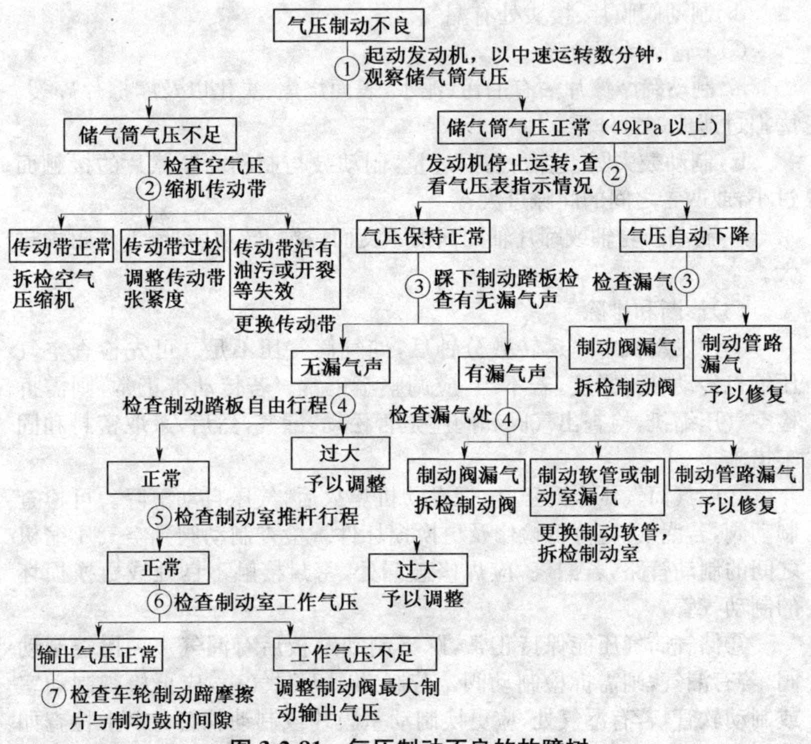

图 3-2-81　气压制动不良的故障树

3. 气压制动跑偏

(1)现象

汽车行驶中使用制动时，同轴上左、右车轮制动器的制动效果不一样，严重时有一边车轮制动，另一边车轮滚动，使车辆不能沿直线方向停车或减速，而是偏向道路的一侧。

(2)原因分析

①左、右车轮制动器制动力矩不平衡。

a. 车轮制动器间隙不一致，或制动鼓与制动蹄摩擦片的接触面相差悬殊；

b. 个别车轮制动器摩擦片表面沾有油污、泥水、磨损过量、铆钉外露、摩擦片材质不同而导致摩擦系数不同，影响制动力矩；

c. 个别制动鼓失圆，鼓内壁起槽；

d. 两前轮制动蹄回位弹簧弹力不等，个别制动蹄与制动蹄轴锈蚀，以致制动蹄转动困难。

②左、右车轮制动器操纵力不平衡。

a. 个别制动室连接软管腐蚀、老化、堵塞、破裂、通气不畅或接头漏气；

b. 个别制动室膜片破裂、老化，橡胶硬度不同；

c. 个别制动室弹簧疲劳或折断；

d. 制动室推杆外露长度不等，伸张长度不同，推杆弯曲变形或卡住；

e. 制动凸轮转角相差过大，支架套磨损不一致、松旷或凸轮轴颈与支架套锈蚀咬死。

③其他因素致使制动力矩不平衡。

a. 轮胎气压不一致，左、右轮胎花纹不一致；

b. 前悬架钢板弹簧的弹力左、右不相等；

c. 车架变形或前轴移位、偏斜，左、右侧轴距不相等；

d. 转向拉杆球头销或转向垂臂松旷，前束为负值或前轮定位失准；

e. 车辆装载不均匀，制动时甩尾；

f. 后轮内、外轮直径差过大，造成无规律制动跑偏。

(3)诊断和排除

气压制动跑偏，应先进行路试找出制动效能不良的车轮后，再进一步诊断出其产生的原因，然后予以排除。一般是某侧车轮制动不良，车辆向另一侧偏斜。图 3-2-82 所示为车轮制动印痕与跑偏的一般性规律。

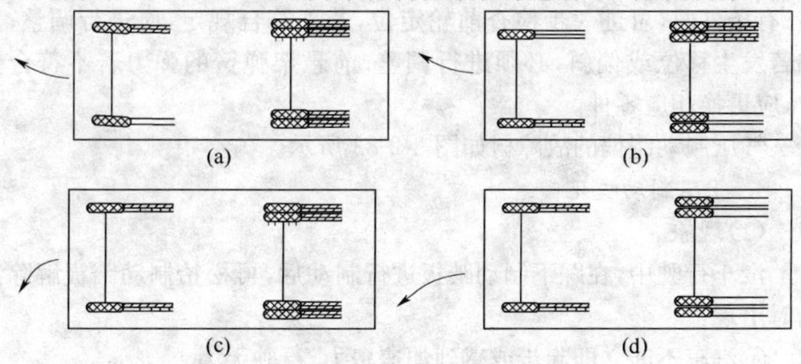

图 3-2-82　车轮制动印痕与跑偏的一般性规律

(a)、(b)向右偏　(c)、(d)向左偏

①检查制动效能不良的车轮制动室工作情况。若左、右制动室推杆伸张速度不等,应检查制动室工作气压差。若气压差超过范围,则应首先检查制动室工作气压低的制动软管,若已堵塞、老化,应换用新软管。若制动软管正常,则需疏通、清洁制动软管,使左、右制动室工作气压差达到正常值。

②若左、右制动室工作气压正常,但推杆伸张速度不等,应分解检查制动室、制动室膜片及回位弹簧。若某件损坏、失效或性能下降,应换用新件;若制动室完好,可进而拆检车轮制动器,清洁、润滑制动凸轮轴和制动蹄轴。

③若左、右制动室推杆伸张速度相等,可进一步检查推杆行程和车轮制动器。制动室推杆行程若过大,可调至符合标准;车轮制动器间隙若过大,可调至标准要求;制动蹄摩擦片表面若沾有油污、泥水或磨损过量、铆钉外露等,可按检查所见,清除摩擦片表面的油污和泥水并烘干,更换磨损过量的摩擦片或重铆外露的铆钉等。若制动鼓失圆、起槽等,则需光磨制动鼓(左、右制动鼓内径差应≯1.0mm)和加工摩擦片接触面。

④检查其他引起制动跑偏的故障。轮胎气压若不符合规定,可视需要补气;胎面花纹若左、右不一致,应调换轮胎,使之花纹相同;后轮内、外轮直径差不能过大,否则应调换;车辆装载情况,必须均匀;转向拉杆球头销或转向垂臂不得松旷,前束应符合规定,否则应检修或调整;有条件时,可进一步检查前轮定位,若不符合规定,应进行调整;车轴若发生移位或偏斜,必须进行调整;前悬架弹簧的弹力若不符合要求,应更换相应零件。

气压制动跑偏的故障树如图 3-2-83 所示。

4. 气压制动咬死

(1)现象

汽车行驶中,在踩下制动踏板进行制动后,再松抬制动踏板解除制动时出现:

①汽车不能立即起步或感到加速费力,行驶无力。

②停车后触摸制动鼓,感到过热。

③制动阀不排气或排气缓慢,制动灯不灭。

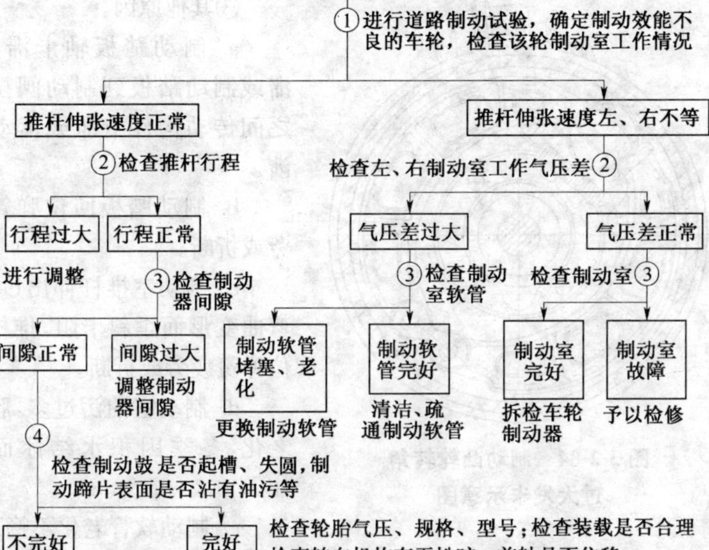

图 3-2-83 气压制动跑偏的故障树

(2)原因分析

①由制动阀故障引起的原因。

a. 制动阀排气阀口间隙过小，或阀门橡胶老化变形堵塞排气口；

b. 制动阀导向座锈蚀、卡滞。

②由车轮制动器故障引起的原因。

a. 制动鼓与制动蹄摩擦片之间间隙过小；

b. 制动蹄回位弹簧折断或疲劳过软；

c. 制动凸轮轴或制动蹄与轴配合过紧，同轴度误差过大，转动困难或有污物卡滞、锈蚀，致使其回位缓慢或不回位；

d. 制动鼓圆度误差＞0.15mm，制动蹄摩擦片破裂后的碎片卡在制动鼓与摩擦片之间；

e. 制动蹄摩擦片磨损过量，造成间隙过大，在制动时制动凸轮转角过大，如图 3-2-84 所示，接近或达到持平位置，在解除制动时凸轮卡住。

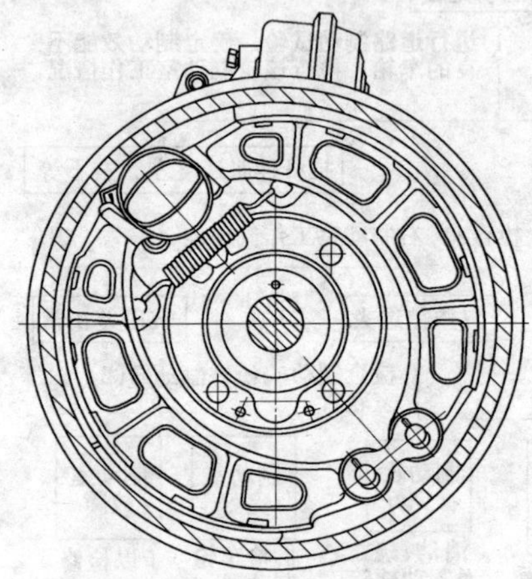

图 3-2-84　制动凸轮转角过大发卡示意图

③其他原因。

a. 制动踏板轴卡滞、锈滞或制动踏板到制动阀拉臂之间传动构件卡滞或运动干涉。

b. 制动踏板回位弹簧疲劳或折断。

c. 制动室推杆伸出过长、弯曲变形而歪斜卡阻，推杆回位弹簧疲劳或折断。

d. 制动室油污过多，膜片老化，冬季因积水结冰而卡住。

e. 制动软管老化不畅通。

f. 轮毂轴承松旷，轮毂轴承外座圈与轮毂配合松旷。

(3)诊断和排除

①制动时有“哽、哽”异响或车身发抖。

a. 拆检车轮制动器：检查制动蹄摩擦片铆钉是否外露、松动，摩擦片是否碎裂卡阻。应重铆松动的铆钉和更换不良的摩擦片。

b. 检查制动鼓，若有严重失圆或起槽，应进行光削矫正处理。

②制动时无异响，但个别制动鼓过热。

a. 检查该轮制动室推杆，若不回位或回位缓慢，应拆下调整臂后再行检查，若仍回位缓慢，则应拆检该制动室，矫正制动室推杆的弯曲变形。若调整臂良好，则应拆检车轮制动器，检视制动凸轮轴是否接近或达到持平位置，此时多是制动蹄摩擦片磨损过量，造成间隙过大，可更换过薄的摩擦衬片。

b. 当拆下调整臂后，制动室推杆回位正常，应进而拆检、清洁、润滑制动器制动凸轮轴和制动蹄轴。

c. 若推杆本来回位正常，则应进而检查轮毂轴承预紧度和安装情况，以及轮毂轴承外圈与轮毂配合是否松旷。可按检查所见，调整轴承预紧度，更换配合松旷的轮毂轴承或轮毂等。

d. 通过以上检查，若均正常，则应检查制动器间隙。若间隙不良，可调至正常。

③制动时无异响，但全车制动鼓发热，制动拖滞。

a. 踩下制动踏板后急速抬起，检查制动阀排气情况：若排气正常，应检查各轮制动器；若排气缓慢或不排气，则应检查制动操纵机构。

b. 若踩制动踏板感觉沉重，松抬制动踏板时回位困难或不回位，应检查制动操纵机构，若脏污卡滞、润滑不良，则应进行清洁和润滑。

c. 若以上检查正常，可再检查制动踏板的自由行程，若行程过小，应调至规定标准。

d. 最后，拆检制动阀，检查排气间隙，若不正常，应调至正常。

气压制动咬死的故障树如图 3-2-85 所示。

5. 液压制动不良

液压制动装置是以将踏板力转换成液压能的形式来传递制动力的，其传动机构简单，且制动器产生的制动力矩与踏板力呈线性关系。若轮胎与路面间的附着力足够，则汽车所受到的制动力也与踏板力呈线性关系。这项性能称为制动踏板感(俗称路感)，驾驶人由此可以直接感觉到汽车制动装置的各种工况是否正常，及时发现故障。

液压制动系统常见故障部位如图 3-2-86 所示，液压制动不良则是其主要常见故障之一。

(1)现象

汽车行驶中，迅速将制动踏板踩到底，汽车不能立即减速、停车。其制动减速度小，制动距离延长。

(2)原因分析

①由制动主缸故障引起的原因。

a. 主缸内制动液不足，或补偿孔堵塞，或加液口盖通气孔堵塞。

b. 主缸橡胶碗、橡胶圈老化、发胀、变形或被踩翻。

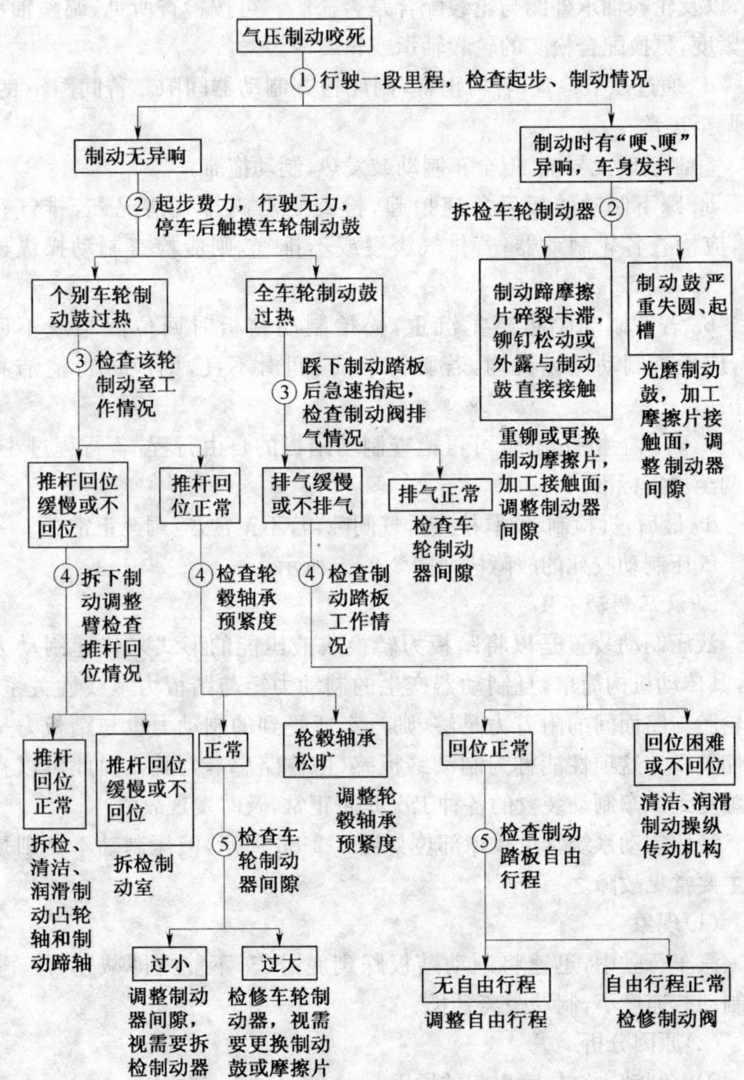

图 3-2-85　气压制动咬死的故障树

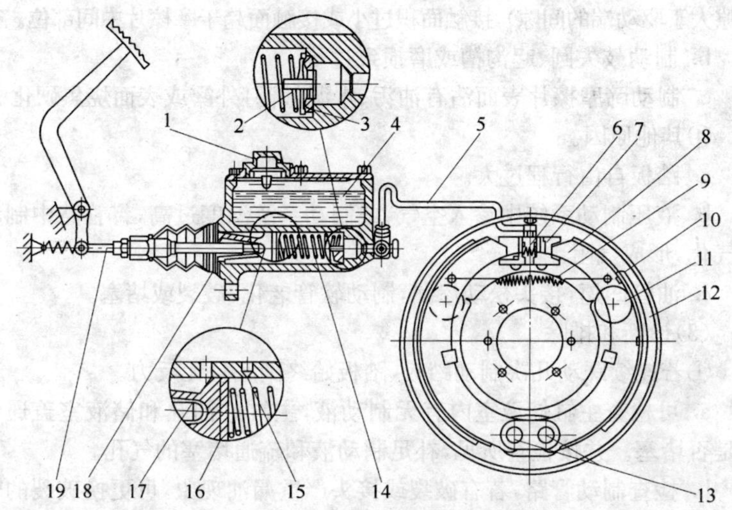

图 3-2-86 液压制动系统常见故障部位

1. 储液室螺塞通气孔堵塞 2. 出油阀弹簧过软或折断 3. 回油阀密封不良 4. 储液室制动液不足 5. 油管凹瘪、破裂、软管老化或管路中渗入空气 6. 轮缸活塞回位弹簧过软 7. 轮缸活塞与缸壁磨损过量或轮缸橡胶碗老化、破损 8. 制动蹄翘曲 9. 制动蹄回位弹簧过软或过硬 10. 制动蹄摩擦片与制动鼓接触的面积太小或趋于中间部位,或表面油污、硬化、铆钉外露、质量不佳 11. 偏心调整不当 12. 制动鼓磨损失圆或鼓壁过薄 13. 调整销钉调整不当 14. 回位弹簧过软或长度不足 15. 回油孔堵塞 16. 橡胶碗老化或破损 17. 活塞与缸壁磨损过量 18. 橡胶圈老化或破损 19. 活塞推杆调整不当

c. 主缸活塞与缸体磨损过量而松旷漏油,活塞回位弹簧过软或其自由长度不足。

d. 回油阀密封不良。

e. 出油阀弹簧过软、折断或油阀密封不良。

②由制动轮缸故障引起的原因。

a. 轮缸橡胶碗老化、发胀,活塞卡滞。

b. 轮缸活塞与缸体磨损过量而松旷漏油。

c. 轮缸活塞回位弹簧过软或折断。

③由制动器引起的原因。

a. 制动蹄摩擦片磨损过量、与制动鼓间隙过大或调反(调整销钉端的间隙大于驱动端的间隙),接触面积过小或接触面趋于摩擦片中间部位。

b. 制动鼓失圆、起沟槽或磨损致过薄。

c. 制动蹄摩擦片表面沾有油污、水湿、铆钉外露或表面烧焦硬化。

④其他原因。

a. 踏板自由行程过大。

b. 液压制动系统中渗入空气,或制动系统温度过高,将管路中制动液气化,形成气阻。

c. 油管凹瘪,接头松动渗漏,制动软管老化、破裂或堵塞。

(3)诊断和排除

①若连续踩动几次制动踏板,踏板始终到底且无反力。

a. 可检查主缸储液室内有无制动液,主缸进油孔和储液室盖通气孔是否堵塞。并按检查所见,补足制动液和疏通堵塞的气孔。

b. 检查制动管路,若有破裂或接头严重漏油现象,可更换破裂的输油管和损坏的管接头,或对漏油的管接头进行紧固和采取密封措施。

c. 检查机械连接机构,若有脱落,可重新连接良好。

d. 若以上各项检查均良好,可进而检查主缸或轮缸橡胶碗破损、顶翻和橡胶圈破损等造成的密封不良。应更换破损的橡胶碗、橡胶圈和重新安装正常。

②若连续踩几次制动踏板,踏板能升高,可踩住制动踏板进行检查。

a. 若踩动踏板后踏板高度能升高,且制动效能有好转,应检查制动踏板自由行程和车轮制动器间隙。若自由行程或制动器间隙不正常,应调整至标准值。

b. 若踩住踏板后缓慢下降,则应检查制动管路是否破裂或接头漏油;检查制动主缸、轮缸橡胶碗密封是否良好;检查主缸或轮缸活塞回位弹簧,若过软或折断,应予更换;检查主缸回油阀和出油阀,若不良好,应予更换。

c. 若踩住制动踏板有弹性感,则表示液压制动管路内有空气或制动液受热气化。此时,应对系统进行排气处理。

d. 当连续踩动制动踏板后,松抬制动踏板时主缸活塞未回到原位,而再踩下制动踏板时,主缸推杆与活塞有碰击响声,应拆检主缸。

③若踩一次制动踏板高度适中,但感到“硬”,而制动效能差。

a. 如果个别车轮制动性能不良，可检查制动软管，若老化或堵塞，应予更换或进行疏通。若制动管路畅通，应进而检查该轮制动器。

b. 若各轮制动效能均不良，应检查主缸橡胶碗、橡胶圈，若已发胀，应更换新件；若活塞卡滞，应进行清洁处理，消除卡滞因素；若主缸完好，应进而检查车轮制动器。

液压制动不良的故障树如图 3-2-87 所示。

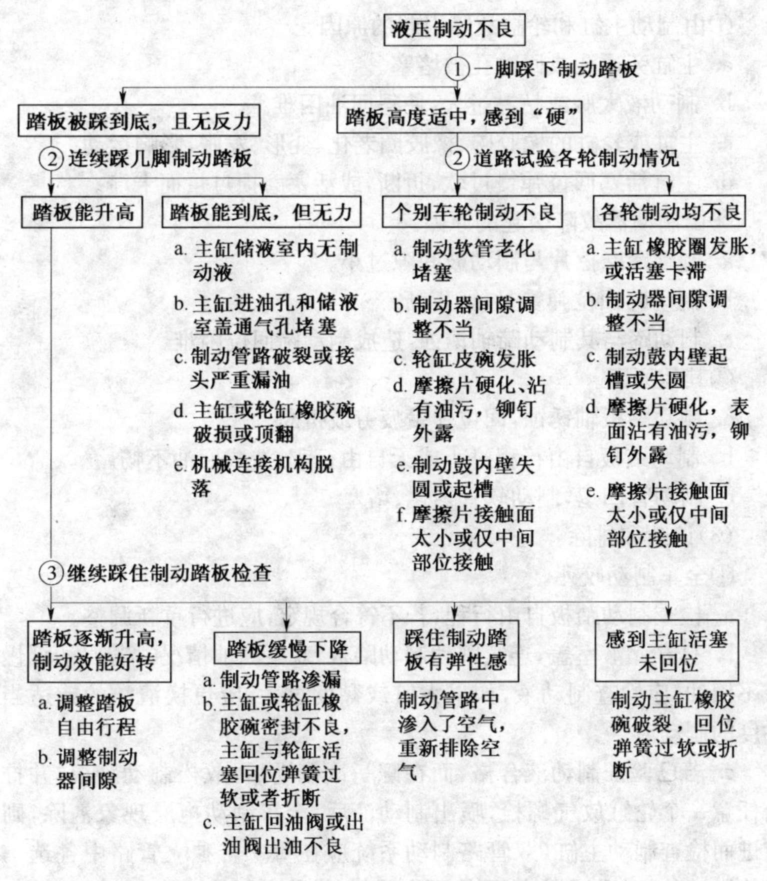

图 3-2-87　液压制动不良的故障树

6. 液压制动咬死

(1)现象

①当踩下制动踏板时感到既"高"又"硬"或没有踏板自由行程,汽车起步困难或行驶费力。

②踩下离合器踏板,车速明显降低。

③行驶一段路程后,个别或全部制动鼓过热。

(2)原因分析

①由制动主缸和轮缸故障引起的原因。

a. 主缸旁通孔或回油孔被堵塞。

b. 制动液太脏或粘黏过大,使得回油困难。

c. 主缸或轮缸的橡胶碗、橡胶圈老化、变形、发胀,影响运动。

d. 主缸活塞回位弹簧过软、折断,或活塞磨损过量而卡滞。

②由制动器故障引起的原因。

a. 制动蹄摩擦片与制动鼓间隙过小。

b. 制动蹄回位弹簧过软、折断。

c. 制动蹄与其制动蹄轴锈蚀,造成制动蹄回位困难。

③其他原因。

a. 制动踏板轴锈蚀,回位弹簧疲劳或折断。

b. 制动踏板自由行程过小或无自由行程,造成回油不畅。

c. 制动管凹瘪,制动软管老化、堵塞。

(3)诊断和排除

①全车制动咬死。

a. 检查制动踏板自由行程,若不符合规定,应进行重新调整。

b. 打开储液室盖,连续踩动制动踏板,观察回油情况。若回油缓慢或不回油,应检查制动液,如果太脏或黏度过大,应更换清洁的或适当黏度的制动液。

c. 若已验证制动液合格,而在踩一次制动后,放松制动踏板,并拧松任意一个轮缸放气螺栓,喷出制动液后,全车制动拖滞现象消除,则应进而检查制动主缸(双管路制动系统应在每一个独立管路中各选一个轮缸试验)。通过拆检,更换不良零件,排除主缸故障。

d. 踩下制动踏板,若感觉沉重或制动踏板不能迅速回位,应检查制动踏板轴、连接机构和回位弹簧等，若发现故障，应更换或修理不良件，若润滑不良，则应进行良好润滑。

②个别车轮咬死。

a. 先支起制动咬死的车轮，拧松轮缸放气螺钉，若制动液急速喷出后制动蹄回位，可检查制动油管，若已堵塞，致使轮缸未能回油，可清除油管中的堵塞脏物。

b. 放液后，若制动蹄仍不能回位，可进而检查制动蹄摩擦片与制动鼓间隙，若太小，应调至符合标准要求。

c. 若上述检查均正常，但该车轮仍然制动咬死，则应解体检查轮缸活塞、橡胶碗、制动蹄回位弹簧等。并按检查所见，更换不良零件。

液压制动咬死的故障树如图 3-2-88 所示。

八、悬架装置故障

大多数载货汽车的悬架，通常包括两个“并联”安装的叠片式钢板弹簧和减振器。一旦发生故障或损坏，就会使汽车行驶的平稳性变差，甚至影响汽车的行驶和操纵，发生意外事故。

1. 钢板弹簧折断

(1)现象

①行驶时方向定向跑偏。

②停车检查时车身向一侧倾斜。

(2)原因分析

①车辆在不平道路上超载、超速行驶，或转弯时车速过快，负荷突然增大。

②车辆长期超载或在装载不均匀状况下使用，使钢板弹簧承受较大的动负荷，从而造成弹簧材料疲劳及局部应力集中而发生断裂。

③在封存车辆时，未按规定解除钢板弹簧负荷，使钢板弹簧在长时间内承受较大的静负荷，造成弹簧材料疲劳及局部应力集中而断裂。

④维护不及时，钢板弹簧片之间润滑不良或根本无润滑，使钢板弹簧片间的相应位移能力降低，造成承载能力下降而发生断裂。

⑤钢板弹簧 U 形螺栓松动，负荷集中在钢板弹簧的上面几片，容易发生断裂。

⑥钢板弹簧夹箍丢失或损坏，造成第一、二片钢板弹簧容易折断。

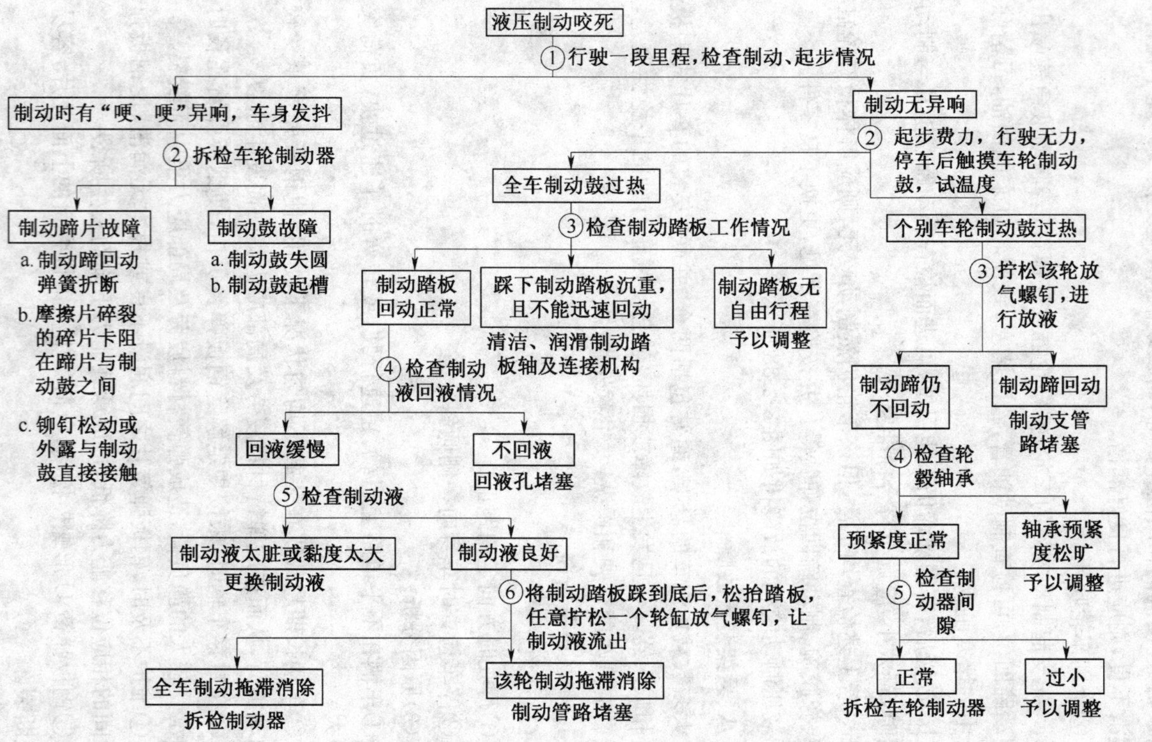

图 3-2-88 液压制动咬死的故障树

⑦更换的某钢板弹簧片曲率与原片曲率不同，若各片工作负荷相差较大时，由于受力不均匀而断裂。

⑧汽车紧急制动过多。尤其在前轮制动好，而后轮制动差的情况下或在满载下坡时，使用紧急制动更使得汽车负荷前移，前钢板弹簧突受额外负荷，造成前钢板弹簧第一、二片断裂。

⑨钢板销、衬套和吊环支架之间磨损过量，造成相互间配合松旷。

(3)诊断和排除

①使轮胎气压正常，将空载状态的汽车停放在平坦场地上，若汽车向某侧歪斜（横向或纵向），则表明该侧钢板弹簧有故障。

②用钢丝刷认真清除钢板弹簧表面的泥土、污物，仔细检查钢板弹簧片出现的裂纹或断裂情况。

③检查曾更换的钢板弹簧片曲率是否符合规定。若不符合，则应更换。

④检查钢板弹簧销、衬套及吊环支架间是否松旷，若松旷，则应更换磨损的弹簧销、衬套或支架；检查位于同一车轴上的两架钢板弹簧的弧高差，若不符合要求，应调整弹簧片。

⑤检查钢板弹簧U形螺栓的拧紧力矩，若不符合规定或松动，应按标准力矩拧紧。

⑥检查钢板弹簧夹箍，若有缺失或损坏，应予补全或更换，并紧固正常。

2. 钢板弹簧移位

(1)现象

①汽车行驶中，有斜扭的感觉，并感到转动转向盘一面轻、一面重。

②有时车辆会发生跑偏。

(2)原因分析

①钢板弹簧U形螺栓松动、脱扣。

②钢板弹簧中心螺栓折断。

③钢板弹簧与车轴间的定位凸点磨平，或车轴定位孔与定位销之间配合松旷。

(3)诊断和排除

①测量左、右两边轴距，若不符合规定，则表示钢板弹簧发生移位。

②检查钢板弹簧 U 形螺栓的拧紧力矩，若始终无法达到规定标准，则需进一步检查钢板弹簧 U 形螺栓与螺母的螺纹，若发生损伤而脱扣，应更换 U 形螺栓或螺母。

③若钢板弹簧 U 形螺栓完好，则可进而用手锤敲击钢板弹簧片端头，如图 3-2-89 所示。若中心螺栓折断，则钢板弹簧片会发生窜动，应更换折断的中心螺栓。

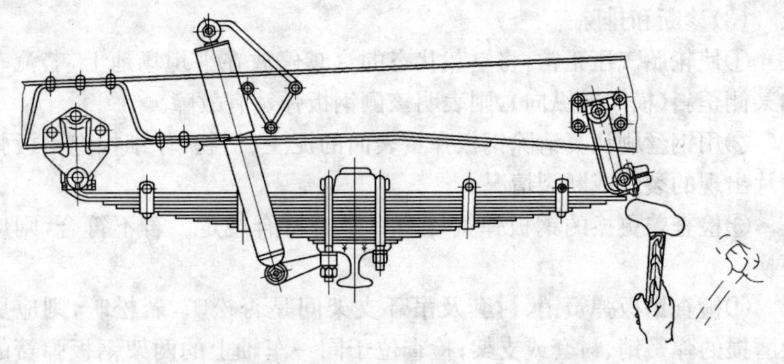

图 3-2-89　用手锤检查钢板弹簧窜动

④最后将钢板弹簧 U 形螺栓拧松，使钢板弹簧与车轴脱开，检查造成钢板弹簧定位失准的因素，并消除之。

3. 减振器失效

(1)现象

①汽车在不平路面上行驶时，车身强烈振动并连续地跳动。

②有时，在一定车速范围内，会发生“摆头”现象。

(2)原因分析

①减振器连接销(杆)脱落，或橡胶衬套(软垫)磨损、破裂。

②减振器内油量不足，或内部存有空气。

③减振器阀门密封不良，阀瓣与阀座贴合不良。

④减振器活塞与缸筒磨损过量，配合松旷。

(3)诊断排除

①检查减振器连接销、连接杆、橡胶衬套、连接孔等，若有损坏、脱焊、脱落、破裂之处，应更换新件，检修脱焊和破裂之处，重新安装好脱落的连接部件。

②查看减振器是否有漏油和陈旧性漏油痕迹，并根据漏油痕迹找出漏油部位，进行检修和补加减振油液。

③用力按下保险杠，手放松后，如若车身有 2～3 次跳跃，说明减振器良好。反之，故障在减振器内部，应进行拆检修理。

a. 检查阀门、阀瓣、阀座间工作是否良好，贴合是否严密。可根据检查所见，更换损坏件，并重新装合，使之密封良好。

b. 检查活塞与缸筒间的配合间隙，若已＞0.15mm，或缸筒有拉伤和严重磨损，应更换拉伤和严重磨损的活塞或缸筒。

4. 减振器漏油

(1)现象

在减振器油封衬垫处或减振器活塞连杆处，有油液漏出或有漏油的陈旧性痕迹。

(2)原因分析

①油封垫圈、密封垫圈破裂损坏，储油缸盖螺母松动。

②减振器活塞连杆弯曲或表面拉伤，破坏了密封工作性能。

(3)诊断排除

①拧紧储油缸螺母，若仍有减振液漏出，则可能是油封、密封垫圈失效。可进行拆检，并更换失效的油封或密封垫圈，重新装配良好。

②若更换新密封零件后，仍不能消除漏油，可拉、压减振器试验：若感到有发卡，轻、重不一感觉时，则应进一步检查减振器活塞连杆，若发生弯曲，可进行矫正；若表面有划痕或拉伤，可进行修磨；对难于矫正或修磨的，则应换用新的减振器活塞连杆。

第三章　维修实例

第一节　红旗轿车防抱死制动系统的检修

一、故障码的读取

1. 用闪光码读取防抱死制动系统(ABS)故障码

红旗轿车 ABS 系统故障的闪光码是将 ECU 的第 7 脚接地激活的，也就是将中央配电盒外挂的橘黄色的熔丝座，用备用熔丝短路。读取故障码的有效条件是点火开关由停车位置转到“15”档，或行驶时车速<6. 4km/h。

(1)读取故障码

闪光码用两位十六进制数表示一个故障代码，代码的有效范围是从 10～9A 之间，闪光码不能识别是当前故障或过去故障。每位故障码用闪烁的次数来表示，闪烁的间隔为 1s，而两位故障码之间的间隔为 2s。例如故障码“25”为故障指示灯闪 2 次，停 1s 再闪 5 次即×_×____×_×_×_×_×；过 2s 钟后再闪第二个故障码，例如：“32”即×_×_×____×_×。若故障码中有字母“A”需闪 10 次。

ABS 会重复闪示故障码，直到离开故障码的闪示状态。

建议连续读取故障码三遍，以减少读错的可能性。

(2)中止故障码的条件

①车速>6. 4km/h。

②点火开关转到停车位置。

③取下短路熔丝。

2. 清除 ABS 系统故障码

①存储在存储器内的故障码在闪光码期间，连续快速踩动踏板 5 次以上，每次间隔<1s，则故障码被清除。

②故障码用诊断仪清除，或在自检无故障且车速>6. 4km/h 这一

条件下出现 20 次后，故障码则自动清除。

3. 重现 ABS 系统故障码

①关闭发动机，等待 30s 后重新起动发动机，这时 ABS 自检开始，3s 内连续踩制动踏板 5 次或更多，消除以前的存储故障码。

②ABS 自检结束后，黄色警报灯仍未熄灭，读取故障码，根据故障码确定故障位置。排除故障后，重新试车，确保故障完全清除。

③如果 ABS 自检结束后，黄色 ABS 警报灯熄灭，执行以下检查程序：

a. 起动车辆，加速至大约 30km/h，缓缓制动直至车辆完全停止。

b. 再重复起动车辆，加速至大约 40km/h，快速制动，激发 ABS 工作直至停车。

c. 假如驾驶途中 ABS 警报灯亮，立即停车并读取故障码，根据故障码确定故障位置，排除故障后重新试车。

d. 如果试车途中 ABS 故障未重现，仔细倾听车主描述和自身驾车体验，分析是否为间歇出现的故障。间歇出现的故障一般是由故障线路或连接插头引起的，应检查可疑线路或连接插头，确定故障部位。

二、拆装 ABS 系统车轮速度传感器

1. 拆装 ABS 系统前轮速度传感器

(1)前轮速度传感器的拆卸(如图 3-3-1 所示)

①拆卸前轮速度传感器的连接头(在发动机舱内)。

②拆下前轮速度传感器的两个紧固螺钉 4、5。

③从下固定支架上拔出前轮速度传感器。

④从转向节中拔出前轮速度传感器头。

⑤拿下前轮速度传感器。

(2)前轮速度传感器的安装(见图 3-3-1 所示)

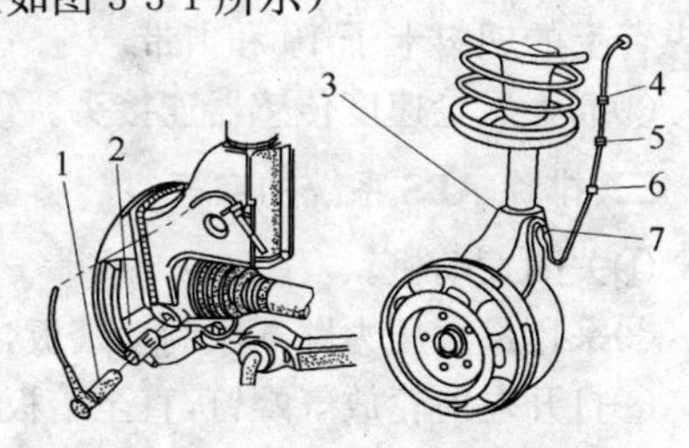

图 3-3-1 前轮速度传感器的拆卸与安装

1. 前轮速度传感器 2. 传感器衬套 3. 转向节及滑柱总成 4. 上固定螺钉 5. 下固定螺钉 6. 上固定支架及紧固螺栓 7. 下固定支架及紧固螺栓

①将前轮速度传感器头压入转向节中。

②将前轮速度传感器压入固定支架中。

③安装前轮速度传感器的紧固螺钉。

④插入前轮速度传感器连接头。

2. 拆装 ABS 系统后轮速度传感器

(1)后轮速度传感器的拆卸(如图 3-3-2 所示)

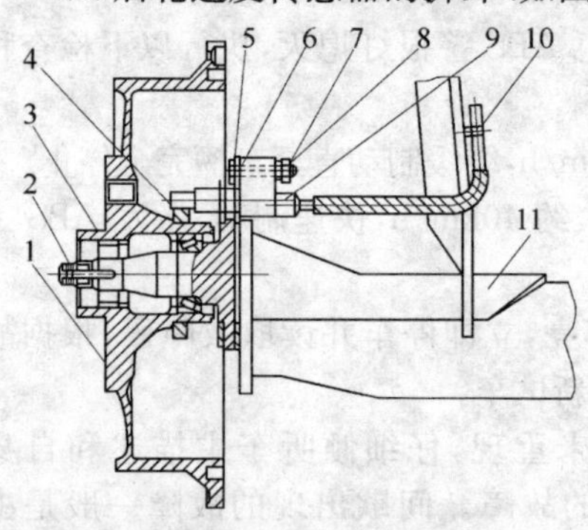

图 3-3-2　后轮速度传感器的拆卸与安装

1. 后制动鼓　2. 后轮毂轴　3. 外轴承　4. 齿圈　5. 紧固螺栓　6. 传感器支架　7. 紧固螺母　8. 弹簧垫圈　9. 后轮速度传感器　10. 倒刺卡子　11. 后轴总成

①拆下后轮速度传感器 9 的连接头(在驾驶室后排座椅下)。

②拆下后轮速度传感器在后纵臂上的塑料卡子 10 和卡带。

③拆卸后轮速度传感器头部紧固螺栓 5 和紧固螺母 7。

④拔下后轮速度传感器。

(2)后轮速度传感器的安装(见图 3-3-2 所示)

①安装后轮速度传感器头部的螺栓 5。

②安装后轮速度传感器在后纵臂上的塑料卡子 10 和卡带。

③插上后轮速度传感器连接头。

三、排除 ABS 系统的空气

①关闭发动机。

②采用最大压力踩 5 次制动踏板,然后保持制动踏板不动。

③打开左前轮放气螺钉,直至踏板接触地板。

④使制动踏板保持接触地板,关闭左前轮放气螺钉。

⑤重复②～④步骤 10 次。

⑥依次变到右前轮、右后轮、左后轮,进行制动系统放气。

⑦如果踏板感觉仍不好,应重复步骤①～⑥步(此时可只进行后轮排气)。

四、通过故障码对 ABS 系统进行故障诊断与维修

(1)ABS 系统产生故障码的故障现象

①发动机点火起动 ABS 警报灯一直发亮；

②行车途中 ABS 警报灯亮或间断亮。

(2)确定故障位置

①此两类故障现象的故障码存储在 ECU 中，可通过红旗轿车随车带的故障诊断系统，即黄色 ABS 警报灯闪示，读取 ECU 中存储的故障码，查找故障码表，确定故障位置。

故障码表见表 3-3-1。

表 3-3-1 故障码表

故 障	故障码	kW2000 故障码		
状态码—不踩制动踏板	12	NA		
状态码—踩制动踏板	13	NA		
右前传感器断路/短路	21	40	40	84
左前传感器或齿圈信号丢失	22	40	40	85
右前传感器脱落	23	40	40	86
左前传感器断路/短路	25	40	35	84
右前传感器或齿圈信号丢失	26	40	35	85
左前传感器脱落	27	40	35	86
右后传感器断路/短路	31	40	50	84
右后传感器或齿圈信号丢失	32	40	50	85
右后传感器脱落	33	40	50	86
左后传感器断路/短路	35	40	45	84
左后传感器或齿圈信号丢失	36	40	45	85
左后传感器脱落	37	40	45	86
轮速信号错误	38	42	45	88
左前阻断电磁阀断路或驱动线圈短路	41	40	65	82
左前卸压电磁阀断路或驱动线圈短路	42	40	60	82
左前阻断电磁阀短路或驱动线圈断路	43	40	65	81
左前卸压电磁阀短路或驱动线圈断路	44	40	60	81
右前阻断电磁阀断路或驱动线圈短路	45	40	75	82
右前卸压电磁阀断路或驱动线圈短路	46	40	70	82

续表 3-3-1

故 障	故障码	kW2000 故障码		
右前阻断电磁阀短路或驱动线圈断路	47	40	75	81
右前卸压电磁阀短路或驱动线圈断路	48	40	70	81
左后阻断电磁阀断路或驱动线圈短路	51	40	85	82
左后卸压电磁阀断路或驱动线圈短路	52	40	80	82
左后阻断电磁阀短路或驱动线圈断路	53	40	85	81
左后卸压电磁阀短路或驱动线圈断路	54	40	80	81
右后阻断电磁阀断路或驱动线圈短路	55	40	95	82
右后卸压电磁阀断路或驱动线圈短路	56	40	90	82
右后阻断电磁阀短路或驱动线圈断路	57	40	95	81
右后卸压电磁阀短路或驱动线圈断路	58	40	90	81
ABS 继电器断路	65	41	21	82
ABS 继电器短路	66	41	21	81
制动液泵电动机断路	67	41	10	82
制动液泵电动机短路	68	41	10	84
油压卸压周期过长	69	45	50	8D
ABS ECU 随机存储记忆体错误	71	45	64	80
ABS ECU 固化记忆体错误	72	45	63	80
看门狗电路失效	73	45	56	80
阻断电磁阀超时	74	45	50	8B
8 位和 16 位微处理器速度计算不一致	75	42	52	80
随机或固化存储记忆本错误	76	45	61	80
循环周期错误	77	45	50	8C
制动灯开关被卡住或失效	81	41	61	00
蓄电池电压＜9V	83	48	00	82
蓄电池电压＜9.5V	84	48	00	81
蓄电池电压过高	85	48	00	81
ABS 故障指示灯与地线短路	86	42	32	82
车辆约束代码	88	45	50	80
继电器驱动器损坏	8A	41	21	89
ABS 故障指示灯与蓄电池短路	9A	42	32	01

②用专用故障诊断仪与汽车故障诊断头(在驾驶室左侧)插接,读出故障码,并用中文显示故障位置。

产生故障码的ABS系统故障诊断与维修步骤见表3-3-2。

表3-3-2　产生故障码的ABS系统故障诊断和维修步骤

步骤	执行程序	是	否
1	①车主描述故障现象 ②查看和重现故障现象 ③基本检查	执行第2步	执行第4步
2	通用闪码读取故障码	执行第3步	执行第5步
3	①根据故障码确定故障部件 ②维修故障部位 ③消除故障码 ④打开点火开关,检查ABS警报灯 ⑤驾驶检查,故障是否重现	如故障码或故障症状重复出现,执行第1步	执行第5步
4	检查故障码是否存储	执行第3步	如无故障码存储,以故障现象为基础进行诊断执行第3步
5	①重新连接各部件,确保所有部件正确安装 ②消除故障码 这步是否完成	完成	执行第5步

五、诊断与排除不产生故障码的ABS系统故障

(1)ABS系统不产生故障码的故障现象

①起动发动机后,黄色ABS警报灯不亮。

②ABS工作频繁,但汽车不减速。

③ABS工作时两侧制动不平衡。

④制动时车轮抱死。

⑤ABS工作时制动踏板感觉异常。

⑥不制动时EHCU有异响。

(2)故障诊断与排除

未产生故障码的ABS系统故障，可按表3-3-3～表3-3-8进行检查和排除。

表3-3-3 起动发动机后，黄色ABS警报灯不亮

序号	执行程序	是	否
1	警报灯熔丝未接	执行第2步	接上熔丝 执行第5步
2	警报灯烧毁	执行第3步	更换灯泡 执行第5步
3	①关闭点火开关 ②断开EHCU连接头 ③打开点火开关 检查EHCU连接头端子19和20间的电压是否高于电源电压	执行第4步	维修线束和EHCU连接头执行第5步
4	检查EHCU连接头端子16和19与车身搭铁间电压是否为0	检查线束中是否有未接处。如没有，更换EHCU执行第5步	更换线束和EHCU连接头执行第5步
5	重新连接各部件，并确保正确安装此步骤是否完成	重新试车，查看故障是否消除	返回第5步

表3-3-4 ABS工作频繁但汽车不减速

序号	执行程序	是	否
1	前后制动力分配是否合理	执行第2步	修理制动部件，调整制动器间隙 执行第6步
2	前后轴上部件安装是否正确	执行第3步	正确安装 执行第6步
3	车轮传感器间隙是否正常 （前轮0.4～0.6mm，后轮0.15～0.85mm）	执行第4步	调整传感器的安装 执行第6步
4	齿圈、传感器头是否损坏或沾有铁屑、异物	执行第5步	更换齿圈或传感器 执行第6步

续表 3-3-4

序号	执行程序	是	否
5	车轮速度传感器输出是否正常	执行第 6 步	更换传感器或维修线束 执行第 6 步
6	重新连接各部件，并确保正确安装 此步骤是否完成	重新试车，确保故障是否消除	返回第 6 步

表 3-3-5　ABS 工作时两侧制动力不平衡

序号	执行程序	是	否
1	每个传感器外形有无损坏	执行第 2 步	更换执行第 5 步
2	传感器或齿圈是否损坏或表面沾有铁屑或异物	执行第 3 步	修理执行第 5 步
3	每个传感器输出是否正常 (见前后传感器检测部分)	执行第 4 步	更换传感器或维修线束 执行第 5 步
4	制动管连接位置是否正确	更换 EHCU 执行第 5 步	重新正确连接制动管 执行第 5 步
5	重新连接各部件，确保所有部件正确安装 以上所有步骤是否完成	重新试车，查看故障是否消除	执行第 5 步

表 3-3-6　制动时车轮抱死

序号	执行程序	是	否
1	ABS 是否工作	执行第 2 步	执行第 4 步
2	车轮速度是否高于 10km/h	执行第 3 步	正常
3	传感器输出是否正常	执行第 4 步	执行第 5 步
4	EHCU 连接头端子 16 和 19 接地是否正常	更换 EHCU 执行第 5 步	执行第 5 步
5	重新连接各部件，确保所有部件正确安装 以上所有步骤是否完成	重新试车，查看故障是否消除	执行第 5 步

表 3-3-7　ABS 工作时制动踏板感觉异常

序号	执行程序	是	否
1	踩下制动踏板时制动灯亮	执行第 2 步	执行第 3 步
2	①关闭点火开关 ②拆下 EHCU 连接头 当踩下制动踏板时，检查 EHCU 连接头端子 24 和 19 间的电压是否高于电源电压	执行第 4 步	制动开关和 EHCU 之间的线束故障 执行第 7 步
3	制动灯熔丝是否正常	执行第 5 步	更换制动灯熔断丝 执行第 7 步
4	检查 EHCU 连接头端子 19 和车身搭铁间电压是否为 0	执行第 6 步	维修 执行第 7 步
5	制动开关是否正常	维修制动灯开关线束 执行第 7 步	更换制动开关 执行第 7 步
6	检查线束及 EHCU 连接头(拆下连接头检查)	液压系统可能泄漏或防护层破	维修线束 执行第 7 步
7	重新连接各部件，确保所有部件正确安装 以上所有步骤是否完成	重新试车，查看故障是否消除	执行第 7 步

表 3-3-8　不制动时 EHCU 有异响

序号	执行程序	是	否
1	发动机起动后 ABS 发出的第一个声音	ABS 自检测声正常	执行第 2 步
2	车辆速度＜10km/h	ABS 自检测声正常	执行第 3 步
3	检测下列条件： ①是否在减档或踩离合器时 ②在低附着系数路面(如冰雪面)驾驶或粗糙路面驾驶 ③高速转向时 ④是否通过路边 ⑤是否操作电子设备开关 ⑥是否发动机超速运转(5000r/min 以上) 是否发生在以上所列中的任何一种	即使未踩制动踏板 ABS 可能在某时自行执行	执行第 4 步

续表 3-3-8

序号	执 行 程 序	是	否
4	检查每个传感器和齿圈间隙是否正常	执行第 5 步	调整传感器安装 执行第 7 步
5	每个传感器和齿圈是否损坏或沾有铁屑、异物	执行第 6 步	维修 执行第 7 步
6	传感器输出是否正常	检查线束或插接件，如连接完好，更换 EHCU 执行第 7 步	维修 执行第 7 步
7	重新连接各部件，确保所有部件正确安装 以上所有步骤是否完成	重新试车，查看故障是否消除	执行第 7 步

图 3-3-3 为 EHCU 连接插头。EHCU 连接插头各端子的作用见表 3-3-9。

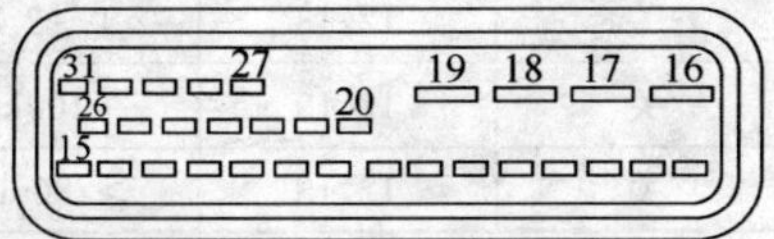

图 3-3-3　EHCU 连接插头

表 3-3-9　EHCU 连接插头各端子作用

1	左前轮速度输出	15	点火接通
2	右前轮速度输出	16	泵接地
3	左后轮速度输出	17	泵电源接地
4	右后轮速度输出	18	继电器电源输入
7	故障码闪示激励线	19	电磁阀接地
9	右后轮速度输入正极	20	黄色 ABS 警报灯
10	右后轮速度输入负极	22	左后轮速度输入正极
11	故障诊断	23	左后轮速度输入负极
12	右前轮速度输入正极	24	制动开关
13	右前轮速度输入负极	25	左前轮速度输入负极
14	左前轮速度输入正极	注：其余端子未用	

上述各表中,检测传感器端子时可根据表 3-3-10 所提供的数据进行。

表 3-3-10 EHCU 连接插头的检测

序号	检测线路	点火开关状态	测量端子	数值范围	注 释
1	点火接通	关	15,19	0V	
		开	15,19	11.5～14.5V	
2	制动开关	关	24,19	10.5～14.5V	踩下踏板
3	EHCU 接地	关	19,16	＜2Ω	
4	左前传感器	关	14,25	2.0～2.8Ω	传感器电阻
		关	14,19	＞100kΩ	绝缘电阻
		关	14,25	＞280mV	车轮转速 1r/s
5	右前传感器	关	12,13	2.0～2.8Ω	传感器电阻
		关	12,19	＞100kΩ	绝缘电阻
		关	12,13	＞280mV	车轮转速 1r/s

第二节 奥迪轿车电控自动变速器与动力转向系统的检修

一、奥迪 A6 轿车电控自动变速器故障的诊断与排除

奥迪 A6 轿车配装“01K 型前桥驱动”和“097”型自动变速器。其故障诊断与排除见表 3-3-11。

表 3-3-11 奥迪 A6 轿车自动变速器故障诊断与排除

V·A·G1551 打印机输出的故障代码	可能的故障原因	故 障 排 除
00000 4444 未识别出故障!	如果维修后出现“No fault recognised -未识别出故障”显示,结束自诊断;虽然自诊断确认无故障,但自动变速器仍不能正常工作,就要进行维修	

续表 3-3-11

V•A•G1551 打印机输出的故障代码	可能的故障原因	故 障 排 除
00258　1113 1 号电磁阀 N_{88} 断路 接地短路	•导线断路或接地短路 •1 号电磁阀 N_{88} 损坏	•检查导线、插头连接和电磁线圈 •进行检测 •更换滑阀箱
00260　1121 2 号电磁阀 N_{89} 断路 接地短路	•导线断路或接地短路 •2 号电磁阀 N_{89} 损坏	•检查导线、插头连接和电磁线圈 •进行检测 •更换滑阀箱
00262　1123 3 号电磁阀 N_{90} 断路 接地短路	•导线断路或接地短路 •3 号电磁阀 N_{90} 损坏	•检查导线、插头连接和电磁线圈 •进行检测 •更换滑阀箱
00263　1114 变速器 0107	•电控/液压故障 •离合器或滑阀箱损坏	•阅读测量数据块，并确认哪个档位出现故障 •更换滑阀箱 •更换离合器
00264　1131 4 号电磁阀 N_{91} 断路 接地短路	•导线断路或接地短路 •4 号电磁阀 N_{91} 损坏	•检查导线、插头连接和电磁线圈 •进行检测 •更换滑阀箱
00266　1133 5 号电磁阀 N_{92} 断路 接地短路	•导线断路或接地短路 •5 号电磁阀 N_{92} 损坏	•检查导线、插头连接和电磁线圈 •进行检测 •更换滑阀箱
00268　1141 6 号电磁阀 N_{93} 断路 接地短路	•导线断路或接地短路 •6 号电磁阀 N_{93} 损坏	•检查导线、插头连接和电磁线圈 •阅读测量数据块 •进行检测 •更换滑阀箱

续表 3-3-11

V·A·G1551 打印机输出的故障代码	可能的故障原因	故障排除
00270　1143 7 号电磁阀 N_{94} 断路 接地短路	·导线断路或接地短路 ·7 号电磁阀 N_{94} 损坏	·检查导线、插头连接和电磁线圈 ·进行检测 ·更换滑阀箱
00281　1231 车速传感器 G_{68} 无信号	·导线断路 ·车速传感器 G_{68} 损坏	·检查导线、插头连接和电磁线圈 ·阅读测量数据块 ·进行检测 ·更换车速传感器 G_{68}
00293　1314 多功能开关 F_{125} 不能确定开关状态	·导线断路 ·多功能开关 F_{125} 损坏	·检查导线、插头连接 ·阅读测量数据块 ·进行检测 ·更换多功能开关
00296　1323 换低档开关 F_8	·导线断路 ·节气门电位计损坏 ·换低档开关 F_8 损坏	·检查导线、插头连接 ·阅读测量数据块 ·进行检测步骤 ·调整或更换节气门拉索
00299　1332 行驶程序开关 E_{122} 接地短路	·接地短路 ·行驶程序开关 E_{122} 损坏	·检查导线、插头连接 ·阅读测量数据块 ·进行检测 ·更换行驶程序开关
00300　1333 自动变速器油温度传感器 G_{93} 无法确认故障类型	·导线断路 ·自动变速器油温度传感器 G_{93} 损坏	·检查导线、插头连接 ·阅读测量数据块 ·进行检测
00518　2212 节气门电位计 G_{69} 信号在公差之外	·导线断路或短路 ·节气门电位计 G_{69} 损坏	·检查导线、插头连接 ·阅读测量数据块 ·进行检测 ·更换节气门电位计 ·进行系统调整

续表 3-3-11

V·A·G1551 打印机输出的故障代码	可能的故障原因	故障排除
00526 2131 制动灯开关 F 无法确认故障类型	·导线断路 ·制动灯开关 F 损坏	·检查导线、插头连接 ·阅读测量数据块 ·进行检测 ·更换制动灯开关 F
00529 2122 转速信息出错	·导线断路	·检查导线、插头连接 ·检查发动机控制器
00532 2234 电源电压 阀门车内网路电源太弱	·蓄电池损坏 ·电源电压不正常	·检查蓄电池电压 ·阅读测量数据块 ·检查控制器 J_{217} 电源电压进行检测
00545 2314 发动机/变速器 电气连接 断路 接地短路	·导线断路或接地短路 ·发动机/变速器控制器没有接上	·检查导线、插头连接 ·阅读测量数据块 ·必要时更换发动机控制器 ·进行系统基础调整
00596 阀门之间的导线短路	·导线断路或接地短路	·检查导线、插头连接 ·进行检测
01236 4314 换档杆锁止装置电磁阀 N_{110} 断路 接地短路	·导线断路或接地短路 ·换档杆锁止装置电磁阀 N_{110} 损坏	·检查导线、插头连接和电磁线圈 ·进行检测 ·更换换档杆锁止装置电磁阀 N_{110}
65535 1111 控制器 J_{217} 损坏	·由于外界干扰源或接地不良带来电控干扰 ·控制器 J_{217} 损坏	·检查控制器导线、插头连接和接到导线 ·进行检测 ·必要时更换控制器 ·进行系统基础调整

续表 3-3-11

V·A·G1551 打印机输出的故障代码	可能的故障原因	故障排除
00638 发动机/变速器 电气连接 2 断路 接地短路	·导线断路或接地短路 ·发动机/变速器控制器没有接上	·检查导线、插头连接 ·阅读测量数据块 ·必要时更换发动机控制器 ·进行系统基础调整
00641 自动变速器油温度传感器信号太强	·变速器过热,最大 148℃ ·汽车拖车负荷过大 ·自动变速器油位不正常 提示:在自动变速器油温度过高时,变速器的档位减低一档	·检查自动变速器油油位 ·阅读测量数据块和读取自动变速器油温度
00652 档位监控 信号不可靠	·电控/液压故障 ·离合器或滑阀箱损坏	·阅读测量数据块,确定哪个档位存在故障 ·更换滑阀箱 ·更换离合器
00660 换低档开关/节气门电位计 信号不可靠	·导线断路 ·节气门电位计 G_{69} 损坏 ·换低档开关 F_8 损坏	·检查导线、插头连接 ·阅读测量数据块 ·电控检测 ·调整或更换加速踏板拉索

二、奥迪轿车动力转向系统的维修

1. 调整叶轮液压泵传动带的挠度

①从交流发电机和空调压缩机上拆下传动带。

②松开泵装配支架上的两个螺母,转动支架上的调整螺母,用拇指压两带轮中间部位,调整传动带的挠度至 9.5mm 为止,用锁紧螺母锁定。

③重新装上交流发电机和空调压缩机。

2. 动力转向系统排气、添充液压油

①起动发动机使其怠速运转，检查油面是否在正确的位置。

②迅速将转向盘从一侧锁止位置转到另一侧锁止位置，转动数次，直至油罐内剩余油液平面处于标记位置为止。

③在转动转向盘时，需保证油罐内无气泡出现。关闭发动机，再检查油液平面位置，同时加注液压油直至"MAX"标记处。然后在汽车前轮处于正前方位置时，使发动机运转 2min，继续加注液压油，直到标准为止。

3. 检查和排除转向系统泄漏故障

①起动发动机，在怠速下运转。

②将转向盘从左侧极点转到右侧极点锁紧，并在短时间内保持这种状态，这样便能产生最大极限管路压力。

③用视觉检查转向分配阀，齿条密封环或左侧端部构件的密封环和管路接头处是否泄漏。

④如果转向齿轮处有液体渗漏，则应更换壳体密封圈和两个中间盖密封圈；如果驱动齿轮轴处有渗漏，表明油液已进入转向器壳，可松开右转向防尘罩上的外部夹子，而后将罩向里推以检查油液情况；如果密封圈渗漏，则应分解转向器，更换所有密封圈。

4. 检查和调整转向系统叶轮液压泵的出口压力

①将软管夹 3094 夹到回流软管和吸管上。

②从叶轮泵上拧开挠性软管。

③将零件号为 No. 0138444 的密封件安装到 V · A · G1402/3 上的接头上，再将接头拧到油泵上，代替接头螺栓。

④将杠杆移向左侧，关闭压力表止回阀，如图 3-3-4 所示。先检查压力表的软管、叶轮油泵的管路；若是良好，再将压力软管拧到接头上，然后松开从吸管到回流管上的软管夹。

⑤起动发动机，使其怠速运转，从压力表上可读出油泵的压力（连续测量不要超过 10s）。叶轮油泵的规定压力在 10～11MPa 之间。

⑥如果没有达到规定压力，要换用新叶轮油泵。更换时，将软管夹

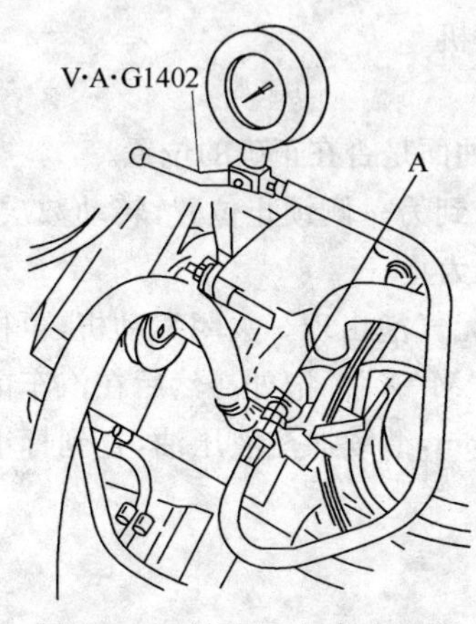

图 3-3-4　关闭压力表止回阀

A—止回阀

3094 夹到吸管和回流管上，从接头上拧开压力表的软管，将压力表拆下。再从油泵上拧下接头，用接头螺栓和新 O 形环重新将挠性软管拧到新油泵上。然后，从回流管和吸管上拆下软管夹。

⑦在前轮处于正前方位置时，让发动机以怠速运转大约 2min，关闭发动机。立即检查液压油液面，注意储油罐和油标尺上的标记，并加油到“MAX”位置。

⑧最后检查转向系统的泄漏情况。

第三节　捷达轿车底盘典型故障排除实例

一、离合器和手动档变速器

1. CiX 型轿车离合器踏板抖动

①故障现象：踩下离合器踏板，感觉踏板抖动。

②检查过程：将离合器推杆拆下检查正常；抬下变速器，检查离合器压盘及摩擦片正常；拆下发动机油底壳，用一字旋具前后翘动曲轴，这时轴向止推垫掉了下来，磨损特别严重。

③分析判断：曲轴止推垫损坏会使曲轴前后窜动，当踩下离合器踏板时，这个窜动量经离合器传动机构传到踏板，造成踏板抖动。

④排除故障：更换曲轴垫片后，故障即排除。

2. GT 型轿车挂档困难

①故障现象：挂档困难，有时挂不上档。

②检查过程：初步判断为离合器分离不开。拆下变速器，发现离合器压盘、摩擦片均完好；打开变速器后壳，发现五档的锁止螺钉松动。

③分析判断：由于五档锁止螺钉松动，导致与分离轴承相顶，从而

使压盘分离不开，造成挂档困难。

④排除故障：拧紧五档锁止螺钉后，装复试车，故障排除。

3. CT 型轿车变速器有异响

①故障现象：变速器有异响。

②检查过程：怠速运转时变速器内有杂音，踩下离合器就没声音。拆下变速器，分解后发现输出轴的小轴承有磨损，又发现发动机和变速器之间没有固定销钉。

③分析判断：此车在以前修理的时候没有装固定销钉，使得变速器轴和发动机曲轴不同心，导致变速器输出轴小轴承不正常损坏。

④排除故障：配上两个销钉，更换损坏的轴承，装好变速器，之后试车，异响消失。

4. CT 型轿车挂档沉重

①故障现象：起动发动机原地挂 2 档正常，在行驶中挂 2 档感觉沉重。

②检查过程：使用 VW3140 做变速杆位置的调整，故障现象依旧。分解变速器，拆开同步环。用手将同步环压在 2 档齿轮的锥面上可以转动。更换一个同步环，发现其不能转动。捷达 5 档变速器为增加同步效果，2、3 档同步环的内斜面上镀有一层摩擦材料，而该车同步环的摩擦材料层已经磨损。

③分析判断：车辆原地挂档，变速器输出轴不转动，此时对同步器的同步作用要求较低；车辆行走时挂档输出轴转动，此时对同步器的同步作用要求较高，值得怀疑 2 档同步环有问题。

④排除故障：更换 2 档同步环，挂 2 档，故障排除。

二、自动变速器

1. AT 型轿车换档错乱

①故障现象：在拾下修理过自动变速器后，脚踩加速踏板到底，汽车时速只有 30 多 km。

②检查过程：将 V·A·G1552 连接到诊断座，查询自动变速器电控系统无故障码。随后一人驾驶汽车，一人观察 V·A·G1552 数据块 003 显示组的第三区：挂入档位，从数据块中看到档位由 1H(1 档机械)

到 2H(2 档机械)反复变化,也就是说档位由一档跳到二档,又回到一档。

③分析判断:在自动变速器上部有两个形状一样、颜色不同的插头:白颜色的是变速器转速传感器 G38 的插头,位于发动机一侧;黑颜色的是车速传感器 G68 的插头,位于车轮一侧。抬过自动变速器后,因为 G38 与 G68 形状一样,所以很容易将 G38 和 G68 插头插颠倒。插错后的故障现象是在行驶中不能自动升档。G38 与 G68 都是磁感应式传感器,其插头错插后,电脑接收的信号频率有变化,但信号并未中断,所以电脑不会存储故障码。本故障就有可能是两个插头互相插错所致。

④排除故障:检查 G38 与 G68 的插头,果然是两个插头插反,拔出两插头,将白颜色 G38 插头插在靠发动机一侧,将黑颜色 G68 插头插在靠车轮一侧,经试车换档正常。

2. ATi 型轿车不跳四档

①故障现象:自动变速器进入应急状态,总以 3 档行驶。

②检查过程:用 V · A · G1552 检测,故障码 00260——电磁阀 N89 断路。清除故障码后试车,故障依然存在,故障码也又出现。拆开自动变速器油底壳,测量检查印制线路 N89 电磁阀正极线通,地线回路不通。

③分析判断:由于印制线路的 N89 接地回路不通,导致电磁阀不工作。

④排除故障:更换阀体线束,试车行驶正常。

3. AT 型变速器进入应急状态

①故障现象:挂前进档起步过程中,发动机费力,行车中不跳档。

②检查过程:试车发现自动变速器已进入应急运行状态,即挂上前进档后,起步和行驶只有 3 档。用 V · A · G1552 进行查询,发现有 7 个偶发故障:00258 电磁阀 1-N88、00260 电磁阀 2-N89、00262 电磁阀 3-N90、00264 电磁阀 4-N91、00266 电磁阀 N-92、00270 电磁阀 N-94、00268 电磁阀 N-93 对地断路、短路。检查发现,自动变速器上部连接电磁阀的插头松动。

③分析判断:故障码中的所有元件,与控制单元线束的连接都是通

过变速器上部连接电磁阀的圆插头实现的,现在这个插头已经松动,可能故障原因就在此处。

④排除故障:重新将该连接圆插头固定,清除故障码,自动变速器换档正常,故障码不再出现。

4. ATi 型轿车变速器不跳档

①故障现象:发动机转速表指针时走时不走,机油警报有时报警,自动变速器加速不跳档,且这些症状总是同时出现和消失。

②检查过程:使用 V·A·G1551 对发动机和自动变速器控制单元查询,没有故障存储。进入发动机地址读数据块,发动机转速为 840r/min。再进入自动变速器地址系统、读数据块,发动机转速为 90r/min。

③分析判断:捷达 ATi 车的发动机转速信号,是由发动机转速传感器 G28 取得,送给发动机控制单元。再由发动机控制单元输出两条支路:一路输入仪表盘的发动机转速表,另一路输入自动变速器控制单元。自动变速器控制单元利用该信号和节气门开度信号、车速信号等,控制换档时机。自动变速器和转速表同时发生故障,但发动机系统正常,说明故障只可能出现在发动机控制单元的输出部分或信号线。捷达车的机油报警系统是在发动机 2000r/min 时,检查机油压力是否达到 180kPa。当机油报警继电器接收不到发动机转速信号时,油压报警灯会报警。本车故障的原因,不太可能发生在发动机转速表或自动变速器电控系统,最有可能发生在发动机控制单元。

④排除故障:更换发动机控制单元,进行防盗电脑与发动机电脑的匹配,路试车辆,一切正常。

三、前桥及悬架

1. AT 型轿车半轴有异响

①故障现象:车速在 20km/h 以上时,底盘前部发出“哐、哐”有节奏的异响,车速提高时节奏加快,车底板振动。

②检查过程:举升车辆,用手晃动各万向节,发现右半轴内侧万向节存在径向间隙。

③分析判断:由于右半轴比左半轴长和粗,所以其转动惯量就大,磨损自然也大;另外,右半轴万向节离排气管近,因而其万向节的润滑

脂容易被烤干，其润滑条件也比左半轴万向节要差，所以右半轴万向节的磨损必然严重，因而转向时会发出振动异响。

④排除故障：更换右半轴内侧万向节，异响消失。

2. ATi 型轿车前轮轴承异响

①故障现象：车速在 50km/h 以上时，底盘前部发出“嚓、嚓”异响，节奏感不明显。车速提高，异响音量加大。

②检查过程：举升车辆，起动发动机，挂上前进档，一下一下踩加速踏板，将听棒抵到左前轮毂，听到的声音与异响相同。

③分析判断：捷达前轮轴承是整体密封式，不需调整间隙，也无法加润滑脂，轻微缺油会发出“噜、噜”异响，严重缺油则发出“嚓、嚓”异响。据此异响判断应是前轮轴承损坏。

④排除故障：更换前轮轴承后，异响消失。

3. GiX 型轿车控制臂下球头异响

①故障现象：车轮经过凹凸路面，底盘前部发出“咯噔”声。

②检查过程：举升车辆，用手晃动左前车轮，摸到控制臂下球头振动，将下球头拆下，发现球头松旷。

③分析判断：由于控制臂下球头磨损后松旷，因而不仅在行驶中会发生方向打摆，也必然产生异响。

④排除故障：更换下球头，异响消失。

4. GiX 型轿车前悬架轴承异响

①故障现象：转向时车身前部发出“嘎吱”异响。

②检查过程：用手上下晃动右前车轮，感到上下有旷量间隙。拆卸右悬架，发现减振弹簧上方的悬架轴承损坏。

③分析判断：捷达悬架轴承与橡胶衬垫制成一体，长久使用将会造成轴承损坏和橡胶衬垫挤压变薄，以致出现上述检查时的松旷现象。

④排除故障：更换悬架轴承，异响排除。

5. CL 型轿车减振器缓冲块异响

①故障现象：车轮过深坑时，底盘后部发出“咚”的一声。

②检查过程：检查发现，左后轮悬架的减振器缓冲块(橡胶挡块)破损残缺。

③分析判断:减振器缓冲块套在减振器杆上,其作用是:当车轮过坑时,避免因减振弹簧压缩到底而发生撞击。现在减振器缓冲块已经破损残缺,就必然产生这种故障。

④排除故障:更换缓冲块,异响排除。

四、制动系统

1. CT 型轿车前轮制动片异响

①故障现象:轻踩制动踏板减速,听到前轮出现“吱、吱”响声。

②检查过程:拆卸检查,看到两前轮制动盘有很深的划伤沟槽。

③分析判断:车轮制动时产生“吱、吱”异响,一是由于制动盘与摩擦片之间有砂粒造成的,但当砂粒磨掉后,异响会自动消失;二是摩擦片材料中含有坚硬物质,品质不佳。不仅轻踩制动踏板时出现异响,还会使制动盘早期磨损。

④排除故障:更换两前制动盘、制动片,异响消失。

2. GTX 型轿车左、右两前轮外制动蹄片磨损不均

①故障现象:在更换前制动片 2 万 km 后,发现踩制动踏板有异响。

②检查过程:在检查中发现,左轮外制动片的厚度与右轮外制动片的厚度相差很大,左前轮外片的厚度为 3mm,右前轮的外片却已经磨到了衬铁,而内片则两轮的厚度相同。

③分析判断:可能是由于制动泵支架伸缩杆变形造成。

④排除故障:更换后制动泵支架及制动片后,故障消失。

3. GiX 型轿车 ABS 灯报警

①故障现象:行驶中 ABS 灯有时报警。

②检查过程:用 V · A · G1552 查询 ABS 系统,故障码是 C47——左前车轮轮速传感器故障,并显示偶发。测量左前轮速传感器的电阻值正常,清洁左前轮速传感器,清除故障存储。路试中阅读数据块,观察四个轮速数值,当年辆颠簸时,发现左前轮速信号出现中断。

将车辆举升,起动发动机挂档运转、当抖动储液罐下方的 ABS 线束时,左前轮速信号出现时断时通。

③分析判断:当轮速传感器插头接触不良、信号线存在断路或者短路故障时,则会产生信号中断的故障。本故障的原因可能是 ABS 线束

不良。

④排除故障:将 ABS 线束保护层去掉,把连接不良处处理好,故障即排除。

4. GiF 型轿车气囊报警灯报警

①故障现象:气囊报警灯报警。

②检查过程:用 V·A·G1551 进行检测,发现不能进入安全气囊控制单元,同时发动机控制单元、防盗器及 ABS 控制单元均不能进入。此时 1551 显示:诊断信号线不良,不能进入。当将 1551 连接到另一台车上时,能够顺利进入各系统,说明诊断仪本身和诊断线均正常。

③分析判断:所有控制单元都不能进入的原因有三条:一是诊断仪或诊断线故障;二是某个控制单元的自诊断电路或 K 线接口故障;三是连接各控制单元到诊断座的 K 线故障。第一条原因已排除,第二条原因可以用断开控制单元的方法,鉴别有故障的控制单元。第三条原因可以将所有控制单元拔开,将诊断座的 K 线集中点断开,用万用表电阻档测量每第 K 线是否有对地断路、对正极断路的故障。

④排除故障:本着先拔容易拔的控制单元为原则,首先拔开发动机控制单元未见效;再拔开 ABS 控制单元,并用 V·A·G1551 能够进入防盗器控制单元,然后插回发动机控制单元则也能进入。

此种现象说明 ABS 控制单元有故障,将其更换后,故障即排除。

五、转向系统及车门

1. GTX 型轿车转向机异响

①故障现象:原地转动转向盘,每转动一下,都听到“哐”的一声。

②检查过程:举升汽车,转动转向盘时使用听棒,听出异响出自转向机。拆下转向机两端的防尘套,从里面流出很多带铁锈的水。

③分析判断:在转向机防尘套破损的情况下冲洗发动机时,如将高压水直接冲向转向机,水会浸入防尘套而进入转向机,其后极难排出。转向机齿轮、齿条因缺少润滑及被水腐蚀,就会锈蚀、磨损、松旷,甚至能使转向机卡住,于是便成了本故障的原因。

④排除故障:更换转向机和防尘套后,异响消失。

2. GiX 型轿车转向开关不能自动回位

①故障现象:转向开关不能自动回位。

②检查过程:拆下转向盘后,发现转向灯开关的回位销折断并且脱落。

③分析判断:因上次拆修转向盘时,不慎将转向灯开关的回位销折断,而又未发现和处理,致使产生了此故障。

④排除故障:更换转向灯开关后,故障排除。

3. GiX 型轿车车门有异响

①故障现象:在颠簸路面行驶时,驾驶员侧的车门内部发出异响。

②检查过程:拆下该门内饰板,发现升降器的钢索和内饰板距离很近,颠簸时二者会发生干涉;在车辆颠簸时,升降器开关的大插头也会与内饰板发生干涉。

③分析判断:由于以前修车时,拆装内饰板和门锁电动机后安装不到位,留下了上述两个发生故障的隐患,也就使车门内部出现了异响。

④排除故障:用海绵包裹插头,将钢索重新安装,将门锁电动机重新安装,故障清除。

第四篇　电气设备修理工技术要求标准

第一章　应知部分

第一节　汽车电气设备电路的连接

汽车电气设备电路，根据其作用和工作特点，可归纳为以下几种。

电源电路：包括蓄电池、发电机和调节器。

用电设备电路：包括起动机、点火系统、照明、仪表、信号、辅助电器及空调装置等。

辅助电气电路：包括电动刮水器、空调设备，开关、保险装置等。

将以上所有电气设备，按使用要求和技术特点，用导线合理而简便地连接在一起，即是汽车电气设备总线路。

一、线路连接的原则和规律

汽车电气设备系统的线路，需根据各车型电气设备的特点连接。如解放 CA1091 型汽车全车电气设备电路（如图 4-1-1 所示），除蓄电池三根和点火系统高压线七根外，其他用电设备的低压线多达 117 根以上，总长超过 100m，分支很多，布满全车。

为了便于识别、连接和检修方便，在线路敷设方面，应遵照一般电气系统的接线原则和一定的敷设规律。

①电系线路，一般以仪表板为线路控制中心和敷设起点。

②线路由仪表起敷设，穿过发动机后围板沿其下行，并与转向盘周边折沿左大梁内侧前行和向后行，并分前、后两路再向右行。

③同向同道的线路分段包扎成主（中间）线束、前（水箱罩右灯连接线）线束和后线束。且根据用电设备的相应位置，从最短和最接近的电线束中，抽出线路接线头。

④为使各电线束间的线路相衔接，通常使用五接头接线板两个(一在左前，一在左中)和四接头接线板一个(在右前)，及单线接线板两个(一为喇叭线用，一为大灯远光指示灯线用)。

⑤不同设备的线路，以采用不同颜色的导线来识别。若使用同色导线，则可装用各相应颜色的塑料线头套管来区别。

⑥电气系统线路，除高压部分外，一般所用电线，其截面面积如下：

主线路的导线(发电机→调节器→电流表)为 2.5～4.0mm^2；

接至大灯远光的导线为 1.0～2.5mm^2；

接至大灯近光的导线为 1.0～1.5mm^2；

接至小灯的导线为 0.75～1.50mm^2；

接至后灯的导线为 0.75～2.50mm^2；

接至转向指示灯的导线为 0.75～1.0mm^2；

接至仪表灯的导线为 0.75～1.50mm^2；

接至喇叭的导线为 1.0～2.5mm^2；

点火线圈的导线为 0.75～1.50mm^2；

蓄电池至起动机的导线为 35、43、50 和 70mm^2。

⑦线路熔丝为 20A。

⑧电线束的包扎，首先应按各电气设备的线路所需包线长度剪截备齐，然后将应包扎在一起的导线整理齐全，并按线路的实际情况，分支或留出线头，从而初步完成布置。

⑨在各分支处的交叉位置及线束包扎的末端，应用胶布缠好，以免包扎时松散零乱。然后用白纱带、黄蜡绸带或塑料带，采用半叠包扎法进行包扎。包扎以后，还应将叠包带子结好，并在各接头焊上适当大小的铜接头和套上塑料或胶护套套管。若用白纱带包扎，则应先涂刷一层保护漆，晾干或烘干后，即可备用。

⑩汽车电气设备系统线路最易受油、水、尘土玷污侵蚀，且经常处于振动摇晃中，并可能受到拉力和磨损的机械损伤，因此，在接线时应注意下列各点：

a. 线路必须有依附，应逐段用夹片固定。

b. 线路不应承受拉力和挤压力。

c. 线路不易检修的部分，或线路绕过锐角和穿过铁板孔隙时，应用橡胶护套垫圈或套管保护。

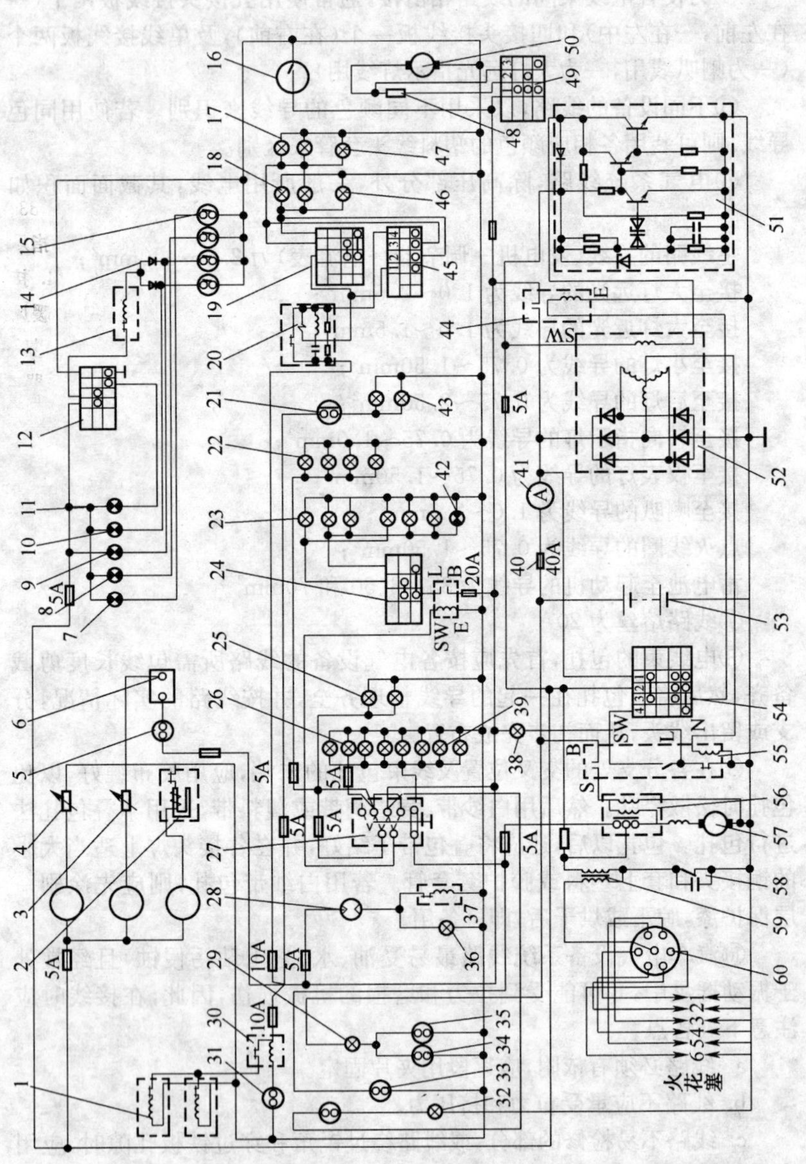
1 2 3 4 5 6 7 8 9 10 11 12 13 14 15 16 17 18 19 20
21 22 23 24 25 26 27 28 29 30 31 32 33 34 35 36 37 38 39 40
41 42 43 44 45 46 47 48 49 50 51 52 53 54 55 56 57 58 59 60
5A
10A
20A
40A
SW
E
L
B
N
S
A
火花塞
654321

图 4-1-1　解放 CA1091 型汽车电气设备线路图

1. 喇叭　2. 油压表传感器　3. 汽油表传感器　4. 水温表传感器　5. 开关　6. 收音机(选装)　7. 燃油警报灯　8. 油压警报灯　9. 气压警报灯　10. 机油滤清器警报灯　11. 停车指示灯　12. 停车开关　13. 警报蜂鸣器　14. 二极管　15. 警报开关　16. 点烟器　17. 左转向灯　18. 右转向灯　19. 转向开关　20. 闪光器　21. 制动灯开关　22. 仪表灯　23. 前大灯　24. 变光开关　25. 前小灯　26. 示宽灯　27. 车灯开关　28. 倒车灯开关　29. 室内灯　30. 喇叭继电器　31. 按钮　32. 发电机罩下灯 33. 插座　34. 连锁开关　35. 室内灯开关　36. 倒车灯　37. 倒车蜂鸣器　38. 电源指示灯　39. 停车示宽灯　40. 熔断器　41. 电流表　42. 远光指示灯　43. 制动灯 44. 接触器　45. 警报开关　46. 右转向指示灯　47. 左转向指示灯　48. 变速电阻 49. 暖风机开关　50. 暖风机　51. 调节器　52. 发电机　53. 蓄电池　54. 点火开关　55. 复合继电器　56. 起动机吸铁　57. 起动机　58. 断电器　59. 点火线圈　60. 配电器

d. 线路应避免热源的影响。电源线路不能有搭铁、破损，以保证各线相互之间的绝缘性。

e. 电线束的端头，应用接线板对色相接，单线则使用接线管相接。尽量避免在线路中间焊接分支线路，以防导线变脆易于折断和短路。

f. 电源线应通过熔丝加以控制，以确保安全。所有接线点和插销等，接触要确实、牢固，不可松动或松脱。

⑪用试灯或仪表，检验各电路接线是否符合技术要求，以及有无短路、断路及搭铁等情况。

解放 CA1091 型汽车电气设备和仪表的电路导线规格，见表 4-1-1。

表 4-1-1　电气设备和仪表的电路导线规格

电线代号	线芯截面面积(mm^2)	导线颜色	电线走向
1	2.5	红	起动机→熔丝盒
1A	2.5	红	熔丝盒→电流表
2	2.5	粉	电流表→交流发电机电枢接线柱
3	2.5	粉	电流表→直流接触器“B”接线柱
3A	1.0	粉	在线束中与 3 号线接→熔丝盒
3B	1.5	粉	在线束中与 3 号接线→点火开关
3C	1.0	粉	在线束中与 3 号接线→与室内灯线束相接的四孔复合插座

续表 4-1-1

电线代号	线芯截面面积 (mm²)	导线颜色	电线走向
3D	1.0	粉	室内灯线束四孔复合插座→室内灯
4	2.5	白	直流接触器“L”接线柱→熔丝盒
4A	1.0	灰	在线束中与4号线接→车灯开关
4B	0.8	红	在线束中与4号线接→仪表警报插座
4C	2.5	白	在线束中与4号线接→灯光继电器“B”接线柱
4D	0.8	红	在线束中与4号线接→收音机电源线
5	0.8	绿	点火开关→直流接触器“5W”接线柱
6	1.5	黑	交流发电机外壳→点烟器
6A	1.0	黑	在线束中与6号线接→电压调节器“S”接线柱
6B	1.0	黑	在线束中与6号线接→组合继电器“地”接线柱
6C	1.0	黑	在线束中与6号线接→直流接触器搭铁螺钉
6D	1.0	黑	在线束中与6号线接→灯光继电器“E”接线柱
6E	1.0	黑	在线束中与6号线接→室内灯开关
6F	1.0	黑	在线束中与6号线接→仪表插座
6G	1.0	黑	在线束中与6号线接→与室内灯线束相接的四孔复合插座
6H	1.0	黑	室内灯线束四孔复合插座→室内灯车门连锁开关
6I	1.0	黑	在线束中与6号线相接→工作灯插销座
6J	1.5	白	在线束中与6号线相接→与后电线束相接的四孔复合插座
6K	1.5	白	与中间电线束相接的四孔复合插座→拖车插销座
7	1.0	红白	点火开关→点火线圈
7A	1.0	红白	在线束中与7号线相接→熔丝盒
7B	1.0	红白	熔丝盒→电压调节器“+”接线柱
7C	1.0	红白	在线束中与7B号线相接→交流发电机磁场接线柱
8	1.0	黄	交流发电机磁场接线柱→电压调节器“F”接线柱
9	0.8	蓝	交流发电机中性点接线柱→组合继电器“N”接线柱

续表 4-1-1

电线代号	线芯截面面积（mm^2）	导线颜色	电线走向
10	0.8	白	组合继电器“L”接线柱→仪表警报插座
11	0.8	棕	点火开关→组合继电器“SW”接线柱
12	2.5	红	起动机→组合继电器“B”接线柱
13	2.5	粉	组合继电器“S”接线柱→起动机
14	1.0	黑	点火线圈→分电器
15	1.0	蓝	起动机→点火线圈
16	1.0	粉	熔丝盒→车灯开关
16A	1.0	粉	在线束中与 16 号线相接→工作灯插销座
17	1.0	红白	车灯开关→在线束中与 17A 号线相接
17A	1.0	红白	到左、右前转向灯
17B	1.0	红白	在线束中与 17A 号线相接→与后电线束相接的四孔复合插座
17C	1.0	红白	与中间电线束相接的四孔复合插座→左复合后灯
17D	1.0	红白	在线束中与 17C 号线相接→右复合后灯
18	1.0	棕	车灯开关→熔丝盒
18A	1.0	棕	熔丝盒→在线束中与 18B 号线相接
18B	1.0	棕	在线束中与 18A 号线相接→左、右前小灯
19	0.8	红	车灯开关→熔丝盒
19A	0.8	红	熔丝盒→仪表插座
19B	0.8	红	在线束中与 19A 号线相接→仪表照明灯座
20	2.5	粉	灯光继电器“L”接线柱→熔丝盒
20A	2.5	粉	熔丝盒→脚踏变光开关
21	2.5	红	脚踏变光开关→左前大灯远光
21A	2.5	红	在线束中与 21 号线相接→右前大灯近光
21B	0.8	红	在线束中与 21A 号线相接→仪表板远光指示灯座
22	1.5	黄	脚踏变光开关→左前大灯近光

续表 4-1-1

电线代号	线芯截面面积（mm^2）	导线颜色	电线走向
22A	1.5	黄	在线束中与 22 号线相接→右前大灯近光
23	1.0	蓝黄	熔丝盒→在线束中与 23A 号线相接
23A	1.0	蓝黄	在线束中与 23 号线相接→左、右前转向灯
23B	1.0	蓝黄	在线束中与 23 号线相接→与后电线束相接的四孔复合插座
23C	1.0	蓝黄	与中间电线束相接的四孔复合插座→左复合后灯
23D	1.0	蓝黄	在线束中与 23C 号线相接→右复合后灯
24	0.8	蓝白	熔丝盒→仪表插座
25	0.8	绿	仪表插座→水温表传感器
26	0.8	黄	仪表插座→油压表传感器
27	0.8	灰	仪表插座→与后电线束相接的四孔复合插座
27A	0.8	灰	与中间电线束相接的四孔复合插座→燃油表传感器
28	1.0	白	熔丝盒→与后电线束相接的四孔复合插座
28A	1.0	白	与中间电线束相接的四孔复合插座→制动灯开关
$28A_1$	1.0	白	两制动灯开关并联线
28B	1.0	棕	制动灯开关→左复合后灯
$28B_1$	1.0	棕	两制动灯开关并联线
28C	1.0	棕	在后电线束中与 28B 号线相接→右复合后灯
29	1.5	绿	熔丝盒→闪光器
30	1.0	红	闪光器→转向开关
31	1.0	灰	闪光器→遇险警报开关
32	1.0	蓝	转向开关→左前转向灯
32A	1.0	蓝	在电线束中与 32 号线相接→与后电线束相接的四孔复合插座
32B	1.0	蓝	与中间电线束相接的四孔复合插座→左后转向灯
32C	0.8	蓝	在线束中与 32 号线相接→接仪表板左转向指示灯
33	1.0	绿	转向开关→右前转向灯

续表 4-1-1

电线代号	线芯截面面积（mm²）	导线颜色	电线走向
33A	1.0	绿	在中间电线束与 33 号线相接→与后电线束相接的四孔复合插座
33B	1.0	绿	与中间电线束相接的四孔复合插座→右后转向灯
33C	0.8	蓝	在中间电线束与 33 号线相接→接仪表板右转向指示灯
34	1.0	蓝	熔丝盒→喇叭继电器"B"接线柱
35	1.0	绿	喇叭继电器"H"接线柱→喇叭(左)
35A	1.0	绿	在中间电线束中与 35 号线相接→喇叭(右)
36	0.8	黑	喇叭继电器"S"接线柱→喇叭按钮
37	1.0	黄	熔丝盒→与后电线束相接的四孔复合插座
37A	1.0	黄	与中间电线束相接的四孔复合插座→倒车开关
38	1.0	红	倒车开关→倒车灯
38A	0.8	红	在后电线束中与 38 号线相接→倒车蜂鸣器
39	0.8	蓝	车灯开关→灯光继电器"SW"接线柱
40	0.8	红黑	熔丝盒→仪表警报插座
40A	0.8	红黑	在中间电线束中与 40 号线相接→与后电线束相接的四孔复合插座
40B	0.8	红黑	与中间电线束相接的四孔复合插座→停车灯开关
41	0.8	粉	停车灯开关→与中间电线束相接的四孔复合插座
41A	0.8	粉	与后电线束相接的四孔复合插座→警报蜂鸣器
42	0.8	黑	警报蜂鸣器→仪表警报插座
43	0.8	黑	仪表警报插座→与后电线束相接的四孔复合插座
43A	0.8	黑	与中间电线束相接的四孔复合插座→停车灯开关
44	0.8	蓝	仪表插座→油压警报开关
45	0.8	蓝白	仪表插座→与后电线束相接的单孔插座
45A	0.3	蓝白	与中间电线束相接的单孔插座→燃油表传感器
46	0.8	绿	仪表警报插座→机械警报开关
47	0.8	棕	仪表警报插座→与后电线束相接的四孔复合插座

续表 4-1-1

电线代号	线芯截面面积（mm^2）	导线颜色	电线走向
47A	0.8	棕	与中间电线束相接的四孔复合插座→气压警报开关
48	1.5	灰	熔丝盒→点烟器
49	1.5	灰	熔丝盒→暖风开关
53A	0.8	灰	室内灯→室内灯车门连锁开关
54	0.8	灰	室内灯车门连锁开关→与中间电线束相接的四孔复合插座
54A	0.8	灰	与室内灯线束相接的四孔复合插座→室内灯开关
56	1.0	黄	在后电线束中与 32B 号线相接→拖车插销座
57	1.0	绿	在后电线束中与 33B 号线相接→拖车插销座
58 60	1.0 1.0	棕 黑	在后电线束中与 23D 号线相接→拖车插销座
59	1.0	红	在后电线束中与 28C 号线相接→拖车插销座

二、线路拆卸注意事项

在汽车发生故障，需拆卸线路进行维修时，应注意以下几点：

①除非汽车大修时，不宜进行全车线路的拆卸。

②若拆卸全车线路或拆卸量较大时，应先从蓄电池极柱上卸下火线和搭铁线，以及其他直接来自电源的导线，使全车电路断电。

③首先拆下高压导线（数量很少，又容易拆卸），然后拆下低压导线。

④拆卸时，动作要轻稳，依次逐点进行，不可硬扯、硬拉、硬折，防止扯断导线，扎破外皮或折断内部导线（尤其是高压线，更要注意防止硬折）。

⑤凡螺栓连接处，应轻轻拧下螺母，取下垫片，再取下导线，然后把垫片套回螺栓上，并把螺母拧回原位，防止丢失和碰坏极柱。

⑥当少量拆卸导线时，可不切断电源，但要防止拆下的线头搭铁和短路。

⑦更换导线时，可按导线包皮的颜色，确定应拆卸的两个端头。对于初学者，可在按颜色初步判定后，再用万用表测试确定。

第二节　识读整车电气线路图和排除整车电路故障

一、识别电路图中的电气图形符号

识别汽车电路图中的电气设备部件、继电器和开关的图形符号，是读懂电路图的重要条件之一。表 4-1-2 为常见电气设备部件的图形符号，可按该图形符号方便地查找出各电器部件在电路中的位置。

表 4-1-2　电气图形符号

序号	名称	图形符号	GB4728	IEC	ISO	备注
1	直流	—	02—02—01	=	05—06	
2	交流	～	02—02—04	=	05—08	
3	交直流	≃	02—02—12			
4	正极	+	02—02—16	=	05—09	
5	负极	—	02—02—17	=	05—10	
6	中性点	N	02—02—14	=		
7	磁场	F				
8	搭铁	⊥	02—15—05	=	05—38	
9	交流发电机输出接线柱	B				
10	磁场二极管输出端	D+				
11	接点	●	03—02—01	=	06—17	
12	端子	○	03—02—02	=	06—18	
13	可拆卸的端子	∅	03—02—10			
14	导线的连接		03—02—15	=		
15	导线的分支连接		03—02—05	=	06—14	
16	导线的交叉连接		03—02—07	=		
17	导线的跨越		03—02—12			

续表 4-1-2

序号	名称	图形符号	GB4728	IEC	ISO	备注
18	边界线		02－01－06	＝	05－05	
19	屏蔽(护罩)		02－01－07	＝		可画成任何方便的形状
20	屏蔽导线		03－01－07	＝	06－03	
21	动合(常开)触点		07－02－01	＝	06－03	
22	电阻器		04－01－01	＝	07－01	
23	可变电阻器		04－01－03	＝	07－02	
24	压敏电阻器	U	04－01－04	＝	07－03	
25	热敏电阻器	t	04－01－05	＝	07－04	
26	滑线式变阻器		04－01－11	＝	07－05	
27	分路器		04－10－15	＝		带分流和分压接头的电阻器
28	滑动触点电位器		04－01－18	＝	07－07	
29	穿心电容器		04－02－03	＝	07－11	
30	半导体二极管一般符号		05－03－01	＝	07－19	

续表 4-1-2

序号	名称	图形符号	GB4728	IEC	ISO	备注
31	单向击穿二极管，电压调整二极管（稳压管）		05—03—06	=	07—21	
32	发光二极管		05—03—02	=	07—20	
33	双向二极管（变阻二极管）	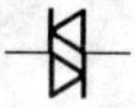	05—03—09	=	07—23	
34	三极晶体闸流管		05—04—04	=	07—24	
35	光电二极管		05—06—02	=	07—28	
36	PNP 型三极管		05—05—01	=	07—26	
37	集电极接管壳三极管（NPN 型）		05—05—02	=		
38	具有两个电极的压电晶体		04—07—01	=	07—18	
39	电感器、线圈、绕组、扼流圈		04—03—01	=	07—13	
40	带磁芯的电感器	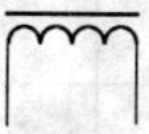	04—03—02	=	07—14	
41	熔丝		07—21—01	=	07—17	
42	易熔线					
43	电路断电器					双金属片式

续表 4-1-2

序号	名称	图形符号	GB4728	IEC	ISO	备注
44	永久磁铁		02—17—07	=	05—39	
45	操作器件一般符号	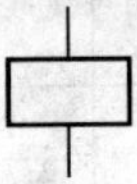	07—15—01	=	08—21	
46	一个绕组电磁铁	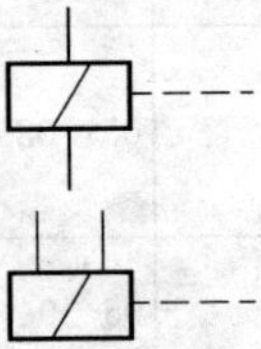				
47	两个绕组电磁铁	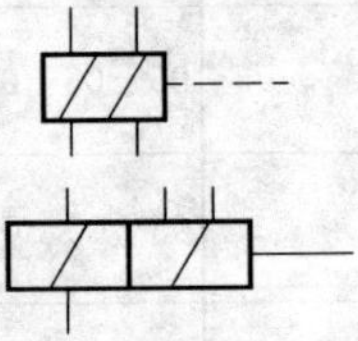				
48	不同方向绕组电磁铁	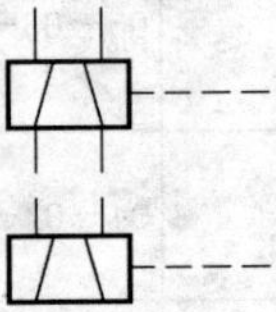				
49	触点常开的继电器	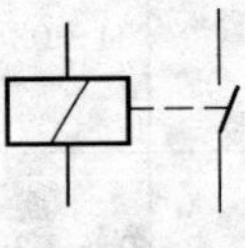				
50	触点常闭的继电器	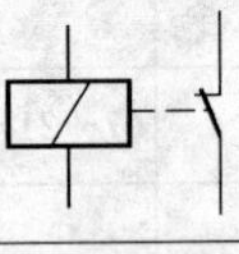				
51	仪表照明调光电阻	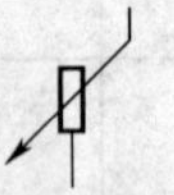				

续表 4-1-2

序号	名称	图形符号	GB4728	IEC	ISO	备注
52	光敏电阻		05－06－01	＝	07－27	
53	加热元件、电热塞		04－01－17	＝	07－09	
54	电容器		04－02－01	＝	07－10	
55	可变电容器	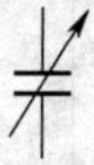	04－02－07	＝		
56	极性电容器		04－02－05	＝	07－12	
57	预热指示器	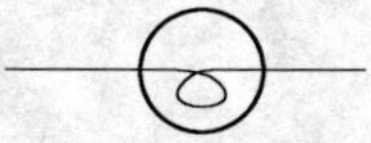				
58	元件、装置、功能元件	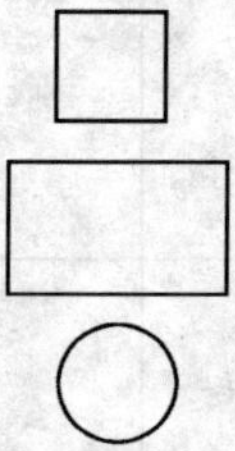	02－01－01 02－01－02 02－01－03	＝ ＝ ＝	05－01 05－01 05－01	填入或加上适当的符号或代号，以表示元件、装置或功能
59	点火绕组	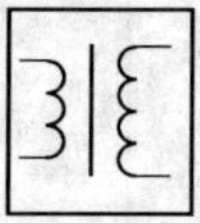			08－29	
60	分电器	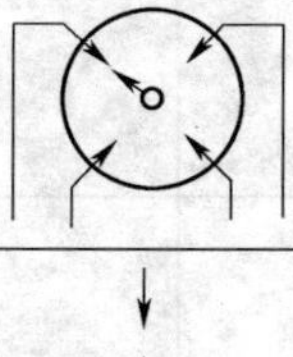			08－33*	示出的为4缸
61	火花塞		07－22－01	＝	08－28	

续表 4-1-2

序号	名称	图形符号	GB4728	IEC	ISO	备注
62	点火电子组件	 I C				
63	信号发生器	 G	06－27－01			
64	脉冲发生器	 G	10－13－04	=		
65	霍尔信号发生器	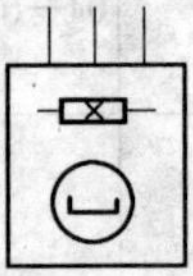				
66	磁感应信号发生器	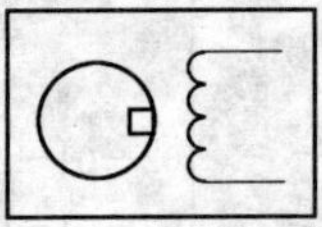				
67	温度补偿器	 t° comp				
68	电磁阀一般符号	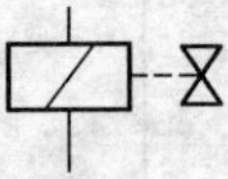				
69	常开电磁阀	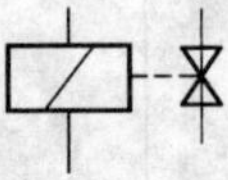				
70	常闭电磁阀	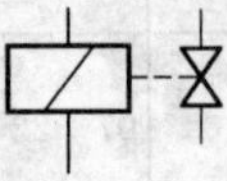				

续表 4-1-2

序号	名称	图形符号	GB4728	IEC	ISO	备注
71	蓄电池		06—26—01	=	08—01	
72	蓄电池组		06—26—03	=	08—03	
73	凸轮控制		02—13—16	=	05—32	
74	钥匙开关（全部定位）	0 1 2				
75	多档开关、点火、起动开关，瞬时位置为2能自动返回到1（即2档不能定位）	0 1 2 0.1				
76	动断（常闭）触点		07—02—03	=	06—31	
77	先断后合的触点		07—02—04	=	06—34	
78	中间断开的双向触点		07—02—05	=	06—35	
79	双动合触点		07—02—08	=	06—37	

二、识读整车电气设备电路图

1. 分析和看懂整车电气设备电路图

要掌握汽车电气设备总电路，必须能看懂整车电气设备电路图。

分析整车电气线路图的方法如下：

(1)认真读电路图的图注

对照电路图，认真读懂各图注，找出元器件的相互连线及控制关系。

(2)注意开关在电路中的作用

①对多档开关，要按档位、接线柱逐级分析其各档功能。有的电器可能受两个以上的单档开关(或继电器)控制，有的要受两个以上的多档开关控制，其工作状态可能比较复杂(如间歇刮水继电器与洗涤器)，为此要认真查找。遇到开关上接线柱较多时，首先要抓住从电源来的一两根线，再逐个分析与各接线柱相连的电器应当处于何种档位，从而找出控制程序。

②遇到组合开关，在将线路安装图改画成原理图时，可以按功能分别画在各自的系统之中，但在看图和在车上查线时，又要想到它是组合开关中的一个部分。

(3)掌握回路原则

任何一个完整的电路，都由电源、开关、用电器及导线等组成。电流必须是从电源正极出发，经过导线、熔丝、开关等到达用电器，再经导线(或搭铁)回到同一电源的负极，构成电气回路。如果读图中，读到电流从电源正极出发仍回到此正极，或从一个电源(如蓄电池)正极出发，回到了另一个电源(如发电机)的负极，或又串入了别的用电器，都属于没有掌握回路原则，造成读图错误。

(4)电路图的简化

汽车电气设备总线路图都比较复杂，要看懂它应首先将它简化。

简化总电路图的方法之一，是每次仅追踪电流的一条回路，即从蓄电池正极出发，沿“火线”看顺序经过哪些元器件，最后经“搭铁”回到蓄电池负极。经这样多次分解，就可得到各独立的电系电路。

简化总电路图的方法之二，是先按独立电路中已知的主要电气设备(如充电系统中，总是有蓄电池、电流表、发电机及调节器)，找出它们之间的连线，得到独立电路。

一般先找到电源电路，即充电系统电路，再找各独立电路。东风EQ1090型汽车的总电路分析，如图4-1-2所示。

三、诊断与排除整车电路故障

①观察故障征兆：小心地观察故障征兆，并检查是否还有其他不正

常情况。如前照灯远光不亮，就还应检查前照灯近光亮否、示宽灯亮否、其他灯亮否、喇叭是否响等。

②确定可能产生故障的原因：必须熟悉整车电路图，并且应了解开关、继电器和其他零部件以及该车过去所发生过的类似故障原因。

③确定故障零件：检查与可能产生故障原因有关的零件及配线，确定故障零件。检查时，应按照一定的顺序，用正确的检查方法逐步进行。

④排除故障：修理或更换故障零件，排除故障后，一定要检查系统是否正确地动作，是否存在由于修理而产生的新问题。

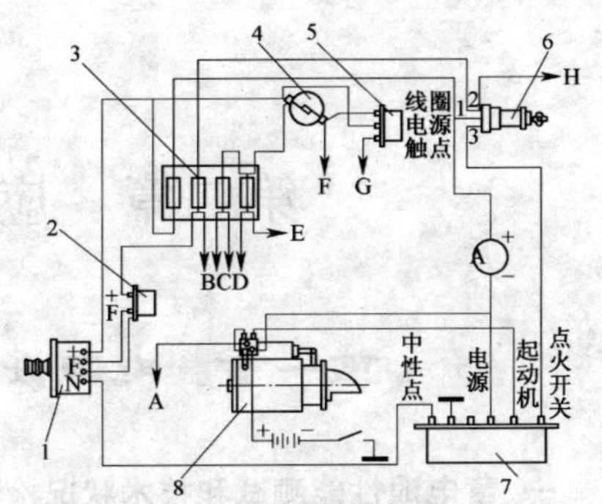

图 4-1-2　东风 EQ1090 型汽车的总电路分析

1. 发电机　2. 发电机调节器　3. 熔丝盒　4. 双金属片式电路继电器　5. 灯光继电器　6. 点火开关　7. 起动继电器　8. 起动机　A—点火线圈　B—仪表　C—喇叭、车灯开关 2 号柱　D—制动灯等　E—转向灯系　F—车灯开关 1 号接柱　G—侧灯　H—点火系统

第二章　应会部分

第一节　电源设备维修技术

一、蓄电池性能测试和技术状况检测

这里以酸性铅蓄电池为例，介绍部分技术性能测试方法。

1. 外壳破裂位置测试

当外壳破裂，用肉眼看不清时，可以下法测试出具体位置。

①将电路器试验台的点火高压电（或车上的分电器旁插孔接某一缸的高压电）用导线引出，接一只良好的火花塞后搭铁（即接试验台的接地线）。

②将这搭铁线同时接被测蓄电池的某一极柱。

③用一根高压导线，一端接火花塞接线柱，另一端作为探头去接触蓄电池外壳表面，并不断变换位置。正常情况下，火花塞间隙处应有连续火花。

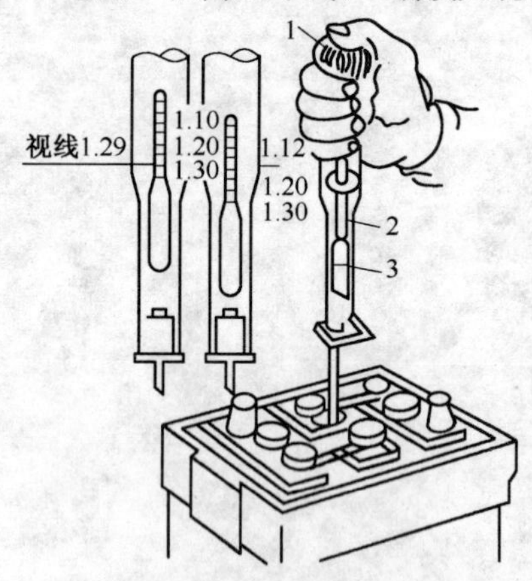

图 4-2-1　用吸式密度计测量电解液密度

1. 橡胶球　2. 吸液玻璃管　3. 浮子

④当探头触及裂纹时，火花塞间隙处火花便消失，由此可测知裂纹位置。

2. 放电程度测试

(1)电解液密度测试方法

用吸式密度计测定电解液密度的方法如图 4-2-1 所示。

①将电解液吸入密度计，从浮子所指刻度对准的液面，即可读出密度值。

在读数时，应使浮子浮在玻

璃管的中央，避免两者接触，并使密度计中的液面、刻度线与视线平齐。

②在测量电解液密度的同时，还应将温度计浸入电解液内测其温度。若测量得出的温度不是20℃，则应对所测得的电解液密度值进行温度校正。这是因为标准的电解液密度值是以温度为20℃的条件下得出的。

③将任意温度下测得的密度值换算为20℃时的密度值，可按下式进行：

$$\rho_{20}=\rho_t+0.0007(t-20)$$

式中　ρ_{20}——20℃时的密度值；

ρ_t——在温度为t℃时所测得的密度值；

t——测量密度时的实际温度(℃)；

0.0007——温度系数。

④实际测得的密度值，换算成标准温度20℃时的密度值后，即可按表4-2-1得知该蓄电池的放电程度。

表4-2-1　电解液密度与蓄电池放电程度的关系

标准温度(20℃)下的电解液密度(g/cm³)				放电程度(放电量占20h放电率的额定容量的百分数)
1.300	1.280	1.270	1.260	全充电状态
1.275	1.240	1.225	1.210	放电25%
1.245	1.200	1.180	1.160	放电50%
1.215	1.160	1.135	1.110	放电75%
1.190	1.120	1.090	1.060	全放电状态

(2)大负荷下端电压测试法

①用高率放电计测试。

a. 测试时，先拧掉加液孔盖。

b. 将高率放电计的两触尖抵紧某一单格的两个极柱，当指针稳定时，迅速读数并记录，正常时指针应能稳定3～5s。然后移开放电计。

其单格电压读数与放电程波的关系如表4-2-2所示。

表4-2-2　放电计读数与放电程度的关系

放电计读数(V)	蓄电池放电程度(%)	放电计读数(V)	蓄电池放电程度(%)
1.7～1.8	0	1.4～1.5	75
1.6～1.7	25	1.3～1.4	100
1.5～1.6	50		

c. 用高率放电计测量各单格时，其电压在 1.5V 以上，并能在 5s 内保持稳定，说明技术状态良好；电压低于 1.5V，但在 5s 内尚能稳定者，属放电过多，应及时补充充电，经充电后再进行一次检查；如果在 5s 内电压迅速下降，则表示有故障。

d. 各单格电池的电压值之差＞0.1V，也说明存在故障。一般来讲，指针不稳，电压迅速下降，说明该单格接触不良或极板硫化。指针指在零位不动，若某单格出现这一情况，可能是其内部断路或短路。这时，可以在整个蓄电池的正、负极之间接一试灯加以判别，灯亮说明那个单格内部严重短路，不亮则是断路。如果蓄电池各单格的电压都为零，说明蓄电池已严重损坏。

e. 应特别注意：刚充完电的蓄电池，在电解液未降到常温、充电时逸出的气体未消散之前，不能用放电计检查。周围有易燃气体或有正在充电的蓄电池时，也不宜使用。否则易造成失火事故。

f. 经放电计检查的蓄电池，在使用前应补充充电。对于不外露连接条的 12V 蓄电池，应使用新式 12V 高率放电计测定。

②实车测试。

a. 在发动机正常温度下，将一只电压表接在蓄电池的正、负极上，拔出分电器盖上的中央高压线并搭铁，起动发动机连续运转 15s，及时观察电压表的读数。在起动机和线路连接良好的情况下，对于 12V 电池，如电压≥9.6V，说明蓄电池技术状态良好。如电压低于上述值，则说明蓄电池技术状态不良。

b. 也可在夜间开大灯情况下，接通起动机。如果起动机转动后灯光虽然稍许变暗，但仍有足够的亮度，说明蓄电池良好；若起动机运转无力，灯光又非常暗淡，则说明蓄电池放电过多，必须立即充电；如果接通起动机，灯光暗红，并迅速熄灭，则说明蓄电池放电已经超过了允许限度，或者已严重硫化。

3. 电解液品质测试

电解液不纯是不正常自放电的主要原因，也是影响蓄电池寿命的重要因素。常见的有害物质有：铁、盐酸、锰、硝酸、铜、砷、醋酸及有机化合物等。由于对电解液进行全面的定量分析，需要较完善的化学分析手段，一般汽修单位可采用下述简单测试方法。

(1)含铁量测试

①制备 A、B 溶液：A 溶液是将 0.316g 高锰酸钾溶入 100mL 水中；

B溶液是将9.72g硫氰化钾溶入100mL水中。

②制备稀释电解液试样:将受检电解液加水稀释至密度为1.200g/cm³。

③取稀释电解液试样10mL倒入试管中,滴入3～4滴A液,待颜色消失后再倒入10mL B溶液,以不出现较深的红色为合格。

(2)含盐酸量测试

①取5.1g硝酸银溶入100mL水中制成试液。

②将25mL电解液试样倒入试管中,再以25mL蒸馏水稀释之。

③滴入0.5～1mL试液,以不出现(或只略带)乳白色为合格。

(3)含锰量测试

在上项分析合格的试样中,加入少量的浓硝酸和过氧化铅,加热至沸腾状态。若有淡红色出现,则表明有微量锰存在,视为不合格。

(4)含硝酸量测试

将一滴马钱子碱的硫酸溶液(在浓硫酸中加0.4%的马钱子碱)滴在点滴板上,再加上一滴电解液试样,如果试样中含有硝酸,即会显红色,并迅速变为橙色,最后变为黄色。

(5)含铜量测试

在电解液试样中注入少量氨水,有铜存在时,会形成白色沉淀,并逐渐变为蓝色。

(6)含砷量测试

在烧杯中盛入25mm高的试样液,再加入2.5mm高的浓盐酸,将一根干净的铜丝投入其中,加热15min,若铜丝变色,即表示含砷过多。

(7)含醋酸量测试

用氨水中和电解液试样,加入少量三氯化铁,待溶液变成红色,再加入盐酸,若红色立即消失,说明试样中含有醋酸。

(8)有机化合物含量测试

取25mL电解液试样置于烧杯中,加100mL蒸馏水稀释,加热至沸腾,用滴定管滴入(1)项中的A溶液,直到红色能暂时存留而不立即消失为止。若滴入的A溶液量超过6mL,则为不合格。

4. 充放电测试

充放电测试是判定蓄电池技术状态的可靠方法。通过对充放电测试所得出的各项参数及现象的分析,可判定蓄电池故障的程度及性质。

(1)充电

①采用普通定电流充电法的充电电流（即第一阶段以额定容量的1/10的充电电流，充至单格电压为2.7V，再将电流减半进行第二阶段充电），充电至全充电状态。

②在充电过程中，测量并记录各单格的电解液密度、温度及端电压，观察好充电过程中的现象。

③充电过程中，若电解液温度>45℃，应暂停充电使其降温。

④充电完毕时，如电解液密度不合规定，应用蒸馏水或密度为1.400g/cm³ 的电解液进行调整。

⑤调整后，应再充电2h。

(2)放电

①以20h放电率放电（即用1/20额定容量的电流放电，如CA1090型车用6-Q-100蓄电池的额定容量为100A·h，应该用5A电流放电），并保持放电电流恒定。

②在放电过程中，每隔一定时间（开始每隔1h，待单格电池电压降至1.9V后，每隔15min）测量一次单格端电压、电解液密度及温度。

③当放电至出现下述情况之一时，即停止放电：多数单格端电压已降至1.75V以下，或某单格端电压急剧下降。

④将记录总放电时间的小时数，乘以放电电流的安倍数，即得出实际放电容量。

(3)蓄电池技术状态分析

按蓄电池充放电过程中测量得到的参数及反映的现象，来分析蓄电池的故障性质及程度。分析方法见表4-2-3。

表4-2-3　不同技术状态的蓄电池在充放电测试中的反映

比较内容		蓄电池技术状态					
		正常	一般硫化	严重硫化	活性物质严重脱落	一般短路	严重短路
充电过程	电解液密度	正常上升	上升慢	根本不上升	正常上升（混浊）	上升缓慢	不上升
	电解液温度	正常上升	不正常升高	不正常升高	正常升高		上升快
	端电压（单格）	正常上升	最初到2.8V	最初高于2.8V	正常上升	缓慢上升	
	气泡出现	2.4V		充电开始	2.4V		不产生气泡
	终止现象	正常			提前出现	来得晚	

续表 4-2-3

比较内容		蓄电池技术状态					
		正常	一般硫化	严重硫化	活性物质严重脱落	一般短路	严重短路
放电过程	容量	正常	偏低	很小	小	很小(单体电压迅速下降)	
说　明			硫化后因内阻增大，使得内压降大，发热量大	硫化的极板活性物质不易溶解和转化，使得电解水早	因活性物质少，使得转化完成早	由于短路，使大部分电流不能参加化学反应	由于严重短路，电流不能参加化学反应

5. 用光学检测仪测量电解液密度

光学检测仪的结构及测量方法如图 4-2-2a、b 所示。

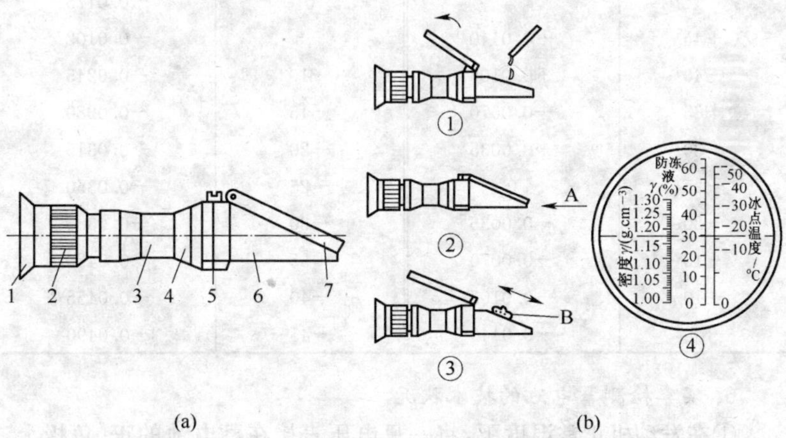

图 4-2-2　用光学检测仪测量电解液密度

(a)光学检测仪的结构　1. 眼罩　2. 调光圈　3. 连接筒　4. 盖板座　5. 调节螺钉　6. 棱镜座　7. 盖板

(b)光学检测仪的使用方法　①将电解液滴在棱镜面上　②将仪器前端朝向明亮处　③用含水棉纱擦净试液　④电解液密度值　A—明亮处　B—含水棉纱

①打开盖板，用玻璃棒将电解液适量滴在棱镜面上，如图 4-2-2b 中①所示。

②合上盖板，将仪器前端朝向明亮处，如图 4-2-2b 中②所示。然后从目镜处观察，视场中半蓝色明暗分界线所切刻度即为电解液密度值读数，如图 4-2-2b 中④所示。

③检测完毕之后，用含水棉纱将棱镜表面和盖板上的试液擦洗干净，如图 4-2-2b 中③所示。

④在测量电解液密度的同时，应该用温度计测量电解液的温度，然后将所测得的密度按表 4-2-4 加以修正后，再换算成 25℃(美国、日本分别以 25℃和 20℃为标准)时的密度才是实际的电解液密度。

⑤在缸内存放的电解液，测量时应先行搅拌，否则会因硫酸和水的密度不同，硫酸下沉，造成误差。

表 4-2-4　不同温度下电解液密度计读数的修正值

电解液温度(℃)	密度修正数值	电解液温度(℃)	密度修正数值
		0	－0.0175
＋45	＋0.0140	－5	－0.0102
＋40	＋0.0105	－10	－0.0245
＋35	＋0.0070	－15	－0.0280
＋30	＋0.0035	－20	－0.0315
＋25	0	－25	－0.0350
＋20	－0.0035	－30	－0.0385
＋15	－0.0070	－35	－0.0420
＋10	－0.0105	－40	－0.0455
＋5	－0.0140	－45	－0.0490

6. 实车检测蓄电池的技术状况

①在发动机正常温度下，将一只电压表接在蓄电池的正、负极上，拔出分电器盖上的中央高压线并搭铁。起动发动机连续运转 15s，及时观察电压表的读数。

a. 在起动机和线路连接良好的情况下，对于 12V 电池，如电压是 9.6V 或高于 9.6V，说明蓄电池技术状况良好。

b. 如电压低于上述值，则说明蓄电池技术状况不良。

②也可在夜间开大灯情况下，接通起动机检测。

a. 如果起动机转动后灯光虽然稍许变暗，但仍有足够的亮度，说明蓄电池良好。

b. 若起动机运转无力，灯光又非常暗淡，则说明蓄电池放电过多，必须立即充电。

c. 如果接通起动机，灯光暗红，并迅速熄灭，则说明蓄电池放电已经超过了允许限度，或者已严重硫化。

③也可在发动机正常温度下，连续几次使用起动机，如果都能带动发动机很快旋转，说明蓄电池技术状况良好；如果勉强能带动、旋转无力、或者根本不能带动，则说明蓄电池放电过多或有故障，技术状况不良。

二、交流发电机性能试验和故障分析

1. 就车空载性能试验

①停机，拆掉蓄电池上的负极搭铁线，从交流发电机的电枢(标有“+”或“B_+”记号)接线柱上拆下接线，将一只量程为 0～40A 的直流电流表，串接在此拆下的接线端头与电枢接线柱之间，再将一只量程为 0～20V(对 12V 电系而言)的直流电压表的“+”接线柱连接线，接于发电机电枢接线柱上，将电压表的“−”接线柱连接线，接发动机机体(即搭铁)。

②关断汽车上的所有用电器开关。

③接上蓄电池的负极搭铁线，起动发动机，使发动机转速由怠速提高到略高于 1300r/min(对于解放 CA1091 型车及丰田 K 系列，略高于 1000r/min，对于一般进口汽车此转速可提高到 2000r/min)下运转。此时，电压值应在 13.8～14.8V(丰田 K 系列为 14V)范围内，电流表读数小于 10A，发电机性能为佳。

2. 就车负载性能试验

①在上述空载测试的基础上，保持住发动机转速。

②接通汽车上主要用电器(如照明灯、信号灯、暖风电动机，但不要按喇叭)，使电流表读数大于额定电流值。

③此时电压表读数，应大于额定电压(见表 4-2-5)。

表 4-2-5　交流发电机主要技术参数及适用车型

生产厂	型号	规格		接地极性	空载		满载			配用调节器	安装方式	带轮型式	质量(kg)	适用车型
		额定电压(V)	额定功率(W)		电压(V)	转速≯(r/min)	电压(V)	额定电流(A)	转速≯/(r/min)					
长沙汽车电器厂	JF132	14	350	—	14	1000	14	25	2500	FT61	双挂脚	双槽	4.5	东风 E1090、EQ2080
	JF152D	14	500	—	14	1100	14	36	2500	JFT106	双挂脚	双槽		解放 CA1091
	JF132C	14	350	—	14	1000	14	25	2500	FT61	双挂脚	双槽	4.5	
	JF13A	14	350	—	14	1000	14	25	2500	FT61	单挂脚	单槽	4.5	跃进 NJ1060、NJ230
	JF13E	14	350	—	14	1000	14	25	2500	FT61	单挂脚	双槽	4.5	北京 BJ2020
	JF152	14	500	—	14	1000	14	36	2700	FT61	单挂脚	双槽	5	
	JF252E	28	500	—	28	1000	28	18	2500	FT212	双挂脚	双槽		五十铃 TD50A-D 自卸车
	JF25G	28	500	—	28	1000	28	18	2500	FT212	单挂脚	单槽	5	长江牌 15t 自卸车
上海汽车电器厂	JF11	14	350	—	14	1000	14	25	2500	FT70	单挂脚	单槽	3.7	
	JF12A-H	28	350	—	28	1000	28	12.5	2500	FT61A	单挂脚	单槽	3.7	黄河 JN1150/100
	JF22A	28	500	—	28	1000	28	18	2500	FT70A				大型载货车
	JF21,JF21A	14	500	—	14	1000	14	36	2500	FT61				无轨电车
	JF1000N	28	1000	—	28	1000	28	36	2250	JFT 201A	三孔凸缘		9.5	柴油发动机
	JFZ1813Z	14	1200	—	14		14	90	3000	IC 调节器与发电机成一整体				上海桑塔纳轿车
	A2T02577	12	800	—			12	65	5000	(发电机内装集成电路调压器)				三菱 L300 型中客车
	ND27050-1210	24	840	—			24	35	5000					日野 FC164/FC166

例如丰田 RT 系列的电流＞30A；丰田 RT、RH、5R 系列的电流＞20A；丰田 K 系列的电流＞19A。它们的电压值为 13.8～14.8V（K 系列为 14V）。

3. 试验台空载性能试验

根据 QC/T 424—1999《汽车用交流发电机电气特性试验方法》规定，试验电路应按交流发电机输出特性试验电路连接（即试验交流发电机时，必须按发电机在汽车上的电路连接，蓄电池和调节器应同时连接到试验电路中），如图4-2-3所示，试验方法如下：

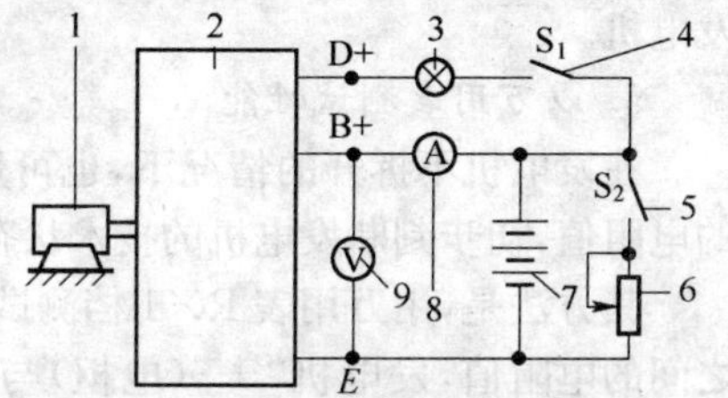

图 4-2-3　交流发电机试验电路

1. 拖动电动机　2. 整体式或外接调节器的交流发电机　3. 2W 充电指示灯　4. 开关 S_1　5. 开关 S_2　6. 可变负载电阻　7. 蓄电池　8. 电流表　9. 电压表

①断开开关 S_2。

②接通开关 S_1，使蓄电池向发电机提供磁场电流。

③起动拖动电动机，并缓慢调高发电机转速，当充电指示灯指示充电（即由亮变灭）时，发电机的转速（即空载转速）应≤1050r/min。

④由于空载转速与磁场电流的大小有关，因此试验规定：调节器内功率三极管的管压降最大值应≤1.5V，因为管压降越高，磁场电流就越小，发电机空载转速就越高（负载性能试验时，输出额定电流时的转速也越高）。

空载转速过高，说明发电机性能降低或有故障（如磁场电路接触不良、定子绕组断路或整流二极管断路、短路等），需拆开发电机进行检修。

4. 试验台负载性能试验

根据 QC/T 424—1999《汽车用交流发电机电气特性试验方法》标准规定，交流发电机负载电流的测试方法与输出特性的试验方法相同，试验电路如图 4-2-3 所示，试验方法如下：

①按试验电路要求连接发电机、调节器和试验台。

②断开开关 S_2，并将负载电阻 R 调到最大。

③接通开关 S_1，使发电机励磁。

④起动动力电动机，逐渐升高发电机转速，当输出电压达到试验电压 U_t(U_t=13.5V)时，接通开关 S_2，并调节负载电阻使输出电流达到发电机的额定电流值 90A(与此同时，应调节发电机转速，使输出电压保持试验电压值)，观测此时发电机的转速，其值应≤6000r/min。若负载转速>6000r/min，说明发电机性能降低或有故障，应拆开检修或更换发电机。

5. *以万用表测试性能*

在发电机不拆开的情况下，也可用万用表测量发电机各接线之间的电阻值，初步判断发电机的技术状态。

其方法是，用万用表 R×1 档测试发电机"F"(磁场)与"－"(搭铁)之间的电阻值，发电机"＋"(电枢)与"－"(搭铁)之间的正、反向电阻值。正常情况下其电阻值应符合表 4-2-6 的规定。

表 4-2-6　交流发电机各接线柱之间的电阻值　　(Ω)

发电机型号	"F"与"－"之间的电阻	"＋"与"－"之间的电阻		"＋"与"F"之间的电阻	
		正向	反向	正向	反向
JF11 JF13 JF15 JF21	5～6	40～50	>1000	50～60	1000
JF12 JF22 JF23 JF25	19.5～21	40～50	>1000	50～70	1000

注：表中数据系用 MF10 型万用表的测试结果，不同万用表测得数据会有所不同

①如"F"与"－"之间的电阻(即磁场绕组的电阻)超过规定值，说明电刷与滑环接触不良；小于规定值，表明磁场绕组有局部短路；若电阻为零，说明两个滑环间有短路或"F"接线柱搭铁。

②用万用表"－"测试棒搭发电机外壳，"＋"测试棒搭发电机的"＋"接线柱，表针指在 40～50Ω 之间，说明二极管正常；如万用表指示值在 10Ω 左右，说明个别二极管已经击穿短路；如万用表指示值接近于零或等于零，说明装在元件板上及端盖上的正、负极管均有击穿、短路。

③若交流发电机具有中心点接线柱“N”时，用万用表 R×1 档，测量“N”与“+”以及“N”与“−”之间的正、反向电阻值，可进一步判断故障所在处，方法见表 4-2-7。

表 4-2-7　交流发电机“N”与“+”及“N”与“−”间的电阻值　(Ω)

测量部位	正向	反向	判断
“N”与“+”之间	10	1000	三个正极管良好
	0	0	三个正极管中有短路的管子
“N”与“−”之间	10	1000	三个负极管良好
	0	0	三个负极管中有短路的管子

6. 输出特性试验

通常在万能试验台上进行，也可单独进行。试验前，按图 4-2-4所示接好线路。

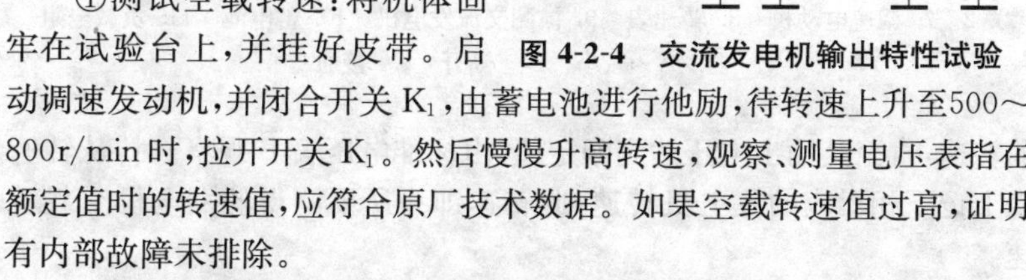

图 4-2-4　交流发电机输出特性试验

①测试空载转速：将机体固牢在试验台上，并挂好皮带。启动调速发动机，并闭合开关 K_1，由蓄电池进行他励，待转速上升至500～800r/min 时，拉开开关 K_1。然后慢慢升高转速，观察、测量电压表指在额定值时的转速值，应符合原厂技术数据。如果空载转速值过高，证明有内部故障未排除。

②测试满载转速：在上述空载试验的情况下，将开关 K_2 闭合，同时调整变阻器。在电压和电流都指在相应的额定值时，测量此时的转速值，应符合原厂家规定的满载转速标准。否则，说明技术性能未恢复。

7. 无刷交流发电机技术性能的测试

其方法与有刷发电机基本相同，一般都是在试验台上进行，通过测得发电机在空载和满载时(输出额定功率)的最低转速，即可判断出发电机性能好坏。

图 4-2-5 所示为无刷交流发电机性能检测电路，其检测步骤是：

(1)测量空载转速

将被检测的发电机与调速电动机的传动部件相连接，并固定好；切断开关 1，接通开关 2，驱动调速电动机，并逐渐提高被测发电机的转速，待指示灯点亮时再切断开关 2，让发电机转入自励；再提高被测发电机

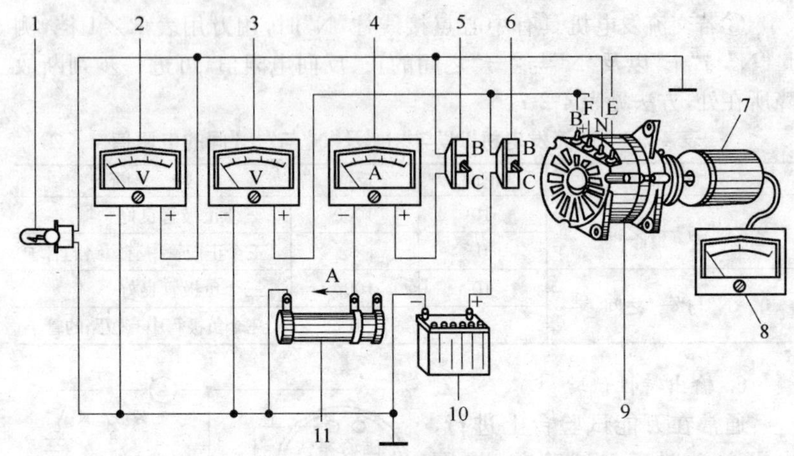

图 4-2-5 无刷交流发电机性能检测电路

1. 指示灯 2. 标准电压表 A 3. 标准电压表 B 4. 标准电流表 5. 开关 1 6. 开关 2 7. 调速电动机 8. 转速表 9. 被测交流发电机 10. 蓄电池 11. 负载电阻器 A—减小 B—断开 C—接通

的转速，直至其输出电压达到额定值（由标准电压表 B 观察）时，从转速表上记下相对应的发电机转速，此转速即为所要测得的发电机空载转速。

(2)测量满载转速

在测量空载转速的基础上，接通开关 1，继续提高发电机转速，与此同时，减小负载电阻器的电阻值，使电压表 B 和电流表指示出发电机满载时的额定电压和额定电流值，再从转速表上记下相对应的转速，这就是所要测量的发电机满载转速。

一般 14V、500W 的无刷交流发电机的空载转速应≤1000r/min，而达到额定功率时的满载转速则应≤2500r/min。

在做发电机性能测试时，注意当发电机的转速达到其额定转速时，其中性点电压（由电压表 A 观察）应约为发电机额定输出电压的 1/2。

通过以上两项测试，可将实际测得的发电机空载转速和满载转速，与其规定值或标准值相比较，即可看出该发电机的有关参数是否符合要求，其性能是好是坏。

8. 通过电压波形显示进行交流发电机的故障分析和检修品质鉴定

采用通用型示波器，即可通过电压波形的显示，准确而迅速地进行故障分析和检修品质鉴定。各种电压显示波形的分析，如图 4-2-6 所示。

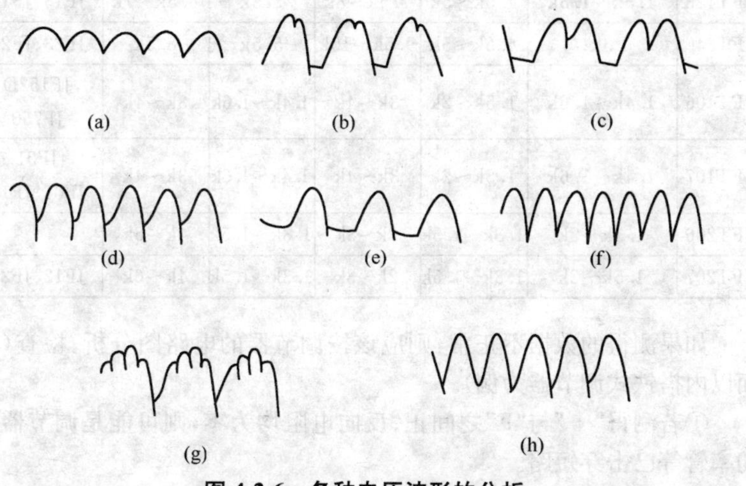

图 4-2-6　各种电压波形的分析

(a)正常　(b)两个二极管断路(同极)　(c)一个二极管短路　(d)一相定子绕组短路　(e)两个二极管短路(同极)　(f)一相定子绕组断路　(g)一个二极管断路　(h)两相定子绕组短路

三、发电机晶体管调节器性能测试

1. 静态电阻测试

晶体管调节器性能是否良好，可先将调节器从车上拆下，然后用万用表 R×10 和 R×100 档，测量调节器的三个接柱之间的静态电阻值。

其正常数据应符合表 4-2-8 规定，其中的正向电阻，是指用万用表的红(正)表棒，接调节器的“＋”或“F”接柱，用万用表的黑(负)表棒，接调节器的“－”接柱所测得的数据(负极搭铁调节器)。反向电阻，是上述的表棒对调后所测得的数据。

表 4-2-8　晶体管调节器各接柱之间的电阻值　　(Ω)

调节器型号	"＋"与"－"之间的正反向电阻	"＋"与"F"之间的电阻		"＋"与"F"之间的电阻		适用发电机型号
		正向电阻	反向电阻	正向电阻	反向电阻	
JFT121	200～300	90	＞50k	110	＞50k	(14V500W)
JFT241	400～500	110	＞50k	110	＞50k	(28V1000W)
JFT126	1.5k～1.6k	4.5k～5k	7.6k～8k	5.5k	6.5k～7k	JF13、JF15
JFT246	3k	4.6k～5k	9.5k～10k	5.5k	8.5k	JF23、JF25
JFT106	1.4k～1.6k	1.5k～2k	3k～4k	1.4k～1.6k	3k～4k	JF152D JF750
JFT107	1.4k～1.6k	1.5k～2k	3k～4k	1.4k～1.6k	3k～4k	JF21 JF01、JF11
JFT206	1.5k～2k	1.3k～1.5k	2k～3k	1.3k～1.5k	4k～6k	
JFT207	1.5k～2k	1.3k～1.5k	2k～3k	1.3k～1.5k	4k～6k	JF12、JF22

如果测得的数据不正常，则应该按调节器的电路图分析、检查(下面以内搭铁式调节器为例)。

①若测得"＋"与"F"之间正、反向电阻均为零，则可能是调节器中功率管等已击穿短路。

②若测得"＋"与"F"之间正、反向电阻均很大，则是调节器内的晶体管等已断路。

③对有怀疑的晶体管，应将其拆下，然后用万用表进行测试，进一步确定它的好坏。

④对于集成电路的调节器，怀疑性能不良时，一般可做更换比较鉴别处理。

2. 调节器工作状态测试

在检修晶体管调节器作业时，也可通过测试调节器工作状态能否"翻转"，来确定调节性能好坏。

所谓工作状态"翻转"，对于配内搭铁式发电机的调节器来说，就是调节器的"＋"与"F"接柱之间，从通路变为断路，或从断路变为通路；对于配外搭铁式发电机(如解放 CA1091 型汽车上的发电机)的调节器来说，则是调节器的"F"与"－"接柱之间，从通路变为断路或从断路变为通路。

一般只要保证调节器的工作状态能准确地“翻转”，即可满足使用要求。下面以解放 CA1091 型车用 JFT106 型晶体管调节器为例介绍。

首先按图 4-2-7 所示的电路接线。当开关 SA 接向 A 时，指示灯 HL 应亮；当开关 SA 接向 B 时，指示灯 HL 应熄灭。如果发生异常情况，则该调节器性能不良，应更换或修理。

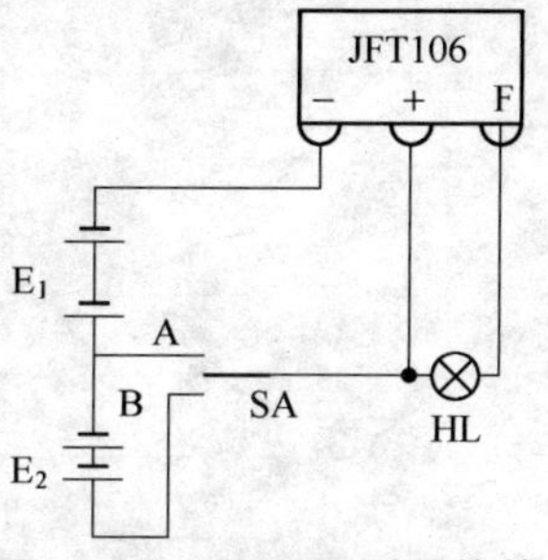

图 4-2-7　JFT106 型晶体管调节器测试电路

第二节　起动机的性能试验

一、试验注意事项

①选用的蓄电池电量要充足，其电压应与被测试起动机的额定电压相同。

②起动机与蓄电池间的连接导线要短，截面面积要足够大，电路中所有接线柱应保持清洁，且导线的连接必须牢靠。

③试验时待电流表指针稳定后才能读数，并做记录。

④每做一次试验，应让蓄电池停歇 1～2min 后才能进行重复试验。

二、空转试验

试验方法如图 4-2-8 所示。

①将被试的起动机夹在台虎钳或试验台上，接通起动机电路，即蓄电池正极和起动机磁场绕组接线柱 M 之间串联一只电流表（量程 100A），再在蓄电池两端并联一只电压表（量程 15V），将蓄电池负极接起动机外壳。各线头必须牢固可靠，接触良好，保证线路的电压降 $\not>$0. 3V。

②合上开关，此时起动机应能均匀运转，无振抖和机械摩擦声，且在电刷与换向器之间无火花产生。

③同时记下电流表和电压表的读数，并用转速表测量出起动机的

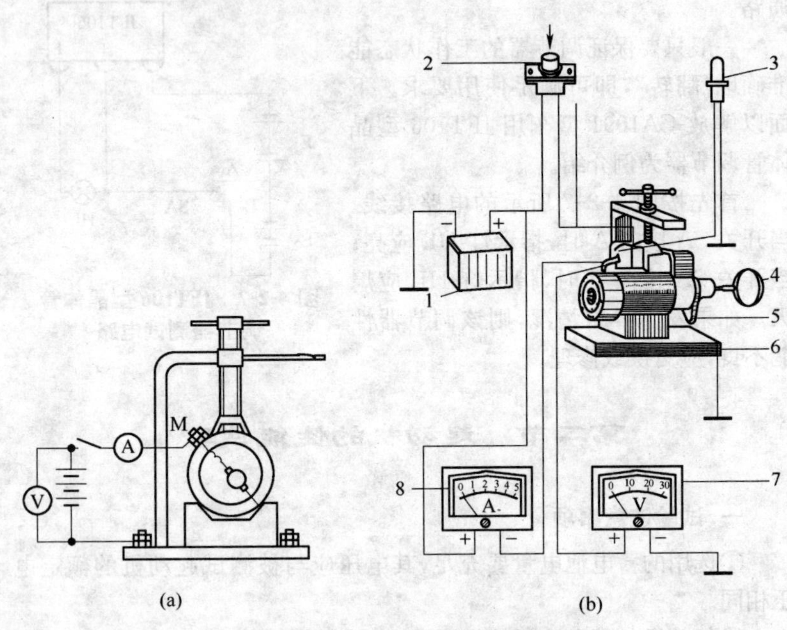

图 4-2-8　起动机空转试验线路

(a)接线示意　(b)实际线路

1. 蓄电池　2. 起动按钮开关　3. 指示灯　4. 转速表　5. 被测起动机　6. 试验台　7. 电压表　8. 电流表

转速,各项数值应符合表 4-2-9 中的规定。

上述试验中如果电流大于标准值,而转速低于标准值,则表明该起动机装配过紧或电枢绕组和励磁绕组内部有短路或搭铁故障;若电流和转速都小于标准值,说明在起动机电路中有的地方接触不良(例如电刷弹簧压力不足),电刷与换向器间接触不好,磁场绕组接头连接不良等。

④每次试验不要超过 1min。

三、全制动试验

全制动试验即转矩试验,可确定起动机主电路是否正常,单向离合器是否打滑。试验方法如图 4-2-9 所示。

表 4-2-9 国产起动机型号、规格、主要参数及适用车型

生产厂	型号	规格		线制	空载特性			全制动特性			电刷		操作方式	安装方式	齿轮			适用车型
		额定电压 (V)	额定功率 (kW)		电压 (V)	电流 (A) ≯	转速 (r/min) ≮	电压 (V)	电流 (V) ≯	转矩 (N·m) ≯	牌号	弹簧压力 (N)			齿数	模数 (mm)	压力角 (°)	
长沙汽车电器厂	321	12	1.103	单线	12	100	5000	8	525	0.16	TS-4	0.12～0.15	电磁	凸缘式	9	2.5	15	北京 BJ2020、BJ1040
	315	12	1.470	单线	12	75	500	8	600	0.26	TS-4	0.12～0.15	机械	凸缘式	11	3	20	解放 CA1090
	308	12	1.323	单线	12	75	5000	8	600	0.26	TS-4	0.12～0.15	机械	凸缘式	9	2.5	15	跃进 NJ1040
	318B	12	1.323	单线	12	90	5000	8	650	0.26	TS-4	0.12～0.15	电磁	凸缘式	11	3	20	解放 CA30A,CA1091
	318D	12	1.323	单线	12	90	5000	8	650	0.26	TS-4	0.12～0.15	电磁	凸缘式	11	3	20	解放 CA1091
	QD50E	24	5.145	单线	24	90	6000	10	900	0.6	TS-4	0.12～0.15	电磁	凸缘式	12	3	20	菲亚特 650E
	QD124	12	1.470	单线	12	90	5000	8	650	0.3	TS-4	0.12～0.15	电磁	凸缘式	11	3	20	东风 EQ1090
	QD273	24	5.880	单线	24	100	6000	9	1500	0.9	TS-4	0.12～0.15	电磁	凸缘式	11	4	20	黄河牌 8t 载重车

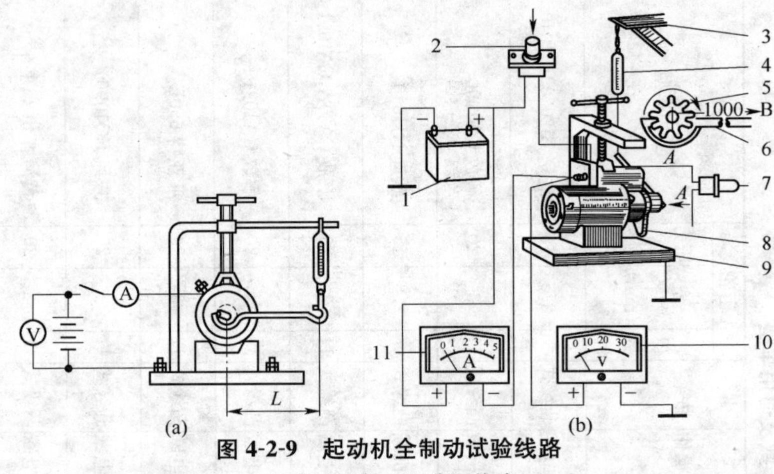

图 4-2-9　起动机全制动试验线路

(a)接线示意　(b)实际线路

1. 蓄电池　2. 起动按钮开关　3. 固定支架　4. 弹簧秤　5. 起动机驱动齿轮　6. 制动力矩杠杆　7. 指示灯　8. 被测起动机　9. 试验台　10. 电压表　11. 电流表　B —至弹簧秤 1000mm

①将被试起动机夹紧在台虎钳或试验台上,使杠杆的一端夹住起动机驱动齿轮,另一端挂在弹簧秤上。

②试验时合上开关,接通电路,观察其单向离合器是否打滑,并同时迅速记下电流表、电压表及弹簧秤的读数,各项数值均应符合表 4-2-8 的规定(转矩=弹簧秤读数×杠杆长度 L,还需进行单位换算)。

③若试验时转矩小于标准值而消耗电流大于标准值,表明起动机电枢绕组或励磁绕组有短路、搭铁故障;若转矩和电流均小于标准值,表明电路中接触电阻过大,有接触不良之处;若驱动齿轮已完全制动(锁止)而电枢轴仍缓慢转动,则说明单向离合器有打滑现象。

④每次试验不要超过 5s,以免损坏起动机和蓄电池。

第三节　点火系统维修技术

一、分电器性能测试

1. 火花强度测试

①将分电器固定在试验台上,按图 4-2-10 接线。

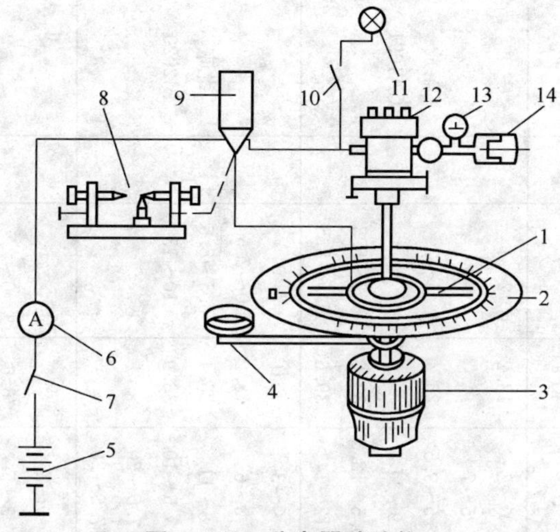

图 4-2-10 分电器试验仪

1. 旋转放电指针 2. 刻度盘 3. 调速电动机 4. 转速表 5. 蓄电池 6. 电流表 7. 初级电路开关 8. 三针放电装置 9. 点火线圈 10. 指示灯开关 11. 灯 12. 被试分电器 13. 真空表 14. 真空泵

②将三针放电器电极间隙调至 7～8mm,然后将分电器触点闭合数分钟,使点火线圈加热至正常工作温度(60℃～70℃)。

③若在冷态下检测,应将电极间隙调至 9mm。

④而后开动电动机,将分电器转速逐渐提高至规定值(见表4-2-9)。

⑤若各放电针间隙处的火花保持连续不断,为发火性能合格。若出现火花过弱或中断现象时,通常是断电器触点间隙过大、闭合角过小、活动触点臂弹簧过软、凸轮磨损、电容器损坏及配电器漏电等原因造成。或伴有点火线圈过热(温度超过 70℃)现象,可检查点火线圈一次绕组的电阻值,以判别是否存在短路故障。若只有个别放电针间断跳火,应检查高压线是否有漏电、断路等故障。

2. 凸轮角度均匀度测试

将试验台上点火线圈的高压线,接旋转放电装置,使分电器以 300～400r/min 的转速运转,从刻度盘上观察每个火花出现的间隔角度是否均匀。允许误差≯±1°。如果误差超过标准,通常是凸轮磨损或轴松旷造成,应进行修理。

表 4-2-10 分电器技术参数

型号	适应缸数	旋转方向	断电器		7mm 间隙连续跳火最高转速（r/min）	离心调节特性		真空调节特性		质量（kg）	适用车型
			触点压力（N）	触点间隙（mm）		转速（r/min）	提前角（°）	真空度（kPa）	提前角（°）		
FD642	6	右	4.9～6.9	0.35～0.45（触点闭合角：35°～40°）	1800	200	0～2	13.2	2～4	2	解放 CA1091
						600	5～7				
						800	7.5～9.5	26.4	5～7		
						1000	9～11				
						1200	10.5～12.5	33.0	6.5～8.5		
						1400	12～14	39.6	6.5～8.5		
FD13	4	左	4.9～6.9	0.35～0.45	2200	200	0～3	8.0	0	1.9	北京 BJ2020
						500	3～6	13.2	0～2.5		
						1000	8～11	26.4	6.5～8.5		
						1500	13.5～10	36.9	10～13		
						1900	17.5～20				
						2200	17.5～20				
FD632 FD16	6	右	4.9～6.9	0.35～0.45	1600	200	0～2			1.9	东风 EQ1090
						500	3～5	6.6	0～2		
						1000	6～8	13.2	2.5～5		
						1500	8～10	33.0	7～9.5		
						1600	8～10	52.8	11～12.5		

3. 触点闭合角测试

①开动分电器测试仪的电动机(见图 4-2-12 所示),将分电器转速调至 300～400r/min(近似于汽车怠速状态)。

②查看闭合角表指针读数,应在规定范围内。车型不同,闭合角略有差异,四缸机的分电器闭合角为 50°～54°,六缸机为 34°～36°,八缸机则为 27°～34°。

③将分电器转速从 300～400r/min 调至 800～900r/min(近似于汽车的快怠速状态)后,再调回 300～400r/min,闭合角应不相差 3°。

④若闭合角不符合标准,可能是凸轮或衬套磨损,触点臂弹簧弹力太弱,触点臂胶木块磨损,触点间隙不当或分电器轴磨损太旷等原因造成的。排除故障后,才能继续检测。

⑤若某些分电器查不出标准闭合角时,可按下述方法求得其大约值:即闭合角为 0.6×凸轮间隔角度。对于四缸发动机,分电器凸轮间隔角度为 90°,所以其余闭合角约为 0.6×90°=54°。

4. 点火提前角测试

①离心调节器的测试:按凸轮角度均匀测试的操作,先在分电器转速为 300～400r/min 时,将旋转放电装置刻度盘的零线对准火花。然后提高转速,观察各种转速下,点火提前角是否合乎标准(见表 4-2-9)。如不符合标准,应扳动弹簧支架,矫正飞锤弹簧拉力或更换弹簧。

②真空调节器的测试:在上述基础上,将转速固定在 350r/min 上,为真空调节器接上真空泵。然后抽动真空泵,观察各种真空度时,点火提前角是否合乎标准(见表 4-2-11)。不符合时,应予修复或调整。

二、在分电器试验台上检测分电器

1. 分火角度检测

先将被试的分电器安装到试验台(见图 4-2-10 所示)上,然后起动调速电动机,并把分电器的转速调至 200～250r/min,观察旋转式放电指针与刻度盘之间出现火花的间隔角度是否均匀。四缸发动机的火花间隔应为 90°±1°,六缸发动机应为 60°±1°,否则说明分电器轴磨损或凸轮磨损不均匀。

2. 离心式点火提前调节机构检测

先将分电器转速调到最低(50～100r/min),再将刻度盘上的0点对准一个火花,然后提高转速,查看在规定转速下其点火提前角。如不符合标准(见表4-2-11),可用扳动弹簧支架的办法来校正弹簧拉力,或更换弹簧。

表4-2-11　离心调节器性能试验数据

分电器型号	旋转方向	转速(r/min)/提前角(°)					
FD25	顺	200/0～2	500/4～6	900/8～10	1500/8～10		
FD12、26	顺	300/0～2	400/2～4	600/3.5～5.5	1000/6～8	1400/9～11	1700/11～13
FD16、632	顺	200/0～2	500/3～5	1000/6～8	1500/8～10	1600/8～10	
FD13、27	逆	200/0～3	500/3～6	1000/8～11	1500/13.5～16	1900/17.5～20	2200/17.5～20
FD36	顺	300/0～2	500/3.5～5.5	700/6～8	1300/10～12	2000/14～16	

3. 真空式点火提前调节机构检测

试验时可使分电器转速稳定在1000r/min,在离心式点火提前角不变的情况下,抽动真空泵,观察在规定的真空度下点火提前角,如果不符合标准(见表4-2-12),可用增、减真空提前调节器接头处垫片的方法,来改变其膜片弹簧的张力。

表4-2-12　真空调节器性能试验数据

分电器型号	真空度(kPa)/提前角(°)			
FD25	13.3/(0～2)	30.7/(2.5～4.5)	53.3/(5.5～7.5)	
FD12、26	21.3/(1～4)	32/(5～8)	40/(8～11)	53.3/(9～12)
FD16、632	6.7/(0～2)	13.3/(2.5～5)	33.3/(7～9.5)	53.3(10～12.5)
FD13、27	13.3/(0～2.5)	26.6/(5.5～8.5)	37.3(10～13)	
FD36	13.3/(0～2)	33.3/(5～7)	40/(7.5～9.5)	53.3/(9.5～11.55)

三、无触点电子点火系统检修

1. 诊断无触点电子点火系统的故障

无触点电子点火系统(以磁电式电子点火系统为例)的故障树,如图 4-2-11 所示。

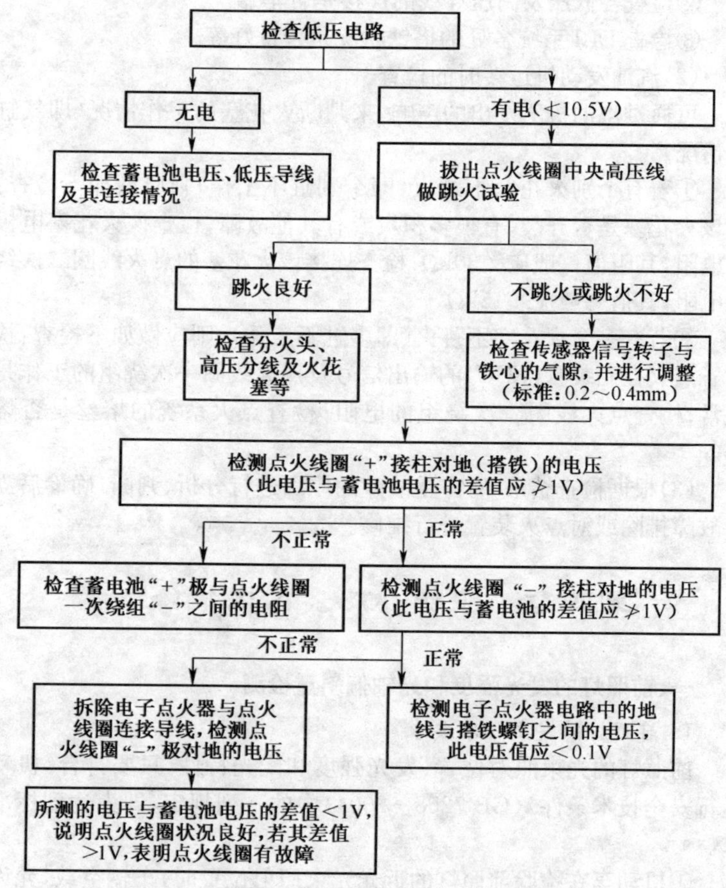

图 4-2-11　无触点电子点火系统的故障树

2. 检修无分电器点火系统

无分电器点火(DLI)系统也属于无触点电子点火。若怀疑或判定 DLI

系统有故障，可在汽油发动机停转和运转两种情况下对其进行检修。

(1)汽车停转时的检修

①检查 DLI 系统的插接器工作状况，看其接触是否良好，有无松旷、断路现象，必要时需进行修理。

②检查各低压及高压导线的连接是否牢靠。

③检查 DLI 系统各处的搭铁状况是否良好等。

(2)汽油发动机运转时的检查

可通过汽油机所发出的声响，来判断火花塞的工作情况(即气缸工作情况)。

①若有个别火花塞不跳火(即个别缸不工作)则应做如下检查：检查该火花塞是否开裂、有很多积炭或有其他故障；检查该火花塞电极间的电阻，其阻值一般应≮30kΩ；检查连接该火花塞的点火线圈二次绕组的电阻，其值一般应<15kΩ。

②若有多个火花塞不跳火(即多缸不工作)，则应做如下检查：检查电子点火控制装置(ECU)的输出信号及点火线圈一次绕组的工作是否正常；检查点火线圈二次绕组的电阻；检查点火系统的熔丝是否熔断等。

(3)根据检查结果，对产生故障的原因进行分析、判断，确诊后立即将故障排除或对点火装置进行维修。

第四节　照明、灯光、仪表维修技术

一、前照灯的发光强度和光轴偏斜量检测

1. 前照灯的发光标准要求

前照灯的光束照射位置、发光强度和配光特性，只要符合《机动车运行安全技术条件》(GB 7258—2004)中的下列规定，即为达到标准要求。

①机动车在检验前照灯的近光光束照射位置时，车辆空载，允许乘一名驾驶人。前照灯在距屏幕 10m 处，光束明暗截止线转角或中点的高度应为 0.75～0.80H(H 为前照灯中心高度)，其水平位置向左、右均≯100mm。

②四灯制前照灯其远光单光束灯在屏幕上的调整，要求光束中心

离地高度为 0.85～0.90H。水平位置要求，左灯向左偏≯100mm，向右偏≯170mm。右灯向左偏或向右偏，均≯170mm。

③对于安装一只或两只前照灯的机动车，每只灯的发光强度应为15000cd 以上，对于安装四只前照灯的车辆，每只灯的发光强度应在12000cd 以上。

④前照灯的配光性能，应符合 GB 19152—2003《汽车前照灯配光性能》的规定。

2. 使用前照灯检测仪的测前准备和注意事项

常见的检测仪有聚光式、投影式、自动追踪光轴式和屏幕式（见图4-2-12和图 4-2-13）。

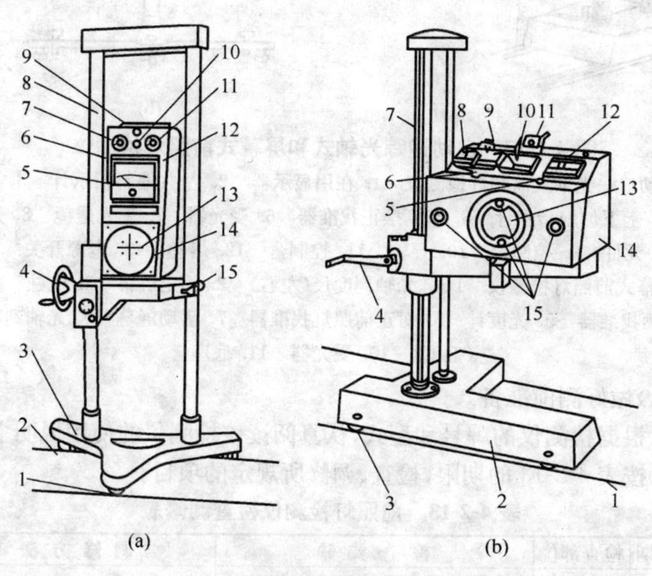

图 4-2-12　聚光式和投影式前照灯检测仪

(a)聚光式前照灯检测仪　1. 车轮　2. 导轨　3. 底座　4. 上下移动手轮　5. 光度计　6. 左右偏斜指示计　7. 光轴刻度盘(左右)　8. 支柱　9. 汽车摆正找准器　10. 光度-光轴转换开关　11. 光轴刻度盘(上下)　12. 上下偏斜指示计　13. 前照灯照准器　14. 聚光透镜　15. 角度调整螺钉

(b)投影式前照灯检测仪　1. 导轨　2. 底座　3. 车轮　4. 上下移动手柄　5. 光轴刻度盘(上下)　6. 光轴刻度盘(左右)　7. 支柱　8. 左右偏斜指示计　9. 上下偏斜指示计　10. 投影屏　11. 车辆摆正找准器　12. 光度计　13. 聚光透镜　14. 受光器　15. 光电池

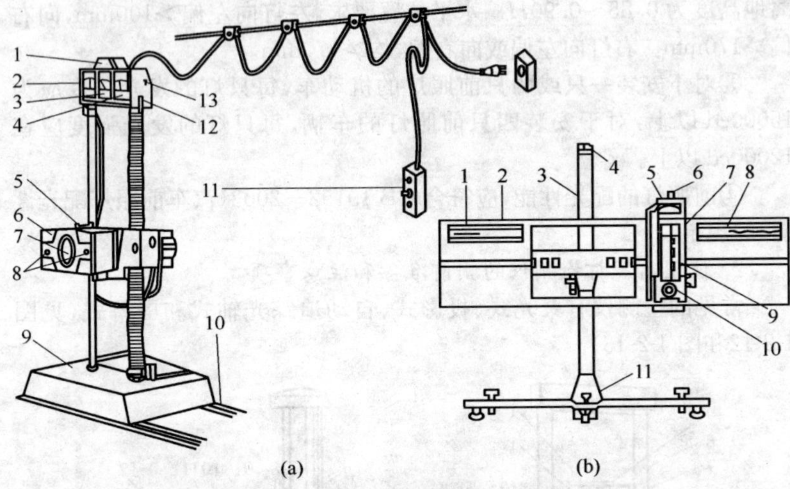

图 4-2-13 自动追踪光轴式和屏幕式前照灯检测仪

(a)自动追踪光轴式前照灯检测仪 1. 在用显示器 2. 左右偏斜指示计 3. 光度计 4. 上下偏斜指示计 5. 车辆摆正找准器 6. 受光器 7. 聚光透镜 8. 光电元件 9. 控制箱 10. 导轨 11. 控制盒 12. 熔丝 13. 电源开关

(b)屏幕式前照灯检测仪 1、8. 光轴刻度尺(左右) 2. 固定屏幕 3. 支柱 4. 对正车辆找准器 5. 光度计 6. 对正前照灯找准器 7. 活动屏幕 9. 光轴刻度尺(上下) 10. 受光器 11. 底座

(1)做好测前准备

①根据检测仪的牌号和型式,认真阅读该检测仪的使用说明书。

②按表 4-2-13 的期限,检查、调修所规定的项目。

表 4-2-13 前照灯检测仪检查调修表

检查周期	检查部位	检查要领	调修方法
使用前	指示仪表	切断光轴光度转换开关(相当于不受光状态),检查光度计和光轴偏斜指示计指针的机械零点	指针若不在零点,用零点调整螺钉将指针调到零点
	聚光透镜和反射镜	检查镜面有无污垢因而模糊不清	有污垢时,用软布擦净
	水准器	检查有无气泡和气泡位置	无气泡,请教专人进行修理;气泡位置不对,用调整垫调整
	导轨	检查有无泥土或小石块等杂物	如有,要清除干净

续表 4-2-13

检查周期	检查部位	检查要领	调修方法
三个月	车轮、支柱和升降台	检查动作是否灵活自如	动作不灵活，除锈、清洗和润滑；如弯曲变形，请教专人进行修理
	导轨	左右移动检测仪，检查动作是否灵活	如有弯曲，不水平时，请教专人进行修理
一年	接受有关部分的校定		

③除去前照灯上的污垢；使轮胎气压符合规定值；蓄电池应处于充足电的状态；保持灯光电路状况完好。

(2)检测注意事项

①检测仪的底座一定要保持水平。

②不要让检测仪受外来光线影响。

③被检汽车应在空载并乘坐一名驾驶人的状态下进行检测。

④被检汽车有四只前照灯时，一定要把辅助照明灯遮盖住再进行检测。

⑤开亮前照灯照射检测仪受光器时，一定要待光电池灵敏度稳定后再进行检测。

⑥检测仪不使用时，要用罩子将受光器盖好，不要让阳光直射、受潮或受冲击。

3. 使用聚光式前照灯检测仪检测

①将被检汽车尽可能地与检测仪导轨保持垂直方向驶近检测仪，并使前照灯与检测仪受光器相距达到所要求的测量距离（1m、0.5m、0.3m），如图 4-2-14a 所示。

②用车辆摆正找准器 1 使检测仪与被检汽车对正（见图 4-2-14b）。

③开亮前照灯，用前照灯照准器 3 使检测仪与被检前照灯对正（见图 4-2-14c）。

④将光度-光轴转换开关 10 扭向光轴一边；转动光轴刻度盘 7 和 11，直到光轴偏斜指示计 6 和 12 的指针指到零点为止（参见图 4-2-12a）。

此时，光轴刻度盘 7 和 11（参见图 4-2-12a）上的指示值，即为光轴的偏斜量，如图 4-2-15 所示。

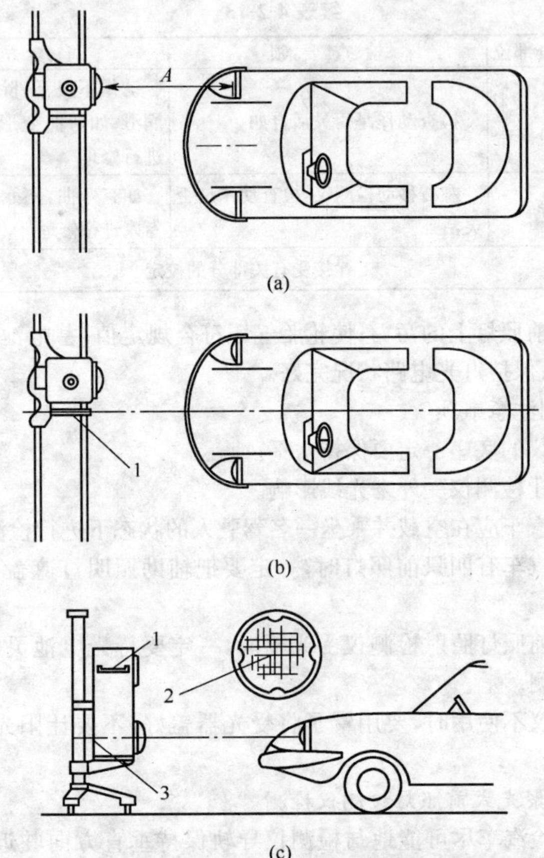

图 4-2-14 使用聚光式检测仪的检测步骤

(a)使前照灯与检测仪受光器达到要求距离 (b)使检测仪与被检汽车对正 (c)使检测仪与被检前照灯对正

1. 车辆摆正找准器 2. 前照灯配光镜表面中心 3. 前照灯照准器 A—测量距离

⑤保持光轴刻度盘 7 和 11 的位置不变，将光度-光轴转换开关 10 扭到光度计一边，此时光度计 5(参见图 4-2-14a)的指示值，即为前照灯发光强度值。

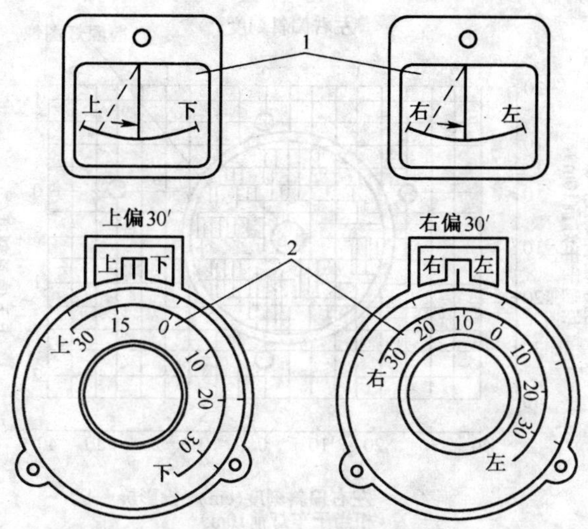

图 4-2-15　光轴的偏斜量

1. 光轴偏斜指示计　2. 光轴刻度盘

4. 使用投影式前照灯检测仪检测

①将汽车尽可能地与导轨保持垂直方向驶近检测仪，使前照灯与检测仪受光器相距 3m。

②用车辆摆正找推器 11(见图 4-2-12b)，使检测仪和汽车对正。

③开亮前照灯，移动检测仪，使光束照射到受光器 14 上，使光轴偏斜指示计 8 和 9 的指针指到零位。此时，根据投影屏 10 上前照灯影像的位置(见图 4-2-12b)，即可用投影屏刻度法和光轴刻度盘法，测出光轴的偏斜量(见图 4-2-16)。

④根据光度计 12 的指示值(见图 4-2-12b)，测出发光强度。

5. 使用自动追踪光轴式前照灯检测仪检测

参照图 4-2-13a 进行。

①将汽车尽可能地与导轨 10 保持垂直方向驶近检测仪，使前照灯与检测仪受光器 6 相距 3m。

②用车辆摆正找准器 5，使检测仪与汽车对正。

③开亮前照灯，接通检测仪电源，用控制盒 11 上的位置开关，调整

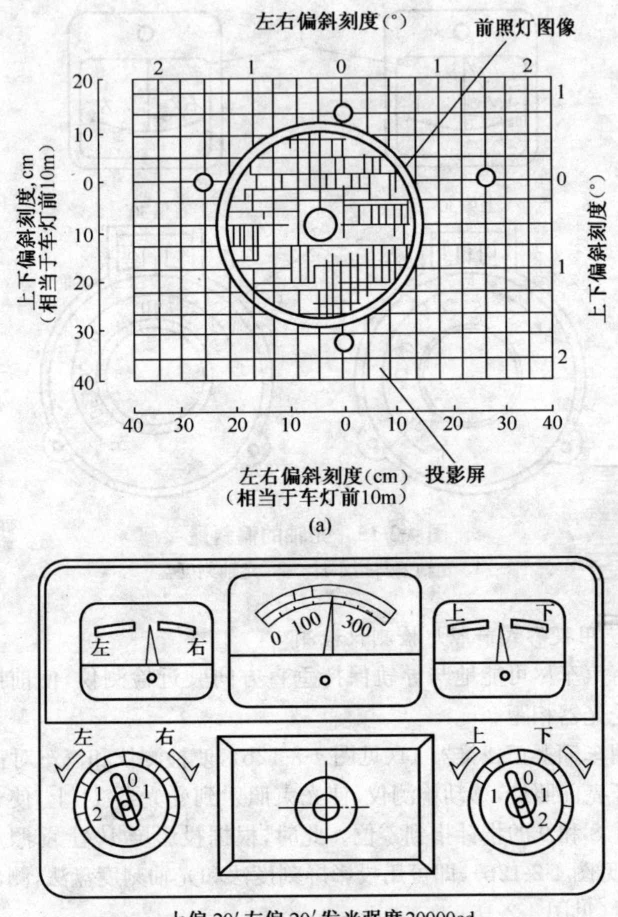

图 4-2-16　光轴偏斜量的测量方法

(a)投影屏刻度式测量法　(b)光轴刻度盘式测量法

受光器 6 的上下与左右位置,使前照灯照射到受光器 6 上。

④按下控制盒 11 上的检测开关,受光器 6 随即追踪前照灯光轴,根据光轴偏斜指示计 2 与 4 和光度计 3 的指针指示值,即可测得光轴偏斜

量和发光强度值。

6. 使用屏幕式前照灯检测仪检测

参照图 4-2-13b 进行。

①将汽车尽可能地和屏幕或导轨保持垂直方向驶近检测仪，使前照灯和检测仪受光器相距 3m 远。

②用对正车辆找准器 4，使检测仪与汽车对正。

③开亮前照灯，用对正前照灯找准器 6 使检测仪与被检前照灯对正（把固定屏幕 2 调整到和前照灯一样高，特别要使受光器 10 与前照灯配光镜的表面中心重合）。使左右光轴刻度尺 8 的“0”点与活动屏幕 7 上的基准指针对正，如图 4-2-17a。

④上下和左右移动受光器 10，使光度计 5 达到最大指示值位置。此时，根据受光器上基准指针所指活动屏幕的上下刻度值和活动屏幕上基准指针所指固定屏幕的左右刻度值，即可测出光轴的偏斜量，如图 4-2-17b 所示。

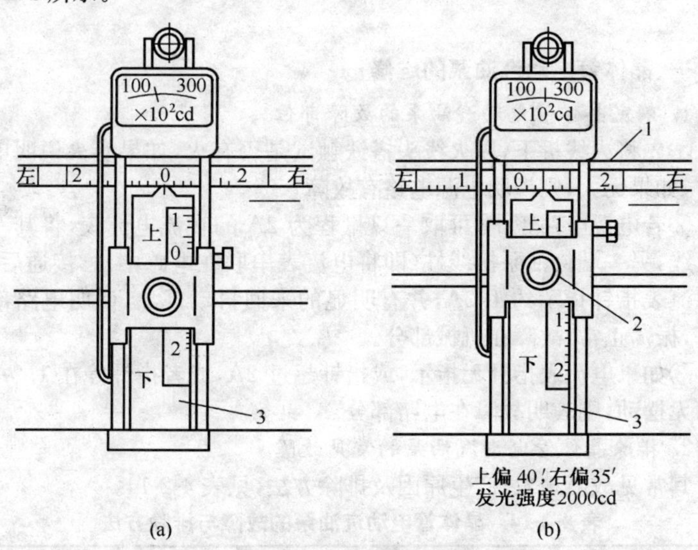

图 4-2-17 使用屏幕式检测仪的检测步骤

(a)使左右光轴刻度尺的“0”点与活动屏幕上的基准指针对正 (b)光轴的偏斜量

1. 固定屏幕 2. 受光器 3. 活动屏幕

⑤此时光度计上的指示值，即为发光强度值。

二、机油表检修

1. 就车测试电热式机油压力指示表及其传感器的性能

①接通点火开关，拆下油压传感器上的连接线，做瞬间搭铁试验。若指示表指针立即由0向0.5MPa方向移动，说明指示表性能良好。

②此时，可拆下传感器并装回拆下的导线，用一根无尖头的铁钉，塞进传感器油孔内，顶压膜片试验。如果机油压力表针走动，说明传感器性能良好；若表针不走动，说明传感器损坏。

2. 用万用表测试电热式机油压力指示表及其传感器的性能

用万用表测试油压表及其传感器，其电阻值应分别为36Ω和8～12Ω(车型不同，电阻值略有不同)。若电阻值过小，表示短路；若电阻值过大，表示内部断路或接触不良。

第五节　辅助电气装置维修技术

一、晶体管电动汽油泵的维修

1. 确定晶体管电动汽油泵的故障部位

①先将火线拆下，以火线头搭铁触试是否有火，如果有火说明电源正常，如果无火，则说明电源电路有故障。

②若电源电路正常，可取一只量程为2A的直流电流表，将其一端接火线，另一端接油泵接线柱(即将电流表串联在电路中)。接通后，如果电流表指针指示约1.2A，并有明显的来回抖动现象，说明电路部分完好，振荡正常，故障在机械部分。

③如果电流表指针无指示，或指针超过2A，或者指针停在1.2A左右而无摆动，则表明故障在电路部分。

2. 排除晶体管电动汽油泵的常见故障

其常见故障现象、产生原因及排除方法，见表4-2-14。

表4-2-14　晶体管电动汽油泵的故障与排除方法

故障现象	故障判断	产生原因	排除方法
突然不来油，振动声停止	关掉电源，观察活塞是否回位，如不回位	回位弹簧折断 杂物卡住活塞	更换弹簧 拆下清洗

续表 4-2-14

故障现象	故障判断	产生原因	排除方法
突然不来油，振动声停止，但接通电源的瞬间有声音，而声音很快停止，不能连续	关掉电源，观察活塞如能回位，接通电源时又被吸下	晶体三极管被击穿	更换晶体三极管
不来油，振动声停止，开、关电源都无声	拆下火线，在接线架上碰几下，如无火，活塞也不动，再将火线碰底盖如仍无火	车上线路有故障或油泵搭铁不良	检修车上线路
不来油，但有振动声	取出活塞检查上阀，拆下底盖检查下阀，正常的阀门应和阀座接触良好，用手指按试若无弹性则表示阀门失效	吸油阀或排油阀损坏 阀门被卡住	更换阀门 拆检清洁
振动声正常，但供油量不足，油杯内有许多小气泡		底盖部分、进油管接头或油箱开关等处漏气	更换密封垫圈或管接头
振动声正常，油杯内也没有气泡，但供油量极少		进出油管道内有杂物塞住，特别是底盖进油口滤网处	检查清洗
不来油，开闭电源时都无声，拆下火线碰底盖时有火		泵内电路的线头中断或脱焊	重新焊好中断处

3. 用万用表测试晶体管电动汽油泵的技术状况

①断开电源后，将万用表的“＋”表笔接油泵的负极，将“－”表笔接油泵的正极，如果测得电阻值为 20Ω，再将两表笔对调测，如果测得电阻值为 1700Ω，说明晶体三极管正常。如两次测得结果均为零，说明晶体三极管已经击穿短路；如两次测得结果均为∞，说明晶体三极管断路。

②测量主、副线圈电阻。主线圈在 3.2Ω 左右，副线圈应在 32Ω 左右为正常。若小于此值，说明线圈中有短路；若电阻为∞，则说明线圈断路。

二、电气线路的维修

1. 正确拆卸汽车电气线路

参考本四篇第一章第一节“二、线路拆卸注意事项”进行拆卸。

2. 制作线束(线缆)

对繁杂的汽车电气线路,为了使线路排列整齐,便于装拆,保护导线绝缘,以免因振动而磨损、折断导线,将各电器之间的连线,选择最短的路径,并把同一路径的若干导线用绝缘带包扎成一束,成为线束,或称线缆。

一般情况下,将汽车线束划为底盘部分和车身部分,但也有少数车型制成多个线束。图 4-2-18 为长安 SC1010 微型货车的线束。

线束的制作按以下程序进行。

①根据车上各电气设备的安装位置,线路走向及距离,截取相应颜色和截面面积的导线。

②有分支线路的先连接好,将部分中间引出的线头做好标记。

③排列整齐后,先用绳带每隔一段距离捆扎一下,在各分路及分叉处用胶布缠好,以免包扎时零乱松散,布置成型后,用白布带或塑胶带采用半叠包扎法依次包紧即成。如果用白布带包扎,还必须包后再浸绝缘漆并烘干,以增强绝缘性能。

所谓半叠包扎法,就是包带的后层与前层都重叠一半带宽,如图 4-2-19a 所示。

④包扎好了的线束,按电器接线柱的距离,去掉多余部分,除去端头的绝缘层。

⑤根据该电器接线柱的螺栓的大小,焊接相应孔径的接线卡。

一般对拆卸机会少的线头,采用闭口式接线卡。而对经常拆卸的线头,则宜用开口式接线卡,如图 4-2-19b 所示。

⑥在焊接线卡以前,还应在导线头上套一适当长度和粗细的不同颜色绝缘塑料管,以便罩封其裸露部分,如图 4-2-19c 所示。

3. 安装汽车线束

①线束的接线一般先从仪表板总成、车灯总开关、点火开关等接柱和导线较多的部位开始。

②也可事先将仪表板和各开关等装接好,然后再往汽车上安装

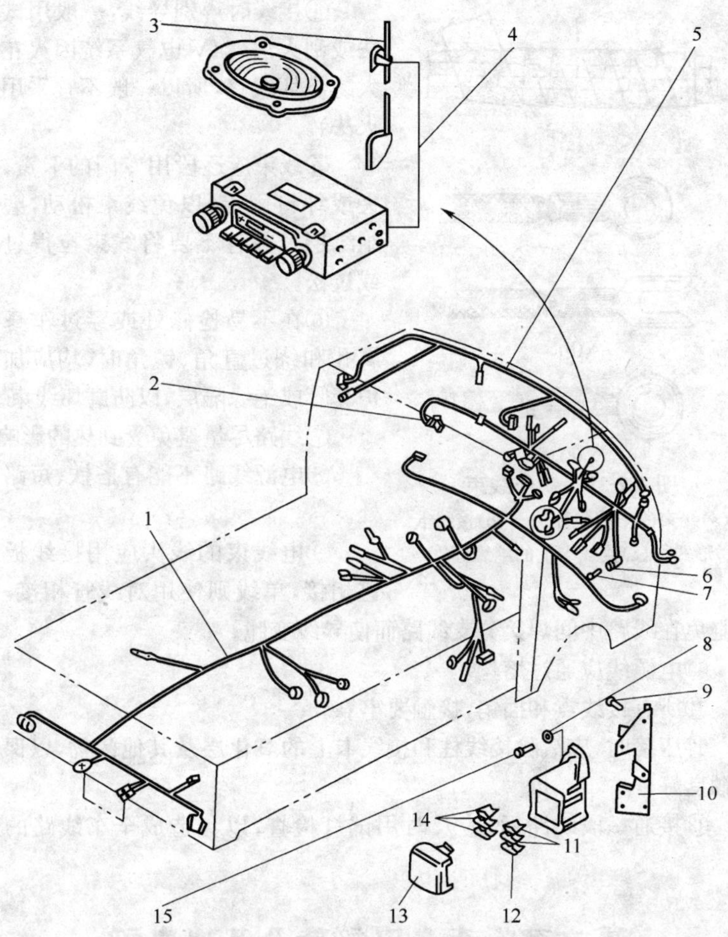

图 4-2-18　长安 SC1010 微型货车的线束

1. 底盘线束总成　2. 驾驶室线束总成　3. 收放机天线　4. 收放机　5. 顶棚线束总成　6、8、9. 垫圈　7、15. 螺钉　10. 熔丝盒支架　11、14. 熔片(20A)　12. 熔片(15A)　13. 六档熔丝盒总成

线束。

③线束安装时，一般先连接汽车内部电气设备，后连接汽车外部的电气设备。

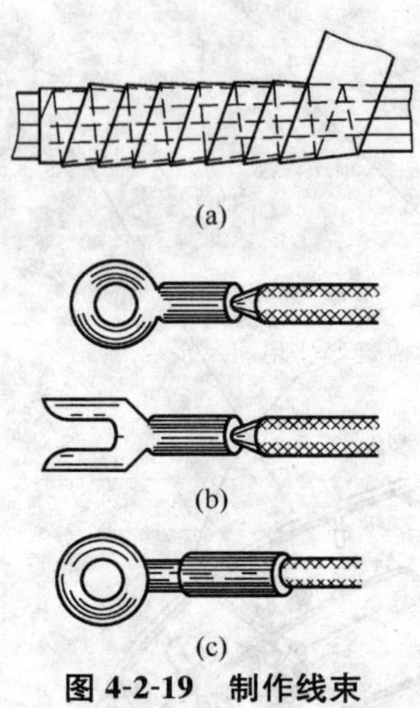

图 4-2-19　制作线束

(a)线束的半叠包扎法　(b)接线卡形式　(c)接线卡上的绝缘套管

④接线时辨别导线，一般用试灯法或刮火法(24V 电气系统因火花太大易烧坏线路，所以一般不宜采用刮火法)。

⑤线束应逐段用专门的卡簧、线夹或绊钉固定，以免线束松动，磨坏绝缘层。并且不要将线束拉得过紧或过松。

⑥在不易检修处或穿过车身金属孔和绕过直角、锐角时，均应加保护套管或绝缘隔层，以防磨坏线束。

⑦线路尽量避免受到热的影响。

⑧电源线路不能有搭铁、短路之处。

⑨电线束的线头应用接线板对色相接，单线则使用对线管相接，尽量避免在线路中间焊接分支线路而使导线变脆。

⑩电源线应通过熔丝。

⑪所有接线点和插销，接触要牢靠。

⑫压接时，应清除接线柱和接线卡上的氧化层及其他污物，以保证接触良好。

⑬接通一段线路后，应及时用试灯检查，以免造成全车线路的返工。

第六节　车身电动件及其他电动附件维修技术

一、车身电动件的维修

1. 安全气囊(SRS)故障的诊断

以马自达 929 型轿车为例说明。

①当接通点火开关后，SRS 提示灯(或称 SRS 警告灯，它安装在仪

表盘上，标有 AIR-BAG）点亮 6s 后熄灭，表示系统正常。

②若警告灯不亮、常亮或一直闪烁，表示 SRS 系统出现了故障。

③马自达轿车 SRS 系统可以自动显示故障码，而不必跨接导线。

马自达 929 型轿车 SRS 系统的故障码，见表 4-2-14。

表 4-2-14　马自达轿车 SRS 系统故障码

故障码	故 障 内 容	检 查 部 位
2	SRS 控制块故障	检查 SRS 电路及接地情况
3	SRS 电源线或传感器线接触不良	检查电源线和传感器连接电路
4	触发传感器故障	检查触发传感器及其线路
5	后碰撞传感器故障	检查后碰撞传感器线路
6	前碰撞传感器故障	检查前碰撞传感器线路
7	气囊回路故障	检查气囊回路
8	前碰撞传感器接地不良	检查前碰撞传感器接地情况
9	ECU 与前碰撞传感器线路不良	检查 SRS、ECU 与前碰撞传感器线路
1 或 10	ECU 或备用熔丝断路	检查 ECU 及备用熔丝
灯一直亮	SRS、ECU 线路故障	检查 SRS、ECU 及连接电路
灯不亮	AIR-BAG 提示灯损坏或线路不良	检查提示灯泡及连接电路

2. 排除轿车不带存储功能前座位控制系统的故障

以雷克萨斯 LS400 型轿车为例说明。其故障排除见表 4-2-15。

表 4-2-15　雷克萨斯 LS400 型轿车不带存储功能前座位控制系统的故障排除

元件名称 / 故障	FLAMI	CBDOOR	电动座位开关(D)	电动座位开关(P)	腰垫开关(D)	滑动电动机(D,P)	前垂直电动机(D)	后垂直电动机(D)	倾斜电动机(D,P)	腰垫电动机(D)	头枕电动机(P)	配线
电动座位不动作（门锁不动作）	1	2	4	4								3
电动座位不动作（门锁正常）		1	3	3								2
驾驶侧座位不动作			1									2
乘客侧座位不动作				1								2
不执行“滑动动作”			1	1		3						2

续表 4-2-15

元件名称 故障	FLAMI	CBDOOR	电动座位开关(D)	电动座位开关(P)	腰垫开关(D)	滑动电动机(D,P)	前垂直电动机(D)	后垂直电动机(D)	倾斜电动机(D,P)	腰垫电动机(D)	头枕电动机(P)	配线
不执行“前垂直动作”			1				3					2
不执行“后垂直动作”			1					4				2
不执行“倾斜动作”			1	1					3			2
不执行“腰垫动作”					1					3		2
不执行“头枕动作”			1	1							3	2

注:(D)—驾驶座位;(P)—乘客座位。

表中的数字表示故障原因的先后顺序,按所示的顺序检查每个元件,必要时应更换有关的元件。

二、其他电动件的维修

1. 收放机防盗系统的设码作业

以雷克萨斯 LS400 型轿车为例说明。

该型汽车采用三位防盗密码,由用户自己设定,并可消除重新设定。

(1)设定防盗密码

①关闭收音机,将点火开关置于“ACC”档。

②同时按住“1”键和“6”键不要放开,打开收音机,直到显示屏上显示“SEC”。

③同时按住“输入⇳”键上部和“1”键,显示屏上显示“----”。

④六个调谐预置键中 1、2、3 兼作解码键,“1”键输入百位码,比所设数字要多按一下(因按第一下显示 0),用“2”键输入十位码,依此类推,显示屏上显示输入的密码。用户应选择对自己来说易记住的号码,并记入笔记本。

⑤按“SCAN”键直到显示屏上出现“SEC”,稍后“SEC”消失,说明密码设定已完成。

(2)重新设定防盗密码

①进行(1)中步骤①~④的操作。

②按“SCAN”键直到显示屏上出现“----”,稍后“----”消失,说明原

设密码已消除。

③进行(1)中步骤①～⑤的操作，重新设定防盗密码。

车辆转卖时，老用户一定要进行步骤①、②的操作，将自己设定的防盗密码消除，以免除新用户的解码困难。

2. 收放机防盗系统的解码作业

以雷克萨斯 LS400 型轿车为例说明。

①打开收音机，显示屏上显示“SEC”，表示收音机已被锁住。

②进行上述设码作业(1)中步骤③④的操作。

③按“SCAN”键直到显示屏上出现“SEC”，稍后“SEC”消失，说明收音机已被打开。

④如果输入的密码是错误的，“SEC”不会消失，这时可重新输入密码。最多只允许输入四次错误密码，第五次输入错误密码后，收音机将被永久锁住，只有去找凌志经销店或特约维修服务站解开锁止。

3. 排除收音机电动天线故障

①检查天线电动机控制继电器：如果损坏而引起电动机不工作，可进行拆检，修磨或更换烧蚀的触点，损坏严重的需更换继电器总成。

②检查电动机：用导线连接电动机接线柱，试验电动机是否转动平稳，如果不转动或转动不平稳，应修理或更换电动机。

第三章　维修实例

第一节　桑塔纳 2000 型轿车电控点火系统的检修

一、桑塔纳 2000GLi 型轿车 AFE 型电喷式发动机点火系统的检修

1. 检修霍尔式曲轴位置传感器

当桑塔纳 2000GLi 型轿车发动机霍尔式曲轴位置传感器出现故障时，发动机将立刻熄火而无法运转。由于电控单元（ECU）不能检测到霍尔传感器的故障信息，用故障阅读仪也读取不到传感器故障的有关信息。因此，发动机熄火时，可用万用表检测传感器的电源电压和信号输出电压，见表 4-3-1。若电压值不符合表中规定，说明传感器失效，应予更换。

表 4-3-1　霍尔传感器的检测

检测项目	检测条件	检测部位	标准值
霍尔传感器电源电压	接通点火开关	传感器“＋”端子至“－”端子	5V
霍尔传感器信号电压	①拆下点火线圈“－1”端子上的导线，取下分电器盖 ②接通点火开关使发动机转动	传感器信号输出端子“O”至负极端子“－”	电压变化量应约为 3V
霍尔传感器正极导线	拔下控制器、传感器插头	控制器 12 端子至传感器插头“＋”端子	＜0.5Ω
霍尔传感器信号线	拔下控制器、传感器插头	控制器 49 端子至传感器插头 O 端子	＜0.5Ω
霍尔传感器负极导线	拔下控制器、传感器插头	控制器 48 端子至传感器插头“－”端子	＜0.5Ω

当用万用表检测线束电阻时，断开点火开关，拔下控制器线束插头和传感器线束插头，检测两插头上各端子之间导线电阻应符合表4-3-1规定。如电阻值过大或∞，说明线束与端子接触不良或断路，应予修理或更换。

2. 检修点火线圈

桑塔纳 2000GLi 型轿车点火线圈发生故障时，发动机的 ECU 也检测不到故障信息，用故障阅读仪也读取不到此故障的有关信息。点火线圈有无故障，可用万用表检测各端子之间的电阻值来进行判断。

①检测一次绕组时，万用表的两只表笔分别连接端子 15 与端子 1，电阻值应为 1.2～1.4Ω。

②检测二次绕组时，万用表一只表笔连接高压插孔“4”，另一只表笔可连接端子 15 和端子 1 中任意一个端子进行测量，电阻值应为 6～8kΩ。

二、桑塔纳 2000GSi 型轿车 AJR 型发动机点火系统的检修

1. 点火线圈检修注意事项

①由于 AJR 型发动机的点火线圈与点火控制器组装成一个整体组件，如需要更换，只能更换组件，不能单独更换。

②检测点火线圈组件时，蓄电池的电压必须＞11.5V，发动机的转速传感器和凸轮轴位置传感器应工作正常。

2. 检测点火线圈二次绕组的电阻值

①为防止损坏点火控制器，在检查二次绕组电阻值时，必须使用高阻抗万用表（万用表内阻≮10kΩ/V）。

②检测时可参考图 4-3-1 进行。检测 2、3 缸点火线圈二次绕组时，两只表笔分别连接高压插孔 B、C；检测 1、4 缸点火线圈二次绕组时，万用表的两只表笔分别连接高压插孔 A、D。

③在室温（20℃）条件下，1、4 缸和 2、3 缸点火线圈二次侧绕组的标准电阻值均应为 4～6kΩ。如电阻值不符合规定，应更换点火线圈组件。

3. 检测点火线圈组件的电源电压

①点火线圈插头（如图 4-3-2 所示）上有 4 个端子，用数字万用表的

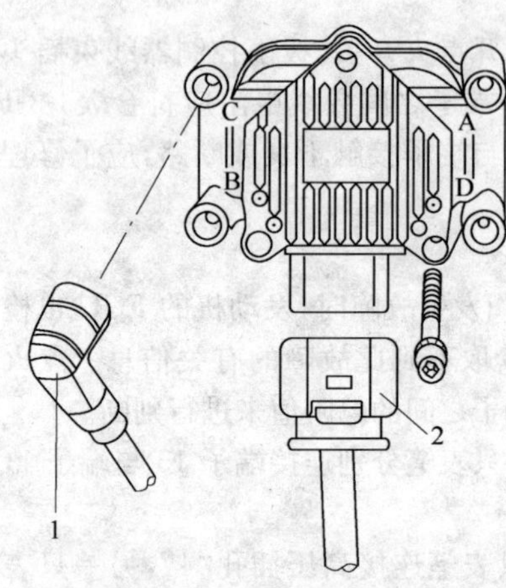

图 4-3-1　点火线圈组件

1. 3 缸高压线　2. 线束插头　A—1 缸高压插孔　B—2 缸高压插孔　C—3 缸高压插孔　D—4 缸高压插孔

两只表笔分别连接插头上 2 端子与端子 4，接通点火开关时，电源电压标准值应≥11.5V。

②如电源电压为零，说明点火线圈组件至中央线路板 15 号电源线之间的线路断路，应逐段进行检测。

③检测结束就应该断开点火开关。

4. 检修曲轴位置传感器

桑塔纳 2000GSi 型轿车的磁感应式曲轴位置传感器发生故障，可用故障检测仪 V·A·G1551 或 V·A·G1552，通过故障诊断插座读取此故障的有关信息。

①用万用表检测传感器信号线圈的电阻时，要断开点火开关，拔下传感器引线插头。

②检测传感器插座上端子 1 与 2（如图 4-3-3 所示）之间信号线圈的电阻应为 450～1000Ω，如电阻值为∞，说明信号线圈断路，应更换传感器。

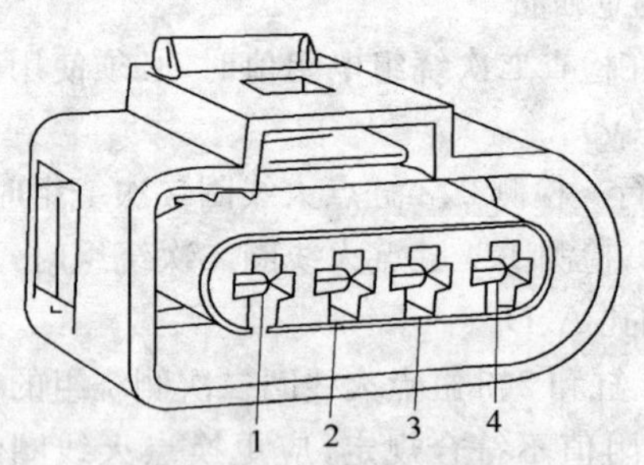

图 4-3-2　点火线圈插头

1、3. 点火线圈控制信号端子　2. 电源端子　4. 搭铁端子

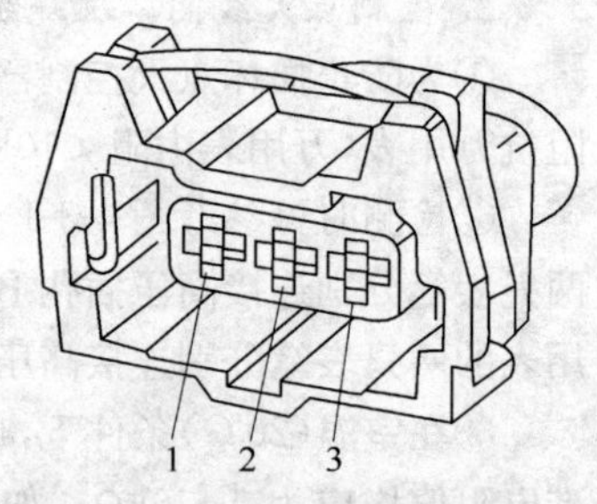

图 4-3-3　曲轴位置传感器的检测

③传感器端子 1 或 2 与屏蔽线端子 3 之间电阻值应为∞，否则，需更换传感器。

④检测传感器与 ECU 之间的线束时，分别检测传感器线束插头端子 1 与 ECU 线束插孔“56”(见图 4-3-4)、传感器线束插头端子 2 与 ECU 线束插孔“63”、传感器线束插头端子 3 与 ECU 线束插孔“67”之间的电阻值，其电阻值最大应≯1.5Ω，如电阻值为∞，说明导线断路，需要修理或更换线束。

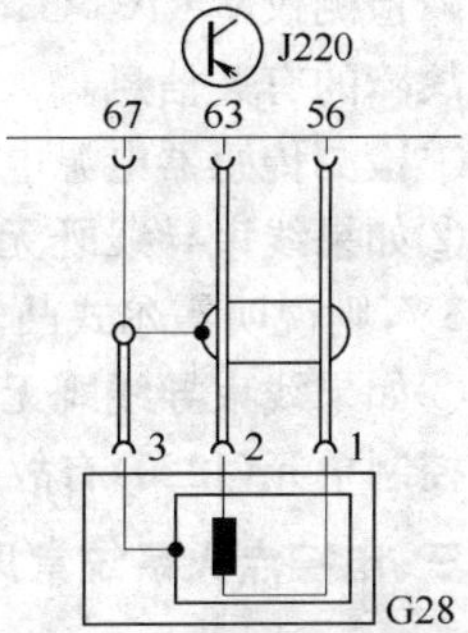

图 4-3-4　曲轴位置传感器的连接

⑤检测转子凸齿与磁头间的气隙，空气隙应在 0.2～0.4mm 范围内，如不符合应进行调整。

5. 在检修凸轮轴位置传感器时检测传感器的电源电压

①首先断开点火开关，拔下霍尔传感器插座上的线束插头，将万用表的正、负表笔分别连接插头端子 1 与 3。

②然后再接通点火开关，测量其电压，电压值应＞4.5V。如电压为零，说明线束断路、短路或控制单元(J220)有故障，需继续检查。

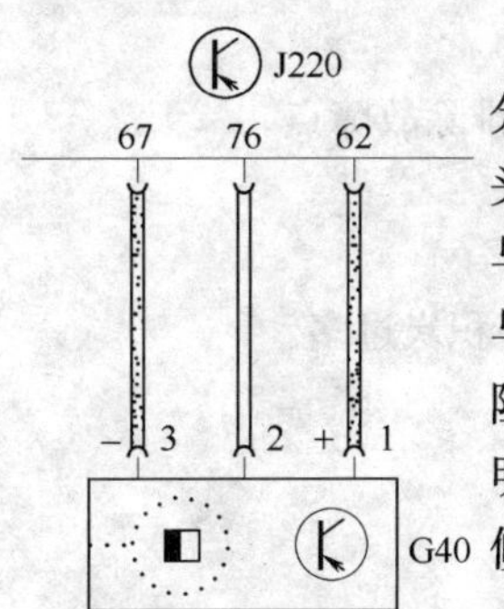

图 4-3-5　霍尔传感器与控制单元连接电路

③再断开点火开关，将万用表两只表笔分别连接传感器插头端子 1 与控制单元插头端子 62(见图 4-3-5)、传感器插头端子 2 与控制单元插头端子 76、传感器插头端子 3 与控制单元插头端子 67，测得各导线的电阻值应≯1.5Ω。若电阻值过大或是∞，说明线束与端子接触不良或导线断路，应予以修理或更换。

④若用万用表的一只表笔连接传感器插头端子 1(或控制单元插头端子 62)，另一只表笔连接传感器插头端子 2 或 3(或连接控制单元插头端子 76 或 67)，测得电阻值应为∞，否则说明线束导线短路，应予更换。

6. 检修凸轮轴位置传感器

桑塔纳 2000GSi 型轿车的霍尔式凸轮轴位置传感器发生故障,可用故障检测仪V·A·G1551或 V·A·G1552,通过故障诊断插座,读取此故障的有关信息。

①检测传感器电源电压:按上文“5.”所述进行。

②如果线束导线既无短路又无断路故障,而且传感器电源电压又>4.5V,则说明霍尔式凸轮轴位置传感器有故障,应予修理或更换。

③如果线束导线既无短路又无断路故障,但传感器电源电压为零,说明控制单元(J220)有故障,需要更换控制单元。

三、电控点火系统常见故障的排除

1. 低压电路常见故障的排除

(1)常见故障部位

①蓄电池存电不足。

②连接线不良。

③分电器及霍尔传感器损坏。

④点火开关损坏或接线不良。

⑤蓄电池搭铁不良。

⑥点火控制器损坏或接线不良。

(2)故障排除方法

大多采用电流表或万用表逐线检查来排除故障点。

2. 高压电路常见故障的排除

(1)常见故障部位

①火花塞电极间隙过大或过小,火花塞积炭过多。

②火花塞绝缘体损坏。

③分电器分火头烧蚀。

④分电器盖破裂击穿。

⑤高压线脱落或漏电。

⑥点火线圈损坏或接线脱落。

(2)故障排除方法

大多采用高压试火法,即将分电器中心高压线或某缸高压线拔下,将线头对准气缸体 3～6mm,起动发动机试火。有火花,说明点火系统工作正常。

3. 点火系统不工作

(1)故障现象

点火开关打开,起动发动机,发动机无反应;高压试火,无火花。

(2)故障分析与诊断

①检查蓄电池电压是否正常,连接线连接是否正常。

②检测点火线圈,一次侧电阻,二次侧电阻,点火线圈外观。

③检查点火控制器及连线。

④检查霍尔传感器功能及连线。

⑤检查高压线有无破损、漏电及连接不到位等现象。

⑥检查分电器、分电器盖、分火头等。

⑦检查火花塞间隙大小及有无积炭。

4. 点火过早

(1)故障现象

①怠速运转不平稳,易熄火。

②加速时,发动机有严重的爆燃声。

(2)故障分析与诊断

①点火正时不准。

②点火提前角度错误。

(3)排除方法

连接好点火测试仪,调整点火提前角度到规定值或校正点火正时。

5. 点火过迟

(1)故障现象

①汽车行驶无力。

②消声器响声沉重。

③急加速时化油器回火。

④发动机冷却液温度较高。

(2)故障分析与诊断

点火提前角度不正确。

(3)排除方法

调整点火提前角度至规定值。

第二节　桑塔纳2000GSi时代超人轿车电子防盗装置的检修

一、电子防盗装置的组成及钥匙使用

1. 电子防盗装置的组成及作用

①组成：桑塔纳2000GSi型轿车的防盗装置由带转发器的钥匙、收发绕组和防盗控制器三部分组成，并由一个指示灯表示系统的不同状态；其电路和组成结构分别如图4-3-6和图4-3-7所示。

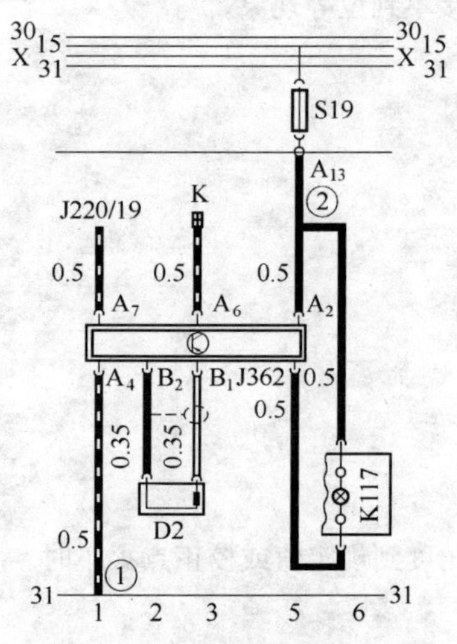

图4-3-6　桑塔纳2000GSi型轿车防盗器电路

D2—防盗器读识线圈　K117—防盗器警告灯　J220—发动机控制单元　S19—熔丝10A　J362—防盗器控制单元　①—中央电器旁接地点　K—自诊断线　②—接正极15

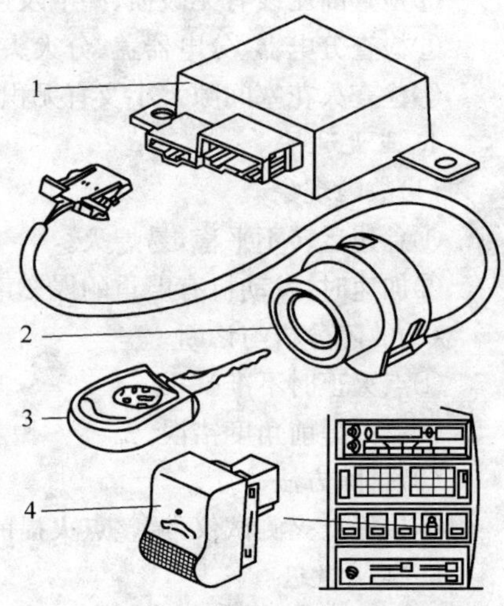

图4-3-7　桑塔纳2000GSi型轿车电子防盗器

1. 防盗器控制单元J362(装于转向柱左支架上)　2. 防盗器读识线圈D2(在点火锁上)　3. 带转发器的汽车钥匙　4. 防盗器警告灯K117(在仪表板上)

②作用：防盗器经过与发动机控制单元匹配后，介入到发动机管理系统中。防盗装置动用钥匙中转发器与收发绕组之间的电磁感应并通

过无线电波识别技术来阻止非法盗用汽车。

2. 正确使用轿车的钥匙和匹配钥匙

①只有使用被装于汽车上的防盗器控制单元匹配过的认可钥匙，发动机才能起动。

②匹配汽车钥匙时，必须把全部钥匙同时与防盗器控制单元匹配。

③如果需要重新配钥匙或者增配钥匙，也必须匹配汽车的全部钥匙。

④如果用户遗失一把合法的钥匙，为了安全起见，必须到维修站去，把其他所有合法钥匙用 V · A · G1552 重新进行一次匹配过程。这样做可以使丢失在外的钥匙变为非法钥匙，不能起动发动机。

⑤当使用合法钥匙时，警告灯亮一下就灭了(3s)。如果使用非法钥匙或者在系统中存在故障，打开点火开关后，警告灯就连续不停地闪(2 次/s)。

二、电子防盗装置的检修

1. 检修电子防盗装置时连接 V · A · G1552故障阅读仪，选择防盗器电子系统

①实现测试条件：蓄电池电压 >11V，点火开关打开。

②打开车内变速操纵手柄前自诊断插口盖。

③将 V · A · G1552 故障阅读仪的插头与车内自诊断插口连接，如图 4-3-8 所示。屏幕显示如下：

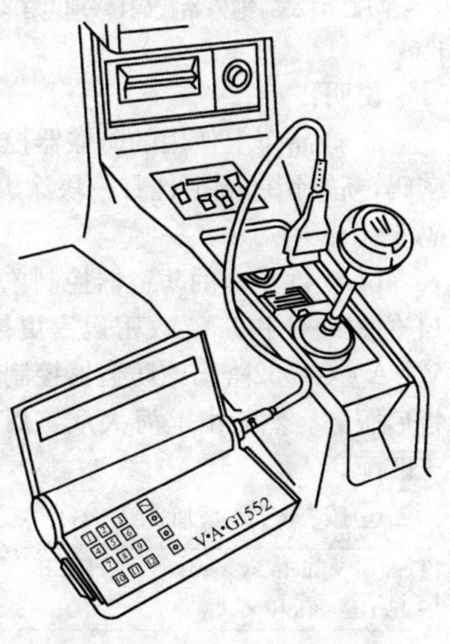

图 4-3-8　V · A · G1552 故障阅读仪与自诊断插口连接

Test of vehicle systems　　HELP Insert address word ××	译文 ⇒	车辆系统测试　　帮助 输入地址词××

④输入防盗器地址码 25。

Test of vehicle systems　　Q 25-Immobiliser	译文 ⇒	车辆系统测试　　确认 25-防盗器

⑤按"Q"键确认。约 5s 后,屏幕显示:

330 953 IMMO VWZ6Z0T0123456 V01 Coding 00000 WSC 01205	→

屏幕显示内容含义

330 953:防盗器控制单元零件号。

IMMO:电子防盗器系统缩写。

VWZ6Z0T0123456:防盗器控制单元 14 位数编号。

V01:防盗器控制单元软件版本。

Coding 00000:编号(对维修站来讲无意义)。

WSC 01205:维修站代码(修理电子防盗器使用 V·A·G1552 必须先输入维修站代码)。

说明:

a. 产品车上使用的防盗器控制单元上贴有 14 位数编号和 4 位数密码,新车钥匙圈上挂有一块涂黑的密码牌,刮去涂黑层可见 4 位数密码。

b. 配件供应的防盗器控制单元上以一个黄色的 X 作为标志,没有 14 位数编号和 4 位数密码。更换防盗器控制单元时,维修站应先用 V·A·G1552查出该防盗器控制单元的 14 位数编号,电传到上海大众售后服务。然后由上海大众售后服务将查得的密码电传给维修站,用于匹配。

⑥按"→"键。屏幕显示:

Test of vehicle systems HELP Select function ××	译文 ⇨	车辆系统测试 帮助 选择功能××

2. 检修电子防盗装置时执行 02-查询故障功能

①输入 02"查询故障"功能,按"Q"键确认。屏幕显示:

X Fault recognised →	译文 ⇨	X 个故障发现 →

说明:

按"→"键,可以逐个显示故障代码和故障内容,直到全部故障显示完毕。或者屏幕显示:

no faults recognised →	译文 ⇨	没有故障发现 →

②按“→”键，退回到功能菜单。屏幕显示：

Test of vehicle systems　HELP Select function ××	译文 ⇨	车辆系统测试　帮助 选择功能 ××

3. 按 V·A·G1552 屏幕显示确定防盗器电控系统的故障原因、现象及排除方法

可按表 4-3-2 进行。

表 4-3-2　桑塔纳 2000GSi 时代超人轿车防盗器电控系统故障

V·A·G1552 屏幕显示	故障原因	故障现象	故障排除
65535 Control unit defective 控制单元损坏	控制单元-362 损坏	发动机不能起动，警告灯闪	更换控制单元
00750 Fault lamp 警告灯故障 对地短路/断路 正极短路	线路损坏 线路开路 警告灯-K117 损坏 线路损坏	警告灯亮 警告灯不亮 警告灯不亮 警告灯不亮	修理线路损坏处 修理线路开路处 更换警告灯 修理线路损坏处
01128 Reader coil for immobiliser 防盗器读识线圈	读识线圈-D2 损坏 更换读识线圈 线路开路 短路	发动机不能起动，警告灯闪	修理线路开路处 修理线路损坏处
01176 Key Signal too week Not authorised 非法钥匙	转发器损坏 钥匙不匹配 读识线圈-D2 损坏	发动机不能起动，警告灯闪	配制新钥匙 完成汽车所有钥匙匹配程序 更换读识线圈
01177 Engine control unit not adapted	更换发动机控制单元	发动机不能起动，警告灯闪亮	完成发动机控制单元与防盗器控制单元匹配程序

续表 4-3-2

V·A·G1552 屏幕显示	故障原因	故障现象	故障排除
发动机控制单元没有匹配	发动机控制单元与防盗器控制单元连接线开路或短路	发动机不能起动,警告灯闪	检修发动机控制单元与防盗器控制单元连接线
01179 Key programming incorrect 配钥匙程序错误	钥匙匹配不正确	警告灯快速闪动(2 次/s)	查询故障 清除故障存储 完成汽车所有钥匙匹配程序

说明:

①所有存在的故障或偶然故障都储存在故障记忆中。

②识别一个存在的故障至少 2s。

③如果一个故障目前已不存在,作为偶然故障出现,在显示屏右下角出现/SP。

④50 次驱动循环后(每个循环点火开关打开至少 2s),偶然故障被自动清除。

4. 检修电子防盗装置时执行 05-清除故障存储功能

这一功能用于查询故障后,清除防盗器控制单元故障存储。

输入 05"清除故障存储"功能,按"Q"键确认。屏幕显示:

Test of vehicle systems → Fault memoryiserased	译文 ⇨	车辆系统测试 → 故障存储已被清除

5. 检修电子防盗装置时执行 06-结束输出功能

完成这一功能后,V·A·G1552 退出防盗器诊断程序。

输入 06"结束输出"功能,按"Q"键确认。屏幕显示:

Test of vehicle systems HELP Insert address word ××	译文 ⇨	车辆系统测试 帮助 输入地址词××

6. 检修电子防盗装置时执行 08-读测量数据块功能

①输入 08"读测量数据块"功能,按"Q"键确认。屏幕显示:

Read measuring value block HELP Enter displsy group number ××	译文 ⇨	读测量数据块 帮助 输入显示组号××

②输入显示组号 22,按“Q”键确认。

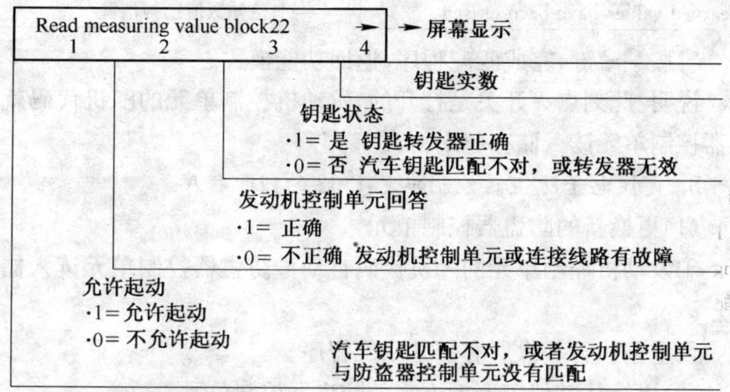

7. 检修电子防盗装置时执行 10-匹配功能

①更换发动机控制单元 220 的匹配程序。

②更换发动机控制单元后,必须重新与防盗器控制单元进行匹配。

③必要条件:必须使用一把合法钥匙。

④连接 V·A·G1552,打开点火开关,输入 25“防盗器地址码”,按“Q”键确认。

⑤按“→”键。屏幕显示:

Test of vehicle systems　　HELP Select function ××	译文 ⇒	车辆系统测试　　帮助 选择功能××

⑥输入 10“匹配”功能。屏幕显示:

Test of vehicle systems　　Q 10-Adaptation	译文 ⇒	车辆系统测试　　确认 10-匹配

⑦按“Q”键确认。屏幕显示:

Adaptation Feed in channelnumber ××	译文 ⇒	匹配 输入频道号××

⑧输入 00“频道”号,按“Q”键确认。屏幕显示:

Adaptation　　Q Erase learned Values?	译文 ⇒	匹配　　确认 清除已知数值?

⑨按“Q”键确认。屏幕显示:

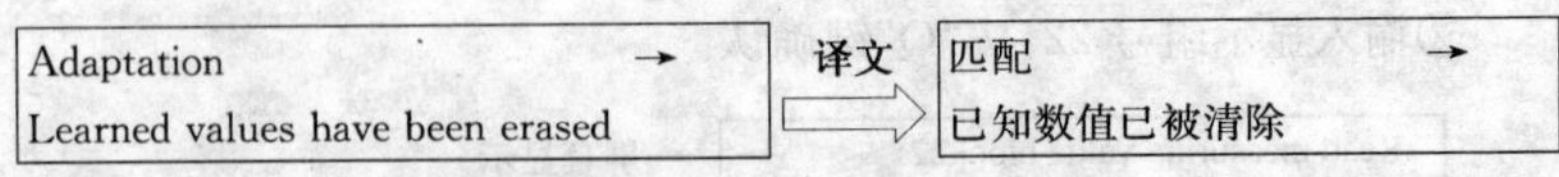

Adaptation →	译文	匹配 →
Learned values have been erased	⇨	已知数值已被清除

⑩按"→"键，完成匹配程序，返回功能模式。

说明：此刻点火开关是打开的，发动机控制单元的随机代码就被防盗器控制单元读入储存起来。

8. 更换电子防盗器控制单元 J362 的匹配程序

(1)更换新的防盗器控制单元

①发动机控制单元的随机代码自动被防盗器控制单元读入储存起来。

②重新执行一次所有钥匙匹配程序。

(2)更换从其他车上拆下来的防盗器控制单元

①重新执行一次发动机控制单元与防盗器控制单元匹配程序。

②然后重新执行一次所有钥匙匹配程序。

9. 匹配具有电子防盗器的轿车钥匙

(1)说明

①此功能将清除以前所有合法钥匙的代码。

②必须将所有的汽车钥匙，包括新配的钥匙与防盗器控制单元匹配，同时完成匹配程序。

③新配钥匙或者增加数量，合法钥匙最多不能超过 8 把。

④如果用户遗失一把合法的钥匙，为了安全起见，必须将其他所有合法钥匙重新完成一次匹配钥匙程序，这样能使丢失在外的钥匙变为非法，不能起动发动机。

⑤匹配钥匙的程序必须先输入密码。从用户保存的一块涂黑的密码牌上刮去涂黑层，可见到 4 位数密码。

(2)必要条件

①必须使用汽车所有的钥匙。

②必须知道密码。

(3)连接 V·A·G1552，打开点火开关，输入 25"防盗器地址码"，按"Q"键确认。

(4)按"→"键。屏幕显示：

屏幕显示	译文
Test of vehicle systems　HELP Select function ××	车辆系统测试　帮助 选择功能××

(5)输入11“输入密码”功能。屏幕显示：

屏幕显示	译文
Test of vehicle systems　Q 11-Login procedure	车辆系统测试　确认 11-输入密码

(6)按“Q”键确认。屏幕显示：

屏幕显示	译文
Login procedure Enter code number ××××	输入密码 输入密码号××××

(7)输入密码号，在四位数密码前加一个“0”。屏幕显示：

例如：01234

屏幕显示	译文
Login procedure　Q Enter code number　01234	输入密码　确认 输入密码号　01234

(8)按“Q”键确认。注意：如果屏幕显示：

屏幕显示	译文
Function is unknown or　→ Connot be carried out at moment	功能不清除或　→ 此刻不能执行

(9)屏幕如(8)显示，表明密码号输错，必须重新输密码。

说明：如果连续二次输入错误，第三次再想输入密码前，必须输入06退出防盗器自诊断程序，打开点火开关等30min以后再进行。

屏幕显示：

屏幕显示	译文
Test of vehicle systems　HELP Select function××	车辆系统测试　帮助 选择功能××

(10)输入10“匹配”功能，按“Q”键确认。屏幕显示：

屏幕显示	译文
Adaptation Feed in channelnumber××	匹配 输入频道号××

(11)输入21“频道”号，按“Q”键确认。屏幕显示：

屏幕显示	译文
Channel 21 Adaptation 2　→ 〈—1　3—〉	频道 21　匹配　2　→ 〈—1　3—〉

说明：

①汽车钥匙数量根据需要可以输入0…8，输入可以按数字键直接

输入钥匙数,或者用数字键"1"和"3":按"1"键减少1把钥匙数,按"3"键增加1把钥匙数,直到屏幕右上角的数字符合需要的钥匙数为止。

②如果输入"0",表示全部钥匙都变为非法,不能起动发动机。

(12)在上一个屏幕显示后,再按→键。屏幕显示:

(13)按"0"键4次,再输入匹配钥匙数,例如:匹配3把钥匙,输入00003。屏幕显示:

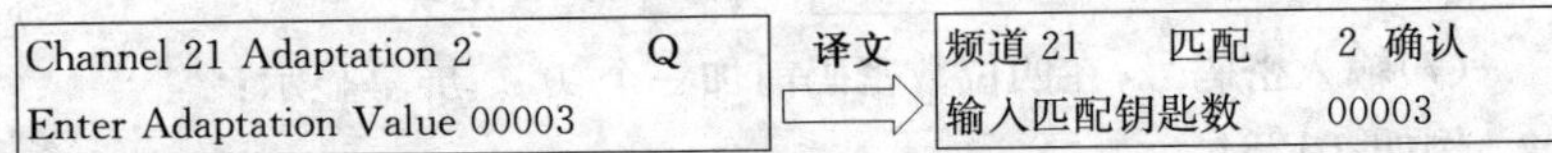

(14)按"Q"键确认。屏幕显示:

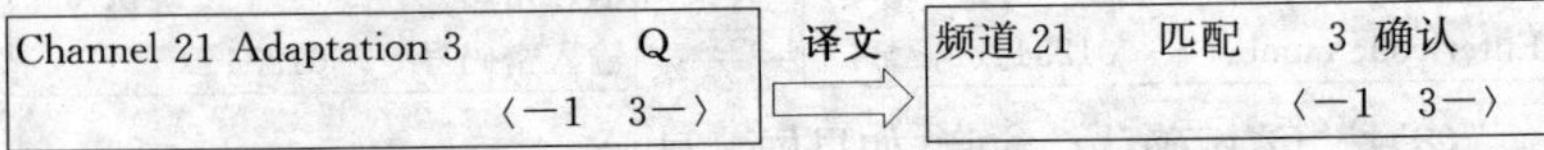

(15)按"Q"键确认。屏幕显示:

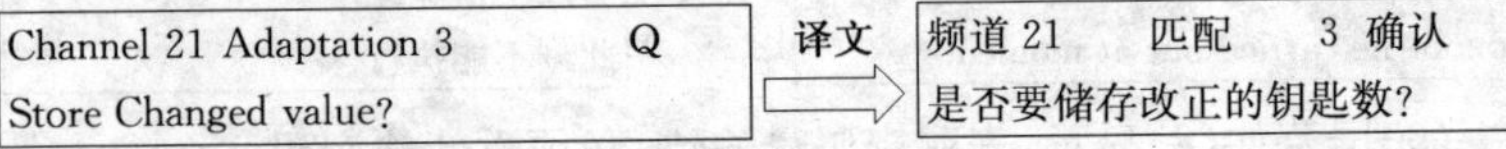

(16)按"Q"键确认。屏幕显示:

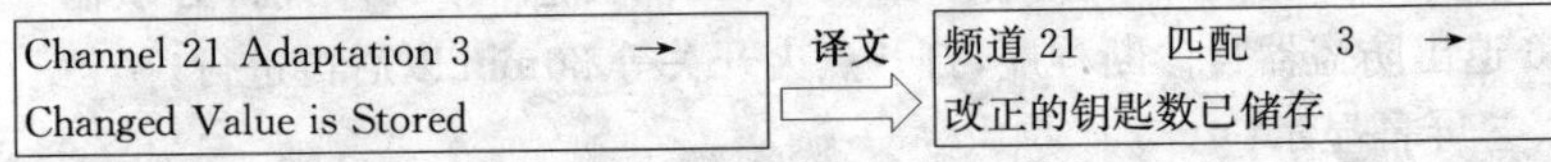

(17)按"→"键。

(18)输入06"结束输出"。在汽车点火锁上的这把钥匙匹配完毕。

(19)关闭点火开关,拔出钥匙,然后插入下一把钥匙,打开点火开关至少1s。

(20)重复操作,直到把所有的钥匙都匹配完毕。

说明:

①匹配全部钥匙的操作不能超过30s。

②如果只是插入钥匙,而没有打开点火开关,那么这把钥匙匹配无效。

③如果系统在读钥匙的过程中发现错误,如将已匹配过钥匙再次进行匹配等,则警告灯以2次/s的频率闪亮、读钥匙过程自动中断。

④每次匹配钥匙的过程顺利完成后，警告灯则点亮 2s，然后熄灭 0.5s，再亮 0.5s，最后熄灭。

(21)选择 02“查询故障”。如果没有故障显示，说明匹配钥匙已成功地完成。

如果要匹配的钥匙中转发器是坏的，或者钥匙中没有转发器，屏幕将会显示如下：

Function is unknown or　→ Connot be carried out at moment	译文 ⇨	功能不清除或　→ 此刻不能执行

10. 获知电子防盗器密码

如果不知道 4 位数密码，或者密码牌丢失，可按照以下步骤获得密码：

(1)连接 V·A·G1552 打开点火开关，输入地址码 25，按“Q”键确认。约 5s 后，屏幕显示：

330 953 253 IMMO VWZ6Z0T0456789 V01 → Coding 0000　　WS05C012

330 953 253 为防盗器控制单元零件号。

VWZ6Z0T0456789 为该车上防盗器控制单元的 14 位数编号。

(2)维修站将读出的 14 位数防盗器控制单元编号，电传到上海大众售后服务，然后由上海大众售后服务，将查得的密码电传给维修站。

第三节　捷达轿车安全气囊系统的自诊断和维修安全规则

一、安全气囊系统的自诊断

1. 电路

捷达安全气囊系统电路如图 4-3-9。

2. 自诊断功能

自诊断功能如下：01—查询控制单元版本；02—查询故障；03—执行件诊断；04—基本设定；05—清除故障；06—结束退出；07—控制单元编码；08—读测量数据块。

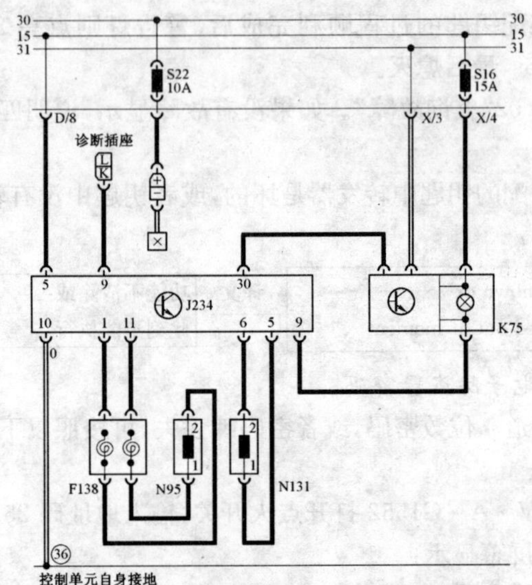

图 4-3-9　捷达轿车安全气囊电路图

F138. 安全气囊螺旋电缆　J234. 安全气囊控制单元　K75. 安全气囊故障警告灯　N95. 驾驶人安全气囊引爆器　N131. 乘员安全气囊引爆器　S16. 熔丝,(15A)　S22. 熔丝(10A)

3. 控制单元编码

查询控制单元版本如下：

1GD 909 603A	AIRBAG	WV—V04
Goding 00065		WSC 12345

1GD 909 603A ——控制单元备件号

AIRBAG ——安全气囊。

VW—V04 ——版本号。

Coding 00065 ——控制单元编码，编码见表 4-3-3。新更换上控制单元必须编码。

WSC 12345 ——服务站代码。

表 4-3-3　控制单元编码

装　　备	程序编码
只有驾驶人侧气囊	00075
装在驾驶人侧、乘员侧双气囊	00065

4. 查询故障码

若有故障警告灯点亮，说明故障已存储在控制单元的存储器中，使用 V · A · G1551 可读取故障码，见表 4-3-4。

表 4-3-4　故障码

故障码	故障内容	故障原因
00532	电源电压过高 电源电压过低	发电机损坏
00588	驾驶人侧气囊引爆器 N95 电阻值过大，电阻值过小，对正极短路，对地短路	插头接触不良，螺旋电缆损坏，引爆器损坏，控制单元损坏，线路故障
00589	乘员侧气囊引爆器 N131 电阻值过大，电阻值过小，对正极短路，对地短路	插头接触不良，引爆器损坏，控制单元损坏，线路故障
00651	引爆信号线对正极短路，对地短路	导线或插头损坏，控制单元损坏
66535	控制单元损坏	控制单元电源故障，控制单元损坏

5. 阅读数据块

数据块 001 组：

1	2	3	4
正确 过大 过小 对地 对正极	正确 过大 过小 对地 对正极	无意义	无意义

驾驶人侧引爆器　　乘员侧引爆器

数据块 003 组

1	2	3	4
正确 过大 过小	无意义	无意义	无意义

供电电压

6. 关闭与开启安全气囊

关闭乘员侧气囊：使用 V · A · G1551/2，进入 1—15—10—01—输

入 00001。

开启乘员侧气囊:使用 V·A·G1551/2,进入 1—15—10—01—输入 00000。

二、安全气囊系统的维修安全规则

①维修安全气囊应由受过专门培训的人员进行。

②只能使用故障诊断仪,不允许使用试灯、电压表或其他设备。

③对安全气囊操作时,必须断开蓄电池的接地线。

④操作结束,重新连接地线时,车内不应留人。

⑤安全气囊从运输包装箱内取出后,应立即装在车上。

⑥安全气囊拆下后,膨胀的那一面应该朝上放置。

⑦如安全气囊已被触发,必须更换下列元件:转向盘气囊组件、乘员气囊组件、控制单元、螺旋电缆、触发时使用的安全带。

⑧如目测下列元件:转向盘、安全气囊线束、乘员侧安全气囊盖板、故障警告灯已经损坏,必须更换。

⑨对于报废的安全气囊,必须进行引爆。在保证引爆现场安全的情况下,将 12V 电压加到引爆器上。

第四节 捷达轿车电气系统典型故障排除实例

一、电源部分

(一)GTX 型轿车故障实例

1. 电量不足发动机起动困难

①故障现象:两三天就需要充电一次,早晨起动或长时间停车后起动很困难,有时用人推才能起动发动机。

②检查过程:首先测量发电机充电电压,怠速测量为 13.9～14V。踩下加速踏板提高转速,测量为 14～14.5V。再次测量结果表明该车发电机输出电压正常。检查该车蓄电池接柱,无锈蚀现象;检查发电机、起动机、蓄电池之间接线,也无松动现象;检查电解液液面,高出极板 15mm 左右,这表示电解液液面在正常范围内;关闭点火开关,取下蓄电池正极接线,串联接入电流表测量电流只有 10mA 表明电器线路不漏电。

③分析判断：起动机转速低为蓄电池电量不足所致。此故障原因：

a. 充电系统故障。

b. 电器或线路有漏电现象。

c. 蓄电池本身有问题，容量下降或自行放电。

④排除故障：经检查、前两个故障原因不存在，可以判断是蓄电池有问题，更换蓄电池，上述故障不再发生。

2. 起动机无力，发动机不能起动

①故障现象：起动机运转无力、发动机不能起动。

②检查过程：经检查电解液液面偏低，极板露出；观察到表面有一层白霜，说明有硫化现象。

用密度计测量电解液密度为1.28，正常。用V·A·G1498检查，测得负载电压为5.5V，说明蓄电池电量严重不足。V·A·G1498是一个高率放电计，测量时将其连接至蓄电池两线柱上，以110A的电流放电5～10s，正常时蓄电池端电压的读数应在9.6V以上。

③分析判断：询问用户得知，蓄电池液面降低后，及时补加了电解液，但很快又消耗了，这样多次补充，便出现了上述故障。

由此可见，故障原因是由于用户保养不当造成的。电解液消耗是因为充电时将电解液中的水电解，补充时应加注蒸馏水或专用补充液，补加电解液会造成密度过高，加速蓄电池硫化。蓄电池硫化后，又使电解液过早出现沸腾现象，加快了电解液的消耗，补充电解液后又加速了极板硫化，这样恶性循环使蓄电池损坏。

④排除故障：更换蓄电池后，故障便消除。

3. 熔丝烧断导致不能对蓄电池充电

①故障现象：蓄电池经常亏电，四天内更换过二次蓄电池。

②检查过程：测量发动机电压在13.0～14.2V之间；打开正极电缆夹上面的熔丝盒，发现发电机充电线路的110A熔断器的铝片上面有一个细小裂痕。

③分析判断：由于充电熔断器有裂纹，导致发动机对蓄电池的充电电流中断，使得蓄电池得不到充电补充。

④排除故障：更换110A熔断器，故障即排除。

4. 充电指示灯电路断路导致励磁电流中断

①故障现象：点火开关置于“ON”，充电指示灯不亮。因蓄电池亏

电导致起动机转速过低，无法起动发动机。

②检查过程：点火开关置于“ON”，用万用表测量发动机 D+接柱电压读数为 0V。

③分析判断：通过测量说明，充电指示灯回路不通的原因，在于充电指示灯电路存在断路故障，发电机励磁绕组因为得不到初始的他励电流，所以造成发电机不发电。

④排除故障：拆下继电器盒，测量 A2 插头 1 号端子电压为 0V，测量 U2 插头 12 号端子电压为 12V。

由测量结果得知，继电器盒内的导线断路造成上述故障，更换继电器盒后，故障排除。

5. 仪表板故障导致他励电流减小

①故障现象：点火开关置于“ON”，充电指示灯不亮。因蓄电池亏电导致起动机转速过低，无法起动发动机。

②检查过程：拆下发电机 D+接柱的蓝色导线直接接地，点火开关置于“ON”，发电机指示灯仍不亮；将万用表两个表笔分别接触蓝色电线和地，测得电流为 14mA。

③分析判断：充电指示灯实际上是一只发光二极管。因为二极管最大正向电流很小，不足以提供发电机所需的初始他励电流，所以在二极管两端并联一个大功率电阻，以提供励磁电流。与二极管串联的是限流电阻，保护发光二极管电流不过载。

串、并联电阻的等效电阻约为 60～80Ω，当这些电阻中有断路或阻值变大时，会使励磁电流过小，当小于 150mA 时，就会造成发电机不发电。

④排除故障：更换组合仪表的电路板，故障即排除。

6. 整流二极管烧断导致发电机功率下降

①故障现象：发动机起动后，充电指示灯熄灭，但因蓄电池亏电造成起动机转速低，有时发动机不能起动。

②检查过程：关闭所有用电器，当发动机怠速或低速运转时充电指示灯暗红，中速或高速运转时充电指示灯熄灭，测量发电机输出电压最高只有 12.5V。

③分析判断：由于充电指示灯工作正常，所以充电灯电路和发电机

励磁电路(包括三只励磁二极管)无问题。

分解发电机,测量 6 只整流二极管性能良好。测量三相电枢绕组发现有一相断路,在只有二相绕组发电的情况下,导致发电机输出功率下降,造成蓄电池亏电现象。

充电指示灯是否点亮,是由蓄电池电压和 D+端电压的差值确定的。发电机正常工作时,D+端是 D7、D8、D9 和 D2、D4、D6 6 只二极管组成的三相桥式整流电路的输出电压。此电压用来提供励磁电流,与发电机输出端电压相等时,充电指示灯熄灭。当有一相绕组断路后,发动机怠速及低速运转时,D+端电压也下降,造成充电指示灯暗红。当发动机转速提高后,由二相整流电路输出的电流刚好能够提供励磁电流时,D+端电压与蓄电池电压相等,此时充电指示灯熄灭。

④排除故障:更换发电机,故障即排除。

7. 整流二极管击穿造成多个警告灯工作失常

①故障现象:车辆行驶中、发动机机油压力报警灯、冷却液温度报警灯和充电指示灯同时闪亮。

②检查过程:检查发现蓄电池亏电。测量发电机输出电压、发动机起动后的电压与未起动一样,拆开发电机上的 D+线和 B+线、起动发动机、以上 3 个警告灯不再闪亮。

③分析判断:根据经验,当发电机输出电流脉动过大时,会使警告灯和仪表显示不正常。以上检查也证明 3 个警告灯工作失常与发电机有关。

④排除故障:分解发电机,测量发现 6 只整流二极管中与地连接的 1 只处于击穿状态。更换发电机后,故障排除。

(二)GL 型轿车故障实例

1. 进气管预热器的继电器触点粘连导致漏电流。

①故障现象:车辆放置几小时后,起动机转动速度低、无法起动发动机。

②检查过程:检查蓄电池电解液液面及密度均正常,测量发电机输出电压为 13.8V,属于正常。

③分析判断:蓄电池亏电的原因。

a. 因蓄电池损坏而容量下降或自放电严重。

b. 充电系统有故障。

c. 线路或电器绝缘不良。

d. 开关或继电器触点粘连。

上面已检查了前两项,没有发现问题,应再对后两项进行检查。

④排除故障:关闭点火开关和所有用电器、拆装蓄电池电缆夹、发现电缆夹与极桩之间有强烈电火花,说明有漏电现象。不经点火开关的用电器有:散热器风扇、点烟器、收音机、制动灯、门灯、小灯等,逐一拔掉上述电器熔丝,漏电电流仍存在。拔下继电器盒上的所有熔丝,漏电电流还存在。说明有使用 30 号线而又不经过熔丝的用电器漏电。

逐一拔掉所有继电器,当拔掉 12 号进气管预热继,电器后,漏电电流消失。手摸继电器表面,发热严重。拆开继电器,发现其内触点烧蚀粘连,这样就使进气管预热器永久通电而将蓄电池的电能消耗殆尽。更换继电器后,漏电消失,蓄电池不再亏电。

2. 电压调节器失控导致蓄电池、点火放大器损坏

①故障现象:高速行驶中发动机突然熄火,再次起动时起动机不转。蓄电池处有硫酸味并且发热,发电机处有焦糊味。

②检查过程:检查发现蓄电池缺少电解液,极板翘曲变形。更换蓄电池,发动机仍不能起动,检查无高压火花。更换点火放大器后,发动机起动正常。

③分析判断:首先是发电机电压调节器失效,发电机输出电压得不到控制,当连续行驶,发动机长时间运转时,发电机由于过载而发热烧毁,蓄电池因充电电流过大,使电解液温度升高。电解液快速蒸发导致极板损坏;点火放大器由于供给电压过高而发热损坏。

④排除故障:更换电压调节器,测量发电机输出电压为 14V,故障即排除。

3. 发电机传动带规格不对造成异响

①故障现象:更换发电机传动带后,起动时发出尖叫声。

②检查过程:将发电机传动带调紧仍有尖叫声,而且传动带发出焦煳味味。

③分析判断:发动机高速运转时,发出刺耳的尖叫声,应是传动带打滑后,与带轮发生相对运行,产生摩擦而发出异响。

V带打滑有三个原因：

a. 传动带松弛，张紧度不够，这时可以通过传动带张紧调整机构进行调整。

b. 传动带磨损过甚、只是传动带的底面接触槽底。

c. 选型不当或为劣质产品，这样的传动带与带轮不能充分接触。

④排除故障：拆下发电机传动带，发现规格不对，其V形断面较窄，与带轮接触摩擦力不够。安装规格的传动带，故障即排除。

(三)CL和CiX型轿车故障实例

1. CL型轿车早晨起动困难

①故障现象：连续几天出现起动困难，故障多发于早晨，起动机不转或运转无力。

②检查过程：首先检查起动线路、一切正常且各接点接触良好。

当点火开关置于起动档时，发现起动机运转无力，连续起动几次，只能听到电磁开关的“嗒嗒”声，据此判断故障原因是起动机故障或蓄电池亏电严重。

用另一个电量充足的蓄电池与车上蓄电池并联后试验，起动正常，且多次起动再无故障发生。这说明起动机工作正常、问题出在蓄电池上。

蓄电池出现这类故障，一是蓄电池自身储电不良，二是发电机充电不足。为此，检查发电机的发电情况。用另一块蓄电池并联起动后，测量发电机的电压，仅为13V，明显不足。

检查发电机的传动带，张力正常：分解发电机，检查其电刷，发现已大量磨损。更换上一组新电刷后，测量电压，可达13.9V以上。

③分析判断：看似起动系统故障，实质却是充电系统故障。

车辆起动时，是以蓄电池作为单一电源的，如果蓄电池有故障或充电不足，会影响起动机转速。蓄电池的电量依靠充电系来维持，如果长期充电不足，会造成蓄电池亏电严重，起动时不能有足够的电流输出，致使起动机转速低或不能转动，从而出现起动困难的情况。

④排除故障：拆下蓄电池进行充电，修复发电机后再安装，故障彻底排除。

2. CiX型轿车电压调节器损坏导致发电机不发电

①故障现象：打开点火开关，充电指示灯不亮，蓄电池亏电。

②检查过程:从发电机 D+接柱上拆下蓝色电线并将之搭铁,充电指示灯亮,引一条火线直接接 D+接柱,没有火花出现。

③分析判断:以上试验说明充电指示灯电路正常,发电机电压调节器、电刷或励磁绕组有故障。

④排除故障:分解发电机、检查电刷、滑环、励磁绕组正常,更换电压调节器后,故障即排除。

二、起动系统

(一)GTX 型轿车故障实例

1. 接地线不良导致起动机转速低

①故障现象:一辆新车因起动机转速低而无法起动车辆,同时出现冷却液温度警报灯和机油压力报警灯闪亮。

②检查过程:一个人起动发动机,另一个人用万用表测量给起动机供电的各点电压,蓄电池空载电压为 12.2V,起动时电压为 12V。

③分析判断:起动机转速低的原因有:

a. 蓄电池电能不足。

b. 起动机有故障。

c. 起动机的正电源线或接地线接触不良。

通过上面的测量,说明蓄电池无故障。由于是新车,起动机损坏的可能性也不大。考虑到警告灯同时报警反应的不是真实情况,只有当接地线接触不良或发电机有整流管击穿故障时才会发生,所以应检查第三个原因。

④排除故障:检查蓄电池负极电缆接至发动机后端的接地点时,发现紧固螺栓松动,用手就能拧下来。把此螺栓拧紧,故障再未出现。

2. 电刷过度磨损导致起动机不转动

①故障现象:用户陈述近几天起动机转速低或者不转,发动机起动困难。

②检查过程:将点火开关置于“ST”档,起动机无反应。测量起动机电磁开关插头与地间电压,即黑/红线与地间电压为 12.5V,说明起动 50 号线没问题;测量起动机正极电缆线和接线地良好。

③分析判断:起动机不转动的故障原因有:

a. 蓄电池电能不足。

b. 点火开关的起动触点接触不良。

c. 起动机正极电源线有故障。

d. 起动机接地线有故障。

e. 起动机有故障。

对以上前四项检查后未见异常，下面检查起动机。

④排除故障：拆下起动机进行分解，测量电磁开关线圈、电枢线圈、励磁绕组没问题，发现电刷磨损严重，电刷与引线脱落。更换电刷，故障即排除。

(二)GiX 型轿车故障实例

1. 减速机构损坏造成小齿轮不转

①故障现象：蓄电池电能充足、发动车时起动机不转。

②检查过程：拆下起动机，检查起动机小齿轮，飞轮齿圈良好，起动机单向离合器不打滑。

③分析判断：起动机转动而曲轴不转动的故障原因有：

a. 起动机单向离合器打滑。

b. 飞轮或起动机小齿轮损坏。

c. 减速机构损坏。

因前两个原因上面已检查完了，所以应继续检查第三个原因。

④排除故障：分解起动机，发现行星齿轮机构的塑料齿轮架有很多油泥，运转时发卡，造成小齿轮不转动。由于行星齿轮机构不作为备件供应，只好更换新起动用，排除了故障。

2. 铜套损坏导致起动机小齿轮不回位

①故障现象：发动机起动后，起动机齿轮不回位，并且有齿轮继续啮合的异响，有时起动机打滑空转。

②检查过程：拆下起动机，检查飞轮齿圈和小齿轮未见异常。

③分析判断：起动机小齿轮不回位的原因有：

a. 飞轮齿圈或小齿轮的轮齿损坏。

b. 起动机损坏。

c. 起动机小齿轮端的铜套过度磨损。捷达起动机小齿轮端的铜套轴承安装在离合器壳体上，如果因磨损松旷，则会改变起动机小齿轮与曲轴的中心距，当起动机转动时，会使小齿轮与齿环卡住。

④排除故障：观察离合器壳体上的铜套轴承、发现严重磨损、有一侧已经露出离合器壳体。加工出一个新铜套(此铜套不作为备件供应)，镶到离合器壳体上并加适量润滑脂，将保养过的起动机装到车上，故障即排除。

三、组合仪表

(一)GTX 型轿车故障实例

1. 燃油表不工作

①故障现象：燃油表指针总是指示在最左边，加注汽油到满箱、燃油表仍无反应。

②检查过程：GTX 轿车燃油指示系统主要由稳压器、燃油表、燃油传感器和线路组成，可根据电路图查找故障原因。

首先拔下燃油传感器插头，打开点火开关，测量插头第 1 针紫/黑线电压为 0V，表明传感器无工作电流。打开点火开关，测量继电器盒 M 插头第 3 针紫/黑线对地电压为 0V；打开点火开关，测量 U1 插头第 12 针蓝色线对地电压为 0V；测量仪表 28 针插头中 7 号针蓝色线至 U1 插头第 12 针蓝色线间电阻值为 0.3Ω。所测量值均无异常。

③分析判断：检查至此，判断燃油表存在故障。

④排除故障：从组合仪表中取出燃油表，测量线圈电阻发现断路。更换燃油表后，故障即排除。

2. 燃油表指示不准确

①故障现象：加满燃油时，燃油表仅指示到 1/2 稍多一点儿。

②检查过程：拔下燃油泵电动机和燃油表传感器的插头，取出燃油泵与油面传感器，发现传感器电阻表面有一层遮盖物。

③分析判断：由于遮盖物存在，使传感器的滑片与电阻接触不良。

④排除故障：用乙醇仔细清洗电阻表面和传感器触点，装复后燃油表工作正常。

(二)GiX 型轿车故障实例

1. 蓄电池搭铁线接触不良导致冷却液温度表指示高

①故障现象：冷却液温度表指示高，有时起动时起动机转速不够。

②检查过程：发动机起动后 1min 内，冷却液温度表指针升高到约 100℃。冷却液温度不可能在这样短的时间内升至这样高。打开前照

灯后或开空调后，冷却液温度高达130℃，用V·A·G1552阅读冷却液温度只有97℃。测量发电机B接柱与车身之间电压为13.6V，测量蓄电池两极桩之间电压只有12.5V。

③分析判断：根据测量电压的结果，可以看出是充电与仪表共用电路有接触不良之处，才会影响这两个系统不能正常工作。最可能的故障点就是蓄电池电缆夹和接地线的连接点，由于导电不良，使得蓄电池得不到发动机充电电压，冷却液温度表由于电压不稳而工作不正常。

④排除故障：发现蓄电池负极连接到变速器的接地点，因变速器外壳的油漆未处理干净，使得电流导通不良。拆下接地线，将油漆打磨干净，将复后故障排除。

2. 熔丝熔断导致仪表不回零位

①故障现象：关上点火开关后，仪表盘的冷却液温度表、燃油表、转速表都不回到初始位置，电子钟和车速表没有显示。

②检查过程：按照电路图检查，发现21号熔丝熔断。

③分析判断：由于仪表16号熔丝正常，各仪表指示均正确。但车内灯、数字钟21号熔丝熔断不仅会使车内灯、数字钟不工作，还会出现上述仪表不回位的现象。

④排除故障：更换21号熔丝，一切恢复正常。

(三)Ci和GiF型轿车故障实例

1. Ci型轿车接地线松动导致燃油表指针乱摆

①故障现象：当打开、关闭前照灯开关或空调开关时，燃油表指针乱摆。

②检查过程：打开点火开关或发动机起动后，燃油表工作正常，但是打开较大电器负荷时，便出现燃油表指针乱摆的现象。

③分析判断：由现象判断故障原因为：

a. 供电正极不正常。

b. 接地不良。

④排除故障：对熔丝盒检查，供电正常；给汽油表位置传感器直接连接一根接地线到蓄电池负极，发现上述故障消失。检查发现蓄电池下方的接地线松动，将其紧固后故障即排除。

2. GiF型轿车开空调冷却液温度高

①故障现象：在低速行驶时打开空调，冷却液温度表显示冷却液温

度过高。

②检查过程：这大多是由于散热器、冷凝器过脏，降低散热效果造成的。

首先清洗散热器和冷凝器，故障没有排除。

用 V. A. G1551 检测无故障储存，读取数据块可发现冷却液温度表显示的温度与数据块显示的温度不一致。

③分析判断：该车实际冷却液温度正常，是冷却液温度表指示偏差才显示出冷却液温度高。造成冷却液温度表指示偏差的原因，主要是线路中搭铁不实造成的。

④排除故障：检查发现线路中的搭铁点有松旷、锈蚀、漆层等现象，经清洁搭铁线，紧固连接螺钉后，故障即排除。

四、照明及信号装置

(一)GiX 型轿车故障实例

1. 前照灯开关故障导致泄荷线长期有电

①故障现象：起动车辆，起动机不转，打开点火开关仪表灯不亮，蓄电池电能放尽。

②检查过程：检查发现 A/C 开关在打开位置，借助其他车辆的蓄电池将故障车起动后，测量发电机输出电压正常。充足电后，关闭发动机，拆下蓄电池电缆夹，测量漏电流为 10mA，属于正常。在没有打开点火开关的情况下，打开空调开关、发现压缩机电磁离合器竟然能吸合，而且散热风扇转动。

③分析判断：通过发动机输出电压测量和蓄电池漏电流测量，说明电源系统没有问题。对于出现关闭点火开关仍能打开空调的现象，阅读电路图查找原因有：

a. 卸荷继电器损坏导致 X 线常通电。

b. 灯光照明开关故障也能导致 X 线常通电。

(4)排除故障：检查卸荷继电器没问题，更换前照灯开关，故障排除。

2. 远光灯不亮

①故障现象：行驶途中左前照灯突然不亮，驾驶室内没有焦煳味。

②检查过程：怀疑可能是前照灯灯泡坏了。打开点火开关、车灯开

关和远光灯开关，右侧前照灯亮，左侧前照灯不亮。

根据电路图查找可能的故障原因，检查方法如下：

a. 打开点火开关、车灯开关和远光灯开关、测量左侧前照灯远光灯丝正极白/黑色线对地电压为0V。

b. 检查11号熔丝，无熔断现象。

c. 测量继电器盒A1插头6针白/黑色线与大灯插头中白/黑色线间电阻值为0.3Ω，说明白/黑色线无断路处。

d. 打开点火开关、车灯开关和前照灯开关，测量继电器盒J插头1针的白色线对地电压为12.4V。

③分析判断：经过以上检查，确定故障原因为继电器盒中左前照灯线路存在断路处。

④排除故障：更换继电器盒，打开点火开关、灯光开关和前照灯开关，左、右远光灯工作均正常，故障排除。

3. 仪表总成故障导致仪表照明灯不亮

①故障现象：打开灯开关，仪表照明灯不亮，前、后小灯正常。

②检查过程：仪表照明灯亮度调节电阻被烧坏，测量灯开关58b插头无电。

③分析判断：怀疑开关照明灯正极线搭铁、电流过大，致使调节电阻烧坏。拆掉车内所有开关照明灯，用万用表测量正极线无搭铁处、所以怀疑仪表总成内的照明灯有故障。

④排除故障：更换仪表总成，故障消除。

4. 导线皮磨破导致开转向灯时雾灯亮

①故障现象：打开左转向灯或紧急报警灯时，雾灯指示灯闪亮。

②检查过程：此车已加装防盗器。但将防盗器拆除后故障仍存在。更换转向开关和紧急警报灯开关，故障同前。

③分析判断：判断左侧线束有故障。

④排除故障：检查左侧转向线路，发现后备箱处，驾驶员在箱内垫有铝制板，磨破了左侧的线束。经过处理，故障排除。

5. 转向灯内部短路导致烧熔丝

①故障现象：开转向灯没有反应。

②检查过程：发现转向灯熔丝已烧断，更换熔丝后转向灯正常，但

是打开、关闭几次转向灯开关后，熔丝又烧断。

③分析判断：怀疑左前转向灯有问题。

④排除故障：拧下左前转向灯泡，看到灯泡底座正极接触片与负极相连。校正灯泡底座正极接触片后，安装左前转向灯，故障即排除。

6. 所有转向灯不亮

①故障现象：所有转向灯不亮。

②检查过程：打开点火开关，向左或向右拨动转向开关，车外转向灯不亮，更换闪光继电器后故障依旧。

捷达闪光继电器有 3 个端子，即 12V 供电端、接地端和信号输出端。拔下闪光继电器，用万用表测量其插座的供电端 4/49 插孔，发现电压为 0V。

③分析判断：上面检查表明供电电路有断路之处，包括 17 号熔丝、紧急警告灯开关、继电器盒以及线路。

④排除故障：检查断路点在紧急警告灯开关内，将其更换，故障即排除。

(二)CT、CL 和 Ci 型轿车故障实例

1. CT 型轿车打开前小灯，前照灯近光同时亮起。

①故障现象：打开前小灯，前照灯近光也同时亮起。

②检查过程：首先检查测量前照灯开关，发现开关无故障。拆下继电器盒，目视观察没问题。将继电器盒重新装上，对前照灯线进行电压测量，发现打开前小灯后，前照灯线束有电压，前照灯开关线束完好。

③分析判断：故障点在继电器盒。

④排除故障：更换继电器盒后，故障即排除。

2. CL 型轿车远光灯自动点亮

①故障现象：晚上收车时，关闭点火开关和所有灯光，并锁好车门，但第二天早晨发现远光灯自行点亮。打开车门，发现前照灯开关处于关闭状态，车内有一股塑料焦煳味，从转向盘下的变光开关处向外冒黑烟。

②检查过程：接好蓄电池电缆线，在不打开车灯开关时，远光灯也亮。用手扳变光开关操作杆，发卡扳不动。切断电源，拆下转向盘，把变光开关和刮水器开关整体拆下，二者已烧死分不开。

③分析判断:

捷达车组合开关有一项功能为:在不开前照灯开关时,无论点火开关是否打开,向上抬变光开关,远光灯即亮起,松手后远光灯熄灭,此时作为超车灯开关用。由此可知,虽然关闭了点火开关和前照灯开关,仍有超车灯电源 30 号导线接通变光开关。当超车灯开关内部短路时,前照灯远光常亮不熄。长时间点亮,加之开关内部接触不良,就会产生大量的热,烧损变光开关。

变光开关损坏后的故障现象为:

a. 行车时从变光开关处冒黑烟。

b. 变光开关扳不动,不能变光。

c. 前照灯远光或近光不亮。

d. 前照灯远光常亮不熄。

e. 前后左右 4 个转向灯工作不停。

f. 左转向或右转向灯不工作。

g. 左转向或右转向时,车外转向灯不亮,室内转向指示灯暗淡发光,并且闪光继电器内有“嘶嘶”异响。

h. 转向开关不能自动回位。

④排除故障:更换组合开关,前照灯工作恢复正常。

3. Ci 型轿车后窗加热开关故障导致仪表照明灯失控

①故障现象:打开点火开关,仪表照明灯亮。

②检查过程:正常情况下,只有打开小灯或前照灯开关后,仪表照明灯才亮,而这辆车只要打开点火开关,仪表照明灯就亮。

③分析判断:根据电路图分析,是由于对仪表照明灯供电不正常造成。

④排除故障:对熔丝盒的熔丝进行检查,当拔下第 9 号熔丝时,打开点火开关,仪表照明灯不再亮,经检查是后窗加热器开关故障。更换后窗加热器开关后,故障排除。

五、风窗清洗器和刮水器

1. GiX 型轿车风窗玻璃喷水器喷水不畅

①故障原因:风窗玻璃洗涤器喷水不正常。

②检查过程:操作风窗玻璃洗涤时,一个喷水嘴不出水,另一个将水喷到风窗玻璃外侧。

③分析判断:一个喷水嘴能喷水,说明线路,开关、喷水泵和水管正常,不喷水的原因是喷水嘴堵塞。另一个喷嘴喷水位置不正确的原因是喷水嘴需要调整。

④排除故障:用一个大头针疏通不喷水水嘴的小孔。用大头针疏通另一个水嘴后,插入小孔中扳动喷水嘴,经试喷调整,直到将水喷到正确位置为止。

2. GiX 型轿车洗涤喷嘴不喷水

①故障现象:洗涤喷嘴不出水。

②检查过程:是喷水泵电动机不转动。

③分析判断:引起洗涤喷嘴不出水最常见的故障部位有两处:

a. 发动机盖左侧与车身连接处洗涤管有死弯现象,其原因是由于洗涤管在其经常活动处没有处理好。

b. 洗涤泵电动机或供电电路存在故障。

④排除故障:更换喷水泵,故障排除。

3. CL 型轿车刮水器不工作

①故障现象:刮水器不工作。

②检查过程:检查发现刮水器电动机供电熔丝 S5 熔断。按规定更换一个 15A 的熔丝,打开刮水器开关,发现熔丝再次熔断。检查熔丝熔断原因,发现刮水器电桥位置装错。

③分析判断:刮水器间歇功能是指打开刮水器开关的间歇档时,刮水器每隔 5s 转动一次。

化油器式捷达轿车没有间歇功能,刮水间歇自动控制继电器被电桥所取代,刮水开关也取消了间歇档,只有低速、高速两个档位。该车没有刮水间歇功能属正常现象,不属于故障。

刮水器电桥安装在原刮水器间歇控制继电器位置上,安装时有个方向性,如果不慎装反,当打开刮水器开关时,由 5 号熔丝提供的供电电流直接流向地线,导致熔丝熔断。

④排除故障:重新正确安装刮水器电桥,打开刮水器开关、刮水器

工作恢复正常。

六、中控锁和玻璃升降器

(一)GiX 型轿车故障实例

1. 中控锁电动机烧损

①故障现象:中控锁失灵,拆开左前门检查,发现电动机烧损。更换电动机后,故障消失,三天后,中控锁又失效。

②检查过程:拆开后检查中控锁电动机又被烧损,把电动机拆下来检查,发现电动机控制拉杆有偏磨现象。

③分析判断:把新电动机装好后再次检查,发现并不是电动机偏磨,而是安装电动机螺栓的孔不正,造成电动机又烧损。

④排除故障:把螺孔修复到与电动机位置同心后,故障再没有出现。

2. 中控门锁工作时“吱吱”响

①故障现象:用左前门中控锁锁门时,右前门发出“吱吱”声,锁止钮颤动而不下落,车门也锁不住。

②检查过程:拆下右前门内饰板,用左前门锁锁车,可听见“吱吱”声来自右前门中控门锁电动机内,手摸电动机外壳有振动感。拆下电动机并解体,发现其内一个塑料齿轮的几个齿牙损坏。

③分析判断:中控锁电动机内有两个齿轮:主动轮材质为钢,与电动机相连,从动轮材质为塑料,与门锁相连。当开启、关闭门锁时,因两齿轮啮合,由塑料齿轮带动门锁开闭。由于从动塑料齿轮材质有问题,故障率往往较高。

④排除故障:因无此齿轮备件,所以更换了中控锁电动机。换后异响消失,门锁开闭正常。

3. 搭铁线不良导致升降器不动作

①故障现象:四门电动玻璃升降器不动作。

②检查过程:查看熔丝正常,更换开关和控制器后,故障依旧。打开前小灯,发现开关照明灯、仪表照明灯也不亮。

③分析判断:说明该车的负极线搭铁不良。

④排除故障:将 A 柱上接地线拆下,用砂纸打磨后再装上,故障消失。

4. 左前门电动玻璃不升降

①故障现象:左前门电动玻璃不升降。

②检查过程:检查发现其他三门没有问题,同时观察到左前门升降器开关和电动后视镜位置调节按钮的照明灯也不亮。检测线路,发现升降器开关接地线和照明灯线路断路。

③分析判断:怀疑门内线束断路。

④排除故障:拆下车门线束,找到左前车门线束的 3 根线断路处。将其连接后一切恢复正常。

5. 电动玻璃不升降

①故障现象:电动玻璃不升降。

②检查过程:首先检查电动窗组合开关及熔丝正常。查找控制器,拔下插头测量有电,说明故障有可能在电动窗控制器。试更换电动窗控制器后,故障排除。

③分析判断:故障原因是门窗控制器线路板被卡住,导致电源短路。只要把主控电源切断 30s 以上就可以排除故障。

④排除故障:将旧电动窗控制器重新安装,电动窗恢复正常。为了保险,又检查各针脚、插头、插座,都没有脱落现象。

6. 线路故障导致后视镜不能调整

①故障现象:只有打开驾驶员侧车门,后视镜位置才可以调整。

②检查过程:经过检查线路,在中央继电器盒左侧,发现导线有断路现象。

③分析判断:当车门打开时,断头能够接触上,电流可以通过,于是就可以调整后视镜,而当车门关闭时,断头处又断开,也就没有了电流,所以也就不能调整后视镜了。

④排除故障:修复线路,故障即消除。

7. 倒车镜安装不当导致 A 柱行驶异响

①故障现象:当车辆行驶到 50km/h 以上时,左 A 柱有风声。

②检查过程:试车中听到左 A 柱有风声,右 A 柱没有风声。检查车门没有漏风且密封良好。最后把倒车镜拆下,发现倒车镜里边没有海绵垫。

③分析判断:由于没有装海绵垫,造成对空气扰动发出响声。

④排除故障：加装海绵垫，并且对紧固倒车镜的3个螺钉座孔进行处理后，试车发现噪声减小。又对玻璃导槽、密封条进行处理后，噪声没有了。

(二)GTX和GT型轿车故障实例

1. GTX型轿车电控锁不工作

①故障现象：四个电控门锁均不工作。

②检查过程：发现供电线路在车门铰链处有断路的地方，其他各处及有关元件均正常。

③分析判断：四个电动门锁均不工作，表明其控制电路有故障。可能的故障原因有：

a. 供电熔丝熔断。

b. 中控门锁控制器损坏。

c. 供电线(绿色线)或负极搭铁线(棕色线)有断路处。

④排除故障：重新连接好断路处，中控门锁工作恢复正常。

2. GTX型轿车导线短路导致电动玻璃不能升降

①故障现象：四门电动玻璃突然不能升降。

②检查过程：首先检查玻璃升降器的熔丝、升降器开关、玻璃升降器的继电器、中央控制板等，结果都无故障。

经检查线路，发现玻璃升降器开关线路无电，升降器开关的控制火线14号熔丝熔断。换上新熔丝后，四门升降玻璃升降正常。但升降几次后，四门升降玻璃又不能升降。

检查升降器线束，发现左前门收放机扬声器旁一根黑黄色线有微小的破损，造成线路短路，熔丝熔断，使四门升降玻璃不能工作。

③分析判断：由于升降器线束捆扎的角度，位置不太合理，使升降器线束磨损，造成升降器短路。

④排除故障：将升降器线束用胶带重新包好，再将升降器线束角度进行调整，故障彻底排除。

3. GTX型轿车玻璃升降器失控

①故障现象：打开左前门时、右后门玻璃升降器自动下落。

②检查过程：开始怀疑左前门处升降器开关有问题或有混线之处，经拆检一切正常。后经反复开关左前门、重复故障现象，发现右后门玻

璃只在左前门开启一定角度时才降落，说明故障在控制线路上。

将左前门组线拆下后，发现有一处外皮磨损，经查此线正是右后门升降器开关控制线，当左前门活动时，线束随着车门的活动而搭铁、接通了右后门升降器开关，使右后门玻璃下落。

③分析判断：左前车门处的线束破损，存在搭铁故障。

④排除故障：重新包扎线束，固定线束，故障排除。

4. GT 型轿车接地不良，操作电动玻璃熄火

①故障现象：操纵电动玻璃升降器，升到头时熄火。

②检查过程：此车按住电动玻璃升降器开关向上运行到头时，发动机熄火。四个门的升降器都是如此，初步怀疑有接地不良处。用 V·A·G1552 查询蓄电池电压在 12.3～12.6V 之间，把玻璃升到头，系统电压下降到 10V 左右，证明系统电压不够，造成熄火。检查全车搭铁线，发现蓄电池下面固定负极电缆的螺钉松动。

③分析判断：由于蓄电池固定负极电缆的螺钉松动，因而造成电缆接触不良，于是造成系统电压不足，从而产生了本故障。

④排除故障：紧固螺钉，用 V·A·G1552 检查系统电压为 13.5～13.6V，属于正常。按下玻璃升降器开关，电压不再下降，故障排除。

七、车身电气

(一)GiX 型轿车故障实例

1. 控制单元插座接触不良导致气囊灯报警

①故障现象：由于交通事故，导致转向盘气囊引爆。

②检查过程：更换转向盘气囊、螺旋电缆、气囊控制单元，清除故障码。

当打开点火开关，安全气囊控制单元进行系统自检后，气囊警报灯不熄灭，说明气囊系统存在故障。用 V·A·G1551 查询故障码为 00588：Air bag igniter-N95 ressistance too high(安全气囊引爆器 N95 电阻太大)。

③分析判断：由于转向盘气囊、螺旋电缆、控制单元都是新的，暂且不怀疑有故障。线束没有更换，故障点有可能在线束或在插头上，所以应该对插头和线束进行检查。

④排除故障：当拔开控制单元插头，发现线束插头上有一些胶质附

着，控制单元插座上也有透明胶质附着。将二者清洁干净，重新插上控制单元插头，清除故障码。当打开点火开关，控制单元进行自检后警报灯熄灭，故障即排除。

2. 密码错误导致防盗电脑锁止

①故障现象：用户丢了一把钥匙，要求再匹配一把。

②检查过程：使用 V·A·G1551 进入防盗器地址码，输入由用户提供的密码，按动 Q 键，登录没成功；再一次输入密码登录依然没成功，而且防盗器控制单元进入锁止状态。

③分析判断：这种车型装有防盗系统，必须配用装有转发器的专用钥匙，然后再用电脑诊断仪 V·A·G1551 进行匹配。匹配时须登录防盗电脑密码，由于用户提供的密码不正确，登录二次没有成功，反而使防盗电脑锁死。

使用原有钥匙仍可发动汽车，但使用新配钥匙起动发动机 2s 后即熄火。将点火开关打开 30min，防盗电脑允许重新登录密码，此时输入正确密码登录，就能进行钥匙匹配。

④排除故障：请用户提供正确防盗器密码，按照上述方法将原有钥匙和新钥匙依次进行匹配，经试验，表明所匹配的钥匙均能正常发动汽车。

3. 防盗报警灯工作不正常

①故障现象：防盗报警灯工作不正常。

②检查过程：正常的防盗器在锁车后，防盗系统开始工作，防盗指示灯在不断闪动，而此车在关闭发动机后，防盗指示灯就开始闪动。经用 V. A. G1552 查询故障，防盗系统未见出现故障。

③分析判断：此例故障有些奇怪，防盗报警灯工作不正常，没有存储故障码，也没有使防盗器锁止。再对防盗系统的电路进行检查，发现是左前门控制器有问题。

④排除故障：更换左前门控制器，防盗报警灯故障排除。

4. 防盗器接地线松动导致不着车

①故障现象：有时发动机不能发动，此时录音机、四门电动玻璃、中控锁同时不工作，防盗器指示灯也不闪亮。

②检查过程：此车在外厂换过点火开关，拆过防盗器。用 V·A·

G1551 检测发动机控制单元，查询无故障记录，检测防盗器控制单元不能进入，查阅电路图发现摇窗机、中控门锁和防盗器共用一条连接在继电器盒旁车身处接地线，检查该接地线螺栓松动。

③分析判断：当电气设备的接地线接触不良，就会造成电气设备工作紊乱。

④排除故障：紧固接地线，防盗器控制单元能够进入，故障排除。

(二)GiF 和 AT 型轿车故障实例

1. GiF 型轿车钥匙转发器有问题，匹配不成功

①故障现象：发动机不能起动，防盗器指示灯不熄灭。

②检查过程：首先用 V·A·G1552 查询发动机控制系统，记忆发动机控制单元被锁死，于是对所用的钥匙重新匹配，发动机能起动了，但过一会儿又不能起动。然后更换上新的防盗器控制单元，仍出现以上情况，怀疑点火线有故障，更换后仍不能起作用。

③分析判断：经过上面检查，怀疑钥匙转发器有问题。

④排除故障：更换上新钥匙，匹配成功，经过长时间使用未出现以上情况，故障至此排除。

2. AT 型轿车识别线圈损坏，发动机不能起动

①故障现象：热车或太阳下停放后，发动机起动后即熄火。

②检查过程：用 V·A·G1552 查询出防盗器电控系统有两个故障码：01128——钥匙转发器天线故障；01176——钥匙转发器信号过低。将故障码清除再次发动，以上两个故障码仍然出现。

③分析判断：识别线圈损坏不仅存储了转发器天线的故障码，还存储了钥匙转发器信号过低故障。

④排除故障：更换点火开关上的识别线圈，作钥匙匹配，发动机不易起动的故障排除。

八、全车线路

(一)GTX 型轿车故障实例

1. 装排档锁导致线路搭铁

①故障现象：向左转弯时熄火，18 号熔丝熔断。

②检查过程：阅读电路图，看到 18 号熔丝对燃油泵和氧传感器的加热器供电。对燃油泵和氧传感器的加热器的电路进行检查，发现氧

传感器的线束被排气管的隔热板磨破，向左转弯时，导致氧传感器线束搭铁，造成18号熔丝熔断。

③分析判断：故障的原因是加装排档锁而使隔热板下垂，磨破氧传感器的线束。

④排除故障：正确安装隔热板，更换氧传感器。

2. 驾驶室内有焦煳味

①故障现象：行驶途中，转向盘下部突然有股白烟冒出，车内有焦煳味，好像是哪根线烧焦了，过一会儿一切又恢复正常。

②检查过程：捷达轿车所有重要线束均集中在转向盘下部及左杂物箱处，如果某根线因搭铁而烧焦，将极其危险。

检查所有熔丝，均未熔断。检查所有用电器，也都工作正常。检查发动机，工作正常，运转平稳。拆下组合开关上、下罩盖及左杂物箱，检查所有线束及继电器盒，均无烧焦迹象。

③分析判断：根据车主所述，白烟来自转向盘下部，既然线路无故障，那么故障原因有可能是组合开关内部因振动或高温等原因偶然搭铁，电流瞬间增大，烧焦了组合开关内部塑料元件。拆下组合开关检查，发现在前照灯变光处有烧焦迹象，仔细闻有股焦煳味，故障就出在这里。

④排除故障：更换组合开关中的前照灯变光开关（与转向开关一体），试车故障排除。

（二）GT、GL、GiX、CL和CiF型轿车故障实例

1. GT型轿车关闭点火开关后鼓风机仍转动

①故障现象：鼓风机开关打开，关闭点火开关后鼓风机仍转动。

②检查过程：经检查，不仅是鼓风机不正常转动，而且刮水器、雾灯、后车窗加热器也出现了同样的问题。

③分析判断：捷达等大众系列车都装有卸荷继电器，其作用是钥匙拧到点火档，点火开关内的X触点闭合，使卸荷继电器线圈通电触点吸合，提供鼓风机等附加电器的正极电源。当点火开关拧到起动档时，卸荷继电器触点断开，所有附加电器暂停使用，将电能集中供给起动机。

根据本车故障现象，故障原因很可能是点火开关内的X触点粘连，或者是卸荷继电器内的触点粘连。通常的排除方法不是更换点火开

关,就是更换卸荷继电器。这回拔开点火开关的插头,卸荷继电器仍然吸合,说明故障原因不是点火开关 X 触点粘连。换上一个新的卸荷继电器,其线圈立即吸合,说明卸荷继电器无问题,而是卸荷线圈的正极端与电源正极短路。

阅读电路图,点火开关输出的 X 信号接通卸荷继电器线圈的同时,还接通车灯翘板开关的照明灯,有可能是车灯开关内 X 信号线对正极短路。为此将车灯开关的插头拔开,卸荷继电器线圈断电了,验证了刚才的假设。

④排除故障:更换车灯开关,当关闭点火开关后,鼓风机仍通电的故障排除。

2. GL 型轿车前照灯开关至熔丝盒之间的线束突然烧毁

①故障现象:前照灯开关至熔丝盒之间的线束突然烧毁。

②检查过程:经过检查,确定故障可能出在灯光线路、前照灯开关及变光开关处。

检查灯光线路,无搭铁处,于是决定更换线束及前照灯开关。经试验故障排除,但是使用五天后又出现同样的故障现象。把相关线路再检查一遍,没发现有搭铁现象。据查,前两天晚上行车时用前照灯,而且时间很长,但没有毛病。可昨天晚上打开前照灯后,不长时间就闻到糊线的气味,随即有浓烟从仪表板下冒出来,当时摘下了蓄电池导线,而且一直未使用该车。再仔细检查烧毁的线束,仍未找到搭铁点。

查看前照灯开关时,发现其火线端子根部有烧损的痕迹,开关外壳在火线端子根部有一半圆形熔化的痕迹,看来这里是搭铁故障点。

③分析判断:仪表护罩在前照灯开关后端有一固定螺钉,在该螺钉上也发现了熔化的塑料。因为这个螺钉过长,顶住了前照灯开关,反复按压几次开关后使其火线端子与螺钉搭铁。

④排除故障:更换短螺钉和绝缘损坏的导线,故障得以排除。

3. GiX 型轿车搭铁线松动导致发动机不能起动

①故障现象:发动机不能起动。

②检查过程:打开点火开关,仪表盘指示灯有时亮有时不亮。用 V·A·G1551检测无故障。检查熔丝正常,认为点火开关有故障。更换点火开关后,故障依然存在。后来发现变速器与发动机连接处的搭

铁线松动。

③分析判断:由于搭铁线松动,所以起动用电时有时无,因此发动机难以起动。

④排除故障:紧固搭铁线后,故障排除。

4. CL 型轿车导线断股导致诸多故障

①故障现象:充电指示灯在怠速有时点亮。

②检查过程:用万用表测量发电机 B+接柱电压为 13.98V,测量蓄电池正压为 12.2V。再检查,发现连接到 B+的电线铜丝大部分已折断,只有几根相连。

③分析判断:由于电线有断股,造成 B+线路电阻增大,断股处电压降增加。

④排除故障:用焊锡将断股处焊牢,起动发动机,测蓄电池正极电压为 14.0V,再经试车,故障消除。

5. CiF 型轿车发动机转速表指示异常

①故障现象:转速表指示异常,发动机在怠速时转速表却指示到 3000r/min。

②检查过程:线路检查未发现问题。

③分析判断:可能是转速表集成电路工作不稳造成此现象。

④排除故障:更换工作异常的转速表,故障排除。

九、偶发故障

(一)电源系统

(1)捷达 GiF

早上起动车辆,由于起动机转速低而不能发动,检查蓄电池电能不足。

换一个蓄电池将车辆发动,测量冷车时发电机输出电压 13.9V,热车时 12.5V,检查发电机有问题。更换发电机,故障排除。

(2)捷达 CT

发电机传动带发出尖叫异响。

检查传动带未老化,发现传动带上有砂粒。去除砂粒,传动带异响消失。

(3)捷达 CL

蓄电池外壳破裂,电解液流出。

检查发动机电枢线圈也烧毁。分析原因是发电机电压调节器失控,蓄电池加液盖通气孔堵塞,发电机输出电压过高,使得蓄电池爆裂,同时发电机电枢线圈也因过载而烧毁。

(二)起动系统

(1)捷达 TC

起动机转动正常,但有时不能发动车。

经检查,点火开关拧到起动档时,点火开关 15 触点有时断路,导致无点火电源。更换点火开关底座,发动机起动正常。

(2)捷达 AT

起动车辆时,有时起动机不转,但一到修理厂就故障全无。试更换起动锁止和倒车灯继电器,故障排除。

(三)组合仪表

(1)捷达 GiX

行车中,发动机转速表指针不走。

测量时没有发动机转速信号进入仪表盘,检查线路没问题,怀疑发动机控制单元转速信号输出电路有问题。换一台发动机电脑,故障排除。

(2)捷达 GiX

汽油箱加满油时,燃油表指针达不到满箱刻度。

可对燃油表传感器进行清洁,使汽油表指针恢复正常。

(3)捷达 GTX

冷却液温度警告灯间歇报警,尤其在颠簸路面报警频繁。

怀疑冷却液温度传感器导线有时存在搭铁故障。将线束剥开,在真空罐附近看到有两根导线外皮划伤而短路,形成冷却液温度传感器导线与地相连。进行绝缘后,故障排除。

(4)捷达 CT

机油警告灯在发动机高转速时报警。

在报警时测量发电机输出电压为 16V。更换发电机,机油警告灯在高转速时不报警了。

(5)捷达 GiX

仪表照明灯不亮。

检查发现是由车门线束故障引起。

(四)防盗器

(1)捷达 GiX

发动不着车。

查询防盗器系统故障码是点火开关读识线圈故障。经检查发现，防盗器线束被离合器踏板臂磨破，导致读识线圈导线断路。更换防盗器线束并用线卡固定，清除故障码，发动机起动正常。

(2)捷达 GiX

左前门锁按钮上的防盗指示灯常亮。

正常情况是预警时才闪烁。查询防盗电脑无故障码，更换左前门中控锁执行器，故障排除。

(五)安全气囊

(1)捷达 GiX

用户讲刚更换过安全气囊电脑，气囊警告灯仍报警。

经查询气囊电脑编码为 00065，这是双气囊编码。改为单气囊编码 00075，警告灯正常。

(2)捷达 GiX

气囊警告灯报警。

查询故障码是转向盘气囊引爆器 N95 电阻太大。拆下转向盘，经测量，螺旋电缆断路。更换后故障码可以消除，故障排除。

(六)辅助电器

(1)捷达 GiX

收录机有时响有时不响。

经检查发现，后部扬声器线在后座椅处磨破一小段外皮，将线包好后扬声器就响了。

(2)捷达 GiX

电动后视镜无法调整。

检查发现通过车门伸缩套的线束导线断路，连接后故障排除。

(3)捷达 GiX

风窗玻璃洗涤喷嘴不出水。

经检查是当关上发动机罩后,塑料水管打成死弯,水不能流过。将水管捋直,喷水正常。

(4)捷达 GiX

行车中左后门发出吹哨声。

检查发现左后门把手的小塑料板撬起。更换上新板,按压到位,经试车异响消失。

(5)捷达 GTX

用钥匙打开或关闭驾驶员车门,中央门锁不工作,操作驾驶员门的玻璃升降器也不工作。

检查发现 A 柱内的搭铁线螺钉未拧紧,拧紧后故障排除。

(6)捷达 GiX

车速在 100km/h,左前门有“嘶嘶”响声。

将左侧倒车镜折回 90°再试车,响声消失。更换左倒车镜,故障排除。

第五篇　空调修理工
技术要求标准

第一章　应知部分

第一节　空调制冷系统控制电路
组成及工作原理

冷气空调控制电路是冷气空调系统的一个重要组成部分。其作用是:保证冷气空调系统可靠地工作,减少驾驶人的操作强度,提高系统制冷效果和效率,使乘客更加舒适。

现代汽车冷气空调系统,设计有比较合理完善的控制电路和各种电气装置,能对系统实施自动化程度较高的控制。不同档次、不同车型的冷气空调控制电路不尽相同,但其控制内容则大同小异。桑塔纳轿车空调系统控制电路如图 5-1-1 所示。

控制电路主要由电源电路、鼓风机控制电路、电磁离合器控制电路和冷凝器冷却风扇控制电路等组成。

一、电源电路

它由蓄电池 GB、点火开关 SA、减荷继电器 K59 以及熔丝 FU1、FU14、FU23 和空调主继电器 K32 组成。

当点火开关 SA 断开(OFF 档)或置于起动档(ST 档)时,减荷继电器不通电,触点断开而使空调系统的供电线路“X”线无电,于是空调系统无法起动运行。

减荷继电器 K59 的作用是:当点火开关在起动档(ST 档)时,中断空调系统等附属电器的工作,以保证发动机起动时有足够的电流,当起动结束后将自动接通空调系统的工作。

主继电器 K32 中 1 号继电器还控制着鼓风机的一对触点,当空调

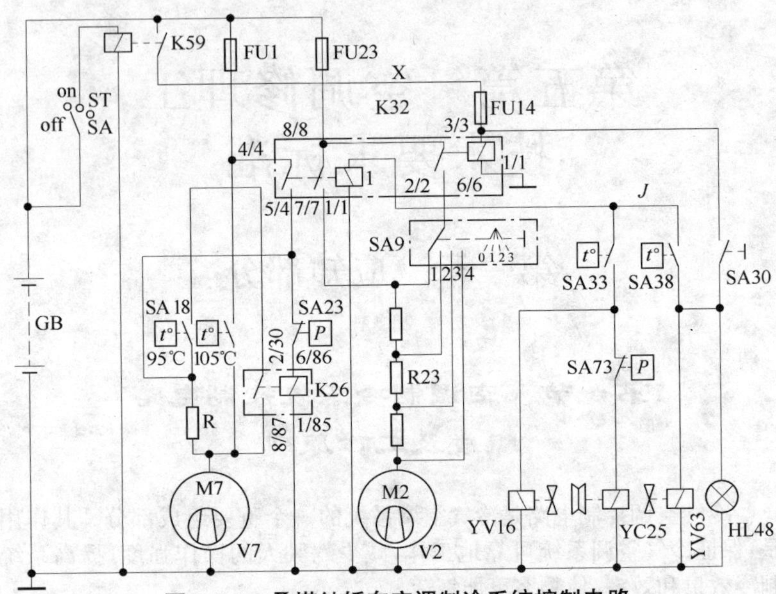

图 5-1-1　桑塔纳轿车空调制冷系统控制电路

GB. 蓄电池　SA. 点火开关　K59. 减荷继电器　FU1,FU14,FU23. 熔断丝　K32. 空调继电器　SA9. 鼓风机开关　SA33. 蒸发器温控器　SA38. 环境温度开关　SA30. 空调 A/C 开关　SA18. 冷凝器冷却风扇温控开关　SA23. 高压开关(15 bar)　K26. 冷凝器冷却风扇继电器　R23. 鼓风机调速电阻　SA73. 低压开关(2 bar)　M7. 冷凝器冷却风扇电动机　M2. 鼓风机电动机　YV16. 怠速提升电磁阀　YC25. 电磁离合器　YV63. 新鲜空气翻板电磁阀　HL48. 空调 A/C 开关指示灯　V2. 鼓风机　V7. 冷却风扇

A/C 开关-接通(即闭合)时，如鼓风机开关 SA9 没有接通鼓风机电路，鼓风机 V2 也将由该对触点获得电流而低速旋转，以防止接通空调 A/C 开关后，因忘记接通鼓风机开关而造成没有空气流过蒸发器，使蒸发器表面温度过低而结冰或冻坏蒸发器。

二、鼓风机控制电路

鼓风机电动机 M2 的供电回路为：蓄电池"＋"极→熔丝 FU23→主继电器 K32 中的 2 号继电器触点→鼓风机开关 SA9→鼓风机调速电阻 R23→鼓风机电动机 M2→搭铁→蓄电池"－"极。

当点火开关 SA 接通(即位于 ON 档)时，减荷继电器通电，触点闭合，“X”线也得以通电，这时主继电器 K32 中的 2 号继电器经熔丝 FU14 得电而使触点闭合，接通了鼓风机电动机 M2 的供电回路，鼓风机便可在鼓风机开关 SA9 控制下运转，进行强制通风换气或送出暖气，它不受空调 A/C 开关 SA30 的限制。

鼓风机开关 SA9 在不同的档位时，鼓风机电动机 M2 的供电回路串入的调速电阻个数也不同，从而可得到不同的送风速度。

三、电磁离合器控制电路

当需要获得冷气时，必须接通空调 A/C 开关 SA30。此时，电流从蓄电池“+”极→减荷继电器 K59 的触点→熔丝 FU14→空调 A/C 开关 SA30，经 SA30 后分为三路：

第一路，经空调 A/C 指示灯 HL48 构成回路，指示灯 HL48 亮起表示空调 A/C 开关接通；

第二路，经新鲜空气翻板电磁阀 YV63 构成回路，使该阀动作，以接通新鲜空气翻板真空促动器的真空通路，而使鼓风机强制通过蒸发器总成的空气通道进风，否则将无法获得冷气；

第三路经环境温度开关 SA38 后又分为两路：

a. 一路到蒸发器温控器 SA33，由 SA33 控制电磁离合器 YC25 和怠速提升电磁真空转换阀 YV16 的供电，只有当蒸发器温度高于调定温度时，蒸发器温控器 SA30 触点接通，电磁离合器电路接通吸合，压缩机才能运转制冷。同时，电磁真空转换阀 YV16 动作，而使发动机以较高转速运转，以便有足够的动力驱动压缩机工作。

如蒸发器温度低于调定温度，温控器 SA33 触点断开，压缩机将停止运转，同时电磁真空转换阀 YV16 断电，怠速提升装置不起作用。

低压开关 SA73 串联在蒸发器温控器 SA33 和电磁离合器 Y25 之间的电路上，当制冷系统严重缺乏制冷剂而使系统高压侧压力低于 0.2MPa 时，低压开关 SA73 触点断开，压缩机将无法运转。

b. 经过环境温度开关 SA38 后的另一路电流则进入主继电器 K32 中的 1 号继电器后形成回路，使其两对触点吸合，其中一对触点用于控制冷凝器冷却风扇继电器 K26，另一对触点则用于控制鼓风机电动机 M2。

四、冷凝器冷却风扇控制电路

高压开关 SA23 串联在继电器 K26 和主继电器 K32 中 1 号继电器的前一对触点之间。

a. 当制冷系统高压侧压力低于 1.5MPa 时，高压开关 SA23 触点断开，电阻只串联在冷凝器冷却风扇电动机 M7 的供电回路中，冷却风扇 V7 低速运转。

b. 当制冷系统高压侧压力高于 1.5MPa 时，高压开关 SA23 触点接通，使得继电器 K26 通电，触点吸合，电阻被短接，这时冷却风扇 V7 高速运转，以加强冷凝器和发动机的冷却强度。

第二节　空调制冷系统控制电路主要总成构造和工作原理

一、电子温度控制器

电子温度控制器是现代汽车冷气空调常用的一种温度控制器。它具有工作可靠、不易损坏以及便于维修等优点，图 5-1-2 是日野 RC 大型客车冷气空调电子温控器的电路图。

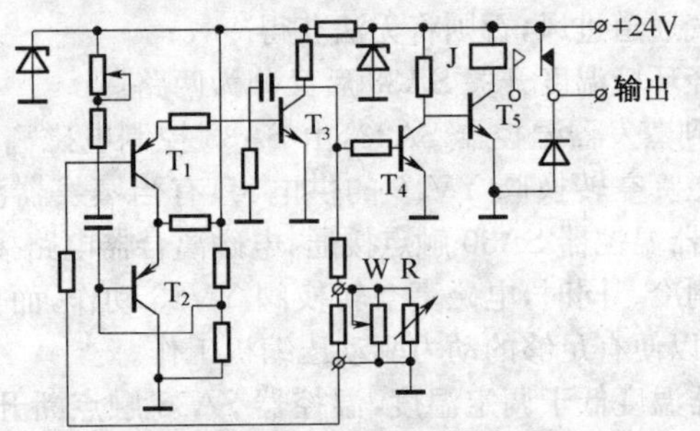

图 5-1-2　电子温控器电路

T_1～T_5—晶体管　J—继电器　W—温度给定电阻　R—温度传感器

1. 组成

与大多数汽车冷气空调系统用的电子温控器一样，它包括中心控制器、温度传感器（热敏电阻）、温度给定电位器（可变电阻）和继电器等元器件。

2. 工作原理

①当车厢内的温度高于给定的温度时，由于温度传感器内热敏电阻的负电阻特性，其电阻值较低，流过晶体管 T_1 基极电流 I_{bT1} 较大，其集电极电流 I_{cT2} 也相应增大，显然流过晶体管 T_3 基极电流 I_{bT3} 也随之

上升，T_3 集电极电流 I_{cT3} 相应增大，其集电极电压 V_{cT3} 则下降，使流过晶体管 T_4 基极电流 I_{bT4} 也下降，T_4 集电极电流 I_{cT4} 相应下降，其集电极电压 V_{cT4} 则上升，流过末级晶体管 T_5 基极电流 I_{bT5} 达到最大值，T_5 很快处于导通状态，其负载继电器 J 吸合，常闭触点断开，切断了制冷剂旁通电磁阀的电源，使制冷剂全部投入制冷大循环，为车厢内提供最大的制冷量。

②随着车厢内的温度逐步下降，温度传感器内热敏电阻值逐步上升，当车厢内的温度降至给定的温度值时，晶体管 T_2 基极电流 I_{bT2} 降至最低值，这时电路发生的一系列反应与上述过程相反，使得末级晶体管 T_5 很快处于截止状态，其负载继电器 J 因失电释放，其触点恢复闭合状态，制冷剂旁通电磁阀开启，部分制冷剂被旁通，没有进入制冷大循环，于是系统制冷效果下降，车厢内的温度又逐渐回升，温度传感器内的热敏电阻值又逐步下降。

③当车厢内的温度升至给定的温度值时，新的一轮温控循环开始。温度传感器一般安装在车厢冷气的回风口附近，温度给定电位器则安装在驾驶仪表操纵盘上，便于操作。改变电位器的电阻值，即可调节车厢内的温度。

有的电子温控器同时控制冷气空调发动机的转速和制冷剂旁通阀，进一步提高制冷控制的效果。匈牙利依卡路斯 256 型大客车的冷气空调就是采用这种类型的电子温控器。

二、继电器

继电器是冷气空调系统中常用的基本元件之一，其种类和型号虽然不同，但工作原理基本一样，都是利用线圈通电时产生的电磁力控制继电器触点的闭合和断开，使受控件能根据需要正常工作。

三、发电机

独立式冷气空调系统一般都配有专用的发电机，主要为蒸发器和冷凝器电风扇提供直流电源。发电机的动力来自冷气空调专用发动机。

现代汽车冷气空调系统的发电机大部分是三相交流发电机，其内部附有大功率整流二极管和电子式电压调节器。发电机的构造与工作原理与现代汽车广泛应用的三相交流发电机基本相同。

由于蒸发器和冷凝器电风扇的功率较大，而且要求长时间连续工作，因此冷气空调发电机的功率一般都大于汽车发电机。匈牙利依卡路斯256型大客车冷气空调发电机额定输出功率2kW，输出电压25～28V，最大输出电流100A。其内部电路如图5-1-3所示。

电压调节器是发电机供电系统的一个重要部件。冷气空调发电机功率大，相应的励磁电流也较大。为了提高发电机电压调控的可靠性，进一步提高输出电压的稳定性，现代汽车发电机已广泛应用电子式无触点电压调节器。

四、卸载电磁阀（制冷剂旁通阀）

卸载电磁阀是一种利用电信号控制开与关的自动阀门。在大型客车冷气空调系统中，卸载电磁阀通常安装在调节制冷量的旁通回路上（图5-1-4）。还有一种卸载电磁阀是作为压缩机的一部分，直接安装于其顶部，匈牙利依卡路斯256型大客车冷气空调安装的就是这类型的卸载电磁阀。

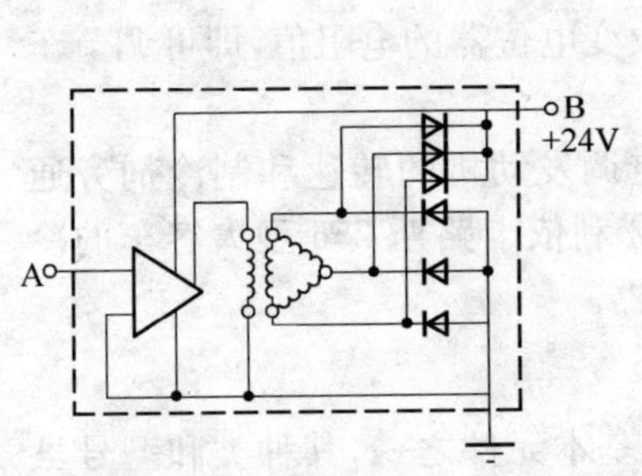

图5-1-3 发电机内部电路

A—蓄电池 B—输出

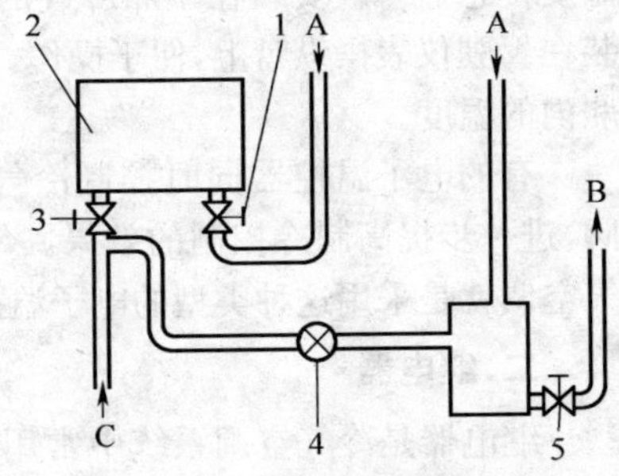

图5-1-4 卸载阀的安装位置

1. 排出阀 2. 压缩机 3. 吸入阀 4. 卸载阀 5. 停止阀

A—冷凝器 B—过冷却器 C—蒸发器

卸载电磁阀的构造形式较多，安装部位也因车型而异，但其工作原理则大同小异。图5-1-5是日野RC大型客车冷气空调系统卸载电磁阀的构造和工作原理图。

1. 组成

该型卸载电磁阀主要包括电磁线圈、回位弹簧、阀杆、导阀和主阀

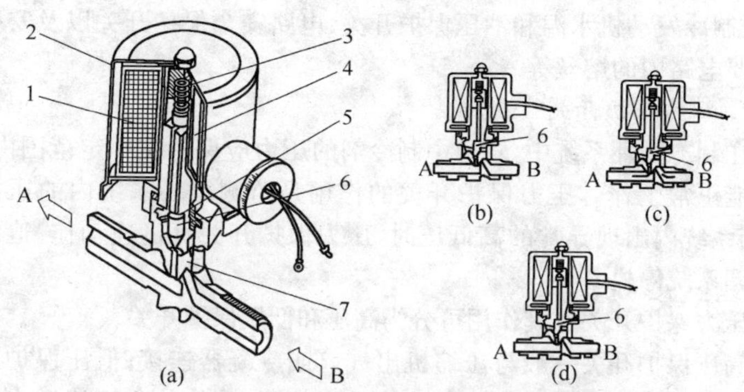

图 5-1-5　卸载电磁阀的构造和工作原理

(a)卸载电磁阀的构造　(b)卸载电磁阀关闭

(c)卸载电磁阀闭→开　(d)卸载电磁阀开启

1. 电磁线圈　2. 外壳　3. 回位弹簧　4. 动芯　5. 阀杆　6. 导阀　7. 主阀

A—出口　B—进口

等零部件。阀体内有空腔，空腔可通过阀体与阀套之间的径向间隙及辅助孔分别与进出口连通。

2. 工作原理

①当车厢内的温度降至给定的温度值时，电磁线圈通电，导阀在电磁力的作用下被提起，辅助孔被打开，空腔与出口连通，腔内压力下降，低于进口压力，这时主阀下部压力大于其上部压力，主阀被顶起，阀门打开，部分制冷剂通过卸载电磁阀的进、出口被旁通。

②当车厢内的温度升至给定的温度值时，电磁阀断电，导阀在回位弹簧的弹力作用下回落，将辅助孔关闭，空腔内的压力在流入阀体径向间隙之间的制冷剂补充下升高，并很快与进口压力相等，高于出口压力，在空腔与出口压力差的作用下，主阀紧紧地盖住阀口，切断了进、出口通道，制冷剂就全部投入制冷大循环。

卸载电磁阀通常是由电子温控器根据车厢内温度的变化自动控制其开与关，通过调节制冷剂的旁通量，达到控制车厢内温度的目的。

五、安全保护装置

汽车冷气系统的安全保护装置的作用是：当系统发生故障，工作异常时，安全保护开关迅速动作，防止故障进一步扩大。

常见的安全保护装置主要包括：制冷剂管路压力开关、制冷剂过热开关、制冷发动机水温和油压保护开关、电路安全保护开关以及安装在各主要电路中的熔丝等。

1. 压力保护开关

在制冷循环系统中，管道中制冷剂的压力应保持在一定范围内，系统才能正常工作。压力保护开关的作用是监测循环系统内的压力动态，当系统内出现异常的高低压时，压力保护开关可迅速动作，迫使冷气空调系统停机。

压力保护开关按其作用可分为高压和低压保护开关。

高压保护开关一般与压缩机出气口或冷凝器连接；低压保护开关与压缩机的进气口连接。当系统内发生故障，致使其高压侧压力高于规定的极限值或低压侧的压力低于规定的极限值时，高压或低压保护开关中的传感膜片上移或下吸，迅速推动开关的动触点动作，切断系统的动力源，使系统停止运转，并发出告警信号。

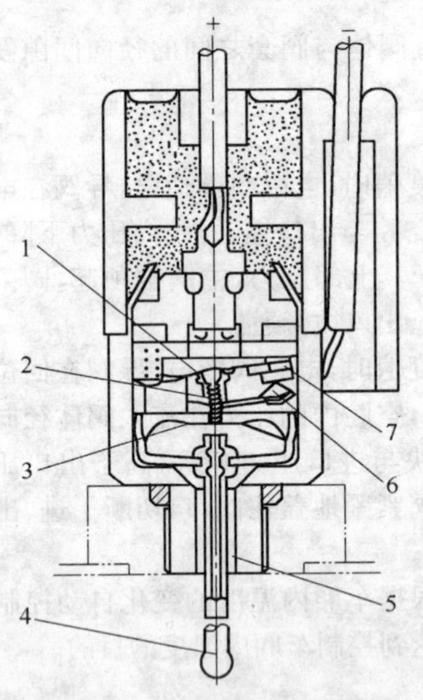

图 5-1-6　过热保护开关示意图

1. 调整螺母　2. 调整螺钉　3. 膜片　4. 制冷剂　5. 温度传感器　6. 动触点　7. 定触点

2. 过热保护开关

过热保护开关的作用是防止由于缺少制冷剂，造成压缩机因缺乏润滑而过热损坏。过热保护开关主要由温度传感器、膜片、开关触点等零件构成。

过热保护开关有两种：一种安装在压缩机缸盖上，它能控制压缩机电磁离合器的电源，另一种是安装在蒸发器的出口管道上，它能控制泄漏报警灯。

图 5-1-6 是尼桑汽车冷气空调的过热保护开关的构造图。它安装在蒸发器的出口管道上。

当制冷剂温度升高到一定值时，过热保护开关膜片下的制冷剂蒸气压力使膜片上升，推动螺钉，带动动触点与定触点接触，过热保护开关接通。

在过热保护开关后面串接一个过热时间继电器，其作用是，只有当过热状态是持续而不是瞬时的情况下，泄漏报警灯才亮。

3. 发动机安全保护开关

当发动机的机油压力低于规定的极限值，或者冷却水温高于规定的极限值并持续超过一定时间后，发动机安全保护开关动作，切断发动机的燃油供给通道，使发动机停机。只有在故障排除后，重新按一下保护开关的恢复按钮，才能重新启动冷气空调发动机。这种保护开关一般使用于独立式冷气空调系统，如匈牙利依卡路斯 256 型大客车的冷气空调系统。

这种保护开关的构造比较简单，主要由线绕电阻（一般为 5W 左右）、复合金属片触点、传热杆、恢复按钮组成。保护开关一般与发动机的水温和机油压力传感器开关接成逻辑或门电路（图 5-1-7）。

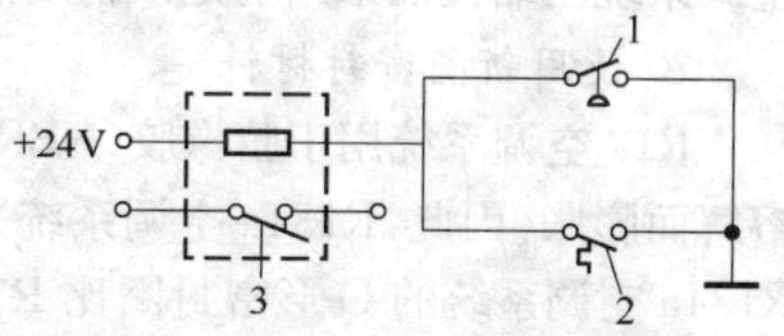

图 5-1-7　安全保护开关接线

1. 机油压力开关　2. 温度开关　3. 安全保护开关

只要水温或机油压力传感器监测到发动机的水温或机油压力超过或低于规定的极限值，相应传感器的开关迅速闭合，电流即流过线绕电阻发出热量，并把热量不断地传给由复合金属材料制成的开关触点。由于复合金属材料遇热时，线胀系数不同，经一定时间的热积累，即可将原来闭合的开关触点弹开，且不能自行恢复，从而起到保护发动机的作用。

4. 发动机水温传感器和机油压力传感器

在汽车冷气空调系统中，这两种传感器分别与发动机安全保护器连接，系统正常工作时，其触点通常处于常开状态，当发动机的冷却水温或机油压力发生异常时，其触点闭合，安全保护开关随之动作，迫使发动机停机。

第三节　R134a 空调制冷系统

由于制冷剂 R12 对大气臭氧层的破坏作用，根据国际环保条约《蒙特利尔协定书》规定，R12 在 2000 年已完全停止使用。从 1996 年起，发达国家所有的新车按规定全部采用了 R134a 空调系统。现在，我国进口和国产汽车上均采用了 R134a 空调系统。

R134a 具有与 R12 不同的化学性质和物理性质。因此，R134a 空调系统在结构和材料上都与 R12 空调系统有很大的区别。

一、使用新材料

1. 使用新型压缩机油

R134a 空调系统的压缩机油采用合成油，具有高吸湿能力；而 R12 空调系统压缩机油采用的是矿物质油。

2. 使用新型密封材料

R12 空调系统用丁腈橡胶（NBR）作密封材料，这种材料能被 R134a 溶解而膨胀，因此，R134a 空调系统采用了 RBR 橡胶密封材料。此外，R134a 空调系统的 O 形密封圈比 R12 空调系统的更厚，以增强其密封性能。

3. 使用新型干燥剂

由于 R134a 的极性接近于水的极性，它能被 R12 空调系统的干燥剂硅胶吸收，造成干燥剂吸水能力大幅度下降，因此，R134a 空调系统采用 XH-7、沸石等作干燥剂。

二、结构变化

1. 电磁离合器

由于 R134a 空调系统的压力在高温下比 R12 空调系统的压力更高，压缩机需要用更大的力量来压缩制冷剂，因此，电磁离合器有如下改进：

①电磁离合器压力板增加了电枢后板。

②转子形状改变了，从而可以减少磁通量的损失，并改进了其性能。

③转子轴承的密封材料做了更换，可以改善其抗油能力，如图5-1-8所示。

R134a 空调系统轴承密封材料为绿色或黑色，而 R12 空调系统则为蓝色或棕色。

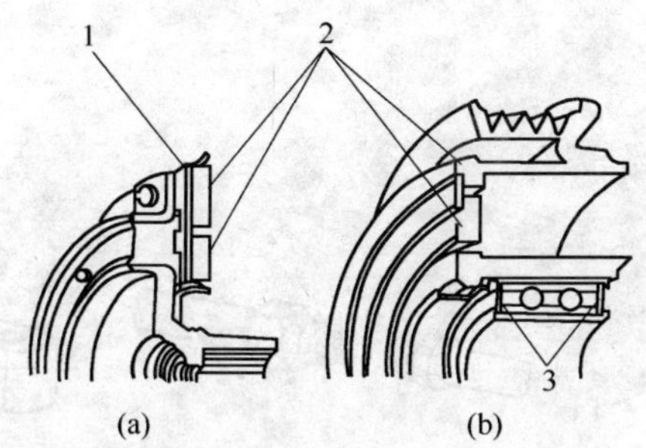

图 5-1-8 电磁离合器的压力板和转子

(a)压力板 (b)转子

1. 电枢后板 2. 改变形状以减少磁通量的损失并改进其性能 3. 改变轴承密封材料

2. 软管

由于 R134a 对现有软管内层的 NBR 渗透性要比 R12 强得多，若这类软管仍用于 R134a 空调系统，将使制冷剂不足的可能性大大增加。针对这种情况，R134a 空调系统所用的软管结构做了如下改进：

①中间层不用丁腈橡胶，而用氯化异丁橡胶。

②内层增加了尼龙层，嵌缝增加了涂料。

而软管外层和增强层材料则不变。

3. 冷凝器

R134a 空调系统采用的新式蛇形(NCS)冷凝器为多重流向，同时冷凝器中散热片的高度及管壁的厚度均比 R12 空调系统的小。

4. 控制压力开关的压力值和制作材料

图 5-1-9a 为 R134a 空调系统压力开关，图 5-1-10 为 R134a 与 R12 空调系统压力开关压力值对照。

5. 膨胀阀

O 形密封圈的材料由 NBR 改为 RBR，同时接头尺寸及阀门开启压力设定值也做了相应改变。

6. 蒸发器压力调节器(EPR)

在 R134a 空调系统中，EPR 的橡胶波形管换成了金属波形管。

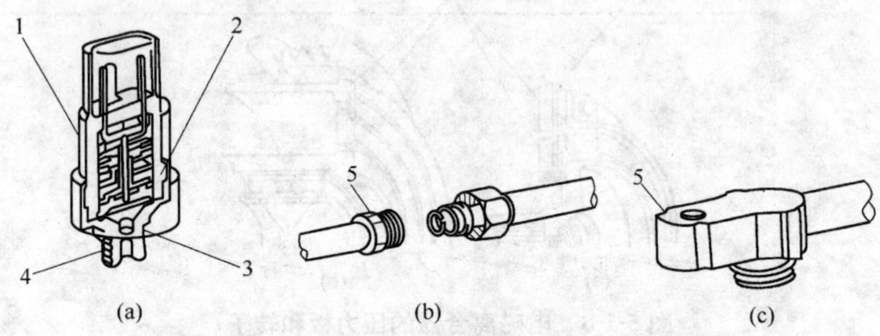

图 5-1-9　R134a 空调系统压力开关和管道接头

(a)压力开关　(b)联管螺母接头　(c)块状接头

1. 主要器件的材料由钢改变为铝　2. 改变控制压力　3. O 形密封圈材料由 NBR 改变为 RBR　4. 接头由 3/8-16UNF 改变为 M11×P1.0　5. 槽

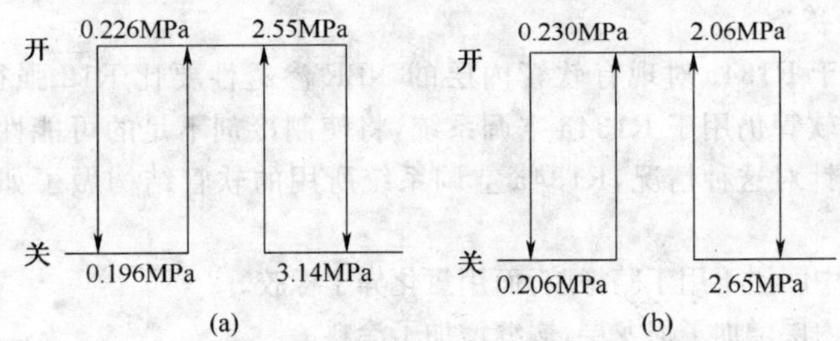

图 5-1-10　两种空调系统压力开关的压力值对照

(a)R134a 空调系统　(b)R12 空调系统

7. 管道接头形状

R134a 空调系统管道接头的两端都带有槽，见图 5-1-9b 所示，以区别于 R12 空调系统的管状接头。

8. 维修阀

除了改变维修阀的大小以防止制冷剂的错误灌注之外，维修阀的接头改为弹簧耦合型的快速接头(带有检查阀)。

9. 另外，R134a 空调系统取消了储液干燥过滤器上的熔化螺栓，而用了压力安全阀来代替。

表 5-1-1 为 R134a 和 R12 空调系统管道接头对照表。

表 5-1-1 R134a 与 R12 空调系统管道接头对照

<table>
<tr><th>接头</th><th colspan="2">R134a 空调系统</th><th colspan="2">R12 空调系统</th></tr>
<tr><td rowspan="5">联管螺母接头</td><td colspan="2"></td><td colspan="2"></td></tr>
<tr><td colspan="4">螺纹规格</td></tr>
<tr><td>液体管道</td><td>M16×P. 1. 5</td><td colspan="2">9/16-18UNF</td></tr>
<tr><td>排出管道</td><td>M22×P. 1. 5</td><td colspan="2">3/4-16UNF</td></tr>
<tr><td>吸入管道</td><td>M24×P. 1. 5</td><td colspan="2">7/8-14UNF</td></tr>
<tr><td rowspan="5">块状接头</td><td colspan="2">(A)</td><td colspan="2">(A)</td></tr>
<tr><td>螺栓</td><td>A 部分(mm)</td><td>螺栓</td><td>A 部分(mm)</td></tr>
<tr><td>M6</td><td>ϕ10. 12</td><td>M6</td><td>ϕ11. 8</td></tr>
<tr><td>M6</td><td>ϕ15. 47</td><td>M8</td><td>ϕ16. 7</td></tr>
<tr><td>M6</td><td>ϕ18. 27</td><td>M8</td><td>ϕ19. 05</td></tr>
</table>

第二章　应会部分

第一节　空调采暖系统维修技术

一、排除独立式采暖系统的故障

1. 系统打开“预热”开关，指示灯不亮

①运转开关的触点因氧化或烧蚀造成接触不良：可用万用表检测其触点的接触电阻，若其电阻值$>5\Omega$，应修磨或更换触点。

②电热塞因长期积炭未及时清洁而烧断：可用万用表检测其两端引出线，若不通，则说明其内部电热丝已断，应更换。

③预热指示灯烧毁：直接观察即可确定其好坏。在更换损坏的指示灯之前，应先用万用表检测附加电阻。在确定附加电阻完好的情况下，才能换上新的指示灯，以免因附加电阻损坏而造成指示灯过载而再次烧毁。

2. 系统“预热”指示灯亮，但当把运转开关置于“运转”位置时，加热器不能燃烧

①运转开关触点接触不良，可视情修理或更换触点。

②热熔丝熔断，导致供油电磁阀和保持继电器无法正常工作，应及时换用同一规格的熔丝。

③供油电磁阀的电磁线圈或者阀门“卡死”，导致无法向加热器供油，可视情修理或更换线圈及阀门。

④继电器 1K 的线圈断线或其触点接触不良，导致运转开关置于“运转”位置时，会使电热塞失电而无法燃烧。可用万用表分别检测继电器线圈的通、断及触点接触电阻情况，确定故障部位后，视情修理或更换。

⑤燃烧控制开关接触不良，导致继电器 1K 不能正常工作，使电热塞失电。可用万用表检测燃烧控制开关的通断情况，确定故障部位后，视情修理或更换。

3. 系统电动鼓风机不转，导致加热器不能正常燃烧

①电动鼓风机定子线圈局部短路或断线，此时，电动机的外壳在短时间内会严重发烫，可用万用表检测，确定故障部位后，视情重绕线圈修理或更换其总成。

②电动鼓风机转子两端轴承变位或损坏，导致转子“卡死”，使风扇不转。此时，电动机外壳也会过热烫手，用手转不动转子或有堵塞的感觉。

检查时，可重新调整电动机转子的紧固螺栓，以保证两端轴承的同轴度。若轴承磨损严重，应予以更换。

③电动鼓风机附加的调速电阻断线，当热量转换开关关闭时，鼓风电动机也随之停止运转。可用万用表检测该附加电阻，若已损坏，应换用同一规格的电阻。

④继电器 2K 的常开触点接触不良，当燃烧控制开关动作，继电器 2K 切换时，电动鼓风机会因失电而停转。可用万用表检测其常开触点的接触情况：若继电器 2K 动作，其常开触点闭合后的两端电压仍 >5V，则说明该触点已损坏，应予以修磨或更换。

4. 系统除霜电动鼓风机不转

可检修电动机本身及更换或修理工作不良的除霜开关。

二、排除一般采暖系统故障

1. 系统的暖风不热

其故障树如图 5-2-1 所示。

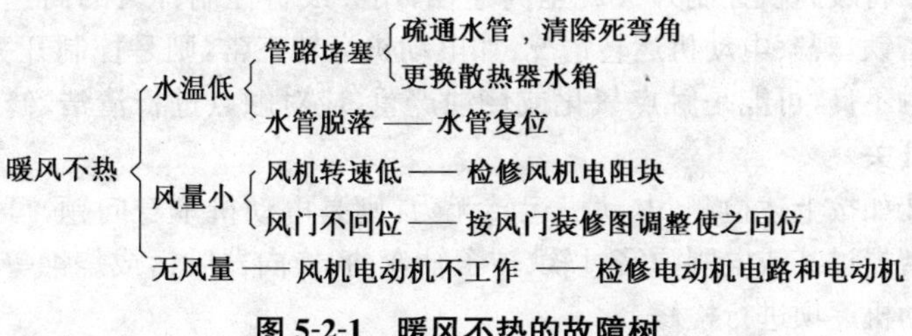

图 5-2-1　暖风不热的故障树

2. 暖风电动机无低速

当接通暖风电动机的高速开关时电动机转动，而将开关放至低转

速时电动机不转，说明电动机、熔丝等是好的，可进行如下故障检查和排除工作。

①将控制开关旋至低速档，用导线将控制开关的低速档控制引线搭铁，观察电动机：如果电动机运转，则是控制开关触点接触不良或引线断路；当用万用表对开关（置于低速位置）内部进行测试时，如果不通，说明开关内部损坏，应检修或更换该开关。

②如果上述检查时，电动机不转，则是暖风机电阻器损坏或引线断路。当用万用表测量时，完好电阻器的电阻值应为1.5Ω，否则表明电阻器烧断。应检修或更换调速器电阻器及检修其相连线路。

3. 暖风电动机无高速

将控制开关旋至关闭档，用试灯检测控制开关的高速控制引线，观察试灯：

①如果灯亮，则故障是控制开关触点接触不良，应检修或更换开关。

②如果灯不亮，则是暖风机电动机的高速控制引线至控制开关的导线断路，应检修电线束。

4. 暖风电动机运转无力

(1)故障现象

暖风机控制开关无论旋至高速档还是低速档，其电动机运转都很慢，暖风机供热效能过差。

(2)故障检测与排除方法

①将暖风机控制开关旋至高速档，用导线将控制开关的高速控制引线搭铁，观察电动机运转情况：如电动机运转正常，则是控制开关、触点接触不良，可能是触点氧化或烧蚀严重，应对触点进行清洁、修磨或更换开关。

②如按上述检测，电动机运转无力，则是电动机本身问题，可能是电刷磨损过甚或电刷弹簧过软、转子轴弯曲，换向器脏污或烧蚀等。应对电动机逐项进行检修。

5. 暖风电动机不能停转

(1)故障现象

当接通电源开关后，暖风电动机即开始运转，其控制开关不能将运转的电动机关闭。

(2)故障检测与排除方法

①拆开暖风机与电线束之间的插接器,用导线连接暖风器输入电源线与电线束插座的电源线,观察电动机:如果电动机停转,则是控制开关触点短路或搭铁,应检修或更换开关。

②如按上述检测,电动机仍然不能停转,则是电动机的控制引线与外壳短路或是电刷搭铁,应检修电动机。

6. 暖风电动机过热或烧坏

暖风装置电动机连续工作时,壳体温度应比环境温度高 45℃~50℃,即车内温度为 18℃时,则电动机温度为 70℃时仍为正常工作温度,若超过上述温度,则会烫手甚至有烧焦的气味,此时即为电动机过热或烧坏,应更换电动机。

7. 暖风电动机不转,控制开关旋至低速档时冒烟,高速档时熔丝熔断

①拆开电动机与调速电阻器之间的插接器,拆开暖风机与电线束之间的插接器,用导线碰接暖风机插座及电动机插座的电源线,插头的另一端搭铁,观察电线碰接时产生的现象:如果碰接时产生火花很大,电动机不转,则是电动机内部的电枢线圈短路或输入电源线搭铁,应检修电动机。

②如按上述检测,碰接时,产生火花很大,电动机不转,并伴有“嗡嗡”响声,则是暖风或电动机风扇叶松动后碰暖风机外壳,或电动机转子轴弯曲,使转子碰定子磁极,应检修暖风机或电动机。

三、排除轿车采暖系统故障

1. 车内暖气不足

①若在暖风系统中有噪声,表明空气混入冷却系统的冷却水中,这时应检查发动机散热器水箱的冷却水量,不足时,应立即加满;检查加热芯与有关水管、软管,有漏损时应换用新件。

②某些现代小客车,当车内暖气不足时,可按随车说明书对仪表板与暖风系统温度风门之间的操纵拉索长度进行调整,以提高暖风温度。

③检查暖风系统的鼓风扇:若鼓风扇不工作,应检查其熔丝是否完好;点火开关与鼓风机电动机之间的线路是否断开;鼓风扇开关是否完

好以及鼓风机电动机的电阻值是否符合厂方规定。

④真空控制式暖风系统要使用真空试验器进行检测。该试验器的作用是将真空引入该暖风控制系统，以测定其密封度与是否有漏气处，以及有关部件工作是否正常。

⑤当发动机冷却系统由于内壁腐蚀或其他杂质沉积而导热不良时（如水垢会明显恶化加热芯的传热效果），也会导致暖风系统暖气不足。这时应将加热芯卸下，彻底清除水垢及其他杂质。

⑥检查暖风系统管道或软管，若发生扭结，可将扭结管道展开或更换。

⑦若加热芯发出挤压声，表明有杂物将加热芯水道堵塞，应清除杂物或更换加热芯。

⑧若温度风门调节不当，空气风门会不工作，应调节其位置，检查其安装情况，调节其控制拉索。

此时，暖风升温迟缓，发动机室与驾驶室之间漏气、车身地板窜风、后座暖气不足、发动机冷却水量不足和发动机冷却系统水温上不去等，都将引起车内暖气不足，可按以下相关故障进行排除。

2. 车内升温迟缓而暖气不足

①若控制杆系统操作不当，应改正操作方法。

②若发动机冷却水量不足，应添加足。

③检查操纵拉索和鼓风扇的工况，并视情修理。

3. 车厢内闻到废气异味而暖气不足

车厢内可闻到或浓或淡的废气异味，表明发动机室与驾驶室之间漏气。

①检查发动机室与驾驶乘员舱之间的密封、暖风进气管道与驾驶室前隔板总成之间的密封，检查其他可能的漏气处。

②修补发现的所有密封不良和漏气处。

4. 车内地板窜冷风而暖气不足

①检查并调整通风拉索。

②司乘人员应正确使用暖风系统。

③司乘人员应将暖风送往后座。

④检查前地板垫，若未铺严实应重新铺严。

⑤检查车身地板，若有破损而漏风，应修好破损处。

5. 车厢内后座暖气不足

①检查通向后座的暖风通道,若有堵塞应予疏通。

②检查车身若有漏气处,应密封完好。

③驾驶人应将暖风开到最高档。

6. 因发动机冷却水量不足以致在各种鼓风扇速度下暖气温度均下降

①检查水箱和冷却系统水量,若有漏水处,应予以修复,并将水加足。

②使发动机运转,排除气阻。

7. 因发动机冷却系统水温未升上去而使车厢内暖气不足

①检查发动机水箱恒温器,若工作不正常,应视情修复或更换。

②检查并加足冷却水量。

8. 电控采暖系统不能保持车内要求温度

这种故障的一般原因是电子控制系统发生了故障。采用电控采暖系统的汽车大多装有电控系统自诊断系统,并通过装在仪表板上的故障警报灯显示的故障所在和通过不断循环闪亮的次数来表示故障具体内容的代码。譬如第一次闪两下,第二次闪三下,如此循环,则表明故障代码为 23。知道故障代码后,即可查阅随车资料中该车型所设代码的具体含义和内容,以及该故障的排除方法等。

第二节　空调制冷系统维修技术

一、空调制冷系统的清洗和泄漏检测

1. 清洗空调制冷系统

①用小水压喷射式清洗机喷洗冷凝器及蒸发器外表。

②用金属清洗剂(加少量氢氧化钠)制成清洗液,通过自吸泵清洗管道 20min 后,通入清洁水清洗 5min,再用压缩空气将机件内部的水分吹出,然后烘干。

③通入氮气进一步除湿,最后将机件封口待装。

2. 确定系统的泄漏测试点

制冷系统中,在两个零、部件相互连接的部位都可能产生泄漏。易出现泄漏的部位如下:

①刚拆检或维修过的制冷器件连接部位。

②压缩机：轴承、油封与制冷回路连接的柔性软管连接处；前、后盖密封垫；维修阀（施拉德阀）；安全阀等处。

③冷凝器：冷凝器管装配部位：冷凝器进、排气管连接处；散热片被风扇或异物碰、划穿处。

④蒸发器：进、出气管的连接部位；蒸发器盘管被风扇或异物碰、划穿处；膨胀阀。

⑤制冷剂管道：高、低压管接头处；软管与管夹及附近部件摩擦部位的接触处。

⑥储液干燥过滤器：易熔安全塞；管道接头处；检修阀处。

⑦制冷系统中各个手动工作阀。

3. 用目测法对系统进行检漏

戴清洁白色线手套触摸擦拭，若在冷气空调装置的某部位发现有渗油或有油迹现象，即可认为该处可能泄漏制冷剂。

目测检漏法是最简单、最直观的方法，但准确度较差，且往往不能查出微小的泄漏，可用于定期检修冷气系统的初步检测；发现泄漏部位后，可再用其他检测手段确定泄漏点。

4. 用皂泡法对系统进行检漏

①首先将肥皂削成薄片，浸泡于热水中使之融化，成为稠状浅黄色的肥皂水（若加入5%～10%的丙三醇，可延长泄漏点泡沫呈现时间）。

②将被检测部位的油污擦拭干净，以毛刷蘸肥皂水，涂抹于检漏处，静待数分钟后，仔细进行观察。

③若被检测部位有气泡不断逸出，即说明该处就是泄漏点。

④做好标记，继续对其他可疑的泄漏部位进行检漏，待全部检漏工作结束后，再对检测出的泄漏点进行堵漏修复。

这种方法简单易行，安全可靠，并能确定泄漏点，尤其适用于检漏灯不易接近的部位，但灵敏度较差，往往不能查出微小的泄漏。可用于已充注制冷剂装置的检漏，也可作为其他检漏方法的辅助手段。

5. 用制冷剂着色法对系统进行检漏

用着色剂把本来无色的制冷剂染成易于辨别的颜色（如红色），然后进行检漏。可分为外涂和内用两种方法。

①外涂法是用棉球蘸着色剂在可能泄漏的部位涂抹，如果发现变色，说明有制冷剂泄漏。

②内用法是把着色剂与制冷剂一起加入空调制冷系统内（有些制冷剂已事先与着色剂混合好），汽车空调使用几天后，在制冷剂泄漏部位即可见到色斑。

6. 用加压法对系统进行检漏

若系统内的制冷剂已全部漏光，或者是检修后装配完毕但未充注制冷剂的冷气空调系统，为了查出泄漏点，可先向系统内充入某种高压气体，使系统内保持 1～2MPa 的压力，然后再辅以其他方法将泄漏点测出。

充入系统的高压气体必须是干燥、无腐蚀性、不可燃的气体。常用气体有以下几种：

①氮气：由于氮气瓶内的压力较高，必须用一个压力调节器来控制充气压力。系统充入氮气后，可用目测法或皂泡法检测出泄漏点。

②二氧化碳：使用方法与氮气相同。

③氮气（或二氧化碳气体）加制冷剂；先向系统内充入少量制冷剂，再充入一定压力的氮气。这样既节约了检修成本，又可以很方便地用卤素灯或电子检漏仪进行检漏。

④空气：在缺乏采用上述三种气体做法的条件下，也可以用空气压缩机向系统内充入高压空气。

由于空气中含有水分，且压缩机输出的高压空气中还含有压缩机机油，使用时一定要用干燥过滤器先将压缩空气过滤，然后再充入系统，否则将会对系统产生不利影响，增加检测或维修的难度。

二、空调制冷系统的故障排除

1. 检查和判断系统故障的方法

制冷系统的故障原因检查和判断步骤可概括为听、摸、看、测四个字，然后通过综合分析便可判断出空调制冷系统的故障所在。

①听：听取用户反映；听取空调器运行是否有异常声响或噪声。

②摸：空调运行数分钟后，用手触摸测试压缩机外壳以及其进、排气口处温度是否正常；冷凝器、储液干燥过滤器及其进、出口处管道和各连接管道温度是否有异常。

③看:仔细查看制冷系统各连接管道是否有损坏和压扁的地方,管接头是否连接牢靠,是否有渗漏油污的地方;查看连接管道、储液干燥器、膨胀阀等有无结霜或结露;通过视液镜观察制冷剂流动是否有异常现象;查看冷凝器散热片是否被污物堵住;查看空气进口滤网是否被杂质堵塞等。

④测:借助于支管压力计等仪器,针对具体故障现象对系统相应部位进行检测,从而查找出故障原因。

综合分析上述情况和现象,便可大致判断出制冷系统故障所在,然后进行修复工作。

⑤在检查制冷系统故障时还应注意,由于制冷系统管路是完全封闭的,在没有准确判断出故障时,不可轻易打开和动手乱拆系统管路,以免造成制冷剂不必要的流失及空气、杂质等物进入制冷系统内部,并使故障范围扩大,给检修工作带来麻烦。

2. 排除系统的常见故障

空调制冷系统常见故障的现象及排除方法见表 5-2-1 所列。

表 5-2-1 空调制冷系统常见故障及排除方法

序号	故障现象	排除方法
1	制冷剂不足	先对系统检漏,排除泄漏后,再按规定方法加注制冷剂
2	制冷剂过多	由低压侧慢慢放出多余的制冷剂
3	膨胀阀冰塞	对系统抽真空,更换储液干燥过滤器
4	系统中有空气或水分	排放出制冷剂,抽真空后,再按规定的方法充注制冷剂
5	系统中有脏物	清洗膨胀阀,更换储液干燥过滤器
6	制冷系统有堵塞	用制冷剂清洗制冷系统或更换储液干燥过滤器
7	膨胀阀开度过大	调整膨胀阀开度
8	感温包未包扎好	包扎好感温包
9	感温包泄漏	更换膨胀阀
10	制冷系统压力不正常	检查制冷系统
11	蒸发器结霜	调整风量和低压压力
12	热敏电阻有故障	更换热敏电阻

续表 5-2-1

序号	故障现象	排除方法
13	冷凝器堵塞	用冷水清洗
14	储液干燥过滤器堵塞	更换储液干燥过滤器
15	储液干燥过滤器易熔塞熔化	更换储液干燥过滤器易熔塞
16	电磁离合器线圈烧毁	更换电磁离合器
17	离合器不工作	如不能修复,则应更换
18	压缩机传动带打滑	调整传动带张力或更换传动带
19	电路熔丝烧毁	更换熔丝
20	风扇开关故障	更换风扇开关
21	压缩机轴承烧坏,缺油	更换轴承,加油
22	冷冻机油过多	快速放出制冷剂,然后再重新加补制冷剂
23	压缩机故障	更换压缩机
24	鼓风机不转或转速不够	检查风扇电动机,若不易修复则应更换
25	蒸发器壳体漏气	修理或更换
26	电路接头松动	修理接头
27	蒸发器外壳上散发异味	清洗蒸发器外壳
28	空调放大器不起控制器作用	更换空调放大器
29	风扇不转、继电器不吸合	检查继电器线路连接情况,或更换风扇继电器
30	系统工作压力＞2.65MPa,仍运转	检查高压开关线路或更换高压开关
31	打开 A/C 开关后空调怠速提升装置气路不通	检查真空电磁阀气路和电路或更换真空电磁阀
32	轿车加速时,压缩机仍然工作	加速切断开关损坏,更换加速切断开关

3. 诊断和排除系统的异响故障

(1)检查机械方面

①检查各运动件是否磨损超限或损坏:如压缩机传动带松动或过度磨损;传动带张紧轮轴承磨损或损坏;压缩机气缸、活塞及轴承磨损;

压缩机安装支架破裂;电磁离合器打滑或轴承损坏;鼓风机叶片断裂、破损或与其他部件擦碰;鼓风电动机或其固定支架损坏等,都会产生异响。

可针对这些部位进行检查,并对症采取措施:如调整过松的传动带张紧度;更换磨损过甚或损坏的传动带、压缩机和鼓风机安装支架、压缩机气缸体、活塞、轴承、风扇叶片;检修打滑的离合器和损坏的鼓风电动机等。

②检查各紧固件:如压缩机和鼓风电动机的安装支架固定螺栓松动,应紧固正常。

③检查运动件润滑情况:如压缩机内冷冻机油不足,会引起其内部机件产生干摩擦声,此时应补足冷冻机油;传动带张紧轮和离合器轴承若缺油,应用规定的润滑剂润滑。

④如果压力保护开关有故障,会使高压压力过高,并将引起压缩机振动产生噪声,此时,应检修或更换高压保护开关。

(2)检查系统中制冷剂量及含水情况

①当系统中制冷剂过量时,会因工作负荷过大而产生沉闷的敲击噪声。

②当系统中制冷剂不足或系统中有水分时,则将会引起膨胀阀产生“嘶、嘶”的异响。

③按检查所见,放出多余的制冷剂;找出系统泄漏点并修复,然后添加制冷剂,排除系统中含有水分的故障等。

4. 诊断系统制冷不良故障

制冷不良的故障树如图 5-2-2 所示。

5. 排除系统不制冷故障

起动发动机,使其转速稳定在 1500r/min 左右,运行 2min。然后打开冷气开关及送风机开关,冷气口无冷风吹出,为系统不制冷。

(1)检查电气系统

空调基本电路如图 5-2-3a 所示,检查时应循序渐进,从简到繁,切忌乱拆。

①检查熔丝,如果已熔断,说明电路中某个地方短路。这时应检查导线的绝缘层有无损坏以及产生脱落、断开、短路烧坏的迹象,查清处

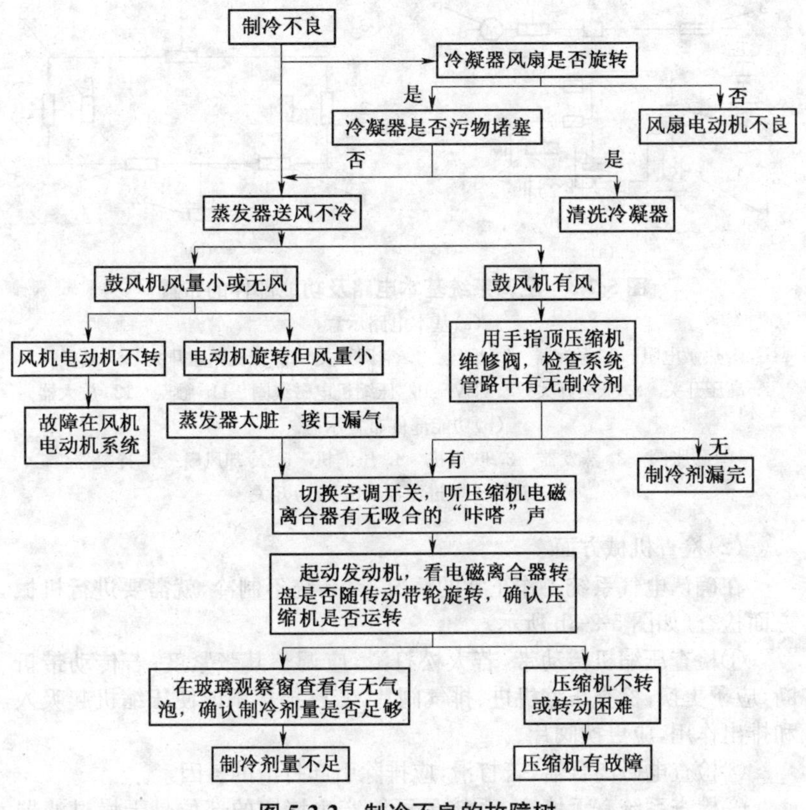

图 5-2-2　制冷不良的故障树

理完好以后，再接上熔丝。在未查明原因之前不要随便接上熔丝进行试机，以免电气系统遭受更大的损坏。

②如果熔丝没有熔断，就要检查鼓风机的调速开关或鼓风机。若有损坏，应拆检修理或更换。

③检查电路元件：可将元件短路，然后以观察压缩机的电磁离合器是否能接合来判断。例如：将低压开关短路，如果电磁离合器能吸合，说明低压开关内部可能损坏或者系统中没有制冷剂。如果电路元件（包括各开关、继电器、控制放大器及热敏电阻等）损坏，一般都要换新件。

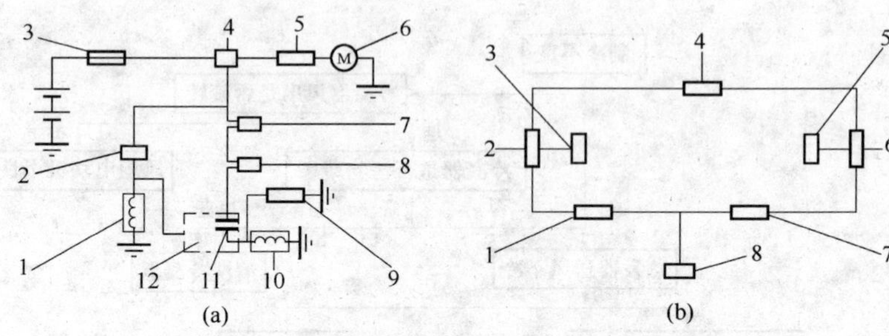

图 5-2-3 空调系统基本电路及功能部件的布置

(a)基本电路示意

1. 热敏电阻 2. 温控器 3. 熔丝 4. 空调开关 5. 风机调速开关 6. 风机 7. 高压开关 8. 低压开关 9. VSV 10. 压缩机电磁线圈 11. 触点 12. 放大器

(b)功能部件布置示意

1. 膨胀阀 2. 蒸发器 3. 吹风机 4. 压缩机 5. 冷却风扇 6. 冷凝器 7. 储液干燥过滤器 8. 压力开关

(2)检查机械方面

在确认电气系统工作正常的情况下，系统不制冷，就需要进行机械方面检查(如图 5-2-3b 所示)。

①检查压缩机传动带，若太松打滑，应调整其张紧度；若传动带折断，应予更换；检查压缩机进、排气阀片，若已损坏不能使压缩机起吸入和排出作用，应更换阀片。

②检查电磁离合器，若打滑，应排除引起打滑的各因素。

③检查系统有无堵塞：系统最可能产生堵塞的部位是干燥过滤器及膨胀阀的滤网，蒸发器和冷凝器的芯管也易发生脏堵，应分别进行清洗处理。

④检查膨胀阀开度，若过大，应调至适当。

⑤检查膨胀阀感温包，若已破裂，应更换膨胀阀。

(3)检查系统内制冷剂量

若已没有或严重缺乏，应在检查、排除泄漏点后，充足制冷剂。

6. 排除系统制冷量不足故障

正常运转的空调系统，其出风口的温度应在 0℃～5℃之间，此时车厢内的温度应保持在 20℃～25℃之间(外界气温在 34℃左右)。

凡是能使膨胀阀出口制冷剂流量下降的一切因素和能引起系统内

高压、低压两侧的温度和压力超过或者低于标准值的一切因素，都会导致系统制冷量不足。

(1)检查系统内制冷剂和冷冻机油数量和品质

①如果制冷剂过多，应从低压侧慢慢地放出多余的制冷剂。

②如果制冷剂不足，除应补注到适量外，还应查明造成制冷剂缺少的原因，并采取对应的检修措施。

③检查冷冻机油注入量，如果过多，应放出多余的部分。

④检查制冷剂和冷冻机油的品质，如果过脏，将会堵塞过滤器的滤网和蒸发器散热芯管及系统管路，此时应排出脏污的制冷剂和冷冻机油，清洗全系统之后，加注制冷剂和冷冻机油，并更换储液干燥过滤器和用无水酒精清洗膨胀阀。

⑤检查制冷剂和冷冻机油内所含的水分，如果过多，可按“系统含水过多”故障处理。

⑥检查系统内如果含有空气，可按“系统内含有空气”的故障处理。

(2)检查机械方面

①检查压缩机气缸、活塞、排气阀片等，若磨损过甚或损坏，而引起压缩机实际排气量减少，应及时检修压缩机。

②检查压缩机传动带，如果过松，应调整其张紧度；检查压缩机联轴器，若已松动，应调整至正常。

③检查电磁离合器：压板与带轮的接合面严重磨损或有油污、蓄电池的电压过低等都会引起离合器打滑，此时应按“离合器打滑”的故障处理。

④检查冷凝器，清除其表面的污物，修正弯曲的翅片；调整其冷却风扇的传动带张紧力等；若检查其风机不转，应按“冷凝器风机不转”的故障处理；若风机转速过低，应检查控制风机转速的高压开关，若失灵，应更换。

⑤检查蒸发器，若其表面有灰尘和杂物，必须清除掉；同时还要清除其风道内的堵塞物。

⑥检查膨胀阀和感温包：若膨胀阀开度过大，要调整膨胀阀过热度；若阀头或感温包有泄漏，则要更换膨胀阀；若感温包安装位置不正，与蒸发器出口处接触不好，绝热层松开，则要调整感温包安装位置后包扎好。

⑦检查储存器,如发生堵塞,应予更换。

⑧检查干燥过滤器,若发生堵塞,应予更换。

⑨检查空调放大器,如有故障,应予检修或更换。

⑩检查出风口吹出的冷风量,若不足,应检修蒸发器风机开关、风机电动机、风扇、风道、电源电压及热敏电阻等,使风机转速达到正常。

⑪检查外循环风门,如果未关,应检查风门真空电磁阀上的真空导管,若已磨破或磨断而无法关闭外循环风门,应更换真空导管,关好风门,防止车外热空气进入车内。

7. 排除系统间歇制冷故障

①检查压缩机传动带,若松弛,应调整至张紧度正常。

②检查压缩机电磁离合器,若因打滑、线圈松脱或接触不良引起其工作不正常,应对症检修,排除故障。

③检查空调电动机和空调电路开关、继电器、配线等,若有故障,应予检修或更换。

④检查膨胀阀感温包,若失灵,应更换膨胀阀。

⑤检查蒸发器控制阀,若已粘结不能开启,应检修或更换。

⑥检查 A/C(空调)放大器,若有故障,应予更换。

⑦检查系统中制冷剂品质,若含水而引起部件间断结冰和间断工作,应按“制冷系统中有水分”故障处理。

8. 排除系统制冷速度慢故障

①检查蒸发器:若发生阻塞,应清洗芯管内的堵塞物;若发生结霜,应排除引起结霜的各因素。

②检查从冷却组件到空气管道,若有漏气处,应予密封完好。

③检查空调进气口,若有阻塞现象,应清除其中阻塞物。

④检查鼓风机电动机,若有故障,应予检修或更换。

9. 排除系统仅在高速下才制冷故障

①检查空调压缩机传动带,如果打滑,应调整好其张紧度。

②检查冷凝器,如发生堵塞,应清洁疏通。

③检查电磁离合器,如果打滑,应检修。

④检查空气压缩机,如果工作性能下降,应检修。

⑤检查膨胀阀,如有故障,应检修或更换。

⑥检查系统中如有空气,应按"系统中有空气"故障处理。

⑦检查系统中制冷剂量:若过多,则排出多余部分;若不足,应排除泄漏点并补加制冷剂。

⑧检查压缩机内润滑冷冻油,若过多,则适量放出。

第三节　自动空调装置的故障排除

一、自动空调系统的故障诊断和排除

1. 自动空调系统的自诊断

自动空调系统的自动诊断装置在操纵和指示部分装有故障储存器,在空调系统的工作过程中,自动诊断装置不间断地监测系统的状态和各个元件的工作情况,随时将系统和元件的故障信息,分门别类地存入故障储存器中计算机所规定的存储区域(或称频道),在各个频道里用不同的代码表示不同的意义,可随时供查询使用。

①正常情况下(操纵指示装置显示车内温度时),OUT SID TEMP(外部温度显示键)左边的指示灯(故障灯)处于熄灭状态;如果该灯闪亮,就表示系统出了故障。

此时,必须查明和排除故障,然后才能开启空调系统。

②按下操作和指示装置的按键,存储在故障储存器中的信息就会被调出,并用代码显示出来,根据频道和代码,查阅该型汽车的维修手册说明(对于可连接上 V·A·G1551 故障阅读器的全自动空调,可直接在阅读器上显示出信息,不必再查阅维修手册),即可迅速查找出具体元件的状态或故障,由专业人员进行修理,恢复空调系统的正常功能。

③不同车型的自动空调系统虽然功能基本一样,但操作方式、代码显示及显示内容均不相同,一定要按使用手册说明进行检测、查找和维修。

下面以奥迪型轿车为例,介绍一下具体操作过程。

a. 开始诊断时,接通点火开关,首先按下外部温度键"OUTSIDE TEMP"(见图 5-2-4),并保持在按下状态(该键上部的指示灯亮起——其余各键也均是如此),接着再按下空调关闭键"OFF"。之后先释放"OUTSIDE TEMP"键,再释放"OFF"键。此时,首先在显示器上就会

出现故障存储器中的储存信息频道号“01”，即 23 个储存信息频道（见表 5-2-2）中的第 1 个，然后依照“02”、“03”……的顺序显示，一直显示到有故障频道的号码。

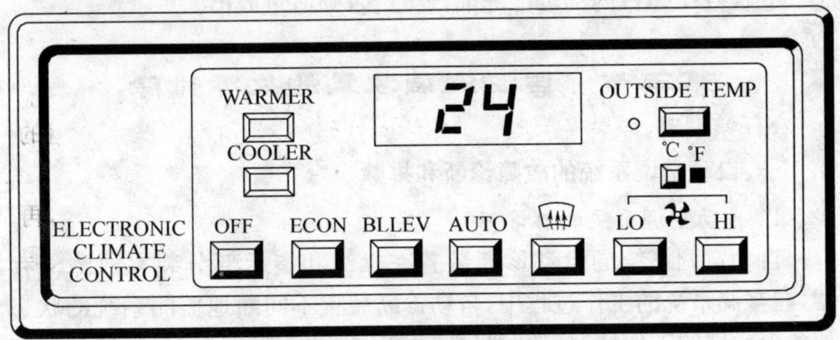

图 5-2-4　自动控制系统的操纵机构

WARMER. 温度升高键　COOLER. 温度下降键　OUTSIDE TEMP. 外部温度键　OFF. 空调关闭键　ECON. 经济键　BI-LEV. 混合气键　AUTO. 自动键　LO. 最大制冷键　HI. 最大采暖键

表 5-2-2　奥迪轿车空调故障储存器的内容

频道	内　容	频道	内　容
1	系统状态	11	蓄电池电压
2	没有使用	12	没有使用
3	内部温度传感器	13	外部温度开关
4	蒸发器壳体上外温度传感器	14	高压传感器
5	散热器面罩后外温度传感器	15	自动跳合开关
6	没有使用	16	冷却液过热开关
7	操纵和指示装置的输出信号	17～20	没有使用
8	温度控制阀的位置控制电动机的实际电压	21	空调打开信号
9	温度控制阀的位置控制电动机的设计电压	22	记录偶然出现的特定电压值
10	空调电动机设计电压	23	没有使用

b. 找到可能产生故障的元件频道号后，按下温度下降键“COOLER”，此时显示器上的频道号码消失，从“诊断频道”变为“诊断代码”，即可根据显示器所显示的诊断代码从维修手册中查出故障原因。譬如，如果频道号码为“01”，表示“系统状态”可能有问题(内/外传感器有故障或线路处于开路/短路状态等)。当诊断代码为“01”时，从维修手册中即可查到是“内部传感器开路……”。

在任何频道，如果显示器显示的诊断代码为“00”，都表明该频道的元件正常。

c. 有时为了查找某一频道内的元件信息，只要找到该频道号码，再按下“COOLER”键，显示器上就会出现相关信息的代码，根据这一代码号，就可从维修手册中查出某一元件的信息。譬如，在 3 频道，其显示代码为“142”，表明的信息是:内部温度传感器的电阻值是 3.5kΩ，对应温度为 20℃。

d. 如果要想找到希望的频道，只要按下温度升高键“WARMER”频道号就会逐次递增到该频道(但每次都是从 01 开始递增)，“23”后会出现“01”。如果连续按此键，则频道号循环出现。

e. 在诊断显示期间，空调装置的操纵显示系统处于诊断状态，如果想关闭诊断系统，只要打开另一功能键或关闭点火开关即可。

2. 诊断和排除自动空调系统的故障

自动空调和手动空调的区别主要在控制方式上，而其基本系统可以说是一样的，因此，当自动空调系统出现故障时，可按手动空调对待，先检查其基本系统有无故障，然后再检查控制系统。这样，先易后难，能够比较快地确认故障所在。

在自动空调系统中，一般电控单元和传感器本身很少出现故障，而真空系统和制冷系统产生故障的可能性却比较大。再下来，就是电路方面的故障。

对于真空系统和制冷系统的故障，可采用跟手动空调一样的办法进行处理。对于电路故障，则可通过其自动诊断系统，采用读取故障代码的方法进行诊断排除。有时，也可根据电路图进行查找确认。

为便于诊断与排除，现将自动空调系统常见故障的现象、原因及产生部位列于表 5-2-3，供参考。

表 5-2-3 自动空调系统常见故障

故障现象	故障原因与部位
温度调整无效，调整温控装置时，送风量不变，只有热风	真空软管破损或脱落漏气；传感器有故障；传感器连接线路断路、短路或插接器接触不良
调整温控装置时，送风量可变，但温度调整无效	不制冷时：制冷系统有故障 没暖气时：热水开关不良；电磁离合器、压力开关、继电器有故障；传感器有故障；传感器连接线路断路、短路或插接器接触不良
冷、暖风可变换，但送风门不变	送风门动作不良；真空软管破损、脱落漏气；真空电磁阀有故障或真空软管堵塞
送风门不变，送风温度也不变	只有热风时：送风门不良；真空软管破损、脱落漏气；真空电磁阀有故障或真空软管堵塞 只有冷风时：电位差计连接线路断路、短路或接触不良；电控单元有故障
送风温度比设定温度高（偏热）	真空软管破损、脱落漏气；传感器安装位置不当或连接线路有故障；车室温度传感器损坏失效
送风温度比设定温度低（偏冷）	水管堵塞；开关有故障；真空软管破损、脱落漏气；电控单元有故障
风扇电动机在所有档位均不运转	熔丝熔断；风扇电动机内部有故障；风扇电动机连接线路断路、短路或接触不良
风扇电动机只在高速档时运转	变速电阻损坏；风扇控制器有故障；送风开关有故障
风扇电动机只在高速档时不运转	高速档继电器不良；送风开关有故障
汽车加速时，风扇电动机转速发生变化	真空软管破损、脱落漏气；负压发生变化

二、利用故障症兆表诊断自动空调系统的故障

这里以雷克萨斯 LS400 型轿车的自动空调系统为例说明。

1. 利用故障症兆一览表Ⅰ诊断系统故障

如果在诊断代码检查（传感器检查）期间显示的是正常代码，但故障仍然发生（再次出现），则应针对每个故障进行检查排除。其方法是，按故障征兆一览表Ⅰ（见表 5-2-4）给出的每个故障征兆依次检查电路（如图 5-2-5 所示）。

表 5-2-4　故障征兆一览表 I

故障征兆											故障可能产生的部位
空气流量控制			温度控制								
送风机不工作	送风机无控制	空气流量不足	无冷空气流出	无热空气流出	流出的空气比设定温度高或低或响应太慢	无温度控制、仅冷气最足或暖气最足	无进气控制	无气流方式控制	发动机急速不能提升或持续提升	无诊断代码记录：当点火开关断开时设定方式被消除	
			1		1						制冷剂容量
			2		2						传动带张力
			3		3						用支管压力计检查制冷系统
										1	后备电源电路
1	1										点火电源电路
2											ACC 电源电路
3	4										取暖器主继电器电路
4	5	1									送风机电动机电路
	2										功率管电路
	3										超高速继电器电路
			7	2	11	3					空气混合风挡位置传感器电路
					13		1				进气风挡位置传感器电路
			8	3	12	4					空气混合伺服电动机电路
					14		2				进气伺服电动机电路
								1			方式伺服电动机电路
								2			冷气最足伺服电动机电路

续表 5-2-4

故障征兆											故障可能产生的部位
空气流量控制			温度控制				无进气控制	无气流方式控制	发动机怠速不能提升或持续提升	无诊断代码记录：当点火开关断开时设定方式被消除	
送风机不工作	送风机无控制	空气流量不足	无冷空气流出	无热空气流出	流出的空气比设定温度高或低或响应太慢	无温度控制、仅冷气最足或暖气最足					
			9	4	7	1					车室温度传感器电路
			10	5	8	2					环境温度传感器电路
				6	9						蒸发器温度传感器电路
5	6				10						水温传感器电路
					6						太阳能传感器电路
			6								压缩机同步传感器电路
			4	1							压缩机电路
			5								压力开关电路
			11								点火器电路
6	7		12	7	20	5	3	3	1	2	ECU(空调器控制器总成)
					4						冷却风扇系统
				1	5						水阀
					15						冷凝器
					16						储液器
					17						蒸发器
					18						散热器(在取暖器组件内)

说明：

①如果在每个电路的流程图中，给出“进行一览表所示的下一个电路检查”的规定，则可对表中下一个最高数字的电路继续进行检查。

②如果即使其他任何一个电路均无异常，但故障仍然再次发生，则应检修或更换空调器控制器总成（包括电脑 ECU）。

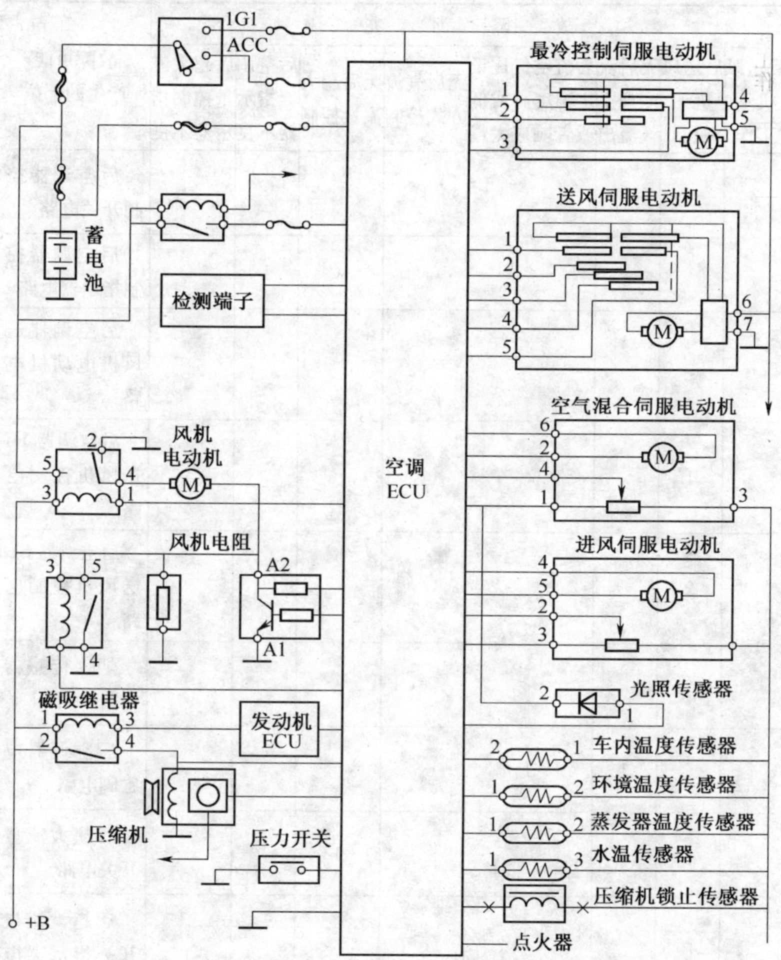

图 5-2-5　雷克萨斯 LS400 型汽车空调电路图

2. 利用故障症兆一览表Ⅱ诊断系统故障

此一览表所列是关于后空调器控制和后超大流量控制的故障征兆。为了排除每个故障,可按故障一览表Ⅱ(见表 5-2-5)给出的每个故障征兆依次检查电路。

表 5-2-5　故障征兆一览表Ⅱ

故障征兆								故障可能产生的部位
后送风机不工作	后送风机无控制	无后流冷却空气流出	后流空气比设定温度高或低或者响应太慢	无后气流方式控制	无后超大流量控制	后空调器指示器不良	后超大流量控制指示器不良	
2	4			1				后空调器控制开关电路
						1		后空调器控制指示器电路
1								后空调器送风机电动机电路
	1							后空调器 HI 送风机控制电路
	2							后空调器 SU 送风机控制电路
	3							烟度传感器电路
		1	1					后空调器电磁阀电路
					1			后超大流量开关电路
							1	后超大流量开关指示器电路

续表 5-2-5

故障征兆								故障可能产生的部位
后送风机不工作	后送风机无控制	无后流冷却空气流出	后流空气比设定温度高或低或者响应太慢	无后气流方式控制	无后超大流量控制	后空调器指示器不良	后超大流量控制指示器不良	
					3			侧通风口伺服电动机电路
					2			中央通风口伺服电动机电路
5	5	2	4	2	4	2	2	ECU(空调器控制器总成)
			2					后蒸发器
			3					后膨胀阀

说明:同上表。

第四节　空调制冷系统部件的维修

一、制冷剂的使用

1. 将制冷剂从系统中完全排空

由于制冷系统是密封的,因此在拆检或更换任何制冷系统的零件前,必须完全将系统排空,排空作业要在通风良好的场所进行。

其步骤如下:

①安装支管压力计:在将软管连接到制冷系统前,应关闭压力计阀门。将长的一根软管的一端连接到支管压力计的中间接头上,另一端通到靠近车间排气装置的润滑油收集量杯或收集盘中。实用的润滑油收集盘可用带有塑料盖的大空咖啡罐制成,在罐子的塑料盖上切割一个Y形槽,以作为制冷剂软管的引入口和气体出口;若在因制冷剂过量而排放时,可把排出软管端部用布包起来。

②如果空调能够开动,则在最大冷却位置使空调运转10～15min。

③把支管压力计的高压侧手动阀慢慢地拧开。注意：该手动阀不可开得过大，应确认制冷剂不是与冷却润滑油一起流出（可通过软管出口端观察）。如有成串润滑油一起流出，就应该减小手动阀的开度，以减少制冷剂的流量，来避免冷却润滑油被过多地带出。

④在支管压力计的高压值降到 340kPa 以下后，再缓慢地拧开低压侧手动阀，使制冷剂从压缩机高、低压两侧同时排出。

⑤注意观察压力计指示值，随着制冷系统压力的下降，渐渐地将高、低压两侧的手动阀拧开到底，直到两边的压力值均指示“0”为止。

排放过程中，应注意不要让软管脱离收集盘。

⑥当系统完全排空后，测量收集在盘中的润滑油的质量。在重新注入制冷剂前，应将所测量的润滑油量如数添加到制冷系统中。所添加的冷却润滑油应是新的，不可使用已用过的废油。

2. 回收制冷剂

当在更换冷气空调系统的零、部件时，往往要把系统内的制冷剂全部排至大气中，这样既浪费了制冷剂，又污染了环境，为此，应尽量回收制冷剂。具体可按如下方法进行：

①首先要求该冷气空调系统压缩机的进、排气口处装有如图 5-2-6a 所示的工作阀（三通阀）。此外要准备一个容量大于该系统制冷剂量 30％的干燥清洁的钢瓶、两根直径为 6mm 的紫铜管、一个高压压力表、一个低压真空表和一个三通接头。

②按图 5-2-6b 所示，把紫铜管、高压表连接在压缩机高压（排气）三通阀与钢瓶之间 。两根紫铜管与高压表之间的连接必须使用三通接头。

③将钢瓶抽真空后关闭瓶口阀门，顺时针方向开启压缩机高压三通阀的阀杆，以少量制冷剂排挤出连接铜管内的空气后，拧紧连接钢瓶阀门接口的螺母，并关闭压缩机高压三通阀的阀门。由于在向钢瓶充注制冷剂过程中，钢瓶将发热，因此应将钢瓶放入水中冷却，或不断向钢瓶浇水散热。

④在压缩机的低压（进气）三通阀接口上连接低压表。系统若没有低压保护装置，应拆除压力开关上的导线，使之在取出制冷剂过程中暂

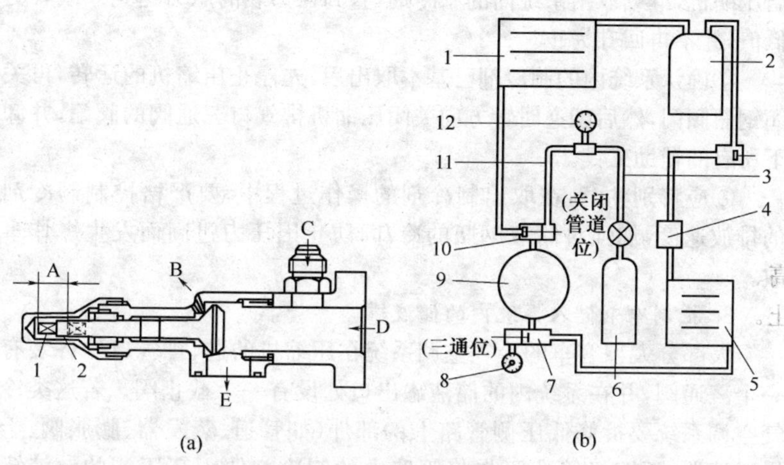

图 5-2-6　回收制冷剂

(a)压缩机工作阀(三通阀)

1. 阀杆　2. 盖螺栓

A—行程 15mm　B—通往多用压力表　C—从旁通阀来

D—从蒸发器来　E—通往压缩机

(b)制冷剂回收装置

1. 冷凝器　2. 储液罐　3、11. 连接紫铜管　4. 膨胀阀　5. 蒸发器　6. 制冷剂回收瓶　7. 低压三通阀　8. 低压表　9. 压缩机　10. 高压三通阀　12. 高压表

时不发挥作用。

⑤开启压缩机,沿顺时针方向逐步开启压缩机排气口上的三通阀的阀杆,使系统内制冷剂气体经连接铜管进入钢瓶冷凝成液态。此时用手触摸连接铜管会感到发烫。为了保证在取出制冷剂过程中安全操作,要注意高压表上的压力指示应控制在 1MPa 以下,并根据高压表的压力指示情况,逐步加大三通阀的开度,使充入钢瓶的制冷剂流量逐步增加直到结束。

⑥观察低压表上的指示值,当压力指示降低到 0 或更低时,应先停止压缩机的运转,而后关闭钢瓶阀门。此时继续观察低压表,若压力指示无回升,则可认为系统内的制冷剂已基本取出,若压力尚有回升,则说明系统内还存有制冷剂,可继续抽取。这时应先打开钢瓶阀门,后开

启压缩机，继续取出系统内的制冷剂，直到压力表的压力达到0或者更低值，并不再回升为止。

⑦确认系统内的制冷剂已基本取出后，先停止压缩机的运转，再关闭钢瓶阀门，然后朝逆时针方向关闭压缩机排气口三通阀的阀门，并卸下所有的辅助工具。

⑧应特别注意，在取出制冷剂的操作过程中，要严格控制制冷剂的排放速度，加强对储液钢瓶的冷却，防止因压力过高而发生爆炸事故。

3. 把制冷剂储入系统内的储液罐

大部分大型客车的冷气空调系统在压缩机的进、排气口处各装有一个三通阀，并在系统内的储液罐出口处设有一个截止阀。若这类冷气空调系统要拆修低压侧管路上的部件（如管道、蒸发器、膨胀阀、干燥过滤器，压缩机等），可先将管路内的制冷剂储入高压侧的储液罐中，再拆修损坏的部件，这样可减少制冷剂的损失。具体操作方法如下：

①将多用压力表的高、低压连接软管分别与压缩机的进、排气口三通阀上的接口连接，并朝逆时针方向开启三通阀的阀杆。

②将储液罐出口的截止阀杆顺时针方向拧到底，使其关闭。

③拆下低压保护开关的导线，使其暂时失去作用。

④低速运转压缩机，注意观察低压压力表的压力指示。当压力低于10～20kPa时，停止运转压缩机，待低压侧压力回升后，再运转压缩机，直至低压侧压力不再回升为止，这时说明低压侧的制冷剂已基本进入高压侧的储液罐内。

⑤停止运转压缩机，并顺时针方向迅速关闭压缩机进、排气口上的三通阀，即完成了制冷剂储入系统内储液罐的工作。

4. 对系统补充制冷剂

如果在进行“泄漏试验”之前需补加制冷剂，或者系统性能检查后确认需补少量制冷剂时，应执行局部加注制冷剂的程序。

方法与从低压侧充注气体制冷剂相似，不同点如下：

①不必排空旧的制冷剂与抽真空，不用称制冷剂量。

②补充的制冷剂量小，一般用一小瓶（454g装）即可。

③把瓶子浸入 52℃的温水中，比较容易充入。

④应一边加注，一边观察液镜中制冷剂流动状况，当看到无气泡流过时 5s 内立即关闭低压阀、蝶阀，并拆下管子。

二、蒸发器、冷凝器及储液干燥过滤器的维修

1. 检修蒸发器和冷凝器风扇及其电动机

①检查风扇叶，如有变形或破裂，应更换或修理。

②检查电动机轴承，如果磨损严重，应更换。

③试验电动机：电动机接上蓄电池电源后运转应平稳，其电流值应该在规定范围内，冷凝器风扇电动机≯(7.1±0.2)A，蒸发器风扇电动机≯(6.7±0.7)A；否则，应更换或修理。

2. 排除储液干燥过滤器的干燥剂吸湿量饱和故障

(1)故障现象

①系统制冷量下降。

②系统低压侧的压力比较正常，但高压侧的压力在正常值的上限。

③从视液镜上可以看到制冷剂中含有气泡。

④严重时在膨胀阀内产生冰堵。

(2)采取措施

及时检查干燥剂，若确系干燥剂吸湿量饱和，则应排出全部制冷剂，用氮气对系统进行冲洗，然后更换上新的干燥剂或储液干燥过滤器，再重新对系统加注制冷剂。

3. 对储液干燥过滤器的干燥剂进行脱水处理

硅胶在干燥时呈蓝绿色，吸水后呈粉红色或棕色；分子筛[$(AlO_2)_x \cdot (SiO_2)_y$]是一种白色球状或条状的吸附剂。

用过后的硅胶和分子筛，可在烘箱内做脱水再生处理，但不能用明火烤。在 0.1MPa(一个大气压)下的再生处理规范见表 5-2-6。

表 5-2-6 干燥剂再生处理法

品名	分子式	吸水率	色别	粒度	再生处理
变色硅胶	SiO_2	31%	干燥时蓝色，吸水后粉红色或棕色	φ3～φ5mm	120℃左右加热 2～3h
分子筛	[$(AlO_2)_x \cdot (SiO_2)_y$]	20%	白色	φ5～φ6mm	350℃左右加热 5h

三、膨胀阀的维修

1. 膨胀阀的性能检测

①按图 5-2-5a 所示，用软管把支管压力计与膨胀阀及制冷剂罐连接起来；注入软管与低压表之间接一个带小孔的过渡接头 2。

②关闭支管压力计左、右两侧的高、低压手动阀。

③将过渡接头的开关拧松，使低压侧的气压制冷剂能从过渡接头的小孔喷出，从而使低压侧的压力降低。

④打开制冷剂罐的开关，使制冷剂从中间入口流入支管压力计，并排除净管路中的空气，如图 5-2-7a 所示。

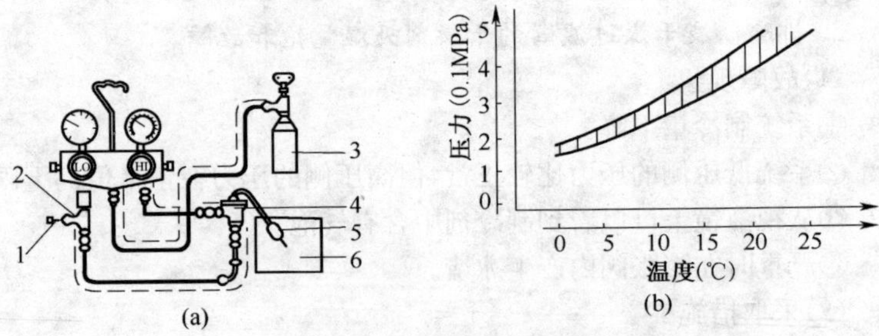

图 5-2-7　膨胀阀的检测示意及工作性能曲线

(a)膨胀阀的检测示意　(b)工作性能曲线

1. 喷出的气态制冷剂　2. 带小孔的过渡接头　3. 制冷剂罐　4. 膨胀阀　5. 感温包　6. 水箱

⑤开启高压侧手动阀，将高压侧的压力调整到 490kPa。

⑥将膨胀阀的感温包浸泡在装满可调温度的水箱中，箱中水内应含有冰块，以确保水温能从 0℃开始逐渐升高。

⑦改变箱中水温，并用温度计测量，开启低压侧手动阀，并读出支管压力计低压表的指示值。

⑧将同时测出的低压表指示值和水温值，标在膨胀阀的工作性能曲线图上，与图 5-2-7b 所示膨胀阀的压力和温度曲线相比较：如果这两个值的坐标交叉点，在两条曲线包围的阴影范围之内，则表示被检的膨胀阀工作性能良好；如果交叉点超出阴影范围，表明膨胀阀的工作性能

不良，应予调试或更换。

值得注意的是，不同车型的膨胀阀，其工作性能曲线图可能有所区别，所以应按其使用说明书上的曲线进行对照检测、调整。

2. 膨胀阀的最大流量检测

①按上述“性能检测”的①②③步骤操作。

②倒置制冷剂罐。

③打开制冷剂开关。

④把感温包放入保温水箱内，其水温应保持 50℃。

⑤打开高压侧手动阀，将压力调整到 392kPa。

⑥打开低压侧手动阀，读出低压表读数，最大流动压力应为 245～314kPa。压力>314kPa，表示膨胀阀开度过大，表明最大流量过大；压力<245kPa，表示膨胀阀开度过小，表明最大流量过小。

3. 膨胀阀的最小流量检测

①把感温包插入 0℃的水中。

②打开高压侧手动阀，将压力调整到 392kPa。

③读出低压表读数，从表中找到相应的过热度，低压值应在表5-2-7规定范围之内。

表 5-2-7　膨胀阀过热度与低压侧的压力关系

过热度/℃	5	6	7	8	9
表压/MPa	0.1590～0.1795	0.1530～0.1746	0.1481～0.1687	0.1452～0.1658	0.1393～0.1599
过热度/℃	10	11	12	13	14
表压/MPa	0.1344～0.1550	0.1304～0.1520	0.1245～0.1452	0.1206～0.1412	0.1177～0.1373

若低压值低于下限值，表明最小流量过小；若低压值高于上限值，表明最小流量过大。可利用膨胀阀的调整螺栓，将膨胀阀开度调整到合适位置，从而将最大流量或最小流量调至符合要求。

4. 检测膨胀阀有无故障

①把支管压力计的高压、低压接口与压缩机排、吸气维修阀连接，关死高、低压手动阀。

②起动发动机，保持1000～1250r/min转速，开动空调(功能键置于A/C，调风键置于HI)，运行10～15min后，开始进行检测。

③开始检测时，低压表读数偏低：

a. 若低压侧压力表读数值偏低，应在膨胀阀周围包上52℃的热水袋。

b. 若低压表读数上升到正常值，表明系统内有湿气，应予消除。然后抽真空，充注制冷剂，重新检查系统。

c. 若低压表的压力值并未升高，则应从蒸发器出口管上拆下感温包，包在52℃的热布中。这时若低压表压力上升，则表明感温包原来未装好。

d. 若经以上三步，低压表读数仍偏低，则表明膨胀阀有故障，需从系统中拆下检修。

④开始检测时，低压表读数偏高：若从蒸发器出口管处拆下感温包，放入冰水，则低压表读数正常，可进行如下检修：

a. 若感温包绝热保护不佳，应加厚绝热层并包捆好。

b. 若感温包与蒸发器的位置太远，应予靠近。

⑤若感温包放入冰水后，低压表压力并未降到正常值，则表明膨胀阀有故障，应由系统中拆下，进行清洗与检修。

5. 调整膨胀阀的开度和流量

①在调试前应先松开填料压盖，调整后随手将盖压紧，以防制冷剂泄漏。

②在调试前可先估算一下实际工况，当接近调稳时将调节螺栓再转动1/2～1/4圈即可。

③转动过热度调节螺栓，并观察低压压力：把阀的调节螺栓逆向旋转，弹簧弹力增大，阀的开度减小，即流量减少；顺向旋转调节螺栓，弹簧弹力减弱，阀的开度增大，即流量增多。

一般将螺栓旋转1圈，其过热度变化量约为1℃。

6. 区分膨胀阀的冰堵和脏堵故障

膨胀阀的冰堵和脏堵现象很相似，为了正确区分这两种故障，可采用对膨胀阀壳体加热的方法来进行。

具体做法是：用小块棉花蘸上酒精，点燃后对阀体加热数分钟后观察结果。若经加热后,可使低压一侧的压力回升到正常值,但停止加热后压力又很快降了下来,即为冰堵;若虽经加热,但低压侧的压力仍无变化,可断定为脏堵。

四、一般空调压缩机的维修

1. 检修空调压缩机的泄漏点

①用视觉初步检查:压缩机常在气缸盖、气缸垫、轴封、垫片、O形圈、注液接头及管接头、放油螺塞、气缸体裂纹、离合器与压缩机的连接部位等处发生泄漏。

由于系统工作时,冷冻机油也在系统中循环,因此通常在压缩机发生泄漏的部位可见到油迹。

②用检漏仪等重点检查:先清除待检部位的油污,除掉残留的冷冻液,之后确定出泄漏点。

③确定泄漏点后,更换该部位的密封件或视情检修。

2. 空调压缩机的气体渗漏试验

①将检测辅助阀安装到压缩机上。

②通过充填阀向压缩机充入制冷剂,直至压力达到294kPa。

③使用气体渗漏检测器检查压缩机,如有渗漏现象,则应检修或更换压缩机。

3. 空调压缩机的密封性检查

①关闭支管压力计高、低压开关,将高、低压侧的胶管分别接在压缩机的检修阀上。

②保持压缩机在2000r/min以上速度运转。

③若有下列现象,说明压缩机密封性不良。

a. 高压表的指示值比正常值1421～1470kPa低,而低压表的指示值比正常值147～196kPa高。

b. 能听到发自压缩机内的金属声。

c. 在压缩机轴的密封处周围,有明显的漏油或漏气。

4. 直观判断空调压缩机进、排气阀和气缸盖衬垫是否损坏

①排气阀或吸气阀破损,压缩机怠速运转时就会发出“啪嗒”声。

②气缸盖衬垫破损,当在怠速运行时,排气压力不会升到正常程度,吸气压力则过高。

5. 用压力平衡试验法检查判断空调压缩机进、排气阀和气缸盖衬垫是否损坏

①将支管压力计接到压缩机的吸气和排气维修口上。

②使压缩机怠速运行 5min 后停下。

③测量使排气压力和吸气压力平衡所需时间，若少于 2min，则为排气阀或气缸盖衬垫密封性能不良或已破损。

五、往复式空调压缩机的维修

1. 检测压缩机的进气阀性能

①在压缩机进口处三通阀检修口上接好低压表，将三通阀的阀杆顺时针方向拧到底。

②开动压缩机，检查其抽真空能力，当观察到压力表上的真空度为 86.7～93.3kPa 时停机。

③若压力表上的真空度无回升现象，表明进气阀的密封性能良好，否则说明进气阀漏气或破裂，性能不良。

2. 检测压缩机的排气阀性能

①在压缩机出口处三通阀检修口上接好高压表，将三通阀杆顺时针方向拧到底，再退回 1～2 转。

②然后开动压缩机，再缓慢地沿顺时针方向拧动阀杆。

③当观察到压力表上的压力为 1.5kPa 时，立即停机，同时快速将阀杆拧到底，以关闭排气口。

④观察压力表的读数：若停机 3～10min 内压力回落不超过 50～100kPa，说明排气阀性能良好；若压力回落过快，则说明排气阀漏气或破裂，性能不良。

3. 诊断和排除压缩机的进、排气阀损坏故障

进、排气阀损坏的显著特征就是压缩机外壳过热，气缸体外漆皮变色、龟裂，此时若排放出制冷剂或冷冻机油，可闻到一股焦味。

①对进、排气阀进行性能检测。

②经过检测，确认气阀性能不良后，应予拆检压缩机：

a. 若是进、排气阀板和簧片破裂，应换用新件。

b. 若阀板发生变形或出现沟痕，簧片有损伤，可先用煤油洗净，然后用细粒油石研磨、抛光修复。

③由于阀板组的两个阀门簧片为单向阀,反向不通,所以安装时不能装反,否则会因压缩机内高压制冷剂的冲击而变形损坏,甚至产生“液击”现象。

④若放出的冷冻机油颜色显著变深,油质变稠,应换用新油,以免产生积炭和机件磨损。

4. 诊断和排除压缩机的活塞环磨损故障

活塞环过度磨损的外表特征为系统制冷效率降低,压缩机壳体不正常发热。

检测时,在压缩机进口处的三通阀检修口上接好低压表,将三通阀的阀杆顺时针方向拧到底,开动压缩机,检查其抽真空能力:若真空度可达到 86.7～93.3kPa,表明活塞环磨损正常。若达不到此值,且排气阀性能良好,说明活塞环磨损过甚,应予更换。

5. 检测压缩机的电磁离合器性能

①接通离合器电源开关,压缩机应马上工作。断开电源,压缩机应立即停止工作。否则应检查开关是否损坏,电磁线圈是否正常。

②当冬季压缩机不能起动时(可能是低温保护开关在起作用),可脱开电磁离合器的配线,将蓄电池正(+)极直接接到电磁离合器的配线上:如果电磁离合器发出“咔嗒”的吸合声,压缩机开始正常运转,为离合器性能正常;如果没有发出“咔嗒”的吸合声,压缩机也没有运转,则为离合器性能不良,有故障。

③若外观检查看到离合器压板或转子上有油迹,或者听察到转子轴承有噪声,均表明电磁离合器性能不良。

6. 诊断和排除压缩机电磁离合器电磁线圈的局部短路故障

①故障现象为当电磁离合器通电时,其线圈严重发热并且有焦臭味。

②检修时,可先用万用表“R×10Ω”或“R×1Ω”的电阻档测量电磁线圈的直流电阻值:在通常情况下,额定直流电压为 12V 的汽车,冷气空调系统压缩机电磁线圈的电阻值为(3.7±0.2)Ω,不同类型压缩机电磁线圈的电阻值略有差别。

如果检测其电阻值<2Ω,且线圈漆包线的颜色异常,则该线圈发生局部短路的可能性极大,应更换线圈或视情修理。

7. 诊断和排除压缩机电磁离合器电磁线圈的断路故障

(1)故障现象

①开启冷气空调的电源开关,电磁离合器不工作,压缩机也无法转动。

②用万用表直流电压档可以测量到电磁线圈两端有额定的电压值,但电磁离合器不能吸合。

(2)检修

①可拆下电磁线圈的两端引出线,测量其电阻值,若表针不动,则可断定为线圈发生断路。常见的断路部位多在引出线根部或接头处。

②对这种故障,可找出断路点后用焊接的方法修复。

③如果断路点发生在线圈内部,则应换用新的电磁线圈。

第五节 空调制冷系统控制电路维修技术

一、部分元器件性能检测

1. 检测空调开关的性能

①脱开空调器开关的接线端子,用引线跨接(使开关短路)在配线插座上。

②将送风机转到开启(ON)位置。

③瞬间地将点火开关转到开启(ON)位置(但不要起动发动机),听电磁离合器啮合声:如果电磁离合器没有啮合上,表明其性能正常;如果电磁离合器啮合上了,表明其性能不良。

2. 检测空调压力保护开关的性能

压力保护开关分为高压和低压两种,前者一般与压缩机出气口或冷凝器连接,以防止系统在异常高压下工作,后者与压缩机的进气口连接,用以防止压缩机在没有或很少制冷剂情况下运转,而导致压缩机损坏。

开关性能检测,应在冷气系统完好的情况下进行。

①将支管压力计和软管接到高、低压检修阀上,当系统中制冷剂

压力高于 210kPa 时，低压开关就应接通，否则为性能不良，应予更换。

②在制冷系统工作时，用纸板(或其他板)挡住冷凝器的散热，以恶化其冷却效果，这时冷凝器的温度会逐渐升高，当高压表压力达到 2.1～2.5MPa 时，电磁离合器应立即断电；然后拿开纸板，待高压表压力降低到 1.9MPa 时，电磁离合器应立即通电，使压缩机工作，否则为性能不良。

③高压压力开关的触点是常闭式。用万用表测量其两个接线端：如果是断路，说明已损坏；如果电阻为零，则说明性能正常。

④低压开关的触点，在没有压力的作用下是常开的。用万用表测量其两个接线端，如果性能正常的话，应该是断路，否则为性能不良。

⑤在有压力的情况下检测压力开关较为可靠：低压开关一般在 200kPa 左右触点闭合，高压开关在 2650kPa 左右触点断开。

3. 检测空调双重压力开关的性能

双重压力开关实际上是高压和低压两个开关，是冷气系统中防止压缩机损坏的一个保护性元件，它安装在制冷系统管道上，其电路(开关触点的接线)与电磁离合器串联。此开关压力值是由制造厂校正好并密封的，若性能不良，应更换。其性能检测方法如下：

①拔下压力开关的接线端子，并在端子上跨接导线(即将其短路)。

②按下空调器开关，并打开送风机开关。

③瞬间地将点火开关转到开启的位置(不要起动发动机)，听电磁离合器是否有合上的“咔哒”声音。

a. 如果离合器没有合上，可能是散热器恒温器、水温开关或熔丝不良。

b. 如果离合器已合上，可接上支管压力计测量：若压力＜200kPa，表明制冷剂充入量少，应对系统进行泄漏检测；若压力＞200kPa，则压力开关应能使电磁离合器工作，可继续检测。

④重新将接线端子插头插到压力开关上，进行上述③的操作。如果离合器不合上，可能是低压开关性能不良。

⑤如果在检测运转过程中，即使车内温度没有下降而离合器被脱开，这可能是双重压力开关的高压开关起作用的缘故。此时，应装上支

管压力计，然后起动发动机，测量电磁离合器被脱开时的压力时：若<2.06～2.45MPa，则是高压开关性能不良。

无论是低压开关还是高压开关性能不良，均应更换双重压力开关总成。

4. 检测空调系统过热保护开关的性能

本开关用于防止由于缺少制冷剂造成压缩机因缺乏润滑而过热损坏。它有两种：一种安装在压缩机气缸盖上，能控制压缩机电磁离合器的电源，另一种是安装在蒸发器的出口管道上，能控制泄漏报警灯。

在使用冷气空调季节，一般每行驶 1 万 km，应检查其性能是否良好。检测的方法是：

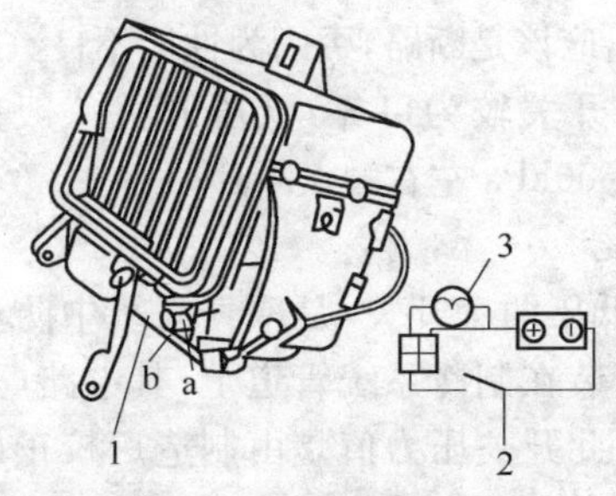

图 5-2-8　过热开关的检测接线

1. 过热时间继电器　2. 开关　3. 试验灯泡

①将过热保护开关的温度传感器浸到装满水的容器中，逐步增加水温，然后对照表 5-2-8 检验过热保护开关的性能状况。

②检测时，不可把开关体浸到水中，以免损坏过热保护开关。

③与过热保护开关串接的过热时间继电器的检测方法，如图 5-2-8所示，并应对照表 5-2-9 判断其性能好坏。

表 5-2-8　过热保护开关的性能检测

水　温	开　关　状　态
增加到 24.5～30.5℃	变成 ON(开)
降低到 11.5℃	变成 OFF(关)

表 5-2-9　过热时间继电器的性能检测

开关状态	灯　泡　状　态
OFF	不亮
ON	开关接上约 60s 后灯泡应亮

5. 检测空调低温保护开关的性能

①在低温保护开关规定的气温(一般为 4℃)以下，若仍能正常起动

空调压缩机，表明低温保护开关已有故障，性能不良。

②在低温保护开关规定的气温以下，若不能正常起动压缩机，可将蓄电池与电磁离合器直接连接（连接时间不能超过 5s），若此时压缩机能起动，表示原低温保护开关性能正常；若仍不能起动，则为电磁离合器有故障。

6. 检测独立式冷气空调系统发动机的安全保护开关的性能

当发动机的机油压力低于规定的极限值时，或者冷却水温高于规定的极限值并持续超过一定时间后，发动机安全保护开关动作，切断发动机的燃油供给通道，使发动机停机。

其常见性能故障是绕线电阻内部断线。检测时，可用万用表测量电阻两端，若其电阻值为∞，表明该绕线电阻内部已断线。

7. 检测发动机冷却液温度开关的性能

本开关的作用是，当发动机冷却液温度＞113℃时，自动切断电磁离合器的电源，使压缩机停止工作，以免过热。其性能检测方法如下：

①从发动机冷却液温度开关上拆下导线，改用引线跨接上（使开关短路）。

②拧开空调器开关和送风机开关。

③拧开点火开关片刻（不要起动发动机），倾听电磁离合器的啮合声。如果未啮合，本开关性能为正常；如果啮合了，表明开关性能不良。

8. 检测空调系统热敏电阻的性能

按图 5-2-9a 所示的方法检测热敏电阻的性能。

①将热敏电阻放入带有冰块的冷水中，在变化水温时测量其两端接头处的电阻值。与此同时，用温度计测量水的温度，随着水温的升高电阻值在逐渐减小。

②将实测的电阻值及水温值与图 5-2-9b 上的曲线比较，如其交叉点不在两条线之间，表明热敏电阻的性能已不合要求，应予更换。

③在 25℃下测量端子之间的电阻，雷克萨斯轿车和海狮轻型客车的电阻值应为 1.5kΩ。

9. 用发动机转速检测空调怠速稳定放大器（见图 5-2-10）的性能

①起动发动机，使空调系统运转，用发动机转速表测量电磁离合器

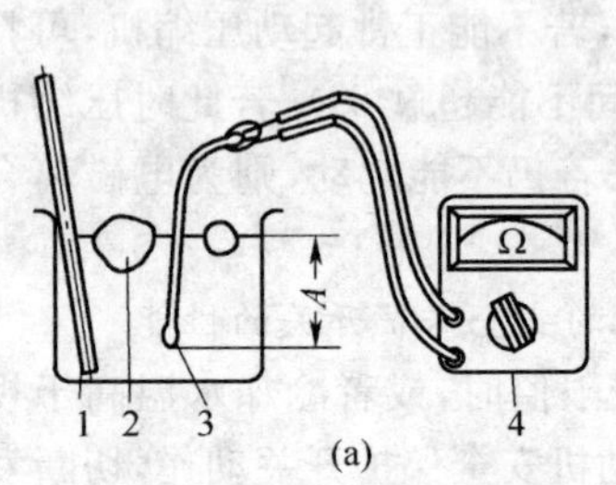

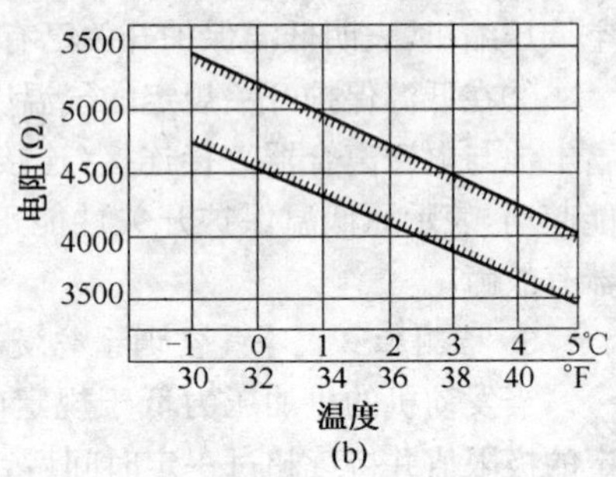

图 5-2-9 检测热敏电阻性能

(a)检测热敏电阻 (b)热敏电阻特性曲线

1. 温度计 2. 冰块 3. 热敏电阻 4. 欧姆计 A—>100mm

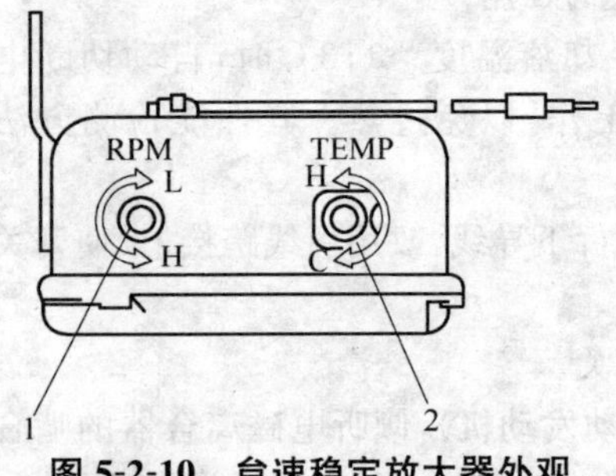

图 5-2-10 怠速稳定放大器外观

1. 转速调节旋钮 2. 温度调节旋钮

分离或接合时的发动机转速：当电磁离合器接通，使压缩机工作时，发动机转速应在 800～1000r/min范围；而当电磁离合器切断，使压缩机不工作时，发动机标准的断路转速：丰田 18R 型发动机应为 600～800r/min；丰田 12R 型发动机应为 600～700r/min。

②若断路动作点转速（即断开电磁离合器电路的发动机转速）过高，应把断路转速设定可变电阻器旋钮朝顺时针方向拧转进行调整；若断路动作点转速过低，应把旋钮朝逆时针方向拧转调整。

当调整无效时，表明怠速稳定放大器性能不良，应予拆检或更换。

10. 用系统排出的冷气温度检测怠速稳定放大器的性能

空调系统所排出的冷气温度是由安装在蒸发器正面的热敏电阻来测量的，冷气的温度，可通过转动温度调节旋钮来加以改变。

①当温度调节旋钮置于最小冷量档时，电磁离合器在蒸发器排出冷气温度为 15℃时就应分离；当温度调节旋钮置于最大冷量档时，电磁离合器在蒸发器排出冷气温度为 3℃时就应分离。

②放大器的温度设定电位器，一般在出厂时已经调好，且将调整小孔进行密封，使用中一般不需调整。若必须调整，一般顺时针拧转电位器，温度降低，反之则升高。

如调整无效，表明怠速稳定放大器性能不良，应予检修或更换。

二、诊断和排除故障

1. 检查和排除空调的控制电路故障

①车型不同，其空调控制电路的原理及组成也有所不同，故在诊断汽车空调的电路故障前，应首先熟悉待修空调的控制电路，搞清楚空调线路的组成和特点，各控制元器件的作用、动作原理以及安装部位。

②然后根据故障现象对可疑元器件和线路做进一步检查，待确定故障元器件和故障线路后，才能对其进行拆卸、修复和更换，千万不可盲目拆换空调各控制部件和线路，否则不仅不能很快排除故障，反而会使故障扩大。

③除明显的电路故障外，在诊断如电磁离合器不吸合、冷凝器冷却风扇不运转以及压力开关频繁动作等电路故障时，有时是因为制冷系统故障引起的，所以，在诊断时应结合制冷循环来综合分析，不可单纯地在电路上找毛病。

④汽车空调电路故障有控制元器件故障和线路故障两类。

控制元器件故障主要包括：电磁离合器线圈损坏、鼓风机电动机损坏、鼓风机调速电阻烧坏、控制继电器失灵、压力开关失灵、空调放大器损坏以及各种控制开关失灵等。

a. 对控制元器件故障除直观检查外，可采用替换法，即用完好的相同规格元器件去替代可疑元器件后，如故障消除，则可断定是被替代的元器件出了问题，应予修复或更换。

b. 对空调放大器、压力开关等部件的诊断还可采用短接法，即将可疑元器件在线路中短接，如故障消除，则可判断为该元器件有故障。

c. 另外，对电磁离合器、鼓风机电动机、冷却风扇电动机等器件的检查，可将其电源接线从线路中拆下，然后用一段导线把它直接连到蓄电池正极上，观察电磁离合器是否动作、电动机是否旋转，便可很容易地判断出电磁离合器和电动机是否完好。

线路故障主要包括断路、短路（搭铁）、接触不良等，除采用直观检查法外，还可借助试灯、万用表等工具对线路进行分段检查。

⑤对汽车空调电路的检查，一定要本着先易后难的原则，暴露在外面的线路和元器件以及容易检查的线路先进行检查，尽量不拆或少拆车上的其他零、部件。

2. 诊断和排除“空调电气控制部分造成打开鼓风机变速开关和温控开关而压缩机不工作”的故障

①首先检查电磁离合器线圈，若不工作，可将电源直接接在电磁离合器线圈上；若压缩机仍不工作，则为电磁离合器有故障，可予检查或更换。

②若经上述检查压缩机工作不良，则为控制部分有故障，应检查熔丝是否烧坏，有无电源。

③若电源也正常，可再用试灯分别检查鼓风机的各档接柱：若无电，则为变速开关内部故障或电源线断路，可更换或检修变速开关及检修电源线路。

④若用试灯检验鼓风机各档接柱有电：

a. 鼓风机不转，则应检查线头是否接触良好，变速电阻是否断路。如都正常，则为鼓风机故障，应拆开进行检修。

b. 电磁离合器不工作，可短接温控开关，若电磁离合器工作了，则为温控开关故障，可检修或更换温控开关。

c. 若电磁离合器仍不工作，则为线路有故障，应仔细检修该线路。

3. 诊断和排除“空调电气控制部分造成制冷剂加不进系统中”的故障

有些电磁离合器线圈中串有高、低压开关，如管道有堵塞，高、低压不符合正常值时，放大器就会使电磁离合器线圈电路切断，空调制冷系统控制线路不起作用，使制冷剂加不进系统中(因放大器电源受压力开关控制，而电磁阀又受放大器控制)。

①该系统控制线路在加制冷剂时，应另用两条低压线接到电源上：一条输入给电磁离合器线圈，另一条输入给电磁阀，发动机起动后，在电磁离合器工作的情况下，即可使制冷剂加入系统中。

②为彻底排除故障，应对管道进行清洁，排除堵塞物。

4. 诊断和排除“电子温控器造成独立式空调系统发动机仅在低速状态下工作”的故障

①检查时，用万用表从温控继电器开始，逐个测量各继电器和电磁

线圈两端的电压和相关触点的对搭铁电压，不能达到额定 24V 值的部位，即为故障点。

②油门电磁阀机械传动装置，因使用时间长久，产生“锈死”现象，也可造成供油不正常，而使发动机仅在低速下工作。此时，可拆下相关的传动件，放在工业汽油中浸泡 0.5h 后，取出除去锈污杂质，并在运动部位加注润滑脂（油），然后再试运行。

5. 诊断和排除卸载电磁阀（制冷剂旁通阀）的电磁线圈断线故障

当车厢内的温度降低至给定的温度值时，卸载电磁阀不能开启，制冷剂不能被旁通，致使车厢内的温度进一步下降，且无法自动控制，可采取以下措施进行检修。

①用万用表检测，其电磁线圈两端有 24V 电压，但电磁线圈的电阻值无穷大，则可确定为电子温控器工作正常，卸载电磁阀线圈断线。

②若断线部位发生在引出线的接头处，可用钎焊的方法修复；如果断线发生在电磁线圈内部，一般应更换整个卸载电磁阀总成，以确保其工作的可靠性。修理时也可重新绕制线圈。

6. 诊断和排除卸载电磁阀的电磁线圈局部短路故障

若卸载电磁阀不能开启，电磁阀壳体发烫，甚至可闻到焦臭味，这是线圈短路部位电流急剧增大，内部严重升温所致。通常应更换卸载电磁阀总成，也可重新绕制线圈。

电磁线圈重新绕制应注意：在绕制之前，应利用绕线机记下原线圈的匝数，或做好原线圈外围的标记，使用和原线圈同一线径的高强度漆包线。绕好线圈，进行防潮绝缘处理后，方可重新装配使用。

7. 排除空调继电器损坏故障

①换用同型号的继电器。

②若一时买不到原型号产品，也可选用其他型号的继电器代用。

选择时要注意：

a. 代用继电器的工作电压、电流和触点的工作方式要与原继电器相同。

b. 触点的组数要等于或多于原继电器的触点组数。

c. 触点的负荷值应等于或大于理论电流值。理论电流值的计算方法为：

$$I=\beta\frac{U}{R}$$

式中　I——代用继电器触点应承受的理论电流值(A)；

β——安全系数(一般取 1.5～2.0)；

U——受该继电器控制的负载工作电压值(V)；

R——负载的直流电阻值(Ω)。

8. 排除空调继电器线圈断线或烧毁故障

一般应更换新继电器；如果一时买不到新件，可进行修复。

①根据原线圈的线径和匝数重新绕制，绕好后进行防潮，绝缘处理。

②有些继电器没有标明匝数，应在拆线圈时利用绕线机记下所拆的匝数，或在拆线圈前在线槽上作好线圈外围标记，重新绕制时用同一线径的漆包线绕至标记号为止。

9. 排除空调继电器触点烧损故障

①严重烧损时，应更换触点或继电器总成。

②若仅是触点氧化或轻微烧损，可先用四氯化碳清洗触点，然后再小心地用细砂纸把触点修磨好，并且用扁嘴钳重新调整好触点簧片的弹力。

10. 确定空调系统动力伺服装置动作不良的故障原因

①真空膜盒无真空作用。其主要原因是：真空软管破损、堵塞或脱落；空气阀不良或双真空电磁阀有故障。

②双真空电磁阀不起作用。其主要原因是：温度设定装置不良，车室内、外温度传感器或电位差计线路断路、短路或接触不良，电脑内部有故障。

③在设定温度下，动力伺服装置不动作，而将控制装置调至最大冷却或最大加热档时动作正常。其主要原因是：接通双真空电磁阀负压的传感器连接导线脱落或接触不良。

④动力伺服装置动作失准。其主要原因是：传感器连接线路有断路、短路故障或插接器接触不良，造成电控单元误判断。

⑤通风道内风门卡滞，运动不灵活。其主要原因是：积垢、锈蚀或

变形，使风门开闭受阻。

第六节　专用工具的使用

一、支管压力计和真空泵的作用

1. 使用支管压力计检测空调制冷系统的故障原因

把支管压力计接装到压缩机的高、低压阀上，在压缩机静止和运动状态下，根据压力表的稳定读数，可以大致检测、判断出系统产生故障的原因。

在气温 30℃～35℃、发动机转速在 1500～2000r/min、风扇速度开关在最大位置、温控开关在最大制冷档时，低压侧的压力为 147～196kPa，高压侧的压力为 1421～1470kPa，如图 5-2-11 所示，表示制冷系统工作正常。

由于标准压力值受到外界气温影响很大，故在根据压力值检测判断以下故障原因时，一定要考虑到外界气温。在不同气温下的标准高、低压压力值可见所用空调器的说明书。

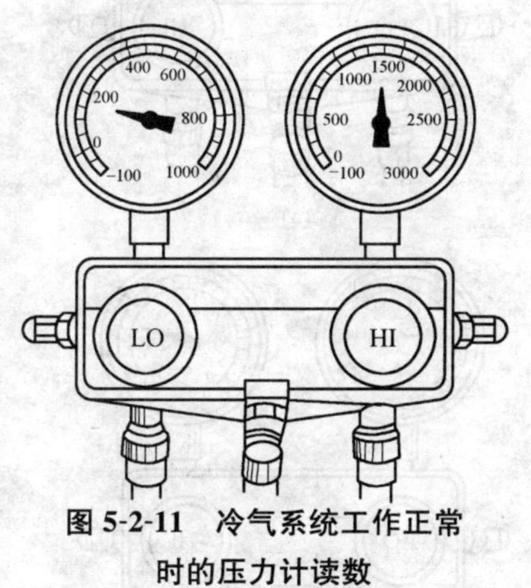

图 5-2-11　冷气系统工作正常时的压力计读数

①在制冷系统中，高、低压两侧的压力均低（高压侧压力表读数为 784～882kPa，低压侧压力表读数为 78.4kPa），如图 5-2-12a 所示，在视液镜中看到气泡，虽能排出冷气，但车内的温度仅有轻微的凉感。表明故障原因是制冷剂不足或管道有轻微的泄漏。

②在制冷循环中，高、低压侧压力均较高（高压侧压力表读数为 1960kPa，低压侧压力表读数为 245kPa），如图 5-2-12b 所示，系统制冷效果较差。其故障原因可能是：制冷剂过多；发动机温度过高；冷凝器冷却不良；膨胀阀调整不当；风扇传动带打滑。

③检测时，高、低压两侧的压力过高（高压侧压力表读数为2254kPa，低压侧压力表读数为245kPa），如图5-2-12c所示；低压侧管道（金属部分）不凉，储液干燥过滤器内偶尔有气泡，系统制冷不足。其故障原因是制冷系统内存有空气。

④在发动机运转中，压力表显示出低压侧压力有时成为负值（指针在−67～0kPa内），有时正常（约147kPa），高压侧压力为686～1471kPa，如图5-2-12d所示，且系统周期性间歇制冷。其故障原因是系统内进入水分或湿气。

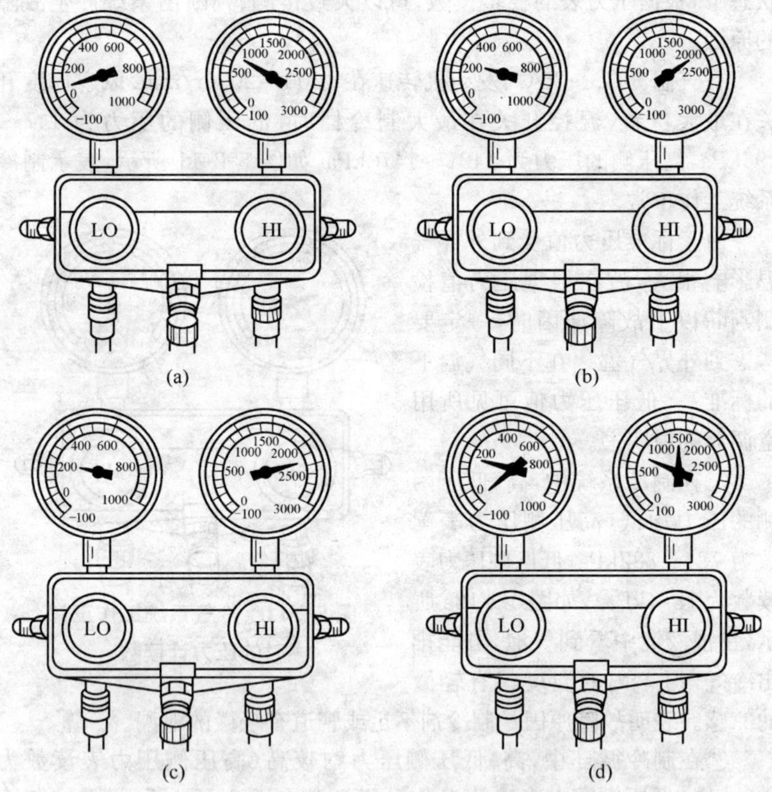

图5-2-12　制冷系统有故障时的压力计读数(一)

(a)制冷剂不足或管道有轻微泄漏　(b)制冷剂过多、冷凝器不良或风扇传动带打滑　(c)系统内存有空气　(d)系统内进入水分或湿气

⑤检测时，低压侧指示负压(指针在－101～0kPa)，高压侧指示的压力很低(压力表读数为588kPa)，如图5-2-13a所示，且在输入储液干燥过滤器或膨胀阀前、后的管路上，可以看到霜或露滴；系统不制冷。这些表明系统内的制冷剂不循环，这大多是由于水或尘埃堵塞了管路，或膨胀阀感温包内的制冷剂完全泄漏，使膨胀阀内的小孔全部堵死，而使整个系统不制冷。

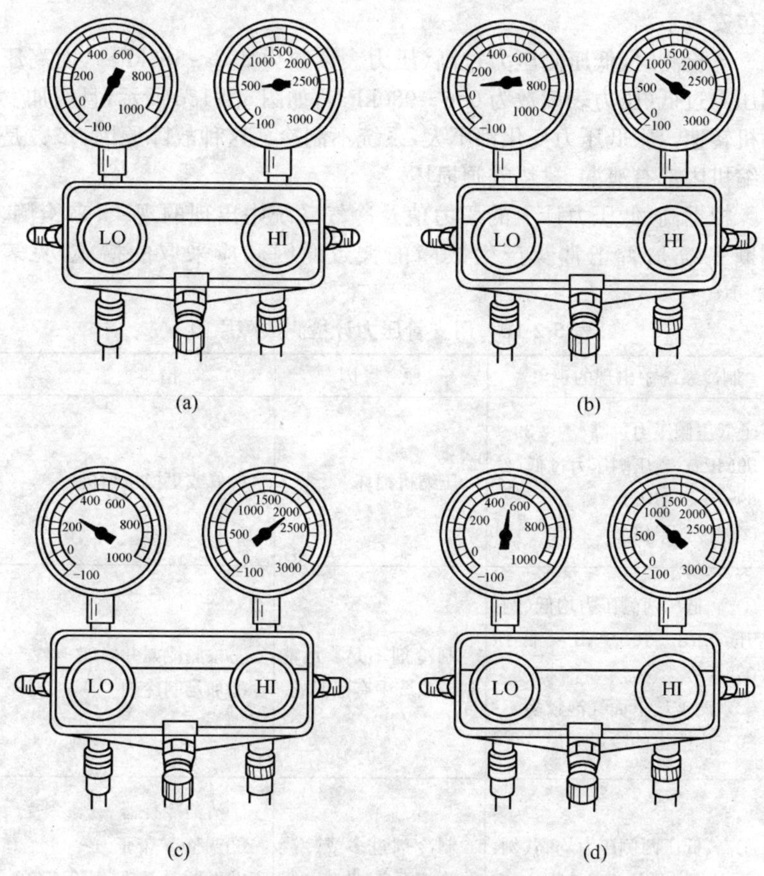

图 5-2-13 冷气系统有故障时的压力计读数(二)

(a)制冷剂不循环、不制冷 (b)制冷剂循环不良，制冷量不足 (c)膨胀阀开度过大或感温包安装不当 (d)压缩机损坏，不制冷

⑥检测时，低压侧压力值约为 78kPa，高压侧压力值为 784～882kPa，系统制冷量不足。其原因可能是储液干燥过滤器内有堵塞，造成制冷剂受阻，循环流动不良（见图 5-2-13b）。

⑦检测时，高、低压两侧的压力均过高（高压侧压力表读数为 1862～1960kPa，低压侧压力表读数为 245kPa 以上）如图 5-2-13c 所示，同时低压侧的管路上有霜和大量露水。这表明是膨胀阀开度过大或感温包安装不当。

⑧检测时，低压侧压力过高（压力表读数为 392～588kPa），而高压侧压力过低（压力表读数为 686～980kPa），如图 5-2-13d 所示，且增加发动机转速，高、低压力变化都不大，系统不制冷。这种故障原因，多数是压缩机内部有泄漏、衬垫或阀损坏。

根据高、低压力计上的压力值及冷气系统中出现的现象，来检测、判断系统是否正常及产生故障的大致原因和应采取的措施，见表 5-2-10。

表 5-2-10 用支管压力计检测故障原因

制冷系统中出现的现象	原　因	措　施
①低压侧压力过高（约0.39～0.59MPa），高压侧压力过低（约0.69～0.98MPa） ②制冷效果极差	压缩机损坏	检修或更换压缩机
①高、低压两侧压力均低（例：高压 0.78～0.90MPa，低压 0.08MPa） ②观测玻璃下面气泡较多 ③车内吹出的冷风欠凉	制冷剂不足。可能制冷系统中有泄漏处	①检测泄漏并修理 ②加足制冷剂
①高、低压两侧压力均高（例：高压 2MPa，低压 0.25MPa） ②车内吹出的冷风较凉	制冷剂过多或冷凝器冷却不良（散热片阻塞或 V 带松）	①清洁冷凝器 ②调整 V 带张力 ③上两项正常，则检查制冷剂注入量。若过多，则应排出多余制冷剂

续表 5-2-11

制冷系统中出现的现象	原　因	措　施
①高、低压两侧压力均高(例:高压 2.3MPa,低压 0.25MPa) ②车内吹出的冷风欠凉	制冷系统中有空气	①更换输入干燥器 ③充分抽真空后重新注入新的制冷剂
①运转中低压侧压力有时成负压,有时正常(例:低压为 −0.07～−0.15MPa) ②车内一阵凉一阵欠凉	制冷系统中有水分	①更换输入干燥器 ②重复抽真空以排潮气 ③注入适量新制冷剂
①低压侧指示负压(−0.1MPa);高压侧压力大大低于标准值(约 0.59MPa) ②车内制冷效果极差 ③干燥器或膨胀阀前后管路上可看到霜或露珠	制冷剂不流动。可能是系统内水分冻结或尘埃堵塞膨胀阀小孔;膨胀阀感温包泄漏以致失效	①停止压缩机运转,然后再次起动压缩机。如果起动后能正常工作,则是由于水分冻结膨胀阀所致,否则是由于脏物堵塞膨胀阀孔所致 ②检漏中发现感温包破损,换用新品 ③反复抽真空后,加入制冷剂
①高、低压两侧压力均高于标准值(例:高压 1.96MPa,低压 0.25MPa) ②低压管上挂霜或大量结露 ③车内冷却效果差	膨胀阀故障。可能是膨胀阀开度大或感温包松脱,使膨胀阀开度大,造成低压回路制冷剂过多	①检查感温包的安装情况 ②若安装正常,则调整膨胀阀开度

2. 使用真空泵对空调制冷系统抽真空

真空泵的种类很多,抽气量是一个重要参数。对于汽车冷气空调系统,选择抽气量为 1L/s 的真空泵比较适宜。刮片式真空泵的结构如图 5-2-14 所示。

(1)真空泵的操作方法

①从系统内排出制冷剂。

②参照图 5-2-15 的方法,把支管压力计上的两条软管分别与压缩机的高、低压侧接口连接好;卸下真空泵上的进气口与排气口保护盖,

把支管压力计上的中间软管与真空泵进气口连接好。

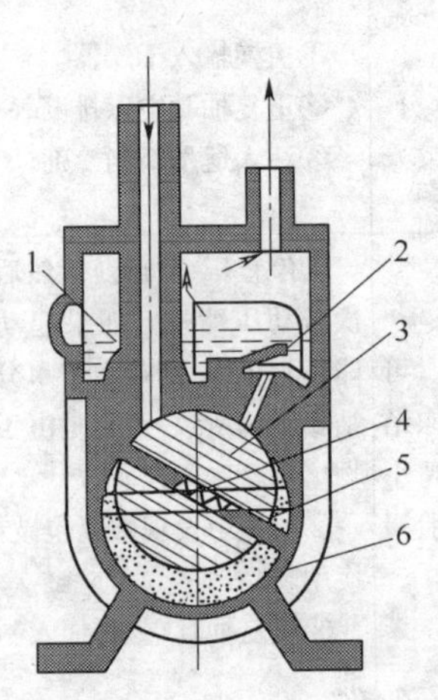

图 5-2-14　刮片式真空泵

1. 润滑油　2. 排气阀　3. 转子　4. 弹簧　5. 刮片　6. 定子

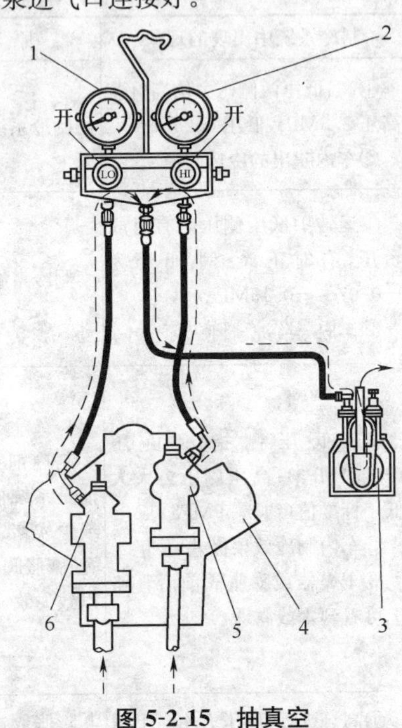

图 5-2-15　抽真空

1. 低压表　2. 高压表　3. 真空泵　4. 压缩机　5. 排出工作阀　6. 吸入工作阀

③起动真空泵。

④打开支管压力计组上的低压手动阀，大约 10min 后，低压表指示应在－79.9～－93.3kPa 之间，高压表指示应在 0 以下。

⑤若高压表指示降不到 0 以下，说明系统内部有阻塞，应停止抽真空，进行检修。

⑥若低压表指示达不到－79.9～－93.3kPa，应关闭低压手动阀，停止真空泵，观察低压表指示值能否保持。若不能保持，说明系统内部有泄漏之处或真空泵的抽真空能力太差，应对系统进行检漏（即向系统注入 454g 制冷剂后测出泄漏部位）并加以修理，或者检修或更换真空泵；若低压表指示无明显变化，可继续抽真空。

⑦在通常情况下，轿车冷气空调（制冷量 12000～21000kJ/h）抽真空约 5min，客车冷气空调系统（制冷量约 84000～126000kJ/h）抽真空约 10min 后，系统内的真空度即可接近 100kPa。

⑧当系统的真空度达到规定值（低压表指示的真空度达到 93.3kPa）时，再继续让真空泵运行 5min，然后关闭高、低压手动截止阀，接着停止真空泵运行。

⑨注意观察低压数，再次检查系统内的真空度是否能保持。如果在短时间内失去真空严重，表明系统仍有泄漏，应在检修之后继续抽真空。

⑩当系统的真空度达到规定值后且能保持较长时间时，即可从真空泵进气口上卸下注入软管，盖上进、排气口保护盖，抽真空作业即告完成。

(2)制冷系统的抽真空程序

抽真空程序如图 5-2-16 所示。

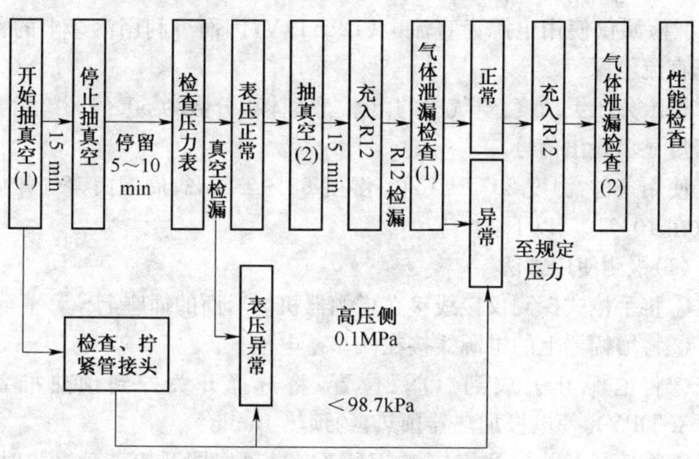

图 5-2-16　抽真空的程序

二、检漏仪的使用

1. 使用卤素检漏灯对空调制冷系统进行检漏

卤素灯又称卤素检漏器，是一种常用的冷气空调检漏仪器。它主要用于对已充注R12制冷剂空调制冷系统的检漏，可检测出年泄漏量在50g以上的漏孔，可以检测出空气中R12体积分数为0.1%时的泄漏位置。其燃料有变性酒精、乙炔、丙烷、丁烷和石油气等。

卤素灯只能用于R12制冷剂的检漏，且在检测过程中会产生剧毒的光气。因此检测场地必须通风良好。不含氯的制冷剂如R134a等，不能使用卤素灯检漏。

2. 使用HGT-112型卤素气体电子检漏仪对空调制冷系统进行检漏

电子检漏仪灵敏度很高，制冷系统中有极小的漏气都可测出，可检测出年泄漏量仅为0.5g的泄漏点。

HGT-112型(卤素)气体检漏仪由增幅器(便携式操纵箱)及手枪式探测器组成。探测器内有警铃及警灯，当探测到泄漏的卤素气体时，警铃响、警灯亮。增幅器面板上有三个调节开关旋钮：电源开关、选择开关(SELECTOR)、灵敏度等级警报调节旋钮(ALARMSET)。HGT-112型检漏仪使用电源为直流电(12±1)V，因而可利用汽车上的蓄电池作直流电源。

检出分压灵敏度：空气中的卤素气体体积分数为50×10^{-6}，用警铃及警灯显示检出信号。

使用条件：温度20℃±15℃；湿度65%±20%；周围卤素气体体积分数在10×10^{-6}以下。

(1)检测使用方法

①将手枪式探测仪接线接在增幅器机体后面的插座上。

②将增幅器上的电源线接在汽车蓄电池上。

③将电源开关放到“ON”位置，将选择开关拧到预热准备档(STANDBY)，使电极加热器预热，约预热10min。

④将选择开关拧到校核档(CHECK)，风扇即开始转动。此时，应用标准样本试测液确认警铃和警灯的反应。

⑤用螺钉旋具将试测液阀门拧松一圈，试测液即从阀门漏出。用探测器的管接近阀门，如果警铃和警灯(装在手枪式探测器的尾部)显示，则表明检漏仪检测性能正常。若警灯、警铃不工作，可调节灵敏度等级警报旋钮：把该旋钮向“0”方向旋转时，灵敏度下降；向“10”方向旋转时，灵敏

度提高，灵敏度等级可用标准试测液检测 20s 左右，加以确认。

灵敏度等级警报旋钮是用于电压变动、温度大幅度变化、长时间使用时引起电极情况恶化而使灵敏度产生变化时进行调整。调好一次后，几乎没有必要再进行经常性调整。

调整时，旋钮一次不能转太多，否则会使灵敏度过度提高或降低，造成检测精度误差。

(2)测定

将选择开关调到“测漏测试-1”(LEAK TEST-1)的位置。在此测定位置，若测出有泄漏时，警灯、警铃都会显示；若将选择开关调到“泄漏测试-2”(LEAK TEST-2)的位置，若测出有泄漏时，警灯会显示，但警铃不鸣响。

①用手枪式探测器时，其吸管应尽量接近(距离应$<$3mm)可能漏气的部位下方，如焊接处、接头处等；吸管在检测部位上的移动速度要慢，一般应$<$30mm/s。

②检漏仪测出有漏气后，警铃或警灯会根据漏气量的多少显示 5～10s，然后停止。但这并不是表示泄漏部位漏气停止了；待吸管离开 1～2s 后，再次接近漏气部位时，警铃或警灯又会重新显示，因而很容易确认漏气部位。

③当存在大量漏气时，只要探测仪接近漏气部位，就会显示出来，而探不准确切位置时，可把弥漫着的气体吹散后再次测定。

④采用上述方法时，一旦查出泄漏，就应把灵敏度等级警报调节旋钮的灵敏度档位降低，移动探头，以便准确地查明泄漏部位。

⑤一旦测出泄漏部位，应立即使探测仪吸入孔离开泄漏点，吸入没有混进制冷剂气体的新鲜空气，使警灯或警铃停止显示，然后再反复进行检漏操作，以确认泄漏部位。如果让探测器长时间吸入浓的卤素气体，会使仪器检测灵敏度下降，缩短电极寿命。

⑥检测过程中，如短时间暂停使用检漏仪时，可将选择开关调到“STANDBY”(预热准备)位置；长时间(30min 以上)不使用检漏仪时，必须将电源开关放在“OFF”(关闭)位置。

⑦操作时还需注意，不要将探测仪吸入管对着尘土及水汽多的地方，否则易缩短电极寿命(正常使用寿命为 700h)；要经常保持探头清洁。

3. HGT-12 型卤素气体电子检漏仪的使用注意事项

①探测仪中的电极在使用时被加热到 800℃，所以，在所有存在爆炸性、可燃性及引火气体(煤气、石油气、汽油、稀释液等)的地方，绝对不可使用这种卤素气体检漏仪。

②高浓度卤素气体(如直接从制冷剂罐将气体吸入检漏仪吸管)会损坏探测仪电极，使用性能急剧下降，所以应避免直接吸入。

③长时间使用时，检漏仪的头部(吸气管的电极套)由于电极的热量，温度也可达 60℃左右，故不要触摸，以免烫伤。

④周围空气中如有卤素气体(香烟的烟等)，有可能会使测试产生失误，应予注意。

⑤在空气中湿度非常高或吸入水蒸气时，可能会发生即使把灵敏度等级警报旋钮拧到“0”位，警铃也不停响的情况，此时应稍等片刻，待水蒸气消失后，即可恢复正常。

⑥吸气管和过滤器应经常保持清洁。过滤器的孔发生堵塞时，会造成灵敏度差、不稳定、反应差等情况。

⑦不要堵住或折弯吸管头部及堵住风扇通风口等，因为这样会导致风扇电动机过热烧毁。

⑧电极的寿命在正常状态下为 700h，如果将灵敏度等级警报调节旋钮调到“10”位，用试测液探测时，警铃与警灯也不显示。若不是熔断器熔丝烧断或是电路的其他故障，则说明电极灵敏度下降，应予更换。

⑨使用 HGT-12 型气体检漏仪对汽车空调系统进行测漏鉴定时，一般将灵敏度等级警报旋钮调到“4”的位置。若经细心测试检查，警铃不响或警灯不亮，则可确认制冷系统无泄漏。

4. 使用液体检漏仪对空调制冷系统进行检漏

将检漏溶液涂于待检部位，如有泄漏，立即会形成一团气泡。而瞬间形成的白色泡沫则表明泄漏极轻微。

第三章　维修实例

第一节　桑塔纳 2000 型轿车的 R134a 空调制冷系统维修

桑塔纳 2000 型轿车的空调系统组成如图 5-3-1 所示。

表 5-3-1 列出了桑塔纳 2000 型轿车制冷剂为 R134a 与原普通型桑塔纳制冷剂为 R12 的空调系统的主要区别。

两种车型空调系统的主要性能参数和结构参数列于表 5-3-2。

一、安装空调系统

1. 安装压缩机

桑塔纳 2000 轿车使用 SE5H14 型压缩机，安装时注意以下几点：

①安装压缩机时，必须确定离合器带轮、发动机带轮的 V 形槽同在一个平面内；并按规定力矩拧紧固定螺栓。

②散热器与风扇之间应保持一定距离。对于塑料风扇，距离至少为 20mm。

③压缩机及压缩机支架与高低压软管之间，应当留出 15mm 间隙。

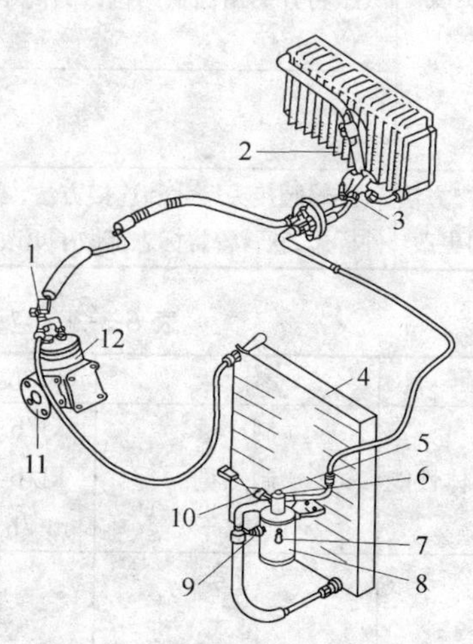

图 5-3-1　桑塔纳 2000 型轿车空调系统的组成

1. 充放气阀　2. 蒸发器　3. 膨胀阀　4. 冷凝器　5. 窥视孔　6. 易熔塞　7. 充放气阀　8. 储液罐　9. 高压开关(F_{23})　10. 低压开关(F_{73})　10. 电磁离合器　11. 法兰盘　12. 压缩机

2. 安装蒸发器

①蒸发器安装于副驾驶席一侧杂物箱下方。蒸发器上插有感温开关的毛细管，感温开关安装于蒸发器右侧。

表 5-3-1 桑塔纳 2000 型 R134a 空调系统与桑塔纳原普通型 R12 空调系统的主要区别

更改项目	更改内容	更改原因
材料更改	压缩机润滑油采用 PAG 或 ESTER	R12 压缩机采用的矿物润滑油与 R134a 不相容，易引起润滑不良
	软管和密封圈的橡胶材料为 HNBR	R134a 要求材料具有更低的渗透性
	干燥剂由 XH-5 改为 XH-7 或 XH-9，用量增加 1/3，容积增大 20%	PAG 润滑油和 R134a 与 R12 和矿物润滑油相比，具有更好的吸湿性
结构更改	冷凝器	因 R134a 工作压力更高，故采用迎风面积更小的全铝管带式平流冷凝器
	膨胀阀	因感温包充注气体改为 R134a，过热度设定值需更改
	压力开关由高低两位改为高中低三位	压力开关值因最大蒸气压力变化而更改
	蒸发器	深度增加，制冷剂管路长度增加，翅片高度减小，换热能力提高
维修方法的更改	维修阀接头尺寸和连接方法、零部件标志、软管警告标志都做了更改	R12 和 R134a 的润滑油及密封件不可互换

表 5-3-2 空调系统性能参数

项目	参量	单位	原普通型桑塔纳轿车	桑塔纳 2000 型轿车
整体性能	制冷量	kJ/h	≥17526	≥16735
	制热量	kJ/h	14654	25238～28843
	风量(干)	m^3/h	≥430	≥430
压缩机	型号		SD508	SE5H14
	型式		摇摆斜盘式	摇摆斜盘式
	气缸数		5	5
	缸径	mm	35	35
	行程	mm	28.6	28.6
	排量	cm^3/r	138	138
	适用制冷剂		CFC-12	HFC-134a

续表 5-3-2

项　目	参　量	单　位	原普通型桑塔纳轿车	桑塔纳 2000 型轿车
压缩机	润滑油		5GS	SW100
	润滑油量	cm^3	135	135
	单机质量	kg	5.1	4.4
	消耗功率	W	<2650	<2610
	最大允许转速	r/min	7000	7000
	最高连续工作转速	r/min	6000	6000
离合器	额定电压(DC)	V	12 或 24	12
	脱离力矩	N·m	≥29.4	≥29.4
	最小啮合电压 DC	V	—	≤7.5
	额定电流	A	—	2.5～3.0
	传动带(型号×根数)		—	A×1,M×1
	带轮外径	mm	—	130
	质量	kg	2.4	2.4
散热器风扇	驱动方式		主、从动 2 只，1 只电动机驱动	2 只均各自由电动机驱动
	最大功率	W	200	200
	起动方式		满电压直接起动	满电压直接起动
	抗无线电干扰	MHz	20～150	20～150
	高速档风扇功率	W	150	150
	低速档风扇功率	W	95	150
储液干燥器	型号		4A	XH-7
	质量	kg	0.75	—
	平衡吸水量	g	3	3
	容量	ml	500	600
冷凝器	换热量	kJ/h	≥32130	≥34566

注：制冷量测定条件，压缩机转速为 1860r/min，排气压力为 1.697MPa(G)，吸气压力为 0.180MPa(G)，过热度为 8.3°，过冷度为 0°。

②蒸发器壳体下方设有排水小孔，该小孔不能堵塞或掩盖。

③汽车线束与发动机和暖风部分的发热体或传热体至少相隔

50mm，燃油管与发动机和暖风部分的发热体或传热体至少相隔100mm。

3. 安装冷凝器

冷凝器应尽可能安装得高一些，周围应有足够的空气流动，使其能充分散热；冷凝器与车罩至少应间隔5mm。

4. 安装储液干燥过滤器

①储液干燥器必须安装在通风良好的位置，并远离发动机排气管。

②储液干燥器必须垂直安装，其入口应与冷凝器出口连接。

③只有在抽真空之前才能将导管接至储液干燥器。

④高压开关的最大拧紧力矩为27N·m，密封力矩>10N·m。

⑤低压开关的最大拧紧力矩为18N·m，密封力矩>10N·m。

⑥易熔塞的最大拧紧力矩为30N·m，密封力矩>23N·m。

⑦锁紧螺母的最大拧紧力矩为45N·m，密封力矩>35N·m。

5. 安装管系

①在连接空调系统的金属管和胶管之前，管口的密封塞不要急于拆下，待连接时再拆下不迟，以免水汽或尘埃进入管内。

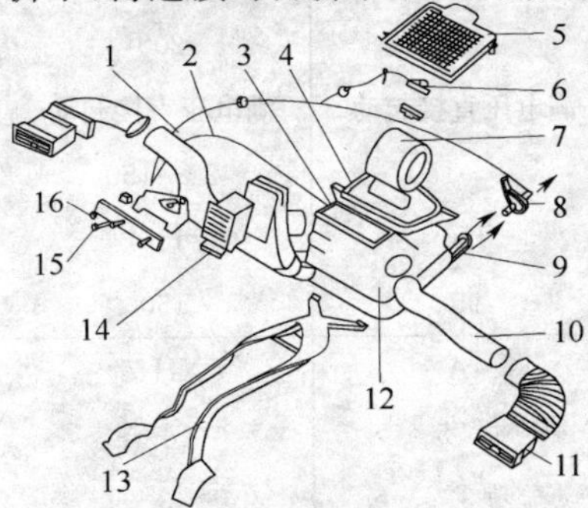

图 5-3-2 空调装置的拆装

1. 暖水调节阀钢丝索 2. 除霜及中央风门钢丝索 3. 密封衬垫 4. 衬垫 5. 风箱盖 6. 鼓风机调速电阻 7. 鼓风机 8. 暖水调节阀 9. 双孔套管 10. 右导风管 11. 右出风口 12. 风箱 13. 后导风管 14. 中央出风口 15. 暖水调节阀杆推钮 16. 鼓风机调速开关旋钮

②连接空调系统管件的螺母可涂抹少量压缩机润滑油（简称冷冻油）。连接铝质管件时，润滑油应涂抹在铝管端部喇叭口的内侧和外侧。

③空调系统管件与发动机排气管之间的距离至少20mm。

④管路连接完毕后，应立即开始抽真空。

二、空调系统的维修

1. 空调装置的拆装

空调装置各部件的拆装如图5-3-2所示。

2. 压缩机支架的拆装

压缩机支架的拆装如图5-3-3所示。

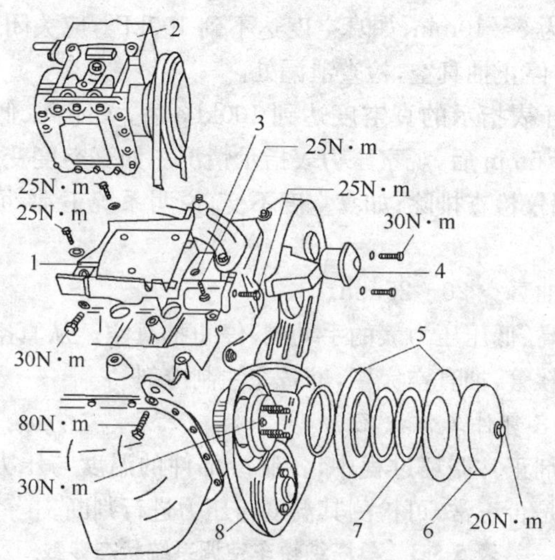

图 5-3-3　压缩机支架的拆装

1. 压缩机支架　2. 压缩机　3. 垫圈 4. 发动机前支架　5. 可调式三角传动带轮　6. 压紧盘　7. 间隔垫圈　8. 收紧传动带

3. 暖风装置的拆装

暖风装置的拆装如图5-3-4所示。

4. 维修中抽真空及充注制冷剂

①将高压表连接储液罐上的维修阀,低压表连接蒸发器至压缩机之间低压管路的维修阀,中间注入软管连接真空泵接口。

②启动真空泵,打开高、低压压力表两侧的手动阀。

③开始抽真空,使低压表指示的真空度达到 100kPa。

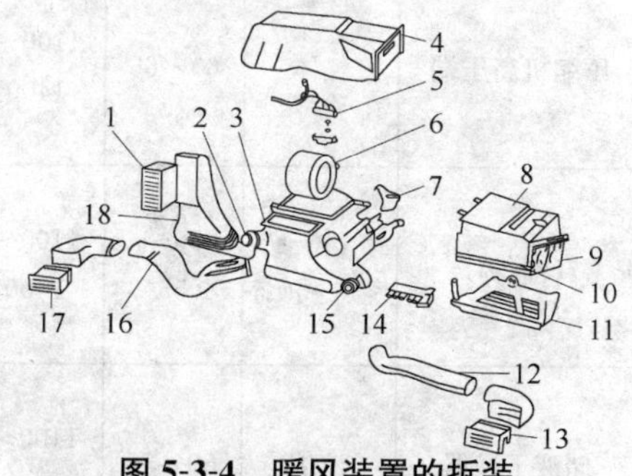

图 5-3-4　暖风装置的拆装

1. 中央出风口　2. 除霜及中央风门真空阀　3. 空调装置新鲜空气风箱　4. 空调进风罩　5. 空调鼓风机调速电阻　6. 鼓风机　7. 暖风调节阀　8. 密封衬垫　9. 蒸发器　10. 温度继电器的感温管　11. 集水板　12. 右导风管　13. 右出风口　14. 空调和暖气的调节器　15. 通向控制风门真空阀　16. 左导风软管　17. 左出风口　18. 导风连接件

抽真空时间为5～10min，如真空度达不到100kPa，应关闭高、低压压力表的手动阀，停止抽真空，检查泄漏处。

④当低压表指示的真空度达到100kPa后，关闭高、低压压力表的手动阀；静置5min后，观察压力表指示情况。如真空度变化，说明有泄漏，可用检漏仪检查排除；如真空度不变，说明系统正常，可继续下述操作。

⑤继续抽真空20～25min。

⑥关闭高、低压压力表的手动阀，停止抽真空。从真空泵接口上拆下中间注入软管，抽真空完毕，准备充注制冷剂。

5. 判断各部件工作状况

在制冷剂正常循环过程中，各制冷部件的温度与压力见表5-3-3。各部件工作是否正常，可检测其温度与压力进行判断。

表5-3-3 桑塔纳轿车空调系统状态参数

测量部位	制冷剂物理状态	怠速950r/min、环境温度20℃条件下		检测方式
		温度(℃)	压力(kPa)	
压缩机高压端	气体	60～66	1100～1400	压力:用高压表在压缩机高压阀处检测 温度:用温度计在冷凝器入口处检测
冷凝器	气体→蒸气→液态	50～55	1100～1400	压力:用高压表在压缩机高压阀处检测 温度:用温度计在冷凝器出口处检测
储液干燥器	液体	50～55	1100～1400	压力:用高压表在压缩机高压阀处检测 温度:用温度计在冷凝器出口处检测
蒸发器	液体	-6	150	压力:用低压表在压缩机入口处检测 温度:用温度计在压缩机入口处检测

续表 5-3-3

测量部位	制冷剂物理状态	怠速 950r/min、环境温度 20℃条件下		检测方式
		温度(℃)	压力(kPa)	
蒸发器出口至压缩机低压端	气体	0	150	压力:用低压表在压缩机低压端检测 温度:用温度计在膨胀阀感温筒处检测

6. 常见故障排除

桑塔纳轿车空调系统常见故障原因、判断方法和排除措施,见表5-3-4。

表 5-3-4　空调系统故障诊断表

故障	故障原因	故障判断方法	故障排除措施
空调无制冷作用	驱动皮带太松或皮带断裂,不能带动压缩机工作	手指用 50N 力按压皮带,皮带的挠度＞10mm,则皮带在带轮上打滑或皮带断裂	拆掉皮带轮的调整垫片1～2 片,张紧皮带或更换皮带
	制冷系统严重泄漏,由于低压保护开关作用使压缩机不能起动	用支管压力计检查系统压力,高低压力表读数为零,管路破裂或易熔安全塞易熔合金熔掉,管路接头处有油渍,用电子测漏仪检查有泄漏	更换破裂管道或易熔安全塞,修补泄漏部位,拧紧泄漏管接头
	压缩机轴承烧坏	检查电器部分正常,无制冷剂漏光,而曲轴不能转动	更换轴承,按规定加润滑油或更换压缩机
冷气量不足	制冷剂不足	用支管压力计检查系统压力,高低压力都偏低(高压＜883kPa,低压＜78kPa,),且视液玻璃观察窗中有气泡,出风口温度不冷,则制冷剂不足或系统有泄漏造成制冷剂不足	检漏修补后向系统补充制冷剂。使发动机转速2000r/min,直至气泡消失,此时压力表读数:低压侧为 118～216kPa,高压侧为 1274～1596kPa
	系统脏堵	用支管压力计检查系统压力,低压侧呈真空,高压侧压力很低,且干燥储液器或膨胀阀前后管路上挂霜或结露,出风不冷,关机后再开机不能改善情况	更换干燥储液器或用无水酒精清洗膨胀阀

续表 5-3-4

故障	故障原因	故障判断方法	故障排除措施
冷气量不足	冷凝器风机不转。由于滑动轴承缺油、滑动轴承烧坏或风机电动机线圈烧坏所致	风机电动机尾部有油渍且风机不能转动或用万用表检查电动机线圈短路	对滑动轴承的风机，可在风机的电动机尾部滑动轴承吸油羊毛毡处上端钻一 ϕ2mm 的小孔，用缝纫机加油壶从小孔向滑动轴承加注一些 30 号机械油。对滑动轴承烧损的风机，可将电动机后盖拆下，换一个用青铜制的滑动轴承，对电动机线圈烧坏的风机则换新风机
	冷凝器风机不转。由于风机工作时间长，电流大，空调继电器触点发热接触不好，使敷铜板上的输出电路烧断	排除压缩机轴承烧坏故障原因之后，用万用表检查风机不搭铁，检查风机插座无电压，而空调熔丝未烧断，再检查空调继电器可发现空调继电器吸合而无输出，敷铜板输出电路有一处烧断	焊接烧断处，用细砂纸磨一下继电器触点
	压缩机电磁离合器打滑。离合器压力板、皮带轮工作面磨损出现沟槽或压力板翘曲，两工作面接触面积减少，使摩擦力太小，造成电磁离合器打滑	开动发动机，接通离合器可听到刺耳的摩擦声，并看到打滑现象	拆下离合器并分解，车削或磨削压力板和皮带轮工作面，两平面的平面度误差≯0.2mm，两工作面的车削或磨削量分别≯0.5mm，否则更换离合器。装配离合器时在靠压缩机端的卡簧内侧加一厚度为皮带轮车削或磨削量的铜垫片，使皮带轮不在轴上窜动

续表 5-3-4

故障	故障原因	故障判断方法	故障排除措施
冷气量不足	蒸发器通风道被灰尘和杂物堵住。由于空调工作时蒸发器内的制冷剂要吸收蒸发器管壁上大量的热量，而使蒸发器管壁上形成一些水珠，这时车内的灰尘和杂物被风机吸到蒸发器管壁上而粘住，堵住了风道	开启空调，出风口风量很小且出风不冷，蒸发器表面沾有灰尘和杂物	清除蒸发器通风道内的灰尘和杂物。由于清除蒸发器通风道内的灰尘和杂物十分困难，可在蒸发器进风侧安置一块大小相宜的铁丝网，眼数约 16 目，这样不仅可以防止灰尘和杂物被风机吹进蒸发器通风道内，而且每次清除灰尘和杂物都较方便
	外循环风门未关，车外热气进入车室内	制冷系统无故障，而出风口风量正常，但出风不冷，检查风门真空电磁阀上的真空导管可发现真空导管被磨破或磨断，使外循环风门无法关闭	更换真空导管
	压缩机损坏，内部有泄漏	用支管压力计检查系统压力，低压侧压力过高，高压侧压力过低，压缩机有不正常的敲击声，压缩机外壳高低压侧温差不大，则是压缩机阀片碎、轴承坏或密封垫坏	修理或更换压缩机
	冷凝器周围空气流通不够，冷凝器冷却不良	用支管压力计检查系统压力，高压表读数较高，且发动机散热片和冷凝器散热片被灰尘和杂物堵住	清除发动机散热片和冷凝器散热片上的灰尘和杂物

第二节　捷达轿车空调系统维修

一、空调系统检测

1. 检测空调装置真空系统的性能

①检测条件：真空供给量和真空罐均正常。

②拆下仪表板下边的护板。

③对三个真空阀进行单独检测:拉下真空软管,将真空阀的拉杆压入阀中,并用手指堵住软管接头。如果拉杆在真空阀中停滞,则说明保持了真空度,性能正常。

④起动发动机。

⑤检测真空阀的转换等级与调节器上手柄的位置关系:只要有一个开关没达到表5-3-5中给出的开关位置,就说明空调失灵。

表5-3-5　真空系统的检测

观察开关位置	OFF	A/C MAX	A/C NORM	A/C BI-LEV	VENT	HEAT	DEFROST
新鲜空气/循环空气真空阀	V	V	b	b	b	b	b
中央风门真空阀							
1档	V	V	V	V	V	b	b
2档	V	V	V	V	b	b	b
下出风/除霜真空阀	b	b	b	V	V	V	b

注:V—真空,b—通风。

2. 检测空调系统制冷能力

(1)说明

将上手柄调到下列位置时,接通压缩机:MAX(最大)、NORM(正常)、BI-LEV(混合)、DEFROST(除霜)(前提:环境温度要>2℃)。

(2)检测条件

①冷凝器和散热器要清洁,必要时清除污垢。

②温度风门拉索安装正确。

③冷凝器和散热器导气管布置整齐。

④蒸发器壳体不漏气。

⑤在检查和测量期间,汽车不能置于太阳光下。

⑥因为低压开关(F73)能接通电磁离合器的电压,所以更换低压开关时,要排空制冷循环管路。

(3)调整

①使新鲜空气鼓风机进入四档。

②将上面手柄扳至MAX位置。

③将下面手柄扳至 COOL 位置。

④打开仪表板出风口。

⑤把热敏(温度)开关插入左出风口。

⑥关闭车门和车窗。

(4)测左出风口温度

①从左出风口出来的空气温度与环境温度有关。

②读出第一次切断压缩机后的温度值,若达到图 5-3-5 中给出的值,则说明空调装置正常。

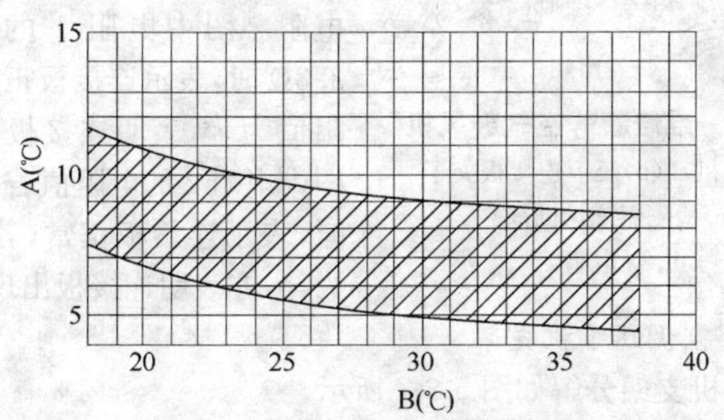

图 5-3-5 左出风口空气温度表

A—左出风口空气温度 B—环境温度

③若温度计的温度不下降,表明制冷循环管路存在故障,需检修空调装置。

3. 检测新鲜空气鼓风机的性能

①起动发动机。

②关闭新鲜空气鼓风机调整开关,新鲜空气鼓风机应断开,否则为功能不良。

③将新鲜空气鼓风机调整开关调到最大至除霜位置,新鲜空气鼓风机应以四档传送,否则为功能不良。

二、空调系统维修

1. 维修新鲜空气鼓风机

(1)维修说明

①在组装状态下,拆出暖风分配箱、出风口及带连接拉索的调节器。

②维修和检测空调装置时,不应用力过猛,以免损坏有关零、部件。

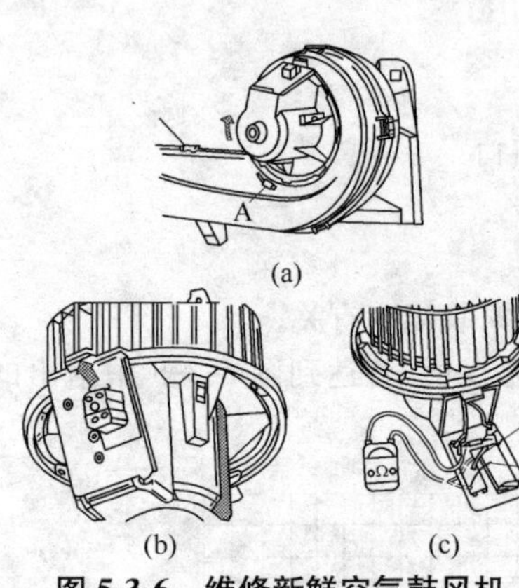

图 5-3-6 维修新鲜空气鼓风机

(a)旋转鼓风机 (b)压下连接板夹子

(c)检测温度熔断丝

1、2. 电阻

(2)新鲜空气鼓风机的维修

①小心拆下支撑簧片 A,并按箭头方向旋转新鲜空气鼓风机(如图 5-3-6a 所示)。

②按箭头方向(如图 5-3-6b 所示)压下连接板夹子。

③检测温度熔丝(如图 5-3-6c 所示):用欧姆表检测温度熔丝和电阻。图中电阻 1 的电阻值若 3.3Ω 时,表示连接板正常;若其电阻值为∞,表明连接板出现故障。图中电阻 2 的电阻值若 0.8Ω 左右时,表示连接板正常,若其电阻值为∞,亦表明连接板出现故障。

2. 分解空调压缩机支架

①压缩机支架分解如图 5-3-7 所示。

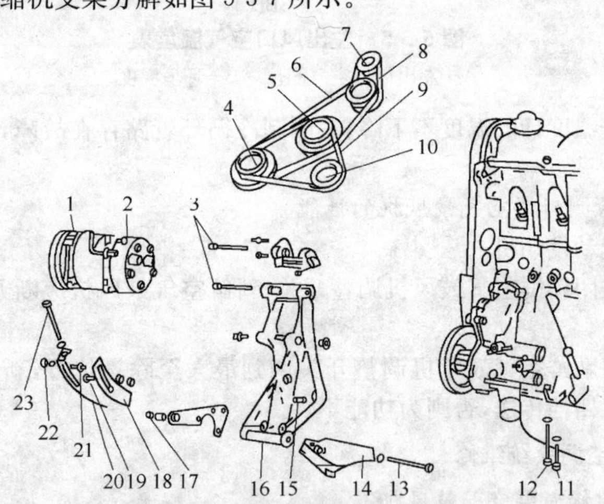

图 5-3-7 压缩机支架分解

1. 压缩机 2、3. 圆柱头螺钉 4. 曲轴传动带轮 5. 水泵带轮 6. 传动带(12.5×950mm) 7. 发电机带轮 8. 传动带(9.5×630mm) 9. 传动带(9.5×730mm) 10. 叶片泵带轮 11、12、13、15、20、23. 六角螺栓 14. 后支架 16. 压缩机支架 17. 自锁螺母 18. 调整支架 19. 圆柱头内六角螺栓 21. 凸缘螺栓 22. 六角螺母

②拆卸时，无需打开制冷循环管路。

③拆卸时，应更换所有的自锁螺母。

④有关六角螺栓(母)的尺寸及拧紧力矩见表 5-3-6。

表 5-3-6　空调压缩机支架有关螺栓(母)的尺寸及拧紧力矩

名称	尺寸	拧紧力矩(N·m)	名称	尺寸	拧紧力矩(N·m)
六角螺栓 11	M8×45	30	六角螺栓 23	M8×90	30
六角螺栓 12	M8×85	30	六角螺母 22	M8	30
六角螺栓 13	M8×120	30	凸缘螺栓 21	M8×18	30
六角螺栓 15	M8×65	30	圆柱头螺钉 2	M10×30	35
六角螺栓 20	M8×18	35	圆柱头螺钉 3	M8×100	35

3. 使用 V·A·G1691 排空系统制冷剂循环管路

①只有在空调系统排空时，才可用 V·A·G1691 抽吸制冷管路。

②关闭点火开关。

③按操作说明，接通充抽机(将阀连接到特定车辆的制冷管路上)并操作。

④由于加注量、制冷液和环境温度会影响抽吸过程，因此可通过多次接通来延长抽吸过程。注意压力表 A(如图 5-3-8 所示)的压力显示值。

⑤若抽吸过程结束后，观察孔 B 中还存在制冷剂和润滑油，应再一次接通来延长抽吸过程。

⑥拔下压缩机上的电源接头，以免在排空制冷剂循环管路时，无意间接通压缩机而将其损坏。

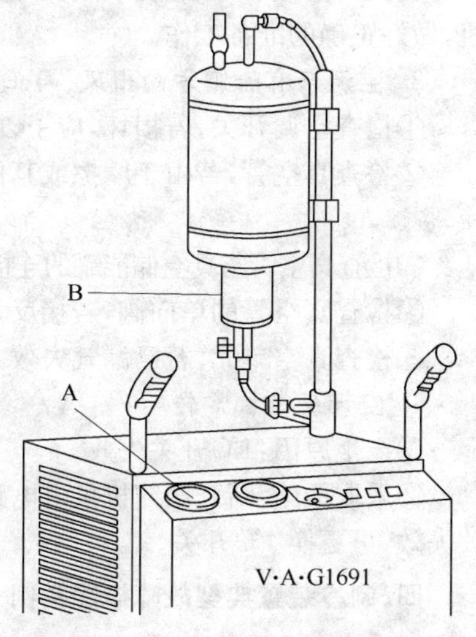

图 5-3-8　排空制冷剂循环管路

三、空调系统故障排除

1. 鼓风机只有四档

捷达轿车鼓风机设有 4 个档位，使鼓风机以 4 个不同速度运转，以满足乘客对于室内温度的要求。4 个档位的变化是通过改变鼓风机的串联电阻实现的，如果鼓风机只有四档（直接档），而无其他档位，应进行以下检修作业：

①检查热熔丝，如果熔断，应予更换。

②检查线路，若有故障，应予排除。

③检查鼓风机开关，若有故障，应予检修或更换。

2. 鼓风机只有高速而无低速

①更换已经熔断的串联电阻或 S24 熔断器，恢复鼓风机的正常运转。

②避免经常使用低速档起动鼓风机，减少 S24 熔断器（熔量较小：20A）熔断的机会。

③利用高速档起动鼓风机（其 S23 熔量较大：30A），待鼓风机转速升高后，再将鼓风机转速调至所需要的档位。

④关闭空调后，注意将鼓风机开关调到高速档位，为下次起动鼓风机，做好正确的准备工作。

3. 空调只有除霜方向出风、而正向无风

①检查空调开关，若损坏，应予以更换。

②检查真空管，若由于摩擦或其他原因已损坏漏气，应予焊修或更换。

③检查真空管与真空储能罐的连接处，若发生漏气，应进行密封处理。

④检查真空管的单向阀，若接反，应调换位置后重新接好。

⑤检查真空单元，若已漏气失效，应更换。

4. 空调压缩机常转

①产生原因：1℃开关失效。

②采取措施：断开压缩机供电电路，如压缩机停止转动，则为 1℃开关失效，可更换 1℃开关。

四、制冷装置典型故障排除实例

1. GiX 型轿车故障实例

(1)膨胀阀振动

①故障现象：压缩机工作时，用听诊器可听到膨胀阀振动。

②检查过程：用压力表检测高、低压力，均超过标准值。用 R134a 充注机回收制冷剂，高、低压力达到标准值，此时异响减轻。

③分析判断:膨胀阀振动的原因有两个:

a. 制冷剂加注过多。

b. 膨胀阀的阀杆松旷。

④排除故障:回收制冷剂发现加注量正常,更换膨胀阀,装复后振动减小。

(2)关闭空调时发出“嗽”的一声。

①故障现象:空调制冷正常,在运行一段时间后关闭空调,听到发动机舱内发出“嗽”的一声。

②检查过程:用听诊器听查异响的声源在膨胀阀处。测量制冷剂压力,在发动机 2000r/min 时,低端压力为 250kPa,高端压力为 2MPa。

③分析判断:根据制冷剂的压力值,可知空调系统加注的制冷剂量过多。

④排除故障:放出多余的制冷剂,响声消除。

(3)泄水口堵塞导致出风口有水

①故障现象:打开空调,其下出风口往外喷水。

②检查过程:检查发现流水槽两侧的泄水孔堵塞,空调花粉过滤器底座的双面胶失效,冷凝水泄水孔同时堵塞。

③分析判断:当雨水、洗车水从流水槽两侧的泄水孔不能泄掉时,在漫过花粉过滤器底座后,便流进风道,与冷凝水汇集在蒸发器底部,而冷凝水泄水孔此时也堵塞,所以导致打开鼓风机后,水滴随风从出风口喷出。

④排除故障:疏通流水槽泄水孔及冷凝水泄水孔,并将花粉过滤器底座的接口垫涂胶,重新安装,故障即排除。

2. GTX 型轿车故障实例

(1)压缩机异响

①故障现象:打开空调后,空调压缩机发出异响。

②检查过程:用听诊器抵住压缩机,听到空调压缩机和电磁离合器处有明显的异响。关闭空调后异响消失。开始认为是空调泵异响,但在检查到传动带时,却发现带齿上有微小的砂粒。

③分析判断:当开空调时,空调传动带负荷加大,砂粒与压缩机传动带轮之间发生摩擦,于是出现了异响。

④排除故障：清除干净传动带上的砂粒，异响即消除。

(2)压缩机不工作

①故障现象：打开空调，电磁离合器不吸合，压缩机不工作。

②检查过程：首先测量高、低压端的压力。接上压力表，测量时发现制冷剂已漏光，导致压缩机保护性停机(当制冷剂泄漏后，空调系统管路压力降为零，高、低压组合压力开关内的 0.2MPa 低压开关断开，控制器的 T_1、T_4 脚失电，强制压缩机不工作，以防止在润滑不良的情况下运转而损坏压缩机)。

经检查，知制冷剂管路各部连接处无泄漏。

检查至冷凝器时，发现其左上角有油污。拆下水箱面罩，发现竟在原来安装圆形喇叭的地方，换装了两个蜗牛式喇叭。

③分析判断：由于车辆行驶时的颠簸，使与冷凝器接触的喇叭与冷凝器发生摩擦，而把冷凝器管路磨漏，导致制冷剂漏光。

④排除故障：更换冷凝器；加注制冷剂，压缩机开始运转，系统恢复正常。

3. CiX 型轿车故障实例

(1)蒸发器高压管变形导致空调器异响

①故障现象：打开空调，发动机到达一定转速时，空调器内出现尖叫声。

②检查过程：这种声音可能是膨胀阀、真空单向阀、真空膜片室或制冷管路发出的。但对这些元件和部位检查却未发现问题。

再拆卸蒸发器，发现蒸发器进口并连的四根制冷剂细管，有两根贴在了一起。

③分析判断：捷达蒸发器是管片式，制冷剂通过膨胀阀后分为四条支路。如果支路间的距离太近，制冷剂气体通过，出现振动就会产生异响。

④排除故障：将接近的两条管路分开，试车时上述尖叫声即消失。

(2)制冷不良

①故障现象：打开空调后，能听到鼓风机运转声，但风量小且不凉。

②检查过程：检查空调系统压力，高压 1.7MPa，低压 160kPa，属于正常。观察空调管路上的观察窗，制冷剂也循环正常，不缺少制冷剂。

观察低压管路表面有水滴，用手摸低压管路感觉很凉。

以上检查，说明空调制冷系统工作正常。

拆下鼓风机，用手摸蒸发器表面，发现被一层厚厚的灰尘覆盖着。

③分析判断：鼓风机虽然运转，但因蒸发器表面被灰尘覆盖，致使风不能通过，从而造成空调不凉且风量小。

蒸发器灰尘形成的原因是：该车没安装花粉过滤器；当空调处于外循环方式时，灰尘被鼓风机吸入，在经过潮湿的蒸发器时，即附在蒸发器表面上，长时间积累，便产生了上述故障。

④排除故障：用水和压缩空气冲洗蒸发器，冲洗干净后装上鼓风机，风量变大，制冷恢复正常。

冲洗时水流一定不能太大，并且蒸发器壳体的排水管应畅通，否则会使蒸发器壳体内的水不能完全排泄而流入驾驶室。

4. GT、GiF、CiF、CT、CL 型轿车故障实例

(1)GT 型轿车的电磁离合器不吸合

①故障现象：空调压缩机电磁离合器不吸合。

②检查过程：打开点火开关、空调开关，测量压缩机电磁离合器有无电压，测量结果为 0V，说明空调控制电路有问题。下面逐项查找。

打开点火开关、空调开关，测量低压开关触点 2 的对地电压值，测量结果为 12.7V，说明空调开关、继电器盒及线束插头无问题。

用导线短接低压开关 1、2 两插脚，打开点火开关、空调开关、压缩机仍不工作，排除了低压开关、空调管路中制冷剂过少的故障可能性。

打开点火开关、空调开关，分别测量风扇控制器端子 T_1、T_4 的对地电压值，测量结果均为 12.7V，排除了外部温度开关、防霜开关、冷却液温度开关、继电器 J147 有故障的可能性。

测量导线 MK 端子与压缩机供电线路，测量结果为 0.3Ω，排除了导线断路的可能性。

③分析判断：经过上述的逐项检查排除，最后故障的焦点集中在风扇控制器上。

④排除故障：更换安装在冷却液膨胀箱下方的风扇控制器，打开空调开关，压缩机电磁离合器吸合，风扇 1 速转动，空调运转正常。

(2)GiF 型轿车的冷凝器被撞堵塞导致发动机抖动

①故障现象:打开空调十几分钟后,发动机抖动,有时熄火。

②检查过程:用压力表检测高、低压侧的压力,均正常。

③分析判断:发动机抖动是由于压缩机负荷过大造成的,负荷过大的原因则是高压端压力过高。

发动机抖动以前,散热器风扇以高速转动,有可能是冷凝器散热不良,也可能是冷凝器、干燥储液罐或高压管路堵塞。如果是冷凝器散热不良,测得高压侧压力应过高;如果是干燥储液罐堵塞,罐的两侧管路应有温差,但用手摸却温度相同,所以可判断是冷凝器堵塞。

④排除故障:拆开前罩检查,发现冷凝器有一处被撞变形,导致制冷剂流通受阻。更换冷凝器后,故障即排除。

(3)CiF 型轿车的压缩机工作但不制冷

①故障现象:打开空调,压缩机工作,但是出风口的风不凉。

②检查过程:起动发动机,打开空调,用手摸空调低压管,发现不凉。

首先检查高、低压管路压力:高压侧为 1.0MPa,低于标准值;低压侧为 550kPa,高于标准值。发动机加速时,压力变化不大。

③分析判断:高压低、低压高的现象,常见故障原因是压缩机损坏,导致压缩压力降低,或是膨胀阀开度过大,导致节流不正常。

④故障排除更换膨胀阀,测量高压侧压力为 1.55MPa,低压侧压力为 130kPa,空调制冷正常,故障排除了。

(4)CT 型轿车的压缩机不停机

①故障现象:压缩机工作后一直不停机,只能通过关闭空调开关才能使压缩机停转。

②检查过程:首先检查空调系统中制冷剂的数量,最简单的方法就是从观察孔观察。当打开空调时,压缩机开始工作的瞬间,从观察孔中看到有气泡流过;工作一段时间后,逐渐恢复平静。说明系统不缺少制冷剂。

③分析判断:一汽大众有限公司在 2000 年以前生产的捷达轿车,压缩机是间歇工作的,压缩机间断控制由蒸发器防霜开关来完成。

防霜开关的作用:

a. 防止蒸发器外部因温度低于 0℃而结霜,堵塞通风通道。

b. 保护压缩机，以防止压缩机无效工作。

防霜开关安装在蒸发器壳的里侧，其感温插头插入蒸发器制冷剂管路的入口处。

该车打开空调时，压缩机一直工作，最可能的故障原因是防霜开关损坏后触点总是闭合，失去间断控制作用。其次是系统中制冷剂过少，制冷效果不好，蒸发器内部温度一直高于0℃，此时防霜开关触点处于导通状态。

该车制冷剂不缺少，那么故障原因就是防霜开关损坏。

④排除故障：更换蒸发器防霜开关，压缩机间歇工作正常，故障排除。

一汽大众公司于2000年以后生产的捷达车，采用了变排量压缩机，如果不停机，也不会造成压缩机损坏故障。

(5)CL型轿车的制冷效果不好

①故障现象：打开空调，感觉出风口吹出的风不太凉。

②检查过程：打开空调，使压缩机处于运转状态，发现制冷缓慢，而且压缩机一直不停机。

使鼓风机分别以1、2、3、4档工作，检查各出风口的出风量，出风量正常，可以排除鼓风量小的故障可能性。

③分析判断：该车制冷缓慢，压缩机一直工作，表明进入蒸发器的制冷剂过少，或制冷剂含水，或含冷冻机油量过大。

压缩机工作时，用压力表测量空调系统高、低压侧压力值，结果是高压侧压力明显偏高，达到2.4MPa(正常值应为约1.5MPa)；低压侧压力明显偏低，为130kPa(标准值为180～200ka)。因此判断故障原因可能是蒸发器堵塞，或膨胀阀损坏。

④排除故障：放出制冷剂，拆下膨胀阀，将压缩空气从蒸发器进口吹入，检查蒸发器有无堵塞现象。

此时要注意：吹入压缩空气的时间不宜过长，因为空气中含有的水分会残留在蒸发器中。

检查后确定蒸发器无堵塞现象。

更换膨胀阀，加入规定数量的制冷剂，打开空调，制冷效果变得良好，故障排除。

五、暖气装置典型故障排除实例

1. GiX 型轿车故障实例

(1)导线对地短路导致鼓风机熔丝、电阻烧断

①故障现象:鼓风机不工作。

②检查过程:发现鼓风机熔丝烧断了。更换熔丝,打开鼓风机开关,发现没有 1、2、3 速,只有 4 速。

经检查,发现鼓风机串联电阻损坏。更换电阻后,故障排除,可是鼓风机转动 10min 后,该串联电阻再次烧坏。

③分析判断:鼓风机串联电阻连续损坏,说明鼓风电动机或串联电阻与电动机之间的导线有短路处。

此短路故障是由于新内饰捷达王轿车线束安装过紧造成的,由于仪表台内部为金属结构,汽车在行驶过程中,线束与金属磨损导致线皮损坏,从而使线束搭铁。

④排除故障:检查鼓风机线束,发现仪表台里面的线束安装时被夹破,导致鼓风电动机的导线与地短路。当打开鼓风机时,电流经过鼓风机电阻直接接地,所以鼓风机串联电阻被烧坏。

将破损导线做好绝缘处理,鼓风机各档工作变得正常,鼓风机串联电阻及热敏断路器不再烧断。

(2)鼓风机噪声大

①故障现象:鼓风机有较大噪声。

②检查过程:将鼓风机开关打开,分别以 1、2、3、4 档工作,发现鼓风机转速越高,噪声越大,明显超出正常工作声音。初步判断为鼓风机本身品质问题,需要将鼓风机拆下进行检查。

捷达轿车鼓风机安装在右杂物箱里侧,拆卸时应首先将右杂物箱拆下。

拆下鼓风机外罩盖,发现鼓风机叶轮处夹有一小纸片。

③分析判断:当叶轮转动时,小纸片跟随转动并刮碰鼓风机外壳壁,增大了鼓风机的声音,形成了较大噪声。

④排除故障:取出小纸片,重新安装鼓风机,使其以 1、2、3、4 档工作,明显感觉噪声减小,恢复正常。

2. GTX 型轿车故障实例

(1)出风温度低

①故障现象:鼓风机开关拨到最高档,温度调到最高,风窗玻璃的霜也不能完全融化。

②检查过程:首先检查花粉滤清器,未见异常。拆开真空管单向阀检查真空源,真空度正常。

将真空泵接到进入车内的真空管上吸真空,发现有漏气现象。拆下空调控制面板,检查其后端真空管路,各真空管无损坏,但插上真空转换开关后,怠速转速会降低,这时发动机控制单元强行关闭压缩机。

拆开真空转换开关,发现其内部的压紧弹簧错位,使真空密封片关闭不严,产生漏气现象。

③分析判断:暖风控制装置由发动机进气管或真空罐内的真空,通过真空转换开关控制各膜片室,由膜片室驱动温度风板及各出口风板,达到改变温度和改换出风口的目的。如果真空转换开关损坏漏气,使真空度不足,膜片室动作不到位,风板就不能正常开启和关闭,所以温度和出风口不能控制,出现风量小、温度低的现象。

④排除故障:更换真空转换开关后,暖风的风量和温度恢复正常。

(2)空调滤清器的滤芯堵塞,出风量减小

①故障现象:使用空调时,将鼓风机开关拧到最高档,出风口吹出的风量仍然很小,和正常时 2 档风量差不多,车内温度降不下来。

②检查过程:拆下前风窗玻璃下面的流水板,看到空调滤清器上有很多柳絮、尘土,将滤纸的微孔堵塞。

③分析判断:空调风道滤清器的作用是过滤花粉、灰尘、树叶等物的,若尘土过多,就会阻碍空气进入车内,造成鼓风量减小,热交换效率低,驾驶室空气不能冷却或升温。

④排除故障:将滤芯拆下,把上面的灰尘去掉,若使压缩空气从滤纸背面吹过,除尘效果则更好。

3. CL 型轿车故障实例

(1)鼓风机无低速,只在四档工作

①故障现象:打开空调后,鼓风机 1、2、3 档不工作,只有 4 档工作。

②检查过程:因为鼓风机能高速运转,证明鼓风机和其开关良好。

捷达轿车鼓风机采用串联电阻调节转速,并且在串联电阻上有一个热保险电阻 S24,当鼓风机 1、2、3 档不工作时,应检查串联电阻。

拆下杂物箱后面的串联电阻,发现已烧毁,说明鼓风机电流过大。检查鼓风机,运转无阻滞,风道无堵塞,因此判断是鼓风机使用日久,轴承磨损或电刷磨损过甚,造成电流增大。

③分析判断:串联电阻烧毁原因是流过电流过大,如果不找到其原因并进行排除,更换串联电阻后,使用不久仍然会烧毁。

④排除故障:拆下鼓风机,对轴承清洁、注油,用砂布打磨电刷后装复。将鼓风机装回,并更换其串联电阻,试验证明故障已排除。

(2)打开暖风后,只从除霜口向上吹风

①故障现象:打开暖风后,只有出霜口能出风,其他出风口无风,调节空调开关无效。

②检查过程:捷达轿车利用发动机工作时的真空吸力驱动真空阀,再由真空阀来带动各个风门转动,以达到改变出风口的目的。

首先检查真空管路,发现没有真空。用手动真空泵向各管路抽真空,各管路均不漏气,这说明真空源有问题。拆下单向阀(位于发动机舱内点火线圈旁边),发现通往真空源的真空管有空。

判断可能是单向阀堵塞,检查时,果然其双向都不通气。

③分析判断:单向阀的作用是允许真空源向真空阀提供真空,防止真空系统压力随发动机负荷的变化而波动,在发动机停车后,系统能保持一定的真空度。但现在单向阀已堵塞,也就失去了保持系统真空度的功能。

④排除故障:更换单向阀,风向调节恢复正常。

(3)暖风风向不能调节

①故障现象:打开暖风后,只从除霜口向上吹风,其他方向无风,调节空调开关无效。

②检查过程:检查真空系统,发现没有真空。检查单向阀,正常。检查真空源,也正常。

用手动真空泵向系统打压,发现系统不密封,有漏气之处。仔细检查各真空管路,发现在蓄电池下方,通向真空储存器的塑料真空管在拐弯处磨破。从磨破处切断塑料管,再用胶管连上,重装后试车,故障仍不能排除。再次检查破损处，从真空储存器上拔下塑料真空管并将其堵死，风向调节恢复正常。

询问车主得知，该车左翼子板被撞过，拆下左翼子板，能看到真空储存器已破裂。更换后试车，风向调节有时正常，有时不正常，并且风向转变比正常时慢。

拆下控制面板后的空气控制器，拔下多孔插座，看到里面很脏，通向各真空阀的孔已被堵塞。

③分析判断：由于真空储存器已破裂，因此其储存真空的功能已失去，而空气控制器又很脏污，所以也失去了作用。至于通向真空储存器的塑料真空管破损，只能在上述二者正常的情况下，才能成为本故障的主要原因。

④排除故障：在更换完上述磨破的真空塑料管和破裂的真空储存器后，用针捅开空气控制器的多孔插座各孔眼，并擦拭干净，重新装车后，风向调节功能即恢复正常。

4. CiX 和 AT 型轿车故障实例

(1)CiX 型轿车暖气不热

①故障现象：打开暖气，出风口吹出的风不热，风量正常。

②检查过程：检查所见，温度风板操纵位置正常，风道无堵塞，但用手摸暖风水箱时却感觉不热。

打开发动机盖，用手摸暖气水箱进、出水管的温度，发现进水管发热，而出水管发凉，这说明暖气水箱的水循环不良，有可能是暖风水箱堵塞。拆下暖风水箱，发现管路中已锈蚀并被腐蚀物堵死，用压缩空气也吹不通。更换暖风水箱后，暖风温度恢复正常。

③分析判断：按制造厂要求，捷达车必须使用大众公司专用的防冻液，它具有防腐、防锈、防止水垢形成和提高沸点的性能。不允许使用其他牌号的冷却液，否则会导致冷却系统机件腐蚀。

询问车主得知，该车加注防冻液从来不注意型号和品牌。

④排除故障：该车规定加注 G11 防冻液，绿颜色。纯净防冻液与水按 1∶1 的比例混合，可以在最低环境温度为－35℃的地区使用。

一汽大众公司在 2000 年以后生产的捷达车，规定使用 G12 型防冻液，颜色为红色，不可与 G11 型防冻液混合使用。

(2)CiX 型轿车鼓风机一档不工作

①故障现象:打开鼓风机开关到 1 档,鼓风机不转动,2、3、4 档工作正常。

②检查过程:捷达轿车鼓风机没有空档,打开暖风后,鼓风机便开始运转,其转速共有四个档位,通过一个串联电阻调节。

出列鼓风机某一档不转的原因,一般为串联电阻中的相应电阻烧坏。更换串联电阻,但鼓风机还是一档工不作。拔下鼓风机接线插头,用万用表测量插头中两个端子间电压为 12V,说明电路正常。

检查至此,怀疑鼓风电动机损坏。用手转动鼓风机风扇,感觉发卡。拆开检查,发现轴承松旷且润滑不良,电刷也磨损过甚。

③分析判断:由于起动时需要较大电流,而调速电阻 1 档工作时,串入三个电阻,造成了压降较大,提供的电流则最小,因此鼓风机无法起动。

④排除故障:更换鼓风机、故障即排除。

(3)AT 型轿车真空管漏气导致出风口不能调节

①故障现象:空调开到内循环强冷,发动机怠速时出风正常,稍一提高发动机转速,中央出风口的风量即变小,而除霜出风口的风量则增大。

②检查过程:怀疑真空管堵塞。从真空源直接引一根真空管到真空电磁阀,故障未消除。更换真空膜片室,故障依旧。最后发现真空电磁阀到真空膜片室之间的真空管漏气。

③分析判断:怠速时真空度较大,出风正常;急加速时真空降低,由于漏气,使膜片吸合不到位,造成出风板打不开,形成了出风口风量不能控制的状况。

④排除故障:更换真空管,故障即排除。

六、控制线路典型故障排除实例

1. GTX 型轿车故障实例

(1)导线短路造成离合器误吸合

①故障现象:起动发动机后,虽然不打开 A/C 开关,但是压缩机电磁离合器也自行吸合;而当关闭点火开关后,电磁离合器又自动断开。

②检查过程:开始认为是空调系统控制线与正极短路,试更换空调(13 号)继电器,压力开关及风扇高速继电器,都未能排除故障。

然后用发光二极管一端接至压力开关的“2”或“4”针，在打开点火开关后，灯亮 2～3s，在起动机转动时，发光二极管总是点亮。

③分析判断：根据测量结果判断出，由继电器盒 N/4 端子通向制冷管路高、低压开关的绿/黄色线与某根正极线短路，而且这根线是当发动机起动后或打开钥匙到点火档的瞬间带有正极电。

拆下继电器盒，看到 G1 插座第 8 针的白/红色线与高、低压开关的绿/黄色线粘接在一起了。此线是燃油泵继电器输出的氧传感器加热正极线，带电情况与分析一致，因为将钥匙打开到点火档，燃油泵继电器闭合 2s，以利于燃油系统产生预压力，此时氧传感器也同时加热 2s，这条线也导致压缩机在起动发动机后自行吸合。

④故障排除：将短路的两根导线分开，并用绝缘胶布包好。起动发动机，空调控制转为正常。

(2)电线断路造成压缩机不工作

①故障现象：压缩机不工作。

②检查过程：检查发现空调 19 号熔丝熔断。更换熔丝后，散热器风扇工作正常，但空调压缩机仍不工用；检查空调继电器盒，正常。

测量线路，发现空调压缩机至空调继电器盒有短路。顺线检查，发现有一处和发动机部件磨损而产生短路。

③分析判断：导线烧蚀后发生断路，造成空调不能工作。

④排除故障：将线路连接好，修复后一切恢复正常。

(3)避免空调控制器熔丝烧断

①故障现象：空调不制冷。

②检查过程：检查发现空调控制器中的 20A 熔丝烧断。更换为 30A 熔丝后，空调恢复正常，但使用时间不长，故障重现。

再检查，发现空调控制器中的熔丝座被严重烤坏。

③分析判断：该车装用的是新型电动风扇，但空调控制器却未改动。新型电动风扇电流比老型电动风扇大，因此 20A 熔丝已不能承受风扇电流。在更换上 30A 熔丝后，虽然熔丝不再烧毁，但因电流过大而使接触电阻增大，使熔丝座处产生了大量的热量，于是将熔丝座烧化。

(4)排除故障：更换空调控制器，风扇转动时，用手摸新换上的熔丝，温度正常。

2. GL 型轿车故障实例

(1)环境温度高,继电器长期工作易损坏

①故障现象:空调时有时无。

②检查过程:经试车检查,发现空调时有时无,没有规律。

③分析判断:因天热空调风扇运转时间长,继电器触点烧蚀,造成触点有时不能接通,导致空调时有时无。

④排除故障:更换 13 号空调 J32 继电器,故障即排除。

(2)散热器电动风扇失控

①故障现象:将空调开关置于暖风档或制冷档时,散热器电动风扇都转动。

②检查过程:电动风扇在制冷档和暖风档均转动,说明空调面板处的空调开关 Z35 存在故障。

拆下仪表护罩,取出空调面板,检查空调开关后端连线。当打到暖风档时,用万用表测量空调开关,红/黑色线电压为 12V,同时可见散热器风扇转动。将空调开关的插头拔出,再试验,电动风扇停转。

③分析判断:以上检查结果,说明空调开关失控。

④排除故障:更换空调开关后,故障即排除。

第三节 切诺基型汽车空调制冷系统的维修

一、系统的一般维修

1. 排空系统中的制冷剂

①将支管压力计装于压缩机相应的维修阀上:即低压表接输入维修阀,高压表接输出维修阀。

②将维修阀接头通过软管通到室外,将两个支管手动阀门逆时针拧到最大(开)位置。

③然后慢慢打开后面两个维修阀,并使制冷剂缓缓从系统经压力计中部及软管排出。

④不允许将制冷剂突然放出,以免将压缩机或系统中的油带出。

2. 检查空调压缩机装复后的平稳性

①将维修阀的阀杆顺时针转到底,将阀从压缩机上拆下,脱开离合

器线圈接头。

②把套筒扳手套在压缩机轴的螺母上，旋转压缩机轴，如感到有不平稳点或有卡住现象，为转动平稳性不良，需更换压缩机总成。

3. 检查空调压缩机的冷冻机油面高度

①首先拆下压缩机上的注油螺塞。

②通过注油螺塞孔，观察并旋转空调压缩机离合器前板，把量油尺 J-29642-12 插入压缩机内，直到量油尺的端部碰到压缩机外壳为止。

③然后取出量油尺，数一下润滑油所覆盖的刻度(即沟纹)。

④压缩机内的油面在 4～6 格之间为合适。少则加入，多则放出。

⑤拧紧注油螺塞。

二、系统故障排除

1. 用支管压力计诊断系统的故障原因

其故障现象、原因及排除措施见表 5-3-7。

表 5-3-7 制冷系统的压力诊断

故障现象	故障原因	排除措施
低压侧压力低-高压侧压力低	①系统制冷剂不足 ②膨胀阀堵塞	①抽真空、检漏和充灌系统 ②更换膨胀阀
低压侧压力高-高压侧压力低	①压缩机内部泄漏-磨损 ②气缸盖密封垫泄漏 ③压缩机传动带打滑	①拆下压缩机气缸盖，检查压缩机，必要时更换阀板总成。如果压缩机活塞、活塞环或气缸体磨损或损伤，更换压缩机 ②更换气缸盖密封垫 ③调整传动带张力
低压侧压力高-高压侧压力高	①冷凝器翼片堵了 ②系统中有空气 ③膨胀阀损坏 ④风扇传动带松或磨损 ⑤制冷剂充灌过量	①清扫冷凝器翼片 ②抽真空、检漏并充灌系统 ③更换膨胀阀 ④根据需要调整或更换传动带 ⑤排放一些制冷剂
低压侧压力低-高压侧压力高	①膨胀阀损坏 ②制冷剂软管堵了 ③储液/干燥器堵塞 ④冷凝器堵塞	①更换膨胀阀 ②检查软管有无死弯，必要时更换 ③更换储液/干燥器 ④更换冷凝器

续表 5-3-7

故障现象	故障原因	排除措施
高、低压侧压力正常(冷量不足)	①系统中有空气 ②系统中油过量	①抽真空、检漏并充灌系统 ②排放并抽油,恢复正常油位,抽真空、检漏并充灌系统

2. 排除系统制冷量不足的故障

其故障树如图 5-3-9 所示。

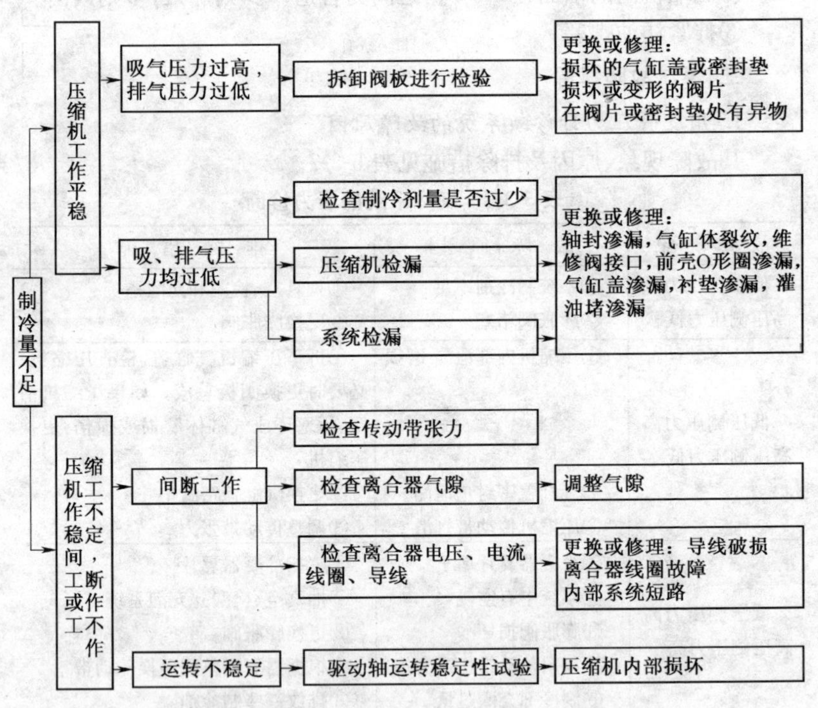

图 5-3-9　切诺基空调系统制冷量不足的故障树

3. 排除系统的异常噪声故障

其故障树如图 5-3-10 所示。

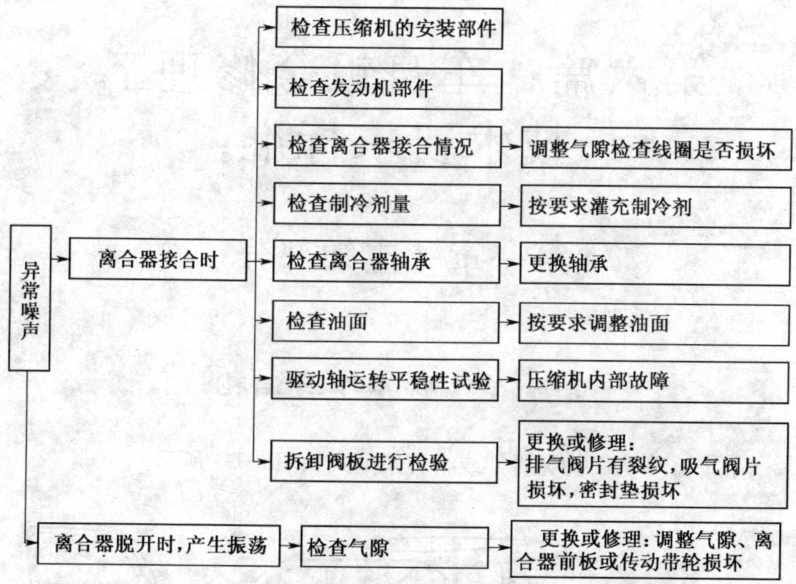

图 5-3-10　切诺基空调系统有异常噪声的故障树

第六篇　车身钣金修理工技术要求标准

第一章　应知部分

第一节　轿车车身结构

轿车车身大多为无骨架或半骨架型式如图 6-1-1 所示。

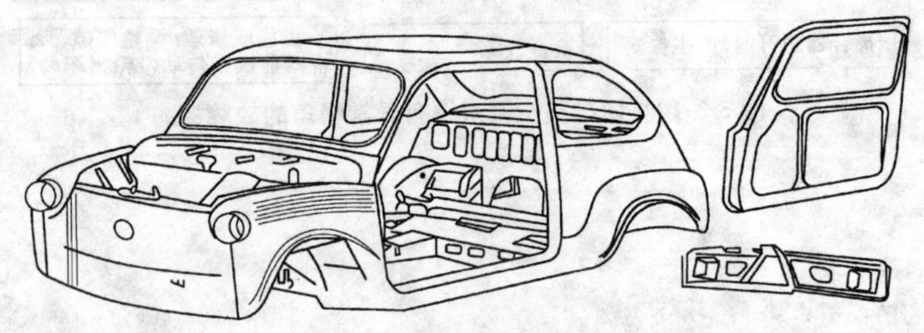

图 6-1-1　轿车无骨架式车身

高级轿车多采用非承载式的车身，车身借助橡胶软垫固装在车架上。中级轿车车身有采用非承载式，有采用承载式的结构。普通轿车和微型轿车则广泛采用承载式结构的车身。

轿车非承载式(有车架)车身的底座，通过挠性软垫固装在单独的车架上，整个车身装焊后，只承受乘客的重量。

承载式(无车架)车身的底座地板与用来加强的短纵梁和横纵梁焊成一体，其前端包括纵梁前部、前围板、挡泥板与前大灯支架形成一刚性较强的框架，车身壳体与底座焊合后，组成一承载的空间受力系统。

第二节　钣金件坯料的计算

钣金制件如弯曲件，放边与收边，拱曲件等均是薄板手工成形件，具有一定规律性。现将常用薄板成形制件的坯料经验计算公式列表6-1-1，供制作钣金件时参考。

表 6-1-1　钣金件坯料计算(经验)公式

名称		简图	计算公式
弯曲件	方管展开面积	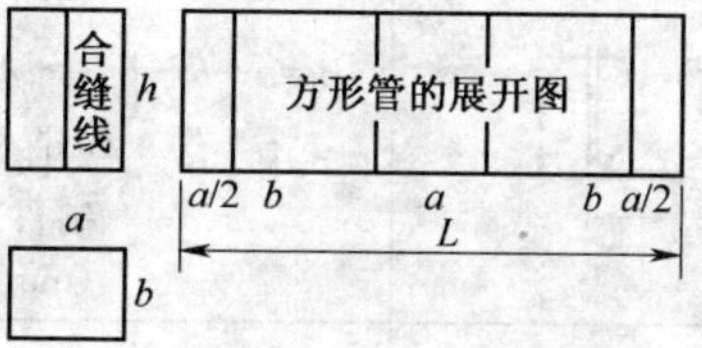 合缝线 h；方形管的展开图；a/2 b a b a/2；L；a；b	$S=Lh=2(a+b)h$ 式中　S——展开面积(mm^2) L——制件周长($L=2a+2b$)mm h——制件的高(棱长)(mm)
	圆管展开面积	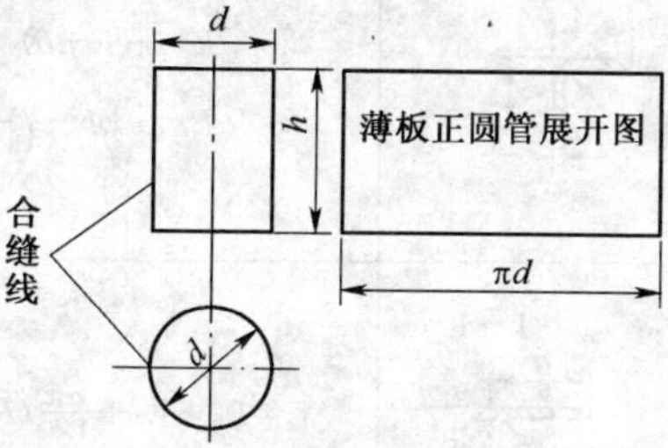 d；h；薄板正圆管展开图；合缝线；πd；d	$S=Lh=\pi dh$ 式中　d——制件直径(mm) L——制件圆周长(mm) h——制件的高(mm)
	圆锥管展开面积	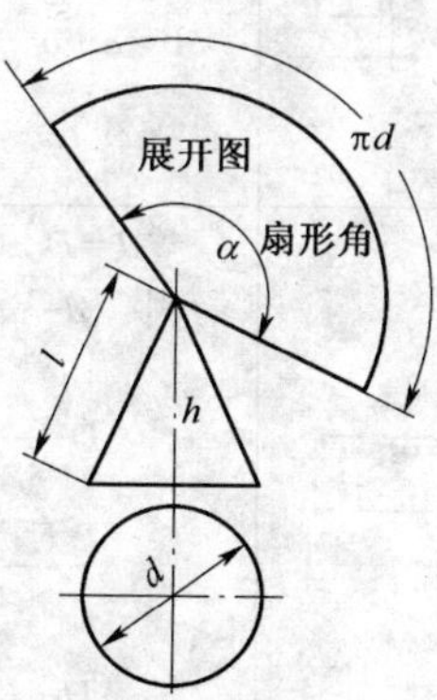 展开图；πd；α 扇形角；l；h；d	$S=\pi\dfrac{d}{2}l$ 式中　h——圆锥高(mm) d——圆锥底圆直径(mm) l——圆锥母线长度(mm) $\left[l=\sqrt{h^2+\left(\dfrac{d}{2}\right)^2}\right]$ α——展开图扇形角(度) $\left(\alpha=\dfrac{d}{l}180°\right)$

续表 6-1-1

名称		简图	计算公式
放边件	半圆形件	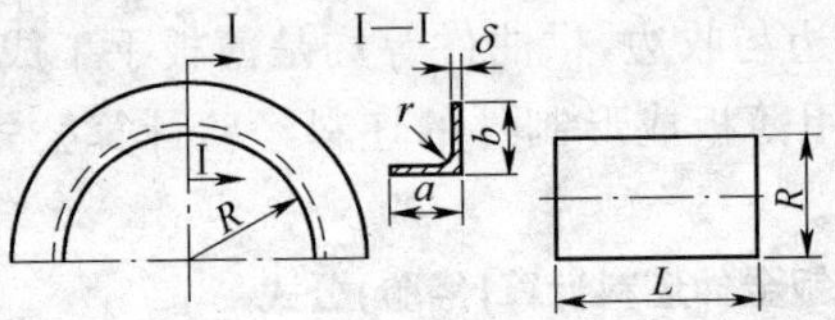	$L=\pi\left(R+\frac{b}{2}\right)$ $B=a+b-\left(\frac{r}{2}+\delta\right)$ 式中　L——展开长度(mm) B——展开宽度(mm)
放边件	任意角形件	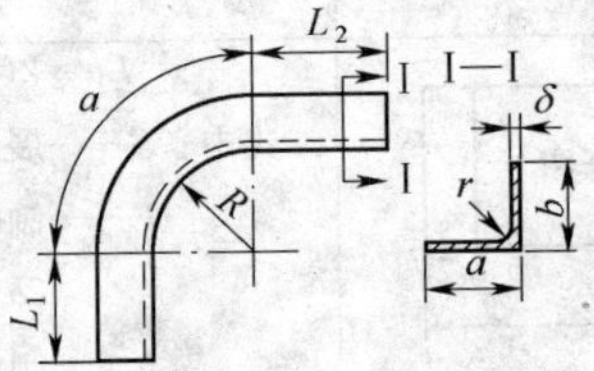	$L=L_1+L_2+\frac{\alpha\pi}{180}\left(R+\frac{b}{2}\right)$ $B=a+b-\left(\frac{r}{2}+\delta\right)$ 式中　R——弯曲半径(mm) a、b——制件一边宽度(mm)
收边件	半圆形件	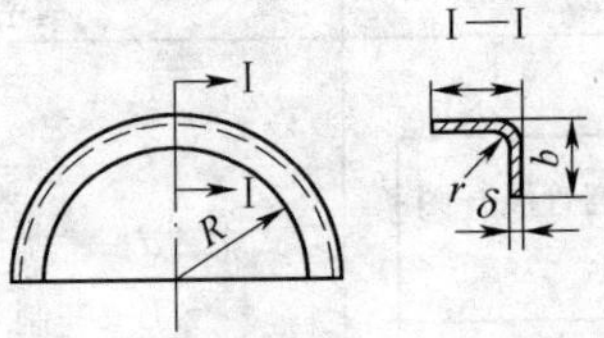	$L=\pi(R+b)$ $B=a+b-\left(\frac{r}{2}+\delta\right)$
收边件	任意角形件	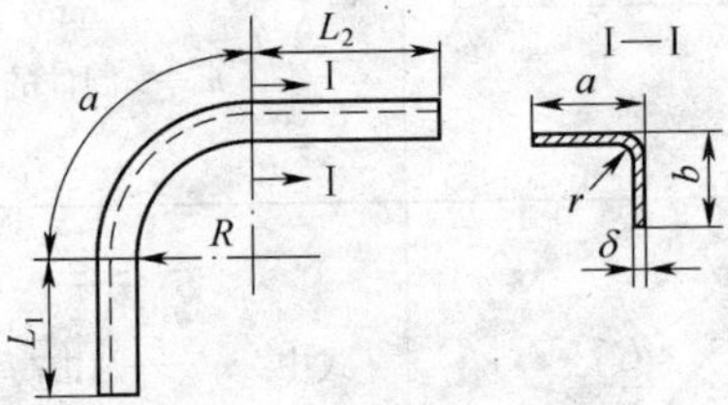	$L=L_2+L_2+\frac{\alpha\pi}{180}(R+b)$ $B=a+b-\left(\frac{r}{2}+\delta\right)$
拔缘件	内拔缘	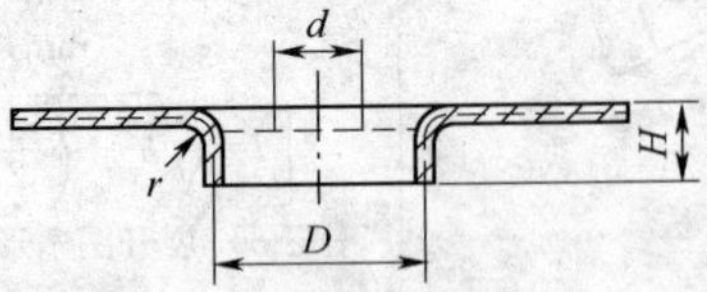	$d=D+0.86r-2H$ 式中　d——内拔缘翻口前开孔直径(mm) D——内拔缘翻口中径(mm) r——翻口圆角半径(mm) H——翻口高度(mm)

续表 6-1-1

名称		简　　图	计 算 公 式
拔缘件	外拔缘	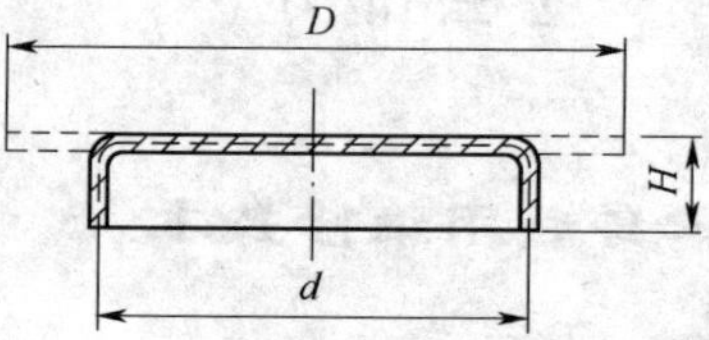 D, H, d	$D=d+2H$ 式中　D——外拔缘翻边前的坯料直径(mm) d——外拔缘翻边中径(mm) H——翻边高度(mm)
拱曲件	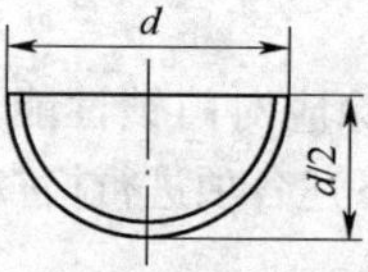	d, d/2	$D=\sqrt{2d^2}=1.414d$ 式中　D——拱曲件坯料直径(mm) d——拱曲件直径(mm)
卷边件		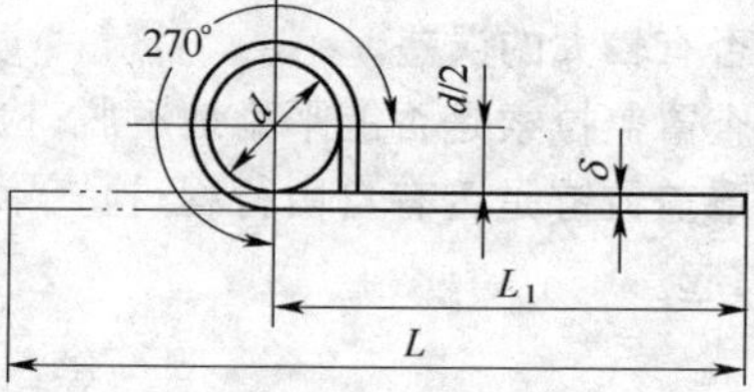 270°, d, d/2, δ, L_1, L	$L=L_1+\frac{d}{2}+2.35(d+\delta)$ 式中　L——卷边件展开长度(mm) L_1——板料直线长度(mm) d——铁丝直径(mm)

第二章　应会部分

第一节　车身通用维修技术

一、车身维修

1. 车身的技术状况检查

在汽车车身的技术状况检查中，除应对门锁性能、车身损伤状况、车身连接部位松旷等检查外，还需对下述各项进行检查。

(1)发动机罩盖和罩盖拉索

①合上发动机罩盖时，检查罩盖是否完全锁牢；检查罩盖与左、右挡泥板的间隙；注意高度上是否有较大的误差。

②打开发动机罩盖时，检查罩盖拉索是否能平稳地解脱；检查罩盖拉索钢绳状况是否正常；检查罩盖铰链是否有自由行程；检查罩盖充气支撑杆是否能将罩盖可靠地撑起。

(2)车门

①检查车门开、闭时对其他部件有无刮碰，从打开直至停下应能圆滑地运动，关闭时应能可靠地锁紧。

②关闭时，门与框的间隙应无大的误差。

③门铰链润滑状况应良好。

④升起、降下门玻璃时，应无异响，不发卡，无过重现象。

(3)轿车后行李箱盖

①检查开、闭动作是否圆滑。

②检查锁紧机构功能是否正常。

③检查铰链是否松旷。

④关闭时，后行李箱盖与后挡泥板的间隙应无较大的误差。

2. 车身拆装和维修作业注意事项

①防腐处理：拆解维修或更换了车身部件后再次组装时，应按规定

进行严密的防腐处理，不得简化操作程序，并应正确选择各部件的防腐材料。

②密封保护：所有焊缝、板件连接处，工艺孔及空腔骨架内腔，在维修后都应重新密封。密封时，应按规定选取密封胶的牌号及用量，并严格按照说明和要求涂粘。

③密封垫：组装车身部件时，可拆部件的紧固螺栓都要加橡胶垫圈，以保证这些装配用孔的密封性；在车身板件上，通过电线线束及各种操纵机构的拉索等的通孔上，都应装橡胶密封垫。

④定位调整：在维修及组装车身部件时，要严格控制定位尺寸在规定的公差范围内，以确保各接触面及接合面的平整与密闭性，尤其是车门、挡风玻璃窗、车梁、后备箱盖及发动机舱盖等。

⑤漆面保护：漆面的破损程度直接影响车身的使用寿命及美观，因此在进行车身的拆装与维修时，应小心勿伤及部件的漆面，特别是部件的边缘或缝隙处。若不同程度地损伤了漆面，应视损伤面积、深度及部位及时进行修补。

3. 车身的修理品质要求

(1)外形复原要求

①对于大面积的平滑结构，如发动机罩、行李箱盖、车身顶盖，车身侧面和车门等，均要尽可能地恢复到原来的形状。

②对于局部的复杂结构，圆角过渡处的楔形结构，也必须恢复到原来的形状。

③对称结构的一侧损坏时，要恢复到对称面的结构形状。

④对于两侧同时损坏的情况，应当恢复到原来的形状。但当恢复到原来的形状确有困难时，也可按照维修人员的设计，适当改变原来的形状。

⑤可使车身外形与原形略有不同，如对某些车的前罩修复时，其转角过渡处可做适当改变，以达到好修和美观的双重目的，修复后甚至会给人一种新车型的外观感。但切忌画蛇添足，不伦不类。不但外形要对称好看，还要坚固耐用。

(2)客车和轿车车身连续曲面的完整性和精致性要求

①对于车身侧面，从车头到车尾为前翼子板、前车门、后车门和后

翼子板，延续达数米长，流线型曲面要连续过渡。

②对于车身上面从前到后为发动机罩、前风挡玻璃、车顶盖、后窗玻璃、行李箱盖，曲面面积较大，延续很长，转折处要圆滑过渡，如侧面与上面、侧面与前罩、侧面与尾部都要圆滑过渡。

③在车身侧面开有前车门和后车门，车门需要经常开启和关闭，车身侧面从前到后有腰线装饰，要保证所有接合面的连续性，要光滑过渡，要保证整体的完整性。

④对于车身侧面上的装饰性棱线、肋条或腰线要连续和平滑。

⑤侧面由多块单板组成，从前到后有腰线，线条要清晰醒目，过渡均匀，相邻两覆盖件之间的衔接要互相吻合，不得有扭曲或折断现象。

⑥修复后的外表要光亮如新，不允许有皱褶、皱纹、波纹、凹痕、敲痕、擦伤、肉眼可见和手触摸感觉得到的明显缺陷。

(3)强度和刚度要求

①乘客车厢的立柱、车门前柱、车身中柱和车门后柱，相连的车门上缘和门槛等都必须恢复原有的强度和刚度，以保证撞车或翻车时驾驶人及乘客的安全。

②修复后的车身要保证振动噪声在允许的范围内，不能由于振动引起异响。

③修复后的车身在一定行驶里程内不得有疲劳损坏。

④车身整体还要有一定的刚度，保证车身钣金件在使用过程中有保持原有形状的能力。

4. 用动力设备法矫正修理车身的变形损伤

在车身修理上，应用较多的动力设备是机动敲打设备，它有电动的，也有气动和液动的。

专用的液压油缸是常用的修整车身设备。这种修理设备有专用接头和附件，用以修整车身的凹陷，推拉损坏的面板和零部件，使其恢复原来形状。

用液压设备修整车身表面凹陷的操作与手动垫铁一样，先在凹陷的边缘施加压力，然后沿凹陷的四周慢慢加压，逐渐接近中心，最后借助垫铁和手锤手工完成表面的修整工作。

液压动力设备及其使用情况如图 6-2-1 所示。

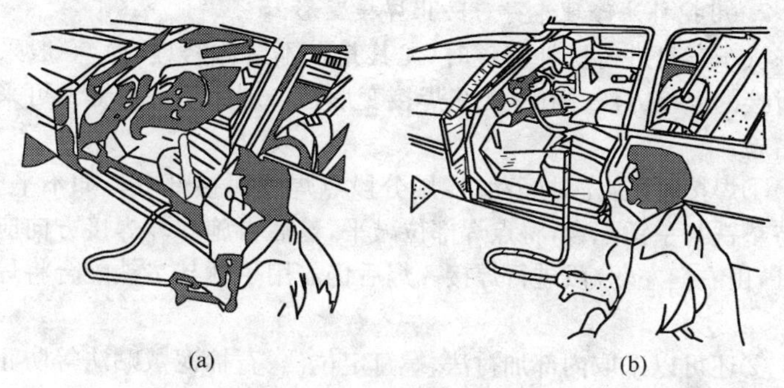

(a)　(b)

图 6-2-1　液压动力设备的应用

(a)用液压设备使门柱复原　(b)用液压设备把车门门框顶到位

5. 用手锤和托铁矫正车身形线

车身侧面的形线，纵向看是一条线，横向看则钣金转折过渡较大，要修出棱线，可按图 6-2-2 示出的具有尖角的托铁和手锤进行敲打。

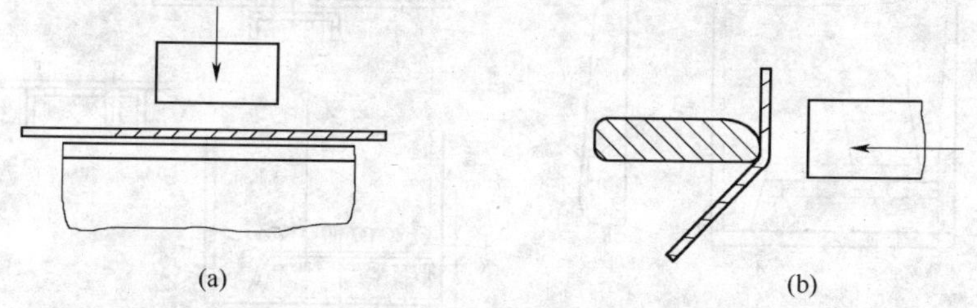

(a)　(b)

图 6-2-2　用手锤和托铁矫正形线

手锤和托铁横向敲打，并且沿着纵向慢慢移动，反复几次，即可修整出汽车形线。

6. 局部更换肇事汽车的车身

当汽车发生撞伤时，损伤只发生在局部，例如前、后翼子板、车门、发动机罩或行李箱盖受到损伤时，可以进行车身局部更换。

①更换时，需将车身上的待换件拆下，再将新件按原装配方式(焊接、铆接或螺纹连接)安装上去。

②在更换新件过程中伴随而拆下的其他零部件和总成等，也要按原装配方式安装良好并保证原功能不下降。

7. 用挖补法修理车身时防止焊接变形

汽车车身进行挖补修理时(尤其是在不解体修理时),一般采用气焊对接的焊接方法,因此,防止焊接变形是修理品质的关键。可采取以下措施:

①焊接时,首先对好茬口,用分段点焊住对接部分。如不平整,应手持垫铁与手锤配合,将点焊部位敲平,然后再施焊。焊接方向应由里向外,由右向左,分段进行焊接。焊后仍需用手锤与垫铁配合将焊缝敲平。

②还可以采取内部加衬法、螺钉定位法、石棉泥敷贴法等防止焊接变形,可根据具体情况单独使用或综合使用。下面举例说明其具体应用:

当被修部位为一空壳板面时,在挖去损坏部分后,可在焊接边缘处内部设法加装一加强支承件。图 6-2-3 所示为一客车移动门下部的表面挖补修理,其加强件是一断面为"冂"形的槽钢。工艺步骤如下:

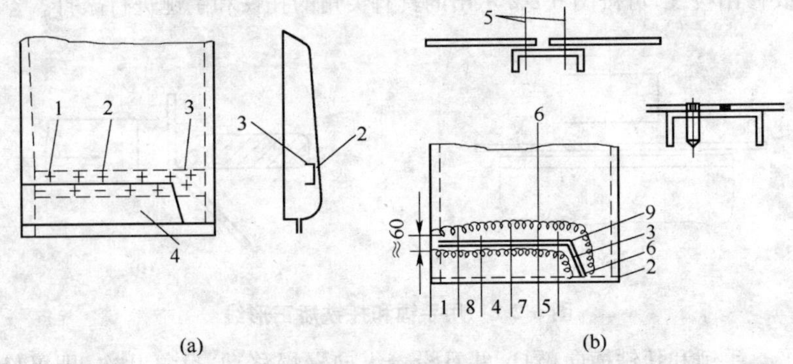

图 6-2-3 挖补法防止焊接变形措施

1. 紧固螺钉 2. 焊接区 3. 加强件 4. 挖补区 5. 自攻螺钉 6. 石棉泥

a. 用螺钉将冂形槽钢与板面紧固,间距一般为 80~120mm,两侧板面与加强件的紧固螺钉呈交叉状。

b. 螺钉紧固后,用石棉板加水调成湿泥状,贴敷在焊缝两侧,一般为距焊缝约 30mm。

c. 先用点固焊分段将焊缝焊固,开始点固焊距离可长些,约 100~

150mm，然后在这个距离的1/2处进行点固焊，完成后，再以1/2距离点固，直至点固焊间距在30mm左右处。

d. 然后用手锤轻轻将焊缝整理平整。

e. 也可进行满焊，此时按图6-2-3b编号顺序进行焊接。

f. 而后将紧固螺钉尾部与板材融为一体。

g. 焊接完成后，去掉石棉泥，用手锤轻轻捶击焊接表面，然后用角向磨光机将焊缝打磨平整，清洁表面。

8. 用区域喷淋法检查车身漏水部位

区域喷淋法是美国汽车公司（AMC）检查车身漏水采用的一种方法。检查时，仔细地从下往上依次诊断每一个区域，并把该区域已发现的漏水处堵塞好。之后再移向下一个区域进行诊断，这样依次进行就能找出所有的渗漏部位。喷淋是从下向上移动的，所以水不会从高处流下穿过下面的渗漏处。

喷淋方法要借助于喷水，所以就要卸下一些内部零件，以便更易看到漏水的流向。做完这些工作以后，就可以按区域检查漏水。

①第一区喷淋范围包括乘座室、行李箱地板及前隔壁板下部。这些部位的渗漏一般是车身上的旋塞损坏或丢失、车身接合缝有漏隙或锈蚀造成的。

②第二区喷淋范围包括车轮外罩、内挡泥板、车门槛板和后侧面板，车门下部的接合缝、密封件、后栏板和后灯区域等。

喷淋第二区域，是从车轮外罩和内挡泥板座接合缝开始，再移至车门和车身下部，通过喷淋尾灯和后栏板部位，可检查行李箱的渗漏部位。

③第三区域喷淋范围包括车颈上的进气管道，以及风挡玻璃和后窗的下部，在喷淋进风口之前应保证排水槽通畅。鉴于大多数前车颈的漏水都是流往后部壁板，可用一面镜子检查车颈的漏水部位。进风口外罩破裂，车身接合缝不严和漏装密封圈等都是车颈产生渗漏的原因。接装天线时不应在车颈进风口处钻孔。

④第四区域喷淋范围包括风挡玻璃中部、尾灯部位、侧窗、车顶支柱、行李箱盖的密封及铰链等。为了检查风挡玻璃和后窗部位的渗漏，可能要拆卸车身与玻璃接合缝间的镶条。对侧窗的漏水，要查清密封

条形状是否良好，安装是否正确。

⑤第五区域喷淋范围是车顶、流水槽、风挡玻璃及后窗上部，还包括带天窗的车顶、T形车顶。流水槽漏水是由于焊缝有凹坑所致；而天窗车顶和T形车顶渗漏，则是密封条不干净、老化变硬或安装不正确，或者是未按技术说明进行过技术调整等。

9. 车身泄漏的修理

①车身泄漏往往是因为车门、车窗上装的密封条位置不合适，或者密封条老化、龟裂、松动脱落而引起的。这种情况下用合格的密封条更换就可以了。若有不严密部位，可以用强力胶粘牢。

②如果不知道泄漏的确切位置，应先检查漏水、进灰尘或生锈的痕迹，再顺着痕迹找出泄漏处。

③如果没有痕迹，可以用水管把水从车外浇到有漏水可疑的地方，观察浸水，找到确切的漏水点。有时，要拆下顶衬或其他装饰物才能找到漏水的地方。

④寻找漏点的另一种方法是用注射器，装上白粉或水、或白粉水，向可疑的漏缝注射，从灰尘的流迹可以很快找到雨水或灰尘进入的准确点。

⑤采用区域喷淋法，则可以检查出整个车身的全部渗漏部位（见上述"8."之内容）。

⑥在对车身或前、后盖板周围补漏之前，先检查车门和前、后盖是否安装正确，安装不好一定引起漏水和进灰尘。

检查车门和前、后盖安装的最简单方法，是测量车门或盖子的边缘与周围车身的距离，如果距离一致，即为安装正确。

如果安装正确，可把车门和盖板关好，在挡风条处插入约0.13mm的塞尺沿挡风条移动试验，若感觉不到阻力，则可能会引起泄漏。修补方法是安上新的挡风条，并用合适的密封胶把它粘到位。

⑦挡风玻璃四周漏水，通常可用黑封泥修补。把黑封泥装在压枪内，使压枪的喷嘴沿橡胶条与玻璃之间移动，同时将封泥压进去。

⑧当挡风玻璃的挡风条与车身铁皮卷边之间漏水时，也可用加封泥法堵漏。

⑨车身上安装镀铬件的螺钉、螺母孔漏水时，可加专用密封圈或密

封片。

⑩后盖上锁的地方漏水时，解决的办法是在锁座与弹簧之间的锁盖轴上加一个小的橡胶垫圈。

10. 行驶中车内有异响的修理方法

①行驶中车身最容易产生异响噪声的部位是车门和车窗。如果它们配合良好，发出的声音是轻松的。

a. 行驶中碰到路面凸起，车身刚度差，车门、窗玻璃易抖动，有“卡嗒、卡嗒”声，应注意尽量选择平整路面行驶。

b. 当车门铰链磨损严重，车门下沉或卡槽磨损、卡簧失效松脱时，也会有“卡嗒”声，要及时更换磨损件。

②当车身密封条出现缝隙，汽车高速行驶时，风气流产生风笛响声。这时要查出缝隙位置，然后重新装配密封条等。

③行驶中遇到凸起后，车身中的座椅、操纵杆及一些附件都易发生抖动而发出异响，应首先检查连接刚度，紧固好各连接螺钉。如果是车身附件本身刚度不足，则要反映给生产厂家解决。

④悬架弹簧、减振器胶套磨损严重时也有硬碰硬的“卡嗒”声。要及时更换胶套及损坏的减振器。

二、车身钣金件维修

1. 采用不解体修理法修复车身钣金件的损伤

不解体修理法是薄壳式车身结构、骨架式大客车车身结构和复合式车身结构的两类基本修理方法之一，适用于车身结构损坏不严重时的修理。

①拆卸法：目前很多小客车其前围两侧蒙皮都可拆卸，而这些地方极易损坏，修理时只要拧下有关螺栓或解除卡扣的卡紧点后，即可拆卸下这些蒙皮，进行钣金修理。

②挖补修理法：当损坏部分已不可修复时，应采用挖补法进行钣金修理（详见下述“6.”之内容）。

③拉出修理法：当车身和该损坏表面有凹坑现象时，一般可用拉出法修理。

④粘接法：对于锈蚀穿孔或撞击凹陷破损的钣金表面，可以用敷贴法粘接修复（详见下述“4.”和“5.”之内容）。

⑤垫撬法：当变形程度和部位允许时，可以利用各种空隙，以杠杆进行整形[详见《中级汽车修理工自学读本》（修订版）中的第六篇第二章第一节之"二、7."内容]。

2. 采用解体修理法修复车身钣金件的损伤

解体修理法也是上述结构车身的两类基本修理方法之一，适用于严重机械损伤或车身大面积锈蚀已无法进行不解体修理时的情况。

其修理工序大致如下：

①拆除车身表面所有附加零件，如灯具、活动覆盖件、窗框等。

②测量损坏部分的尺寸数据，确定恢复的形状尺寸（必要时还需复制部分样板）。

③用 ϕ6mm 钣金钻钻透点焊区（只能钻通一层板厚，以两板面能脱开为准）；如用其他焊接或铆接，则应用錾子分解。这些分解工作应仔细进行，注意不能再增加损坏程度，否则将增加修理难度。

④修复被分解下来的车身部件：根据被修件的损坏程度和修复内容，进行钣金挖补、收边、放边或捶击曲面、矫正平板的工作。

⑤零件修复合格后（用样板检查等）需进行试装配，各部件在试装中边修正、边装配，直至基本符合整车装合技术要求。

⑥将试装零件送油漆工进行表面处理（主要为钣金件内部），否则，修复后的车身将从里往外早期锈损。

⑦总装配：将各部件用螺钉或各类夹具紧固，采用铆接、焊接方法进行装配；凡点焊处的钻孔，可用钎焊的方法焊固（注意防止焊接变形），焊后用角向磨光机将焊接区打磨平整。

3. 用开褶法修复车身钣金件

车身碰撞后，有的会造成钣金件不规则的皱褶，修理时必须设法将皱褶展开矫正。

①若方便的话，可就车用撑拉法使之大致复位，即在皱褶处施以外力（与撞击力方向相反），使皱褶展开转变为凹凸性损伤，然后用凹凸性损伤修复法进行修复。撑拉时，应随时观察皱褶伸展程度，避免撕裂。

②如不方便的话，需要分解拆除后在车下修理。

③开褶的要领，首先是将死褶由里边设法撬开，缓解成活褶，然后加温，用锤敲击活褶的最凸脊之处，便会逐渐使其展平，恢复到原来

形状。

4. 用玻璃纤维布敷贴法修复车身钣金件

由于锈蚀穿孔或撞击凹陷破损的钣金表面，可以用敷贴法粘补修复；另外，车身有些部位，如果不先拆除内部的装饰及表面的装饰，用一般热焊方法是无法修补的。采用玻璃纤维布敷贴法和腻子粘接敷贴法，就不必做这种拆卸工作了。

①彻底清除、打磨干净待修复面板上的锈斑、漆层和其他杂物。

②按锈损处的面积范围，剪下玻璃纤维布，其面积应能盖住周围未损坏的表面，把剪下的玻璃纤维布浸泡在树脂中。

③将浸泡了树脂的玻璃纤维布一层一层地贴在锈损或凹陷处，敷贴层数应以与周围板面平齐圆顺为佳。

④在最后一层表面涂上一层环氧树脂涂层，形成最后轮廓。

⑤干透之后，打磨环氧涂层表面，而后进行喷漆。

⑥操作时应注意，在玻璃纤维树脂中加固化剂时，要有安全措施，如眼睛中溅入固化剂，应在 4s 内冲洗干净。

5. 用腻子粘接敷贴法修复车身钣金件

①清洁被修理的金属表面，为使粘接更有效，可用尖冲将锈蚀孔往里冲，使锈孔凹进后形成内翻边的孔(不能用力，以微凹进为原则)。

②用强力胶加入适当填料和短玻璃纤维丝并调成厚腻子状。

③在被粘面薄薄涂上一层强力胶，稍干后将腻子状粘接剂刮涂修理面。

④待粘接剂固化后，用砂轮磨光机打磨平整即可，并交下一道油漆工序。

6. 用挖补法修复车身钣金件

当汽车车身的金属板面损伤到不可修复的程度时，则需将损伤部位切除，然后用对缝焊接的方法，焊上一块与切去部位形状一致的板料，这种方法称为挖补法修理。

①对待挖补区域仔细检查，确定更换位置和部位及挖补范围。

②用錾子或剪刀剪去需修件的损坏部分。

③根据挖补范围，用纸样剪出样板。

④根据样板，在与需修补部位同样厚度的钢板上放样，划线下料。

划线下料时，应注意适当加放折弯边和卷边余量。

⑤加工成形。通过加工，使其与挖补部位的表面完全吻合。

⑥将新板与已挖补的轮廓对正，用C形夹夹住，并每隔约50mm点焊一个固定点，将新板位置固定。

⑦从中间开始，分别向左、右两边施焊，分段焊接，两边交叉进行。在焊接时不应有凹坑、夹渣，并应采取防变形措施。

⑧焊接结束，用垫铁和手锤敲打焊缝，用手提砂轮打磨平焊缝。

⑨打腻子，并配与原车色泽相同的油漆补漆。有条件的可以采用光学油漆配色仪调制配漆。

7. 矫正事故引起的车身侧板变形

发生事故时，车身侧面受到严重损伤，当碰撞力较大时，变形还可能传至车身底板、顶盖以至于另一侧，可用牵引法进行矫正。

①当一侧门槛严重变形并且涉及本身底板时，应牵引门槛。为此，应视变形部位和变形情况在门槛上焊上一块或几块牵引铁。顶住前、后两端车身底板，使用油压机和牵引索牵引牵引铁，如图6-2-4a所示。

②视变形情况的不同，在车身底板前、后两端的相反方向辅以辅助牵引，有时也能收到好的效果，如图6-2-4b所示。

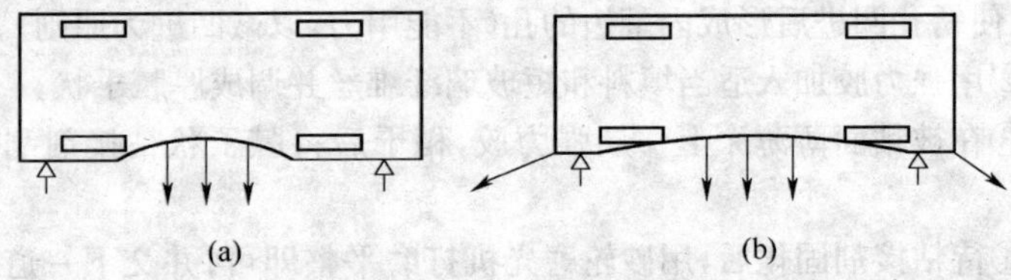

图6-2-4　牵引法矫正车身的侧板变形

③牵引时，要首先检查牵引力的方向是否正确和支撑点的位置是否适当。

④先慢慢牵引，开始变形时，牵引力较小，变形恢复较大；确认牵引得法时，再牵引到位。

⑤由于钣金件恢复形状后弹力较大，一般牵引到位后都要有些回弹。因此牵引要过一些，使牵引力去掉后，能刚好恢复到原来的形状。

⑥待变形全部恢复后，再将焊上去的牵引铁焊割下来，进行车身侧面钣金修理。

8. 车身框架、梁、柱发生弯曲和歪扭变形的修理

车身框架、梁、柱的变形，可用撑拉法矫正，撑拉作用力的方向应与变形力的方向相反。矫正时，应在车身钣金件与撑拉工具接触处垫上垫板，以免造成新的损伤。

如车顶右前角受撞击后下塌，造成右门框和风窗框右前角变形，车门不能闭合，此车框架变形的重点在车门框右上角处。用撑顶器顶在门框右上角和左下角之间，旋动手柄，使两端螺杆伸长。随着撑顶器螺杆的伸长，车顶右上角逐渐上升，风窗框会相应复位，门框也可逐渐复原。

又如车左侧受撞击，造成左侧两门间中柱内凹，此时可用手动葫芦作拉伸工具，一端固定在中柱受损处，另一端固定在坚固的柱、壁上，拉动捯链，使铁链缩短，中柱凹陷处将逐渐复位。

9. 在难以使用手锤和抵座的车身面板处用拉杆修整凹陷和皱褶

在修整车身面板的凹陷和皱褶之前，需要花费很多时间来拆除内部的装饰。如损坏部位是车门和后盖，因其内部有许多其他机构，很难用得上抵座和手锤，使修理工作更为复杂。类似这样的修整工作，可借助于拉杆，全部工作可在车身外部进行，从而可不必拆除车内装饰件。

①使用时，先在皱褶最厉害的地方钻 3.6mm 的小孔，孔距为 6.4mm。

②然后把拉杆一端的弯钩捶进小孔中，握住拉杆的手柄，慢慢向外拉。从车门前端开始，顺次向后，反复进行直到拉平为止。

③修整完后，用焊锡把孔焊上。

第二节　货车车体维修技术

一、检修驾驶室

1. 驾驶室的检修原则

①由于潮湿及泥土中化学影响引起的锈蚀和机械损伤所造成的凹陷、变形、破裂等使金属零件受到损伤，可用钣金修理方法予以平复、矫正和焊接；严重损坏无法修复者，可更换该零件，或者进行局部钣金挖

补修理。

②由于干湿的变化和细菌的侵蚀，使木质零件发生挠曲、干裂、分层、腐烂等损伤和破坏，应当予以更换。

③由于使用和保管方面的不妥善以及磨损和老化影响，使车身的装饰及附件损伤，以致损坏。严重磨损和老化者，应当更换；磨损轻微者，可对损坏处进行修补使用。

④为了较好地了解损伤情况，在检验过程中，可拆除某些损坏的零件或部件；而对于某些可疑部位，则可进一步拆卸有关零、部件进行检查。

⑤由于紫外线作用，干湿、温度的剧烈变化，污秽、老化和机械损伤，造成漆层变坏或脱落，可用机械方法或用脱漆剂等将残坏漆层彻底除去，把金属底板除锈，适当地填刮腻子，并打磨光滑，然后涂漆。

2. 驾驶室检修的具体要求

①驾驶室若有表面凹陷、骨架歪扭等变形(驾驶室顶部由于常受到货物重压和人踩，因此最易发生变形)，应予矫正；某处发生断裂或破损，必须焊后修平。

②驾驶室窗孔应无变形，与风窗玻璃贴合严密；关闭以后不漏水，通风窗开启灵活，关闭严密。否则应进行拆检，找出缺陷，并对症消除。

③风窗玻璃应光洁、明亮不晃眼，无拉伤，否则应更换；风窗玻璃支架应作用完好，不管开启或关闭后，均不得有松旷现象，否则应进行变形矫正和密封处理。

④驾驶室固定支架应无断裂，固定可靠，否则应焊修；支承软垫应无破损，否则应更换部件；各支架高度应合适，保证驾驶室位置端正，否则应调整；驾驶室内侧转向器管柱支架较厚，损坏严重时，应拆下两面焊修，并加焊铁板加固；底板部分的凹塌和变形部位应矫正，并配齐固定螺母后焊牢。

⑤左、右车门应无凹陷变形，车门拉杆应齐全，车门与驾驶室连接铰链部位应无松旷现象；铰链磨光，应补焊后，用机械加工方法修复，磨损损伤严重时，应予更换；铰链加固板长期使用易产生裂纹、螺栓松脱现象，造成车门下沉，这时要予以紧固或补焊，损坏严重时应更换；车门应开启灵活，关闭严密，否则应进行变形矫正，补齐缺失件，修复或更换

严重磨损件等。

⑥车门玻璃应完好无损，否则应更换；升降机构应作用良好，升降灵活，无卡滞、扭斜；玻璃升起，定位可靠，在任何高度不得有自行滑落现象，否则应予拆检和调整；车门玻璃导轨应齐全完好，卡装牢靠，否则应补全修好或重新卡固。

⑦车门把手应齐全，门锁作用良好，否则应补全缺失件和拆检或更换不良件。

⑧驾驶室顶篷固定压条、按扣及固定螺钉应齐全，固定牢靠，否则应补齐各缺失件，并使之固定牢靠。

⑨座垫、靠背表面应平整；靠背铰链应连接可靠；座垫位置调整机构应定位可靠，调整灵活，否则应进行拆检、清洁、润滑、修复和调整。

二、鉴定大修车身的品质

在 GB/T 3798.2—2005《汽车大修竣工出厂技术条件》中，有关车身的品质要求如下：

①驾驶室应形状正确，曲面圆顺，转角处无皱褶；蒙皮平整，无松弛、污垢及机械损伤等缺陷。

②驾驶室、货厢及翼子板左右对称；各对称部位离地面高度差：驾驶室、翼子板≯10mm，货厢≯20mm。

③座椅的形状、尺寸、座间距及调节装置应符合原设计要求。

④门窗启闭灵活，关闭严密，锁止可靠，合缝匀称，不松旷；风窗玻璃透明，不炫目。

⑤喷漆颜色协调、均匀、光亮，漆层无裂纹、剥落、起泡、流痕、皱纹等现象；不需涂漆的部位，不得有漆痕，刷漆部位允许有不明显的流痕和刷纹。

第三节　客车车体维修技术

一、车身整体修理

1. 大客车车身严重变形，骨架龙门框的对角线尺寸有较大超差的修理

可采用撑拉法矫正骨架龙门框的对角线。

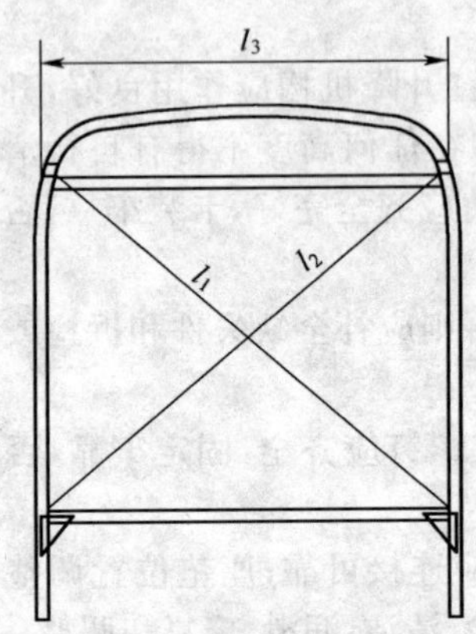

图 6-2-5　用撑拉器矫正龙门框对角线等尺寸示意图

①首先恢复左、右上窗沿之间的尺寸。

a. 用螺杆撑拉器，两端分别固定在上窗沿立柱交接区上（可以用点固焊将撑拉器两端焊固在交接区上）。

b. 转动撑拉器，使 l_3 尺寸恢复（见图 6-2-5）。

②矫正单个龙门框，并恢复其尺寸。

a. 测量龙门框对角线：如果 l_2 大于 l_1 时，则用撑拉器连接 l_2 两端点（两端点固定可用点固焊）。

b. 转动撑拉器，使 l_2 尺寸缩小至与 l_1 尺寸一致（考虑回弹，l_2 尺寸可以稍小于 l_1 尺寸）。

2. 车身涨拉外蒙皮和骨架严重损坏的修理

当损伤严重，蒙皮、骨架严重损坏时，可以先修复损坏的骨架，然后分片将蒙皮焊装于骨架上，为求得无铆接的表面，蒙皮可按图 6-2-6 进行制造，并焊装于车身骨架上。

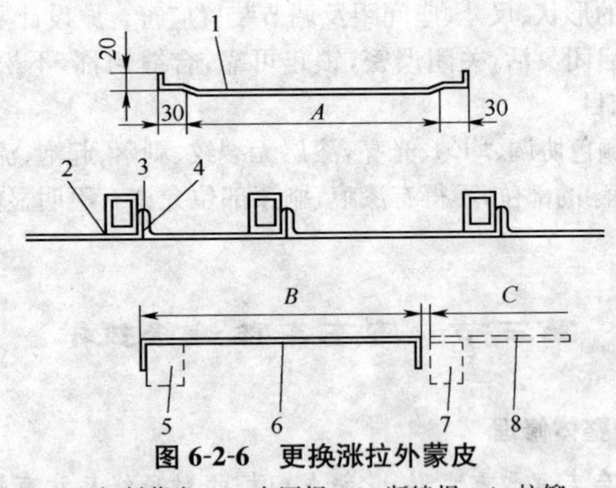

图 6-2-6　更换涨拉外蒙皮

1. 新制蒙皮　2. 点固焊　3. 断续焊　4. 拉铆

5、7. 骨架立柱　6. 待换蒙皮　8. 其他完好蒙皮

A—依据切除部分的长度　B—立柱之间尺寸　C—留出蒙皮板厚

具体步骤如下：

①解体：先拆除车身损坏部分的内装饰蒙皮，将损坏的外蒙皮沿着立柱轴线整块剪下（如点焊和塞焊装配的，则用钣金钻钻透蒙皮点焊区；如其他焊接，则用錾子进行分解）。

②修理和矫正骨架：如骨架部分只有内弯，没有拉伤、撕裂、皱褶时，可用撑拉法予以矫正复位；如损坏严重，变形、有断裂，并有严重锈蚀而不能用撑拉法修复时，则应切去损坏部分，重新制作损坏部分的骨架零件，装焊上去。修理时应保证骨架车体周正，外貌平直，并应进行表面防锈处理。

③按修复骨架的立柱间距，量取蒙皮及实际分块尺寸，用排料法进行下料。下料时应留出蒙皮之间交接的折弯边余量。蒙皮制作如图 6-2-6 所示，蒙皮应平整。

④装配：分片装配蒙皮，先用夹具将蒙皮夹在骨架上，调整后用自攻螺钉在折边处与骨架固紧装配。蒙皮之间应无错位和高低不平现象。然后进行焊接（不能用气焊），焊接部位如图 6-2-6 所示。

⑤铆接：蒙皮焊接完毕后，应再检查表面平面度及蒙皮之间的错位情况，并及时调整，合格后，在蒙皮折边处钻孔，并进行铆接（采用拉铆）。

⑥打磨蒙皮上、下与腰梁、下边梁交接的焊接区。全面检查装配品质，移交下道油漆工序。

3. 减少行驶中车身发出的响声

车身部分的响声，一般为空气撞击风窗向两边或上部流动的声音，车窗、车门的振动声，车身铁皮振动声，车架与底盘不牢固的松动声等。

减少响声的方法是：

①在安装骨架结构时，需特别注意接头的坚固。不需拆卸的部分，应以焊接代替铆接和螺栓连接。

②窗、门与车身碰弹部分，均装用橡胶衬垫作为缓冲件。

③覆盖的顶板或旁板（铝皮或铁皮），可能与发动机的振动声发生共振，因此在覆盖材料内部应涂以沥青，既可防锈又可减少振动的声响。

④底盘需经常检修，保持牢固以减少车身振动。

二、矫正车身骨架

1. 矫正弯曲的车身角钢骨架

角钢的不同变形如图 6-2-7a 所示。弯曲的矫正方法如图 6-2-7

的 b、c、d 所示。

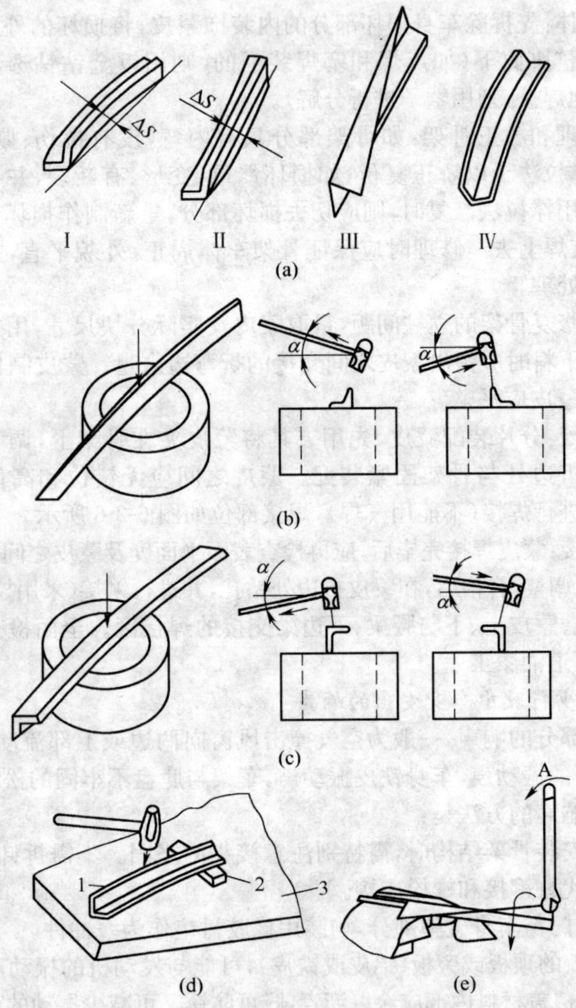

图 6-2-7　角钢的变形及矫正

(a)变形的几种情况　Ⅰ. 外弯　Ⅱ. 内弯　Ⅲ. 扭曲
Ⅳ. 旁弯　(b)外弯矫正　(c)内弯矫正　(d)短角钢矫正
1. 角钢　2. 垫铁　3. 平台　(e)扭曲矫正　A—扳转

①较长角钢可放在圆筒铁砧上或带孔的平台上，变形的凸出部分朝上放在铁砧圆孔中间（图 6-2-7b、c），捶击凸出部分，使角钢伸直。

为了不致使角钢翻转，锤柄应稍微抬高或放低 α 角度（约 5°），并在捶击的一瞬间，除用力打击外，还稍带有向内拉（锤柄后手提高时）或向外推（锤柄后手放低时）的力，具体视捶击者所站立的位置而定，如图 6-2-7b 所示。

②当角钢较短，不可能置于铁砧的圆孔中间时，可放在平台上，将角钢的一端垫起，使凸出部分朝上捶击凸出部分，如图 6-2-7d 所示。

③外弯矫正时，应捶击两直角边的边缘，也就是从边缘往里敲（见图 6-2-7b）。

④内弯矫正时，应将角钢背面朝上立放，然后捶击两直角边的根部矫正。同样，为了不使角钢打翻，捶击时锤柄后手高度也应略做调整（α 约 5°），并在打击瞬间稍带拉或推，如图 6-2-7c 所示。

2. 矫正扭曲的车身角钢骨架

矫正方法如图 6-2-7e 所示：

①一般是把角钢的一端夹紧在台虎钳上，用扳手夹住角钢另一端的直角边，用力使角钢沿变形相反的方向扭曲，并稍微超过角钢正常状态，这样反复几次，就可消除扭曲；再用捶击法进行修整。

②若不用反向扭转方法，也可以采用矫正扁钢扭曲的捶击法矫正。

3. 矫正弯曲、扭曲并存的车身角钢骨架

应先矫好扭曲后，再矫正弯曲，方法同上。

4. 矫正发生角变形的车身角钢骨架

①若角度大于 90°，应将角钢置于 V 形槽铁内，用大锤打击外倾部分来矫正；或将角钢斜立于平台上，用大锤捶击，使其夹角变小。

②角变形小于 90°时，可将角钢仰放于平台上，然后在角钢的内侧垫上型锤再捶击，使其角度扩大。

5. 矫正弯曲的车身扁钢骨架

①当扁钢在厚度方向弯曲时，应将扁钢的凸处向上，捶击凸处就可以矫平。

②当扁钢在宽度方向弯曲时，说明扁钢的内层比外层短。可用锤

依次捶击扁钢的内层，或在内层的三角形区域内进行捶击，使其延伸而矫平。

6. 矫正扭曲的车身扁钢骨架

①将扁钢的一端用台虎钳夹住，用叉形扳手夹持扁钢的另一端进行反方向的扭转。待扭曲变形消除后，再用捶击法将其矫平。

②若扁钢有轻微的扭曲时，也可以直接用捶击法将其矫平。

③捶击时将扁钢斜置于平台上，使平的部分搁置在台面上，而扭曲翘起的部分伸出平台之外。用锤捶击稍离平台边外向上翘起的部分，捶击点离平台边的距离约为板厚的两倍左右，边捶击边使工件往平台移动，然后翻转 180°再进行同样的矫正，直到矫平为止。

7. 矫正变形的车身槽钢骨架

①立弯矫正：可将槽钢置于用两根平行圆钢组成的简易矫正台上（图 6-2-8a），并使凸部向上，用大锤捶击。为了使捶击能从上部传至下部，并防止翼子板受捶击而变形，捶击点应选择在腹板处。

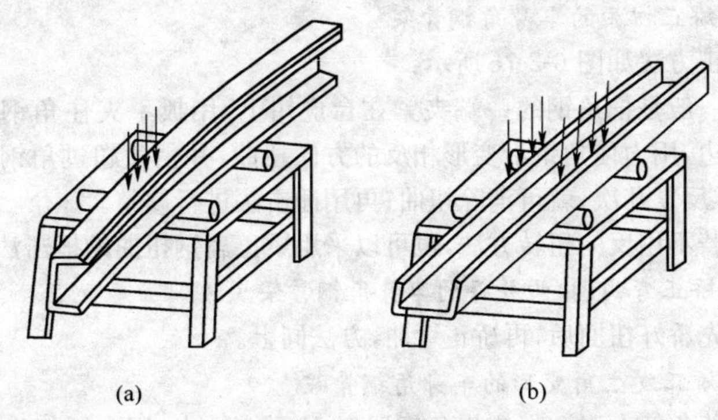

图 6-2-8 槽钢弯曲矫正

(a)立弯的矫正 (b)旁弯的矫正

②旁弯矫正：可用类似立弯矫正的方法，用大锤捶击翼板进行矫正（见图 6-2-8b）。

③扭曲矫正：略有扭曲的槽钢，其矫正方法与扭曲的扁钢矫正相同：可将槽钢斜置于平台上，使扭曲翘起的部分伸出平台外，然后用大锤或卡子将槽钢压住，捶击伸出平台部分翘起的一边，使其反向扭转，

边捶击边使槽钢向平台移动，然后再调头进行同样的捶击，直至矫直为止。

④翼子板局部变形矫正：可用大锤抵住槽钢凸起附近平的部分，或将整个大锤横向抵住，然后用另一大锤捶击另一面的凸起处，就可矫平；如果翼子板有局部凹陷，可将翼子板平放后，捶击凸处矫正，或用平锤置于凸处，再捶击平锤来矫正。

第四节　轿车车体维修技术

一、车体维修

1. 更换车体

①进行车体更换时，可在坏车上拆下全部可用的总成和零、部件，对发动机等主要总成进行全面检查和修理。

②调来新的轿车车体总成和需要更换的全部零、部件，按照轿车的整车装配工艺重新装配一台新车。

③新车装好后，还要进行全面的检查、调整和道路试验，确认全部合格后，才能交付使用。

2. 用液压整形机来矫正车体变形

车身受到碰撞和扭曲，如果损坏不太严重，有条件的可以采用液压整形机来进行矫正。车顶板、门柱及行李箱的矫正方法如图 6-2-9 所示。

3. 修复肇事车体

①首先把内装饰材料和电器零、部件拆下。

②变形处，可局部解体后用专用工具复原到标准形状和尺寸，再矫正、敲平和敲光。

③在修复前，应对事故部位制出标准样板，如该车无法制出样板，则可在同车型上制出。

④修复后的车体，要求前、后挡风玻璃拆装方便；装上的玻璃与窗框服帖自然，不透风、不漏水；车门开、关自如，不透风、不漏水；门锁安全牢固，摇窗玻璃上、下轻巧自如；车身、翼子板、发动机盖、行李箱盖等要同原车一样，同时各附件要装齐或配齐。

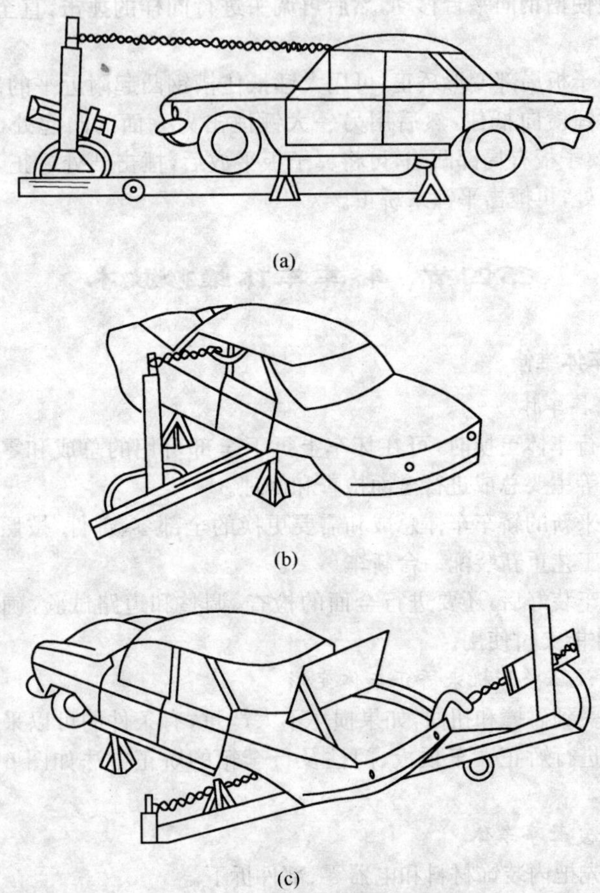

(a)

(b)

(c)

图 6-2-9　利用液压整形机矫正车体

(a)从前端拉伸车顶嵌板矫正　(b)门柱及车顶嵌板拉伸矫正

(c)车底侧向钩拉矫正行李箱

二、车身塑料件的维修

1. 鉴别所修车身塑料部件的塑料种类

①查表法：表 6-2-1 给出了普通塑料的化学名称全称、常用名称及可能用于汽车的哪个部件上，修理时，可按其"设计用途"确定该部件的

塑料种类。

表 6-2-1　常用塑料的鉴别符号、化学名称、常用名称及设计用途

符号	化学名称	常用名称	设计用途	塑料种类
AAS	丙烯腈-苯乙烯	丙烯酸橡胶	—	热塑性塑料
ABS	丙烯腈-丁二烯-苯乙烯	ABS, Cycolac, Abson, Kralastic, Lustran, Absafil, Dylel	车体板，前围板，格栅，车头灯框	热塑性塑料
ABS/MAT	玻璃纤维增强的硬 ABS	—	车体板	热固性塑料
ABS/PVC	ABS/聚氯乙烯	ABS 乙烯树脂	—	热塑性塑料
EP	环氧树脂	Epon, Epo, Epotuf, Araldite	玻璃纤维车体板	热固性塑料
EPDM	乙烯-丙烯-二烯-单聚物	EPDM, Nordel	保险杠防撞条，车体板	热固性塑料
PA	聚酰胺	Nylon, Capron, Zytel, Rilsan, Minlon, Vydyne	车外精加工装饰板	热固性塑料
PC	聚碳酸酯	Lexan, Merlon	格栅，仪表板，透镜	热塑性塑料
PPO	聚苯撑氧	Noryl, Olefo	镀铬塑料件，格栅，车头灯框，仪表玻璃框，装饰品	热固性塑料
PE	聚乙烯	Dylan, Fortiflex, Marlex, Alathon, Hi-fax, Hosalen, Paxon	内防护板，内装饰板，窗帘框架，阻流板	热塑性塑料
PP	聚丙烯	Profax, Olefo, Marlex, Olemer, Aydel, Dypro	内部镶条，内装饰板，内防护板，散热器固定框，前围板，保险杠盖	热塑性塑料
PS	聚苯乙烯	Lustrex, Dylene, Styron, Fostacryl, Duraton	—	热塑性塑料

续表 6-2-1

符号	化学名称	常用名称	设计用途	塑料种类
PUR	聚氨基甲酸乙酯	Castethane,Bayflex	保险杠盖,前车体板,后车体板,垫板	热固性塑料
PVC	聚氯乙烯	Geon,Vinylete,Pliovic	内装饰品,软垫板	热塑性塑料
RIM	反应喷射成形的聚氨基甲酸乙酯	—	保险杠盖	热固性塑料
R RIM	增强的 RIM-聚氨基甲酸乙酯	—	车体外板	热固性塑料
SAN	苯乙烯-丙烯腈	Lustran,Tyril,Fostacryl	内装饰板	热固性塑料
TPR	热塑橡胶	—	窗帘框架	热固性塑料
TPUR	聚氨基甲酸乙酯	Pellethane, Estane,Roylar,Texin	保险杠盖,砾石挡板,垫板,软仪表玻璃框	热塑性塑料
UP	聚酯	SMC,Premi-glas,选择性 Vibrin-mat	玻璃纤维车体板	热固性塑料

②采用国际鉴别符号(ISO 识别码)法:在一些汽车的塑料件上常模压有 ISO 识别码,修理时,可拆下该零件看其上面的模压鉴别符号,从而确定出该零件的塑料种类。

③查阅车身修理手册法:修理不采用 ISO 识别码的零件时,可以查阅车身修理手册,这些手册往往列出专用的塑料种类。但由于这些手册是经常修订的(一般每年修订 2 次),因此,在修理新型汽车时,至关重要的是参考最近的版本。

④试焊法:鉴别未弄清塑料(假定它也许是一种具有潜在可焊性的热塑性塑料)的可靠方法是在该零件的隐蔽部位或损伤处进行试焊。

可试用几种焊条,直到其中的一种能够粘着为止。

大多数塑料焊接设备供应商只供应 6 种左右的塑料焊条,所以试探范围并不很大。这些焊条采用颜色编码,一旦发现某种焊条起作用,基体材料就可鉴别出来。

2. 车身塑料件的修复方法

塑料件可以采用化学粘结法或焊接法修复,可根据塑料名称按表6-2-2选用具体方法。

表6-2-2 塑料件的修理方法

ISO识别码	名 称	修 理 方 法
ABS	丙烯腈-丁二烯-苯乙烯(硬)	热空气焊接,厌氧(速熔)粘接,玻璃纤维修理,无空气焊接
ABS/PVC	ABS/乙烯树脂(软)	化合物修补,无空气焊接
EPIⅡ或TPO	乙烯-丙烯	粘接剂修理,无空气焊接
PA	尼龙	厌氧(速熔)粘接,无空气焊接,玻璃纤维修理
PC	Lexan	
PE	聚乙烯	热空气焊接,无空气焊接
PP	聚丙烯	
PPO	Noryl	玻璃纤维修理,无空气焊接
PS	聚苯乙烯	厌氧(速熔)粘接
PUR, RIM或RRIM	热固性聚氨基甲酸乙酯	粘接剂修理,无空气焊接
PVC	聚氯乙烯	化合物修补,无空气焊接
SAN	苯乙烯-丙烯腈	热空气焊接,无空气焊接
TPR	热塑橡胶	粘接剂修理,无空气焊接
TPUR	热塑性聚氨基甲酸乙酯	
UP	聚酯(玻璃纤维)	玻璃纤维修理

注:表列修理方法的英文缩写如下:粘接剂修理－AR,无空气焊接－AW,玻璃纤维修理－FGR,热空气焊接－HAW,化合物修补－PC,厌氧(速熔)粘接－S。

第五节 车门和车窗维修技术

一、更换和装配门窗玻璃

1. 更换轿车的车门玻璃

(1)拆卸

①先拆除门饰板和水罩。

②然后拆除固定稳定器的螺钉。

③从门内板拆除前、后止挡支架，即可取出车门玻璃。

(2)安装

①定好玻璃前、后止挡位置，安装玻璃止挡。

②将车门玻璃嵌入门内，调整好前、后止挡的间隙。

③然后定好玻璃与玻璃支架的位置，收紧螺栓。

④最后安装玻璃稳定器并调整车门玻璃、稳定器和前、后止挡。

⑤装回水罩及饰板。

2. 更换轿车的前、后风窗玻璃

(1)拆卸

在需要更换风窗胶条、风窗玻璃及风窗止口锈蚀严重时，需要拆除风窗玻璃。

①拆下风窗刮水器。

②用螺钉旋具拆下挡风玻璃的外镶条。

③当需要更换密封胶条时，用刀将旧密封条唇部切除，即可取下玻璃(图 6-2-10a)。如果原密封条可使用，则可从车内用螺钉旋具将密封条的唇部从窗框凸缘止口处撬出(图 6-2-10b)。

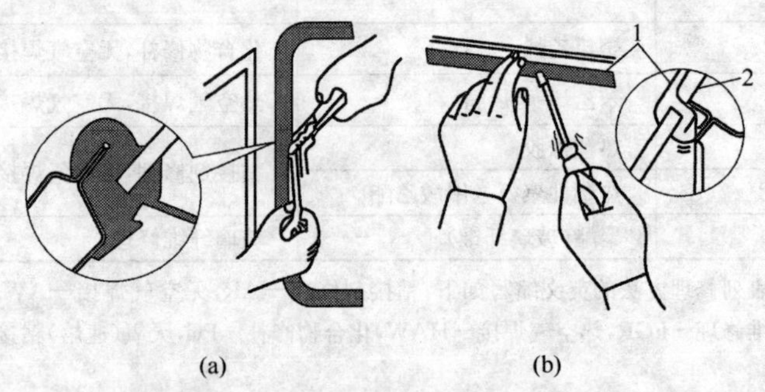

图 6-2-10　拆卸密封胶条

(a)切除密封条唇部　(b)撬出密封条唇部

1. 密封胶条　2. 车身

④拆卸前风窗玻璃时，一人在车内压住玻璃上面两角(拆卸后风窗玻璃时，要压玻璃下边的两角)同时朝外推，将其推离窗框，另一人再从车外将其向上推，使之脱离窗框，然后小心取下放好。

(2)安装

①在玻璃上安装密封胶条之前，先在胶条唇口的槽内穿上一条粗3～4mm 的结实尼龙绳(图 6-2-11a)，绳头伸出约 400mm 长。

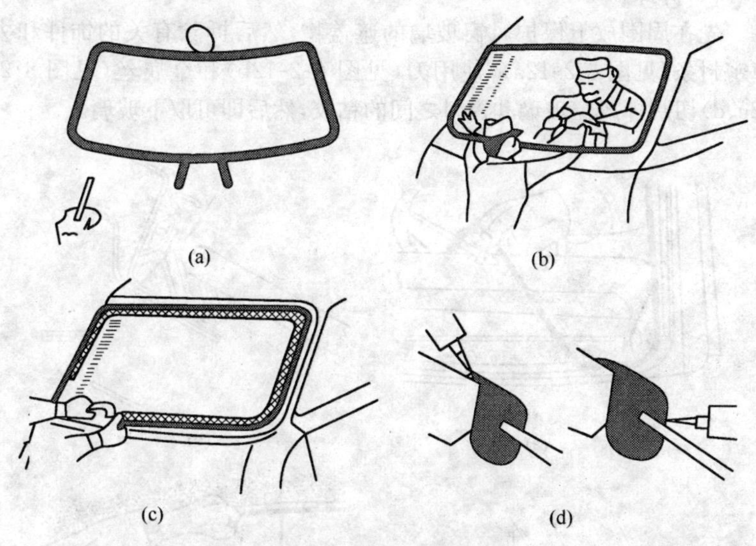

图 6-2-11　安装风窗玻璃

(a)胶条槽内穿上绳子　(b)镶装玻璃　(c)贴胶纸　(d)加注粘结剂

②在密封胶条和窗框止口处涂上一层肥皂水，将胶条镶在风窗玻璃上。

③再将镶上胶条的玻璃放在车窗前面，使密封胶条与窗框上的止口对好位置。

④从车里面抽出胶槽的绳子，使胶条唇口翘起压在窗框止口上；再从车外用掌心推压靠近装胶条处的玻璃表面，玻璃胶条即镶在窗框架上。安装时应从玻璃下缘中央开始向两边扩展。

⑤全部装好后，在车外用掌心敲打玻璃，使之与车身贴合，接合牢靠(图 6-2-11b)。

⑥加注粘结剂：先沿窗框和玻璃上各贴一层胶纸(图 6-2-11c)，然后向密封胶条与窗框及玻璃之间接合处加注粘结剂(如图 6-2-11d)，待稍干后，揭去胶纸，并清除泄漏的粘结剂。

⑦安装上风窗玻璃的外镶条。

3. 更换轿车的后侧窗玻璃

(1)拆卸

先在周围放上保护风窗玻璃的遮盖物，然后拆除有关的饰件和去掉密封条(见图 6-2-12a)，使用刀(见图 6-2-12b)和金属丝(见图 6-2-12c、d)切割掉风窗玻璃和窗口之间的粘胶，然后即可取下玻璃。

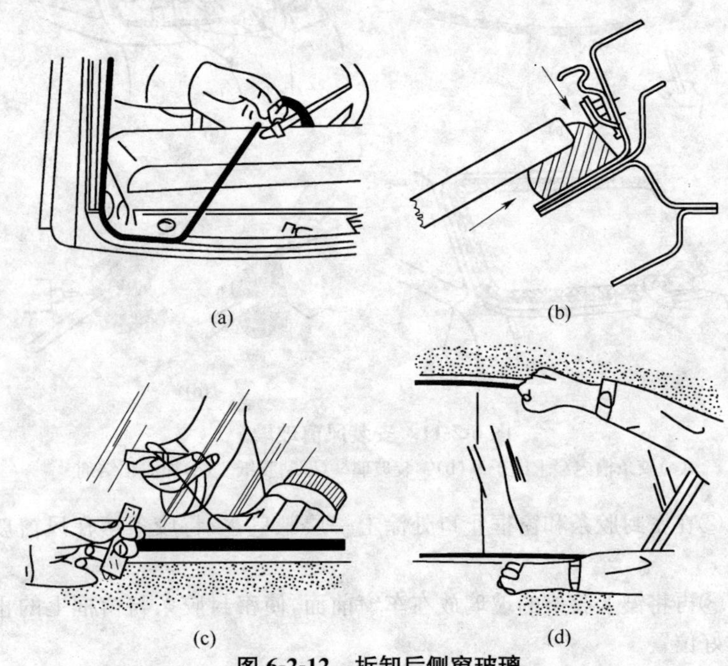

图 6-2-12　拆卸后侧窗玻璃

(a)去掉橡胶密封条　(b)用刀切割粘胶

(c)两人操作用金属丝切割粘胶　(d)一人操作用金属丝切割粘胶

(2)安装(参见图 6-2-12)

①先在玻璃下边装上两个弹簧卡片，在玻璃后边装上密封条。

②然后沿玻璃四周涂上粘胶，再装到窗口上。

③最后，将前面的装饰条用铆钉装在后支柱上，盖住玻璃的前边缘。

4. 胶接装配轿车的风窗玻璃

①检查风窗框修复后的品质，若装饰条夹片损坏，应换新夹片(见

图 6-2-13a)。

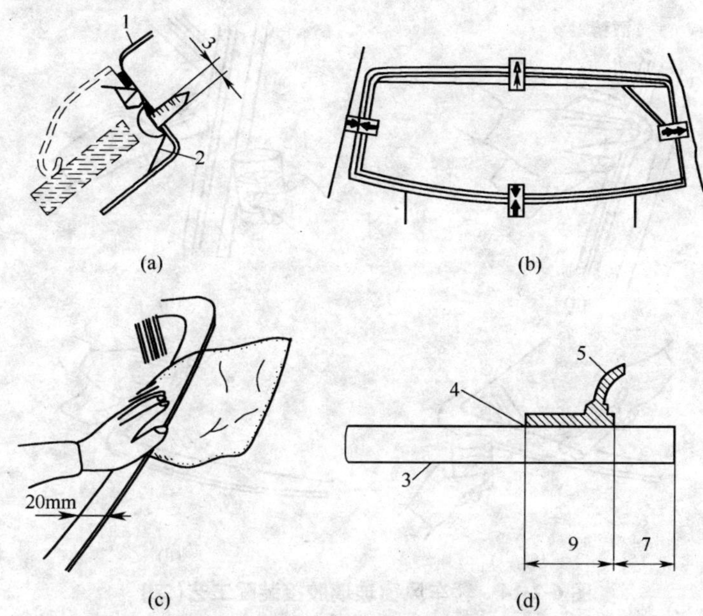

图 6-2-13　轿车风窗玻璃胶接装配工艺(一)

(a)更换新夹片　(b)把玻璃放在正确位置　(c)清洁玻璃周边　(d)粘合挡水圈

1. 车身风窗框　2. 辅助夹片　3. 玻璃　4. 双面胶带纸　5. 挡水圈

②确定玻璃位置:将玻璃放到窗框正确位置。检查玻璃与止口的贴合度,四周不碰夹片,做好定位标记,如图 6-2-13b 所示。

③在风窗玻璃上装挡水圈。

a. 用酒精清洁玻璃内表面周边 20mm 范围(见图 6-2-13c)。

b. 在离玻璃边缘 7mm 处贴上双面胶带(见图 6-2-13d)。

c. 将挡水圈粘合到胶带上(见图 6-2-13d)。

④在车身风窗止口上涂底漆 M。

a. 用酒精清洁止口表面,如图 6-2-14a 所示。

b. 用刷子在止口表面涂上底漆 M,保持 10min 以上,使其干燥,但必须在 2h 内完成安装玻璃,如图 6-2-14b 所示。

⑤在风窗玻璃内表面边缘处涂底漆 G:用刷子在玻璃边缘涂底漆

G,并在底漆干燥之前用砂布擦去,如图 6-2-14c、d 所示。

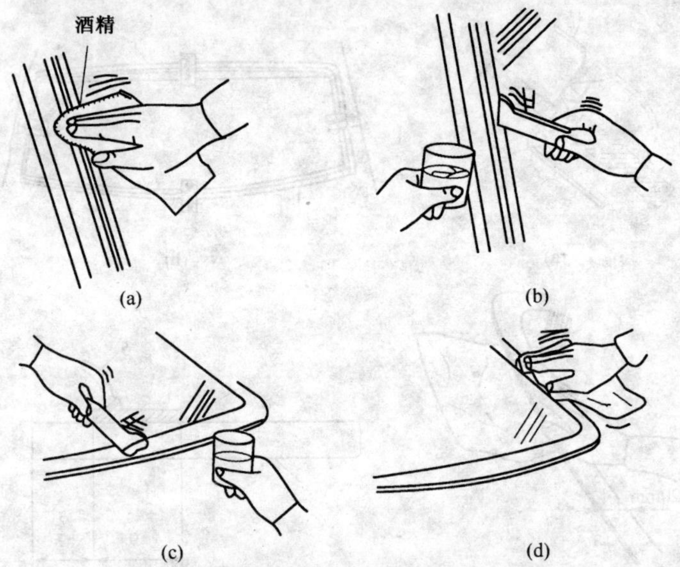

图 6-2-14　轿车风窗玻璃胶接装配工艺(二)

(a)清洁止口表面　(b)止口涂底漆 M　(c)玻璃边缘涂底漆 G　(d)擦去底漆 G

⑥粘结剂的涂覆。

a. 选用与工作环境湿度相适应的粘结剂,当前主要有 JN-10、JGY-1 和 JLC-2 粘结剂。

b. 均匀搅拌粘结剂(如图 6-2-15a 所示),混合时间不少于 5min。

c. 把粘结剂装入注胶枪内。

d. 扣动胶枪扳机,沿玻璃注涂厚度 3.5～5.0mm 的胶层(见图 6-2-15b)。

⑦安装玻璃:用真空吸盘将玻璃按原试装定位标记装入风窗框内,在四周适当施加人工压力,如图 6-2-15c 所示,在室温下,经 24h 即可粘牢。

⑧检查密封性。

a. 必须待粘结剂硬化后,才能进行密封性检查。

b. 检查后对渗漏处用胶补漏,如图 6-2-15d 所示。

c. 装风窗外装饰条及车内与风窗有关的装饰条、附件等,风窗玻璃胶接装配工作即全部完成。

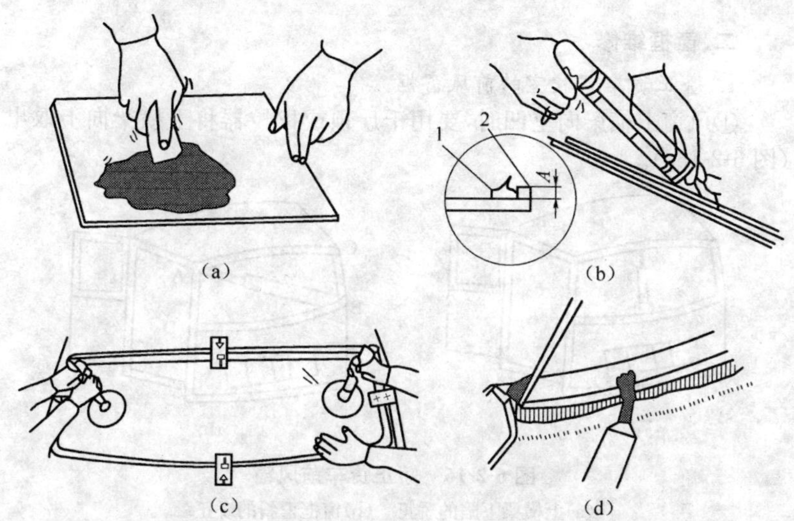

图 6-2-15　轿车风窗玻璃胶接装配工艺(三)

(a)配胶并搅拌　(b)涂胶　(c)安装玻璃　(d)补漏

1. 挡水圈　2. 粘结剂　A=3.5～5.0mm

5. 裁割风窗夹层玻璃

夹层玻璃共有 3 层,所以裁割方法与普通玻璃不同。其方法如下:

①先将要切成的形状画在纸上。

②将纸平放在工作台上,再将适当大小的玻璃放在纸上。

③在玻璃上沿着要切割的线涂一层松节油作润滑用。

④用玻璃刀按画成的形状切割。

⑤将玻璃略竖起,用手指轻压使被切的一面沿割处裂开。

⑥翻转玻璃,再按以上方法将玻璃的另一面切开。

⑦玻璃两面一旦切开,只需略一用力便可使切开处隔离少许,这时再用锋锐的薄刀(如剃须保险刀片),插进切口,将中间夹层物切开。

⑧用砂布或磨石将玻璃的边缘磨光。

⑨割玻璃时要注意工作台上必须洁净,以免有玻璃片等物将它的表面割伤。

⑩每次切玻璃前,应将割玻璃刀浸入松节油中一次。

二、窗框维修

1. 矫正货车驾驶室的前风窗框

①风窗上横梁向里凹时，要用千斤顶或撑拉器将上横梁向上取出(图 6-2-16a)。

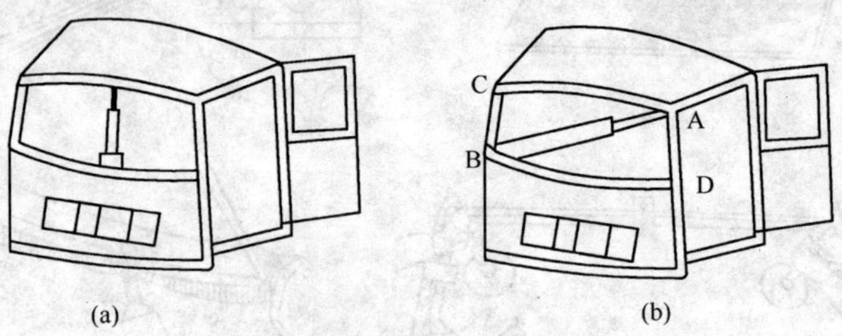

图 6-2-16 矫正货车前风窗

(a)上横梁下陷的矫正 (b)窗框歪斜的矫正

②前窗对角线歪斜的矫正方法如图 6-2-16b 所示：将撑拉器顶在前窗框短对角线 AB 的两端，然后撑开，并随时测量，直到矫正好为止。

③必要时可以使用火焰加热横梁再予矫正，直至窗框恢复到原来形状为止。

④最后用风窗玻璃来检查与窗框的贴合状况。

2. 轿车风窗框与风窗玻璃的漏缝不能直观查出的修理方法

①拆下窗子。

②清洗所有的窗子，不得使密封剂粘在法兰上。

③检查法兰上是否有杂物、损坏及尺寸不准确处。

④必要时矫直或挤压法兰。

⑤检查密封带或车顶篷蒙里是否过长，过长则截断。

⑥在重新安装窗子时，使用新的密封条。

第六节 车身内、外装饰件维修技术

1. 拆卸轿车车顶衬板程序

①拆下前、后风窗玻璃。

②拆下车门压条的有关部分和装饰板。

③从前端拆下车顶衬板。

2. 安装轿车车顶衬板程序

①将车顶衬板支架装到玻璃上，注意 2 号支杆应装在衬板后端。

②将衬板支杆装到车身上的支杆钩和支杆孔中。

③将支杆钩装到车顶后部。

④将粘结剂涂在车身和衬板结合的部位上。

⑤在车身前柱、中柱及后柱处确定衬板的位置，在纵、横两个方向上，将衬板均匀地拉伸开，并粘合到车身上。

⑥在检查并确认衬板已均匀地粘结好并无皱褶后，剪去衬板四周的剩余部分。

⑦装好前、后风窗玻璃。

安装完成后，如发现衬板有皱褶，可用红外线灯对该处做短时间的照射以予消除，注意照射不可过度，以免将衬板烤坏。

3. 维修轿车充气吸能式保险杠

吸能式保险杠是在撞车时能够减轻人员伤亡和车辆损坏的安全装置，维修时应注意以下事项：

①不能对吸能保险杠加热，当然也不能对它进行焊接。

②如果发生了不正确的操作，应单独对每个保险杠进行测试。

③如果装置碎裂，应用冲头和手锤在其活塞筒密封滚珠(见图 6-2-17a)一端的焊点处释压。

④如果装置不能伸长时，用链条或电缆将保险杠隔开，然后在靠近支架附近的活塞筒上钻一小孔，使其降压，放尽高压气体后再拆下装置修理。

⑤当从车上拆卸保险杠时，应将其支住，以防其他装置转动。

⑥不能用撞车的方法测试保险杠。测试应按下述程序进行(见图 6-2-17b)：

a. 将车停在距障碍物 450mm 处，把变速器操纵杆置于空档，拉上手制动，关掉点火开关。

b. 将液压千斤顶放在保险杠和障碍物之间，使其与吸能保险杠对正，操作千斤顶给吸能保险杠加压，将其压缩 10mm。

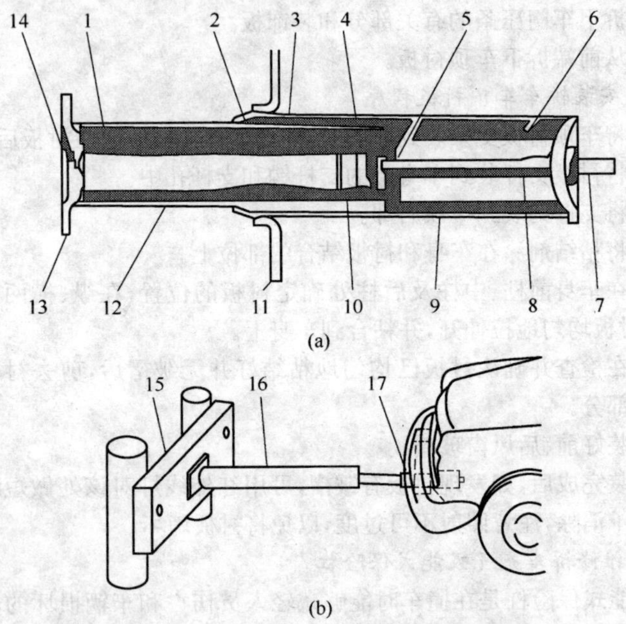

图 6-2-17　充气吸能式保险杠的结构及测试

(a)充气吸能式保险杠　(b)测试吸能保险杠

1. 充气活塞筒总成　2. 止动圈　3. 密封件　4. 浮动活塞　5. 孔　6. 液压筒总成　7. 装配螺栓　8. 量孔针阀　9. 缸筒　10. 活塞密封件　11. 大梁支架　12. 活塞筒　13. 保险杠支架　14. 密封滚珠　15. 障碍物　16. 千斤顶　17. 使千斤顶与吸能保险杠对正

c. 放松千斤顶,吸能保险杠若能复位,则说明工作正常,否则应更换。

第七节　汽车钣金件的制作与修理

一、汽车钣金件的制作

1. 车身加强筋的制作

车身加强筋一般用 1.0～1.2mm 厚的冷轧或热轧薄板制成,其外形如图 6-2-18 所示。

该零件有四条弯边，两条为直线形 90°弯边，可用手工或在折边机上弯曲。另两条为圆弧形 90°弯边，要用先收边后放边的方法来弯曲。其操作方法如下：

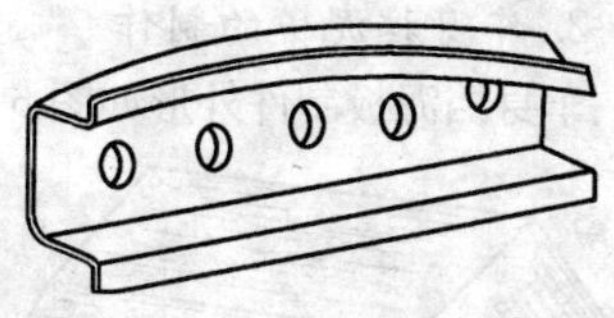

图 6-2-18　车身加强筋制件

①在板材上划出坯料的外形及弯边线和五孔中心线，如图 6-2-19a 所示。

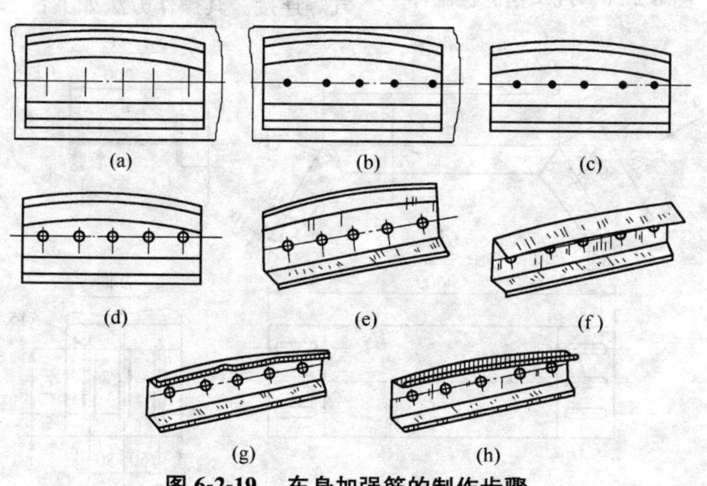

图 6-2-19　车身加强筋的制作步骤

②用中心冲冲出五孔中心，见图 6-2-19b。

③沿坯料外形线剪切落料，见图 6-2-19c。

④钻五孔，并锉去毛刺，见图 6-2-19d。

⑤弯曲两条直角形 90°弯边，见图 6-2-19e。

⑥用收边方法弯曲里面一条圆弧形 90°弯边，见图 6-2-19f。

⑦用放边方法弯曲外面一条圆弧形 90°弯边，见图 6-2-19g。

⑧在需要修剪的弯边上划线，并修剪边缘后锉光，见图 6-2-19h。

⑨整形。

⑩送交检验。

以上是小批量生产时的加工方法，如批量较大，可采用胎模来加工成形。

2. 车身挡泥板的制作

车身挡泥板制件外形如图 6-2-20 所示，其尺寸要求如图 6-2-21 所示。

图 6-2-20　汽车挡泥板制件

该制件用整块板材制成。在两斜面上各有三条凹筋，在两顶端各有一条单叠边，起增加刚性作用。制件的外侧面有两条 90°直角弯边，内侧面有一条 90°直角弯边。四条接缝用气焊连接。其操作方法如下：

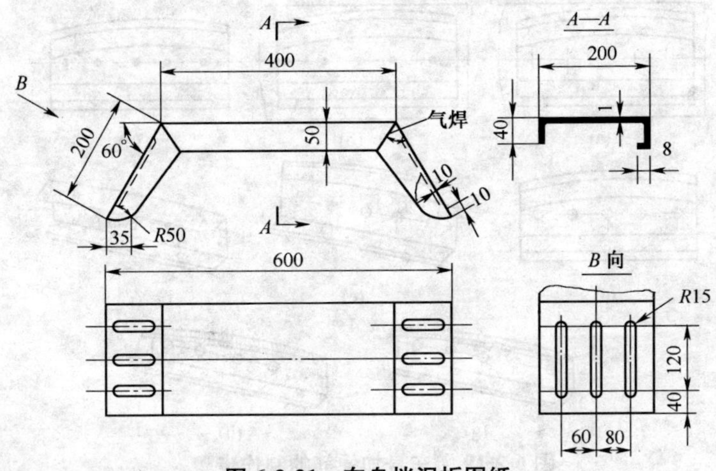

图 6-2-21　车身挡泥板图纸

①按图纸要求计算出坯料展开尺寸。

坯料总长 $L=400+(200\times2)+(10\times2)$

$=400+400+20=820$(mm)

坯料总宽 $B=200+50+8+40$

$=298$(mm)

②在板料上划出坯料的尺寸，及六条筋的位置尺寸。在坯料四边各放 10mm 余量，如图 6-2-22a 所示。

③沿坯料外形剪切落料，如图 6-2-22b 所示。

④用起伏加工方法将六条凹筋成形，矫正，使其平整，如图 6-2-22c 所示。

⑤在半成品制件上按图纸要求划出弯边线和切角线，如图 6-2-22d

所示。

⑥将余量和切角部分的板料剪去，用锉刀修去毛刺，如图 6-2-22e 所示。

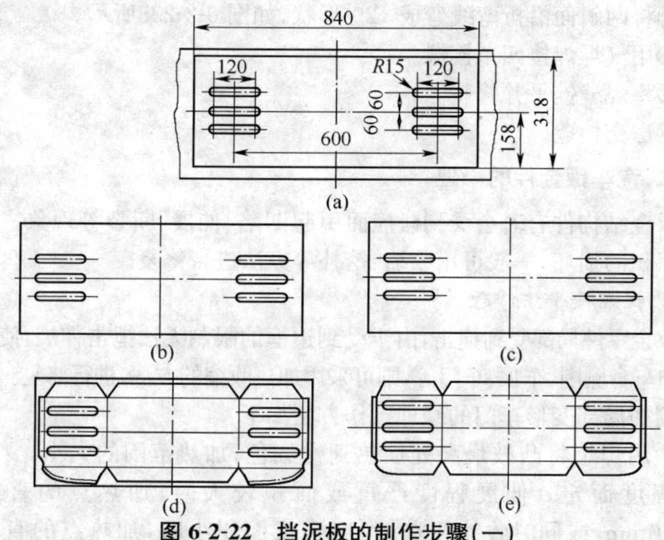

图 6-2-22　挡泥板的制作步骤(一)

⑦弯曲外侧面的两条 90°弯边，可先弯曲宽为 8mm 的一条，再弯曲宽为 50mm 的一条弯边，如图 6-2-23f 所示。

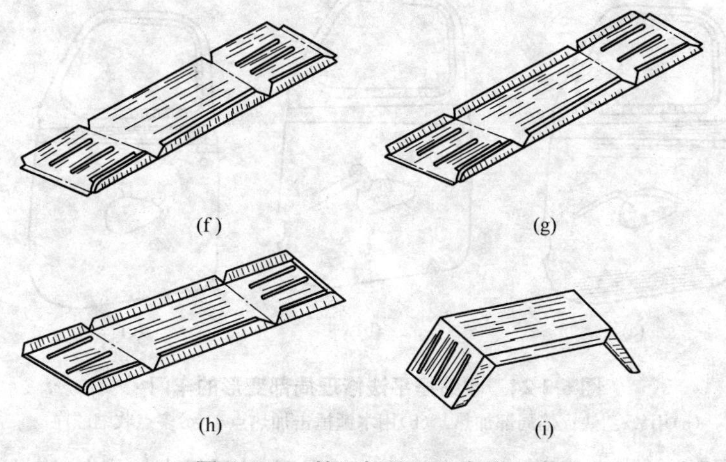

图 6-2-23　挡泥板的制作步骤(二)

⑧弯曲内侧面的一条 90°弯边，如图 6-2-23g 所示。

⑨弯曲两顶端的单叠边，如图 6-2-23h 所示。

⑩将两斜面沿折弯线弯成 120°形状，如图 6-2-23i 所示。

⑪用气焊焊接四条接缝。

⑫将焊缝锉平并修整。

⑬送交检验。

二、汽车钣金件的修理

钣金结构件有时会受到碰撞而引起凹陷、伸展、断裂等现象。如不是大面积的损坏，一般可用收缩、挖补等方法进行修复。

1. 收缩捶平法修理

钣金零件局部受到撞击，由于受到边框的限制无法捶击伸展，使其平整。如车身侧围、车顶、车门等，则可采用加热收缩的方法，进行修复。

例如局部变形车门的修理操作方法如下：

①用焊炬将凸鼓最高处加热到樱红色，加热范围的大小，要根据伸展程度而定。伸展程度严重或面积较大时，加热点的直径为 20～30mm，或同时收缩几点；程度轻或面积小时，加热点的直径为 10～15mm，如图 6-2-24a 所示。

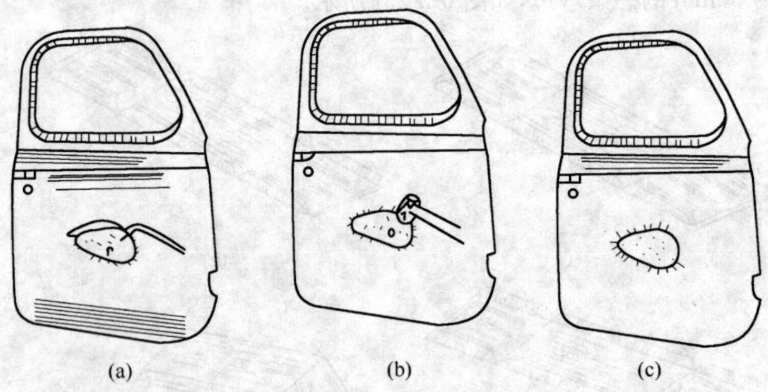

(a)　(b)　(c)

图 6-2-24　收缩捶平法修理局部变形的车门

(a)用氧-乙炔火焰局部加热　(b)用木锤捶击加热点　(c)多点收缩顺序

②加热后应趁热急速捶击加热点的周围，然后捶击加热点，使材料

收缩。捶击时应用合适的型砧垫在下面，用木锤捶击，冷却后再用铁锤轻轻捶击整形如图 6-2-24b 所示。

③如果收缩一点不能将凸鼓收平，应按图 6-2-24c 所示的顺序，将伸展处逐点加热捶击，直至零件表面完全平整为止。

在收缩捶平的操作中，焊炬的焊嘴要垂直并离工件近一些，这样加热集中，但要小心，不要加热时间太长，以免将薄板烧穿。为了加快冷却速度，加热捶击后，可马上用湿布压在加热点上，这样可提高收缩的效果。

2. 挖补法修理

当钣金零件损伤到不能用收缩捶平的方法来解决时，则需将损伤处的部分剪去，再补上与原样形状相同的板料。其操作方法如下：

①首先仔细检查损伤处的情况，确定挖补范围。

②根据已确定的更换范围，打出纸样板，此时纸样板可不带折边或卷边的余量。

③根据纸样板在板料上划线，加放折边或卷边余量。

④沿划线剪切落料。

⑤将坯料加工成形，使其与修补的零件表面形状基本吻合。

⑥将更换的新成形补料夹紧在挖补部位，用划针沿补料四周划线，剪去划线的换坏部分，使补料能紧密地接在挖补处。

⑦将补料放入挖补处，用气焊焊几点定位。

⑧用铁锤轻轻捶击接缝处，使接缝处平整，便于焊接。

⑨焊接整条焊缝。

⑩用铁锤将焊缝轻轻捶一遍，使焊缝平整，用锉刀修平焊缝。

⑪用铁锤在修补处的板料上轻轻捶一遍，使挖补处的形状与整个零件表面形状一致。

第三章 维修实例

第一节 奥迪轿车车身钣金维修

一、车顶维修

1. 拆卸滑动/倾斜车顶

参照图 6-3-1 进行作业。

(1)向后滑移滑动车顶(如图 6-3-1a 所示)

①向后打开滑动车顶约 100mm。

②分开左、右两侧的保持夹,并向后滑移滑动车顶(图示为保持夹在滑动车顶蒙皮内侧)。

③关上滑动/倾斜车顶。

(2)拆下滑动车顶蒙皮(如图 6-3-1b 所示)

①从两侧倾斜机构上拆下螺钉 1、2、3。

②向上举起滑动/倾斜车顶。

③拆下滑动车顶蒙皮。

(3)在不拆下滑动车顶板时,也可拆下车顶蒙皮,步骤如下

①打开滑动车顶约 100mm(如图 6-3-1a 所示)。

②打开固定夹,向后滑车顶蒙皮。

③用胶带保持左、右两侧夹子不动,使夹子不能卡住滑动车顶倾斜时的滑动车顶板(如图 6-3-1c 所示)。

④关上滑动车顶,向前滑动车顶蒙皮。

⑤在水流槽四周压车头周围,滑动车顶,向后拉开并取下。

2. 调整滑动车顶板初始位置

①调整时,需拆下滑顶移动电动机,以便从前向后滑动两侧的导板。

②用内六角扳手(4mm)锁住导块 2 和后导板 1(如图 6-3-2 所示),当把内六角扳手插入后,滑动后导块和导板,使之尽可能向后直至无任何余地。

③在初始位置(“0”位置)上安装电动机。

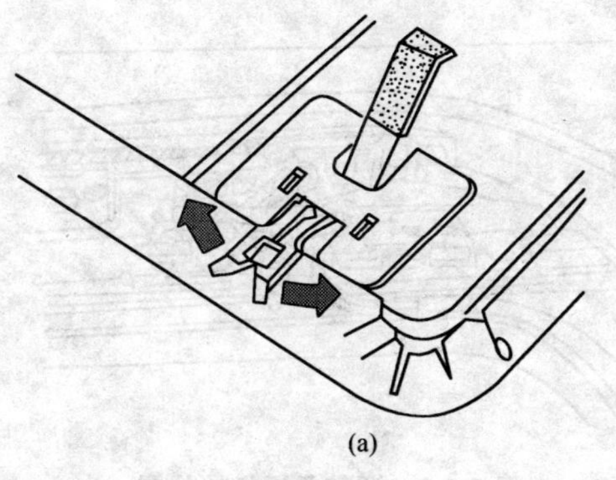

(a)

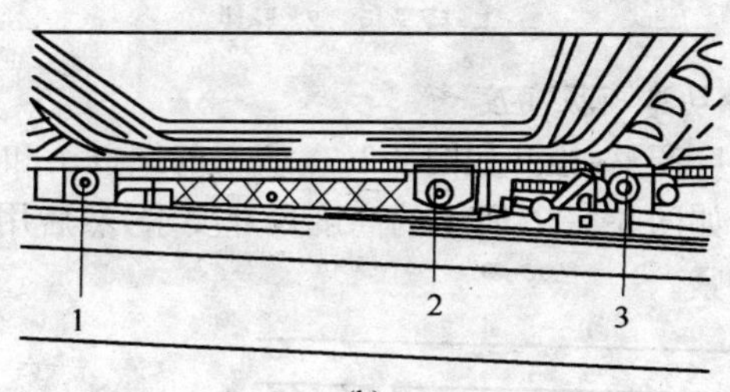

(b)

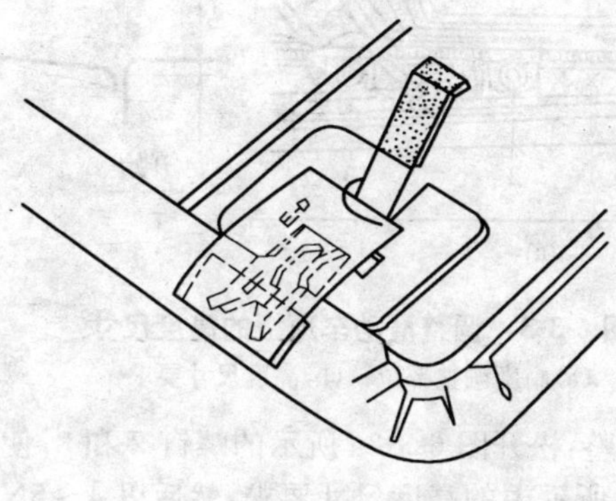

(c)

图 6-3-1　拆解滑动/移动车顶

(a)向后滑移滑动车顶　(b)拆下滑动车顶蒙皮

(c)用胶带粘住两侧夹子

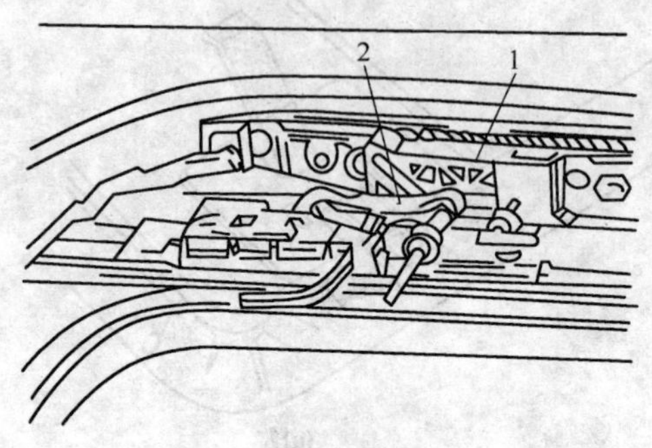

图 6-3-2 调整导板初始位置

1. 后导板 2. 导块

3. 调整滑动车顶板高度

①前部高度调整：松开如图 6-3-3a 所示的螺钉 1 和 2，使滑动车顶板的前部符合如图 6-3-3b 所示的高度尺寸要求，然后用 4～5N · m 的力矩将螺钉拧紧。

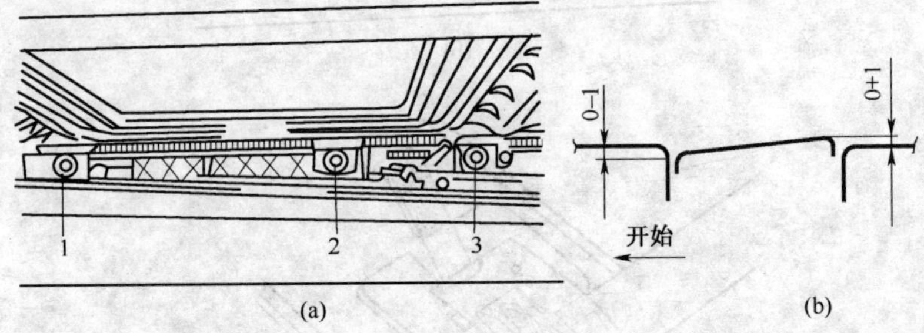

图 6-3-3 调整滑动车顶板的高度尺寸

(a)高度调整部位 (b)高度尺寸要求

②后部高度调整：松开图 6-3-3a 所示的螺钉 2 和 3，使滑动车顶板后部符合图 6-3-3b 所示中的高度尺寸要求，然后以 4～5N · m 的力矩将螺钉拧紧。

4. 更换车顶

(1)准备好备件

车顶(如图 6-3-4c 所示)。如需要，后窗也可以作为备件。

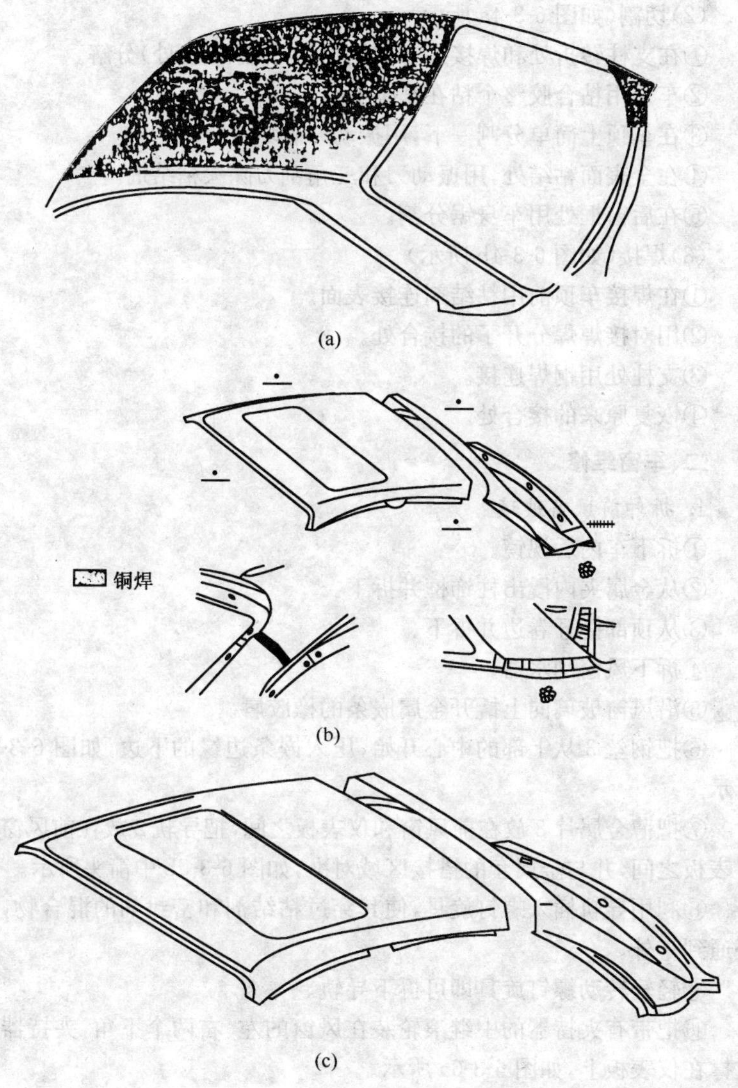

图 6-3-4　更换车顶

(a)切割车顶　(b)焊接车顶　(c)车顶备件

(2)切割(如图 6-3-4a 所示)

①在支柱转折处和焊接接合扣铜焊处(即原接合处)分解。

②车顶用粘合胶整个粘在车架上。

③在车顶上简单分割一下,用振动刀破坏胶合。

④在全表面粘结处,用振动刀和三角刮刀除去粘结剂。

⑤在后窗框处用车身锯分割。

(3)焊接(如图 6-3-4b 所示)

①在焊接车顶前用粘结剂连接表面。

②用对接焊焊分开了的接合处。

③支柱处用铜焊连接。

④恢复原来的接合处。

二、车窗维修

1. 拆卸前风窗玻璃

①拆下车内后视镜。

②从金属夹内撬出柱饰框并拆下。

③从顶部撬开卷边并拆下。

④拆下风窗刮水器。

⑤沿风窗玻璃向上撬开金属嵌条的橡胶唇。

⑥把钢丝 3 从上部的中心开始,压入嵌条边缘的下边,如图 6-3-5a 所示。

⑦把薄金属片 3 放在前风窗和仪表板之间,把导轨 2 放在前风窗和仪表板之间,并与金属套的搭接区域对准,如图 6-3-5b 中箭头所示。

⑧利用导轨插入螺钉旋具,使其穿过粘结剂和密封剂的混合物,直至通到车外。

⑨轻轻转动螺钉旋具即可拆下导轨。

⑩把带有夹持器的中继滚轮装在风窗的左、右两个下角,夹持器要支撑在仪表板上,如图 6-3-6a 所示。

⑪若吸盘吸附不稳,可将其弄湿,再在风窗中间安装卷线装置,用卷线装置和棘轮轻轻拉紧切割钢丝(如图 6-3-6b 所示),反复检查后切割钢丝。

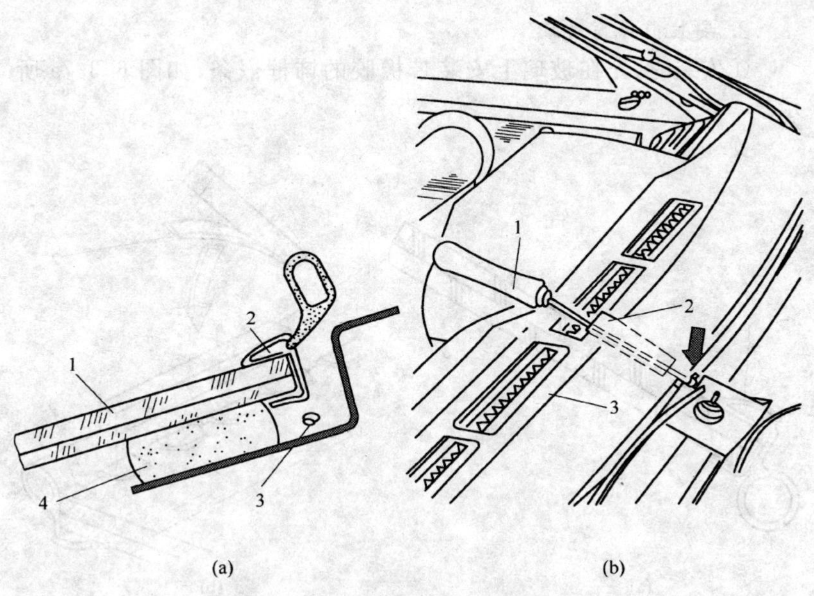

图 6-3-5　拆卸前风窗玻璃(一)

(a)把钢丝压入嵌条边缘下边　1. 玻璃　2. 饰框嵌条　3. 钢丝　4. 垫块

(b)拆下导轨　1. 螺钉旋具　2. 导轨　3. 薄金属片

图 6-3-6　拆卸前风窗玻璃(二)

(a)把中继滚轮装在风窗左、右下角　(b)用卷线装置和棘轮拉紧切割钢丝

2. 安装前风窗玻璃

①安装时,先在玻璃上安装带橡胶的饰框嵌条,如图 6-3-7a 所示。

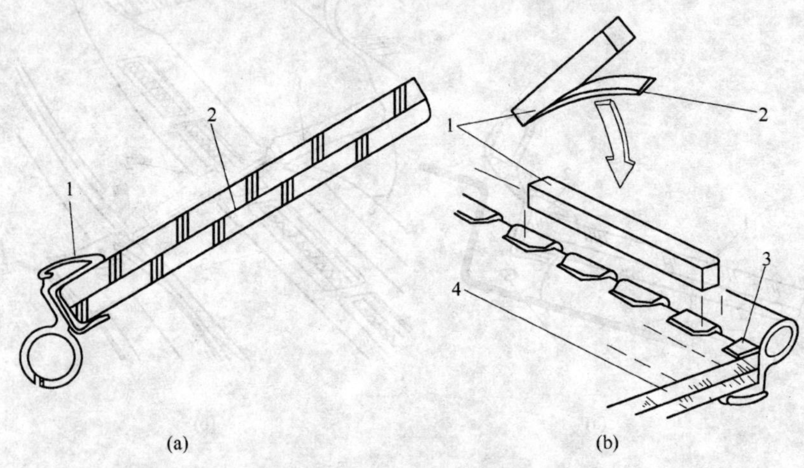

图 6-3-7　安装前风窗玻璃

(a)在玻璃上安装装饰框嵌条　1. 饰框嵌条　2. 玻璃

(b)安装调整垫片　1. 垫块　2. 粘胶面　3. 卡子　4. 玻璃

②使用粘结剂前,先涂一层底漆,然后在车窗上安装调整垫片,如图 6-3-7b 所示。

③在饰框嵌条后边的风窗边缘涂上粘结密封剂。

④风窗粘好后,用塑料楔块把饰框嵌条橡胶唇压入到饰框嵌条和车身之间的间隙中。

⑤重新密封风窗时,从左、右两边撬开柱饰框板的夹子并拆下,从顶部撬开卷边并拆下,向上撬开饰框嵌条的橡胶唇和粘结在风窗周围的粘结胶带。

⑥密封后,在 2～3h 后剥去密封胶。

3. 拆卸侧风窗

①拆卸侧风窗时,先在门柱框饰上钻出 3 个空心铆钉,然后拆下周边柱饰。

②使用专用工具，将钢丝连接在两件工具之间（如图 6-3-8 所示），按图中所示的方法拆卸。

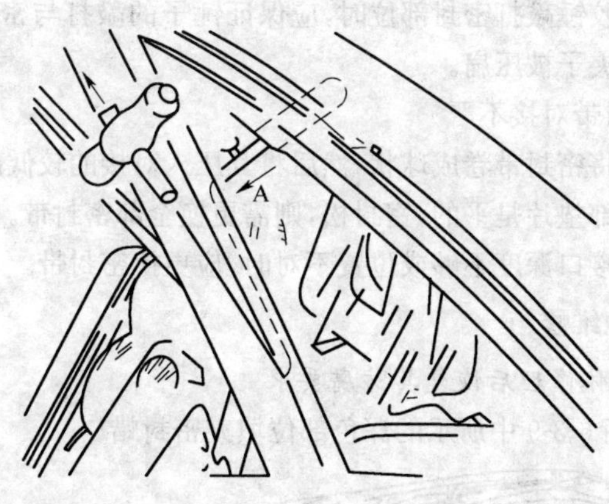

图 6-3-8 拆卸侧风窗

4. 安装侧风窗

①安装侧风窗前，检查涂层损坏情况，必要时应补底漆、面漆或金属漆。

②安装侧窗时，若仍使用未损坏的旧风窗，应用地毯刀切平多余的粘接密封剂。

③使用粘结剂前，应先喷好涂料。

④安装侧风窗时，把固定后饰框嵌条的夹子放到下边的位置上，把 4 个调整垫片粘到玻璃上。

⑤在粘结剂固定装置的后面，把粘结剂涂到风窗的整个周围。

⑥涂好粘结剂后，把玻璃放进窗框内并压到正确的位置上。

⑦检查并矫正安装位置，然后装好饰框。

⑧进行渗漏试验。

5. 后风窗有缝隙而漏水的修理

(1)密封条有缝或未压到底

①如果内部的夹子不再起作用,应重安装或更换密封条,必要时应矫直和拧紧凸缘。

②当用胶锤敲打密封部位时,应保证锤子的敲打与密封条垂直,以防止内部的夹子被压扁。

(2)密封带对接不严

①用手将密封带卷成球状,然后将其压入对接的较低部分。

②若内部垫片是平的,密封松,则需更换全部密封带。

③V形接口深度不够或位置不对时,应更换密封带。

三、其他维修

1. 在车体修理后恢复其防腐要求

(1)在图6-3-9中所示的深色部位填充密封蜡

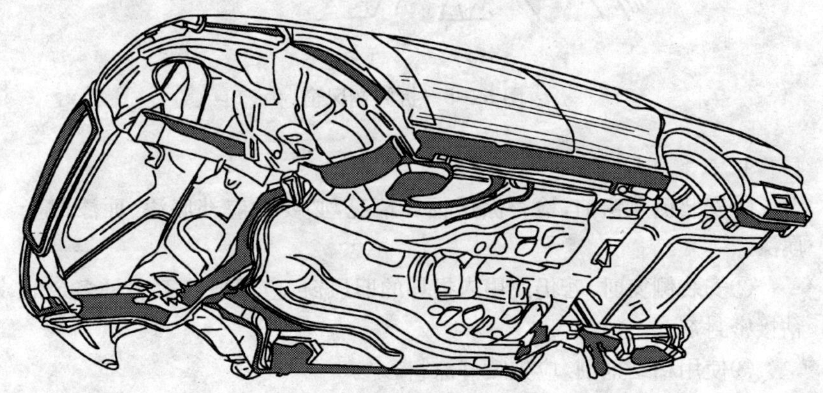

图6-3-9　填充密封蜡

(2)进行防腐修补

要特别注意看不见的接合处的抗腐蚀保护。

①焊接底漆(锌喷雾)必须在两侧焊接处都使用。

②无保护层的金属在修理后必须立即涂防腐底漆。

③密封材料只能涂金属板。金属搭接、对接、焊缝等处必须用密封材料使其安全密封。

④封闭腔使用防护剂。

⑤用耐久性底漆使底漆层恢复原来状况。

2. 调整发动机罩位置

奥迪轿车和大多数轿车一样，其发动机罩采用向后开启的方式，一般开度为 40°～50°。发动机罩铰链采用平面四连杆结构。

①对发动机罩做前后或左右调整，可在松开发动机罩上的铰链固定螺栓后进行。

②对发动机罩后端做上下调整，可在松开车身上的铰链固定螺栓后进行。

③对发动机罩前端做上下调整，可通过调整发动机罩锁及发动机罩缓冲垫的高度来实现。

奥迪轿车发动机罩采用了两套簧锁锁紧，舌簧锁布置在车头方向，与罩后端左右形成 4 个固定点，当通过调整冠状螺母和锁紧螺母来完成锁舌推杆的适当调整后，即可实现发动机罩的调整。

3. 安全连锁系统（如图 6-3-10 所示）的安全检查

图 6-3-10　奥迪轿车的安全连锁系统

①元件更换原则：事故中，若安全连锁系统中有一个元件已活动，整个安全连锁系统（包括 Procon 钢索，两侧 ten 钢索、制动和线圈部件）及防护套都必须更换。

②Procon 系统的检查:即使防护套的燕尾导杆有很轻微的移动,也表明该系统已经活动了(防护套上有一个极易识别是否变位的油漆点,检查时,只要看到油漆破了,即可判断系统已活动了)。

③ten 系统的检查:检查座椅安全带能否拉出和缩回。若拉不出来或虽能拉出但不能缩回,表明该系统已活动。

第二节 红旗轿车车身钣金维修

1. 修理车体的基本准则及要点

①只能使用厂家认可的金属板。

②车身钣金件焊接前,其内表面必须先涂上一层防锈漆。

③点焊时,必须使用锌涂层。

④接缝部位防漏处理前,其内、外侧均需喷涂底漆。

⑤喷涂外层漆前,必须先在车身上喷防石漆。

⑥喷涂外层漆后,必须在所有修理部位孔口处喷上定色剂。

⑦焊接镀锌板时,点焊电流应提高 30%,增加电极压力并将电极削尖。若是气焊,则必须提高焊接功率。

⑧用热气吹风机(最高 410℃)或用旋转式钢丝刷去除底板保护层(PVC)。

⑨车底 PVC 涂层的厚度应控制在(0.5±0.2mm)范围内,轮罩顶部圆弧板处 PVC 涂层的厚度应在(1.5±0.2)mm 范围内,轮罩侧平面处 PVC 涂层的厚度应为(1.0±0.2)mm。

⑩修理后要使用密封胶密封结合处,如车门、行李箱盖和发动机舱盖的周边均应涂有粘结剂,并用 PVC 胶良好密封。

⑪焊接修理后,焊缝处要涂粘结剂加以密封,以避免潮气及脏物进入,引起生锈。

⑫车身修理时,如图 6-3-11 所示部位易锈蚀,应尽量避免打磨,必须打磨时,应在打磨后修复防锈蚀保护层。

⑬修理或更换部件后,必须通过已有的开口处向空腔部位充填保护蜡,保证其防锈蚀性,另外,密封材料干燥后,必须进行排水

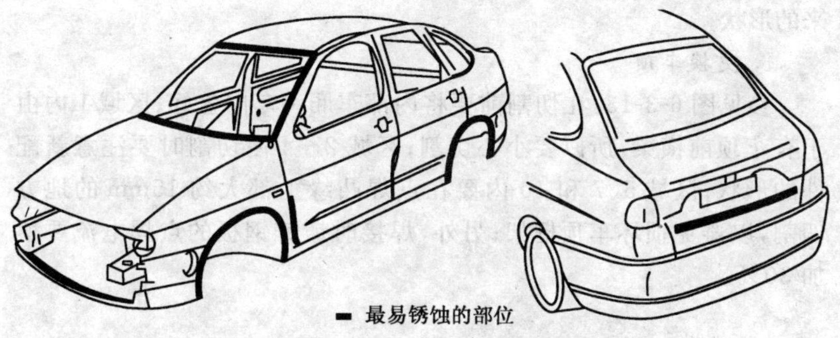

图 6-3-11　车身不可打磨部位

处理。

2. 更换车体的各支柱

当车门支柱、前风窗支柱、前围支柱或后支柱严重损坏无法简单修复时，只能进行更换。

①把损坏的一段支柱用锯割或气焊方法切割下来。

②进行相关部位的矫正，如由于支柱损伤可能涉及车身顶盖和车身底板等部位的变形，首先要使大面积部位的变形得以恢复，然后才能换接上去一段规格和形状完全相同的支柱。

③由于支柱是箱形断面封闭结构，修补时只在接口处施以简单焊接往往焊不牢，可采用箱形结构内部在焊缝上加衬板的修补方法。

④衬板焊在原车和新件上，为了增加强度，焊板可加强三个侧面。焊补时，上、下两个焊缝均要加衬板。

⑤焊补增强后，再将接口焊封，如图 6-3-12 所示。

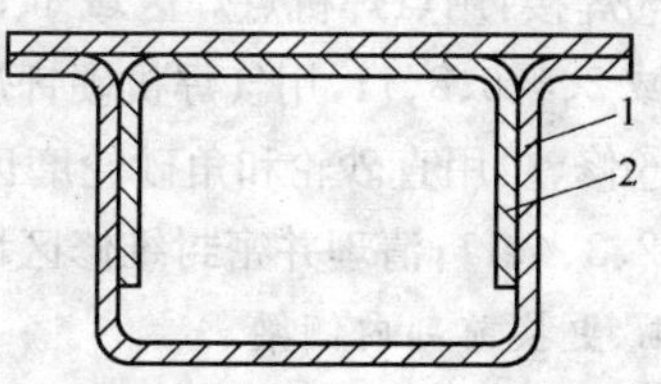

图 6-3-12　支柱内侧加强板

1. 内侧加强板　2. 车门立柱组件

⑥接口精确对接后，如不十分满意，还可用铜焊或锡焊方法填平接口不平处，再用砂轮或砂纸打磨平整，使其在保证支柱强度的情况下，恢复原

来的形状。

3. 更换车顶

参见图 6-3-13:在切割前要将内部车厢和车门盖好;区域 1 内由于有车顶前横梁,所以要小心切割;区域 2～4 内切割时要注意新配件的形状;区域 5、7 和 10 内要在点焊凸缘上部大约 15mm 的地方切割,以避免损坏车顶框架;另外,焊接时镀锌钢板的点焊电流要增加 30%。

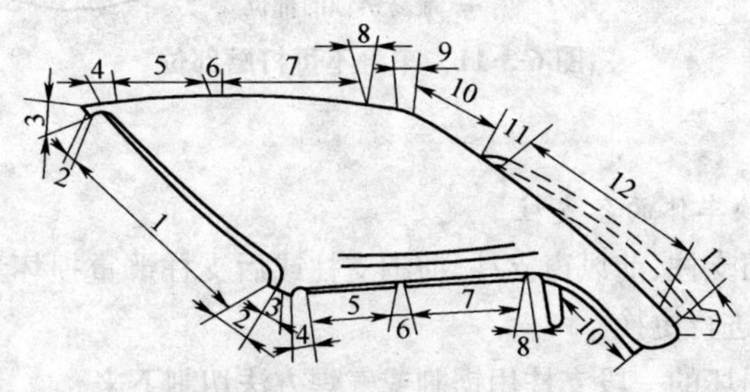

图 6-3-13 红旗轿车车顶维修

①切割:用手錾刀和压缩空气錾刀切割区域 1、5～10、12;用手锯切割区域 2、3、4 和 11。

②除掉残余部分:用直砂轮和角砂轮磨区域 1～10、12,再用钳子分割开。

③新部件修磨:用手锯分割区域 11,用直砂轮和角砂轮磨区域 1～12,用冷锌涂料对区域 1、5、7、10、12 进行防腐处理。

④装配:用夹钳安装区域 1、5、7、10 和 12。

⑤焊接:用点焊机点焊区域 1、5、7、10、12;用气体保护焊机连续焊接区域 2、4、6、8、11,用气焊机硬钎焊区域 3 和 9。

⑥修整:用直砂轮和角砂轮磨区域 2、3、4、9、11。用双组分腻子涂区域 2、3、4、11;清理并密封维修区域,进行防锈保护处理。

4. 更换前部内侧梁

前部内侧梁所在部位如图 6-3-14 所示。

①切割:大梁可以任意选择切割部位,但切割处不得有加强

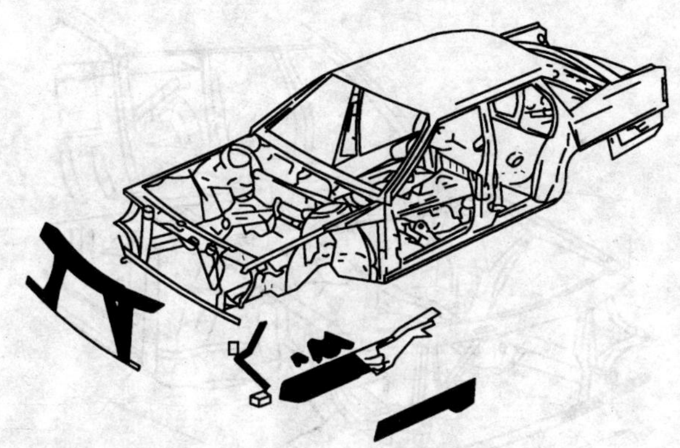

图 6-3-14 前部内侧梁

件。切割工具可用压缩空气錾子和手锯、钢板剪及手持式砂轮。

②除掉残余部分:除掉发动机支座、前部大梁内侧和挡板两处的残余部分,磨平连接面。

③新部件修整:把新部件所有连接面磨光,用电钻钻孔以用于铆焊。

支撑件:钻 8—ϕ7mm 孔;发动机支座:钻 8—ϕ11mm 孔;散热器支架:钻 8—ϕ4mm 孔。

④装配:用矫正角规装配保险杠支座、挡板、挡泥板。

⑤焊接:大梁前内侧,环形连续焊接;保险杠支架,交错状连续焊接;挡板与支撑件,单排点焊及电铆焊;发动机支座和散热器支架,连续焊接及电铆焊。

⑥修整:可见的焊缝要磨平,涂上双组分聚酯材料腻子并磨光;各部位进行清理,密封及防锈保护处理。

5. 保证修理后的车身主体结构正确

红旗轿车车身的前部、中部、后部及底部尺寸分别如图 6-3-15 和图 6-3-16 所示,修理过程中只要经常检查,严格控制住这些尺寸,即可保证修后的车身主体结构正确。

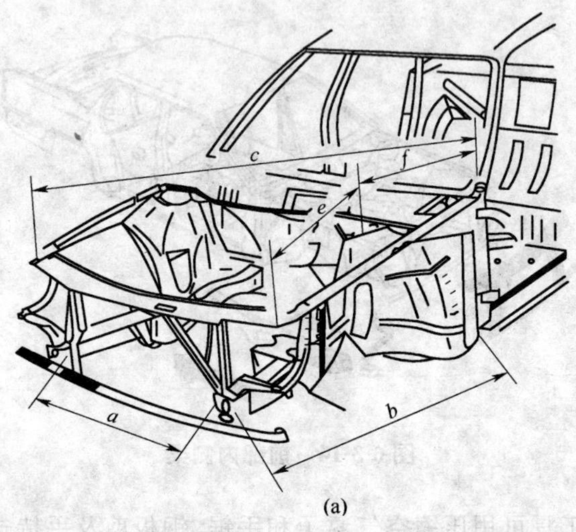

(a)

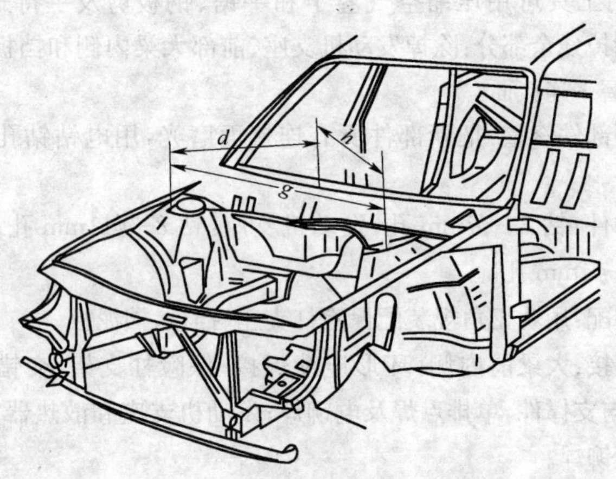

(b)

图 6-3-15 红旗轿车车身前部尺寸

a=(840±2)mm b=(1348±2)mm c=(1925±2)mm

d=(681±2)mm e=(662±2)mm f=(606±2)mm

g=(1172±4)mm h=(726±2)mm

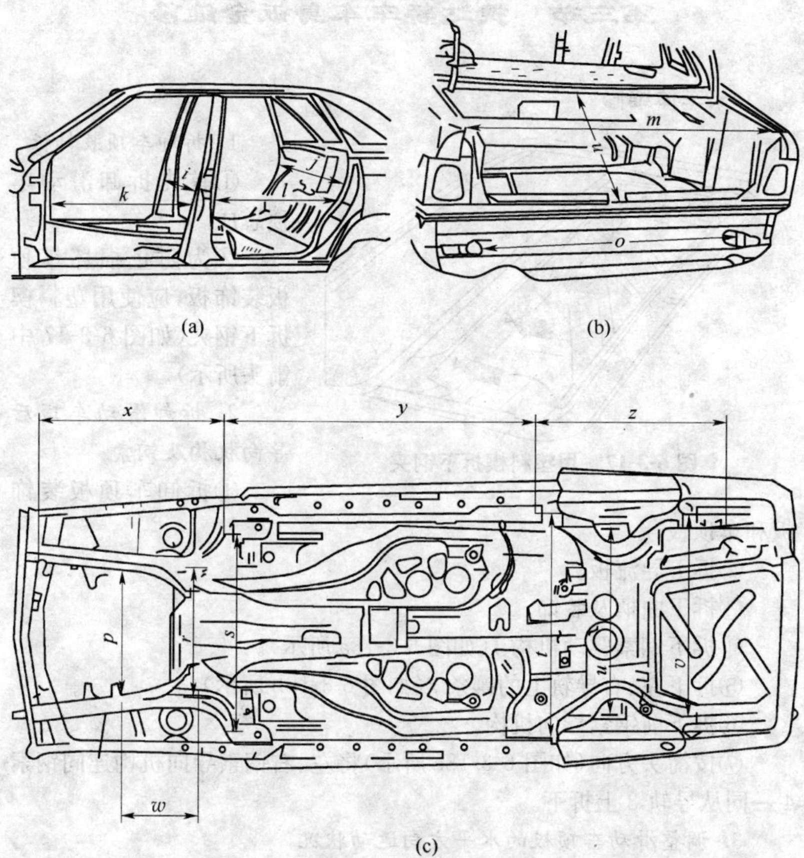

图 6-3-16　红旗轿车车身中部、后部及底部尺寸

(a)中部尺寸　$i=(1501\pm2)$mm　$j=(1471\pm2)$mm　$k=(895\pm2)$mm　$l=(772\pm2)$mm　(b)后部尺寸　$m=(1283\pm2)$mm　$n=(536\pm2)$mm　$o=(1039\pm2)$mm　(c)底部尺寸　$p=(792\pm2)$mm　$r=(764\pm2)$mm　$s=(1079\pm2)$mm　$t=(1261\pm2)$mm　$u=(1065\pm4)$mm　$v=(1199\pm2)$mm　$w=(470\pm2)$mm　$x=(1194\pm2)$mm　$y=(1730\pm2)$mm　$z=(1149\pm2)$mm

第三节　捷达轿车车身钣金维修

一、车体维修

图 6-3-17　用塑料楔拆下钢夹

1. 拆卸车顶装饰板

①首先拆卸滑动车顶总成。

②为防止损坏车顶板装饰板，应使用塑料楔拆下钢夹（如图 6-3-17 中箭头所示）。

2. 拆卸滑动车顶后导向机构及钢索

①拆卸车顶板装饰板和车顶板。

②拆下导流板。

③拆下曲柄及装饰。

④拆下钢索驱动机构 1（如图 6-3-18a 所示）。

⑤拆下左、右导轨上的镶条 2（如图 6-3-18b 所示）。

⑥拆下前钢索导向机构。

⑦按箭头方向（如图 6-3-18c 所示）将左、右钢索导向机构连同钢索 4 一同从导轨 3 上拆下。

3. 调整滑动车顶板的水平方向运动状况

①松开车顶板装饰的卡夹，并将车顶板装饰板推向后方。

②将曲轴旋转 1.5 圈，放低车顶。

③拆下曲柄和钢索驱动机构。

④将钢索驱动机构连同小齿轮从钢索上拆下。

⑤用手将车顶板前后往复推几次，然后将其前推，直到靠紧不动为止。

⑥将钢索驱动机构装于钢索中并紧固，插入钢索前，按顺时针方向将小齿轮旋到底，然后回拧 1/2 圈。

⑦检查水平方向的运动状况。

(a) 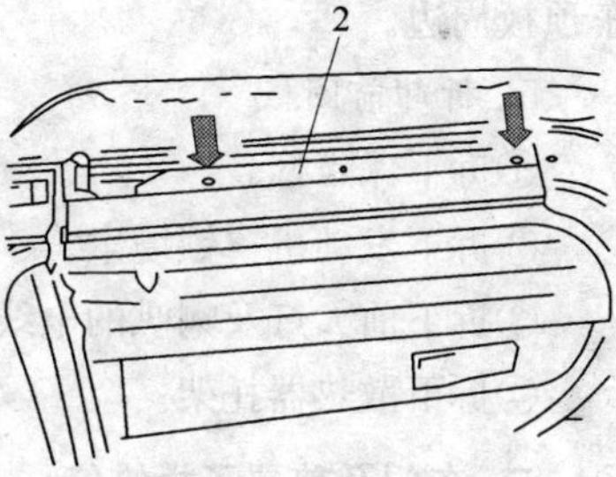　　(b)

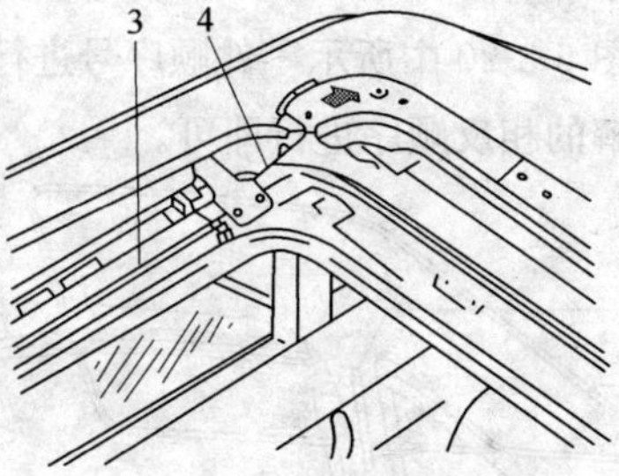

(c)

图 6-3-18　拆卸后导向机构及钢索

(a)拆下钢索驱动机构　(b)拆下导轨上的镶条　(c)拆下左右钢索导向机构

1. 钢索驱动机构　2. 镶条　3. 导轨　4. 钢索

4. 装配滑动车顶板

①用人造革粘结剂和固化剂将滑板 3(如图 6-3-19 所示)粘在原位置。

②将滑板 2 推到斜角板上。

注意:滑动车顶关闭时,前部左、右滑板应从下部压紧导流板,为确保这种功能,斜角板必须与车顶板成 90°角。

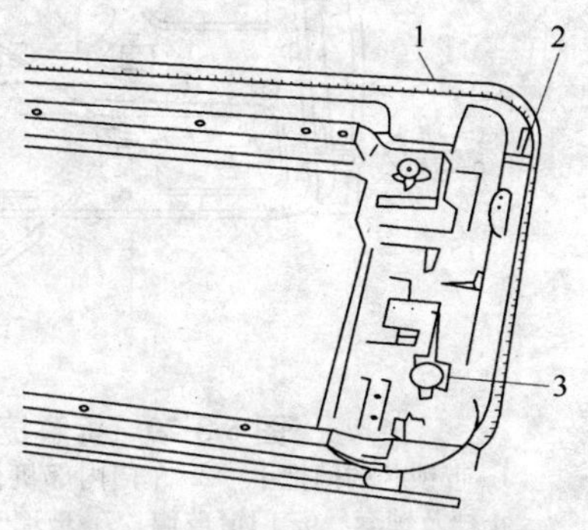

图 6-3-19　装配滑动车顶板

1. 车顶板密封条　2、3. 滑板

③将车顶板密封条 1 安装到

车顶板周边。

5. 拆卸前围板

①拆下保险杠。

②拆下发动机罩锁缆索。

③拆下前大灯及喇叭的电线插头。

④拆下散热器托架。

二、车门及前翼子板维修

1. 拆装前车门

①拆解:可按图 6-3-20 中所示零件顺序号进行。

②装配:按拆解的相反顺序进行即可。

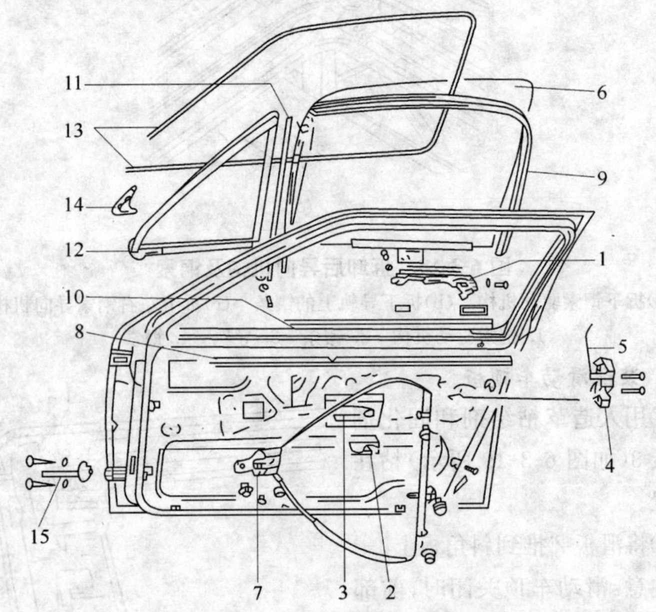

图 6-3-20　拆解捷达轿车的前车门

1. 带锁芯的门把手　2. 车门内部机构　3. 密封衬垫　4. 门锁　5. 锁止杆及锁套　6. 门窗玻璃　7. 玻璃升降器　8. 门窗缝密封条(内侧)　9. 门窗玻璃导槽　10. 门窗缝密封条(外侧)　11. 导轨　12. 带密封框架的三角窗　13. 装饰镶条　14. 装饰镶套　15. 车门开度限位带

2. 拆卸前车门内外拉手

(1)拆卸外拉手(如图 6-3-21a 所示)

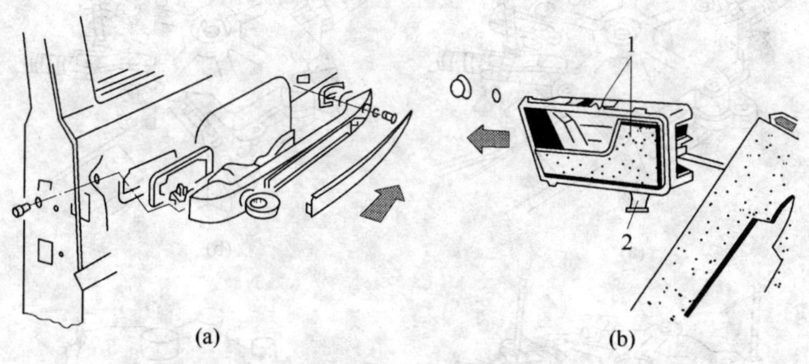

图 6-3-21　拆卸前门内、外拉手

(a)拆卸外拉手　(b)拆卸内拉手

1. 定位凸耳　2. 内拉手

①撬开门拉手装饰条。

②拧下图中的两个有槽凸圆头螺钉,并按箭头方向推拉手及密封垫片,拆下拉手。

(2)拆卸内拉手(如图 6-3-21b 所示)

①自车门内板孔中拉出定位凸耳 1。

②沿箭头方向将内拉手 2 推出。

3. 连接前车门接线插头

①将插头从后向里推到定位处。

②用扎带将驱动器盖和塑料轴承盖在两个钢绳出口处(图 6-3-22a 箭头所指)连接固定(保险装置朝向凸起处)。

注意:整个修理过程中,任何时候均不允许去掉扎带,否则不可能修复。

③固定驱动器盖,拧出螺钉(图 6-3-22b 箭头处)。

④相互间稍微倾斜,用手将盘绳滚筒沿箭头方向(图 6-3-22c)从驱动器壳体中拉出。注意不要损伤密封面。

⑤沿箭头方向(图 6-3-22d)从新电动机上将防尘和防止运输损

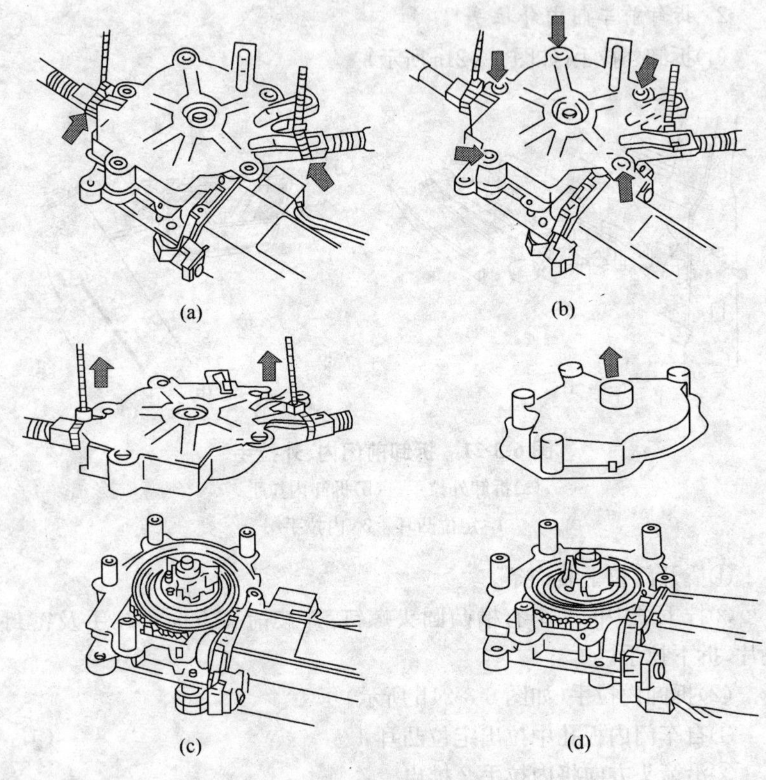

图 6-3-22　连接接线插头(一)

(a)用扎带固定驱动器盖和轴承盖　(b)拧出螺钉

(c)从驱动器壳体中拉出盘绳滚筒　(d)拉下防护盖

伤防护盖拉下，注意保证法兰密封垫和三扇支架成形件在驱动器壳体上。

说明：涂有油脂的表面零件不允许粘上灰尘和污物，只允许用 G00045002 油脂。

⑥将三扇支架成形件沿箭头方向(图 6-3-23a)从驱动轴上拉出。橡胶成形垫必须留在驱动器壳体中。

⑦把三扇支架成形件放入盘绳滚筒内(图 6-3-23b)。

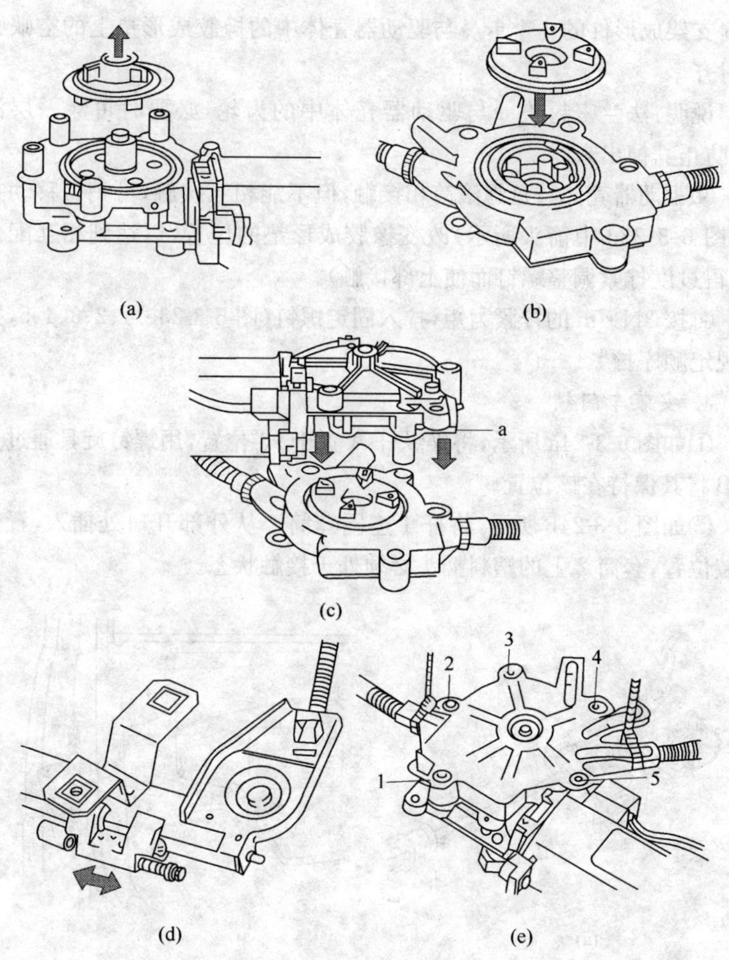

图 6-3-23　连接接线插头(二)

(a)拉出支架成形件　(b)把支架成形件放入盘绳滚筒内

(c)电动玻璃升降器与盘绳滚筒结合　(d)驱动器壳体与盘绳滚筒相互配合

(e)拧入固定螺钉

注意:三个缓冲件必须小心地放入盘绳滚筒的空缺处。

⑧使电动玻璃升降器沿箭头方向(图 6-3-23c)与盘绳滚筒相结合。

三扇支架成形件的 4 个卡鼻与驱动器壳体中的橡胶成形垫上的空缺必须对齐。

说明：法兰密封垫 a 与驱动器壳体中的齿轮，必要时可涂一层油脂，防止其掉出来。

⑨驱动器壳体与盘绳滚筒相接触，但不能相互接触，可稍微移动夹子（图 6-3-23d 中箭头所示）改变橡胶成形垫的位置，以达到相互配合（不得过度拧紧调整螺钉而使上部接触）。

⑩按 3N · m 的拧紧力矩，拧入固定螺钉（图 6-3-23e）1、2、3、4、5，并按规定顺序拧紧。

4. 安装车门锁

①如图 6-3-24a 所示，将操纵杆 A 置于 90°位置，用螺钉旋具通过开口 B 将其保持在该位置。

②如图 6-3-24b 所示，将杆 1 连同套筒 2 从外部开口处插入，置于安装位置，套筒 2 上的塑料插头必须处于接触状态。

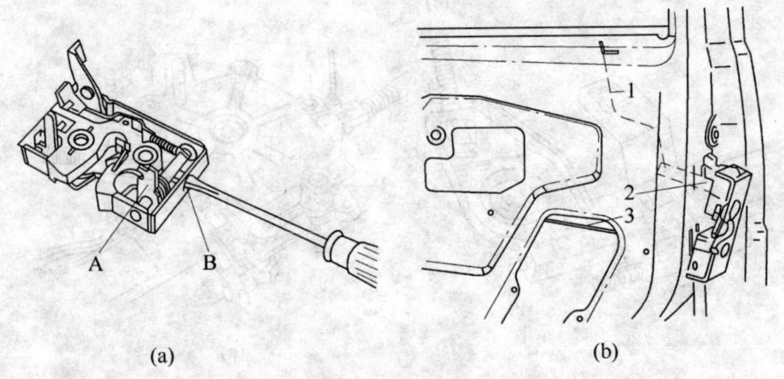

图 6-3-24　安装车门锁

(a)安装操纵杆　(b)安装锁杆、套筒及拉杆

1. 杆　2. 套筒　3. 拉杆

③将拉杆 3 连到操纵杆上。

④将螺钉旋具从开口处拔出。

⑤用内六角螺栓将门锁紧固。

5. 拆装前翼子板

(1)拆卸

①拆下前保险杠。

②从翼子板上拆下前扰流板。

③拆下如图 6-3-25 标记的六角螺钉和十字槽螺钉。

④用热风鼓风机加热翼子板,然后拆下翼子板。

⑤拆卸时,若需要,可由另一名技工用小刀清除 PVC 材料(胶)。

说明:PVC 材料只能稍做加热,决不能因加热使 PVC 变色或起泡。

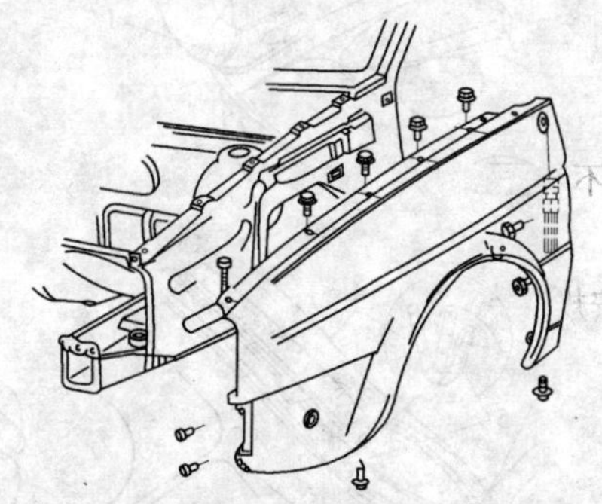

图 6-3-25　拆卸捷达轿车的前翼子板

(2)安装

①按与拆卸的相反顺序进行作业。

②注意在安装轮罩和 A 柱上的螺钉时,必须全部装配上镀锌密封垫。

三、车身装饰件维修

1. 内饰件维修

(1)拆卸座垫面罩

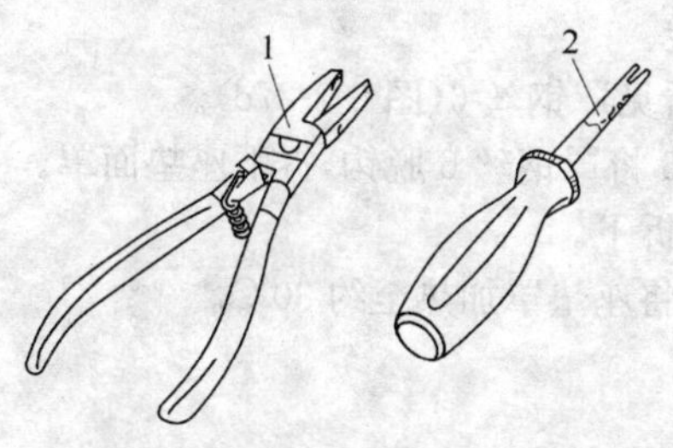

图 6-3-26　专用椅罩卡钳和螺钉旋具

1. V · A · G1634 椅罩卡钳
2. V · A · G1636 螺钉旋具

①准备好专用维修工具:V·A·G1634椅罩卡钳和 V·A·G1636螺钉旋具(见图 6-3-26)

②使左、右张紧钢丝 1(图 6-3-27a)脱钩。

说明:挂上张紧钢丝时,应使其拉紧。

③拆下卡箍 2 和 3(图 6-3-27b),将左、右夹箍扳直。

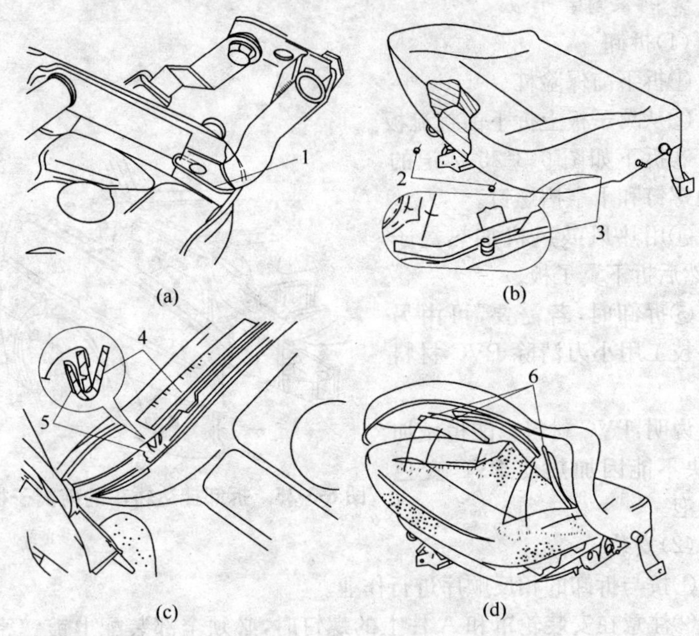

图 6-3-27　拆卸座垫面罩

(a)使张紧钢丝脱钩　(b)扳直左、右夹箍　(c)拆下夹条　(d)拆下座垫面罩

1. 张紧钢丝　2、3、5. 卡箍　4. 夹条　6. 罩钢丝

④把夹条 4(图 6-3-27c)从座椅底座上拆下。

说明:夹条 4 通过卡箍 5 固定。

⑤向上掀开座垫面罩,直到看见罩钢丝 6(图 6-3-27d)。

⑥用螺钉旋具 V·A·G1636 将罩钢丝 6 脱钩,拆下座垫面罩。

⑦将座垫面罩从座椅框架上拆下。

说明:为便于安装,安装前应将座垫罩加热至约 30℃。

(2)拆卸靠背面罩

①拆下手轮 1(图 6-3-28a)。

②用冲头把左、右夹紧销 2 向内冲出,拆下护板 3。

③拉下左、右紧固卡箍 4,从支座 5 上取下靠背框架。

④拆下紧固卡箍 6(图 6-3-28b),从头枕插座 8 中拉出头枕 7。

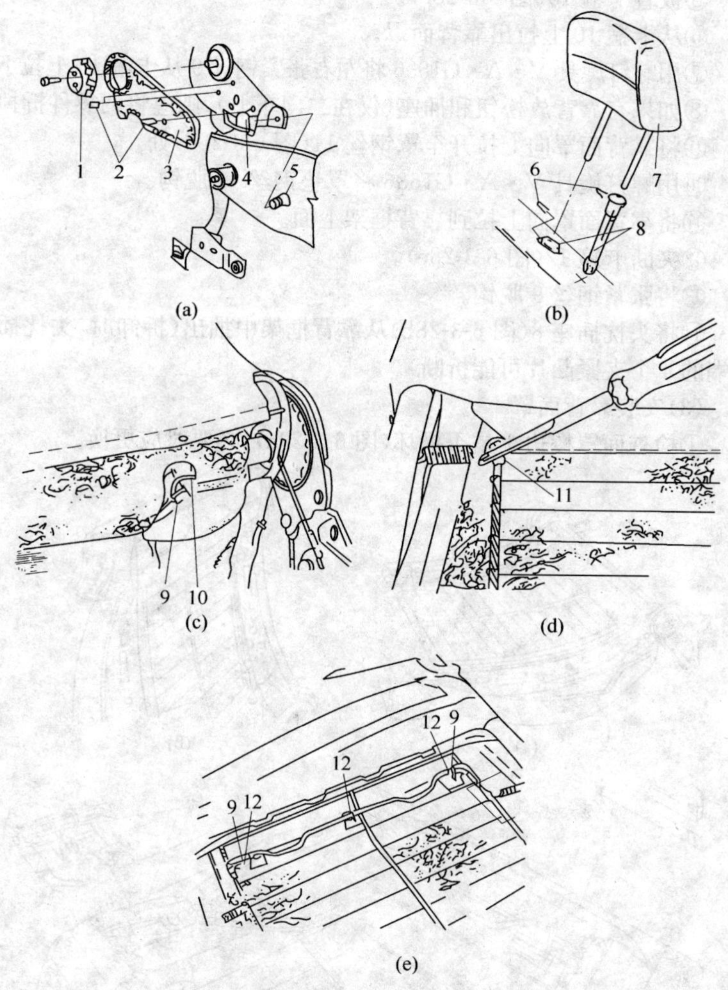

图 6-3-28　拆卸靠背面罩

(a)拆下手轮、护板及靠背框架　(b)拆下紧固卡箍　(c)扳直卡箍

(d)将靠背面罩向上拉开　(e)夹断卡箍

1. 手轮　2. 夹紧销　3. 护板　4、6、10、12. 卡箍　5. 支座

7. 头枕　8. 头枕插座　9. 张紧钢丝　11. 罩钢丝

⑤扳直卡箍 10(图 6-3-28c)。

⑥从卡箍 10 上拉出靠背面罩。

⑦用螺钉旋具 V·A·G1636 将左右张紧钢丝 9 从卡箍 10 上拉下。

⑧如果有靠背放松钮和插座(仅在二门车上),则应将两零件拆掉。

⑨将靠背面罩向上拉开至罩钢丝 11(图 6-3-28d)处。

⑩用螺钉旋具 V·A·G1636 将罩垫钢丝 11 脱钩。

⑪将靠背面罩向上拉到靠背框架上面。

⑫夹断卡箍 12(图 6-3-28e)。

⑬将张紧钢丝 9 脱钩。

⑭将头枕插座 8(图 6-3-28b)从靠背框架中抽出(拆卸时,头枕插座下端的 4 个夹紧凸片可能折断)。

(3)安装靠背面罩

①检查面罩棱边 1 是否损坏(图 6-3-29a),必要时应更换。

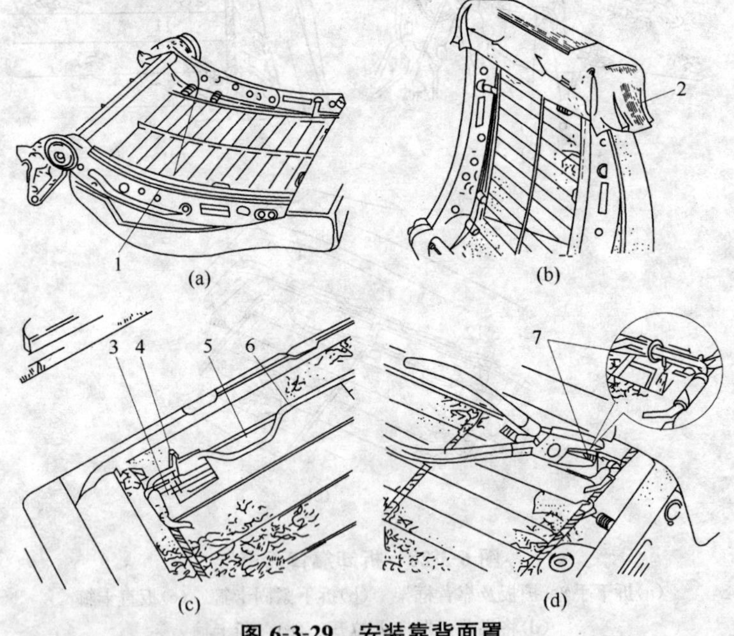

图 6-3-29 安装靠背面罩

(a)检查面罩棱边是否损坏 (b)将滑动纱罩放到蒙皮上 (c)挂上张紧钢丝 (d)固定钢丝

1. 面罩棱边 2. 滑动纱罩 3. 蒙皮钢丝 4. 张紧钢丝 5、6. 钢丝 7. 卡箍

②安装靠背面罩。

③将滑动纱罩 2(图 6-3-29b)放到靠背蒙皮的上端(滑动纱罩使靠背罩易于安装)。

说明:为便于安装,可将靠背罩加热到约 30℃。

④安装靠背面罩,然后将蒙皮钢丝 3 末端(图 6-3-29c)和张紧钢丝 4 穿过靠背蒙皮。

⑤挂上张紧钢丝 4。

⑥用卡箍 7(图 6-3-29d)将蒙皮钢丝 3、钢丝 5 和 6 固定到一起(首先用卡箍固定中间部位,然后固定两侧)(参见图 6-3-29c),用蒙皮卡钳 V·A·G1634 安装蒙皮卡箍。

⑦将靠背面罩完全装好。

(4)拆装前车门内装饰板

①拆卸:按图 6-3-30a 中所标零件号顺序进行即可。

②装配:按拆卸的相反顺序进行即可。

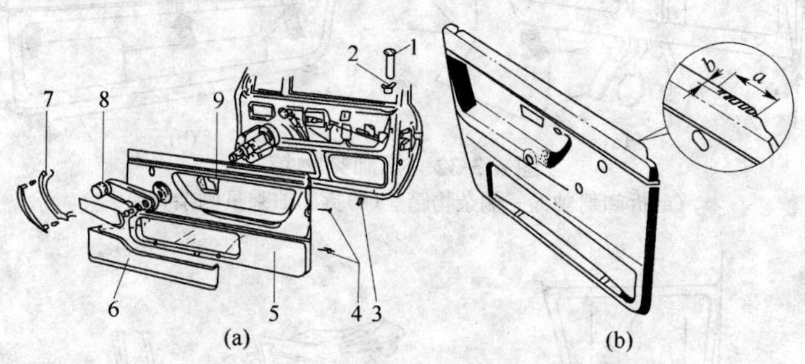

图 6-3-30 拆装车门内装饰板

(a)拆卸车门内装饰板 (b)更换前车门内装饰板

1. 锁止钮 2. 管座 3. 定位片 4. 固定螺钉 5. 车门内装饰板 6. 车门储物架 7. 车门把手 8. 车窗摇把 9. 管座

(5)拆卸车门侧围装饰板

拆卸侧围装饰板(图 6-3-31)时,应将侧板区域的车门密封条拉开。

(6)拆卸及分解仪表板

①首先拆除蓄电池接地线,并把转向盘取下。

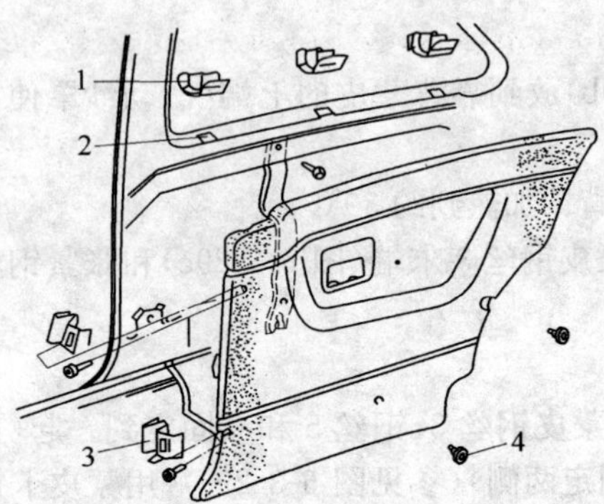

图 6-3-31　拆卸侧围装饰板

1、3. 卡箍　2. 毛毡垫　4. 螺钉

②按图 6-3-32a 中箭头所示，拧下十字槽螺钉，拆卸下驾驶人侧杂物箱。

③按图 6-3-32b 中箭头所示，拧下十字槽螺钉，拆下前乘员侧杂物箱。

④如图 6-3-33a 所示，拆下变速杆手柄护套，按箭头所示，拧下十字槽螺钉，从导孔 A 中拉出中央托架，拔掉电器插头。

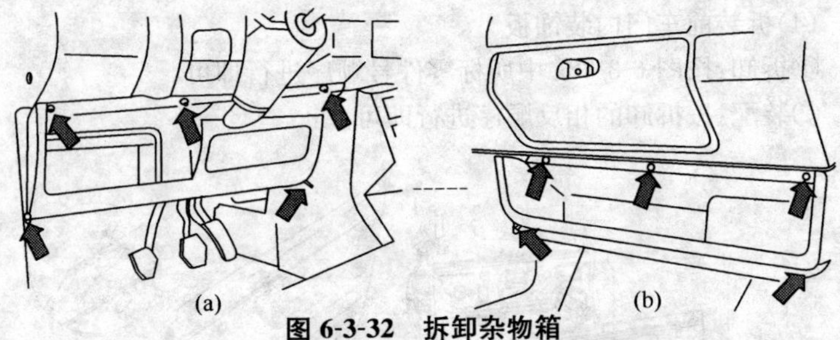

图 6-3-32　拆卸杂物箱

(a)拆卸驾驶人一侧杂物箱　(b)拆卸前乘员侧杂物箱

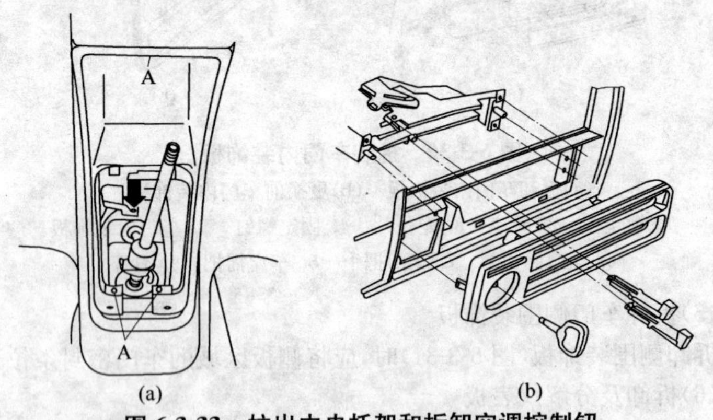

图 6-3-33　拉出中央托架和拆卸空调控制钮

(a)拉出中央托架　(b)拆卸空调控制钮

⑤拆卸空调控制钮：如图 6-3-33b 所示，拔下暖风和通风控制钮，取下装饰罩，将电器接头分开；拆下收音机和杂物盒。

⑥如图 6-3-34a 所示，先拆下仪表板面罩上的开关，然后拧下十字槽螺钉，取下仪表板面罩。

⑦如图 6-3-34b 所示，拧下箭头所示处的十字槽螺钉，拆卸下组合仪表。

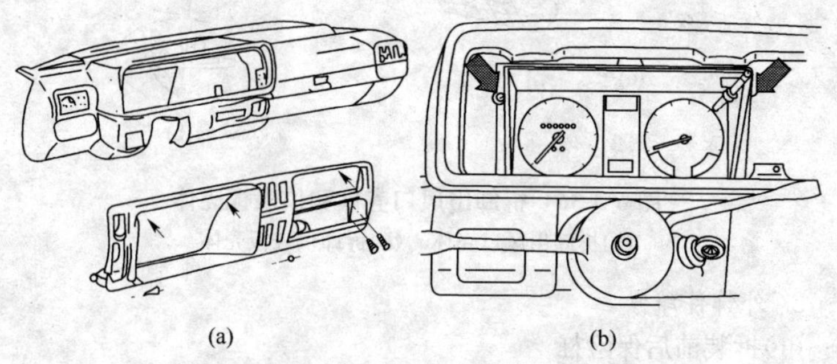

图 6-3-34　拆卸仪表板面罩和组合仪表

(a)拆卸仪表板面罩　(b)拆卸组合仪表

⑧如图 6-3-35a 所示，按箭头方向同时压下啮合凸耳，然后从仪表中拔出速度表驱动软轴，拉出真空软管，将电器接头分开。

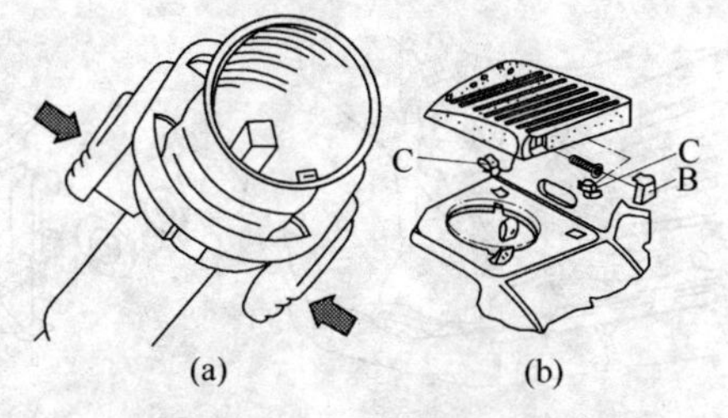

图 6-3-35　拆下速度表软轴和拆卸扬声器护栅

(a)拆下速度表软轴　(b)拆下扬声器护栅

⑨拆卸扬声器护栅：如图 6-3-35b 所示，取下防护盖 B，拧下十字槽螺钉，从卡箍 C 上拆下扬声器护栅。

⑩拆卸出风口壳体：如图 6-3-36a 所示，拆下旋转式格栅，拧下十字槽螺钉，然后拆下出风口壳体。

⑪拆卸仪表板壳体：如图 6-3-36b 所示，拧下侧面及前、后、中间的十字槽螺钉，拧下六角螺母（螺母位于储气室里），取下仪表板壳体。

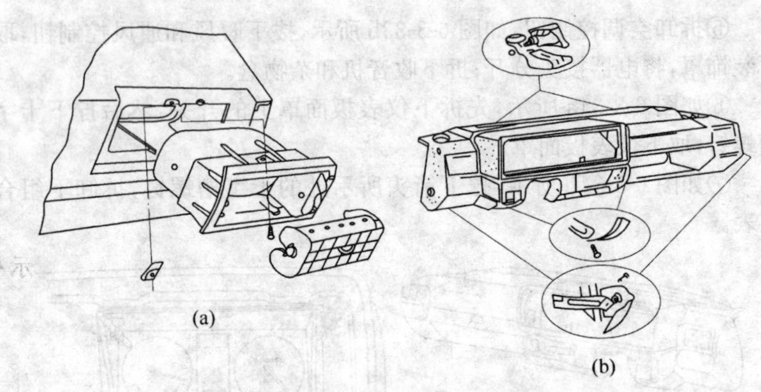

图 6-3-36　拆卸出风口壳体和仪表板壳体

(a)拆卸出风口壳体　(b)拆卸仪表板壳体

2. 外饰件维修

(1)拆装前后保险杠

①拆卸前保险杠：拆卸时，如图 6-3-37a 所示，应先从汽车左、右纵梁上拆下保险杠托架螺栓和汽车底部螺栓(箭头所示)，然后从侧面导向槽(图 6-3-37b)中将保险杠平行拉出。

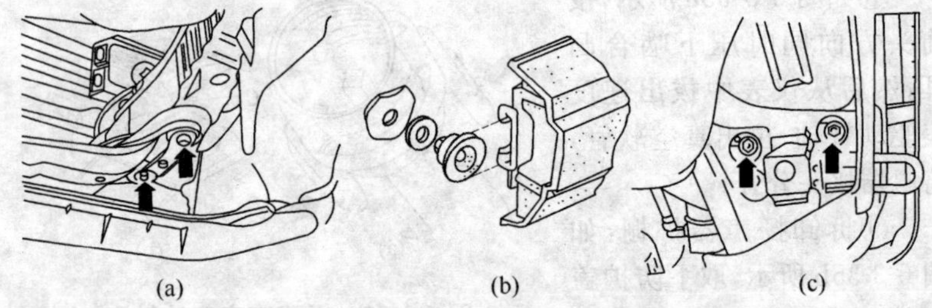

图 6-3-37　拆卸前、后保险杠

(a)拆下前保险杠托架螺栓　(b)从导向槽中拉出保险杠

(c)拆下后保险杠固定螺栓

②拆卸后保险杠：拆卸时，如图 6-3-37c 所示，应先从汽车左、右两侧拆下后保险杠螺栓和底板下部螺栓(箭头所示)，然后从侧面导向槽中(图 6-3-37b)将保险杠平行拉出。

③安装前、后保险杠：按拆卸的相反顺序进行。前保险杠的螺栓拧紧力矩为 82N·m；后保险杠的螺栓拧紧力矩为 70N·m。

(2)更换保险杠外罩

①将保险杠从车身上拆下。

②从保险杠上撬开损坏的外罩。

③用冲头和专用工具将新外罩和保险杠压在一起。

④从保险杠中部开始压保险杠外罩，直至听到塑料扣(箭头所示)的啮合声为止(见图 6-3-38)。

(3)更换带有前大灯清洗装置喷嘴的保险杠外罩

必须在保险杠上切割出喷嘴安装口(见图 6-3-39)，并且在钢制保险杠与保险杠外罩压合前装上螺母。

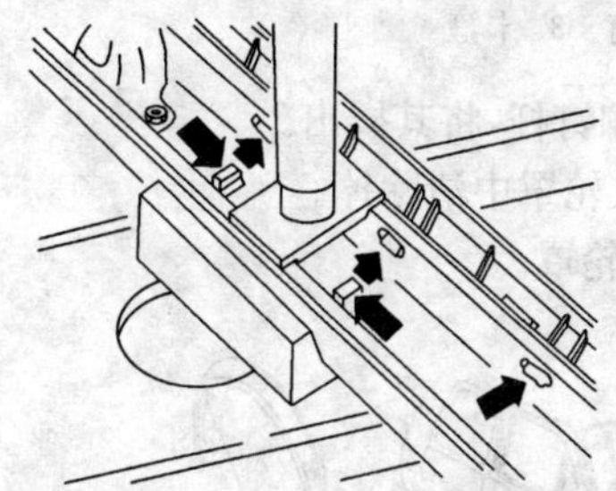

图 6-3-38　安装保险杠外罩

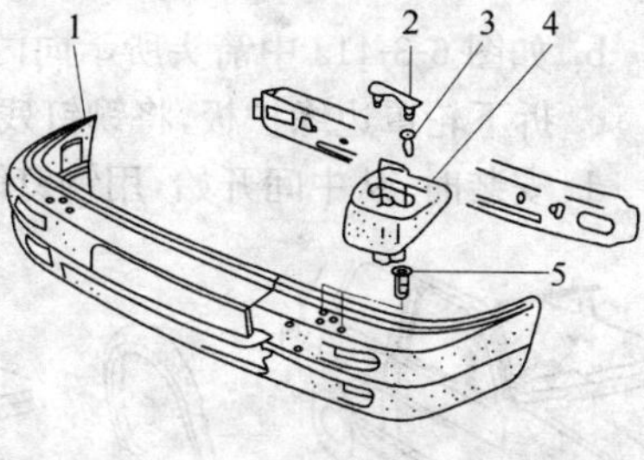

图 6-3-39　前大灯清洗装置喷嘴的位置

1. 保险杠外罩　2. 防护盖　3. 有槽凸圆头螺钉　4. 喷嘴　5. 螺母

(4)拆卸侧围防护条

①侧围防护条如图 6-3-40a 所示。

②拆卸侧围防护条时，用 V. A. G 专用工具 80-200 将侧围防护条与卡箍脱开(见图 6-3-40b)。

③说明：为避免损坏漆面，拆卸时，应用纤维织物将工具与车身接触部位包住。

(5)拆装轮罩边缘护板

①拆卸与安装

a. 切掉铆钉头。

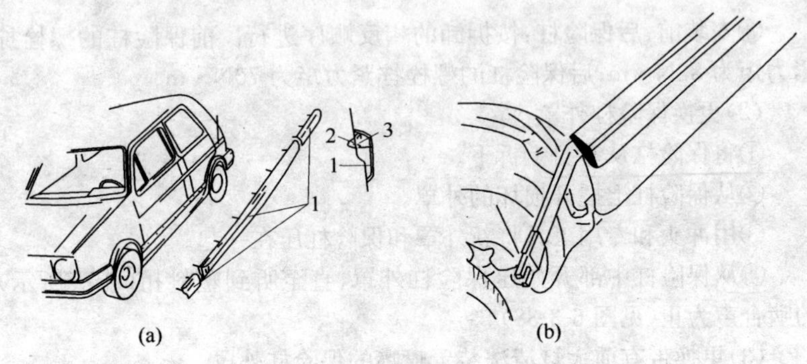

图 6-3-40　拆卸侧围防护条

(a)侧围防护条　(b)侧围防护条的拆卸

1. 侧转防护条　2. 套筒　3. 卡箍

b. 如图 6-3-41a 中箭头所示向内推铆钉杆，将其撬出。

c. 拆下轮罩边缘护板，将铆钉残块从轮罩中清除掉。

d. 安装时，从中间开始，用铆钉铆紧轮罩。

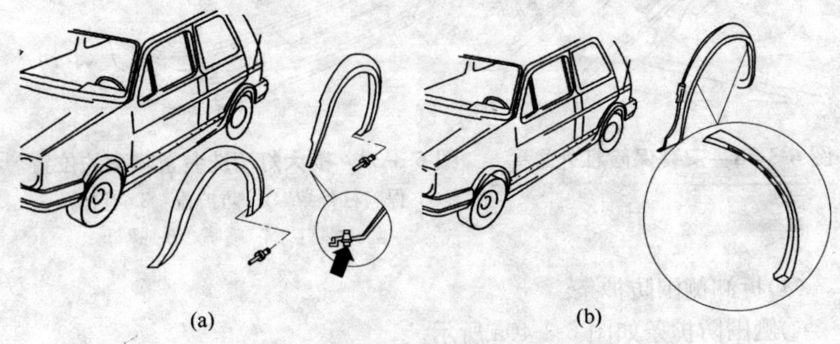

图 6-3-41　拆装轮罩边缘护板

(a)撬出铆钉杆　(b)带有切口的轮罩边缘护板

②说明：装用“195R15”轮胎时，轮罩护板和侧围件上需开 3 个切口（如图 6-3-41b 所示）。

a. 护板备件上的切口是事后加工出来的，由于护板上的前切口去掉了一个固定点，因此在护板上需有一个附加的固定销（见图 6-3-42a）。

对于不需要开切口的汽车，固定销必须去掉(图 6-3-42a 中箭头所示)。

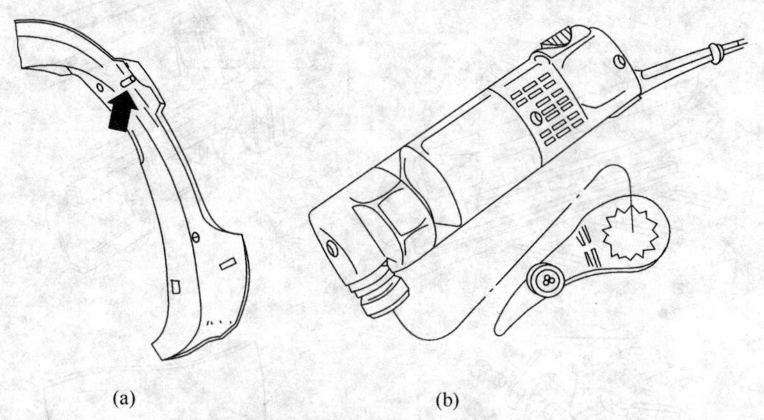

图 6-3-42　加工护板

(a)去掉固定销　(b)在护板上加工切口

b. 轮罩边缘护板切口的加工。

· 把轮罩护板放到轮罩边缘处，在护板背面需切口处划线。

· 拆下护板并加工切口(图 6-3-42b)，切口加工好后，平整切口边缘。

四、车身附件维修

1. 拆卸前座椅

①如图 6-3-43a 所示，拧下十字槽螺钉 2，沿箭头方向拉出护套 1。

②如图 6-3-43b 所示，拧下十字槽螺钉 3，从座椅导轨上拿下护盖 4。

③如图 6-3-43c 所示，向前推座椅，拧下锁紧螺母，然后取下开口弹性挡圈和圆头螺钉，拔出锁止杆，向后推座椅，从导轨上拿下座椅。

④拆卸时，如发现座椅纵向移动不灵或过于松动时，则必须检查前滑座(如图 6-3-43c 箭头所示)和后滑座(如图 6-3-43d 箭头所示)，如损坏应更换。

2. 拆卸后座椅座垫和靠背

(1)拆卸后座椅座垫

如图 6-3-44a 所示，松开保持架，向后推保持架处的座垫；向上抬座垫(图中箭头所指)，然后向前拉出。

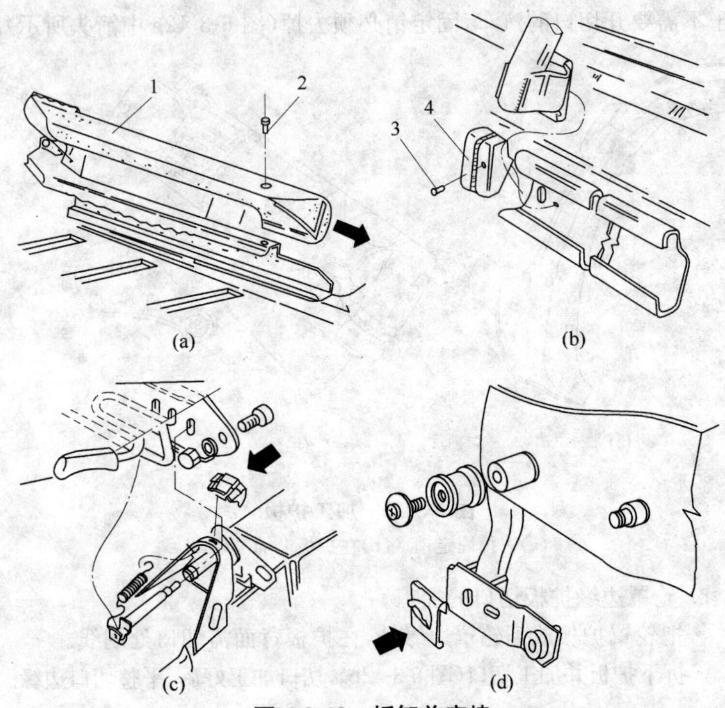

图 6-3-43　拆卸前座椅

(a)拉出护套　(b)从座椅导轨上拿下护盖　(c)拧下锁紧螺母　(d)检查后滑座

1. 护套　2、3. 十字槽螺钉　4. 护盖

图 6-3-44　拆卸捷达型轿车的后座椅座垫和靠背

(a)拆卸座垫　(b)拆卸靠背

(2)拆卸后座椅靠背

如图 6-3-44b 所示,从行李箱处用弯形钢丝将后座靠背固定钩 A 脱开,同时,由另一人将后座椅靠背向乘客舱内压。

(3)说明

①若装有滑雪板袋,应首先将滑雪板袋的框架拆下。

②安装后,从行李箱处应可看见固定钩 A 和下耳环 B。

3. 维修座椅靠背框架

(1)切割支承杆

①用弯把手提砂轮机 V·A·G1422/A 切割支承杆 1(见图 6-3-45a)。

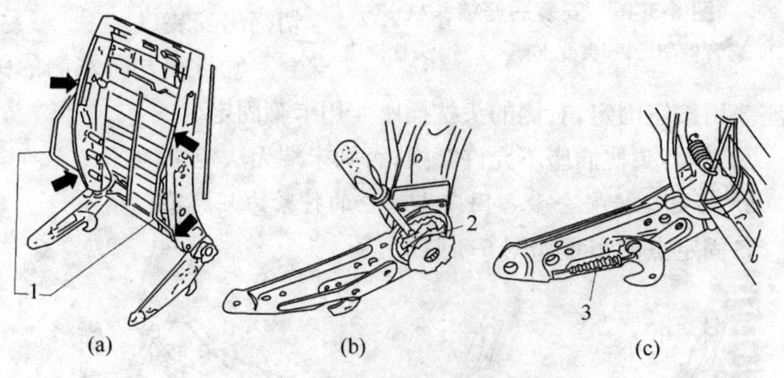

图 6-3-45　维修座椅靠背框架

(a)切割支承杆　(b)拆卸靠背调整装置　(c)用毡带包住挂钩弹簧

1. 支承杆　2. 调整装置　3. 挂钩弹簧

②切割处(图 6-3-45a 中箭头所示)必须去掉毛刺并进行防锈处理(防锈底漆:ALN00200304)。

(2)拆卸靠背调整装置

①座椅靠背框架两侧装有靠背调整装置 2(见图 6-3-45b)。

②用螺钉旋具撬下不需要的靠背调整装置(余下的座椅靠背调整装置必须在外侧)。

③为避免弹簧和安全带锁架产生摩擦响声,应用毡条包住定位器挂钩弹簧 3(见图 6-3-45c)。

4. 安装后座椅头枕

①拆下座椅靠背。

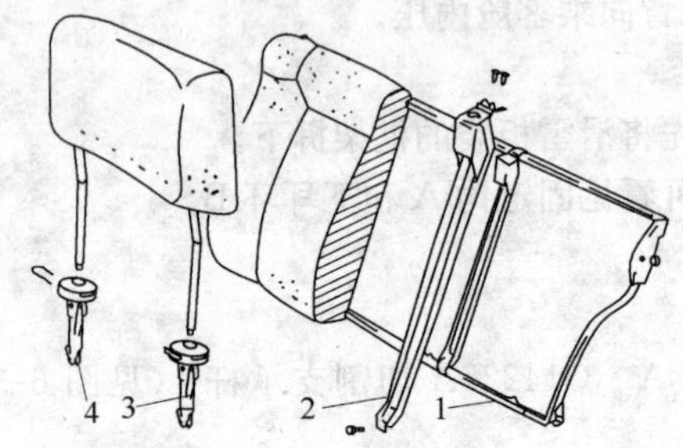

图 6-3-46　安装后座椅头枕

1. 靠背框架　2. 头枕支架　3、4. 头枕插座

②从靠背框架 1(图 6-3-46)上拆下椅套和发泡体。

③将头枕支架 2 用螺钉固定在靠背框架上(靠背框架上钻有固定孔)。

④将发泡体和椅套装到靠背框架上。

⑤将头枕插座处的椅套切割出安装口。

⑥行驶方向左侧的头枕插座 3 用按钮固定,右侧的头枕插座 4 用卡箍固定。

⑦说明:头枕插座不允许互换,否则末端无法定位。

5. 确定座椅安全带各固定点螺栓的拧紧力矩标准

各固定点的布置如图 6-3-47 所示。

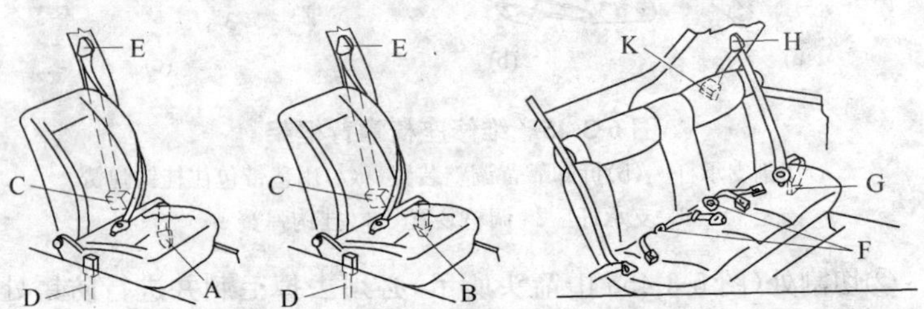

图 6-3-47　座椅安全带的固定点布置

(1)A——门槛处固定点(二门车);B——门槛处固定点(四门车);C——B 柱上的固定点(四门车);E——B 柱上的固定点(二门车或四门车);F 和 G——地板上的固定点;H 和 K——C 柱上的固定点(二门车或四门车)。其六角螺栓拧紧力矩标准均为 40N · m。

(2)D——座椅底座处的固定点(二门车或四门车),其六角螺栓的拧紧力矩标准为 50N·m。

6. 安装座椅安全带高度调整装置

该装置如图 6-3-48 所示，其安装程序如下：

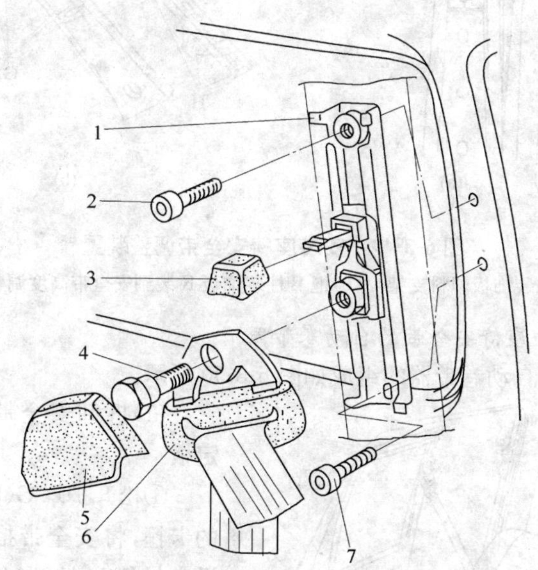

图 6-3-48　座椅安全带调整装置

1. 座椅安全带高度调整装置　2、4、7. 内六角螺栓
3. 释放钮　5. 护罩　6. 安全带连接环

①拆下连接环。

②拆掉车门密封条。

③拆掉 B 柱装饰板。

④按箭头(图 6-3-49a)所示，拆下 B 柱装饰板塑料支架(仅在选装高度调整装置时)。

⑤装上安全带高度调整装置及 B 柱装饰板。

说明：将调整装置调到下数第二个搭扣。在把 B 柱装饰板 K(图 6-3-49b)装到安全带高度调整装置 A 上时，必须将装饰板固定搭扣 G 卡到安全带高度调整装置 A 的导向钩 H 上。

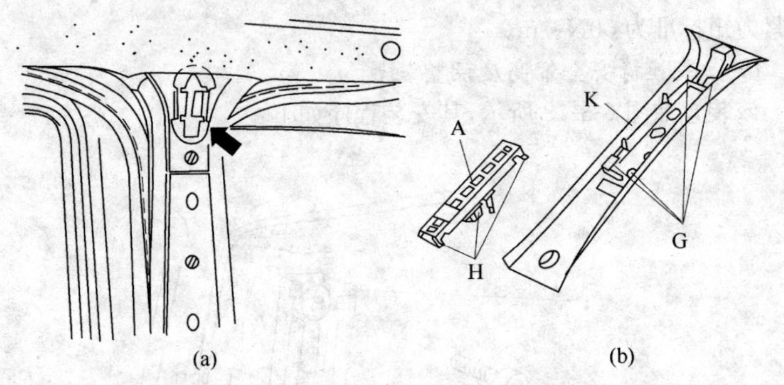

图 6-3-49　安装座椅安全带调整装置

(a)拆下B柱装饰板塑料支架　(b)把B柱装饰板K装到安全带高度调整装置A上

7. 拆卸座椅安全带的自动卷带器

安全带自动卷带器的组成如图6-3-50所示。

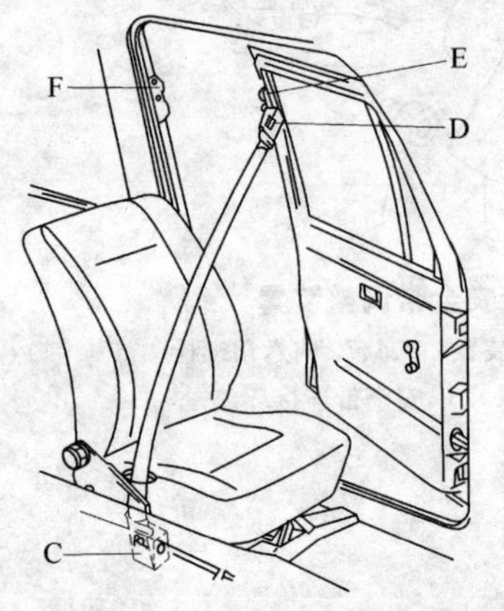

图 6-3-50　自动卷带器的组成

C. 安全带自动卷带器　D. 安全带搭扣
E. 固定板　F. 挂钩板

(1)拆卸安全带搭扣和固定板

①松开护罩G(图6-3-51a)的卡箍,将安全带搭扣处的窗沿密封条H扯开(仅窗沿内密封条)。

②拧下箭头所示的沉头螺钉(拧紧力矩为15N·m),拆下固定板E,从门框上拉出安全带搭扣D。

(2)拆卸挂钩板

拧下箭头所示的沉头螺钉(拧紧力矩为8N·m)(图6-3-51b),从B柱上拆下挂钩板(车门打开)。

(3)拆卸安全带自动卷带器

①撬下座椅导轨护罩,拆下前座椅。

②松开安全带搭扣处的安全带。

③拧下六角螺栓 1(拧紧力矩为 40N·m)(图 6-3-51c)和十字槽螺钉 2(拧紧力矩为 1.5N·m),从座椅底座上拆下安全带自动卷带器。

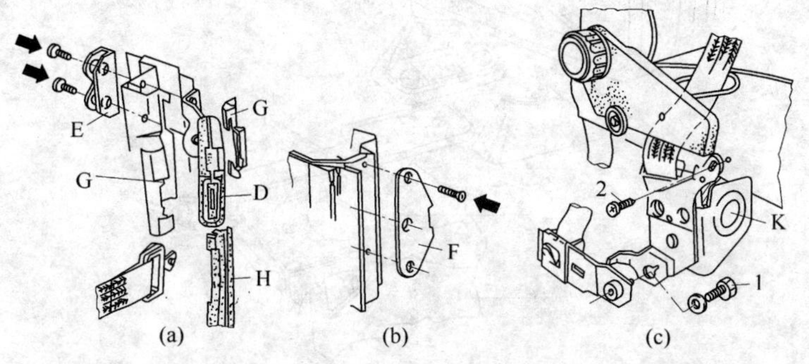

图 6-3-51 拆卸自动卷带器

(a)松开护罩卡箍 (b)拧下沉头螺钉 (c)拧下六角螺栓和十字槽螺钉

1. 六角螺栓 2. 十字槽螺钉

8. 机械式外后视镜和风窗刮水器维修

(1)安装机械式外后视镜

①安装时,用 2 个 M5 铆接螺母 1 把加强板 4 连接到车门外板 5 上(见图 6-3-52a)。

②再用抽芯铆钉 2 把加强板 4 连接到车门内板 3 上(事先已打好孔)。

(2)调整机械式外后视镜

①调整时,将后视镜壳体沿汽车行驶方向向前转动,直到可以看到箭头(图 6-3-52b)所指处的凹槽。

②再用螺钉旋具撬起安全弹簧 6(图 6-3-52c),将后视镜壳体向前或向后摆动,使安全弹簧与所希望的凹槽啮合。

③最后将后视镜壳体向回摆动至不能动为止。

(3)更换外后视镜片

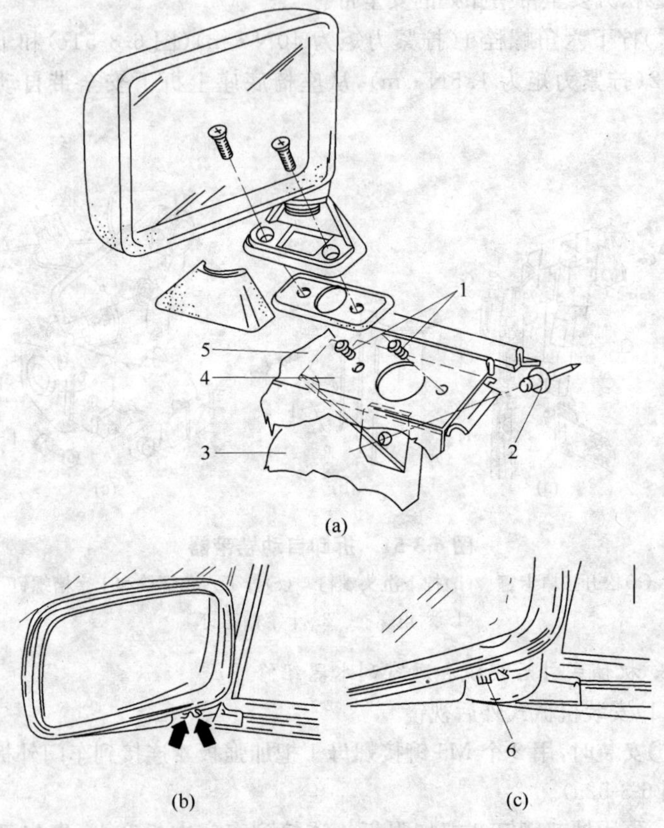

图 6-3-52　安装和调整后视镜

(a)安装后视镜　(b)、(c)调整后视镜

1. M5 铆接螺母　2. 抽芯铆钉　3. 车门内板　4. 加强板

5. 车门外板　6. 安全弹簧

外后视镜片为卡夹式。

①如图 6-3-53a 所示，取出镜片时应先压出镜片下部，然后再压出上部，切勿损坏镜片边角。

②如图 6-3-53b 所示，安装镜片时应对准导向销，并且压紧(注意只可压镜片中央，压时必须带防护手套)。

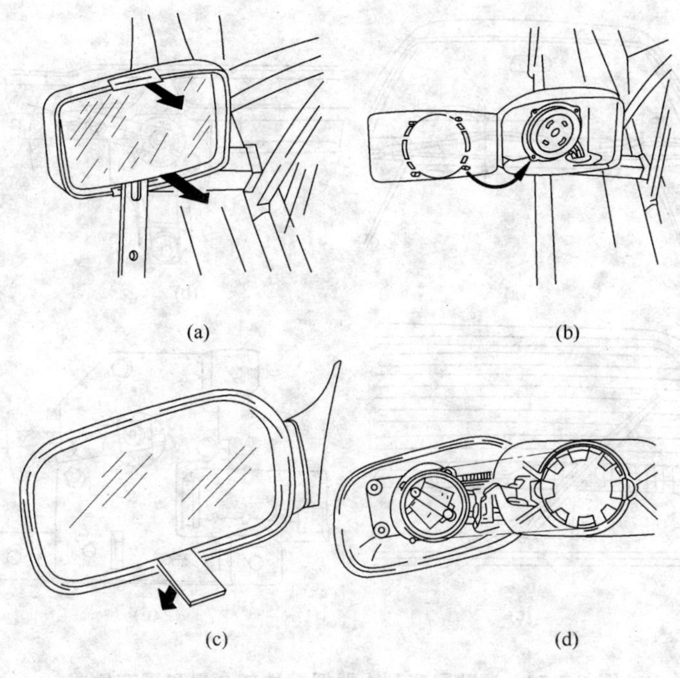

图 6-3-53　更换外后视镜片

(a)取出镜片　(b)安装镜片　(c)拆下视镜玻璃　(d)安上视镜玻璃

(4)调整前风窗刮水器摇臂

①端部余量的调整:把刮水器电动机转动到端部余量位置(图 6-3-54a),使 a=55mm,b=59mm。

②固定位置的调整(图 6-3-54b):把刮水器电动机转动到端部余量位置;支起曲柄,并按图中所示的角度值调整。

(5)调整后风窗刮水器摇臂

①端部余量的调整:将后刮水器电动机转动到端部余量位置(图 6-3-54c),使 a=15mm。

②固定位置的调整:把后刮水器电动机转动到端部余量位置;支起曲柄,按图 6-3-54d 所示角度值进行调整。

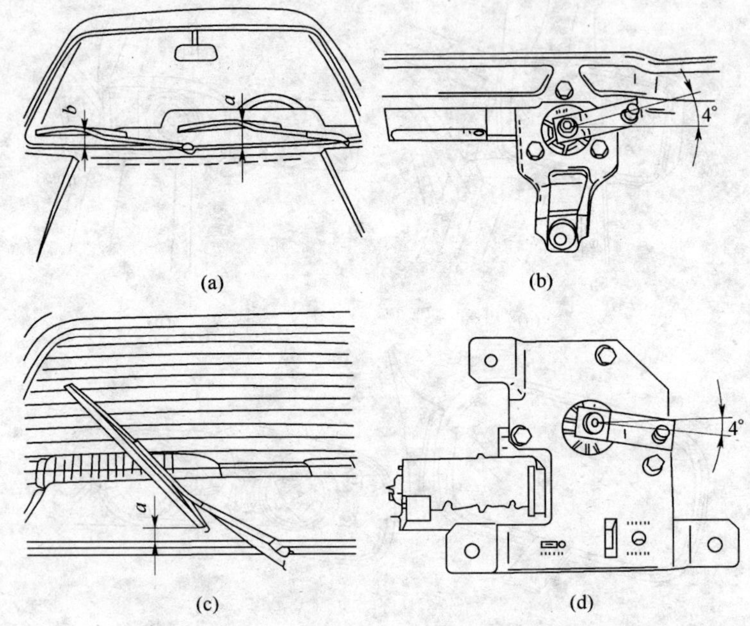

(a)　(b)　(c)　(d)

图 6-3-54　调整风窗刮水器摇臂端部余量和固定位置

(a)调整前刮水器摇臂端部余量　(b)调整前刮水器摇臂固定位置
(c)调整后刮水器摇臂端部余量　(d)调整后刮水器摇臂固定位置

第七篇　车身涂装修理工技术要求标准

第一章　应知部分

第一节　涂装生产三废治理

一、废水治理

1. 治理涂装作业中产生的含碱废水

含碱废水主要是碱液除油产生的。

①一般采用酸碱中和法：向含碱废水中加泛酸（废酸），调整 pH 值，达到排放标准。

②较高品质的处理方法是化学凝聚法：向含碱浓度较高的废水中及煮泡旧涂膜的碱性废水中投入酸性物质，如酸性白土及石灰（乳状石灰）等。

2. 治理涂装作业中产生的含酸废水

①酸碱中和法：把表面处理过程中的含酸废水和含碱废水分别盛装在各自槽内。处理时，按比例注入混合槽内，充分搅拌均匀后注入中和槽，测定 pH 值。如不符合国家排放标准，再用含碱废水或碱物质（如三钠）进行中和，直至符合国家标准为止。最好是 pH 值为 7 呈中性后，注入沉淀槽，使其他物质沉淀后，槽上部的达标废水即可排放。废渣另行处理。

②中和塔和曝和塔设备的两级阶梯治理法：在中和塔（用钢铁型材制成）中装入一定直径大小的石英石和含一定碱值的石灰石、白云石或电石渣等物质，堆积约 1.2m 高，用耐酸泵将水泥池中的含酸废水送入中和塔进行中和，使含酸废水 pH 值达到 5.5 以上后，再注入曝和塔继

续处理，使 pH 值达 6～9 后再注入地下沉淀池，达标后排放。

此外，还有氧化还原的加药治理法、曝气治理法和过滤法等。

3. 治理涂装作业中产生的磷化处理废水

一般采用氧化还原过滤法、中和塔阶梯治理法及碱性物质中和法治理。

4. 治理涂装作业中产生的含铬废水

①氧化还原的加药治理法：这是主要采用的方法。是在含铬废水中加入亚硫酸盐、二氧化硫、亚硫酸氢钠等作为氧化还原剂，使废水中的六价铬变为三价铬，还原后可进一步通过曝气装置和氧化作用，使金属物氧化成其他物质。

其他有害物质沉淀后，再进行废渣治理。

②离子交换法：处理品质较高，具有现代化处理水平。是采用强碱性的阴离子交换树脂等离子交换物质，即用离子交换剂中的离子交换废水中的有害离子。

治理含铬废水还可用电解法。

5. 治理涂装作业中产生的电泳涂装废水

电泳涂装中的泳前和泳后冲洗废水的治理方法有：

①混凝法：向电泳涂装废水中加入有机高分子混凝剂或无机混凝剂，使废水中的油脂、乳化物、悬浮物及金属物凝成块状而净化。这种方法设备复杂，很少采用。

②生物治理法：将一种微生物投入电泳废水中，使微生物产生氧化作用，废水中的各种有害物质氧化分离成胶体物和其他物质。用人工培植的生物转盘就是治理物之一。这是一种消耗少效率高的治理方法。

③超滤膜治理法：其超滤装置由预滤装置、超滤装置、水泵、管路、闸阀等组成。用聚氯乙烯硬质塑料管为支撑体，外压醋酸纤维素超滤膜，装入铝材支撑管束中，由管中心单独流出进行超滤。

操作时，在超滤装置进口阀关闭情况下，起动水泵，然后在出口阀开启状态下，由于泵压的缓慢升高使进口阀全部打开，调整出口阀使之达到全装置运动压力。运行中打开装置盖，随时观察超滤膜的透水量和各组件工作是否正常，定时回收超滤出的废液。若处理涂料时，需先经预滤，滤出较粗杂质后再进行超滤处理。

二、废气治理

1. 治理涂装作业中产生的喷涂废气(漆雾和有机溶剂)

①吸附治理法:吸附装置中装有活性炭、氧化铝、硅胶和分子筛等吸附物质。

吸附装置由蒸气发生器、双组活性炭罐、螺旋管冷凝器、列管冷凝器、油水分离器、直流引风机等组成。

工作过程是:挥发或干燥挥发的有机溶剂、毒性废气经冷却到50℃以下后,由直流引风机引入风管,经双网格过滤器进行过滤,再经二蝶阀、阻火层进入双组活性炭储罐进行吸附。净化的空气由二蝶阀排出。吸附饱和后,开启任一罐蒸气发生器,将其升温至110℃～120℃,待吸附溶剂蒸气压力达160kPa后,打开混合气闸阀,经螺旋管冷凝器、列管冷凝器,将混合气体冷凝后流入油水分离器,按密度不同,回收有机溶剂后分别储存待处理。

使用一定时间后,更换吸附物即可继续使用。

②溶剂吸收法:采用装有液体吸收剂的吸收塔。吸收剂应无毒、不燃,并易于再生和无腐蚀性。有的采用柴油加水的吸收剂治理大量的二甲苯溶剂,但只能回收50%～60%。回收后,可蒸馏过滤回收再利用或烧掉。

2. 治理涂装作业干燥过程中产生的废气

①烘干室中的废气,可采用吸附法或将低浓度的有机溶剂浓缩后分解,回收利用。

②也可采用催化燃烧法。一般催化燃烧装置设在通风排出口处。工作时,由引风机抽出废气,经管道送入热交换器内,将废气进行加热升温,如苯类溶剂产生废气的预热燃烧温度为250℃～300℃,有的酯类溶剂产生的废气需加热升温至400℃～500℃后才可达到燃烧温度。

三、废渣和废物治理

1. 可用废渣的处理

涂装前表面处理产生的废渣,很多可以回收利用,如硫酸亚铁、磷化沉淀物,可经处理变成磷肥等。

2. 无用废渣和废物的治理

一些无用废渣和废物(如废漆、粉尘、废抹布、废纸、废洗油等)可在密封的容器中烧掉。

第二节　制定车身涂装的涂料用量和工时定额

一、制定车身涂装的用料定额

1. 用理论计算法制定车身涂装的涂料用量定额

这种方法一般是按下式先算出理论涂刷用量,再考虑施工损耗因素适当增加。然后,用涂刷面积相乘,即得出涂刷一层所需要的数量。计算公式为

$$Q=\mu/\left(\frac{1}{D}-\frac{1-NV}{d}\right)$$

式中　Q——涂装一层的涂料用量(g/m^2);

μ——涂膜厚度(μm);

D——涂料密度(g/cm^3);

NV——涂料中不挥发成分含量(%);

d——涂料中所含溶剂密度(g/cm^3)。

表 7-1-1 列出了三种涂料涂刷时的使用量。

表 7-1-1　三种涂料(涂刷时)计算使用量

	μ(μm)	D(g/cm³)	NV(%)	d(g/cm³)	Q(g/m²)
长效磷化底漆	15	0.95	26	0.83	94
环氧富锌底漆	20	2.3	78	0.84	118
一般防锈漆	25	1.11	40.6	0.85	125

注:该表的用量是按理论用量计算公式得出。

2. 用面积估算法制定车身涂装的涂料用量定额

首先,计算被涂物面的面积,再从油漆厂产品技术说明书中查得所用漆的使用量,两者乘积即为涂装一层的用漆量 Q(kg)。计算公式为

$$Q=AB/1000$$

式中　A——被涂物面面积(m^2)；

B——产品说明书规定的用量(g/m^2)。

表 7-1-2 列出了按油漆厂提供的说明书计算使用量。

表 7-1-2　按油漆厂提供的说明书查出使用量　(m^2/kg)

	朱红	铁红	黄	蓝	白	绿	灰	黑	银白	清漆
调和漆	12～18	15～21	12～18	17～18	9～13	14～20	11～16	20～30		
防锈漆		20	10				10	14		
酚醛漆	18～25	18～25	14～20	18～25	12～16	18～25	14～20	22～32		20～30
醇酸漆	20～30	18～25	16～22	18～25	13～18	18～25	15～20	22～32		22～32
硝基漆	10～15	14～20	10～15	14～20	10～15	14～20	17～18	15～22		15～22
银粉漆									22	

3. 用统计法制定车身涂装的涂料用量定额

根据以往生产中材料消耗的统计资料，并考虑吸收先进技术经验，制定出用漆量定额。

4. 用查表法制定车身涂装的涂料用量定额

一些常用涂料的单位面积用量见表 7-1-3。

表 7-1-3　常用涂料的单位面积使用数量　(g/m^2)

名　称	单位面积用量	名　称	单位面积用量
醇酸清漆	40	清油(熟油)	90～120
各色厚漆	100～120	清油(熟桐油、光油)	60～90
白厚漆	120～125		
各色油性调合漆	白色一层:80～100 其他色:60～70	酚醛黑板漆	100～150
红丹油性防锈漆	200～240	醇酸清漆	40～60
铁红油性防锈漆	80	各色醇酸磁漆	60～80
各色酯胶调合漆	白色:70～80	各色醇酸船壳漆	白色:150 黑色:50 灰色:100
紫红地板漆	其他色:60～70		奶黄:100
钙酯地板清漆	40～50	白色醇酸耐酸漆	200
红丹脂胶防锈漆	200～240	铁红醇酸底漆	150
酚醛清漆	40	红丹醇酸防锈漆	200
红棕酚醛透明漆	40～50	醇酸二道底漆	120

续表 7-1-3

名 称	单位面积用量	名 称	单位面积用量
(改良金属漆)			
各色纯酚醛磁漆	70～90	硝基外用磁漆	240～360
酚醛地板漆	100	硝基外用清漆	50～70
红丹酚醛防锈漆	100～120	硝基内用清漆	150～200
铁红酚醛防锈漆	60～80	硝基木器清漆	60～100
硼钡酚醛防锈漆	80	各色硝基内用磁漆	240～360
黑酚醛烟囱漆	80～100	各色硝基底漆	80～120
酚醛纱窗磁漆	120～150	硝基半光磁漆	180～270

5. 用计算法制定油基底漆、磁漆、清漆的车身涂装用量定额

可按下面公式计算：

$$Q=\frac{a-b}{F}\times 10000$$

式中 Q——消耗量(g/m^2)；

a——涂覆后的薄板质量(g)；

b——涂覆前的薄板质量(g)；

F——涂覆面积(cm^2)。

6. 用计算法制定硝基纤维素喷漆的车身涂装用量定额

可按下面公式计算：

$$Q=\frac{a-b}{kF}\times 100\times 10000$$

式中 k——干燥残余(%)。

二、制定车身涂装的用工定额

1. 用经验估工法制定车身涂装的工时定额

工时定额一般由作业时间、工作地布置时间、休息及生理需要时间、准备时间、结束时间构成。

经验估工法是根据以往经验，并结合对工件的品质要求和企业实际条件直接估算的一种方法，简便易行，工作量小，但准确性较差，适于单件小批及零星作业。

其制定步骤一般如下：

①首先根据被涂工件的大小，确定操作人员的数量。

②根据被涂工件表面锈蚀的程度，来确定表面预备处理的工时。

③根据所选用的涂料品种和施工方式，确定涂层的层数及每层涂料或腻子层的实际干燥时间。

④根据工艺规程对涂装层次的要求，确定每道工序所需要的时间。

⑤最后，将表面预备处理的时间、填刮每层腻子的时间、涂刷每层涂料的时间、每层腻子和每层涂料的实际干燥时间相加，其总和即为完成该工件涂装的总工时(未包括末道漆的干燥时间与辅助工序工时)。

2. 用统计分析法制定车身涂装的工时定额

根据实耗工时的统计资料，经过整理分析，结合现行生产技术条件制定出工时定额。本方法适于成批生产及统计资料原始记录完善齐全的企业。

3. 用比较类推法制定车身涂装的工时定额

以同类作业为依据，经过分析比较后，确定出工时定额。

4. 用技术测定法制定车身涂装的工时定额

通过实地观察测定或使用定额标准进行技术计算，制定出工时定额。

三、确定部分货车车身涂装的用料和用工定额

1. 确定 1.5t 轻型货车车身涂装的涂料用量和涂装工时定额

1.5t 载质量轻型汽车通常分为单排座和双排座两种类型。其涂装工艺可分为醇酸漆工艺用料、用工，硝基漆工艺用料、用工和氨基烘干漆工艺用料、用工。

①醇酸漆工艺用料、用工见表 7-1-4。

表 7-1-4　醇酸漆工艺用料、用工(用工以两人操作计)

材料名称	1.5t 单排座			1.5t 双排座		
	用料(kg)	操作项目	用工(h)	用料(kg)	操作项目	用工(h)
汽油(除油擦净用)	4	除油除锈	2	4.5	除油除锈	2.5
C06-1 铁红醇酸底漆	6	喷头道底漆	1	7	喷头道底漆	1.2
C07-5 醇酸腻子	10	刮腻子每道	1	15	刮腻子每道	1.5
C06-10 醇酸二道底漆	6	喷二道底漆	1	8	喷二道底漆	1.2
C04-2 或 C04-42 醇酸磁漆	10 (二道计)	喷面漆二道	1.5	12 (二道计)	喷面漆二道	1.8
X-6 醇酸稀料	10			12		

续表 7-1-4

材料名称	1.5t 单排座			1.5t 双排座		
	用料(kg)	操作项目	用工(h)	用料(kg)	操作项目	用工(h)
砂布(60～70 号)	10 张	干磨	2	12 张	干磨	2.5
水砂纸(240～360 号)	25 张	水磨	3	30 张	水磨	3.5
棉纱或擦布	1	擦净	0.5	1		0.6

②硝基漆工艺用料、用工见表 7-1-5。

表 7-1-5　硝基漆工艺用料、用工(用工以两人操作计)

材料名称	1.5t 单排座			1.5t 双排座		
	用料(kg)	操作项目	用工(h)	用料(kg)	操作项目	用工(h)
汽油(除油擦净用)	4	除油除锈	2	4.5	除油除锈	2.5
过氯乙烯底漆或硝基底漆	5.5	喷底漆	1.2	6	喷底漆	1.5
过氯乙烯二道浆或硝基二道浆	6	喷二道浆	1.5	6.5	喷二道浆	1.8
醇酸腻子	12	刮腻子(三道)	3	13	刮腻子(三道)	3.5
硝基腻子	3	细找腻子	0.5	3.5	细找腻子	0.6
硝基外用磁漆	8	喷面漆(三次八道)	4	9	喷面漆(三次八道)	4.5
硝基外用清漆	3			3.5		
硝基稀释剂	16	干磨	2	17	干磨	2.5
砂布	10 张	水磨	4	12 张	水磨	4.5
水砂纸	30 张	擦净	1	35 张	擦净	1.5
棉纱或擦布	1			1		

③氨基烘干漆工艺用料、用工见表 7-1-6。

表 7-1-6　氨基烘干漆工艺用料、用工(以两人操作计)

材料名称	1.5t 单排座			1.5t 双排座		
	用量(kg)	操作项目	用工(h)	用量(kg)	操作项目	用工(h)
汽油	4	除油除锈	2	4.5	除油除锈	2.5
氨基烘干底漆	5	喷底漆	1	5.5	喷底漆	1.2
氨基烘干二道浆	6	喷二道浆	1.2	6.5	喷二道浆	1.5
水质腻子	10	刮粗腻子	3	12	刮粗腻子	3.5
氨基烘干腻子	2.5	刮细腻子	0.5	3.5	刮细腻子	0.8
氨基烘干面漆	12	喷面漆(湿喷湿)	2	13	喷面漆(湿喷湿)	2.5
氨基稀释剂	10			11		

续表 7-1-6

材料名称	1.5t单排座			1.5t双排座		
	用量(kg)	操作项目	用工(h)	用量(kg)	操作项目	用工(h)
砂布	10张	干磨	1.5	12张	干磨	2
水砂纸	30张	水磨	3	35张	水磨	4
棉纱或擦布	1	擦净	0.6	1	擦净	0.8

2. 确定3t轻型货车车身涂装的涂料用量和涂装工时定额

由于3t载质量轻型汽车不论是驾驶室或车厢，都较1.5t轻型汽车的体积大，所以，在同样形状(指单排座和双排座)的情况下，在1.5t轻型汽车用料、用工数量的基础上，各加上20%，就可满足其用料、用工要求。

第二章　应会部分

第一节　涂料的调配和使用技术

一、面漆的选择和使用

1. 选用车身涂装的金属闪光漆

可按表 7-2-1 所介绍闪光漆的型号、性能与用法进行选用。

表 7-2-1　闪光漆品种与使用

型号与品名	组　成	性能与用法	备　注
8751 各色丙烯酸闪光漆	含羟基丙烯酸酯、氨基树脂、颜料、闪光铝粉、有机溶剂	色彩鲜艳，闪烁性强，涂膜坚硬耐磨，保光、保色、耐热性优良。在20℃以上条件施工时，采用二甲苯调稀，20℃以下采用甲苯调稀，10℃以下采用醋酸乙酯调稀。喷涂黏度（13～16）s，喷后静置10min，用100℃先烘5min，再喷涂一次，静置10min 后用 120℃烘30～40min	①配套底漆为 H06-2 铁红环氧酯底漆，罩光清漆 8252 丙烯酸清烘漆或 8252A 清烘漆 ②该漆不能与其他品种漆混合使用
9201 丙烯酸氨基闪光漆	丙烯酸-苯乙烯共聚树脂、氨基树脂、颜料、铝粉、有机溶剂	色彩鲜美，涂膜坚硬光亮，耐候性、耐热性优良。主要用于车辆、仪器等表面装饰	苏州造漆厂生产
各色丙烯酸闪光烘干漆	丙烯酸酯、氨基树脂、铝粉闪光颜料、有机溶剂	涂膜坚韧，附着力强，装饰性好，耐候性、防锈性、防霉性优良。用法参考 8751 丙烯酸闪光漆	常州造漆厂生产
各色丙烯酸自干闪光漆（双组分漆）	二异氰酸脂与含羟基树脂为组分一，丙烯酸树脂、闪光铝粉、颜料等为组分二	装饰性强，附着力好、耐候性优良。喷涂后表干 3h，实干 24h，烘干 90℃～100℃ 1h。喷涂时按产品规定比例进行施工	可用于车辆金属制件和塑料制件表面装饰

2. 选用车身涂装的罩光漆

可按实际涂漆对象及现有条件，按表 7-2-2 中的“用途”内容参考选用。

表 7-2-2　汽车常用罩光漆

名　称	性　能　特　点	用　途
L01-24 沥青清烘漆	涂膜坚硬，黑亮、耐水、耐油、耐汽油性良好。适用于大槽浸渍施工。200℃下 50min 可烘干	可作 L06-9 的罩光用漆
A01-2 氨基漆洪漆	与 A05-9 的性能相似	作 A05-9 的罩光用漆
B01-10 丙烯酸清洪漆	与 B05-4 性能相似	作 B05-4 的罩光用漆
A01-10 氨基清烘漆（3350 氨基清漆）	涂膜坚硬、光滑平亮，耐候、耐潮性好。施工方法以手工喷涂为主，也可用静电喷涂	可作氨基烘漆、L01-12 沥青烘漆与 H05-6 环氧烘漆的表面罩光

3. 选用车身涂装的粉末涂料

①热固型粉末涂料：汽车上常用的有环氧粉末涂料、聚酯粉末涂料和丙烯酸树脂粉末涂料等。

②热塑型粉末涂料：汽车上常用的有聚乙烯粉末涂料、聚酰胺（尼龙）粉末涂料等。

可根据汽车的使用条件要求，按表 7-2-3 所列涂料的性能特点进行具体选用。

表 7-2-3　汽车用粉末涂料性能

涂　料	性　　能
环氧粉末涂料	耐化学性能好，涂膜坚韧，与金属有优异的结合力，不耐过度烘烤，长期在户外使用易粉化和失光
聚酯粉末涂料	具有较好的户外使用性，耐紫外线，涂覆效率比环氧粉末涂料好，烘烤不易泛黄，光泽度高，流平性好；涂膜丰满颜色浅，比丙烯酸树脂粉末涂料有更好的附着力、机械强度和施工性能
丙烯酸树脂粉末涂料	涂膜光泽高，外观漂亮，但机械强度、耐水性、耐药品性差。热固性丙烯酸树脂粉末涂料有优良的耐候性、保光性、耐污染性、耐腐蚀性、附着力强，外观优异，适用于装饰
聚乙烯粉末涂料	属热塑性涂料，涂膜有优良的抗腐蚀性，耐化学药品、耐紫外线和优异的绝缘性能。缺点是机械强度不高，附着力差。
聚酰胺粉末涂料（尼龙粉末）	属热塑性涂料，具有机械强度高，抗冲击，耐磨性好，摩擦系数小的特点

4. 静电粉末涂装的车身喷涂作业

静电粉末喷涂的工艺流程为表面预处理→屏蔽→工件预热→喷涂→固化→淬火冷却→缺陷修补→清理。

作业中应注意以下事项：

①对于工件上不需喷涂的部位，应进行遮蔽，可用牛皮纸、胶布、耐高温的脱膜剂，如硅酯等蔽覆。

②对需刮腻子的不平处应选用导电腻子，与粉末涂料应有良好的结合强度。腻子的主要成分是环氧酯、体质颜料和导电材料。

③喷涂的工艺参数，一般根据粉末涂料种类、工件大小形状及设备性能确定，并通过试验取得最佳参数。对于环氧和聚酯粉末涂料的工艺参数为：工作电压 60～80kV，工件为正极接地，喷枪喷头距工件100～200mm，空气压力 0.10～0.15MPa，固化温度为 160℃～170℃，5～8min。

④烘烤固化时根据不同涂料选择适当的烘烤温度。温度低，涂层固化不完全、涂层脆、机械强度低；温度太高，涂层易泛黄或倒光。对于环氧或环氧聚酯粉末涂料的固化温度取 160℃～170℃，5～20min。

⑤烘烤后取出工件在空气中冷却，然后将工件上的蔽覆物清理干净，检验外观品质是否合格。

二、底漆的选择和使用

1. 使用 H06-2 铁红、锌黄环氧底漆作湿热带地区保护性涂层及高级轿车装饰性涂层底漆

铁红环氧底漆适用于黑色金属，锌黄环氧底漆适用于有色金属打底。可与 X06-1 磷化底漆、Q04-2 硝基外用磁漆、A05-9 氨基烘漆、H05-6 环氧烘漆等配套使用。其使用方法如下：

①先用二甲苯稀释到操作黏度，喷涂或刷涂。使用前应搅拌均匀。

②锌黄环氧底漆与面漆配套使用时，应加喷氨基底漆，再涂面漆以提高附着力。

③对于黑色金属或经氧化处理的轻金属表面，涂 H06-2 环氧底漆前应先经磷化处理或涂磷化底漆。

④干燥条件：室温自干 12h，60℃低温烘干 1h，再涂腻子或面漆。

⑤使用量：铁红色 70～90g/m²；锌黄色 80～100g/m²。

2. 使用 H06-3 铁红、锌黄环氧底漆作湿热带地区保护性涂层及高

级轿车装饰性涂层底漆

铁红环氧底漆用于黑色金属，锌黄环氧底漆用于有色金属。可与H05-7环氧醇酸烘漆、H05-5环氧烘漆、A05-9氨基烘漆、Q04-2硝基外用磁漆、G04-9过氯乙烯外用磁漆等配套使用。其使用方法如下：

①用甲苯或二甲苯4份与丁醇1份(质量比)混合溶剂调至施工黏度，使用前搅拌均匀。

②干燥条件：室温条件自干20～30min，然后升温至120℃～130℃，烘干1.0～1.5h。

③使用量：70～90g/m²。

3. 使用H06-9环氧酯烘干二道底漆(二道环氧底漆)作湿热带地区保护性涂层及高级轿车装饰性涂层底漆

此底漆用作汽车车身封闭底漆时，能在有底漆和打磨平滑的腻子上填密腻子孔隙和细痕。其使用方法如下：

①施工以喷涂为主，用二甲苯调稀至16～20s(涂-4黏度计)。

②涂膜烘干后，用水砂纸打磨平滑。

③使用量：60～70g/m²。

4. 使用F06-9铁红、锌黄纯酚醛底漆作耐水性和防锈性的中级轿车装饰性涂层底漆

铁红色用于汽车钢铁表面，锌黄色用于汽车铝合金表面。可与醇酸磁漆、氨基烘漆、纯酚醛面漆等面漆配套。

使用方法如下：

用二甲苯稀释至施工黏度，可喷、刷涂2道，每道厚度<20μm。

5. 使用C06-1铁红醇酸底漆作耐水性和防锈性的中级轿车装饰性涂层底漆

此底漆可与醇酸磁漆、氨基烘漆、硝基磁漆、沥青漆、过氯乙烯磁漆、丙烯酸磁漆等配套使用。其使用方法如下：

①用二甲苯(或X-6醇酸漆稀释剂或松节油)调稀至操作黏度，可喷涂或刷涂，涂层厚一般为20μm。

②使用量：应≯150g/m²。

6. 使用C06-10醇酸二道底漆(醇酸二道浆)作耐水性和防锈性的中级轿车装饰性涂层底漆

可把此底漆喷涂在有底漆和腻子的表面上，填平微孔和纹道。其使用方法如下：

①用二甲苯调稀，与醇酸底漆、醇酸磁漆、醇酸腻子、氨基烘漆等配套使用。

②使用量：$120g/m^2$。

7. 选用高级轿车维修涂装用进口底漆

高级轿车维修涂装常用的进口底漆型号及品名、包装规格等参见表 7-2-4。

表 7-2-4　维修高级轿车常用进口底漆

型号及品名	包装规格/L	使用范围	备　注
P082-28 防锈红底油	1	桑塔纳、奥迪轿车打底	英国
934-0 塑料底油	1	高级轿车打底	德国
934-100 塑料底油添加剂	1	与 934-0 配套使用	德国
934-200 套装塑料底油	2	与 934-0、934-100 配套使用	德国
965-32 底油催干剂	0.5	与 934-0 配套使用	德国
801-1552 环氧树脂底油	1	高级轿车底层打底	德国
352-228 金属底油催干剂	2.5	与自干型进口底油配套	德国

8. 配制及使用磷化底漆

(1)磷化底漆的配制

①使用前将生产厂家分桶包装供应的两个组分，按质量比每 4 份底漆加 1 份磷化液混合均匀。磷化液不是溶剂，用量不得随意增减。

②将搅拌均匀的底漆放入非金属的容器内，边搅拌边慢慢加入磷化液。

③调配后，放置 30min 再使用，配好的磷化底漆必须在 12h 内用完。

(2)磷化底漆的使用

磷化底漆是一种在将金属表面磷化的同时，能形成涂膜的新型底漆，但由于成膜很薄，故不能单独作底漆，而需要和一般底漆配合使用。

①涂漆方法：喷、刷均可，涂膜厚度以薄为宜，一般为 8～15μm，使用量为 $50\sim80g/m^2$，工作黏度为 16～18s。

②使用时若漆液太稠，不能多加磷化液，可加入 3 份无水乙醇与 1 份丁醇（质量比）的混合液进行稀释。

③磷化底漆必须涂布在经过表面处理的零件表面上。被涂工件最好经过喷砂处理。

④涂膜涂布后，经过 2h 就可以涂装其他底漆（环氧底漆、铁红醇酸

底漆和氨基醇酸烘干底漆等)。

9. 配制70型带锈底漆(转化型带锈涂料)

(1)配方

磷酸45%,亚铁氰化钾(钠)5%,煤焦油5%,炭黑1%,丁醇5%,二甲苯5%,6101环氧树脂10%,酒精24%。

(2)制配工艺

①制转化液:将磷酸倒入耐酸容器中,缓慢将亚铁氰化钾(钠)粉末(最好先加热至100℃,烘干过筛)加入并搅拌成乳白色转化液,静置过滤后使用,使用时再搅拌。

②制炭黑油:将煤焦油倒入容器,缓慢将炭黑加入并搅拌。

③制树脂液:将丁醇和二甲苯倒入耐酸容器内,再倒入6101环氧树脂(先加热软化)缓缓搅拌(防止挥发)即成。

④配制带锈涂料:将炭黑油倒入树脂液中搅拌,再加入转化液,继续搅拌均匀,放置24h即可使用。

注意,在加料时温度上升,应用风扇吹或加些酒精降温。

10. 配制H06-18环氧缩丁醛底漆(带锈涂料)

①配方:转化液由磷酸、亚铁氰化钾混溶而成;成膜液由环氧树脂、缩丁醛树脂、乙醇、丁醇以及蓖麻油作增塑剂混合而成。

②配制工艺:将转化液与成膜液按70%和30%的比例混合并搅拌均匀,然后放置10min即可使用。

11. 使用带锈涂料涂装车身

带锈涂料是一种直接在有锈物面上施工的涂料,涂装后既可除锈,又能起到部分防锈底漆的作用。

(1)稳定型的使用方法

与普通底漆的施工方法相同。

(2)转化型的使用方法

①对于厚锈,涂刷要厚,反复多刷几次并涂刷均匀,使铁锈转化完全彻底。

②对于薄锈和氧化皮,可在物面上横竖各刷2～3次。

③对于仅有微薄锈层或旧漆的物面,刷得要更薄些,只均匀反复2次即可。

④带锈涂料只能部分地代替底漆作用，所以，在使用这种涂料后，仍然需要按产品要求进行刷涂底漆（最好使用酚醛漆类或环氧漆类的配制底漆）。

⑤必须待带锈涂料干燥后才能涂装配套底漆和面漆，否则，在余酸作用下，底漆容易起泡、脱落。

三、辅助材料的选择和使用

1. 选用和配制液体脱漆剂

①选用：可按表 7-2-5 中所介绍脱漆剂的名称、性能和用途进行。

表 7-2-5　液体脱漆剂配方实例

名　称	原　料	配比(%)	性能与用途
T-1 脱漆剂	苯 乙醇 丙酮 石蜡	55 20 11 14	脱漆效率（旧漆面积计）≮85%，对金属无任何腐蚀。适于酚醛类、醇酸类等旧漆
T-2 脱漆剂	苯 醋酸丁酯 醋酸乙酯 丙酮	60 15 15 10	脱漆效率≮90%，对金属无腐蚀。可脱醇酸漆、酚醛漆及硝基漆
T-3 脱漆剂	二氯甲烷 OP-10 乳化剂 乙醇胺 乙二醇乙醚 甲基纤维素 乙醇 石蜡 蒸馏水	70 6 5 4 2 6 3 4	脱漆效果好，对金属无任何腐蚀。可用于清除酚醛漆、醇酸漆、氨基烘干漆、硝基漆等的旧漆
特种脱漆剂	乙二醇缩甲醛 甲苯 丙酮 乙醇 硝化棉(70%) 石蜡	52 30 6.5 6 4 1.5	外观呈透明液体，脱漆效率高，效果好。对自干型漆、烘干型漆、快干漆均有较好的清除效果

注：配制 T-1 脱漆剂时，先将石蜡在 75℃～85℃条件下熔化，之后加苯搅均匀至石蜡全部溶解，再加乙醇和丙酮充分搅匀即可使用；配制 T-2 脱漆剂时，将全部原料混合均匀即可；配制 T-3 脱漆剂时，先将石蜡加热熔化，然后加二氯乙烷、甲基纤维素、乳化剂、乙醇胺、乙二醇乙醚、乙醇及蒸馏水，最后强力搅拌使之成为悬浮状液体，过滤后即可使用；配制特种脱漆剂时，将石蜡熔化后，再与其他原料搅拌均匀，静置后即成透明液体，过滤干净即可使用。

②配制：可按表 7-2-5 中所介绍的原料及其配比和图注中的方法进行。

2. 手工使用磨光剂(抛光剂之一)

磨光剂是一种乳浊表膏状物，具有质地细腻均匀、能磨掉涂膜表面的粗粒、消除“橘皮”、发白、污迹、填平细小缺陷的功能。主要用于硝基漆、丙烯酸漆等快干漆抛光的头道蜡，可进一步提高涂膜平整度和光滑度，为上光蜡打好基础。

①先用 500～600 号水砂纸，蘸温水将涂膜表面上的“橘皮”、颗粒、针孔等反复水磨至平整光滑。

②再用干净棉纱、法兰绒或新毛巾等，蘸适量的磨光剂在硝基漆等表面涂擦均匀。

③而后用力擦至涂膜表面如镜面般平整光滑。

④待全车涂膜都擦至镜面般平滑后，再用干净的细软布等反复擦净余蜡，即可用上光剂进行上光。

3. 使用上光剂(抛光剂之一)

上光剂是一种浅黄色或白色膏状物，具有提高涂膜光泽、防水和保护等作用。主要用于汽车涂膜表面提高光泽和延长涂膜的使用寿命。

①在涂膜经过磨光剂磨光后，用脱脂棉花团或细软布，先蘸上上光剂将物面薄涂均匀。

②稍停数分钟后，再用力反复擦至涂膜闪闪发光为止。

③待全部涂膜都连续擦至均匀的亮光后，再用干净棉花或细软布细致地擦净残蜡。

4. 使用上光水(抛光剂之一)

上光水是一种牛乳状液体，使用性能比上光蜡更为优越，即涂膜经磨光蜡抛光后，用上光水均匀喷涂一次，涂膜就光亮如新。目前已在小轿车涂膜上光方面广泛使用。

①先用干净软布擦净涂膜表面浮灰(浮尘)。

②然后用上光水将涂膜薄而均匀地喷涂一次，涂膜就呈现闪闪的亮光。

5. 选用防振隔热阻尼涂料

①54-11 丙烯酸减振消声阻尼涂料:具有良好的附着力,较好的抗冲击强度、耐水性、耐汽油性和耐盐雾性,主要用于轿车翼子板、车门里部、发动机外罩里部、顶盖和底板等部位的涂装,达到减振、消声等目的。

②54-12 减振消声阻尼涂料:具有优良的附着力、抗冲击性及良好的耐水性、耐汽油性、耐盐水性和耐盐雾性,主要用于轿车车身的里部,起防振、隔热和消声等作用。

③80-1 减振消声阻尼涂料:性能与 54-12 基本相同。但表干速度比 54-12 快。用途同 54-11、54-12。

④CCX-701 防振隔热阻尼胶:具有优良的附着力,更好的防振性,较好的冲击强度、耐水性、耐热性、抗燃性、耐油性、耐盐水性和柔韧性,同时对环境无污染,对人体无害,施工后的工具可用水清洗。目前已广泛用于汽车车身的里部、底部、机罩里部、挡泥板、脚踏板、排气管走向底板等涂装,效果很好。

6. 刷涂防振隔热阻尼涂料

①先将原桶阻尼涂料充分搅拌均匀,使涂料成细密均匀的糊状物。

②对于因储存过久而稠度过大或沉淀严重的阻尼涂料,应根据其性能调加适量的稀料来调和均匀:如是水性阻尼涂料,可加适量的温水将其充分搅拌均匀;有机溶剂性能的阻尼涂料,应根据产品说明使用配套的溶剂进行调和。

③用毛刷涂该部位 200～300μm 厚,涂层应均匀平整、无漏刷、露底等缺陷。

7. 喷涂防振隔热阻尼涂料

①先将阻尼涂料用配套的溶剂调稀至施工要求黏度。

②用 60～80 目筛网过滤一次。

③用高压无气喷涂设备进行喷涂:一般每喷涂一次可使涂层达到 50～200μm 厚;如要求喷涂 200～300μm 厚,可连续喷二次。

8. 聚氨酯发泡阻燃材料使用注意事项

聚氨酯发泡阻燃材料是近年来汽车内部使用的一种新型材料。它能牢固地粘结在金属表面或底漆表面，起到防水、防漏、隔热、保温、阻燃、消声、防振等作用。目前已广泛用于大客车、轻型客车(中巴车)及小轿车的内部发泡，收到较好的效果。

①应具备熟练的喷涂技巧。

②喷涂前应先在发泡机中做好流量循环，即黑(聚氨酯深色液体)、白料(聚氨酯浅色液体)在同时间内的流量应相等，之后方可喷涂。

③聚氨酯发泡材料的发泡速度极快，一般薄喷一次可使发泡层达10～15μm厚，厚喷一次可达30～50μm厚，故应控制好喷涂的移动速度，以防泡层过厚造成浪费。

④施工温度在20℃以上才有较好的发泡效果，如气温较低时，应先将黑、白料加热至40℃～50℃，同时将被喷物件预加热至50℃～60℃，再进行喷涂。

⑤施工后的喷枪等工具应及时清理干净，以防堵塞喷嘴，影响使用。

⑥剩余的黑、白材料应分装储存，避免接触产生固化而报废。

四、涂漆前车身金属钣件表面磷化处理

1. 用839中温磷化剂对工件进行表面磷化处理的工艺过程

①有锈有油工件：除油→水洗→酸洗除锈→水洗→表面调整→磷化→水洗→干燥(烘干或吹干)。

②有油无锈工件：除油→水洗→磷化→水洗→干燥(烘干或吹干)。

③工艺条件：除油、除锈50℃～60℃，磷化为60℃～70℃，水洗及表面调整为常温。如不具备烘干条件时，磷化后水洗70℃～80℃，可直接烫干工件。

2. 配制VD-LPI低温磷化剂的槽液

先按槽子总容量加2/3体积水，之后按1m^{3}水加VD-LPA液100kg、VD-LPC液20kg、VD-LPD液40kg，充分搅匀后即可使用。

3. 配制LZM-1型常温磷化剂

LZM-1型常温磷化剂由淡绿色A液与无色B液两种浓缩液分别包装。

配制方法如下：先往槽子中按容量加3/4清水，再按1000L水加碳酸钠0.9kg或氢氧化钠0.65kg搅拌至全部溶解后，再加A液65kg、B

液 20kg,充分搅拌均匀,即可使用。

4. 用 LZM-1 型常温磷化剂进行金属工件表面处理

①对于重油重锈的工件,经油、锈处理干净并水洗表面调整后,在 40℃～50℃条件下浸泡 10min 左右,即可使表面生成一层薄而均匀精细的磷化膜;如采用喷淋法,3～5min 即可完成全部磷化。

②对轻油无锈或轻锈的工件,在表面油锈处理干净后,在 0～5℃条件下浸泡 4～8min 或喷淋 1～2min 即可完成磷化处理。

③磷化后的制件,经 80℃～90℃热水烫干即可涂漆。

第二节 涂装设备和工具的使用技术

一、喷涂设备的使用和维修

1. 正确使用气动式高压无气喷涂机

国产的气动式高压无气喷涂机有 GPQ、GP2A、GPQ2C 等型号,其操作要点如下:

①使用前先接通气源,打开调压阀,如高压泵空载往复运动正常,再将高压软管、喷枪、吸入软管、放泄软管等管路接通,并检查高压涂料缸、过滤器的固定螺母,各高压管路接头等是否松动。

②施工过程中,高压泵体和喷枪要接地,防止静电作用发生事故。

③做好准备工作后,将吸入管插入涂料桶,接通气源,高压泵工作即将涂料吸入,运转 1～2min 后,旋紧放泄阀,负载压力平衡后,高压泵自行停止,如果高压泵仍往复运动,应检查各高压阀是否磨损或"气蚀",高压密封圈是否磨损松动,高压管路接头是否拧紧,涂料吸入系统是否阻塞等,排除故障待高压系统起压后方可喷涂。

④喷涂过程中,如暂时不喷时,应及时将喷枪扳机自锁挡片锁住,以免误压扳机喷出涂料或伤人。

⑤喷涂结束后,将吸入管从涂料桶中取出,打开放泄阀使高压泵空载运行,将泵及管路中的涂料排除,然后将吸入管插入溶剂桶,吸入溶剂进行清洗。最后,用压缩空气吹净高压软管,清洗过滤器滤芯后再装好。

2. 正确使用 GDD-100 型静电喷涂设备

①将配电盘外壳接在可靠的电线上。

②把高压电缆引出头洗干净，插好，并将螺母拧紧。

③高压电缆线应悬空吊架，与其他电力线需保持500mm以上的距离，以避免万一击穿放电时发生事故。

④检查油箱上的引入线，特别是接毫安表的接地是否接触牢固，引入线应对号插到油箱的接线柱上。

⑤接通电源开关，这时绿色信号灯亮起。

⑥灯丝预热30s后，黄色指示灯亮，接通高压开关，这时红色信号灯亮。

⑦调节电阻器至所需的高压读数。

⑧按下毫安表按钮，观察其输出电流是否正常。若输出电流不正常，或有放电声，应立即切断电源，停止使用，并进行电路检查。

⑨在静电场下操作时，不要站在塑料板或橡胶等绝缘板上，以避免人体在静电场中感应带电，而与地面间产生电位差发生电击事故（因静电喷涂所使用的直流电电压高达100kV）。

3. 排除静电喷涂作业的常见故障

静电喷涂作业常见故障的原因及排除方法见表7-2-6。

表7-2-6　静电喷涂常见故障及消除方法

故障	产生原因	检查点	消除方法
喷漆雾化及沉积不良	1. 高压无输出：		
	错接主振圈线及反馈圈在油箱上的插头		重接
	熔丝断；开关有毛病；路线断开	熔丝；开关；线路	更换或重接
	高压电缆未插紧	高压电缆	插紧
	变压器有缺陷	变压器	更换
	电容器或电阻器有缺陷	电容器及电阻器	更换
	高压发生器有故障：		
	①反馈变压器接线有错误	反馈变压器	重接
	②高压整流电子管损坏	电子管	更换
	③聚苯乙烯高压电容器击穿	电容器	更换
	④变压器油绝缘强度降低	变压器油	更换
	2. 涂料及溶剂的混合不适宜喷漆房条件	喷漆房温度	调整
	3. 过度排风	排气风扇	调整
	4. 工件有油污	工件	清洗
	5. 喷枪位置不正确	喷枪位置	调整
	6. 挂具间距不适当	挂具	调整
	7. 输送带速度过小或过大	输送带	调整
	8. 喷枪与工件间距不正确	喷枪与工件间距	调整
	9. 供漆阀门调节有缺陷	供漆阀门	调整

续表 7-2-6

故障	产生原因	检查点	消除方法
喷枪电动机不转动	电动机有缺陷	电动机	修理或更换
	电动机未接地	输电系统	检查或重接
	电动机转动不规则	电动机	检查
	电动机齿轮发生故障	齿轮	调整或更换
	轴承不转动	轴承	加油
喷杯旋转不正常	电动机有缺陷	电动机	修理或更换
	电力供应不足	电源及电缆	重接
	电动机齿轮发生故障	齿轮	修理或更换
	轴承不转动	轴承	加油
	转动件润滑不够	转动部件	加油
	喷杯脱扣	喷枪头部	重新拧紧

4. 正确使用手提式静电喷枪

手提式静电喷枪如图 7-2-1 所示，其使用规则如下：

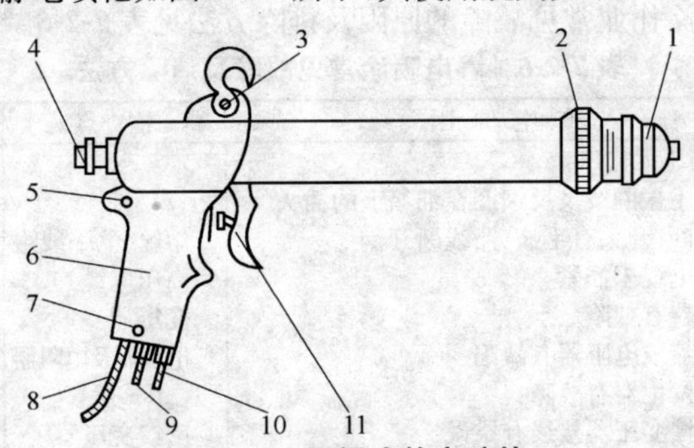

图 7-2-1　手提式静电喷枪

1. 喷头　2. 连接螺母　3. 横销螺钉　4. 调漆螺钉　5、7. 螺钉　6. 枪柄　8. 电缆　9. 输气管　10. 输漆管　11. 扳机

①使用前，检查高频高压发生器各部是否连接可靠、牢固，机箱、枪柄和被喷工件接地是否良好。

②将静电喷涂所使用的漆放入漆桶，并将储漆桶盖拧紧，使之不漏气。

③使用时接上供气管，调节减压器，将气压调节到 196～294kPa，(具体气压还应看雾化和静电吸附情况而定)。

④将压力供漆筒气压调节到 19.6～98kPa。

⑤上述各项准备工作完毕以后，接通电源开关，这时绿色指示灯亮起；待白色指示灯发亮后扳动扳机，静电发生器开始工作，正常情况下输出的电压应>80kV，输出电压可以通过面板上的旋钮调节。

⑥调节喷枪尾部调节螺钉，可控制其出漆量的大小；调节喷枪罩壳螺母可以适当调节喷雾面积的大小。如果选用可雾化为扁形漆流的喷枪，只要旋动枪头左侧的气阀，就可以调节喷雾扁形程度和宽度的大小。

⑦当枪头离工件小于规定距离时，高压电会被保护装置自动切断，从而失去静电作用，这时只要将扳机松一松再重扣扳机，高压电就会重新输出。

⑧操作时，喷枪头离开操作者身躯的距离应≮0.6m，喷枪头也不要超过操作者的高度，以免身体吸附漆雾。

⑨喷漆结束后，必须首先切断电源开关，将枪口触地放电，用溶剂将喷枪各部分及输漆管清洗干净。

5. 清洗静电喷枪及输漆管

①清洗喷枪及输漆管时，首先将压力供漆筒气压降为零，把筒盖打开，使气压升为392kPa。

②再将罩壳螺母适当拧出，用手指把喷嘴堵住，紧扣扳机，这时漆管中的剩漆就被空气压回漆筒。

③然后把漆筒取出，倒去余漆并放入溶剂，将喷枪气压降为零，压力供漆筒气压升为196kPa。

④紧扣扳机，溶剂即成流体流出而清洗输漆管及喷嘴。

6. 排除手提式静电喷枪的故障

(1)喷枪不出漆的故障

可按以下原因查找故障并采取排除措施。

①输漆管阻塞，应清洗或调整输漆管各接头。

②喷枪上输漆嘴阻塞，应清洗输漆嘴。

③输漆管接错，需重接接头。

④涂料增压箱工作发生故障，需调整增压箱调压阀。

⑤输漆管和阀门局部阻塞或脱离，要清洗或更换输漆管。

⑥输漆管内留有空气，需排除其输漆管中的空气。

(2)喷枪电动机不转动,见表 7-2-6。

(3)喷杯旋转不正常,见表 7-2-6。

7. 操作中大牌 2D-701-C 系列高级汽车喷漆、烤漆房进行车身喷漆

①当环境温度低于 10℃时,先将温控仪的温度设定到 20℃,接通电源,将喷漆开关打到升温喷漆位置,风机、燃烧器等皆开始工作,房内的温度就保持在 20℃,这时处在最佳喷漆温度状态。

②当环境温度高于 20℃时,常温就可喷漆,房内不需升温只进行通风。

8. 操作中大牌 2D-701-C 系列高级汽车喷漆、烤漆房进行车身烤漆

①首先调节好烤漆时所需要的温度及时间,打开风机开关(喷漆开关打到常温喷漆位置),再打开烤漆开关,即启动点火,烤漆开始。

②新鲜空气经热交换器被加热后进入烤漆房内使温度升高,当温度升至设定温度时,燃烧器自动停机,15s 后,风机自动关闭。

③当温度降到设定温度以下 4℃~5℃时,风机和燃烧器自动工作,使房内温度保持恒定。

④最后当烤漆时间达到设定的工作时间时,烤漆房自动关机,烤漆结束。

⑤在烤漆过程中,如需紧急停机时,应先关燃烧器点火开关,待 20s 后再关风机开关,因热交换器工作时处于高温状态,为使其冷却,风机还应再工作一段时间。

二、干燥设备和电动工具的选用

1. 选择车身涂层的干燥设备

①自然干燥方式:只要空气清洁,温度(15℃~30℃)和湿度(相对湿度≯80%)符合要求的静室即可。

②加速干燥方式:可以采用间歇式烘干室和烘干箱。室(箱)内采用连续循环的热空气加热,其温度范围一般为 60℃~100℃,可以干燥单个车身钣金件,也可以干燥整个车身。

③烘烤干燥方式:可以采用连续式通道烘干室进行。室内采用红外线辐射干燥,并采用调压变压器或调节式测温毫伏计来控制室内温度。

涂料的干燥加热方式、特点及使用范围见表 7-2-7。

表 7-2-7　涂料干燥加热方式、特点及使用范围

涂料干燥方式	加热方式	特　点	适　用　范　围
自然干燥		无设备，要求干燥环境少灰尘，通风良好干燥时间受环境气温影响较大	适用于气干漆、小批量生产和大型工件
热空气对流干燥	蒸汽	干燥温度 50℃～100℃；成本低，比较安全，应用较普遍	适用于低温干燥涂料
	煤气	干燥温度 60℃～220℃，需要专门设备和煤气	适用于各种高、低温干燥的涂料
	重油或柴油	干燥温度 60℃～220℃，需要专门设备（燃油热风发生器）和燃油	
	电热	干燥温度 60℃～220℃，耗电量大	
红外线辐射干燥	红外线灯泡	干燥温度<120℃，干燥速度快，耗电量大，寿命短	可做成移动式用于总装后补漆，也可用于周期式和连续式干燥室
	碘钨灯	干燥温度>130℃，升温快，温度均匀，灯管易坏，成本高	适用于周期式或连续式干燥室
	管式或板式碳化硅或氧化镁辐射器	干燥温度 220℃，干燥速度快，寿命较长，耗电量大	适用于通过式干燥室
	煤气红外线辐射器	干燥时间、温度易控制，成本低，操作要求严格	
	远红外辐射器	干燥温度 200℃，干燥速度快。涂膜干燥品质好，省电 20%～30%	
紫外线干燥	光源为高低化水银灯、弧光灯、氙气灯、荧光灯	生产效率高，涂膜固化时间为 1～2min；设备简单投资少，占地面积小；含紫外线透射率大的体质颜料的涂料、二道浆、填充剂均可采用，不适用遮盖力大的涂料；光的照射角对固化效果影响很大，对复杂形状工件易出现死角	适用于流水线生产以及涂在不宜高温加热的材料上的涂料干燥固化 国外工业化生产应用的光固化树脂以不饱和聚酯为主
电子束干燥	电子束发生器	干燥效率高，设备复杂，成本较高	某些氨基甲酸酯已被启用 目前国外多数用聚酯丙烯酸、氟化的聚氯乙烯

2. 选用对流式烘干设备

①直接加热烘干室,是利用煤气或天然气在燃烧室燃烧所生成的燃气,送往混合室,在混合室内与来自烘干室内的循环空气混合,并将循环空气加热,然后由风机经压力风管,将循环空气送往烘干室,喷吹工件,加热涂层至干燥。其特点是结构简单,热损失小,成本低,可获得较高的温度,但燃烧生成的燃气往往带有灰尘,会污染工件涂层,故多用于底漆一般品质面漆的烘干。

②间接加热的对流烘干室,是用热源在空气加热器内加热空气,加热后空气送往烘干室,以对流换热的方式加热至工件涂层干燥为止。其特点是热空气比较清洁,室内温度均匀,传热效率高,适用品质要求较高的面漆烘干。

3. 选用红外线辐射式和红外线辐射对流式烘干设备

①红外线辐射式烘干设备:多用于形状简单的薄壁冲压件及焊件表面涂前处理后水迹烘干、水质腻子烘干、一般面漆烘干和粉末涂层烘干等。

②红外线辐射对流式烘干设备:可用于各种材料、各种形状工件的涂层烘干,对形状复杂的大型工件及水性涂料的烘干更为适用。

4. 正确选用电动除锈工具

①电动针束除锈机:是一种带有针束的手工机械除锈工具。主要用于凹凸不平面、狭缝及弯曲等部位的除锈。

②手提式砂轮机:头部轴头可根据除锈物面的不同安装砂轮片或钢丝刷轮:安装砂轮片时,不仅用于除重锈(厚锈层),也可用于磨平焊缝及毛刺等;安装钢丝刷轮适于清除重锈及中锈。

③软轴砂轮机:用于大、中型工件表面除锈,并可视工件锈蚀程度不同,分别在轴头上装上砂轮或钢丝刷轮进行除锈。

第三节　车身钣金件涂装前预处理技术

一、金属钣金件的表面除锈和除油

1. 车身金属钣金件表面的湿喷砂除锈

湿喷砂装置主要由砂罐、水罐和喷头组成,如图 7-2-2a 所示。

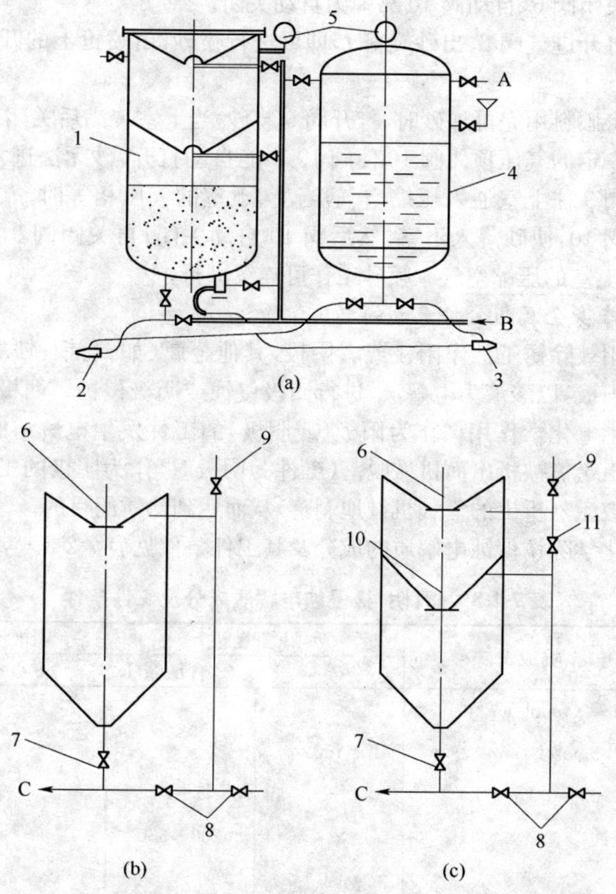

图 7-2-2　湿喷砂工作示意

(a)湿喷砂装置示意图　(b)单室喷砂器示意图　(c)双室喷砂器示意图

1. 砂罐　2、3. 喷头　4. 水罐　5. 气压表　6. 进砂阀　7. 出砂旋塞　8. 进气阀　9. 出气阀　10. 自动进砂阀　11. 出气阀

A—接水泵　B—压缩空气　C—至喷砂头

①首先，关闭出砂旋塞 7 和阀 8、11、9(如 7-2-2c 所示)，打开阀 6 装砂，上室的砂靠自重压开自动阀 10 进入下室，直到下室装满。

②关闭阀 6，自动阀 10 靠弹力自动关闭。

③打开进气阀 8、出砂旋塞 7，即可进行喷砂，由喷枪上的开关控制出砂。

④将砂料用完再加砂时，打开阀 6 装砂，当上室装满后关闭阀 6，因下室有一定的气压顶住阀 10 使阀 10 不能自动打开，砂无法进入下室，需打开阀 9 往上室通入压缩空气，当上、下室的气压相等时，靠砂的自重打开阀 10，使砂落入下室，然后阀 10 自动关闭；再关闭阀 9，打开阀 11 放出上室的压缩空气。喷砂工作可连续进行。

2. 车身金属钣金件表面的电化学除锈

利用被除锈工件作阳极或者阴极，其他金属（如铝、铜、铁等）作阴极或者阳极，以酸液为电解液，进行阳极侵蚀或阴极侵蚀。两极在电解液中发生电化学作用。作为阳极（或阴极）的工件发生电解溶解，同时氧化物由于氧被析出而机械脱落（工件为阴极时，作为阴极的工件表面氧化物被激烈析出的氢气机械地剥落）从而达到除锈的目的。

电化学除锈侵蚀电解质的成分及其工件条件见表 7-2-8。

表 7-2-8 阳（阴）极侵蚀电解质成分及工件条件

电解质成分	阳极侵蚀		阴极侵蚀
	含量(g/L)		
硫酸(2～2.5mol/L)	—	—	50
硫酸(1.5mol/L)	150	—	—
硫酸(0.05～0.1mol/L)	—	5～10	—
硫酸亚铁	—	200～600	—
氯化钠	50	—	22
硫酸镁	—	500～600	—
盐酸	—	—	30
工件条件			
温度(℃)	20～60	20～60	60～70
电流密度(A/dm^2)	5～10	5～10	7～10
电压(V)	2～6	2～6	—
处理时间(min)	10～20	10～20	10～15

3. 车身金属钣金件表面的电化学除油

电化学除油也叫电解除油，是将工件浸在电解液中，并接在电极上短时间通电，利用电解作用使油脂脱离工件，从而达到除油目的。

4. 车身金属钣金件表面的超声波振荡除油

用超声波振荡除油，可清除多孔性工件表面的各类油污、粘附性的机械杂质，以及工件表面的氧化膜，效果很好，但设备较复杂。施工时受清洗槽尺寸及超声波发生器的限制，故仅用于精度要求较高的小型工件的清洗。

二、金属钣金件的表面氧化、钝化和磷化处理

1. 车身金属钣金件表面的氧化处理

使金属表面与氧或氧化剂作用形成保护性的氧化膜，能防止金属被进一步腐蚀。此法主要用于铝、镁、铜等有色金属涂漆前的表面处理。

其具体方法有热氧化法、碱性氧化法、酸性氧化法、化学氧化法和阳极氧化法等。

2. 车身金属钣金件的表面钝化(铬化)处理

钝化处理主要用钝化液和钝化膏进行。

其配方及工作条件见表 7-2-9 和表 7-2-10。

表 7-2-9　钝化膏配方　(%)

重铬酸钾	亚硫酸纤维素碱液	硅 藻 土	水
9	1	80	10

表 7-2-10　钝化液配方及工作条件

序　号	组　分	含量(g/L)	处理温度(℃)	处理时间(min)
1	重铬盐钾 水	2～3 其余	90～95	0.5～1
2	重铬酸钾 碳酸钠 水	0.5～1 1.5～2.5 其余	60～80	3～5
3	亚硝酸钠 三乙醇胺 水	3 8～10 其余	18～23	5～10

3. 车身金属钣金件表面的磷化处理

磷化方法可分为热磷化和冷磷化两种，其工艺程序分别见表 7-2-11 和表 7-2-12。

表 7-2-11　热磷化工艺程序

序号	工序名称	材料 名称	材料 含量(g/L)	技术条件 温度(℃)	技术条件 电流密度(A/dm²)	技术条件 电压(V)	技术条件 时间(min)	说明
1	有机溶剂去油	汽油或其他溶剂						适用于大量油污工件
2	热水洗			90～98				
3	冷水洗	流动冷水						
4	阳极电解去油	氢氧化钠	70	70～90	3～10	6～8	10～13	允许用化学方法
		磷酸钠	30					
		碳酸钠	40					
		硅酸钠	10					
5	热水洗	热水		70～90				
6	冷水洗	流动冷水						
7	去氧化皮	硫酸	120	50～60				也可采用喷砂处理
		氯化钠	125					
8	冷水洗	流动冷水						
9	中和	碳酸钠	800～100	35～45				
		肥皂	10～20					
10	冷水洗	流动冷水						
11	热水洗	热水	70～90					
12	磷化	马日夫盐	35～40	96～98			30	总酸度 30 点
		硝酸锌	20					游离酸 3 点
13	热水洗	热水		70～90				
14	冷水洗	流动冷水						
15	钝化	重铬酸钾	30	80～95			10	
16	冷水洗	流动冷水						
17	热水洗	热水		70～90				

表 7-2-12 冷磷化工艺程序

序号	工序名称	材料		技术条件		说明
		名称	含量(g/L)	温度(℃)	时间(min)	
1	有机溶剂去油	汽油或其他溶剂				
2	干燥					彻底清除氧化皮为准
3	去氧化皮	硫酸	150	18～23		
4	冷水洗	氯化钠	150			
5	中和	碳酸钠	50	18～23	2～3	
6	磷化	马日夫盐	60	18～23	40～50	总酸度 60～64 点
		硝酸锌	84			游离酸 3～3.2 点
		氟化钠	6			
		氧化锌	8			
7	冷水洗	流动冷水				
8	钝化	重铬酸钾	100	18～23	10	
9	冷水洗					
10	干燥					

三、车身塑料表面的预处理

①塑料表面上一般有灰尘、塑料润滑剂、油脂、汗迹等污物，在涂漆前应以适当的溶剂或乳液(煤油、肥皂水等)进行清洗。

②喷砂处理或用砂纸打磨可除去光滑硬质塑料表面的残存砂粒，以免受化学作用得到粗糙的表面，从而增加涂膜的附着力。

③聚丙烯塑料可用热的三氯乙烯或甲苯、丙酮溶液处理，使其表面软化，增强附着力。

④软质或硬质聚氯乙烯塑料，可在三氯乙烯溶液中浸泡数分钟，去除表面游离的增塑剂，取出轻擦，干燥后能使表面具有一定的粗糙度，以增加对涂料的附着力。

⑤某些耐有机溶剂较差的热塑性塑料，可用肥皂水、清洗剂、去污物等进行摩擦处理。

⑥对聚乙烯、聚丙烯等塑料，还可以采用强氧化剂对塑料表面施行轻微的腐蚀，以获得表面的粗糙度。

⑦为了增强塑料对涂膜的附着力，对某些塑料在施工前，可先喷上一种含有强溶解性的溶剂(如丙酮、醋酸丁酯的水乳蚀液)来软化表面，在溶剂未完全挥发之前将漆涂饰好。

第四节　车身涂装技术

一、车身主体涂装

1. 涂装施工的环境条件要求

①环境温度：应在10℃～35℃之间（见表7-2-13）。

表 7-2-13　不同涂料对施工环境的要求

涂料种类	温度(℃)	相对湿度(%)	涂料种类	温度(℃)	相对湿度(%)
油性漆	15～35	85 以下	水性乳胶漆	15～35	75 以下
油性清漆、磁漆	10～30	85 以下	硝基漆	15～20	70 以下
醇酸树脂涂料	10～30	85 以下	氨基漆	15～35	75 以下
虫胶清漆	10～30	75 以下	丙烯酸漆	15～35	75 以下

②环境湿度：应≯85%（见表7-2-13）。

③采光：室内自然光照度≮50lx，不同涂装作业的适宜光照度见表7-2-14。

表 7-2-14　不同涂装作业的适宜光照度

涂装作业性质	举　例	光照度(lx)
精密	装饰性涂装作业，汽车面漆、涂膜检查	300～800
较精密	载货汽车、木器	150～300
普通	一般要求的面漆、喷涂底漆、底盘零件	75～150

④空气清洁度：尘埃许可程度见表7-2-15。

表 7-2-15　尘埃许可程度

分　类	实　例	粒径(μm)	粒数(个/m³)	尘量(mg/m³)
一般涂装	建筑、防腐涂装	<10	<600	<7.5
装饰涂装	公共汽车、载货汽车	<5	<300	<4.5
高级装饰涂装	轿车涂装	<3	<100	<1.5

2. 高压无空气喷涂法涂装车身

(1)施工设备

主要包括高压泵和高压喷枪，此外还有蓄压过滤器、电加热器、高压软管等。图7-2-3所示为GP-0轻便型高压喷涂设备示意。

(2)操作方法

①首先准备好 392～588kPa 的压缩空气，再将待喷的油漆用 100 目的滤网过滤。

②将快速接头插入高压泵进风接口，高压泵起动，注意阀门开启量应由小渐大，先吸入溶剂以清洗设备及软管，但这时不要加压以免溶剂渗透，待循环 3～4min 后，即可将溶剂排掉。

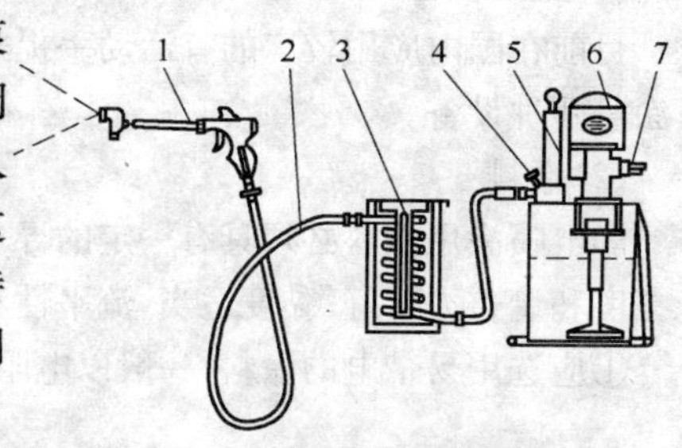

图 7-2-3　GP-0 轻便型高压无空气喷涂设备示意

1. 喷枪　2. 高压软管　3. 电加热器
4. 放泄阀　5. 蓄压过滤器　6. 高压泵
7. 快速接头

③再将已过滤好的油漆倒入储漆筒，使泵吸入油漆，并关闭喷枪的开关，待漆压升至 1470kPa 左右时，检查蓄压过滤器、接头、软管、喷枪等连接处有无泄漏处，如一切正常，即可进行喷涂。

④喷涂操作时，喷枪与工作物之间的距离，可在 250～400mm 范围内。

⑤喷涂时如产生流挂、皱皮，可能是：油漆过稠，喷嘴孔太大而出漆量过多或喷枪移动速度过慢；喷涂时涂膜不均匀，是因为喷嘴不合适或已损坏，漆压过低而产生雾化等。

要针对不同原因进行解决。

⑥无空气高压喷涂一般比压缩空气喷涂漆雾要少，但由于漆流化成微粒和溶剂的挥发，在狭小环境、通风不良的情况下操作时，应穿上喷漆专用的防护衣，戴上通有冷风的面罩，清洗设备时戴上耐溶的手套。

⑦工作结束时要卸下喷嘴，随即用溶剂清洗，妥善保管，同时将剩料排出（先自喷枪排出，待压力下降后，可由放泄阀放出），吸入溶剂作循环清洗。

⑧一般工作间歇时，管路内涂料可不排出（易固化的涂料除外），只关闭风源，并扳动开关排出部分涂料，以使管路内压下降，同时将喷枪头部浸入溶剂内以避免干结堵塞。

3. 静电喷涂法涂装车身的设备和材料

(1)施工设备

目前在国内应用较广的有活动手提式静电喷涂和固定旋杯式静电喷涂等几种设备。

(2)涂料

静电喷涂用涂料必须具有一定的导电性能;固体含量和细度要高;光亮度和遮盖力要好;黏度适当,流平性和附着力好。

①应选用易带电的涂料,一般以电阻率在 5～50MΩ/cm² 的比较合适。

②三聚氰胺树脂的导电性较好,醇酸树脂次之,而环氧树脂较差。

③油漆细度和固体含量要比普通喷漆高,黏度也要比普通喷漆小些。一般在静电喷涂中使用的涂料,黏度以 20～30s(涂-4 黏度计,20℃)为宜。表 7-2-16 为黏度对喷涂幅度分散沉积率的影响。

表 7-2-16 黏度对喷涂幅度分散沉积率的影响

涂料粘度/s 喷涂品质		43	32	22.5	17
喷涂幅度	空白直径(mm)	400	380	330	210
	雾形外径(mm)	650	710	770	730
分散度		差	较差	较好	好
沉积率		较差	好	好	较差

注:黏度测量使用涂－4 黏度计。

当前专用静电喷涂的涂料品种有 AO1-9-335 氨基静电清烘漆、AO5-23-296 草绿静电半光氨基烘漆、AO5-14 白色静电快干氨基烘漆等。

(3)溶剂

①把供静电喷涂用的溶剂加在普通涂料中,就可以使其变成静电喷涂用的涂料。

②如果涂料电阻值在 12～30MΩ 之间,则应使用低极性溶剂;如果在 30～300MΩ 之间,采用中极性溶剂较合适,而高极性溶剂则在 300MΩ 以上才可采用。

常用溶剂的极性和电阻值分别见表 7-2-17 和表 7-2-18。

表 7-2-17　常用溶剂的极性

高极性	中极性	低极性	非极性
丙酮	醋酸戊酯	甲基戊醇	苯
醋酸乙酯	醋酸甲基戊酯	乳酸乙酯	甲苯
甲醇	丁醇		二甲苯
甲乙酮(丁酮)	乙二乙醇		200 号溶剂汽油
甲基异丁基酮	醋酸乙二醇乙醇		高闪点石脑油
醋酸丁酯	乙二醇丁醚		
二丙酮醇			

表 7-2-18　常用溶剂的电阻值

溶剂种类	电阻值(MΩ)	溶剂种类	电阻值(MΩ)	溶剂种类	电阻值(MΩ)
甲苯	400	二丙酮醇(90%以下)	0.4	乙二醇乙醚	0.15
乙醇	12	醋酸仲戊酯	300	醛酯	500
仲丁醇	50	环己酮	1.5	乙酸乙酯	55
改性酒精	60	氯苯	100	溶剂汽油	500
无水酒精	100	二甲苯	400		
二丙酮醇(92%以上)	0.12	纯苯	400		

(4)静电漆稀释剂

对于一般的氨基醇酸漆，用户必须自己调节电阻值，使其在 100MΩ 左右。为了配合静电喷涂工艺，国内已有 X-19 氨基静电漆稀释剂，可专用来稀释静电喷涂用的氨基烘漆，使其电阻值降为 20～30MΩ，然后再用二甲苯溶剂调到适宜的黏度。

4. 静电喷涂法涂装车身的操作注意事项

①高压静电发生器虽然是高电压小电流，使用时很安全，但仍要接地可靠，不得过载使用和任意调整，以免发生故障造成事故。

②操作时，通有高压的喷枪头放电针，不可与被涂工件表面触碰，以免打火，更不能将喷枪任意指向他人。

③同一平面内两只喷漆枪的距离不得低于 1000mm；不在同一平面内的两支喷漆枪的距离应更远一些，以减少和避免漆雾乱飞和后溅。

④在喷漆枪的对面，应装上用绝缘线绕成的直流电网接高压电，以便把大部分穿过工件的漆雾弹回工件，减少涂料消耗，改善环境条件。电网与喷漆枪之间应保持 700mm 以上的间距，离屋顶应有 500mm 以上距离。

⑤喷漆枪与工件之间的距离，一般以 250～300mm 为宜，超过

400mm 时，涂着率将显著下降。

⑥一般旋杯式喷漆枪的转速为 1000r/min 以上，旋风式喷漆枪为 800r/min。

⑦使用电压高，涂着率高，但是过高则对设备的绝缘性能要求高，一般以 80～90kV 为宜。

⑧极针和导线的周围都是一个负电场，位置不当会引起漆雾后溅，因此，应把两者装在喷杯稍后一点儿的位置上。

⑨涂料雾化面积与喷杯口径、电压、出漆量、喷杯转速及涂料黏度等因素有关，详见表 7-2-19。

表 7-2-19 雾化面积的影响因素

影响因素		雾化面积			雾粒状况
		外积	内径	中心孔	
喷杯口径	大/小	大/小	大/小	大/小	细/粗
电压	高/低	小/大	小/大		
喷杯转速	慢/快	小/大			粗/细
出漆量	大/小	大/小			
涂料黏度	大/小	大/小(不明显)	不受影响		

⑩在相互不碰撞的原则下，两只挂具间的节距应尽量小些，这样可以节省涂料，提高产量。工件离地面和喷漆屋传递链的距离应在 1000mm 以上。

⑪形状复杂而影响涂着率时，可以采用回转喷涂的方法，但对于回转中心不对称或回转后使喷漆枪与工件间距有明显变化的工件，则不应该采用这种方法，回转速度不宜过快，一般为 3～4r/min，传递链速度为 0.72～2.40m/min。

⑫高压静电喷枪要重点维护，使用后及时清除干净，保持绝缘性能良好，并悬挂于离地 1m 以上处。

5. 粉末静电喷涂法涂装车身的设备和涂料

(1)喷涂设备

有高压静电发生器、静电喷粉室、供粉系统、喷粉枪、粉末回收装置以及烘炉等，如图 7-2-4 所示。

(2)粉末涂料

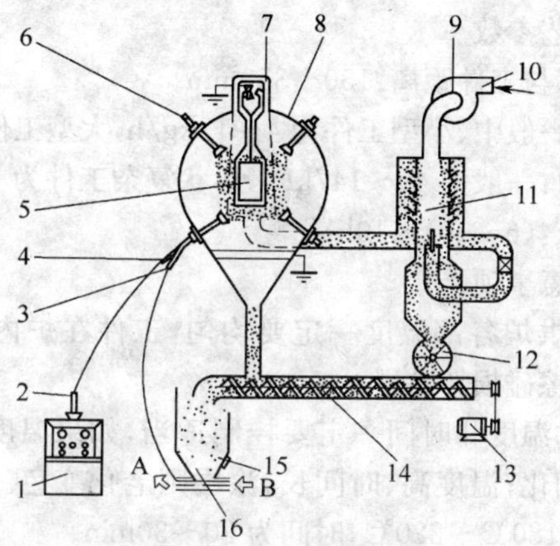

图 7-2-4　静电粉末喷涂设备示意图

1. 静电发生器　2. 高压电缆(接喷枪头)　3. 高压电缆(接发生器)
4. 输粉管(接供粉器)　5. 工件　6. 喷粉枪　7. 传动线导轨　8. 喷粉柜
9. 抽风机　10. 净气出口　11. 吸尘器　12. 出料阀　13. 电动机
14. 螺旋回粉管道　15. 电磁振动器　16. 供粉器
A—输粉至喷枪　B—压缩空气

①热塑性粉末涂料：有聚氯乙烯、聚乙烯、聚醯胺、氟树脂、聚丙烯、氯化聚醚、聚苯硫醚和尼龙等。

②热固性粉末涂料：有环氧粉末涂料、聚酯粉末涂料和丙烯酸粉末涂料等。

6. 粉末静电喷涂法涂装车身的工艺过程和主要工序要求

喷涂工艺过程：金属(工件)表面处理⟶非涂部覆盖⟶工件预热⟶喷涂⟶粉末固化⟶淬水⟶修补缺陷⟶清理⟶入库。

主要工序具体要求如下：

(1)表面处理及覆盖

对金属(工件)表面处理方法及要求与一般喷涂方法相同。非喷涂部位应在预热前涂以不导电的硅橡胶溶液，或用胶布包扎好。

(2)工件预热

预热温度可稍高于塑料熔融温度，预热时间则应取决于工件大小薄厚程度，一般以烘箱温度与工件达到热平衡为限。除此，预热温度还与使用的粉料有关，如环氧粉末的预热温度为 180℃～220℃。

(3)喷涂工艺参数

①喷枪头部与工件距离:150～350mm。

②送粉量:一般中、小型工件为4～12kg/h,大型工件可大一些。

③送粉压力:一般为49～147kPa,形状复杂工件为196～294kPa。

④静电电压:(6～10)×10kV。

(4)固化注意事项

①固化时,烘炉各部温度一定要均匀,工件在炉内要保持一定距离,以防止相互擦碰损坏涂层。

②固化时的温度和时间一定要控制适当,如果温度低、时间短,则涂层不能充分固化;温度高、时间长,涂层则老化变色。对环氧粉末涂层而言,温度为180℃～220℃,时间为20～30min。

(5)淬水

经过固化后的涂层,从炉中取出即放入冷水中冷却,使涂后的坚韧性提高,同时增加涂层与基体金属的结合力,提高涂层表面光泽。

7. 粉末静电喷涂法涂装车身的操作注意事项

①喷涂时,喷枪头部接负高压电源,工件接地。

②为获得均匀涂层,工件应旋转。

③一次喷涂未达到所需要厚度,可将工件加热,使已喷上的粉末熔化,即可第二次喷涂。

④喷涂结束,喷枪头接地放电后再接触。

⑤操作者在操作时,不允许穿绝缘鞋或在地上垫绝缘橡胶板。

8. 电泳涂装规范

①极间电压,一般来说,钢铁工件的电压应为30～70V;钢铁铸件电压应采用60～100V;铝及铝合金件电压应采用70～100V;镀锌件电压应采用70～80V。

②电泳时间:一般应为1～3min。

③电泳槽漆液温度:控制在20℃～30℃为宜。

④阴、阳极面积比及极间距:阴阳极面积比值应为0.20～0.50;极间距在200～800mm为宜。

⑤电泳漆液固体成分含量:一般应控制在8%～15%范围内。

⑥电泳漆液的pH值:一般应控制在7.5～8.5范围内。

二、车身维修涂装

1. 轿车车身补漆

(1)根据车辆漆色调配油漆

有条件者可采用电脑配漆设备,根据原车漆片能自动指示出调制的不同颜色的分量比,使涂喷后与原车色泽相同或近似。

(2)清洁

用水砂纸蘸除锈油剂在需补漆处擦拭,直至锈迹完全除去为止,再用热水清洗,将除锈油剂洗净,并用压缩空气吹干。用蘸有清洗剂的抹布擦拭,再用干抹布擦净,之后用压缩空气吹干。

(3)打底漆

用浸有除尘剂的抹布将表面擦净,然后用喷枪或刷子把快干性树脂底漆涂覆在整个需喷表面上。

(4)打填密漆

以刮板用腻子将较深的面填平,然后将整个表面涂覆腻子。通常涂 3 层,第一、三层沿纵向涂抹,第二层横向涂抹。

(5)打磨

在每一层填密漆干燥后,均用耐水砂纸打磨,涂漆表面和耐水砂纸要用水浸湿,然后用手工或磨光器(电动或风动均可)打磨。打磨后,仔细用水洗去尘粒,用清洁的布擦净。

(6)喷漆

从上到下和从左到右循序进行。喷涂底漆时喷嘴孔直径应为 1.5mm,喷涂硝基填密漆时应为 2.5mm,喷涂硝基漆时应为2.0mm。

①当以两种颜色漆喷涂车身时,需用纸将已喷涂的一种颜色表面遮盖,然后再喷涂另一种颜色漆。

②为了保证品质,用硝基磁漆喷涂一般金属时,客车为 6 层,货车为 3 层。

③每层喷完后,需自然干燥 1.5min 才喷涂第二层,但第三层和第六层必须在干燥室内以 55℃～60℃进行人工干燥,然后再在空气中冷却5～10min才能按下项规定进一步加工。

④第三层喷涂完并经人工干燥后,应用 360 号防水砂布磨光全部喷漆表面,然后用水洗涤,用干布擦干,并在已擦出底漆的地方补加喷漆。

⑤在最后一层喷涂完并经人工干燥后，应用专门抛光蜡和洋干漆棉砂团加以抛光，以使漆层发出光泽。

2. 涂装局部损坏的进口轿车车身涂层

①先将局部损坏的涂膜切除整齐，底层打磨光滑，用原子灰填平，干后磨光、擦净。

②将局部成形的一块（冲压成型的部位）四周边沿用纸粘贴整齐。

③先用进口底漆或中涂漆喷涂平整，干后水磨平滑，晾干水分。

④再用进口硝基磁漆连续喷涂数道，使涂膜达到非常平整光滑。

⑤待干透后，将整块涂膜或全车涂膜进行抛光。

⑥清洁干净，做好收尾工作。

3. 维修涂装进口轿车的整个车身

①如果整车涂膜完好不需刮腻子时，可先用 400～500 号水砂纸，将全车涂膜水磨至镜面般平滑，擦净晾干后，将风窗玻璃等用纸贴严、贴实，之后连续喷涂 3～4 道进口硝基磁漆，干透后全车抛光。

②对涂膜损坏部位较多的轿车，应依次将损坏的涂膜清理干净整齐。之后打磨光滑，用原子灰刮平，再按整车涂装工艺进行涂漆和抛光。

4. 用硝基漆维修涂装需刮腻子的国产轿车车身

①先将全车冲洗干净。

②抹干水迹后，将需补刮腻子的部位用原子灰或硝基腻子刮涂平整，收净残渣。

③干后水磨平滑。

④擦净晾干后，全面喷涂一道硝基、二道底漆。

⑤用硝基腻子或原子灰再进行一次细致找平。

⑥干透后全面水磨至镜面般平滑，擦净，抹干。彻底晾干水分后，再进行一次擦净。

⑦然后，用进口硝基磁漆或国产轿车专用硝基磁漆，连续喷涂二～三或五～六道。

⑧彻底干透后，用抛光机或手工抛出照影的光泽，清洁，擦净，收拾整齐。

5. 用聚氨酯漆维修涂装需刮腻子的国产轿车车身

①待全车冲洗干净后，用 320 号水砂纸将车身全面水磨平滑，擦

净，抹干。

②晾干水分后，先喷涂一道聚氨酯中涂漆。

③干后用原子灰仔细找平缺陷，刮光，收净，干燥 2～4h。

④用 360 号水砂纸全面水磨至涂膜达到镜面般的平滑，擦净，抹干。

⑤彻底晾干后，置于清洁的室内。

⑥将双组分聚氨酯磁漆搅匀、调稀，然后过滤清洁静置 20min。

⑦再将全车进行一次擦净，之后湿喷湿均匀喷涂二次，干燥 24h。

⑧进行擦净和收尾。

第五节　美术涂装

美术涂装用于车厢内做装饰用，例如客车的车内围板涂装，常在围板表面仿木纹、大理石纹等，以提高装饰性。

一、用水粉色涂制仿木纹

1. 第一种方法

①用羊毛排笔刷涂法，最好是用海绵块擦涂法，将水粉色均匀一致地涂在底漆膜上。

②然后用橡皮刮笔依所要仿制的木材纹理先画出树心纹，随即用底纹笔掸扫出木纹射线。

③再用海绵块依树心纹的纹理擦出边纹，将物面由局部仿制至全部。

④待仿制的木纹干燥后，用清漆罩面两遍以上，即可达到美观的仿制效果。

此种方法简便易学，效果也好，是仿制木纹最常用的技法。

2. 第二种方法

①用油画笔或底纹笔蘸水粉色在涂过底漆的物面上先绘画出树心纹，紧接着用干散着笔毛的底纹笔向着一个方向轻轻掸扫出射线。

②树心纹画好后，在树心纹的两旁按树心纹的纹理绘制出呈自然曲线状的边纹。

③待干燥后用清漆罩面。

用这种方法仿制的木纹，真实感强，但操作者必须有较高的技巧。

否则,效果不会好。所以初学者不易掌握好此法。

3. 第三种方法

①先用毛笔画出树心纹,随即用底纹笔掸扫好射线。

②然后在树心纹两旁涂上水粉色。

③再用密齿橡胶刮板自然地拖刮出边纹曲线,也随即用底纹笔掸扫出管孔。

④待干后用清漆罩面即可。

二、仿制大理石纹

1. 用刷涂法仿制大理石纹

(1)第一种方法

①在已干燥的白色底漆层上再涂上一层白色漆,静置15min左右。

②待涂层表面漆膜开始收敛时,在白漆层的局部地方涂上灰色漆,涂在何处可以任意处理(或涂中间,或涂两端,或涂一边均可)。

③然后在灰色漆上用油画笔点划上黑色线纹,可以大小不一,形状各异。

④再用刷过灰色漆的漆刷轻轻地往返刷理,这时黑白灰色交错的大理石纹就仿制成了。

(2)第二种方法

①把白色漆与灰色漆事先无规则地涂刷在底漆面上,再点划上少量黑漆。

②然后用漆刷或油画笔轻重适度,纵横交错地涂刷成大理石纹。

③最后可用清漆罩面,以增加表面的光泽。

仿制大理石纹,要注意选择合适的油性调和漆(磁漆流展性差,不宜选用),另外要注意在仿制时涂漆始终宜薄匀,不可太厚。

2. 用喷涂法仿制大理石纹

①先做一木框(按大理石块规格为450mm×450mm,500mm×500mm)。

②将丝棉或乱棉丝无规则地牵绷在木框上,然后放在已干燥的白色底漆面上。

③用喷枪喷上一层墨绿色或紫红色的油性漆,喷后随即将丝棉网拿掉,底漆面上即成大理石纹。

④如果还需要在大理石纹上加点其他颜色的脉络，可以用刻有不规则裂纹的漏板紧靠在干燥的漆面上加喷几道裂纹即成，这样给人以大理石面上有夹色线条的感觉。

⑤喷涂裂缝时，喷枪的喷嘴要小些，气压也要低些，以使裂缝清晰醒目。

⑥仿制操作时要特别注意物面的干净整洁，要一块接一块地连续喷涂制作，接缝处要挺括，给人以大理石块砌体的形象，接缝可用黑色漆划线分块。

三、仿制花岗岩纹

①先将纤维板或其他物品刷涂上浅灰色或米黄色的底漆。要求刷涂两遍，第二遍漆要调得较稀一些，里面可调入一些同种色调的着色颜料，刷涂后的漆膜要求无光或半光。

②底漆干燥后，可用小喷雾器装上红色、黑色或灰色（颜色可依照需要灵活选用）。

调合漆喷出小漆点，均匀地溅洒在物面底漆漆膜上，使物面类似花岗岩纹样时即达到要求。

四、制作变幻纹

①先备一口径面积比实物体积大1.5～2倍的盛器装上清水（不能太满，以免投物涨溢），水温以15℃～25℃为宜。

②将选定的各色油性调合漆分主、次色的量比分别挑洒于水面，待其散开时，以口吹风或用木片轻轻卷动，使各色漆牵引侵填至理想程度。

③将预先打好白色底漆的饰物用线系牢轻缓地浸入水中，当饰物入水时，浮于水面的漆层就随饰物的渐沉而从四面八方粘附于饰物，直至全部包裹无遗。

④随即把水面上浮动的余膜吹至一边或用吸水纸吸尽，就可取出饰物。

⑤待彩膜自干后再罩清漆即可。

⑥制取变幻纹，应注意色彩配合。黑色不宜单独使用，而以紫红、墨绿、中蓝等做单色装饰；以紫红与墨绿相间、中蓝与大红相间等做二色装饰；以黄、蓝、红做三色装饰等。

第六节　车身涂层品质检测

一、制备涂层性能检测样板

1. 在制备检测样板前准备好样漆

①涂漆前应将样漆搅拌均匀，如表面有结皮应仔细揭去，必要时用80～120目的筛子过滤。

②多组分漆按照产品规定的配比称重混合，搅拌均匀。

2. 对检测样板底板进行表面处理

①马口铁板[25mm×120mm×(0.2～0.3)mm，50mm×120mm×(0.2～0.3mm)，70mm×160mm×(0.2～0.3)mm]或钢板[(GB/T 708—2006)50mm×120mm×(0.45～0.55)mm，65mm×150mm×(0.45～0.55)mm]，均先用0号砂布或200号水砂纸以打磨机或手工沿纵向往复打磨除锈，去掉镀锡层，以200号油漆溶剂油或二甲苯洗净，擦干使用。

②玻璃板[(GB 4871-1995) 90mm×120mm×(2～3)mm]用热水洗涤，清水冲净，擦干。涂漆前，需用脱脂棉蘸溶剂擦净，晾干使用。

③铝板[2A12，50mm×120mm×(1～2)mm]用溶剂洗净，擦干使用。

④在表面处理的过程中，不允许手指直接接触样板表面。

3. 用刷涂法制备检测样板

①将样漆稀释至适当黏度或按产品标准规定的黏度。

②用漆刷在规定的底板上快速均匀地沿纵、横方向涂刷，使成一层均匀的涂膜，不允许有空白或溢流现象。

③涂刷好的样板平放于恒温、恒湿处或鼓风恒温烘箱中干燥。

4. 用喷涂法制备检测样板

①将样漆稀释至工作黏度在〔(25±1)℃条件下，以涂-4黏度计测定，油基漆为20～30s，挥发性漆为15～25s〕。

②然后在规定的底板上喷涂成均匀的涂膜，不得有空白或溢流现象。

喷涂时，喷枪与被涂面之间的距离应≮200mm，喷涂方向要与被涂面成适当的角度，空气压力为196～392kPa(空气应滤去油、水及污物)，喷枪移动速度要均匀。

③喷涂好的样板平放于恒温、恒湿处，或放于鼓风恒温烘箱中干燥。

5. 用浸涂法制备检测样板

①将样漆稀释至适当的黏度(使涂膜厚度符合产品标准的规定)。

②然后以缓慢均匀的速度将底材垂直浸入漆液中，停留30s后，以同样速度从漆中取出，放在洁净处滴干10～30min。

③将滴干的样板或钢棒垂直悬挂于恒温、恒湿处或鼓风恒温烘箱中干燥(干燥条件按产品标准规定)。

如产品标准对第一次浸漆的干燥时间没有规定，可自行确定，但不超过产品标准中所规定的干燥时间；控制第一次涂膜的干燥程度，以保证制成的涂膜不致因第二次浸漆后发生流挂、咬起或起皱等现象。

④将样板或钢棒倒转180°，按第一次浸漆的方法进行第二次浸漆，滴干10～30min后，按产品标准规定的条件干燥。

⑤浸漆的次数及干后涂膜厚度，均按产品标准规定。

⑥制备同一产品的涂膜，需采用相同的干燥条件。

6. 用刮涂法制备检测样板

①将底板放于腻子刮涂器底座上，把模框及刮刀框套在其上并卡紧。

②再用金属刮刀将腻子均匀地刮涂在底板上，使成均匀平整的腻子涂膜。

③取下腻子样板，平放于恒温、恒湿处或鼓风恒温烘箱中干燥(干燥条件按产品标准规定)。

7. 确定检测样板的测试前干燥时间

①自然干燥的漆，在恒温、恒湿条件下，干燥48h测试。

②挥发性漆，在恒温、恒湿条件下，干燥24h测试。

③烘干漆，制板后先在室温放置15～30min，再放入烘干箱中烘干(或按产品标准规定)，取出后在恒温、恒湿条件下，放置0.5～1.0h测试。

恒温、恒湿指温度〔25±1℃〕，相对湿度65%±5%。

8. 确定检测样板的涂膜厚度

各种涂膜干燥后，涂膜厚度应符合表7-2-20的规定。

表 7-2-20 各种涂膜的厚度

名　称	厚度(μm)	名　称	厚度/μm
清油、丙烯酸清漆	13±3	防腐漆单一涂膜的耐酸、耐碱性及防锈漆耐酸盐水性、耐磨性(均涂二道)	45±5
酯胶、酚醛、醇酸清漆	15±3	单一涂膜的耐湿热性	23±3
沥青、环氧、氨基、过氯乙烯、硝基、有机硅耐热清漆	20±3	防腐漆配套涂膜的耐酸、耐碱性	70±10
磁漆、底漆、烘漆	23±3	磨光性	30±5
丙烯酸磁漆、底漆	18±3		
乙烯磷化底漆	10±3		
厚漆	35±5		
腻子	500±20		

二、涂膜外观检测

1. 用标准样品法检测涂膜的颜色与外观

根据 GB/T 1727—1992《漆膜一般制备法》的规定，采用观察涂膜颜色及外观与标准色板、标准样品进行比较的方法评定结果。标准样品法的材料、设备和测定方法如下：

(1)材料和仪器设备

标准样品；马口铁板：500mm×120mm×(0.2～0.3)mm。

(2)测定方法

①按 GB/T 1727—1992《漆膜一般制备法》的规定，将测定样品与标准样品分别在马口铁板上制备涂膜。

②待涂膜实干后，将两板重叠 1/4 面积，在天然散射光线下检查，眼睛与样板距离 330mm 左右，并成 120°～140°角。

③根据产品标准检查颜色和外观：颜色应符合技术允差范围；外观应平整、光滑或符合产品标准规定。

注：标准样品保存有效期为一年，或由制造厂和用户双方商定。

2. 用标准色板法检测涂膜的颜色与外观

(1)材料和仪器设备

标准色板；马口铁板：50mm×120mm×(0.2～0.3)mm。

(2)测定方法

①按 GB/T 1727—1992《漆膜一般制备法》的规定，将测定样品在马口铁板上制备涂膜。

②待涂膜实干后，将标准色板与待测色板重叠 1/4 面积，在天然散射光线下检查，眼睛与样板距离 330mm 左右，并成 120°～140°角。

③其颜色若在两块标准色板之间或与一块标准色板比较接近，即认为符合技术允差范围。

④外观应平整，光滑或符合产品标准规定。

注：标准色板保存有效期为一年，或由制造厂和用户双方商定。

3. 检测涂膜的光泽

①按《漆膜一般制备法》(GB/T 1727—1992)的规定，在 90mm×20mm×(2～3)mm 的玻璃板上制备涂膜样板，清漆需涂在预先涂有同类型的黑色无光漆的底板上。

②一般光泽的大小均是相对的比较值。即把光泽计所附有的一块高光泽标准样板(黑玻璃)的光泽作为 100%，将被测定的涂膜与标准样板的光泽做比较。

③涂膜光泽测定，根据 GB/T 1743—1993《漆膜光泽度测定法》，采用固定角度(45°)的 DFH-66 型光电光泽计，结果以从涂膜表面来的正、反射光量，与在同一条件下从标准样板表面来的正、反射光量之比的百分数表示。

a. 测定时，接通电源，按下电源开关。预热 10min 后，按下 100%的量程选择钮。

b. 拉动样板夹，将黑色标准样板插入空隙里夹好。

c. 慢慢转动标准旋钮，使表针指示标准所标定的光泽数。

d. 取出标准板，插入被测样板。

e. 光泽低于 70%时，应按下 70%的量程选择钮。

f. 在样板的三个不同位置进行测量，读数准确至 1%。各测量点读数与平均值之差，应≯平均值的 5%，结果取三点读数的算术平均值。

g. 每测定 5 块样板后，用标准板校对一次。

h. 标准板宜用擦镜纸或绒布擦，以免损伤镜面。

三、涂膜厚度检测

1. 校正和调整检测涂膜厚度的杠杆千分尺

GB/T 1764—1993《漆膜厚度测定法》规定，涂膜厚度可采用杠杆千分尺检测。杠杆千分尺的测量单位为 μm，其精度为 2μm。

①杠杆千分尺的“0”位校正：先用绸布擦净两个测量面，旋转微分筒，使两测量面轻轻地相互接触，当指针与表盘的“0”线重合后，停止旋转微分筒，这时微分筒上的“0”线也应与固定套筒上的轴向刻线重合，微分筒边缘与固定套筒的“0”线的左边缘恰好相切，这样为“0”位正确；否则，就必须调整。

②调整方法：先使指针与表盘的“0”线重合，用止动器固定活动测杆，松开后盖，再调整微分筒上的“0”线与固定套筒上的轴向刻线重合，微分筒边缘与固定套筒“0”线的左边缘恰好相切，然后拧紧后盖，松开止动器，看表盘指针是否对“0”；如不对“0”，应重复上述步骤，重新调零。

2. 用杠杆千分尺法检测涂膜的厚度

取距边缘≮10mm 的上、中、下 3 个位置进行测量。

①先将没有涂漆的底板放于微动测杆与活动测杆之间，慢慢旋转微分筒，使指针在两公差带指针之间。

②再调整微分筒上的某一条线与固定套筒上的轴向刻线重合。为了消除测量误差，可在原处多测几次。

③读数时，把固定套筒、微分筒和表盘上所读得的数字加起来，即为所测厚度值。

④然后涂上漆样，按规定时间干燥后，再用此法在相同位置测量，两者之差即为涂膜厚度。

也可先测量已涂样板的厚度，再除去测量点的涂膜，并测出底板的厚度，两者之差即为涂膜厚度。

⑤取各点厚度的算术平均值，即为涂膜的平均厚度值。

3. 用磁性测厚仪检测涂膜的厚度

GB/T 1764—1993《漆膜厚度测定法》规定，钢铁工件的涂膜厚度也可采用磁性测厚仪检测，其测量单位为 μm，其精确度为 2μm。

(1)调零

取出探头，插入仪器的插座上，将已打磨但未涂漆的底板(与被测涂膜底材相同)擦洗干净，把探头放在底板上按下电钮，再按下磁芯，当磁芯跳开时，如指针不在零位，应旋转调零电位器，使指针回到零位。

需重复数次进行调整；如无法调零，应换电池。

(2)校正

取标准厚度片放在调零用的底板上，再将探头放在标准厚度片上，按下电钮，再按下磁芯，待磁芯跳开后旋转标准钮，使指针回到标准片厚度值上。

需重复数次进行调整。

(3)测量

取距样板边缘≮10mm 的上、中、下 3 个位置进行测量。

①将探头放在样板上，按下电钮，再按下磁芯，使之与被测涂膜完全吸合，此时指针缓慢下降，待磁芯跳开表针稳定时，即可读出涂膜厚度值。

②取各点厚度的算术平均值，即为涂膜的平均厚度值。

四、涂膜物理性能检测

1. 检测涂膜的耐冲击强度

检测的耐冲击强度是指涂膜能承受外来冲击而不致损坏的程度。

根据 GB/T 1732—1993《漆膜耐冲击测定法》，是以重锤重量与其落于涂膜样板上而不引起涂膜破坏的最大高度的乘积(N·m)来表示。具体规定如下：

(1)材料和仪器设备

马口铁板：50mm×120mm×(0.2～0.3)mm；薄钢板(GB/T 708—88)：65mm×150mm×(0.45～0.55)mm(供测腻子耐冲击性用)；4 倍放大镜；冲击试验器(见图 7-2-5)。

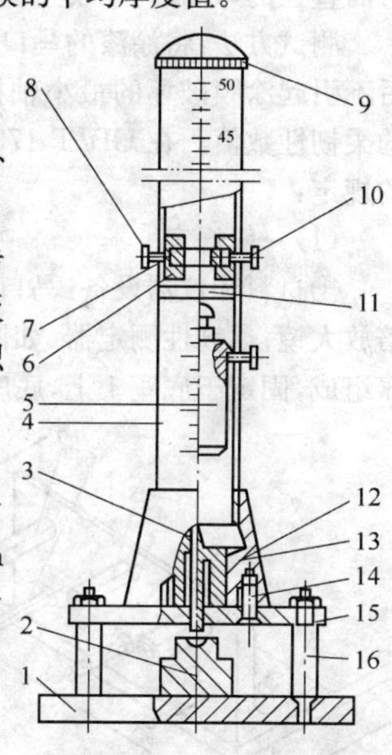

图 7-2-5 冲击试验器

1. 底座 2. 铁砧 3. 冲头 4. 滑筒 5. 重锤 6. 制动器身 7. 控制销 8. 控制销螺钉 9. 盖 10. 制动器固定螺钉 11. 定位标 12. 压紧螺母 13. 圆锥体 14. 螺钉 15. 横梁 16. 支柱

(2)测定方法

①按 GB/T 1727—1992《漆膜一般制备法》，在准备好的马口铁板上制备涂膜。

②待涂膜实干后，将涂漆样板平放在试验器下部的铁砧上，紧贴铁砧表面(以免受冲击时样板跳动而影响测试结果)，涂膜

朝上。样板受冲击部分距边缘≮15mm，每个冲击点的边缘相距≮15mm。

③重锤借控制装置维持在产品标准规定的高度，按压控制钮，重锤即自由落下并冲击冲头，冲头冲击涂膜样板。

④提起重锤，取出样板，用4倍放大镜观察，判断涂膜有无裂纹、皱纹、剥落等现象。

⑤试验应在恒温、恒湿的条件下进行。

2. 检测涂膜的弹性（柔韧性）

涂膜的弹性又称为柔韧性或弯曲性，是指涂于一定规格的金属板上的涂膜能经受的最大弯曲程度（最小的弯曲直径），即涂膜经过一定弯曲直径的弯曲后，不发生破坏的性能，用弯曲棒直径(mm)表示。

测试方法：将涂漆的马口铁板在不同直径的轴棒上弯曲，直至弯曲后不引起涂膜破坏的最小轴棒为止，该最小轴棒的直径即表示该涂膜的柔韧性数值。在GB/T 1731—1993《漆膜柔韧性测定法》中，有如下的规定：

(1)一般规定

①材料和仪器设备：马口铁板：25mm×120mm×(0.2～0.3)mm；4倍放大镜；柔韧性测定器（如图7-2-6所示），由6个粗细不同的钢制轴棒组成，固定于底座1上，底座可用螺钉固定在试验台边上。

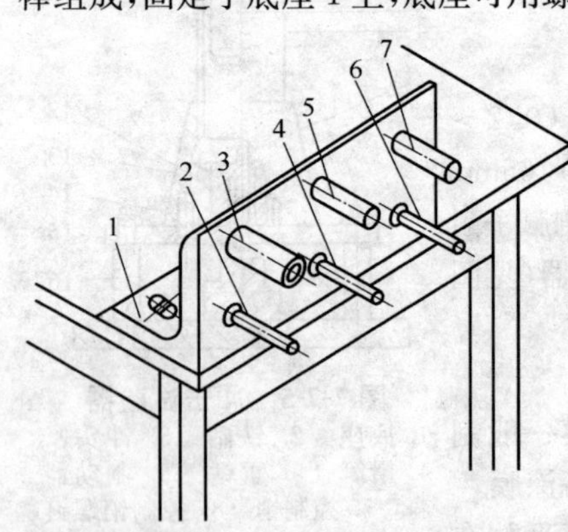

图7-2-6　柔韧性测定器

1. 底座　2、4、5、6、7. 轴棒
3. 轴棒与套管

②轴棒的尺寸：每个轴棒长为35mm。

轴棒2：截面面积为$1\times10mm^2$，曲率半径为0.5mm；

轴棒3：直径面积为10mm及外径为15mm的套管；

轴棒4：截面面积为$2\times10mm^2$，曲率半径为1.0mm；

轴棒5：截面面积为$5\times10mm^2$，曲率半径为2.5mm；

轴棒6：截面面积为$3\times10mm^2$，曲率半径为1.5mm；

轴棒 7:截面面积为 $4\times10mm^2$,曲率半径为 2.0mm。

(2)测定方法

①按 GB/T 1727—1992《漆膜一般制备法》的规定,在已备好的马口铁板上制备涂膜。

②待涂膜实干后,在恒温、恒湿条件下,涂膜朝上,用双手将涂漆样板紧压于按产品标准规定直径的轴棒上,绕棒弯曲,弯曲后双手拇指应对称于轴棒中心线,弯曲动作必须在 2～3s 内完成。

③涂膜弯曲后,用 4 倍放大镜观察:如有网纹、裂纹及剥落等破坏现象,即为不合格。

3. 用摆杆阻尼实验法检测涂膜的硬度

涂膜硬度是指涂膜彻底干燥后具有的坚实性,即涂膜表面对作用其上的另一个硬度较大的物体所表现的阻力。它是表示涂膜机械强度的重要性能之一。根据 GB/T 1730—1993《漆膜硬度测定法——摆杆阻尼试验》,采用光电摆杆式涂膜阻尼试验仪来测定:把一定重量的摆置于被试涂膜上,用在规定振幅中摆动衰减的次数与照相玻璃底板(以其硬度为标准)上同样振幅中摆动衰减次数的比值来表示。

摆杆在照相玻璃底板上从 6°～3°的摆动次数,规定为 178±8 次,所需时间为 250s±10s。

涂膜硬度按下式计算:$X=\dfrac{n}{n_0}$

式中　X—— 涂膜硬度(%);

n—— 摆杆在涂膜上从 6°～3°的摆动次数(次);

n_0——摆杆在玻璃板上从 6°～3°的摆动次数(次)。

4. 用铅笔手工试验法检测涂膜的硬度

手工试验法操作简单,适于在生产控制中采用。

①准备一组中华牌高级绘图铅笔:6H、5H、4H、3H、2H、H、HB、B、2B、3B、4B、5B、6B 共 13 种硬度,其中 6H 最硬,6B 最软。

②将铅笔削到露出柱形笔芯 5～6mm,切不可松动或削伤笔芯。

③握住铅笔,使其与 400 号砂纸面成 90°,在砂纸上不停地划圈,以摩擦笔芯端面,直至获得端面平整、边缘锐利的笔端为止,边缘不得有破碎或缺口。

铅笔每使用一次后,要旋转 180°再用或重磨后再用。

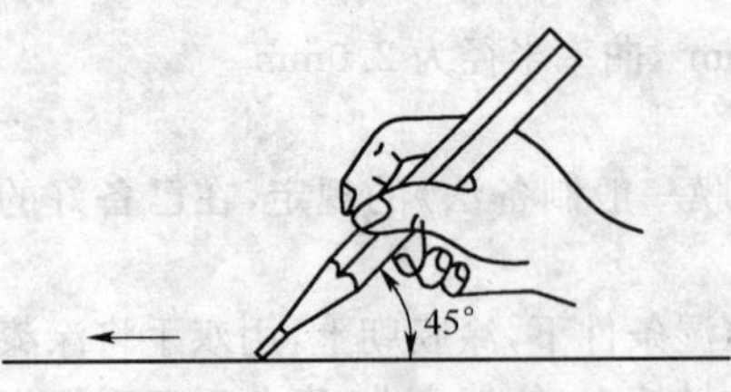

图 7-2-7　铅笔手工试验法

④试验时，将涂漆试件固定于水平面上，握住已削好的铅笔，使其与涂膜成 45°角，用力（此力大小为不使铅笔端缘破碎并能犁伤涂膜）以 1mm/s 的速度向前推进，如图 7-2-7 所示。

⑤从最硬的铅笔开始，每级铅笔犁 5 道 3mm 的痕，直到找出 5 道痕都不犁伤涂膜的铅笔为止，此铅笔的硬度即代表所测涂膜的硬度。

5. 检测涂膜的附着力

根据 GB/T 1720—1993《漆膜附着力测定法》的规定，附着力按圆滚线划痕范围内的涂膜完整程度评定，以级表示。

(1)一般规定

①材料和仪器设备：马口铁板：50mm×100mm×(0.2～0.3)mm；4 倍放大镜；漆刷：宽 25～39mm；附着力测定仪，如图 7-2-8a 所示。

②附着力测定仪有关部件规格：

a. 试验台丝杠 3，螺距为 1.5mm，其转动与转针同步。

b. 转针采用三五牌唱针，空载压力为 1.96N。

c. 荷重盘 1 上可放砝码，其质量分别为 100、200、500 和 1000g。

d. 转针回转半径可调，标准回转半径值为 5.25mm。

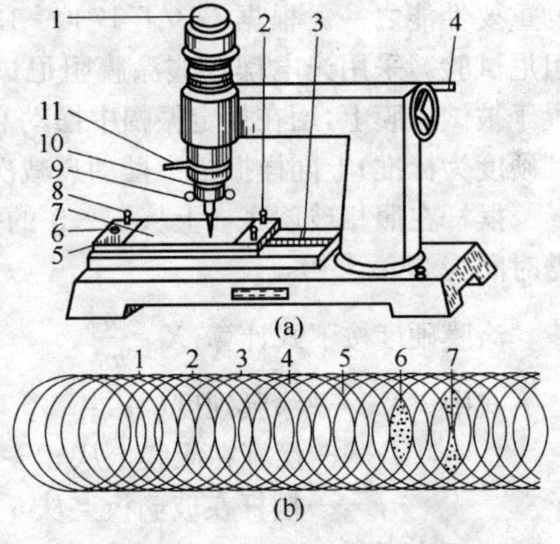

图 7-2-8　检测油漆涂层的涂膜附着力

(a)附着力测定仪　(b)标准划痕圆滚线

1. 荷重盘　2. 调整螺栓　3. 试验台丝杠　4. 手柄　5. 半截螺母　6、8. 固定样板调整螺栓　7. 试验台　9. 回转半径调整螺栓　10. 卡针盘　11. 升降棒

(2)测定方法

①按 GB/T 1727—1992《漆膜一般制备法》的规定，在已备好的马口铁

板上制备样板 3 块，待涂膜彻底干燥后，于恒温、恒湿的条件下测定。

②测前，先检查附着力测定仪的针头，若不锋利，应予更换。

③然后调整回转半径，直至与标准回转半径 5.25mm 的圆滚线相同为止。

④测定时，将样板正放在试验台 7 上并固定，在荷重盘上酌加砝码，使转针的尖端接触到涂膜，并能划至金属层。

⑤按顺时针方向，均匀转动手柄 4，转速以 80～100r/min 为宜，圆滚线划痕半径为 5.25mm，标准长为 75mm±0.5mm，划痕应露底板。

⑥取出样板，用漆刷除去划痕上的漆屑，以 4 倍放大镜检查划痕并评级。

(3)评级方法

①以样板上划痕的上侧为检查的目标，依次标出 1、2、…、7 共 7 个部位，相应分为 7 个等级。

②按顺序检查各部位的涂膜完整程度，如某一部位的格子有 70%以上完好，则定为该部位是完好的。否则应认为损坏。

例如：部位 1 的涂膜完好，附着力最佳，评为一级；部位 1 涂膜损坏，而部位 2 完好，附着力次之，评为二级，依次类推，七级为附着力最差。

标准划痕圆线见图 7-2-8b 所示。

结果以至少两块样板的级别一致为准。

6. 检测涂膜的耐磨性

根据 GB/T 1768—1993《漆膜耐磨性测定法》，采用涂膜耐磨仪来测定涂膜的耐磨性：即在一定的负载下，经规定的磨转次数后，以涂膜的失重(g)表示。测定方法如下：

①按 GB/T 1727—1992《漆膜一般制备法》的规定，将油漆试样涂于清洁、干燥的底板上，按油漆品种和规定的干燥时间，干燥后测试。

②将样板固定于耐磨仪工作转盘上，在加压臂上加所需的载重和经整新的橡胶砂轮，在臂的末端加上与砂轮质量相同的平衡砝码，轻轻放下加压臂。

③开启开关，把样板先磨 50 转，使之形成较平整的表面。

④关闭电源，取出样板，抹去磨屑，称重(准确至 0.001g)。

⑤按产品标准规定，调整计数器进行试验，当达到规定耐磨次数时，即行停止，取出样板，抹去浮屑，称量质量。

⑥前、后质量之差，即为涂膜失重量。

⑦平行试验两次，每次与平均值之差应不大于平均值的7%，结果取其算术平均值。

⑧试验应在恒温、恒湿条件下进行。

五、涂膜的耐化学性能检测

1. 检测涂膜的耐碱性

可采用以下两种方法。

①把涂漆的样板浸入(80±2)℃含2%的 Na_2CO_3 水溶液中，经10min后检查涂膜被溶解的状况。

②把涂漆的样板浸在55℃±1℃含NaOH 0.1g/L的水溶液中，经4h后检查涂膜变化情况。

2. 检测涂膜的耐酸性

将含 H_2SO_4 0.1g/L的溶液滴在被试样板上，在20℃下经24h后，观察涂膜变化情况。

3. 检测涂膜的耐水性

将样板浸泡在(50±1)℃的恒温水中8h，看涂膜变化情况；然后自然冷却，16h为一循环。

4. 用盐雾法检测涂膜的耐腐蚀性

①在盐雾试验箱内进行，箱内温度控制在(36±0.1)℃。

②样板要求采用透明胶带或精制蜡封边，中心部位用锐利的刀片，按60°夹角划两条交叉透底的切割线，并与垂直线成30°角放置在盐雾箱中，要求样板之间不能互相遮挡和接触。

③连续喷雾，盐水浓度为5%±1%的NaCl溶液，pH值为6.5～7.2，盐雾箱内盐雾沉降量为 $80cm^2$ 面积上1～2ml/h(按至少16h的平均数)。

④连续试验48h检查一次，两次检查以后，每隔72h检查一次，每次检查后样板应变化位置。

⑤按产品规定的标准和时间进行检查：观察沿切割线涂膜下面锈蚀蔓延的情况(本标准规定的指标，均按单侧锈蚀蔓延≯2.0mm为准)。

⑥盐水不循环使用。

5. 用食盐水检测涂膜的耐腐蚀性

将涂漆的样板浸泡在温度为25℃±1℃含3%NaCl的溶液中，每隔

24h 检查涂膜的破坏和腐蚀状况。

6. 以实际使用寿命考核涂膜的耐腐蚀性

以达到腐蚀穿孔或因锈蚀产生结构损坏的年限(或行驶里程)来表示。

六、涂膜的耐油性检测

1. 以浸汽油法检测涂膜的耐汽油性

涂膜抵抗汽油作用的性能,称为耐汽油性。按 GB/T 1734—1993《漆膜耐汽油性测定法》规定,分为浸汽油和浇汽油试验,以达到规定时间涂膜表面变化现象表示。浸汽油法的测定方法如下:

(1)材料和仪器设备

马口铁板:50mm×120mm×(0.2～0.3)mm;砝码:质量 500g,直径(45±1)mm,底面平整;橡胶溶剂油(GB 1922—80);75 号航空汽油(GB/787—79);装汽油的玻璃槽(如图 7-2-9 所示)。

(2)测定方法

①按 GB/T 1727—1992《漆膜一般制备法》规定,在 3 块马口铁板上制备涂膜。

②待涂膜实干后,将涂漆样板的 2/3 面积浸入温度为(25±1)℃按产品标准规定的汽油中,待达到产品标准规定的浸泡时间后,取出样板,用滤纸吸干。

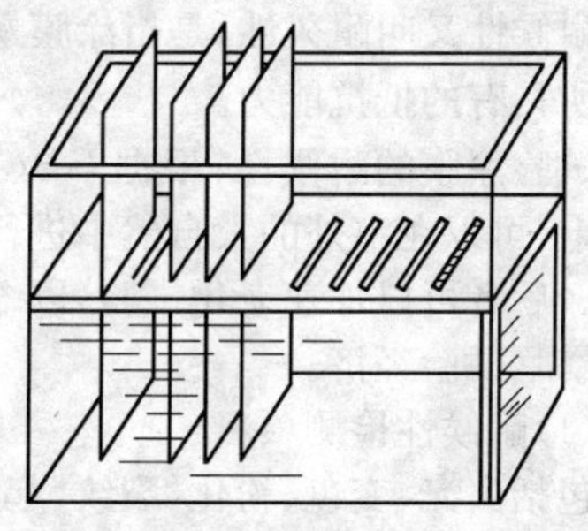

图 7-2-9　耐汽油性试验玻璃槽

③在恒温、恒湿的条件下,检查涂膜表面皱皮、起泡、剥落、变软、变色、失光等现象。

④合格与否按产品标准规定,以不少于 2 块样板符合产品标准规定为合格。

⑤浸泡界线上、下各 5mm 宽的部分,不做终点观察判断。

2. 以浇汽油法检测涂膜的耐汽油性

(1)材料和仪器设备

与浸汽油法检测所用相同。

(2)测定方法

①同前法在 3 块马口铁板上制备涂膜。

②待涂膜实干后，在恒温、恒湿的条件下，将涂漆样板浇上按产品标准规定的汽油 5ml，立即使其布满样板，并使样板成 45°角放置 30min 后放平。

③于涂膜上放一块两层纱布，再放一个 500g 砝码，保持 1min 后取下，纱布不应粘在涂膜上，或用手指在样板背面轻敲几下，纱布能自由落下为合格。

3. 检测涂膜的耐机油性

耐机油性是涂膜抵抗机油作用的性能。按相关标准《耐润滑油性测定法》测定。

七、涂膜的耐候性检测

1. 以室外暴晒法检测涂膜的耐候性(耐久性)

耐候性又叫耐久性，是指涂膜暴露在大气中，对阳光、雨雪、风沙等作用所具有的抵抗能力。

试验涂膜的耐候性，根据 GB/T 1767—1993《漆膜耐候性测定法》的规定，可以在室外的大自然中进行暴晒，也可以在人工试验气候室内进行。后者可以加速老化试验，以缩短涂膜耐候性试验的周期，但不如室外暴晒试验经济。

(1)耐候性检测项目

包括失光、变色、粉化、裂纹、起泡、锈点、脱落等。

①失光：可用 GZ-1 光电光泽计来测定，以失光的百分率表示(与涂膜的原始光泽比较)

②变色：一般可用光电色差仪来定量测定。

③粉化：可用粉化试验器、质量法、光泽法和手指法等方法测定。

④裂纹：评定时，主要是记载裂纹的深浅、百分比和密度。

⑤起泡：一般是根据泡的大小、稠密度和分布面积来评定等级。

⑥锈蚀：评定时，主要是以样板的受试面积百分比来表示。

(2)室外暴晒试验

①试验前，将作为样板底的白铁板用细砂布打磨干净；暴晒用的样板四角及四边均需磨光；然后涂上防锈底漆，再涂以将要试验的油漆；样板四周用铝粉漆或其他耐候性良好的导色漆封边；每道漆均需进行充分干燥。

②样板应做两块：一块叫暴晒样板，尺寸为 150mm×250mm×(0.8～1.5)mm，用来进行试验；另一块叫标准样板，尺寸为 70mm×150mm×(0.8～1.5)mm，作为标准样板，妥善地保存于室内，以备对比时使用。

③样板应在室内保养 5～7 天后再进行投试；样板投试前，应预先观测涂膜外观状态和物理力学性能，并作记录。

④试验时，将样板放在钢铁或木材制的暴晒架上；检查样板的周期，一般规定：在暴晒的第一到第三个月内，每隔 15 天检查一次；从第四个月起，每月检查一次；一年以后每季检查一次；在雨季或天气骤变时应随时检查，如有异常现象，应作记录。

⑤检查时，将样板拿到室内，首先用软毛刷将样板表面灰尘扫掉，检查粉化情况；然后将样板用软布或海绵在水中轻擦洗净，待晾干后再检查失光、变色等项目。

⑥在平时检查时，可进行单项评级，以考核涂膜每项指标破坏的情况，而在试验的各个阶段或最终结束时，可进行综合评级，即将各单项指标综合起来，给出涂膜的总评价，以优、良、中、差、劣或 5 分制表示。

2. 通过实际使用考核涂膜的耐候性

在长江以南地区，汽车使用一定时间后，检查涂膜破坏情况。

3. 检测涂膜的耐温变性

把试验样板从室温放入 60℃烘箱里 1h，然后取出样板，冷却至室温，再放入−40℃冷冻机内 1h 后，取出样板至室温为一周期，检查涂膜破坏情况。

4. 检测涂膜的耐光性

耐光性是指涂膜抗紫外线照射的性能。

①将被试验样板放在距水银石英灯 180mm 处，样板浸泡在(50±2)的蒸馏水中，样板上的水层厚为 10mm，水银石英灯功率为 500W。

②照晒一定时间后，检查涂膜失光、变色等破坏情况。

八、涂膜的遮盖力检测

1. 用刷涂法检测涂膜遮盖力的一般规定

涂膜的遮盖力是指色漆涂成均匀的薄膜，可使被涂漆的表面原底色不再呈现的能力。根据 GB/T 1726—1993《涂料遮盖力测定法》的规定，把色漆均匀地涂刷在物体表面上，测定使其原底漆不再呈现的最小的用漆量，以 g/m^2 表示。

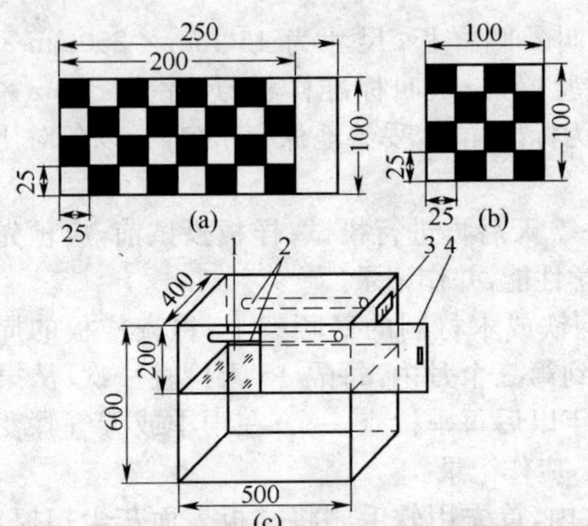

图 7-2-10 黑白格玻璃板、木板及木制暗箱

(a) 黑白格玻璃板(刷涂法) (b)黑白格木板(喷涂法) (c)木制暗箱

1. 磨砂玻璃 2. 15W 日光灯 3. 电源开关 4. 挡光板

(1)材料和仪器设备

漆刷:宽 25～38mm;玻璃板(GB 4871—1995):100mm×100mm×(1.2～2.0)mm;100mm×250mm×(1.2～2.0)mm;木板:100mm×100mm×(1.5～2.5)mm;天平:感量为 0.01g、0.001g;刷涂法黑白格玻璃板(如图 7-2-10a 所示);木制暗箱:600mm×500mm×400mm(如图 7-2-10c 所示)。

(2)黑白格玻璃板的制备

①将 100mm×250mm 的玻璃板(经彻底表面处理)的一端遮住 100mm×50mm,留作试验时手执之用,然后在剩余 100mm×200mm 的面积上,喷上一层黑色硝基漆。

②待黑色漆干后,用小刀仔细地间隔划出 25mm×25mm 的正方形。

③将玻璃板放入水中浸泡片刻,取出晾干,间隔地剥去正方形处涂膜。

④再喷上一层白色硝基漆,即成为有 32 个正方形的黑白间隔的玻璃板。

⑤然后贴上一张光滑牛皮纸,刮涂一层环氧胶(以防止溶剂渗入,破坏黑白格涂膜),即制得牢固的黑白格玻璃板。

(3)木制暗箱的结构

①用 3mm 厚的磨砂玻璃将暗箱内分成上、下两部分,磨砂玻璃的磨面向下,使光源均匀。

②暗箱上部均匀而平行地装置 15W 日光灯两支,前面安一挡光板,下部正面敞开用于检验,内壁涂上无光黑漆。

2. 用刷涂法检测涂膜遮盖力的测定方法

(1)测定步骤

①根据产品标准规定的黏度(如黏度大无法刷涂，则应将试样调至适合涂刷的黏度，但稀释剂用量，在计算遮盖力时应扣除)，在感量为0.01g天平上称出盛有油漆的杯子和漆刷的总质量。

②用漆刷将油漆快速均匀地涂刷于黑白格玻璃板上，不得刷在板的边缘上。

③放在暗箱内，距离磨砂玻璃片 150～200mm，有黑白格的一端与平面倾斜成 30°～45°夹角。

④在一支或二支日光灯下进行观察，均以刚看不见黑白格为终点。

⑤然后将盛有余漆的杯子和漆刷称重，求出黑白格玻璃板上油漆质量。

(2)计算方法及精确度

遮盖力按下式计算(以湿涂膜计)：

$$X=\frac{W_1-W_2}{S}\times 10^4=50(W_1-W_2)$$

式中　X——遮盖力(g/m^2)；

W_1——未涂刷前盛有油漆的杯子和漆刷的总质量(g)；

W_2——涂刷后盛有余漆的杯子和漆刷的总质量(g)；

S——黑白格玻璃板涂漆的面积(cm^2)，$S=10\times 20cm^2=200cm^2$。

平行测定两次，若其结果之差不大于平均值的 5%，则取其平均值，否则必须重新试验。

3. 用喷涂法检测涂膜遮盖力的一般规定

(1)材料和仪器设备

除了用喷涂法黑白格木板(见图 7-2-10b 所示)更换了刷涂法黑白格玻璃板以外，其余均与刷涂法所用相同。

(2)黑白格木板的制备

①在 100mm×100mm 的木板(需经表面处理)上喷一层黑色硝基漆。

②待黑色漆干后，在漆面上贴一张同面积大小的白色厚光滑纸，然后用小刀仔细地间隔刻去 25mm×25mm 的正方形。

③再喷上一层白色硝基漆。

④待白色漆干后，仔细地揭去存留的间隔正方形纸片，即制得具有16个正方形的黑白格木板。

(3)木制暗箱结构

与刷涂法所用完全相同。

4. 用喷涂法检测涂膜遮盖力的测定方法

(1)测定步骤

①将试样调至适于喷涂的黏度，按GB/T 1727—1992《漆膜一般制备法》的喷涂法进行。

②在感量0.001g的天平上，分别称量两块100mm×100mm的玻璃板质量。

③用喷枪薄薄地分层喷涂。

④每次喷涂后，放在黑白格木板上，置于暗箱内距离磨砂玻璃片150～200mm处，黑白格木板与平面倾斜成30°～45°的夹角。

⑤在一支或二支日光灯下观察，均以刚看不见黑白格为终点。

⑥然后把玻璃板背面和边缘的漆擦净，各种喷涂漆类，按固体分含量中规定的烘焙湿度烘至恒重。

(2)计算方法及精确度

遮盖力按下式计算(以干膜计)：

$$X=\frac{W_2-W_1}{S}\times 10^4=100(W_2-W_1)$$

式中　X——遮盖力(g/m^2)；

W_1——未喷涂前玻璃板的质量(g)；

W_2——喷涂漆膜恒重后的玻璃板质量(g)；

S——玻璃板喷涂漆的面积(cm^2)，$S=10\times 10cm^2=100cm^2$。

若其两次结果之差不大于平均值的5%，则取其平均值，否则需重新试验。

九、检测涂膜的干燥时间

1. 检测涂膜的表干时间

涂料以一定厚度涂在物体表面上，经过挥发或氧化聚合作用而形成固体薄膜所需要的时间，称为干燥时间。在规定的干燥条件下，表面干结成膜时，称为表面干燥即表干，表干所需时间为表干时间。根据

GB/T 1728—89《漆膜、腻子膜干燥时间测定法》，涂膜的表干时间用下列材料、设备和方法进行测定：

①材料和仪器设备：马口铁板：50mm×120mm×(0.2～0.3)mm；65mm × 150mm ×（0. 2 ～ 0. 33）mm；紫铜片：T2，硬态，50mm×100mm×(0.1～0.3)mm；铝板：2A12，50mm × 120mm × 1.0mm；脱脂棉球：$1cm^3$ 疏松棉球；定性滤纸：标准 $75g/m^2$，150mm×150mm；保险刀片；秒表：分度为 0.2s；电热鼓风箱；干燥试验器：质量 200g，底面积 $1cm^2$。

②按 GB/T 1727—1992《漆膜一般制备法》的规定，在马口铁板、紫铜片（或产品标准规定的底材）上制备涂膜；然后按产品标准规定的干燥条件进行干燥。

③每隔若干时间或到达产品标准规定时间，在距膜面边缘≯10mm 的范围内，选用下列方法检验涂膜是否表面干燥（烘干涂膜或腻子膜从电热鼓风箱中取出，应在恒温、恒湿条件下放置 30min 后测试）。

a. 吹棉球法：在涂膜表面上轻轻放上一个脱脂棉球，用嘴在距棉球 100～150mm 处，沿水平方向轻吹棉球：如能吹走，膜面不留有棉丝，即可认为表面干燥。

b. 触指法：以手指轻触涂膜表面，如感到有些发黏，但无漆黏在手指上，即可认为表面干燥。

2. 检测涂膜的实干时间

涂料以一定厚度涂在物体表面上全部形成固体涂膜时，称为实际干燥即实干，实干所需时间为实干时间。其测定所用材料、设备及方法如下：

①材料和仪器设备：与检测表干时间所用完全相同。

②按 GB/T 1727—1992《漆膜一般制备法》的规定，在马口铁板、紫铜片（或产品标准规定的底材）上制备涂膜；然后按产品标准规定的干燥条件进行干燥。

③每隔若干时间或到达产品标准规定时间，在距膜面边缘≮10mm 的范围内，选用下列方法检验涂膜是否实际干燥（烘干涂膜或腻子膜从电热鼓风箱中取出，应在恒温、恒湿条件下放置 30min 后测试）。

a. 压滤纸法：在涂膜上放一片定性滤纸（光滑面接触涂膜），滤纸上再轻轻放置干燥试验器，同时开动秒表，经过 30s，移去干燥试验器，将样板涂膜朝下，滤纸能自由落下，或在背面用握板之手的食指轻敲几下，滤纸能自由落下而滤纸纤维不被粘在涂膜下，即可认为涂膜实际干燥。

b. 压棉球法：在涂膜表面放一个脱脂棉球，于棉球上再轻轻放置干燥试验器，同时开动秒表，经过 30s，将干燥试验器和棉球拿掉，放置 5min，观察涂膜无棉球的痕迹及失光现象，涂膜上若留有 1～2 根棉丝，用棉球能轻轻地掸掉，均可认为涂膜实际干燥。

c. 刀片法：用保险刀片在样板上切刮涂膜或腻子膜，并观察其底层及膜内均无粘着现象（如为腻子膜还需用水淋湿样板，用产品标准规定的水砂纸打磨，若能形成均匀平滑表面，不粘砂纸），即可认为涂膜或腻子膜实际干燥。

十、鉴定修竣车身的表面涂层品质

①轿车、大客车车身及货车驾驶室修竣后，应坚固耐用，蒙皮平整无凹陷，线条圆顺均匀，左、右对称。

②汽车喷漆表面应色泽均匀，无裂纹、剥落、起泡、流痕等现象；刷漆部分允许有不显著的流痕和刷纹；不需要刷漆的部位，不得有漆痕。

第三章　维修实例

第一节　涂膜颜色分析和涂料黏度测试

一、涂膜颜色分析

1. 按原车颜色编号分析原车身的涂膜颜色

进口汽车大多在产品铭牌上标有车身颜色编号(COLOR)、按汽车生产年份、生产厂和颜色编号制成色卡和颜色图册，制成菲林片，利用菲林机即可查出某一编号颜色的配方。例如，日产汽车公司 1985 年的部分汽车车身颜色的编号如下：002 ——白色，006 ——金属银色，106 ——金属天蓝色，119 ——乳黄色，210 ——金属浅褐银色，215 ——金属褐灰色，232 ——金属深蓝色，329 ——金属绛红色，424 ——深蓝色等用于途乐吉普、皮卡轿货和蓝鸟轿车，041 ——茶色，042 ——淡茶色，680 ——蓝色，831 ——奶白色等用于卡星货车，104 ——灰叶绿带金属光泽，111 ——深蓝色，326 ——白色，329 ——绛红色带金属光泽，338 ——青银色带金属光泽等用于桂冠轿车。

2. 用测量法分析原车身涂膜颜色

①用分光计测出原车涂膜对光的折射率，初步确定出配方范围。

②然后制作出一系列的样板，干燥后与原涂膜对比，直到完全相符为止。

③还可用颜色分析仪来检查漆中颜料微粒的定向，以达到与原车颜色准确地吻合。

3. 用试验法分析原车身涂膜颜色

这种方法主要靠工作人员的经验。

①一般是根据原涂膜颜色，初步确定出色调范围。

②然后制作样板与原涂膜对比，根据比色结果调整配方，再做样板

与原涂膜对比，直到符合为止。

在日常工作中，将做过的样板及配方收集整理，就是一册很宝贵的颜色图册。

③如果有色卡，用色卡与原涂膜对比就更为简单了。

二、涂料的黏度测试

1. 用涂-1黏度计测试涂料的黏度

涂-1黏度计如图7-3-1a所示，用于测定黏度大于20s（以本黏度计为标准）的涂料产品，以及按照产品标准规定必须加温进行测定的黏度较大的涂料产品。

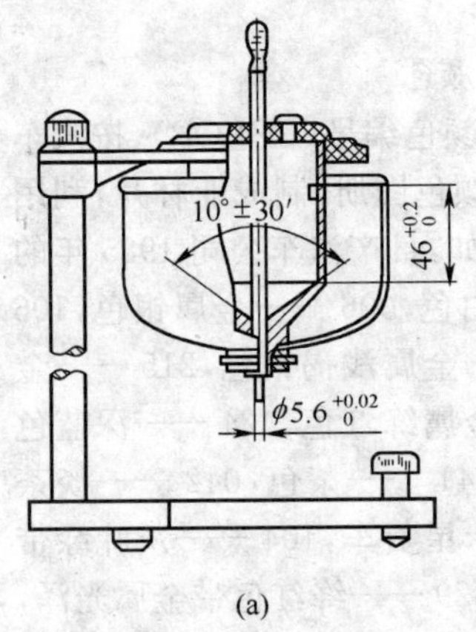

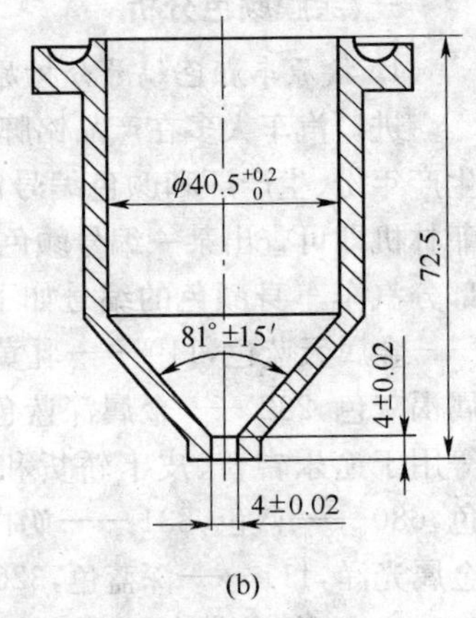

图7-3-1　涂料黏度计

(a) 涂-1黏度计　(b) 涂-4黏度计

①每次测定之前，需用纱布蘸溶剂将黏度计内部擦拭干净，在空气中干燥或用压缩空气吹干，对光观察黏度计漏嘴清洁。

②然后将黏度计置于水浴套内，插入塞棒。

③将试样搅拌均匀，有结皮和颗粒时用≮567孔/cm² 金属网过滤。

④调整试样温度为25℃±1℃。

⑤将试样倒入黏度计内，调节水平螺钉，使液面与刻线刚好重合。

⑥静置片刻，使试样中气泡逸出，盖上盖子并插入温度计，在黏度

计漏嘴下放置 500ml 量杯。

⑦当试样温度符合要求后，迅速将塞棒提起，试样从漏嘴流出滴入量杯底时开动秒表。

⑧当量杯内试样达到 50ml 刻线时停止秒表，试样流入量杯 50ml 所需的时间，即为试样的条件黏度。

2. 用涂-4 黏度计测试涂料的黏度

涂-4 黏度计用于测定黏度在 150s 以下（以本黏度计为标准）的涂料产品，如图 7-3-1b 所示。

①涂-4 黏度计的清洁处理及试样的准备同涂-1 黏度计要求。

②在黏度计下放置 150ml 的搪瓷杯，用手堵住漏孔。

③将试样倒满黏度计中，用玻璃棒将气泡和多余的试样刮入黏度计上的凹槽中。

④然后松开手指使试样流出，同时立即开动秒表。

⑤当试样流丝中断时停止秒表，试样从黏度计流出的全部时间，即为试样的黏度，测定时试样的温度为(25±1)℃。

第二节　涂装病态的防治

一、防治涂料在施工后产生“失光”

“失光”是指有光涂料干燥成膜后无光泽或光泽不足的一种病态。

(1)产生原因

①被涂表面多孔或相当粗糙。有光漆涂上仍似无光，再加涂一层漆也难以增强光泽。

②被涂表面清洁处理不当，有残留的矿物油、蜡质、油腻等杂质，喷涂后渗入涂膜，使光漆无光泽。

③稀料用量过多，冲淡了有光漆的作用。

④用了挥发性很快的溶剂，往往使涂膜来不及流平，颜料积聚在漆面上形成孔穴，肉眼观察便呈失光。

⑤气候影响：在较冷的天气施工，油性涂膜往往因受冷风袭击，既干燥缓慢，又失光；或在十分潮湿（相对湿度＞80％）的环境中施工，使水汽凝结膜面，长油度的油漆会吸收水分发白而失光。

⑥涂膜受冷热温差剧变影响(尤其是由冷变热)形成细露,造成涂膜无光。

⑦环境影响:煤烟或其他化学气体也会使涂膜无光或光泽不好。

⑧底漆未干透即涂装面漆,可使涂膜失光。

(2)防治方法

①加强被涂表面预处理和涂层表面光滑处理,主要是用腻子刮光滑才能发挥有光漆的作用。

②将被涂物件表面处理干净。

③稀料的加入应适量,以保持涂料正常的黏度(刷涂为30s,喷涂为20s左右)。

④选用挥发性较慢的溶剂。

⑤若在磁漆中加入少量的清漆,可以增加光泽。

⑥挥发性漆施工时,相对湿度应在60%~70%之间,或给工件加热(暖气烘房),或加相适应的防潮剂10%~20%。

⑦冬季施工场地必须严密,以防冷风吹袭;选择适合的施工场地;加入适量的催干剂。

⑧施工环境应排除对涂膜有害的气体。

⑨待底漆彻底干燥后,再涂面漆。

二、防治涂料在施工后产生“倒光”

“倒光”是指涂膜干燥后,当时有光,但在短时期内(数小时或数周)光泽逐渐减退和消失的一种病态。

(1)产生原因

①稀释剂使用不当或用量过多,油性调和漆内含有煤油。

②一般室内用漆耐光性差,或颜料含量多的涂料,当用于室外时,短期内会倒光。

③烘漆使用溶剂不当,尤其采用了挥发性很快的溶剂或过早烘烤。

④烘房内有煤气(或其他化学气体),易引起程度不等的倒光。

(2)防治方法

①稀释剂应配套且不宜过多,油性调和漆可用松节油稀释。

②刷涂的涂膜光泽耐久性较好。

③室内用漆不宜用于室外,已涂上的可加涂用于室外同类品种的

面漆或再加涂清漆，耐光性较好。

④涂装后，烘烤时间要适时，避免过早。

⑤避免涂装场所有煤气或其他化学气体。

三、防治涂料在施工后产生粉化

粉化是随着倒光之后而出现的一种病态：涂膜在大气日光的作用下，表面损坏，产生了粉层，涂膜成粉状脱落。

(1)产生原因

①涂膜受强烈的日光暴晒、风雨、霜露、冰雪的长期侵蚀。

②清漆黏度小或膜层太薄。

③含白色颜料的涂料(尤其是钛白粉用于室外)及磁性调和漆极易粉化。

④一些涂料的耐候性差，如沥青漆，也容易粉化。

(2)防治方法

①选择耐候性好的涂料，如长油度醇酸漆或丙烯酸漆，涂膜较稳定。

②涂膜未干透前不得雨淋日晒。

③涂料黏度要适中，涂膜要有足够的厚度，室外可涂 3 层。

④室外最好不用或少用白色漆，用油性调和漆而不用磁漆。

⑤选用耐光性好的金红石不粉化型钛白粉作白色颜料。

四、防治涂料在施工后产生龟裂

涂膜在老化过程中产生收缩，使涂膜内部收缩力超过涂膜本身的内聚力，促使涂膜粗裂、细裂、龟裂等，这种病态现象称龟裂，也叫开裂。

(1)产生原因

①各层涂料不配套，如在长油度底漆上涂盖短油度的面漆；或在长油度面漆上罩短油度的面漆，会因涂膜缺乏弹性造成两层涂膜的伸缩力不一致而引起开裂。

②底漆未干透，勉强涂上面漆；或前层面漆较厚且未干透，又加涂下层面漆，致使两层漆内、外伸缩不一致而引起开裂。

③没有根据使用环境选用涂料品种。如将环氧树脂、改性酚醛树脂、沥青等类户内用漆用于户外，涂膜容易龟裂。

④用漆涂层太厚，不但易龟裂，还会脱落。

⑤施工环境影响;如在温度太高、日光强烈、潮气严重的环境中施工,涂膜易受冷热伸缩,容易龟裂。

⑥涂料在使用前没有充分搅拌均匀。

⑦所用面漆中的挥发成分太多。

⑧施工环境中有污气存在。

(2)防治方法

①注意涂料品种的选择和配套使用,即底漆与面漆、面漆与面漆配套,使其涂膜的柔韧性一致,伸缩率接近,不易龟裂。

②必须根据使用环境选用油漆品种,户外使用要选用成膜物质耐候性好的油漆。

③注意涂层厚薄和干燥程度。涂层不宜太厚,并需干透后,才可进行下道涂装工序。

④在使用前,将涂料充分搅拌均匀。

⑤排除施工环境对涂膜龟裂的影响。

五、防治涂料在施工后产生脱落

涂膜脱落是指随着涂膜干裂,涂层和物体表面或新、旧涂层之间失去了附着力,最后造成涂膜表面小片或鱼鳞片剥落,或涂层和底表面间的附着力完全丧失,使涂膜成张脱皮。

(1)产生原因

①被涂表面过分光滑,或表面预处理不彻底,存在水分、油污、氧化皮、灰尘、磷垢、化学物质、残用漆皮等。

②烘烤时,温度太高或时间太长。

③漆层不配套,或层间有油污等,可能造成大面积脱落。

④底漆选择不对(如涂膜过硬,使面漆不易粘合或底漆过于光泽)。

⑤涂膜过厚,底层未干透就涂下道漆,或遇到水汽等。

⑥层间粉化或玷污也妨碍漆层的结合,在化工烟雾严重或尘土飞扬的条件下,在潮气凝聚施工表面的情况下涂漆,也容易产生成张揭起。

(2)防治方法

①涂前,对工件表面认真处理,使其洁净、干燥并具有一定的粗糙度。

②过分光滑的物面要用砂纸打磨成平光。

③烘烤温度和时间应按涂料品种技术条件严格控制。

④必须考虑漆层（如底漆、面漆）的配套性并增强其结合力。涂料的配套要符合一定的准则，起码要有一定的容忍性，一般是外层漆的溶剂应比底层略强一些，可对底层涂膜产生微弱溶胀，从而可以结合起来。而不能随意把两个不同的品种搭配起来，如在硝基漆上喷涂过氯乙烯漆就会由于附着不牢而成张揭起。

⑤对粉化严重的旧漆表面进行涂装时，要另加一遍加固层；对特别坚硬的环氧漆面，普通溶剂很难使它软化，必须加以处理后再重复涂漆，才能附着牢固。

⑥对在已经充分干燥的底漆上涂过氯乙烯漆时，不应等到前一层过氯乙烯涂膜完全干燥后再涂另一层，而是要在表面已干而实际还未完全干燥时即涂下一层，这样就会加强层间的结合力，不然会由于层间容忍性不好而造成剥落或成张脱落。

⑦在化工烟雾或野外环境中，应选用快干涂料来缩短涂覆时间；在潮湿环境中施工，应把表面水汽揩干后再涂覆，涂膜层间干透后再涂覆。

六、防治涂料在施工后生锈

生锈是指钢铁表面受潮气、氧及酸等化学品的作用，使金属底层锈蚀蔓延，返至上层，使涂膜破裂，出现点蚀针孔和膜下锈蚀的一种病态。

(1)产生原因

①被涂物面铁锈、水分、酸液等清除不彻底，日久锈蚀蔓延至其涂膜表面。

②涂膜总厚度不够，涂膜破裂，水分或腐蚀性气体浸入而腐蚀金属。

③涂膜不均匀，有漏涂或针孔等缺陷。

④底漆品质低劣。

(2)防治方法

①彻底清理被涂物面，不得残留锈蚀、水分、酸液等。处理后尽快涂上底漆。

②涂膜总厚应符合技术要求，不可太薄。

③涂漆应均匀一致，不得漏涂，并避免涂膜出现针孔缺陷。

④选用配套优质底漆。

七、防治涂料在施工后产生金属光泽不均匀

金属光泽不均匀是指涂装时金属粉（主要为铝粉）在涂层上流动，使涂膜表面厚度不够的一种病态。

(1)产生原因

①稀释剂挥发慢。

②涂料黏度不合适，过高或过低。

③喷涂压力过低。

④一次涂膜过厚，涂膜厚薄不匀。

⑤喷枪的雾化能力差。

(2)防治方法

①正确地选用稀释剂。

②涂料黏度应比通常稍低一些。

③调整喷涂压力，不要过低。

④控制涂膜厚度，不使之过厚，并涂布均匀。

⑤使用专用的喷枪。

⑥严重时可打磨掉重新涂装。

八、防治涂料在施工后产生"泛金光"

涂膜干燥后忽绿忽紫地变色，为"泛金光"。

(1)产生原因

①颜料的转移性，特别是蓝、绿深色涂料（如硝基漆、氨基醇酸树脂涂料）有这样的倾向。

②喷涂空气中有油。

(2)防治方法

①注意涂料及颜料配合的选择。

②净化喷涂空气。

③用不易产生泛金光的涂料再涂装。

④涂装同质的涂料。

九、防治涂料在施工后产生污斑

涂膜粘附着污垢状的污浊为"污斑"。

(1)产生原因

①涂膜粘附有灰尘、水泥的粉尘、煤灰。

②涂料受酸性成分、树脂、昆虫、化学药品等污染。

(2)防治方法

①使用耐药品性好的涂料。

②被涂物不要放在距污染源近的地方及室外。

③轻微的污斑,可打磨去掉;较重的污斑,应打磨后重新涂漆。

十、涂装后涂膜部分扩起

凹部及角部的涂膜以粉末状浮在表面,为涂膜部分扩起。

(1)产生原因

涂料干燥太快;凹部及角部涂膜太厚。

(2)防治方法

①使用挥发性比较慢的溶剂。

②除去扩起的部分再涂装。

③选用不易产生涂膜部分扩起的涂料(硝基漆和其他快干的涂料易产生涂膜部分扩起)。

十一、涂装后涂膜遮盖力差

中间层、面层不能遮盖底层颜色为遮盖力差。

(1)产生原因

①涂料的遮盖力不足。

②涂料搅拌不均匀;涂料黏度低。

③涂层厚度不够;涂装不匀。

④底漆与面漆的颜色相差太大。

(2)防治方法

①更换涂料品种(着色颜料含量少的涂料和红、黄、橙色等涂料易产生遮盖力差的问题)。

②充分搅拌涂料。

③按规定的涂膜厚度涂装。

④按要求调整黏度。

⑤选用近似颜色的底漆与面漆。

⑥重新涂漆。

十二、涂装后涂膜丰满度差

涂膜的厚度不足为丰满度差。

(1)产生原因

涂料过稀;涂膜过薄;底漆打磨不好(砂纸粗)。

(2)防治方法

①更换涂料品种(硝基漆易产生丰满度差的问题)。

②涂料黏度应符合要求(涂-4 黏度计,25℃);硝基漆 18～20s;烘干涂料 20～30s。

③按要求涂膜厚度涂装。

④用细砂纸打磨。

⑤再涂一层涂料。